山东科技大学学术著作出版基金资助出版

静脉产业

JINGMAI CHANYE

任一鑫 焦习燕 王 宁 张咏梅／著

经济科学出版社
Economic Science Press

图书在版编目（CIP）数据

静脉产业／任一鑫等著．—北京：经济科学出版社，
2015.12
ISBN 978－7－5141－6458－9

Ⅰ.①静…　Ⅱ.①任…　Ⅲ.①再生资源－资源产业－
产业发展－研究　Ⅳ.①F407.2

中国版本图书馆 CIP 数据核字（2015）第 321654 号

责任编辑：段　钢
责任校对：刘欣欣
责任印制：邱　天

静脉产业

任一鑫　焦习燕　王　宁　张咏梅　著
经济科学出版社出版、发行　新华书店经销
社址：北京市海淀区阜成路甲 28 号　邮编：100142
总编部电话：010－88191217　发行部电话：010－88191522
网址：www.esp.com.cn
电子邮件：esp@esp.com.cn
天猫网店：经济科学出版社旗舰店
网址：http://jjkxcbs.tmall.com
北京汉德鼎印刷有限公司印刷
三河市华玉装订厂装订
787×1092　16 开　27 印张　680000 字
2016 年 6 月第 1 版　2016 年 6 月第 1 次印刷
ISBN 978－7－5141－6458－9　定价：66.00 元
（图书出现印装问题，本社负责调换。电话：010－88191502）
（版权所有　侵权必究　举报电话：010－88191586
电子邮箱：dbts@esp.com.cn）

前　言

　　静脉产业一词诞生于20世纪80年代。那时，日本在基本解决工业污染和部分生活型污染之后，由后工业化或消费型社会结构引起的大量废弃物，不可再生资源急剧减少、可再生资源再生速度受限、人口急剧增长导致资源供给总量满足不了社会发展需要等问题出现，废弃物的乱堆乱放对生态环境造成严重的危害，引起环境资源急剧减少，威胁人类的生存安全，引起了新的矛盾，逐渐成为影响环境和可持续发展的重要问题。为解决资源供应日趋紧张的矛盾，保证社会和经济的持续稳定发展，人类将经济发展模式转向循环经济发展模式，使资源获取渠道出现了动脉产业与静脉产业共生共存的局面，将来随着社会发展、科技进步、人口增加，静脉产业与动脉产业在经济发展中的作用与地位将发生变化，原来占主导地位的动脉产业将被占从属地位的静脉产业所代替，静脉产业将成为经济发展中的主要产业。作为一种新兴产业，静脉产业由一系列相关产业构成的，而且这些产业之间层层影响，环环制约，如果产业结构设置合理，整个静脉产业就能够顺利发展。因此，静脉产业在我国发展具有应然性。

　　静脉产业是循环经济发展模式中的主要产业形式之一，发展静脉产业，并通过其产业活动，可以充分实现各种废弃物的减量化、再利用和再资源化。静脉产业是以保障环境安全为前提，以节约资源、保护环境为目的，运用先进的技术，将生产和消费过程中产生的废物转化为可重新利用的资源和产品，实现各类废物再利用和资源化的产业。发展静脉产业对缓解经济发展过程中面临的资源短缺和环境污染问题有重要战略意义。

　　我国已进入工业化和城市化快速发展时期，资源环境将成为制约经济进一步发展的"瓶颈"。发展静脉产业，将社会生产和生活过程中产生的废弃物进行回收再利用，对我国具有更重要的现实意义和长远的战略意义。近几年，我国城市生活垃圾处理取得了快速的发展，然而，生活垃圾处理形式也很严峻，生活垃圾带来安全隐患，影响经济的可持续发展。随着经济体制的逐步转轨，再生资源产业的市场化程度逐步提高，促进了市场竞争机制的发挥。但是，在市场化过程中与之配套的宏观管理制度和调控机制没有建立起来，产业发展过程中出现了一些违背产业发展初衷的现象。

静脉产业

我国很多企业把发展静脉产业作为提高资源利用效率、节能减排、环境治理和生态环境建设的重要手段，在实践中进行了大胆尝试和探索，但也暴露出许多问题。例如，一些企业在发展静脉产业的时候无法界定静脉产业的定义，对于某些静脉产业资源的再回收和如何进入市场流通不明确，一些企业在发展静脉产业时，无法较好地控制成本，以至于静脉产业不经济，造成企业成本过高，对静脉产业的发展积极性不高，政府如何在保持公平与效率的前提下，高效地提倡静脉产业的发展。本书针对以上问题进行研究，对于静脉产业的理论研究与实践的发展，构建静脉产业体系和动力机制具有借鉴作用。

本书共分为十三章，主要对静脉产业的发展原理、体系构成、市场机制、运行机制、评价机制等内容进行了详细的介绍，为静脉产业的发展奠定了理论基础，对静脉产业的实际运行有实际指导意义。其主要内容如下：第一章是绪论，介绍了静脉产业的基础知识，在了解静脉产业理论产生背景的基础上，对静脉产业概念、静脉产业理论的发展等知识进行了介绍，揭示静脉产业理论产生的必要性，分析了静脉产业的内涵、基本特征、组成与功能等，并分别介绍了静脉产业与循环经济、经济学、生态学、生态经济学、产业经济学等其他学科之间的关系，并对其研究方法作了详细的介绍。第二章主要是循环经济产业体系的构成，包括循环经济产业的划分，主要分析了循环经济体系中产业的关系，并对动脉产业、静脉产业、环保产业三者的概念、分类、组成及作用、发展模式进行了分析。最后，对动脉与静脉产业的关系从内部和外部进行了分析。第三章揭示了静脉产业的运行原理，介绍了资源流动的一般原理及应用，讨论了静脉产业资源流动的原理和规律，通过投入产出的方法说明了静脉产业的替代原理、代谢原理和集成原理。第四章是静脉产业体系，介绍了静脉产业体系的主体及其行为分析，构建依据及体系结构，并对煤炭矿区静脉产业体系构成进行了实证分析，根据横向与纵向不同的视角，对部分行业的静脉产业体系发展模式和静脉产业体系中的资源利用模式进行了介绍。第五章是静脉产业协同机制，介绍了协同及静脉产业协同的相关概念，分析了静脉产业自身，以及其与动脉产业、环保产业和其他领域之间的发展协同。第六章对静脉产业的约束机制进行了研究，并构建了静脉产业运行约束体系，来保障静脉产业的发展。第七章是静脉产业体系稳定性影响机制，分析了静脉产业体系稳定性的影响因素，研究了静脉产业体系稳定性的演化机理及关联机理，并提出维持静脉产业体系稳定性的相应对策。第八章主要是静脉产业运行动力机制，通过对内生动力和外生动力产生的原因及传递的分析，探讨了提高静脉产业发展动力的途径，构建了企业发展静脉产业意愿的概念模型以及动力联合机制模型。第九章是静脉产业链运行体系，着重分析了静脉产业链运行的中间环节和最终处理环节，并探讨了静脉产业链体系的共生问题。第十章主要分析了静脉产业成本以及成本控制问题，主要分析静脉产业成本内涵、成本结构以及成本影响因素三个方面，依据静脉产业控制原则建立成本控制模型，并提出成本控制和优化建议。第十一章是静脉产业效益，从静脉产业的经济、环境和社会效益三方面构建其效益分析模型，讨论了静脉产业效益研究方法，为静脉产业发展和研究奠定了基础。第十二章是静脉产业市场交易机制，指出静脉产业资源交易的特点与方式，通过静脉产业下资源交易的主客体和交易渠道，探讨了静脉产业资源交易价格的形成原因，并制定了基于博弈论的静脉资源交易的定价策略，对静脉产业的交易机制的合理形成与发展奠定了一定的理论基础。第十三章是静脉产业的评价与控制，主要分析了静脉产业的分析体系与控制体系，并对静脉产业发展条件进行必要分析，并根据评价指标得出评价结论，最后通过评价结果运用各种控制方式，从而在宏观和微观层面上实现有效的静脉产业发展控制。

编者对有关静脉产业方面的著作及硕、博论文多年跟踪研究发现，多数著作与研究是从宏观层面进行分析研究可持续发展的问题，对各行各业静脉产业方面的研究甚少。本书在对已有的静脉产业研究成果进行总结的基础上，结合实证研究，对可持续发展理论进行深入探讨，对静脉产业理论进行了深入发掘。

由于作者水平有限，如有不足之处，敬请各位读者批评指正。

任一鑫 等

2015 年 11 月

目　　录

第一章　绪论 ··· 1

　　第一节　静脉产业理论产生的背景 ·· 1

　　第二节　静脉产业理论的提出与发展 ·· 4

　　第三节　静脉产业内涵及与相关学科关系 ···································· 15

　　本章小结 ··· 21

第二章　循环经济产业体系构成 ··· 22

　　第一节　循环经济产业划分 ··· 22

　　第二节　动脉产业 ··· 23

　　第三节　环保产业 ··· 30

　　第四节　服务产业 ··· 31

　　第五节　动脉产业与静脉产业关系 ·· 32

　　本章小结 ··· 45

第三章　静脉产业运行原理 ··· 46

　　第一节　资源流动一般原理 ··· 46

　　第二节　静脉资源流动原理与规律 ·· 72

　　第三节　静脉产业替代原理 ··· 77

　　第四节　静脉产业代谢原理 ··· 85

　　第五节　静脉产业集成原理 ··· 98

　　本章小结 ··· 135

第四章　静脉产业体系 ······················ 136

　第一节　静脉产业体系的主体行为分析 ···················· 136

　第二节　静脉产业各主体利益博弈分析 ···················· 140

　第三节　静脉产业的组成与功能 ························· 147

　第四节　静脉产业体系结构 ··························· 149

　第五节　静脉产业体系构建实证——煤炭矿区静脉产业体系构建分析 ···· 160

　第六节　静脉产业的资源利用模式 ······················ 173

　第七节　典型行业静脉产业体系发展模式 ··················· 183

　本章小结 ·································· 195

第五章　静脉产业协同机制 ······················ 196

　第一节　产业协同含义 ····························· 196

　第二节　静脉产业与动脉产业、环保产业发展协同 ·············· 201

　第三节　静脉产业与其他领域的发展协同 ··················· 206

　本章小结 ·································· 208

第六章　静脉产业运行的约束机制 ·················· 209

　第一节　静脉产业运行机制的基本框架 ···················· 209

　第二节　静脉产业运行约束因素分析 ····················· 212

　第三节　约束机理分析 ····························· 216

　第四节　基于资源环境的静脉产业约束模型建立 ··············· 220

　第五节　静脉产业运行保障体系的建立 ···················· 227

　本章小结 ·································· 231

第七章　静脉产业体系稳定机制 ··················· 233

　第一节　静脉产业体系稳定性影响因素 ···················· 233

　第二节　静脉产业体系稳定性演化机理 ···················· 236

　第三节　静脉产业体系稳定性机制分析 ···················· 238

　第四节　静脉产业体系稳定性对策 ······················ 255

　本章小结 ·································· 258

目　录

第八章　静脉产业运行的动力机制 ························· 259

　　第一节　静脉产业发展动力分析 ························· 259

　　第二节　提高静脉产业发展动力的途径 ············· 272

　　第三节　静脉产业运行动力联合机制 ················· 275

　　第四节　静脉产业运行机制的 SD 模型构建及应用 ··· 277

　　本章小结 ····································· 282

第九章　静脉产业链运行体系 ························· 283

　　第一节　静脉产业链运行的中间环节 ················· 283

　　第二节　我国静脉产业链最终处理环节 ············· 286

　　第三节　静脉产业链体系的共生 ····················· 287

　　本章小结 ····································· 289

第十章　静脉产业成本分析与控制 ················· 290

　　第一节　静脉产业成本分析 ·························· 290

　　第二节　静脉产业成本控制 ·························· 303

　　第三节　静脉产业成本优化 ·························· 311

　　本章小结 ····································· 325

第十一章　静脉产业效益 ······························· 326

　　第一节　静脉产业效益内涵 ·························· 326

　　第二节　静脉产业效益分析方法 ····················· 327

　　第三节　静脉产业效益分析模型构建 ················· 336

　　本章小结 ····································· 342

第十二章　静脉产业市场交易机制 ················· 344

　　第一节　静脉产业资源交易特点与方式 ············· 344

　　第二节　静脉产业资源交易的主客体与交易渠道分析 ··· 353

　　第三节　我国城市固体废弃物的交易体系 ··········· 362

第四节　静脉产业资源交易价格的形成 ························· 365

第五节　基于博弈论的静脉资源交易的定价策略 ·················· 367

本章小结 ·· 376

第十三章　静脉产业评价与控制 ···················· 378

第一节　静脉产业分析体系 ································ 378

第二节　静脉产业评价 ···································· 389

第三节　静脉产业控制体系 ································ 405

本章小结 ·· 414

参考文献 ·· 415

后记 ·· 424

第一章 绪 论

本章首先介绍了静脉产业理论产生的背景，随后提出静脉产业理论，并从不同角度总结了静脉产业理论的研究成果，最后概括了静脉产业的具体内涵，分析了静脉产业与循环经济、经济学、生态学、生态经济学、产业经济学等相关学科的关系。

第一节 静脉产业理论产生的背景

人类的生存和发展依赖于自然，一方面，人类向自然界索取生产、生活所需的各种资源，享受生态系统提供的服务功能；另一方面，人类也向自然界排放废弃物，影响着自然的结构、功能和演化过程；同时，自然对人类活动也做出反应，表现为资源对人类生存发展的制约，环境污染与生态退化对人类产生的负面影响。由此可见，资源、环境、生态是经济社会发展必不可少的因素，为经济社会的发展提供前提条件，规定着人类的物质生产活动以及在此基础上的其他活动的界限。

人类的生存和发展离不开各种资源：从资源是否可再生角度分析，分为可再生资源与不可再生资源，工业化发展所需要的资源如天然气、石油、煤炭、铁矿石、铝土矿等多为矿产资源，这类资源属于不可再生资源，人类对它的开发和利用，只会消耗，而不可能保持其原有储量或再生，从而会导致资源供给量的日趋减少。这些问题的存在使得资源缺口进一步加大，资源供需矛盾日益突出，势必会对人类的生产活动产生制约作用，要解决这个问题，就必须从资源利用的角度入手，提高资源的综合利用率，其中再利用、循环利用、梯级利用等是达到这一目的的主要途径。

目前我国资源利用效率与国际先进水平相比仍然较低，突出表现在：资源产出率低、资源利用效率低、资源综合利用水平低、再生资源回收和循环利用率低。实践表明，较低的资源利用水平，已经成为企业降低生产成本、提高经济效益和竞争力的重要障碍。据测算，我国能源利用率若能达到世界先进水平，每年可减少 3 亿吨标准煤的消耗，可减少二氧化硫排放 400 万吨；固体废弃物综合利用率若提高 1 个百分点，每年就可减少约 1000 万吨废弃物的排放；粉煤灰综合利用率若能提高 20 个百分点，每年就可以减少排放近 4000 万吨废弃物，这将使环境质量得到极大改善。这说明我国在提高资源利用效率、回收率和循环利用率方面有很大的发展空间。

在自然界中生态平衡是维持生物正常生长发育、生殖繁衍的根本条件，也是人类生存的基本条件，然而人类需要和发展欲求的无限性与环境支持系统承受能力的有限性产生了尖锐的矛盾，生态环境问题日益突出。垃圾废料、有毒物质的肆意排放，造成了严重污染，威胁人类健康生存；工业废水中含有大量污染物，未经处理直接排放，使得水污染日趋严重。从总体上看，生态系统呈现出由结构性破坏向功能性紊乱演变的发展态势，生态退化的实质没有改变，趋势还在加剧，生态系统更不稳定，生态服务功能持续下降。人类的健康生存和发展离不开良好的生态环境，为了维持生态系统的平衡，减少环境污染，就必须从源头上控制污染物，在生产过程中尽可能减少污染物的产生和排放。

从经济发展模式角度来看，在传统经济模式下，人们采取了这样一种增长模式，即主要依靠大量的投资和资源消耗来维持经济增长。这种粗放型发展模式，实质上是一种高投入、高消耗、高排放，低效率、低质量、低效益的"三高三低"的增长方式，从短期来看，它或许能为我们创造一定财富，但从长远来看，却存在着诸多问题：一方面，资源浪费严重、利用率低，资源枯竭加剧；另一方面，大量废弃物的排放导致环境污染日趋严重，生态系统失衡。这些问题严重影响着人类社会经济的稳定发展，这种矛盾的激化和加剧无疑将威胁人类的持续发展。为了解决经济社会发展与资源、环境、生态的尖锐矛盾，消除资源的过度开发、环境的严重污染和生态危机加剧，实现人与自然的和解与协调，必须要转变经济增长方式，走可持续发展的道路，同时，经济增长的现实压力也对发展循环经济产生需求。

党的十六大提出的全面建设小康社会的目标体系明确规定：可持续发展能力不断增强，生态环境得到改善，资源利用效率显著提高，促进人与自然的和谐，推动整个社会走上生产发展、生活富裕、生态良好的文明发展之路。

党的十七大明确提出："建设生态文明，基本形成节约能源资源和保护生态环境的产业结构、增长方式、消费模式，循环经济形成较大规模，可再生能源比重显著上升，主要污染物排放得到有效控制，生态环境质量明显改善，生态文明观念在全社会牢固树立"，并使之成为实现全面建设小康社会奋斗目标的新要求，深入贯彻落实科学发展观的重要内容。党的十八大报告进一步昭示了党加强生态文明建设的意志和决心，胡锦涛在十八大报告中说："建设生态文明，是关系人民福祉、关乎民族未来的长远大计。面对资源约束趋紧、环境污染严重、生态系统退化的严峻形势，必须树立尊重自然、顺应自然、保护自然的生态文明理念，把生态文明建设放在突出地位，融入经济建设、政治建设、文化建设、社会建设各方面和全过程，努力建设美丽中国，实现中华民族永续发展。"胡锦涛指出，坚持节约资源和保护环境的基本国策，坚持节约优先、保护优先、自然恢复为主的方针，着力推进绿色发展、循环发展、低碳发展，形成节约资源和保护环境的空间格局、产业结构、生产方式、生活方式，从源头上扭转生态环境恶化趋势，为人民创造良好生产生活环境，为全球生态安全做出贡献。中共中央政治局就大力推进生态文明建设进行了第六次集体学习。习近平在主持学习时强调，生态环境保护是功在当代、利在千秋的事业。习近平指出，推进生态文明建设，必须全面贯彻落实党的十八大精神，以邓小平理论、"三个代表"重要思想、科学发展观为指导，树立尊重自然、顺应自然、保护自然的生态文明理念，坚持节约资源和保护环境的基本国策，坚持节约优先、保护优先、自然恢复为主的方针，着力树立生态观念、完善生态制度、维护生态安全、优化生态环境，形成节约资源和保护环境的空间格局、产业结构、生产方式、生活方式。他强调，要正确处理好经济发展同生态环境保护的关系，牢固树立保护生态环境就是保护生产力、改善生态环境就是发展生产力的理念，更加自觉地推动绿色发展、循环发展、低碳发展，绝不以牺牲环境为代价去换取一时的经济增长；要大力节约集约利用资源，推动资源利用方式根本转变，加强全过程节约管理，大幅降低能源、水、土地消耗强度，大力发展循环经济，促进生产、流通、消费过程的减量化、再利用、资源化。我国之所以要把生态文明建设放在突出地位，一个重要原因是只有推进生态文明建设，才能保持经济持续健康发展。生态文明建设的一个必经之路就是可持续发展道路，而走可持续发展道路就必须实现传统的经济发展模式向循环经济发展模式的转变。循环经济是经济发展方式的一种转变，与传统的经济发展方式相比，其本质是在宏观经济产业链条上的变化。具体表现是对宏观经济产业链的细化，即将与循环过程相关的产业链从传统经济产业链中划分出来，将其与传统的生产过程和消费过程并列考虑。更重要的是，通过宏观经济产业链的细化，使原本单向开放式的产业链关系，变化成一种循环闭合的产业链关系。

按照日本学者吉野敏行的观点，在循环经济体系中，根据物质流向的不同，可以分为两个不同的过程，即从原料开采到生产、流通、消费的过程和从生产或消费后的废弃物排放到废弃物的收集运输、分解分类及资源化或最终废弃处置的过程。仿照生物体内血液循环的概念，前者可以称为动脉过程，后者称为静脉过程。相应的，承担动脉过程的产业称为动脉产业，承担静脉过程的产业称为静脉产业。

因此，从现实中看，发展静脉产业是经济发展的必然。不可再生资源急剧减少、可再生资源再生速度受限、人口急剧增长导致资源供给总量满足不了社会发展需要的问题出现，废弃物的乱堆乱放对生态环境造成严重的危害，引起环境资源急剧减少，威胁人类的生存安全，引起了新的矛盾。为解决资源供应日趋紧张的矛盾，保证社会和经济的持续稳定发展，人类将经济发展模式转向循环经济发展模式，使资源获取渠道出现了动脉产业与静脉产业共生共存的局面，并且随着社会发展、科技进步、人口增加，静脉产业与动脉产业在经济发展中的作用与地位将发生变化，原来占主导地位的动脉产业将被占从属地位的静脉产业所代替，静脉产业将成为经济发展中的主要产业。

在这种形势下，废旧物资、废旧设备设施等成为人类社会发展的重要资源来源，与从资源开采开始的利用资源的方式比较，对这些资源的再生利用能够省去许多中间环节，节约大量的资源或能源。资源再生利用能够弥补经济和社会发展中资源不足的问题，为社会经济的发展、人类生存提供基础或保障。由此来看，以再造、再生、再利用、循环利用为核心的静脉产业将成为国家、地区和不同产业发展模式的重要组成部分，发展静脉产业是经济、社会发展的必然趋势。

可见，发展静脉产业对缓解经济发展过程中面临的资源短缺和环境污染问题有重要战略意义。因此，在这一社会大背景要求下，静脉产业理论的产生与发展便顺理成章了。那么静脉产业理论的具体发展情况如何？其现阶段发展中有存在哪些问题呢？这需要开展对静脉产业的相关研究与实践。

第二节　静脉产业理论的提出与发展

一、静脉产业理论的产生

（一）静脉产业理论的提出

静脉产业（Venous Industry）一词最早是由日本学者提出的，这点是业内学者所公认的。在日本学者吉野敏行的书中，作者论述："在循环经济体系中，根据物质流向的不同，可以分为两个不同的过程：即从原料开采到生产、流通、消费的过程和从生产或消费后的废弃物排放到废弃物的收集运输、分解分类、资源化或最终废弃处置的过程。仿照生物体内血液循环的概念，前者可以称为动脉过程，后者称为静脉过程。相应的，承担动脉过程的产业称为动脉产业，承担静脉过程的产业称为静脉产业。"在此之后，越来越多的国内外学者开始对静脉产业的相关理论与实践进行研究。

（二）国外静脉产业理论的发展

静脉产业作为一个新兴产业，在日、德及一些欧美国家的研究比国内起步要早一些，研究成果也比较丰富。总体来说具体包括以下几方面的研究成果。

1. 静脉产业的内涵

在对静脉产业的内涵研究方面，不同的学者给出了不同的解释。

日本学者山田奖指出，在资源的生产、流通、废弃、再利用过程中，如果把制造业等产品供应方面的领域比喻为动脉产业的话，那么当这些产品作为垃圾及废弃物排出后的回收、焚烧、处理、再资源化等相关领域就可称为静脉产业。

日本学者后藤典弘指出："物质来源于自然界，并经过第一产业、第二产业、第三产业流向广大的消费者，将这样以生产为中心的流动，比喻成人体的'动脉流'，大部分的物质通过社会消费，在经过一定时间后，会以原来的形态，或者改变的形态、状态，再次还原于自然界，这就是废弃物的物流。我们知道，废弃物处理由收运、中间处理、最终处置三个阶段组成，从物流的观点来看，在这三个阶段中的废弃物的物流，刚好是与第一、第二、第三产业的物流，即以消费为中心的情况是完全对称的。也就是说，在废弃物的物流过程中，收集、搬运与流通等第三产业逆对称，以分解为中心的中间处理与制造等第二产业逆对称，掩埋等最终处理与以从自然界中开采资源为中心的第一产业逆对称。消费后的废弃物的这种物流过程，比照在生产性的过程，被称为'静脉流'。"

日本清洁中心编著的《循环关键字》中指出："如果将一般制造业等称为动脉产业，处理、处置及循环利用从这些产业排放的废弃物的产业相当于人体的静脉，因此被称为静脉产业。"虽然以上对静脉产业的含义存在着表述上的不同，但其内涵是一致的，其实质就是垃圾回收和再资源化利用的产业；是运用循环经济理念，有机协调当今世界发展所遇到的两个共同难题——"垃圾过剩"和资源短缺,"变废为宝",通过废弃物的再循环和资源化利用,使自然生态系统进入良性循环的状态。

2. 静脉产业发展与运行理论

在静脉产业理论与运行基础方面,学者们从经济主体、发展前提、运行主体和市场等多方面进行了探究,对静脉产业的运行与实践提供了基础性的指导。

其中比较有代表性的是日本学者植田和弘对静脉产业的经济学基础以及静脉产业发展的基础所进行的相关研究。他认为:(1)静脉产业的理论基础为循环经济理论、公共物品理论和外部性理论;市场基础为资源、环境的有限性与生产的无限性之间的矛盾;物质基础为大量固体废物的存在;价值基础为固体废物有价属性和废弃物处置服务的有价属性;技术基础为废弃物减量化、无害化和再资源化处置技术。(2)静脉产业的发展,必须建立在以下四项前提之上,即:①存在大量的废弃物;②废弃物具有有用的属性;③有把废弃物再资源化的技术;④存在着对再生品的需求。在同时满足这些条件的基础上,与利用原生资源的成本相比,如果利用从废弃物再生的资源的成本低,而且能在一定时间内维持价格差,循环再利用就能充分发展,即静脉产业的运营就能得以实现。

吉野敏行对静脉产业的主体及市场进行了研究。他认为,静脉产业的核心业务应该主要由"收运者"、"中间处理者"、"再生资源经营者"、"最终处理者"承担,四者之间形成与动脉系统中供应链关系一样的网链结构,共同完成静脉产业活动的全部过程,因此他们是静脉产业的主体。静脉产业围绕着如何处理废弃物这个问题开展产业活动,这样就出现了两种相关的"产品":一是关于废弃物最终处置的各项服务,二是重新获得使用价值的再生资源。与此相对应,形成了以静脉产业为中心的"废弃物市场"和"再生资源市场"。

可见,静脉产业的存在与发展有着一定的前提条件,要保证静脉产业的顺利发展,就必须把握好产业发展的前提和基础。

3. 静脉资源回收问题研究

资源回收是静脉产业运行的首要环节,完善的回收体系可以有效保证静脉产业的资源供给,因此,诸多学者对废弃物的回收方式方法问题进行了研究,试图构建出较为完善的静脉资源回收网络,或寻找有效的评价方法,强化对资源回收的监督与评估,从而保障和促进资源回收工作的顺利开展。较为有代表性的研究内容如下:

Fulninori Toyasaki 建立了一个多层次的电子废物产品回收网络,对复杂网络体系中产生的绿色物流分析,他们认为废电子产品回收利用网络应包括环境标准、电子商务和风险管理三个部分。

Mala chandrakanthi 等学者为建筑固体废物建立了一个固体废物优化管理模型,他们认为对建筑固体废物进行回收和再利用,可以减少废物的堆放和填埋数量,提高资源的利用率,具有一定的经济效益。

Nikolaosv. karadimas 等学者采用地理信息系统技术,对城市固体废物的运输管理进行了研究,认为可通过对固体废物回收箱的位置、道路交通、卡车运输能力等参数的分析,设计出城市固体废物最佳收集路线。

P. P. Repoussis 等学者提出了一种基于 Web 的决策支持系统，用于管理固体废物的收集业务。

Fuzhan Nasiri 等学者研究了一种固体废物回收的环境绩效评估方法，这种方法通过开发工作效率指标和比较效益指标，采用模糊多层次分析法对加拿大的饮料容器回收计划进行评估。

FengjiaoWan 等学者利用遗传算法对废家用电器的逆向物流网络模型进行了分析，认为遗传算法能够有效地优化废家用电器的逆向物流网络，从而为家电生产企业建立合理的逆向物流网络提供了理论支持。

4. 关于静脉产业发展实践的研究

在可持续发展思想的指导下，国际上发达国家日益将循环经济的理念贯彻到资源的开发利用中，其中日本和德国以发展静脉产业为主要实践方式，通过发展静脉产业实现"资源—产品—再生资源"的闭环经济模式，减少对原生自然资源的开采，降低经济系统对自然生态系统的影响程度。

日本和德国的静脉产业主要实践有：

（1）建立完备的法律法规体系。

日本从 20 世纪 90 年代开始制定循环经济的法律，到目前为止，已经形成了基本法——综合法——单行法的循环经济法律层次结构，建立了先进的循环经济立法体系。在静脉产业方面以单行法为主，如《家电再生利用法》、《汽车再生利用法》、《建筑材料再生利用法》。

（2）政府推进。

由于静脉产业再生产品的特殊性，单纯的市场机制不能很好地保证产品的顺利流转，必须借助政府的干预和扶持，制定一系列优惠政策。如日本政府制定了具体的税收优惠政策、废旧物资商品化收费政策、生态工业园补偿金制度等。德国政府制定了垃圾收费政策、押金返还政策、生态税政策等。当然，静脉产业的发展也离不开生产企业的积极配合和全民的积极参与。

此外，国外学者对静脉产业园区建设、利用策略、外部效应等方面也进行了研究。如 R. S. Pindyck 在研究静脉产业的负外部效应时指出，静脉产业中的企业行为是导致负外部效应的直接原因，尽管这些行为特征可能归因于静脉从业者（国企、民营和个体从业者）的有限理性特征和不对称的市场信息。J. Audra 等人为了构建产业生态链，实现 Choctaw 工业园中废水循环利用和废旧轮胎综合利用，提出将轮胎破碎厂、塑料生产厂、轮胎热分解企业等静脉产业相关内容及污水处理厂引入 Choctaw 工业园。Stuart Ross，Sujit Das，JohnE. Tilton，Hirohisa Kishi，S. Spatari，Yasuo Kondolg 等学者，分别针对电冰箱、汽车、塑料包装材料、废金属、纸张等产品的资源循环利用策略进行了研究。他们认为可以通过执行价格手段、命令控制手段和产品生命周期评价手段等，促进资源的循环利用。

综上所述，众多国外学者和组织对静脉产业进行了大量研究，虽然更多地侧重于一些基础理论研究工作，但他们也确实为静脉产业的实践发展提供了指引和指导作用，对推动静脉产业研究具有重要意义。

（三）国内静脉产业理论的发展

我国的学者虽然在 20 世纪末就将静脉产业的概念引入国内，得到了国家环境保护部门和从事生态环境保护工作的专家学者的重视，但是，对静脉产业的深入关注应该是自 21 世纪初开始的。

国内对于静脉产业的含义的理解，主要依据使用国家环境保护总局 2006 年发布的《静脉产业类生态工业园区标准》中对静脉产业的定义：静脉产业是指以保障环境安全为前提，以节约资源、保护环境为目的，运用先进的技术，将生产和消费过程中产生的废物转化为可重新利用的资源和产品，实现各类废物的再利用和资源化的产业，包括废物转化为再生资源及将再生资源加工为产品两个过程。

按照静脉产业定义中对静脉产业的解释进行追溯，我国静脉产业的发展大致可分为三个阶段：（1）静脉产业的萌芽阶段（20 世纪 50~60 年代），尚未对静脉产业有所意识，只是当作简单的废旧物资回收利用，这个时期，我国静脉产业的发展是走在世界前列的。在计划经济时期，我国有很多废弃物回收点，回收品种有 100 多种。各发达国家学习中国的经验，从 20 世纪 80 年代开始注重废弃物减量化、资源化。（2）静脉产业的发展阶段（20 世纪 70~80 年代），国家曾先后投资近 2 亿元进行技术改造和设备更新，以扶持再生资源行业的发展。20 世纪 80 年代后期，随着市场经济的发展，再生资源的经营逐渐放开，民营企业不断介入废旧物资的回收，形成了相当规模的个体私人回收大军，再生资源行业开始发展。（3）静脉产业进一步发展时期（20 世纪 90 年代至今），在国家一系列鼓励再生资源回收利用优惠政策的支持下，我国静脉产业得到迅速发展。一个遍布全国、网络纵横的再生资源回收工体系已初步形成。静脉产业思想明确，再生资源回收加工体系初步形成。在此，笔者对国内学者关于静脉产业研究的已有成果根据其研究视角不同进行了分析总结。

1. 静脉产业与循环经济关系

在静脉产业与循环经济的关系方面，国内学者取得了较为一致的观点，以聂永有、陈素敏、孟耀、牛桂敏为代表的诸多学者的主要观点可概括为：

（1）静脉产业和循环经济相同，都是要解决人与资源环境矛盾，缓解资源紧张局面以实现人与自然以及社会和谐；

（2）静脉产业实质上就是发展循环经济，因为其结果必然是节约资源和保护环境，这与循环经济的要求和起因是一致的；

（3）循环经济理论的建立，是静脉产业发展的理论基础；

（4）在循环经济体系中包括承担动脉过程的"动脉产业"和承担静脉过程的"静脉产业"；

（5）静脉产业是实现循环经济减量化、再利用、再资源化的经济主体；

（6）静脉产业是循环经济的肌肉，它独立于其他产业而又把所有其他企业和整个社会生活连接在一起，使循环经济贯穿于整个社会，形成了一种新的经济形态。

静脉产业

此外，也有学者提出，从人类经济活动的物质流向来看，消费体系与静脉产业位于人类经济活动的下游，其相互关系主要体现在两方面：一方面，生产消费与生活消费后的物质形式是静脉产业存在的物质源头；静脉产业资源化以后形成的各种工业产品和生活消费品又和传统产业一起形成消费体系的物质基础；另一方面，静脉产业是循环经济消费体系的生产消费的副产品及生活垃圾资源化与生态化实现的主要载体，静脉产业的发展程度成为循环经济消费体系能否有效运行的关键。

因此，静脉产业在循环经济中具有特别重要的意义，离开了静脉产业，经济系统将无法实现物质和能量的循环。建立循环经济的过程可以说是对经济结构中缺失的静脉产业部门发展、完善的过程。

2. 静脉产业内容及构成

静脉产业有着自己的特点，它的发展必须要有一定的前提和基础，资源、需求、技术等因素都是影响静脉产业的基础性因素，国内学者对此进行了研究并得出了结论。孟耀总结归纳出静脉产业具有如下特点：（1）它有独特的领域。静脉产业从事的是对生产和生活过程产生的废弃物进行收集、分类、运输、加工处理和资源化的活动，与第一、第二、第三产业从事的领域有明显的差异。（2）它有自身的特征。静脉产业从事的工作内容具有相似性、环保性。（3）它具有发展的持久性。只要人们进行生产和生活，就需要发展静脉产业，以便保证人类社会的可持续发展。聂永有将静脉产业发展的前提和基础概括表述为：循环经济理论的建立是静脉产业发展的理论基础；经济社会中存在大量的废弃物是静脉产业发展的物质基础；废弃物中存在着有用的属性，是静脉产业发展的价值基础；人们能够全部或部分掌握把废弃物再资源化的技术，是静脉产业发展的技术基础；原生资源的有限性以及人们对再生资源的需求，是静脉产业发展的市场基础。

在静脉产业构成方面，不同的学者给出了不同的阐述：

任一鑫、韩港、曾丽君等学者从纵向产业体系角度对静脉产业的组成及作用进行了研究，他们认为静脉产业体系可由资源回收产业、拆解产业、分类处理产业、再制造产业、再生产业、物流产业、资源再利用产业、技术创新产业、资源最终处理产业九部分组成，每部分之间都有其内在关系。

章和杰、张琦认为静脉产业由相互关联的三大系统组成。即社会化的再生资源回收系统，社会化的再生资源拆解及加工利用系统，社会化的废物无害化处置系统。从而形成了四个平台，即：再生资源通畅、有序的物流平台；规模化的回收品种分类标准制订和综合利用的技术创新平台；再生资源行业协会规范管理平台；具有再生资源的市场交易网络特征的信息平台。推动再生资源行业从松散的粗放型向集约型、规模型、产业效益型方向转化。

秦海旭、张炜等学者则从宏观的角度把城市静脉产业体系分为硬件系统和软件系统两大部分。其中静脉产业硬件系统分为企业内、企业间的静脉过程和全社会的静脉产业两部分，形成企业内、企业间、静脉产业"点、线、面"相结合的完备静脉产业硬件体系。静脉产业的软件系统则是从如何保障硬件系统良性运作方面考虑，从政策、法律、技术、教育等层面入手，构建静脉产业体系软件系统。这些层面都不是互相孤立的，而是有机的整体，互相协调，互相影响，共同保障着静脉产业硬件系统的良性稳定运行。

虽然不同学者对此的阐述不尽相同，但是归纳起来，其核心内容是相吻合的，都认为静脉产业由资源回收、再造再生、再利用以及技术创新等几大部分组成，这是静脉产业涉及的基本领域，是必不可少的构成内容。

3. 静脉产业发展现状剖析及对策

静脉产业的现状及发展中存在的问题，一直是一个研究热点。这不仅包括了对国家层面静脉产业发展现状及问题的研究，还包括对区域层面静脉产业发展的现状及问题的研究，以及对静脉产业体系中各个部分的研究。

王军、岳思羽、肖忠海等学者对国内静脉产业的现状做了非常细致的分析，他们认为国内静脉产业的主要问题有：（1）在废物的回收、资源再利用和最终处理处置等方面，相关的法律法规相对滞后；工业废物和生活垃圾的资源回收与再利用相互脱节；资源再生加工企业普遍规模较小，投资能力较低，技术开发投入严重不足，技术水平相对落后，资源利用率低，排放废物量大；从废物的产生、贮存、运输、再利用、再生利用、最终处理处置全过程的环境风险较大，废物的资源再生和环境管理能力不高，尚未构成科学化、规模化、规范化的静脉产业发展模式等问题。（2）生活垃圾方面：垃圾分类在许多地方形同虚设，生活垃圾的混合收集、运输、排放、填埋造成可再生资源的极大浪费；许多城市的"拾荒者"将垃圾箱中回收价值较高的部分出售给一些无证经营的小加工厂进行非法生产加工；资源回收网点设施简陋；分拣出的危险废物没有按相关规定进行贮存和管理。（3）工业废物的资源加工利用方面，巨大的资源再生利用利润下面掩盖了粗放式的加工回收及严重的环境问题。（4）再生资源供需矛盾突出，市场竞争无序。（5）静脉产业规制体系不完善，在实践中重行政手段轻经济手段，利益相关者责任不明确。这些问题的存在制约着我国静脉产业的健康发展。

此外，国内诸多学者分别对辽宁省、苏州高新区、上海市、大连市、长株潭城市群等地区发展静脉产业中的现状及存在的问题进行了研究。各地区发展静脉产业所遇到的问题不尽相同，但归结起来与前面提到的上述问题在本质上是相同的。

对于我国静脉产业发展中出现上述问题的原因，于双行、耿飞燕、诸大建等学者进行了非常深入的研究。总结他们的观点，我国静脉产业在发展中之所以出现这么多问题，主要有以下原因：（1）民众环保意识淡薄，对发展静脉产业的认识不足。（2）线性经济生产模式的历史积累。（3）消费观念和消费模式缺乏绿色概念。（4）法律体系存在管理缺位。（5）产业集约化程度低，生产方式粗放。（6）科技开发成果转化不足，资源利用水平不高。（7）静脉产业发展资金不足。（8）技术开发进展迟缓。（9）政策支持不够，信贷支持不足。

针对静脉产业发展存在的问题与原因，耿飞燕、雷鸣、张宗科、崔晓莹、陈大雨等学者对其提出了自己的建议，综合这些建议主要有以下几个方面：（1）完善法律法规建设，健全鼓励静脉产业发展的政策、机制，为静脉市场的发展营造良好有序的制度环境。（2）加强技术创新，提升技术水平。（3）完善的信息、服务支撑体系。（4）加强舆论宣传，提高认识，加强人才培养。（5）建立并完善收费制度。（6）改革管理体制。（7）发展静脉产业园区。（8）进行市场重构，调动企业积极性。（9）优化产业结构，培育静脉产业组织模式。（10）健全回收网络。

4. 静脉产业发展模式

静脉产业发展模式是静脉产业实践中亟须探讨的问题。总结我国学者这方面的研究，公认的较好的静脉产业发展模式为产业园区发展模式，与单一企业构建静脉产业链相比，园区发展能更好地实现规模化效益。2006年9月我国开始实施《静脉产业类生态工业园区标准（试行）》（HJ/T275－2006），标志着我国静脉产业园区作为一个有效的模式得到国家层面认可。我国已经建立和正在建立山东省莱西市姜山镇的青岛新天地工业园、江苏省苏州市光大环保静脉产业园、辽宁环保静脉产业园、天津静海静脉产业园区等静脉产业园。

李赶顺通过委托代理模型对我国静脉产业发展基本模式进行了有益探索，提出由政府委托民营企业打造静脉产业园区是推动静脉产业发展的有效方法，也是必然选择。他还基于委托代理模型分析了企业"败德"行为与制度设计的关系，之后提出了：（1）我国静脉产业园区发展模式为通过建立静脉产业园区，在纵向上形成政府委托企业，企业监督、规划、管理园区内企业的委托代理模式；在横向上，可以迎合静脉产业发展的内在的规模化经营规律的要求，构建废弃物处理各行业各工序之间的横向耦合体系。（2）我国静脉产业园区发展的制度框架为政府根据本地区废弃现状，委托一家龙头企业负责静脉产业园区的搭建，并具体提出了政府与被委托企业的职责。

张小冲、李赶顺合著的《中国循环经济发展模式新论——静脉产业发展模式的国际比较与借鉴》，研究认为，建立健全我国静脉产业发展的运行机制主要从三个方面入手：（1）建立健全我国静脉产业发展的产权机制，包括：建立静脉产业企业化、市场化体系；建立生产者责任延伸制度。（2）以国家为主体推动静脉产业产品市场建设，转变政府职能，建立和完善静脉产业市场的监督管理体系，不断推动静脉产业市场的建立和发育。（3）加强环境教育，提高消费者的环境意识，包括：加强环境教育；建立消费者责任制度；实施绿色生产和绿色消费激励制度。同时，他们在构建静脉产业发展的运行机制方面认为：构建静脉产业的技术创新机制和政策机制，并从宏观上指导我国静脉产业的发展。"3R"原则下静脉产业发展的任何一个环节都离不开技术的支撑，构建企业静脉产业的技术创新机制，是静脉产业发展的基础和前提；同时，静脉产业的发展必须以市场为基础，静脉产业发展的政策机制就是要综合运用市场经济手段，通过产业政策、税收政策、财政政策、金融政策、产业布局政策、规模经济政策以及价格政策等经济手段，对静脉产业项目和循环经济模式进行生产和消费的行为予以鼓励，对不符合静脉产业要求的项目予以限制，对静脉产业的发展予以宏观指导。

对于静脉产业类生态园区的规划，万云峰、刘春尧、许碧君等学者通过研究指出，建设静脉产业类生态园区应该以下几点：（1）有效利用现有环卫设施用地，避开设施选址难题；（2）将城市固废作为资源循环链的一环进行加工再利用；（3）根据实际情况确定产业类型及项目选择；（4）做好物流、能量流的分析。李铭裕则重点研究了上海老港静脉产业园区规划概况以及园区定位，分析了老港静脉园区开发风力发电、填埋气发电、太阳能发电的基础条件，提出了在园区构建"立体式、多模式"能源再利用体系的设想，将垃圾填埋场封场后土地再利用和发展可再生能源有机地结合在一起。

王军、岳思羽、陈振华等学者对静脉产业类生态工业园区标准进行了研究。前者选取经济发展、资源循环与利用、污染控制和园区管理4个方面共20个指标，构成静脉产业类生态工业园区评价指标体系。经过综合分析，确定采用层次分析（AHP）法对评价指标体系进行权重计算。并得出如下结论：静脉产业类生态工业园的建设重点应为提高资源循环利用率和保障环境安全，污染控制以固体废物的安全处置为主。最后，对此评价指标体系进行了可行性分析。依据此评价方法，制定了国家《静脉产业类生态工业园区标准》。后者则提出了园区建设指标和管理指标，完善了园区验收指标，并针对现行标准的不足，提出了建议指标体系。

关于静脉产业链的构建与发展模式，有的学者认为，从系统工程的角度来看，静脉产业链可分解成三个子系统：垃圾生产子系统、垃圾分类收集子系统、垃圾最终处理子系统。也有的学者试图从静脉产业的资源化系统运作模式、中水回用模式、包装废弃物的回收再生运作流程、生活垃圾的回收再生运作流程、产品废弃物的再生运作流程等方面作出更为具体的规划，以期构建出合适的静脉产业运作模式。

北华航天工业学院经济管理系课题组在对城市静脉产业链构建模式研究中提出了针对城市社区、工厂、医院等产生的生活垃圾、建筑垃圾、电子医疗垃圾、工业废弃物等垃圾生产源设立分类收集点，由政府给予政策、税收等的优惠或补贴，形成由企业自主经营，经物流配送中心分达各类分类处理厂的垃圾处理掩埋点，进行细分或无害化处理的一个产业链。

薛楠、刘舜、陈素敏对钢铁企业的静脉产业链进行了研究，他们认为可以通过建立副产品协同作用理念，使一个部门的废料成为另一个部门的原料来建立钢铁企业内部静脉产业链；通过建立钢铁和有关工业的生产链网，使上游过程中生产所产生的废弃物成为下游生产的原料，达到相互间资源的最优化配置，完成物质的反复循环流动的方式，建立以钢铁企业为中心的企业间的静脉产业链；通过将钢铁厂在生产钢铁时产生的大量"三废"、余热、余压等资源，经水处理厂、电厂、煤气公司、建材厂等生产出水、电、煤气、建筑材料等供钢铁厂和社会居民使用的方式建立企业与社会之间的静脉产业链。

关于煤炭企业静脉产业的发展模式，卞丽丽等对静脉产业与煤炭企业循环经济进行了研究，他们认为煤炭企业发展循环经济，关键是寻找有效推进循环经济发展的切入口。而煤炭开采、加工和就地利用产生的大量废物，为矿区发展静脉产业提供了良好的再生资源条件。他们提出以集约化方式建设大宗矿山废物利用链，是大型煤炭企业加速发展循环经济的最有效和最容易实施的切入口，这样可以把矿区再生资源优势转化为发展循环经济的现实优势。

任一鑫、房建国等在著作《新汶矿区循环经济发展模式》中对煤炭矿区静脉产业基本体系进行了构思，建立基本运行机理，为后续研究奠定了基础。

静脉产业

张咏梅在其博士论文《煤炭矿区静脉产业运行机制研究》中首先对矿区资源进行分析，然后建立了矿区静脉产业资源投入产出模型，最后对矿区静脉产业动力机制、约束机制、交易机制等进行研究，构建了矿区静脉产业的基本体系，为矿区静脉产业的发展提供了分析的方法与理论依据。

5. 静脉产业的经营收益方面

静脉资源要得以顺利流通，就必须进入市场，参与交易；企业要发展静脉产业，首先要保证交易收益，只有在能够获得正常经营收益的前提下，企业才会参与静脉生产。因此，关于静脉产业的经营收益也是诸多学者们研究的方向。

以聂永有为代表的学者对静脉产业收益的种类、源泉以及再生资源销售等内容进行了研究分析。聂永有、陈多友认为静脉产业的收益可分为经济收益和社会收益，而经济收益可分为直接经济收益与间接经济收益；社会收益可分为静脉产业的资源收益、环境收益、其他社会收益。

费金玲、聂永有对静脉产业中再生资源经营者的收益进行了分析，从再生资源经营者的交易关系分析、收入与成本分析以及经营分析三个角度进行讨论；聂永有、吕顺辉对静脉产业中收运者的收益进行了分析，认为静脉产业经济收益的来源包括处理费收入和再生资源销售收入，只要其经济收益能够得到保证，静脉产业就能得到发展。

于文良在研究了城市静脉产业资源及环境效益估算的意义和内容之后提出了两者的估算方法，即：城市静脉产业产生的资源效益 = 自然资源节约效益 + 土地资源效益；城市静脉产业取得的环境效益 = 城市生活垃圾减量化带来的环境效益 + 避免自然资源开发产生的生态效益 + 减少生产企业对自然资源的加工过程产生的环境效益 − 城市静脉产业资源化过程中产生的环境成本。并将其应用于西安市静脉产业发展设计上。

6. 国外发展静脉产业的先进经验

国外静脉产业理论研究和实践工作为我国静脉产业发展提供了借鉴和帮助。我国学者从不同角度对其进行了研究：秦海旭等学者对德日发展静脉产业的经验分法律体系、政策体系、社会回收组织、绿色采购、环境教育五个方面进行了分析；郭进、郭海军等学者分别对日本的废旧家电、欧洲废铝、发达国家再生 PET 及美国的电子废弃物的资源回收利用现状、经验或发展前景进行了探讨；徐波、吕颖、林健、吴妍妍等学者对日本静脉产业发展的历程、经验及对我国的借鉴进行了研究。

总结他们的观点，可概括表述为：

（1）日本静脉产业的发展经历了三个阶段：日本静脉产业的萌芽阶段（20 世纪 80 ~ 90 年代）；日本静脉产业的快速发展阶段（20 世纪 90 年代至 20 世纪末）；日本静脉产业的成熟阶段（21 世纪至今）。

（2）日本发展静脉产业的主要经验有：完善相关的法律法规；重视技术研究开发；制定倾斜政策；建设生态工业园；全社会的共同参与；有效的经济制度；完善的废旧物质回收系统。

（3）对我国发展静脉产业的启示主要有：静脉产业的发展是循序渐进的过程；静脉产业的发展是政府推动和企业拉动共同作用的结果；静脉产业的发展必须具备前提和基础。

（4）我国发展静脉产业可以借鉴的主要有：完善法律、法规及相关制度；政府给予政策指导、扶持；发挥有关行业协会的中介作用；全社会参与；加强静脉产业相关技术研发；建设静脉产业类生态工业园区；成立固体废弃物资源交易中心等。

从以上静脉产业理论研究在国内外的进展情况可以看出，静脉产业理论从提出到发展至今，其发展速度是令人鼓舞的，可见理论本身所具有的强大的生命力，从另一个侧面也反映出社会、政府和行业组织对静脉产业理论的关注在不断提高，并且迫切希望运用成熟的静脉产业理论去指导新型的产业发展模式。因此，本书为顺应这种社会需要，将对静脉产业理论和发展中的各种实际问题进行简要而全面的分析。这也是笔者写作本书的意图之一。

二、静脉产业发展中存在的不足

（一）静脉产业理论发展的不足

1. 有关循环经济的研究成果丰富，而静脉产业理论本身的研究有所欠缺

如前所述，国内关于循环经济的研究成果丰富，虽然为静脉产业的研究奠定了良好的基础，但就静脉产业本身而言，其研究内容相对较少。

2. 关于静脉产业的研究视角分散，未形成理论体系

从已有的对静脉产业研究成果看，目前关于静脉产业的研究还是主要集中在静脉产业发展的基础性研究方面，且处于零散状态。

总结国内学者静脉产业的研究成果，在理论层面主要涉及静脉产业与循环经济关系的研究、静脉产业发展模式的研究及静脉产业的体系构成研究，少部分涉及静脉产业的经营收益方面的研究；在实践层面主要集中在对区域静脉产业特别是城市静脉产业发展现状剖析及对策的研究，对行业静脉产业发展尤其是行业静脉产业发展的研究不足。

对于静脉产业发展起到重要指导作用的理论内容，如静脉产业发展动力、市场运行机制、主体行为分析、成本与效益分析、控制与评价等产业组织理论传统要求的研究内容都显得很匮乏，更别说进行系统研究。因此本书将会从以上不同方面对静脉产业进行系统分析，以填补现有研究的空白。

（二）静脉产业发展实践中的不足

目前，世界上多数国家都积极开展循环经济战略，其中以欧盟等发达国家最为突出。在美国，废弃物回收业是 20 世纪 90 年代以来发展最快的产业，2004 年废弃物回收业为美国创造了 2360 亿美元的利润，相当于当年全美汽车工业产值；在欧盟，德国的汽车再制造产业也已达到相当高的水平，每年为德国创造 410 亿欧元的产值，另外，德国、荷兰、意大利

静脉产业

等国则率先实施了《关于报废电子电气设备的指令》；在日本实施循环经济过程中，静脉产业也取得了显著的成就，成为最早探索循环经济，大力发展静脉产业的国家之一；2007年3月起，联合国首次以资源的有效利用和安全处理为目标，努力出一套世界通用的循环利用标准。静脉产业作为一种产业在我国提出较晚，但与静脉产业有关的实践活动在我国开展比较早，从废弃物利用的角度能够追溯到3000多年前池塘养鱼、塘坝种桑、桑叶养蚕、蚕沙养鸡、鸡粪喂鱼、塘泥种田等综合利用，新中国成立后，虽然没有提出静脉产业的概念，但在这方面也进行了实践，具体分析如下。

1. 我国静脉产业实践

自20世纪90年代以来，循环经济成为社会各界关注的焦点，静脉产业也得到了进一步的发展。静脉产业的崛起，促进了经济和环境效益的双赢，体现了社会进步的方向。静脉产业园的发展只是中国静脉产业的一个缩影，体现出这一新兴产业的光明前途。再生资源回收利用是我国经济和社会发展的一项长远的战略方针，资源与环保已经成为我国优先发展的重点产业之一，再生资源行业是一个朝阳产业。合理利用再生资源，实施社会生产和生活消费的无害化排放或零排放，从而达到持续地发展人类经济文化，保护地球环境，提高人民物质文化生活水平的目的。我国废旧物资回收利用工作始于1954年4月28日，以国家成立金属回收管理局诞生之日起，已经有50多年的发展历程，初步形成了较完善的废旧物资回收利用体系。目前，我国从事再生资源回收利用的企业有80000多家，回收加工厂近6000家，网点20万个，从业人员达1000万人以上，其中绝大部分从事个体回收，承担了再生资源市场90%的回收量。"十五"期间，即2001~2005年这5年间，主要废旧物资回收总量为4亿吨，年均回收量为8000万吨，年均增长率为13%，主要废旧物资回收总值为6500亿元，年均回收值为1300亿元，年均增长率为24%。

近年来，在国家政策的扶持下，我国静脉产业发展也取得了长足的进步，很多城市也有了自己的静脉产业工业园区，如山东青岛、江苏苏州、天津等已在建或正在建静脉产业园区。山东青岛新天地静脉产业园位于姜山镇，居山东半岛东部经济发达的青岛、烟台、威海、潍坊四个开放城市的几何中心。青岛新天地园区运用静脉技术对固体废物再资源化，实现废物与资源的转化，园区内建成青岛危险废物处置中心、废旧家电及电子产品综合利用、医疗废物处置中心、海上船舶固废无害化处理等项目，目标是最终建成以废旧家电拆解、废旧汽车拆解和废物处理为主的综合性静脉产业园区；苏州光大环保静脉产业园将建塑料瓶再利用、中心办公设备被利用中心、汽车再利用中心、机电设施设备再利用中心、荧光灯在利用中心、医疗用具再利用中心等。

静脉产业在我国的发展过程分为三个阶段：萌芽阶段，快速发展阶段，成熟阶段。

萌芽阶段：在20世纪80~90年代是属于静脉产业的萌芽阶段，主要靠政府的强制实施，推动其发展。

快速发展阶段：20世纪90年代至20世纪末，静脉产业规模逐渐扩大，在政府推动其发展的同时，企业也在自主的发展静脉产业——建立废弃物再生利用生态工业园。

成熟阶段：20世纪末至今，到目前为止，通过市场拉动的作用机制，企业真正成为实施静脉产业的主体，自觉地实施废弃物的回收利用，静脉产业成为国家经济高发展的主导产业。

2. 我国静脉产业发展的不足

目前，国家和社会民众已逐步认识到静脉产业的重要性，引入循环经济和静脉产业理念，尝试发展静脉产业，但是在推进静脉产业的实践中尚未形成一种整体合力，还存在着一些问题，主要表现在：

（1）资源流动不畅，废弃物回收网络不健全。

由于受到覆盖范围有限、经济效益不高、企业主体成长慢、回收利用企业信息获取有限、信息引导不足等因素的影响，全社会还没有形成完善的静脉产业资源回收利用网络，从而影响了静脉资源的高效、顺畅地流动，不利于静脉生产的规模化。

（2）市场化运作不完善。

静脉产业发展尚没有形成统一的市场化运作机制，多数企业只是从企业自身的角度对生产产生的废弃物进行再生循环利用，而没有很好地参与到市场交易之中，加之静脉资源定价等问题，阻碍着静脉产业市场化的规范运作。由此可见，静脉产业的发展仅仅依靠单一组织自身的努力，进行市场化运作是不够的。

（3）缺少相关的制度保障。

目前，国内外对静脉产业发展的相关内容都缺乏强制性规定，对相关参与主体的责任和义务也缺乏明确的规定。现行环境立法中的某些规定，如排污收费等，加之回收利用制度和对废弃物排放责任者的约束没有法律法规支撑，使静脉产业的发展受阻。

造成这些问题的原因，主要在于静脉产业的发展尚未形成一个良好的运行机制，不能有效保障产业发展所必需的某些因素，从而制约了产业发展；在理论上，也没有具体的运作机制模型等有针对性的理论，不能很好地指导静脉产业的运作。

因此，为了解决这些问题，打破理论的局限性和实践的盲目性，有必要结合实际对静脉产业的运行机制进行深入研究；这是本书写作的第二个目的，在书中将会详细分析静脉产业合理运行的相关机制。

第三节　静脉产业内涵及与相关学科关系

一、静脉产业概念

日本《循环关键字》对静脉产业作了如下界定：一般制造业等可称作动脉产业，处理、处置及循环利用从这些产业排放的废弃物的产业相当于人体的静脉，因此可称作静脉产业。从日本对静脉产业的界定中可以看出，静脉产业的研究内容十分丰富，所有废弃物收集、加工、处理以及市场化的过程等都属于静脉产业的研究范畴。

原国家环境保护总局于 2006 年发布的《静脉产业类生态工业园区标准》中对静脉产业

静脉产业

的定义，即：静脉产业是在循环经济体系中，以保障环境安全为前提，以节约资源为目的，运用先进的技术，对废物进行收集、分类、运输、分解、再资源化及最终安全处置，实现各类废物的再利用和资源化的产业，包括废物转化为再生资源及将再生资源加工为产品两个过程，此书较认同此概念的界定。

需要注意的是，静脉产业与"废弃物处理产业"、"资源再生利用产业"的概念相近，但目前学术界并没有将其明确区分，从产业发展的目标和内容的角度来看，它们之间确实不存在实质性的区别，但从各自的侧重点来看，两者存在一定的差异：静脉产业的概念更宽泛，除了包括处理废弃物的各个环节及各个组成单元之外，还包括管理、技术、制度等多个层面的相关内容；废弃物处理是指对废弃物进行的无害化、减量化、资源化的处理，更偏重于在技术层面的处理；而资源再生利用产业特指将废弃物进行资源化处理，产生再生资源后，再将再生资源投入产业结构系统中，从而达到再利用的目的。

二、静脉产业基本特征

根据总结已有研究成果，对静脉产业基本特点总结如下：

（1）企业生产的原料为废物资源。发展静脉产业可以缓解随意丢弃废物对国土安全和环境安全构成的威胁。

（2）通常具有固定、规范的废物回收系统，以保障静脉产业各生产环节的顺畅进行。建立静脉产业回收系统是发展静脉产业重要的前提条件。

（3）静脉产业是20世纪末期新兴的朝阳产业，其发展潜力较大，并且也有较大的利润空间。

（4）静脉产业中物质流动的路径为：废物资源—分类收集—资源化—生产领域（无法资源化的废物进行最终安全处置）。

（5）静脉产业的发展，受环保法规的影响较大。随着环保法规的不断完善、环境标准的不断严格，特别是"生产者责任延伸制度"的实施，使生产者不得不对产品废弃后的环境管理承担部分或全部责任，进一步深化了传统的"污染者付费原则"，将会给静脉产业的发展提供了有利的法律支持。

三、静脉产业与其他学科的关系

1. 静脉产业与循环经济的关系

从理论上讲，静脉产业的定义来源于循环经济理论。静脉产业实现循环经济减量化、再利用、资源化的经济主体；循环经济的理论认为对于所有废弃物应"3R"原则进行处置，同时，循环经济系统包括对废弃物的处理过程中的权责归属、技术标准等的规范，为建立自觉节约资源、环境保护的机制而实施的、调节市场主体行为的财税、投资、信贷等政策手段，这为静脉产业的发展提供了理论和物质上的基础，而发展静脉产业也是实现循环经济的重要手段之一。

从实践上来看，循环经济与静脉产业两者之间有着密不可分的联系。循环经济有狭义和广义之分：狭义的循环经济，主要是指废物减量化和资源化；广义的循环经济覆盖所有的社会生产活动。而所谓"静脉产业"是指废弃物资源化形成的产业，是相对于利用自然资源形成的产业——"动脉产业"而言的。发展循环经济，其本质就是发展生态经济，要与资源节约综合利用、污染治理、清洁生产一脉相承，又要有所侧重，既要追求降低资源消耗，又要资源尽可能地得到高效利用和循环利用，从而达到提高资源利用效率和减少废弃物排放的目的。

循环经济以节约资源和保护环境为导向，在生产发展和消费活动中坚持将废弃物排放对环境造成的不良影响降低到最低，从而减少人类活动的负的外部性；而静脉产业以废弃物资源化处理为主要内容，将废弃物转化为适合人类生产生活使用的资源，在起到缓解人类社会资源压力作用的同时，有效降低了废弃物对环境的破坏，具有良好的环境效益。由此可见，静脉产业的结果是节约资源和保护环境，这与循环经济的要求和起因是一致的，发展静脉产业从实质上看就是发展循环经济。

2. 与经济学的关系

从经济学诞生之日起，资源配置特别是稀缺资源的配置就是经济学的研究对象。在生态资源逐渐稀缺的条件下，经济学将研究的对象拓展到生态环境也就不足为奇了。

（1）资源经济学。资源经济学认为经济的本质是人将自然资源转换为生存资料。资源有社会资源和自然资源之别。社会资源包括人力、知识、信息、科学、技术以及累积起来的资本及社会财富等，其最大特征是累积性和可变性。自然资源包括土地、森林、草原、降水、河流湖泊、能源、矿产等，其本质特征是有限性，且其中的一些资源是不可再生的。与循环经济研究有关的资源经济学内容包括供求关系、价格和税收对供求关系的影响等。因此，能否形成产业之间的"废物变原料"的联系，最终由资源经济学决定。

（2）环境经济学。各国政府推进循环经济的发展，主要是因为其中涉及外部性问题。福利经济学告诉我们：如果一种商品的生产或消费会带来一种无法反映在市场价格中的成本，就会产生一种"外部效应"。外部性是指一些产品的生产与消费会给不直接参与这种活动的企业或个人带来有害或有益的影响。其中有益的影响称为"外部经济"，否则就是"外部不经济"。生态环境属于公共产品。作为公共产品的环境，由于消费中的非竞争性往往导致"公地的悲剧"——过度使用，消费中的非排他性往往导致"搭便车"心理——供给不足。通过发展静脉产业，在提高自然资源利用效率的同时，也可以达到保护环境的目的。

（3）微观经济学。循环经济学认为，经济本来就是循环运动的，经济的循环运动可以分为产品循环运动和货币循环运动。产品循环运动就是环境要素——产品——环境要素的过程，货币循环运动就是影子货币——货币——影子货币的过程。环境要素到产品的过程是生产过程，产品到环境要素的过程是产品的使用过程。影子货币到货币的过程，就宏观而言是货币的发行过程，货币到影子货币的过程是货币回笼的过程。

（4）经济学的资源稀缺性。所谓资源稀缺经济学的前提之一，指的是世界上的一切资源都是有限的，而经济学研究的就是在资源稀缺的前提下如何有效的分配和利用这些资源。

静脉产业

相对于人的无穷无尽的欲望而言，"经济物品"以及生产这些物品的资源总是不足的。这种资源的相对有限性就是稀缺性。稀缺性有几个特性：无论对社会还是个人，稀缺性都是普遍存在的；稀缺性是相对的，是相对于人类欲望的无限性而言；稀缺性又是绝对的，它存在于人类历史上的各个时期和一切社会，在不同的社会阶段，资源稀缺的种类不同，资源稀缺程度不同，因此研究的重点不同。稀缺性是人类社会的永恒问题，是经济学的出发点。

发展静脉产业的本质是最大限度地保护和节约资源，促进资源的循环利用。静脉产业的发展也是基于资源稀缺性的假设，正是因为资源的稀缺，使得人口增长与经济发展之间、经济发展和资源之间、经济发展、人口增长与生态环境之间出现矛盾，也正是因为资源稀缺，使得资源的循环利用具有必要性。如何合理配置资源，充分利用资源，促进和谐发展是发展静脉产业要解决的主要问题之一，资源稀缺仍然是研究与发展静脉产业要解决的基本问题。

从上述分析可以看出，经济学、生态学等为静脉产业研究与实践提供理论基础与基本研究方法，而静脉产业是经济学等研究的延伸，是相关理论在具体领域的实际应用，静脉产业发展必须遵守经济学等基本规律与原理。

3. 与生态学的关系

生态学是研究生物与环境之间的一门科学。正如仿生学一样，静脉产业也要研究人类仿照自然界物质代谢、循环、共生等规律，并用以安排经济活动。英国学者坦斯利（A. G. Tansley）1936 年提出生态系统的概念，强调在一定自然地域中生物与生物之间，生物有机体与非生物环境之间功能上的统一。一个生态系统，包括生物有机体及其周围一切空间和所有直接或间接影响生物有机体的环境；对生物的生长、发育、繁殖、形态特征、生理功能和地理分布等有影响的环境条件，即生态因子。生态系统的规律可以总结为：整体、协调、循环、再生等，这些生态规律已经被应用于农业、工业等领域的循环经济实践中。

生态学食物链原理为静脉产业体系的构建提供了依据，静脉产业是依据生态学的一些基本原理构建起来的。

4. 与生态经济学的关系

生态经济学是一门跨社会科学（经济学）与自然科学（生态学）的边缘学科。生态经济学是一门研究再生产过程中，经济系统与生态系统之间的物质循环、能量转化和价值增值规律及其应用的科学。生态环境已经从单纯自然意义上的人类生存要素转变为社会意义上的经济要素，这有两层含义：第一，符合人类生活需要的良好生态环境已经短缺，拥有良好的环境已经成为人们追求幸福的目标之一；第二，自然生态环境对于废弃物的吸纳能力已经或接近饱和，局部地区甚至已经超载，继续利用它进行生产就必须再生产出新的环境容量，因而需要投入资金进行"建设（生态恢复和污染治理）"，良好的生态环境已成为劳动的"产品"。换句话说，良好的生态环境已经具有了二重特征，即从生活的角度看是目标，从生产的角度看已经变成生产要素和条件。

产业生态学，是模仿自然生态学建立起来的一门学科。1997 年耶鲁大学和麻省理工学院合作，出版了全球第一本《产业生态学杂志》。主编 Reid Lifset 在发刊词中提出：

"产业生态学是一门迅速发展的系统科学分支，它从局部、地区和全球三个层次上系统地研究产品、工艺、产业部门和经济部门中的能流和物质流，其重点是研究产业界在降低产品生命周期中的环境压力的作用。"产业生态学试图仿照自然界的物质循环，通过企业间的系统耦合，使产业链显示生态链的性质，实现物质循环利用和能量的多级传递、高效产出和资源的永续利用。在自然生态系统中，生产者的生产量、消费者的消费量和再生者是相对简单而稳定的，但生态工业系统无论是技术水平还是相互之间的联系，还远没有达到自然界的水平。

产业共生理论在 20 世纪 60 年代后期，由 John Ehrenfeld 和 Nicholas Gertler（1997）在丹麦的卡伦堡市提出，研究了由于企业间存在众多合作关系而被公认为"产业生态系统"或"产业共生"的丹麦卡伦堡工业园区，他们认为企业间可相互利用废物，以降低环境的负荷和废物的处理费用，建立一个循环型的产业共生系统。在政府的支持下，卡伦堡市采取了利用工厂排出的废热为市区供暖、利用制药厂的有机废物作肥料等措施，建立了生态城市的雏形。工业共生理论的研究对于循环经济的发展而言具有一定的促进意义：

（1）工业共生是现代工业企业面对日益严峻的环境问题的组织新模式。这是指模仿自然界生物种群的交互作用，在企业之间开展的废弃物交换、废物流集中和资源共享。类似于种群共生进化，工业共生经历一个从简单到复杂，从不稳定到稳定，从局部最优到全局最优的进化过程。工业共生在生态工业发展中发挥举足轻重的作用。

（2）工业共生理论研究不同企业间的合作关系，通过这种合作，共同提高企业各自的生存能力和获利能力，实现对资源的节约和环境保护，强调企业间相互利用副产品的合作关系。工业共生不仅是关于共处企业之间的废物交换，还是一种全面合作，不仅给企业带来经济效益，还可以实现环境质量的改善。

目前，工业共生的新观点集中在三个方面：一是工业共生不仅包含副产品交换，也包括企业间的知识、设备等资源的共享及信任、知识管理等内容；二是工业共生关系在不同的空间分布形态下表现出不同特征；三是工业共生不仅包含合作，同时包括竞争和优胜劣汰，所以学习和创新是工业共生进化的基本手段，由此构成了工业共生进化的三大研究内容。

生态经济学与工业生态学为研究静脉产业与动脉产业的关系提供了理论基础，也为静脉产业体系内部关系的研究及构建提供了分析方法，静脉产业理论正是以此为重点发展起来的。

5. 与产业经济学的关系

（1）产业辐射理论。

产业辐射是由于相关产业间对其各自产品的相互需求而引起的。除此以外，这些产业间又分别以自己为源头产生新的需求关系而引起新的辐射，依次发展下去，就形成以某骨干产业为中心层层相连的辐射关系。这种层次式辐射有的是递减型的，即由相互需求（或供应）引起的辐射规模、辐射强度在逐级减少或减弱；有的是递增型的，即由相互需求（或供应）引起的辐射规模、辐射强度在逐级增大或增强。静脉产业的研究与发展必须依靠产业辐射理论中的层级辐射关系使各相关产业紧密联系。

静脉产业

（2）产业资源优化理论。

优化主要是指静脉产业中资源耗费网络的优化，网络技术在资源网络中的优化。静脉产业中资源耗费环节既有资源输入，又有资源输出，有时同一资源耗费点有多种资源输入与输出。资源耗费环节之间关系不再是传统经济发展模式中孤立的关系，而是以资源流动为线索构成链式或网式关系，资源开采利用不再是在某一环节上单独进行，即输入资源，输出的是资源和废弃物，而是将有相互利用关系的环节有机组合在一起的层级利用或循环利用方式。由此看来，在静脉产业体系中，资源耗费是依据工业食物链和工业食物网络原理将各耗费资源环节以资源流向为线索，有机结合在一起的一张开放网络。要贯彻"3R"原则，实现"人类生产、物质生产、环境生产"三大生产和谐进行，就须以资源耗费网络为基础，以资源特性、环节之间关系为依据，对网络中资源耗费环节进行优化组合，对资源流向进行优化重组。

（3）产业组织优化理论。

产业组织优化的含义是指产业组织处于既能发挥竞争机制，又能享受规模经济的一种组织结构状态，也可称为产业组织的有效竞争。产业组织优化的主要特征就是要形成有效竞争的市场结构模式，产业组织理论主要从产业市场结构、产业组织结构、产业市场行为以及产业市场绩效等方面对产业竞争能力进行分析，从而进一步找到如何提高产业竞争力的方法。

6. 其他相关理论基础

（1）清洁生产理论。清洁生产理论由联合国环境规划署工业与环境规划活动中心首先提出的，他们将清洁生产定义为："清洁生产是指将综合预防的环境策略持续地应用于生产过程中，以便减少对环境的破坏。对生产过程而言，清洁生产包括节约原材料和能源、淘汰有毒原材料，并在全部排放物和废物离开生产过程以前减少它们的数量和毒性。对产品而言，清洁生产策略旨在减少产品在整个生产过程中对人类和环境的影响。"联合国环境规划署工业与环境规划活动中心认为，应建立可持续性发展的环境对策，防止产品和生产过程对人和环境所造成的危害，通过采取保护自然资源及能源资源、去除有害原料、减少废物的排放和无害化处理等技术，并通过增强环保意识来实现从产品生产到处理的全过程都能降低或减少环境负荷的可持续性发展战略目标。

（2）逆生产理论。逆生产理论是在1996年由日本东京大学提出的一种新型的循环社会理论。它针对为解决废物问题所采取的环保型材料的开发、分类、分离和再生技术及生产过程中废物减量等对策的局限性，提出要从根本上解决废物的循环利用问题，所有的产品都以能够在自然环境中得到处理为前提，并在此条件下进行产品设计、生产和消费。逆生产理论主张在产品的生产、使用、保修、回收和再利用的全过程中，尽量减少资源和能源的使用量及废物的排放量。

（3）零排放理论。零排放理论是在1994年由联合国大学提出的，它把废物看作没有得到有效利用的原材料，主张将废物作为生产的原材料使用。如A企业的废物通过改良加工，可以作为B企业的原料，而B企业的废物又可作为C企业的原料等，最终使整个生产的废物排放达到无限小。

（4）替代理论。替代就是一种物质被另一种功能相近或相似的另一种物质所取代。资源按照其能否再生可分为：可再生资源和不可再生资源，发展循环经济就要尽可能用可再生资源代替不可再生资源，用再生速度快的资源替代再生速度慢的资源，用丰富资源代替枯竭资源。替代是延迟不可再生资源枯竭期到来的主要方法之一，也能为寻找新的资源赢得时间。开展替代研究，尽可能用副产品、废弃物替代其他资源，这是静脉产业研究的重点，加强这方面的研究是静脉产业发展的保证。

本 章 小 结

本章主要对静脉产业理论的发展及认识进行简要介绍。首先通过分析静脉产业理论产生的社会背景，揭示静脉产业理论产生的必要性；随后详细分析静脉产业理论提出与发展情况，提出静脉产业理论研究所存在的不足。以上两点皆为本书写作的主要目的所在。

第二章　循环经济产业体系构成

从静脉产业理论的提出中可以看出，静脉产业是相对应于动脉产业而提出的，因此，对静脉产业的认识必须要弄清静脉产业和动脉产业间的关系，这是进行静脉产业研究的前提之一。这里从循环经济体系下的产业关系分析入手，逐步揭示两者间真实关系。

第一节　循环经济产业划分

一、产业的内涵

循环经济产业根植于循环经济，是循环经济产业化的具体实现形式。它不是一种新型的产业形态，而是对传统经济产业的目标导向、技术管理、制度文化、标准衡量等方面的改造、变革和升级，通过量变而达到质变，形成区别于传统经济产业的新的产业系统。在循环经济下，产业所起的作用不同，对产业分析的落脚点不同，因此，需要结合静脉产业的产生、发展、壮大，对社会的产业重新进行划分：静脉产业、动脉产业、环保产业与服务业。循环经济产业以协调社会进步、经济发展和环境保护为主要目标，最终达到生态效益、经济效益和社会效益的统一。

二、循环经济体系中的产业特征

循环经济体系中的产业具有以下显著特征：

（1）和谐性。既反映在人与自然的关系上，也表现在人与人的关系上。

（2）持续性。生态城市以可持续发展思想为指导，兼顾不同时间、空间的发展，合理配置资源，公平地满足当代与后代在发展和环境方面的需要，保证城市健康、持续、协调的发展。

（3）循环性。生态社会须改变现行的大量生产、大量消费、大量废弃的运行模式，倡导清洁生产、绿色消费、再生利用的运行机制，提高一切资源的利用效率，做到物尽其用，实现物质、能量的多层次分级、高效、循环利用，使各部门、各行业之间的共生关系协调。

（4）整体性。兼顾社会、经济和环境三者的整体效益。不仅重视经济发展与生态环境协调，更注重整个人类生活质量的提高。

三、循环经济下产业组成

在循环经济角度下，产业可以划分为动脉产业、静脉产业、环保产业与服务产业四大类，如表 2 - 1 所示。

表 2 - 1   循环经济视角下的产业组成

分类	界　定	特　征
动脉产业	指开发利用自然资源进行生产和流通等过程所形成的产业，即指从事从原料开采到生产、流通、消费、废弃过程的产业	循环经济中动脉产业基本功能仍然是为经济社会提供发展需要的物质财富或精神食粮，但更要尽可能节约原材料等资源的使用，尽可能实现生产、消费，人与自然的和谐发展
静脉产业	指以保障环境安全为前提，以节约资源、保护环境为目的，运用先进的技术，将生产、生活、社会活动过程中产生的废物转化为可重新利用的资源和产品，实现各类副产品、废物的再利用和资源化的产业	静脉产业是新兴起的产业，其主要功能是利用生产、生活、社会活动产生的副产品、废弃物、闲置资源生产产品或服务，在向社会提供产品的同时，更重要的是提高资源综合利用率，在利用中保护生态环境
环保产业	环保产业是国民经济结构中以防治环境污染、改善生态环境、保护自然资源为主要目的的技术开发、产品生产、商业流通、资源利用、信息服务以及工程设计、施工承包等活动的总称	环保产业的主要功能是废弃物处理，目的是保护环境
服务产业	服务业与传统的服务业相同，主要是为动脉、静脉、环保产业的发展，及社会、生活等提供相关的服务活动	服务产业的功能在为社会、居民等提供各种服务产品同时，也为相关产业提供服务

第二节　动脉产业

一、动脉产业概念

动脉产业指通过消耗现有的自然资源，进行产品生产和产品消费，以满足人们各种需求所形成的产业。

动脉产业的物质流动环节可以看作实现资源消耗—产品生产—产品消费—废物排放的过程。动脉产业的具体过程可以描述为：把用作原材料的自然资源和物质能源的消耗作为起点，由生产者按照特定要求加工形成产品，然后由消费者购买并消耗进入流通市场的产品，最终产品的使用寿命结束后变成废物进入环境；同时将生产过程产生的废物直接向环境排放。动脉产业的本质就是用不断增长的经济效益来满足人类日益增长的物质要求，而没有考

静脉产业

虑如何处理对环境造成危害的废物。

二、动脉产业分类

传统产业分类就是对动脉产业进行分类，产业分类就是人们为了满足不同需要而根据产业的某些相同或相似特征将企业的各种不同经济活动分成不同的集合。所以产业研究和分析目的不同，产业的分类方法也就有所不同。

1. 两大部类分类法

按产品用途把产业分为甲、乙两类，这是最主要的分类原则与方法。马克思按照产品经济用途的不同，把社会总产品划分为生产资料和消费资料，从而把社会生产划分为生产资料的生产和消费资料的生产这两大部类。这也是马克思再生产理论的重要前提和重要组成部分，是马克思对马克思主义以前的经济学的重大突破和创新。

2. 物质生产和非物质生产分类法

物质生产和非物质生产之间，不仅存在由物质生产发展到非物质生产的历史发展序列，而且两者之间又有互相作用、互相转化的辩证关系，它们彼此之间的数量比例还有不同的上升或下降的趋势。所以物质生产和非物质生产的分类也是一种十分重要的产业分类。

3. "农轻重"分类法

按产品的主要生产部门把工农业划分为"农轻重"。这种产业分类方法也是以马克思关于两大部类的原理为依据的。"农轻重"是三个具有不同地位作用的主要的物质生产部门，占整个物质生产的绝大部分。"农轻重"又是国民经济发展的客观顺序，农业是国民经济的基础，工业是国民经济的主导。所以"农轻重"的分类不仅有一定的理论意义，而且有很大的实践意义。"农"指广义的农业，包括种植业、畜牧业和渔业等；"轻"指轻工业，主要包括纺织、食品和印刷等工业部门；"重"指重工业，主要包括钢铁、石油、电力、机械等工业部门。农、轻、重之间的关系包括这三个产业之间的比例关系、互补关系和因果关系等。

4. 标准产业分类法

国家标准分类法是指一个国家（或地区）政府为了统一这个国家（或地区）产业经济研究的统计和分析口径，以便科学地制定产业政策和对国民经济进行宏观管理，并根据这个国家（或地区）的实际而编制和颁布的划分产业的一种国家标准。我国也有自己的产业进行科学分类的国家标准，即由中国国家标准局编制和颁布的《国民经济行业分类与代码》。它把我国全部的国民经济划分为 16 个门类、92 个大类、300 多个种类和更多的小类。

5. 产业发展阶段分类法

产业发展阶段分类法是指按照产业发展所处的不同阶段进行产业分类的一种方法。按照这种分类法划分的常见产业有幼小产业、新兴产业、朝阳产业、夕阳产业、衰退产业、淘汰产业等。由于划分产业发展阶段的标准有很多，因此处于不同发展阶段的产业的界限并不是很明确，只能是大概的划分。

（1）幼小产业是指在开发初期因生成规模过小，成本过高，技术不成熟而不能享受规模经济的好处并缺乏国际竞争力的产业。

（2）新兴产业是指由于科技的发展和生产力水平的提高，出现了新产业。这些新产业的产品在技术工艺、用途、生产方式、用料或其他方面均与原有产业的产品有较大的不同。

（3）朝阳产业是指新兴产业的进一步发展使其进入技术不断成熟、平均成本不断下降、产业规模不断扩大、市场需求不断增加的时期，处在这一发展时期的产业称为朝阳产业。朝阳产业常常与夕阳产业相对应。

（4）衰退产业是指由于技术逐渐老化、需求逐渐萎缩、平均成本不断上升引起规模收益逐渐下降、产业规模逐渐缩小的产业。

（5）夕阳产业是指衰退产业继续衰退下去，得不到政府的有关扶持，也没有某项技术的重大突破来改革原有的技术条件而即将退出市场的产业或产业群。夕阳产业也可以在出现重大技术突破的条件下重新焕发青春，进入另一产业生命周期。否则，政府往往会采取产业转移政策，将此类产业转移到更有成本竞争优势的产业中去，或在适当时期引导产业的人、财、物等资源向其他产业转移。

（6）淘汰产业是指产业发展到一定时候，由于技术老化、需求萎缩、成本上升、长期亏损而不能适应市场的需要而退出市场的产业。

6. 按生成要素分类

按照劳动、资本、知识等生产要素的比重或对各种生成要素的依赖程度对产业进行分类。根据劳动力、资本和技术三种生产要素在各产业中的相对密集度，把产业划分为劳动密集型、资本密集型和技术密集型产业。

（1）劳动密集型产业。指进行生产主要依靠大量使用劳动力，而对技术和设备的依赖程度低的产业。其衡量的标准是在生产成本中工资与设备折旧和研究开发支出相比所占比重较大。一般来说，目前劳动密集型产业主要指农业、林业及纺织、服装、玩具、皮革、家具等制造业。随着技术进步和新工艺设备的应用，发达国家劳动密集型产业的技术、资本密集度也在提高，并逐步从劳动密集型产业中分化出去。例如，食品业在发达国家就被划入资本密集型产业。

（2）资本密集型产业。指在单位产品成本中，资本成本与劳动成本相比所占比重较大，每个劳动者所占用的固定资本和流动资本金额较高的产业。当前，资本密集型产业主要指钢铁业、一般电子与通信设备制造业、运输设备制造业、石油化工、重型机械工业、电力工业等。资本密集型工业主要分布在基础工业和重工业，其一般被看作发展国民经济、实现工业化的重要基础。

（3）知识密集型产业。指在生产过程中，对知识和技术要素的依赖大大超过对其他生产要素依赖的产业。目前知识技术密集型产业包括微电子与信息产品制造业、航空航天工业、原子能工业、现代制药工业、新材料工业等。这里的"知识"是指广义的知识,包括技术等在内。

7. 关联方式分类法

关联方式分类法是将具有某种相同或相似关联方式的企业经济活动组成一个几何的分类方法。如战略关联分类法是按照在一国产业政策中的不同战略地位来划分产业的一种方法。将产业分为:主导产业、先导产业、支柱产业、重点产业、先行产业、基础产业等。

(1)主导产业。根据罗斯托的阐述,主导产业是指能够依靠科技进步或创新获得新的生成函数,能够通过快于其他产品的"不合比例增长"的作用有效地带动其他产业快速发展的产业或产业群。所谓主导产业,应同时具有如下三个特征:能够依靠科技进步或创新,引入新的生成函数;能够形成持续高速的增长率;具有较强的扩散效应,对其他产业乃至所有产业的增长起着决定性的影响。这三个特征是有机的整体,缺少任何一个都不可成为主导产业。

(2)先导产业。指在国民经济体系中具有重要的战略地位,并在国民经济规划中先行发展以引导其他产业往某一战略目标方向发展的产业或产业群。这类产业对其他产业的发展往往起着引导的作用,但未必对国民经济起支撑作用。

(3)支柱产业。指在国民经济体系中占有重要的战略地位,其产业规模在国民经济中占有较大份额,并起着支撑作用的产业或产业群。这类产业往往在国民经济中起着支撑作用,但不一定能起到引导作用;同时,往往由先导产业发展壮大,达到较大产业规模以后就成为支柱产业,或先成为对其他产业的发展既有引导作用又对国民经济的发展起支撑作用的主导产业,然后再发展成为对其他产业的发展不再起引导作用而只对整个国民经济起支撑作用的支柱产业。

(4)重点产业。是指在国民经济体系中占有重要的战略地位并在国民经济规划中需要重点发展的产业。重点产业的概念比较含糊,缺乏科学性。它可以包括主导产业、先导产业、支柱产业、先行产业、瓶颈产业、基础产业等。

(5)先行产业。其内涵有狭义和广义之分。狭义的先行产业是根据产业结构发展的内在规律或自然规律必须先行发展以免阻碍其他产业发展的产业,这类产业包括瓶颈产业和基础产业。另一类先行产业是指根据国民经济战略规划的需要人为确定的必须先行发展以带动和引导其他产业发展的产业,即先导产业。

(6)基础产业。是指在产业结构体系中为其他产业的发展提供基础条件并为大多数产业提供服务的产业。一般包括电力、石油、煤炭、冶金、化学、机械等生产基本生产资料的基础工业以及提供基础设施的产业部门如交通运输部门、邮电通信部门等。

8. 三次产业分类法

这种分类法是根据社会生产活动历史发展的顺序对产业结构的划分。三次产业分类活动的创始人是英国著名经济学家阿·格·费希尔和克林·克拉克。产品直接取自自然界的部门称为第一产业,对初级产品进行再加工的部门称为第二产业,为生产和消费提供各种服务的部门称为第三产业。第一次产业指广义的农业，主要包括农业、畜牧业、游牧业、渔业及林业等；第二次产业指广义的工业，主要包括制造业、建筑业、通讯业、采矿业等；第三次产业指广义的服务业，主要包括商业、金融、饮食等公共服务，以及科学、教育、医疗卫生和政府等公共行政事业等。

农业是指人们利用生物的生长机能，采取人工培养和养殖的办法，以取得产品的物质生成部门。狭义农业：泛指种植业，它包括种植粮食作物与经济作物。广义农业：即"大农业"，除种植业外，还包括林业、畜牧业、副业和渔业。农业是国民经济的基础，是国民经济中最基本的物质生产部门；是人类的衣食之源，生存之本；是工业等其他物质生产部门与一切非物质生产部门存在与发展的必要条件；是支撑整个国民经济不断发展与进步的保障。

工业是指采掘自然物质资源和对各种原材料进行加工、再加工的社会生产部门。重工业：包括采掘工业、原材料工业、燃料动力工业、机器制造业等。轻工业：纺织工业、食品工业、皮革工业、造纸业等。工业是国民经济的主导，是国民经济各部门进行技术改造的物质基础；为国民经济各部门提供先进的技术装备；为国民经济各部门提供能源和原材料；为满足人民生活需要提供各种消费品；是国家经济积累的主要来源，也是加强国防的重要条件。

第三产业又叫服务业，是凭借一定的物质技术设备，为社会生产和人民生活服务的各种行业的总称。分四个层次，流通部门：交通运输业、邮电通信业、商业、饮食业、物资供销业和仓储业；为生产和生活服务的部门：金融业、保险业、房地产业、地质普查业、居民服务业、旅游业、咨询业、信息业和各类技术服务业等；为提高科学文化水平和居民素质服务的部门：教育、文化、广播电视事业，科学研究事业，卫生、体育和社会福利事业等；为社会公共需要服务的部门：国家机关、政党机关、社会团体以及军队和警察等。第三产业的兴旺发达是现代经济的一个重要特征。第三产业可以有效地推进我国的工业化和现代化；可以扩大就业领域和就业人数，保证社会安定；可以显著提高人民生活水平，改善生活质量；可以推动社会主义精神文明建设。

三大产业之间是相互依赖、相互制约、相互促进的。没有第一、第二产业的发展就不可能有第三产业的发展。因为第三产业的全面发展，需要第一、第二产业提供大量的机器设备、原材料、燃料及各种消费资料。而第三产业的发展又能够促进第一、第二产业的发展。因为第三产业不仅为第一、第二产业提供产、供、销服务，而且为第一、第二产业提供知识、信息、资金、技术和人才，从而提高第一、第二产业部门的劳动生产率。同时，第三产业的全面发展，又为第一、第二产业的发展提供广阔的市场。

三、基于循环经济的动脉产业形式

1. 生态工业

大力发展生态工业，运用工业生态学原理改造现行的工业系统。在企业层次按照清洁生产的理念组织工业生产，促进原料和能源的循环利用；在区域层次大力发展工业生态链和兴建生态工业园，在产业、地区、国家甚至世界范围内推进循环经济发展，使企业间形成共生系统，尽量消除废弃物的产生。

静脉产业

2. 生态农业和循环型农业

大力发展生态农业和循环型农业要大力发展节水、节地、减少使用化肥农药或用有机肥和生物防治病虫害技术替代农药化肥的生态农业；大力发展能充分利用农业废物、减少污染的循环型农业。建立有机食品和绿色食品基地。努力提高农民群众的环境意识，大幅度降低农药、化肥使用量。限制生产和使用高毒、高残留农药，在改善农村环境质量的同时，提高农产品品质。

3. 第三产业

在旅游宾馆、餐饮、娱乐、环卫、物管、物流、信息、金融、教育、文化等行业，推行循环化发展，将循环经济理念贯彻到第三产业发展中，对其产品的生命周期全过程，优化物质流、能量流、信息流、交通流、技术流和资金流。建立良好的再生资源的输入和输出关系，将上游产品生产过程中产生的"再生资源"或"副产品"用于下一级生产中的原材料，尽量实现废物的减量化、资源化和无害化。建立绿色消费体系，提高全民绿色消费意识，鼓励使用再生产品和环境友好产品。建立绿色文明，创造绿色文化，开展"绿色社区"、"绿色酒店"、"绿色服务"、"绿色餐饮"、"绿色校园"等创建活动。

四、动脉产业的组成及作用

1. 资源开发环节

所谓资源开发指的是企业组织寻找自然界中可加工利用的资源，为后续产品生产过程准备符合生产要求的资源的部分。

资源开发产业开采的资源是自然界中尚未利用的资源，包括可再生资源与不可再生资源。动脉产业在资源开发过程中往往存在着盲目开采、无节制的开采和资源开采不完全、资源利用率低的问题。考虑到资源开采产业对环境所造成的破坏，在循环经济体系中应实施"绿色设计"、"绿色开采"，以达到合理利用资源的目的。

2. 产品生产环节

产品生产主要指企业为适应并满足消费者以及相关产业生产的需求而进行产品设计、产品研发、产品制造的过程，是社会生产的中间环节。

产品生产因资源种类、生产工艺、市场需求等因素而不同。在循环经济体系下，产品生产产业应实现企业的小循环：清洁生产。从产品设计到产品生产，从生产出的成品到产品回收，从产生的废品废料、其他废弃物经加工处理变为其他产品的原料。应对措施应采用"绿色包装"，实施"绿色营销"的模式。

3. 产品消费环节

产品消费主要指进入商品流通阶段，消费者以及相关产业的生产消费者根据自身的需要购买使用产品的过程。在循环经济体系中，产品消费可以看作家庭小循环：绿色消费。从产品购买到产品使用，再到产品报废产生废物，最终实现废物回收。应对措施应开展服务创新，延长产品的使用寿命。

4. 资源处理环节

传统动脉产业下资源处理，通常把产品生产过程中产生的废物废料直接排向自然界。消费过程中产品报废形成的废弃物不经分类被直接丢弃。

在循环经济体系下，应将产品生产产生的废料、废气、废液进行加工处理得到再生资源用于再生产，加工处理后确实无法应用的废弃物采用掩埋或焚烧的方式处理。产品消费过程中产生的旧产品、废弃物通过维修后恢复功能再利用或分类处理得到再生资源用于再生产。

五、动脉产业发展模式

1. 实行清洁生产方式

在循环经济"3R"原则中，减量化是第一优先法则，循环型社会的第一要义，亦为抑制废弃物产生。由此，实行清洁生产，减少废物产生量和资源消耗量的重要性可见一斑。

首先，对生产过程进行生态设计。主要包括清洁利用常规能源、节约原材料；用少废、无废的工艺和高效设备；改变产品特性降低能源消耗；绿色环保设计产品包装等环节。其次，对原料、能源进行投入替代。主要是少用或不用有毒原材料，多用投入产出比高的原材料；开发新能源和节能技术，以可再生及再利用能源替代不可再生、一次和不洁能源。最后，生产环境友好产品，减少从原材料提炼到产品最终处置的全生命周期对环境的不利影响。主要是生产那些昂贵及稀缺、材料用量少和以再利用资源做原材料的产品；生产在使用过程中和使用后不含危害人体健康和生态环境因素，易于回收、复用和再生的产品。

2. 延伸生产者责任

生产者要改良产品设计；标示产品材质或成分；回收、再生利用一定的产品，承担产品对环境影响的物理或经济责任。

3. 建立生态工业园

除了清洁生产，构建企业内部循环外，要依据自然生态的有机循环原理构建不同动脉企业之间的生产循环系统，整合建立生态工业园区。通过不同企业或工艺流程间的横向耦合及资源共享，为废物找到下游分解者，组成工业生态系统的食物链和食物网，以达到充分利用资源、减少废物产生和物质循环利用的目的。

第三节　环保产业

一、环保产业概念

环保产业是指国民经济结构中，以防治城乡环境污染和改善生态环境、保护自然资源为目的而进行的各种治理活动和技术开发、产品生产、商品流通、资源利用、信息服务、工程承包等活动的总称。

环保产业活动的内容基本可以分为两类：一类是对污染物质的直接处理活动，如废气、废水和某些固体废弃物的无害化处理；另一类是为这种处理活动提供设备、技术、工艺信息及其他服务的保障性产业活动。

二、环保产业的基本特征

环保产业的发展需要经历起步、发展与成熟三个阶段。在发展的起步阶段，环保产业发展的重点是环保产品的生产。随着产业的发展，循环经济和清洁生产不断推广，环保产业向其他行业的渗透范围不断扩大，到发展的成熟期，环保产业已不可能再以一个独立的行业存在，而是更广泛地渗透融合到社会经济的各个层次和各行业，并成为其中固有的组成部分。

环保产业是人类环保意识觉醒的产物，它具有以下四个方面的特征：

1. 关联性强

环保产业是一个关联性很强的产业，它广泛渗透到动脉、静脉及服务产业的各个领域，包括技术开发、产品生产、商品流通、资源利用和设施运营等。环保产业通过与其他产业的投入、产出关系，可以利用自己的发展带动相关产业，如机电、钢铁、有色金属、化工产品和仪表仪器等行业的发展。

2. 正外部经济性

环保产业是一个存在正外部经济性的产业，表现为：环保产业的发展给产业外的行为主体带来了有利的影响，即它在创造经济价值的同时，也带来广泛的社会效益，保护了人类赖以生存的生态环境、为人类的可持续发展奠定坚实的基础。

3. 社会公益性

环保产业是一个具有公益性的产业，在其生产经营活动中，大多要求将社会效益与环境效益放在首位，经济上以微利经营为主。尤其在提供环境基础设施和公共环境服务的非竞争性和非排他性的领域，环保产业的公共产品特征更加突出。

4. 环境友善性

环保产业的产品均要求符合环保规范，或有利于防治污染、改善环境，或有利于资源的合理开发与持续利用，反映了其建立生态文明的发展理念。

第四节　服务产业

一、服务产业概念

服务产业是指为动脉产业、静脉产业和环保产业提供物资和支持的产业，包括有金融、信息、科研技术、商务贸易和物流等产业。循环经济中的服务产业要求将循环经济基本原则贯穿于服务业生产的全过程，在服务产业发展过程中实现资源投入最小化、资源利用高效化、污染排放最小化，形成生态友好、环境友好的服务业发展方式。循环型的服务产业要求从服务产品、设施的设计与开发及整个服务周期过程中都要考虑和进行减少服务主体、服务对象和服务途径对环境的直接影响，并通过翔实资料和创造有效途径让服务对象积极参与，从而实现服务业的可持续发展。循环经济中的服务产业不同于传统的服务产业，它是一种可持续的服务，力求通过其服务建设，推动整个循环经济的发展，着重从社会整体循环角度出发，引导有利于循环经济发展的生产、市场和消费行为，推动市场向循环型方向发展。

二、服务产业的作用

循环经济园区的发展过程中需要众多产业的参与，而服务产业主要负责原材料、产品的运输和存储，信息平台的构建和完善，招商引资提供资金支持的金融业，提供居民服务，建设企业文化，建设园区生活服务设施设备，辅助园区的发展。

服务产业的发展已经形成了一定的规模，在经济发展中起到越来越重要的作用，它是循环经济的有机组成部分，同时也是整个循环经济正常运转的纽带和保障。服务产业为园区发展提供资金、运输等支持，完善园区功能。加快服务产业的发展，可以达到优化园区产业结构、增强经济实力的目的。

三、服务产业与其他产业的关系

循环经济园区内的服务产业是为园区生产提供保障、产业间相互合作提供可能的产业，其主要是生产型服务产业，如提供信息技术服务、生产物流服务、产品贸易服务、金融服务、专业培训服务等。发展循环经济园区是一项复杂的系统工程，涉及范围广，企业种类多，需要大量的资金支持、技术支撑和机制保障，服务产业的核心就在于扩大循环经济园区产业发展领域，立足建设、生产、消费、流通等各个环节，构建产业信息网络共生系统集成、能源流、物质流的优化配置方案、产品贸易服务商务平台，充分利用产业间的关系效应，促进园区动脉产业、静脉产业等制造产业和服务产业的融合发展。

综上所述，动脉产业是循环经济园区的基础，静脉产业是循环经济园区的延伸，环保产业是循环经济园区的支撑，服务产业是循环经济园区运行的保障。这四大产业间关系如图2-1所示。

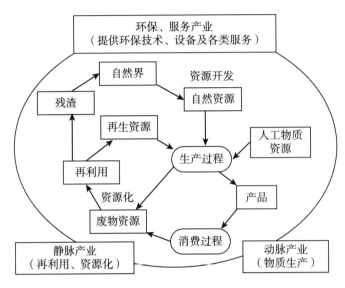

图 2-1　动脉、静脉、环保、服务产业关系

第五节　动脉产业与静脉产业关系

循环经济产业体系主要分为静脉产业和动脉产业：动脉产业属于传统产业，是利用新资源进行生产和流通活动的产业，是资源—产品—消费—废弃的线性消费过程，是发展历史比较长的产业形态；静脉产业是循环经济发展中新兴起的产业，是利用副产品、废物及闲置资源进行生产与流通活动的产业，是资源—产品—废弃—资源的闭环循环利用过程。动脉产业为静脉产业提供生产活动所需的资源，是静脉产业持续发展的动因之一；静脉产业对动脉产业等活动所产生的副产品、废弃物与闲置资源进行加工、处理及再利用，既是动脉产业等活动的延续和补充，也通过自身不断发展产生新的需要对动脉产业形成拉动与促进作用。静脉产业在利用动脉产业等所提供资源的同时也向动脉产业供给资源，能够弥补动脉产业发展所需资源不足的问题，在动脉产业和静脉产业相互作用下形成了循环型的经济运行机制，具体关系如图2-2所示。

静脉产业资源来源主要有：动脉产业与静脉产业自身所产生的副产品、废弃物及闲置资源，生活及社会活动中产生的废弃物及闲置资源等。从物质流的角度看，过去动脉产业排放的污染物被视为"污染存量"，动脉产业正在排放的污染物可以看作"流量"。生态设计、

第二章 循环经济产业体系构成

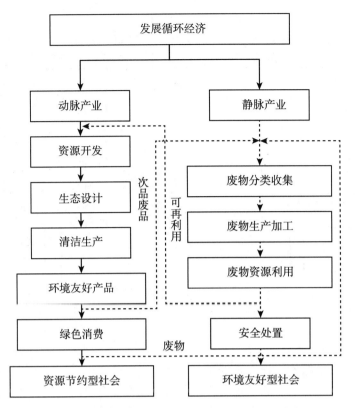

图 2-2 动脉产业与静脉产业关系

清洁生产、环境友好型产品开发、污染治理等的实施就是减少污染物的"输入流量",而发展静脉产业就是要在减少污染物"输出流量"的同时,减少"污染存量"。静脉产业、环保产业是对动脉产业的补充和完善,是减少废物排放、解决污染问题的有效途径。只有将两者有机结合起来,才能实现从资源开采、生产、消费、排放到废物处置的所有环节所产生的资源得到合理的开发利用,提高资源利用效率,并尽可能地减少废物的生产量和最终的处置量,促进经济与环境协调发展。

静脉产业与动脉产业共同作用构成了循环经济的运行体系,实现了人类、经济、社会、生态与自然的和谐发展,减少了新资源的投入量,提高了资源综合利用率,提高了整体经济效益。由于运行原理不同,产业体系构建方式不同,利用资源来源不同,加工的流程与工艺不同,因此,形成了新的资源流动关系,如图 2-3 所示。

在循环经济体系中,动脉产业是循环经济体系构成的基础,静脉产业是循环经济实现的保证。动脉产业物质流动的过程为:作为原材料的自然资源和能源在生产过程中流动,并被按照一定程序加工成产品进入流通市场,由消费者购买进入消费领域,经消费者使用后变为废物排入环境,同时生产过程产生的废弃物直接向环境排放;静脉产业的物质流动过程为:将产业产生的副产品、废弃物、闲置资源和生活、社会活动中产生废弃物与闲置资源经过回收、分拣、再生、加工等过程,转换为再生资源或再生产品,重新进入生产或消费领域。这

静脉产业

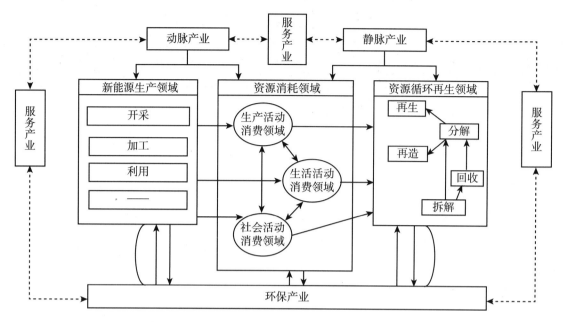

图 2-3　产业资源流动关系

样，就构成了一个完整的闭环物质流体系。

从社会生产的角度看，动脉产业是利用自然界或人类有目的的活动所产生的新资源进行生产的产业，静脉产业是利用生产、消费、社会等活动中产生的副产品、废弃物及闲置资源等进行生产的产业。静脉产业与动脉产业的区别主要体现在两者所利用的资源来源渠道不同、生产技术不同、工艺组织不同：在资源来源渠道方面，动脉产业利用的是新投入的资源，静脉产业使用的是已经使用过的资源；在生产技术及工艺组织方面，静脉产业比动脉产业节省了资源开采、资源加工、原料成型等环节，从而能够在减少新资源投入量的基础上，提高已投入资源的循环利用率，节约期初新资源的投入量。动脉产业是根据生产产品的要求，按照生产工艺，将新开采的资源加工成能够利用的产品或资源。

静脉产业分为两个方面：一是对已经利用过的资源通过再制造生产有关产品，节省了资源开采、资源加工、部件制造等环节；二是对已经利用过的资源进行再生，与动脉产业相比较，这一过程节省了资源开采、粗加工等过程。另外，资源加工、再生、再造的工艺与动脉产业不同，但利用再生资源进行组装、生产的工艺与动脉产业的工艺相同。与动脉产业相比，静脉产业节约了对环境资源的利用量，增加了社会就业岗位，提高了经济、社会、生态等的可持续发展程度。动脉产业与静脉产业的构成按照资源开发利用顺序或生态食物链的关系构成的产业链条或网络称为纵向产业结构；按照资源属性与开发利用领域等进行构建的产业链条或网络称为横向产业结构。纵向产业结构之间存在必然的逻辑关系，组织安排时不能打破这种关系；横向产业结构之间存在资源流动，但没有必然的逻辑关系，组织安排时不必考虑顺序问题。

动脉产业与静脉产业构成了循环经济产业主体，它们在资源开发利用方面从长期与整体方面分析存在互动合作关系，但从短期与局部分析又存在竞争关系，具体分析如下。

（一）动脉产业与静脉产业的合作与互动关系分析

循环经济在我国的推广与应用，使得资源的利用率，尤其是废弃物、闲置资源的利用率大幅度提高，减少了废弃物排放，减少了环境问题的发生，安置了大量就业人员，实现了经济效益、生态效益、社会效益的共同提高。但在取得成绩的同时，也存在产业结构不合理，静脉产业与动脉产业发展比例不协调，循环不经济，节能不经济等现象，使企业发展循环经济的积极性受挫。循环经济是一种以生态建设为本质的新的经济发展模式，从产业作用的角度分析其由资源生产、资源分解加工、资源利用、资源耗费、资源处理等产业组成，产业之间按照产业食物链原理构成闭环的资源利用系统，实现了资源在相关环节之间的合理流动；从利用资源种类的角度分析其分为静脉与动脉产业，动脉产业利用新投入资源为社会生产物质财富，静脉产业利用已经使用过的资源向社会提供物质财富，两者之间互为基础、协同发展为循环经济体系的正常运行提供了保障，为人类、经济、社会与自然的和谐发展奠定了基础，但如果两者之间比例安排不合理，发展规模安排失当就会对循环经济体系运行产生负面影响，因此研究动脉与静脉产业的关系对完善循环经济理论体系、指导循环经济实践十分重要。现阶段国内外学者对静脉产业与动脉产业的研究主要从内涵、评价、运行、规划方法、模式等方面进行研究，对两者间的内在关系的研究比较少，为了确定动脉与静脉产业规模与比例提供分析方法与理论依据，这里对动脉产业与静脉产业的互动合作关系进行探讨。

1. 动脉产业与静脉产业在循环经济中的功能与作用

动脉产业与静脉产业是循环经济产业体系的两个主要组成部分，两者相互作用构成了循环经济的完整体系，在动脉产业和静脉产业共同作用下才能实现发展循环经济的目的，才能提高资源利用率，减少新资源的投入量，延缓不可再生资源枯竭期到来的时间，但在循环经济体系中动脉与静脉产业的功能与作用不同。

在循环经济运行机制中，动脉产业的主要功能是开发利用自然资源进行生产、流通和消费等活动。其基本过程为：将作为原材料的自然资源和能源按照一定的程序加工成产品进入流通市场，由消费者购买进入消费领域，经过消费者使用后变成废物退出使用领域，生产过程中产生的废物大部分直接排放到自然环境中。动脉产业的作用是不断利用投入的新资源创造新的物质财富来满足人类日益增长的物质和文化的需要。

静脉产业的主要功能是对已经失去直接使用价值的资源通过回收、拆解、再制造、再生等过程，采用直接或间接再利用的方式使资源得到循环开发利用，静脉产业扩大了资源来源的范围，为克服资源不足问题开辟了新的渠道。静脉产业作用与功能主要包括以下几个方面：（1）回收聚集功能。就是通过静脉产业将分散在企业、居民户、政府机关及民间组织等手中的资源收集起来，配送给相关产业集中处理利用。（2）配置功能。就是将资源经过分类后，按其用途和属性分送给不同的产业使用。（3）再制造功能。就是通过再制造使丧失原来功能的资源恢复原来功能，再次被利用。（4）再生功能。就是通过物理、化学、生物等处理过程使资源产生新的用途，实现资源的再利用。

静脉产业

2. 动脉产业与静脉产业的互动关系分析

动脉产业与静脉产业的互动关系主要表现在延长产业生命周期、规模互动、发展促进等三个方面。

（1）延长产业生命周期互动。在循环经济体系中，动脉产业是循环经济体系构成的基础，静脉产业是循环经济运行的保证。动脉产业物质流动是从资源经过中间环节到使用领域的正向物流过程；静脉产业的物质流动过程是从废弃物、闲置资源经过相关环节到再使用过程的先逆向、后正向的物质流动过程。动脉产业与静脉产业依据自身的运行规律形成各自的产业体系，资源（包括自然资源，能源，设施设备等）在同一产业之间流动的同时，也在各自的产业之间流动。在动脉与静脉互动的经济运行体系中，静脉产业开发利用流出生产、生活、社会活动等领域的资源，使其重新开发利用替代新资源生产出社会需要的物质财富，减少了新资源的投入量，推迟了资源枯竭期到来的时间。动脉产业以资源存量与流量为生存基础，资源供给时间越长，生存时间就越长，反之，则越短，由于静脉产业对资源进行重新开发利用，相对节省了新资源量，这样正好延长了动脉产业的生命周期，实现了互动发展。静脉产业是利用已经使用过的资源进行生产物质财富的产业，其资源来自生产、生活、社会活动等领域，动脉产业生命周期延长，静脉产业生命周期就能够延长。静脉产业不断循环的为生产、生活、社会活动等领域提供资源，这些领域又不断地为静脉产业提供资源，在这种不断循环的运行模式中静脉产业的生命能够得到不断延长。为进一步说明问题，现在从动脉产业资源耗费角度作进一步的研究，首先假设在没有静脉产业的情况下：

① 在只有不可再生资源的情况下，不可再生资源利用时间的长短与其已经发现的数量、开采、利用的方法及技术有关，发现的资源存量越多，其使用时间就越长，反之，则越短；开采利用的方法越先进，资源回采率越高、资源成品率越高，其使用时间就越长，反之，则越少；资源利用技术水平越高，资源利用效率越高，资源消耗量就越低，其使用时间就越长，反之，则越短。如果已经发现资源的存量用 $Q_已$ 表示，预计每年新发现的存量用 $Q_{新发}$ 表示，每年采用的替代资源当量为 $Q_{替代}$，资源回采率为 $K_回$，年平均增长幅度 $r_回$；资源加工有效利用率为 $K_加$，年提高幅度为 $r_利$；资源年耗量为 $Q_{年耗}$，年耗费平均增长率为 $r_耗$；资源使用效率提高系数为 $K_效$，则资源被最终完全损耗所用的时间或重复利用的次数可以用式（2-1）计算出：

$$\left(\left(Q_已 + \sum_{i=1}^{t}(Q_{新发i})\right) \times K_回 \times (1+r_回)^t \times K_加 \times (1+r_加)^t + \sum_{i=1}^{t}(Q_{替代i})\right)$$

$$= \sum_{i=1}^{t}\left(Q_{年耗} \times (1+r_耗)^t \div (1+K_效)^t\right) \tag{2-1}$$

式（2-1）中左边是在 t 年内可提供的所有资源数量，右边是在 t 年内所消费的资源总量，在运行过程中，左边大于右边，资源能够维持社会发展；当相等时，这种资源已经用完；当小于时，由于资源不足，相关产业无法延续发展。从式（2-1）可以看出，延长不可再生资源的供给时间可以通过发现新的储量、提高回采率、提高加工率、寻找替代品、减少使用量、提高有效利用率等方式实现，但其最终会枯竭或因经济上不合理而被放弃使用是其必然的结果。当资源枯竭时，使用此资源的动脉产业也就终结，其生命周期也就结束，因此延长资源的供给时间是延长动脉产业生命周期的主要措施之一。

②加入可再生资源情况下的分析。实际上，动脉产业是同时使用可再生与不可再生两种资源。在两种资源存在独立或互补的领域，可再生资源对延长不可再生资源的使用期意义不大，而在两种资源之间存在替代关系的领域，可再生资源对延长不可再生资源的使用期有着重要的意义。因为使用的可再生资源数量多，使用的不可再生资源就少，并且随着科技的发展，这种替代领域将越来越大。由于这两种资源之间存在替代性，就可以通过大量生产可再生资源，并扩大其应用领域来延长不可再生资源的使用期。从理论上看，可再生资源具有无限的可循环再生性，可以被永续地使用下去，但实际上，当自然条件或技术条件等发生变化时，尤其是当不适应环境、社会发展时，这类资源就会枯竭，被淘汰。而且由于这类资源也会随着供求关系的变化而变化，有的数量上升，规模不断扩大，有的数量减少，规模不断缩小，因此其使用时间的长短需根据具体情况进行分析。假设分析期初可再生资源的再生量用 $Q_{生}$ 表示，分析期内可再生资源增加或减少的比例用 r_i 表示，分析期内可再生资源初次耗费量为 $Q_{年耗}$，分析期内资源耗量增加或减少的平均速度为 r_j，分析期初用于替代其他资源的数量为 $Q_{替}$，每年替代增加率为 r_t，则可再生资源分析期内供求平衡模型可用式（2-2）表示。

$$Q_{生}(1+r_i)^t = Q_{替}(1+r_t)^t + Q_{年耗}(1+r_j)^t \qquad (2-2)$$

式（2-2）表明，当资源供求平衡时，资源再生量能够满足经济发展的需要；而当再生量大于需求量时，再生资源有剩余，可以扩大其需求量；当小于时，再生资源不足，长期这样下去会引发其他问题，因此应压缩其需求量。从式（2-2）还可以看出，当供求不平衡时，资源供求关系会发生变化，会引发资源生产关系的震荡。可再生资源的加入能够延长以开发利用新资源为主的动脉产业的生命周期。加入可再生资源后的资源使用平衡式为式（2-3）。

$$\left(\left(Q_{已} + \sum_{i=1}^{t} (Q_{新发i}) \right) \times K_{回} \times (1+r_{回})^t \times K_{加} \times (1+r_{加})^t + \sum_{i=1}^{t} (Q_{替代i}) \right) \qquad (2-3)$$

$$+ \sum_{i=1}^{t} (Q_{生} \times (1+r_{回})^t) = \sum_{i=1}^{t} (Q_{年耗} \times (1+r_{耗})^t \div (1+K_{效})^t)$$

从式（2-3）可以看出，右边资源使用量不变，但由于可再生资源的加入，扩大了资源渠道的同时也扩大了资源的数量，因此，能够延长资源的使用时间，同样延长了动脉产业的生命周期。

③在存在静脉产业的情况下，动脉产业资源耗费情况分析如下：

静脉产业的兴起与发展为资源的重复利用奠定了基础，也为推迟不可再生资源枯竭期的到来开辟了途径。虽然静脉产业可以使不可再生资源能够被重复利用，但由于资源在每次被重复利用时都会有过程的损耗，而且在某些应用领域资源根本无法实现资源的再生利用，因此，静脉产业也不会阻止资源枯竭的问题。假设 $Q_{损}$ 为每次损耗量，$Q_{全损}$ 为投入后无法再生利用的资源，$Q_{初投}$ 为第一次投入的资源，那么资源从初次投入到最终被完全耗费所需的时间

静脉产业

可以由公式：$Q_{初投} = \sum_{t=1}^{n} Q_{全损i} + \sum_{t=1}^{n} Q_{损i}$ 求出。可以看出，不可再生资源使用时间的长短与初次投入资源量成正比例关系，与一次损耗量及过程损耗量成反比例关系。静脉产业发展水平的高低对推迟不可再生资源枯竭期的到来起着举足轻重的作用，发展水平越高，资源重复利用率越高，则枯竭期到来的时间就越晚；反之，则越早。通过提高资源循环利用率，减少新投入资源的数量，能够延长资源使用生命期，推迟不可再生资源枯竭期到来的时间。同时还可以看出，在不断寻找替代资源的同时，必须通过发展静脉产业提高资源循环利用率，尽可能地减少不可再生资源的开采量、投入量和使用量，尽可能地提高不可再生资源的循环利用次数及循环利用量，才能实现可持续发展的目标，保证经济规模的不断扩大。

如果假设年投入资源量为 $Q_{年投}$，每次重复使用率为 $g_{静率}$，每年重复使用次数为 n，每次技术进步提高重复利用系数为 $k_{技}$，则静脉产业加入后资源使用平衡关系可以用下式表示：

$$\left(\left(Q_{已} + \sum_{i=1}^{t} \left(Q_{新发i} \right) \right) \times K_{回} \times \left(1 + r_{回} \right)^t \times K_{加} \times \left(1 + r_{加} \right)^t + \sum_{i=1}^{t} \left(Q_{替代i} \right) \right)$$

$$+ \sum_{i=1}^{t} \left(Q_{生} \times \left(1 + r_{回} \right)^t \right) + \sum_{i=1}^{t} \left(Q_{年投} \times g_{静率} \left(1 + k_{技} \right)^n \times n \right) \qquad (2-4)$$

$$= \sum_{i=1}^{t} \left(Q_{年耗} \times \left(1 + r_{耗} \right)^t \div \left(1 + K_{效} \right)^t \right)$$

从式（2-4）可以看出，静脉产业的加入又进一步拓宽了资源来源，增加了资源数量，在社会对资源需求一定的情况下，减少动脉产业规模，延长了动脉产业的时间，即延长了动脉产业的生命周期。静脉产业的资源来源于生产、生活、社会等三个方面，其中生产领域是其主要来源之一，动脉产业生命周期延长，生活、社会活动等同样延长，提供给静脉产业的资源时间延长，因此静脉产业生命周期也能够延长；静脉产业向生产、生活、社会活动等领域提供资源，这些领域再向静脉产业提供资源，它们之间闭环循环运行，在延长动脉产业生命周期的同时，也延长静脉产业的生命周期，因此静脉产业与动脉产业生命周期在它们互动发展中互延长。

（2）规模互动。一般而言，影响动脉产业与静脉产业的诸多因素最终都会影响到产业规模。动脉产业资源供给领域与静脉产业资源供给领域都向资源消耗领域提供资源，两者之间形成互补：后者能够弥补前者提供资源数量的不足，而前者是后者持续提供资源供给的源泉。动脉产业为静脉产业提供资源有两种方式：一种是直接方式，即动脉产业在生产过程中产生的副产品、废弃物、闲置与报废的设施、设备和物资等直接提供给静脉产业，通常情况下，动脉产业规模越大，其能够为静脉产业提供的资源就越多，反之，则越少；另一种是间接方式，即动脉产业为生活、社会活动提供的产品，消费与使用后所产生的废弃物、闲置资源在提供给静脉产业，废弃物、闲置资源数量越多，其为静脉产业提供的资源就越多，反之，则相反。随着动脉产业排放废弃物数量的增多，危害也会越来越大，对自然环境的破坏很可能影响到资源开采的运行，最终导致对动脉产业规模的影响。而建立完善的资源回收系统，发展相关资源回收是静脉产业发展的基础，此部分负责将社会、企业、居民户等相关领域废弃资源回收起来，其规模大小决定了相关产业的规模。通常情况下资源回收产业涉及领域越广、涉及资源种类越多，静脉产业规模越大，静脉产业越完善，相关产业规模就越大，反之，则越小。因此，动脉产业与静脉产业可以实现规模上的互动，动脉产业规模扩大，则相应的静脉产业的规模也会扩大，这方面可用式（2-5）进行分析。

假设用 $Q_{静资}$ 代表社会所提供的静脉产业资源总量，$Q_{生产资}$ 代表生产领域提供的静脉产业资源总量，$Q_{生活资}$ 代表生活领域提供的静脉产业资源总量，$Q_{社会资}$ 代表社会活动领域提供的静脉产业资源总量，$Q_{副}$ 代表整个社会提供给静脉产业的副产品资源总量，$Q_{废}$ 代表整个社会提供给静脉产业的废弃物总量，$Q_{闲}$ 代表整个社会提供给静脉产业的限制资源总量，那么，整个社会能够提供给静脉产业的资源总量计算公式为：

$$Q_{静资} = Q_{生产资} + Q_{生活资} + Q_{社会资} = Q_{副} + Q_{废} + Q_{闲} \qquad (2-5)$$

如果用 $Q_{静产}$ 表示静脉产业生产的产品，那么静脉产业产出函数为：

$$Q_{静产} = F(Q_{静资}) \qquad (2-6)$$

通过式（2-5）和式（2-6）可以看出，静脉产业产出受社会提供的资源总量的限制，一般情况下，社会提供的静脉产业资源总量越多，静脉产业的规模就越大，反之，则越小。提供给静脉产业资源的渠道主要有生产、生活、社会活动三个来源，其中动脉产业是其主要来源之一。在不考虑其他来源的情况下，动脉产业规模越大，其能够提供给静脉产业的资源就越多，反之，则越少，由此看来动脉产业对静脉产业的规模形成约束。但要注意的是，静脉产业也向生产、生活、社会活动等领域提供资源或产品，随着科技的发展，这些资源或产品都会再进入静脉产业领域，其数量越多、反复利用的次数越多，提供给静脉产业的资源就越多，对静脉产业的规模扩大就越有利，反之，则相反。由于资源属性不同、再利用的方式不同，因此，静脉产业自身又被分为许多产业，这些产业发展规模同样受到动脉产业、生活、社会活动等提供资源的数量制约，由于篇幅问题，这里不再进行讨论。

（3）相互促进发展。静脉产业与动脉产业也存在相互促进发展的机理。在动脉产业与静脉产业互动的经济运行体系中，动脉产业与静脉产业能够打破自身价值链条的界限，向所在产业的上游或下游伸展，形成一个价值系统，即实现价值链一体化。动脉产业是静脉产业持续提供资源供给的源泉，随着科技的发展和社会的进步，动脉产业利用资源范围拓宽，也为静脉产业的发展拓宽了发展空间；同样地，静脉产业的发展也能够为动脉产业的发展提供再生资源，弥补动脉产业提供资源数量的不足，促进动脉产业的发展。因此，动脉产业与静脉产业之间互为基础，互为依托，相互促进发展。

3. 动脉产业与静脉产业的合作关系分析

（1）协同发展关系。经济、社会、环境与生态共同发展是实现经济产业协同发展的原则。动脉产业与静脉产业都是向资源消耗领域提供资源，两者之间形成互补，互为基础、相互促进发展。从产业结构调整方面来看，随着动脉产业结构的发展，新兴产业的出现，新材料和新技术的不断涌现等，新的静脉产业也会产生；同样，静脉产业，尤其是生产再生原料的静脉产业的出现与发展，同样也会引起新的动脉产业的出现，反之，则会引起消失。从资源方面来看，动脉产业是静脉产业持续提供资源供给的源泉，静脉产业能够弥补动脉

静脉产业

产业提供资源数量的不足。动脉产业随着排放废弃物数量的增多，对自然环境的破坏会影响到资源开采的运行，而大量利用静脉产业所提供的资源能够减少对新资源的开采与投入，不但能够起到维持环境的作用，而且还能持续地为经济发展提供动力。在动脉与静脉互动的经济运行体系中，动脉产业与静脉产业能够打破自身价值链条的界限，依托所在的产业向上游或下游伸展，实现价值链一体化。从前面的分析可以看出：①静脉产业发展规模需要与动脉产业发展规模相适应，有多大的动脉产业就有多大的静脉产业，两者发展规模必须协同一致才能保障循环经济体系的正常运行，过大时出现静脉产业因资源不足生产能力得不到利用，过小时出现静脉产业资源不能完全充分利用。②静脉产业体系与动脉产业性质协同一致，静脉产业是以开发利用动脉产业产生的废弃资源等为目的的产业，动脉产业不同，其产生的副产品、废弃物及闲置资源不同，有生活、社会活动而间接产生的废弃物与闲置资源也不同，静脉产业必须依据这些资源的特性而设立，因此静脉产业必须与动脉产业的性质协同一致。③静脉产业与动脉产业调整协同一致。随着科技、社会等变化，生产方式、消费方式等发生变化，经过相关环节或渠道后，引起动脉产业的变化，新的产业兴起，一些原有的产业衰退或被淘汰，作为直接或间接开发利用动脉产业废弃物的静脉产业必须进行调整，才能适应动脉产业发展变化的要求。④静脉产业与动脉产业在资源共享方面协同一致。静脉产业除了直接或间接开发利用动脉产业提供的资源外，也有与动脉产业进行资源共享的领域，这主要表现在共用或通用资源使用方面，如果不能协同一致，就会造成资源浪费。

（2）相互制约关系。首先是技术发展制约，技术发展水平决定资源利用率，决定副产品、废弃物及闲置资源的再利用程度，尤其决定这些资源循环利用率与循环利用次数，技术越发展，利用程度、循环利用率与循环利用次数就越多，反之，则相反；其次是规模发展制约，静脉产业与动脉产业相互提供资源的数量越多，规模就越大，反之，则越小；再次是市场需求制约，尤其是动脉产业与静脉产业对资源和产品的需求变化，制约它们的发展，其规模越大，发展就越大，反之，则越小；最后是产业之间的关系也产生制约作用，产业之间有替代、互补、独立等关系，以某个产业为核心形成的动、静脉产业体系，一旦核心产业或某个产业兴衰或解体都会对相关产业产生影响，从而制约相关产业的发展。由于动脉产业与静脉产业两大资源供给领域共同为消费领域提供资源，两者之间既存在着互补性，也存在着竞争性。随着动脉产业的发展，不可再生资源逐渐减少，而可再生资源的再生速度慢于资源消耗的速度，因此，对新资源会更加珍惜，减少其在社会、生产、生活活动中的投入量，从而使依赖新资源的动脉产业规模下降，这在一定程度上也会制约静脉产业的发展规模。因此，动脉产业与静脉产业在互补发展的同时，也存在相互制约的关系。

由此看来，动脉产业与静脉产业之间不仅存在短期、局部性的竞争关系，更重要的是存在长期合作、互动的关系。动脉产业与静脉产业在发展上相辅相成，互为基础、相互促进，共同发展，为循环经济的发展奠定了基础，为各种资产得到循环利用形成了可行的方法和途径。正确处理好两者合作发展模式中的各方面关系，确定好它们之间的比例关系，使整个体系能够科学、合理、充分、有效地利用资源，形成和谐共进、协同发展的运行机理，在资源共享的基础上实现"1 + 1 ＞ 2"的目标，并最终实现可持续发展。因此，在实际运行时应制定相应的策略，如应用生态工业园区的规划设计，把不同的产业联结起来，形成共享资源和互换副产品的产业互利共生组合体系，使一个产业产生的废气、废热、废水、废渣在自身循环利用的同时，成为另一产业的能源和原料，减少园区对外界的资源依赖和环境压力，达到物质能量的最大利用；加强政府调控手段，利用税收、财政补贴等方式调整静脉产业与动脉产业的比例关系，尤其在开发利用再生资源方面应给予支持，从税费制定政策，鼓励循环再生产业与新投入资源中的再生产业发展，限制不可再生资源开采产业的发展；充分依靠和运用市场机制，建立交易体系，通过交易达到帕累托最优配置。总之，要及时地调整好两者的发展规模与结构，合理地确定两者之间的比例关系，尽可能地发挥它们之间合作的优势，利用竞争的积极性一面，实现资源优化配置，避免造成资源的浪费，确保经济、社会、自然的和谐发展。

（二）动脉产业与静脉产业竞争关系分析

循环经济在我国的推广与应用，使资源综合利用率大幅提高，生态环境得到明显改善，安置了大量就业人员，但在取得了一系列成果的同时，也还存在一定的问题，例如，一些使用再生资源生产的产品由于价格过高等问题的存在，得不到消费者的认可，销路不畅，企业亏损，甚至面临破产的威胁；在资源利用方面，由于部分企业面临资源不足，生产能力过剩等问题，造成资源的浪费，这些问题的出现使循环经济的正常运行受到影响。出现这些问题的原因是多方面的，依据循环经济等理论构建的产业体系与规模是否合理是其主要因素之一。循环经济下产业划分的方法有许多，仅依据使用资源的来源不同可以将循环经济产业划分为静脉、动脉、环保与服务四大产业，静脉产业与动脉产业是循环经济运行的主体，环保产业是辅助，服务是支持，它们协同运行为实现人类、经济、社会、自然、生态等和谐发展奠定了基础。在循环经济体系中，静脉产业、动脉产业、环保产业与服务各起什么作用，它们之间，尤其是静脉产业与动脉产业之间属于什么关系，运行的基本规律是什么，研究清楚这些问题，对于构建静脉产业与动脉产业体系，确定相关规模，避免上述问题的发生具有重要的意义。静脉产业、动脉产业的运行需要投入各种资源，生产出来的产品需要经过市场销售到使用领域，两者使用的资源肯定有相同的，产品的使用领域（或用户）也肯定会有相同的领域（或类型），因此，从这一角度分析，静脉产业与动脉产业之间肯定存在竞争关系；静脉产业主要使用已经利用的资源进行产品的生产，动脉产业主要利用新投入的资源进行产品生产，两者又存在互补与合作的关系。下面对它们之间的竞争关系进行分析。

竞争是一种动力机制，是生态系统演化的正反馈机制，它强调发展的效率、力度和速度，强调资源的合理利用与潜力发挥，激励各种资源潜力挖掘和实现价值，提倡优胜劣汰。在市场经济条件下，资源本身具有追求最大利益的属性。因为资源作为生产性要素，本身具有资本的属性，在流动过程中不断地实现价值增值，所以资源会寻找能够提供最大收益的领域，并向此领域流动。这个属性也使得资源在流动过程中不断增加自身的价值，这同时也符合了资源拥有者在激烈的市场竞争下生存的前提。只有在保证资源流动会增值，资源拥有者才能从中获取经济利益。资源流动的方向，是以经济利益为取向的，哪个方向能够提供较高

静脉产业

的价格、较大的利润，资源拥有者就会将资源投向哪个方向；哪个方向需求引力大，资源稀缺性大，能够获取的潜在收益高，那么资源就会向哪个方向流动，循环经济中的资源流动也符合这一原则。

从资源流动的角度及原理分析，动脉产业与静脉产业的竞争关系主要体现在以下两个方面：

（1）资源使用方面的竞争。循环经济体系的建立是以产业链为基础，使上下游产业之间的产品、副产品、废弃物及闲置资源相互利用，下游产业能否建立相关企业，主要取决于上游产业向其提供的原料或能源能否达到创办企业所需的数量。建立循环经济体系所需要的资源（产品、副产品、废弃物及闲置资源），无论是区域内提供，还是从区域外输入，其必需条件是环节之间所需资源要达到创办企业的规模数量。动脉产业与静脉产业利用的资源分为专用性资源、共用性资源、通用性资源三个类别，无论哪种资源在一定时间内流量与存量是固定的，专用性资源只在某个产业领域使用，竞争程度较低，而共用性、通用性资源是在几个产业或所有产业中使用，竞争程度比较高，如资金、土地、人力、设施设备等，静脉产业使用共用与通用资源多，动脉产业使用的就少，反之，则相反，所以动脉与静脉产业在使用共用或通用资源方面存在着竞争。因为，一方面静脉产业使用的是生产、生活及社会活动中产生的副产品、废弃物及闲置物，动脉产业使用的是新产生或投入的资源，如煤炭、石油、木材等，它们各自使用各自的专用资源，不存在竞争；但另一方面，它们又存在共同使用共用或通用资源的问题，存在竞争，如设施设备、资金、劳动力、土地、能源等，在一定时期内这些资源的总量是一定的，静脉产业使用这些资源多，留给动脉产业的就少，反之，则相反，因此，从这个角度看，静脉产业与动脉产业之间存在竞争性。为进一步说明问题，我们借助下列模型进行分析。

假设用 Q_z 表示某种资源的总供给量，$Q_{静需}$ 表示静脉产业对该资源的需求量，$Q_{动需}$ 表示动脉产业对该资源的需求量，那么，就能够得到以下平衡式：

$$Q_z = Q_{静需} + Q_{动需} \qquad (2-7)$$

从式（2-7）可以看出，资源是一定的，而用于的领域不同，使用目的不同，在其他条件不变的情况下，当静脉产业使用这类资源过多时，动脉产业能够获得的这类资源就少，这样就限制了动脉产业的发展，反之，则相反。因此，为了保障动脉产业与静脉产业的和谐发展，就需要合理安排动脉产业与静脉产业的规模。

（2）产品市场领域的竞争。动脉产业生产的产品与静脉产业所生产的产品一样，都是供给生产、生活、社会活动等领域使用的。众所周知，在生产规模、人口规模、社会活动规模等一定的情况下，这个市场的规模就一定。市场只能依据一定的条件（如价格、收入等）在静脉产业与动脉产业之间进行分配，动脉产业占有的市场多，静脉产业占有的市场就少，反之，则相反。由此看来，在终竭耗费市场开发与利用方面，静脉产业与动脉产业之间存在竞争关系。

从市场供需平衡角度分析静脉产业与动脉产业的竞争问题，假设生产所需要的资源数量用 $\theta_{生产需}$ 表示，生活所需要的资源量用 $\theta_{生活需}$ 表示，$\theta_{社会需}$ 为社会公益活动等所需要的资源量，假设三者彼此不重叠，具有独立性，那么在一定时期内整个社会所需要的资源总量为：

$$\theta_{总需} = \theta_{生产需} + \theta_{生活需} + \theta_{社会需} \qquad (2-8)$$

其中，$\Psi_{总供}$ 表示一定时期资源总供给量，$\Psi_{静供}$ 表示静脉产业向市场供给资源数量，$\Psi_{动供}$ 表示动脉产业向市场供给资源数量，那么，就有：

$$\Psi_{总供} = \Psi_{静供} + \Psi_{动供} \qquad (2-9)$$

因为：

$$\theta_{总需} = \Psi_{总供} \qquad (2-10)$$

所以：

$$\theta_{生产需} + \theta_{生活需} + \theta_{社会需} = \Psi_{静供} + \Psi_{动供} \qquad (2-11)$$

从式（2-9）可以看出，在一定时期内，社会需求量是一定的，而在循环经济模式下，向社会提供产品的只有静脉产业与动脉产业，两者按照一定的规则进行市场分配，为了获取更大的市场份额，两者之间存在竞争。从整个社会分析，当生产过剩时，就会造成社会财富的浪费，而当生产不足时，社会欲望得不到满足。为了保障经济的正常运行，提高资源利用效率，避免浪费，就需要合理安排静脉产业与动脉产业的规模。

假设 F（$\Psi_{静供}$）为静脉产业需要资源量，F（$\Psi_{动供}$）为动脉产业需要的资源量，$\theta_{剩}$ 为没用利用的资源，$\Psi_{生产供}$、$\Psi_{生活供}$、$\Psi_{社会供}$ 分别为生产、生活、社会活动等提供的用于生产资源总量，那么建立分析模型：

$$F(\Psi_{静供}) + F(\Psi_{动供}) + \theta_{剩} = \Psi_{生产供} + \Psi_{生活供} + \Psi_{社会供} \qquad (2-12)$$

首先假设这里所分析的资源不包含提供给生活与社会活动消费的资源，那么，从式（2-12）可以看出，当 $\theta_{剩} > 0$ 时，所提供的资源没有完全被静脉与动脉产业使用，在产业规划初期就造成资源的浪费，这是不符合经济学资源利用的原则，科学的循环经济体系应该充分开发利用现有的资源。假设 $\theta_{剩} = 0$，那么这种情况下，等式左边是在资源进行合理分配的情况下，静脉产业与动脉产业为生产各自的产品所需要的资源量，右边是社会所提供的资源总量，如果当社会生产量超过需求量时，左边所利用的资源所提供的产量就会出现剩余，而所有产品生产都是使用一定的资源生产出来的，当产品过剩时，就会造成资源的浪费，并对环境产生直接或间接的影响，这与发展循环经济的目的背道而驰。

从社会资源平衡的观点进行分析，如果动脉产业生产（投入）的资源量用 $\Gamma_{新投}$ 表示，静脉产业生产的资源量用 $\Gamma_{循环投}$ 表示，$\Gamma_{不}$ 为新投入的不可再生资源量，$\Gamma_{自可}$ 为自然界可再生资源投入量，$\Gamma_{农业}$ 为养殖、种植提供的可再生资源量，$\Gamma_{太空}$ 为来自太空的资源量，那么在一定时期内能够向社会提供的资源总量为：

$$\Psi_{总供} = \Gamma_{新投} + \Gamma_{循环投} = \Gamma_{循环投} + (\Gamma_{不} + \Gamma_{自可} + \Gamma_{农业} + \Gamma_{太空}) \qquad (2-13)$$

平稳发展时资源的需求量等于供给量，即得平衡式如下：

$$\theta_{总需} = \Psi_{总供} \qquad (2-14)$$

静脉产业

将式（2-8）与式（2-13）代入式（2-14）可得如下平衡式：

$$\theta_{生产需} + \theta_{生活需} + \theta_{社会需} = \Gamma_{新投} + \Gamma_{循环投} = \Gamma_{循环投} + \Gamma_{不} + \Gamma_{自可} + \Gamma_{农业} + \Gamma_{太空} \quad (2-15)$$

从式（2-15）可以看出，当 $\theta_{生产需}$、$\theta_{生活需}$、$\theta_{社会需}$ 一定时，社会对资源的需求量一定，能否满足社会需要关键取决于资源的供给；当社会对资源的需求量发生变化时，资源的供给量也会发生变化。从资源供给渠道方面分析，社会需要的资源主要来源于新投入资源与循环利用资源两部分，即动脉产业资源和静脉产业资源，这两大资源供给渠道之间相互补充、相互竞争。当某个渠道资源供给量不足时，另一个渠道可以补充资源的不足；但当资源供给大于资源需求时，两者之间就存在相互竞争，它们之间争夺资源的利用领域。对新投入资源渠道进一步细分可以看出，这些资源供给渠道之间同样是相互补充、相互竞争的关系。资源供给渠道的多元化，会引起未来资源供给方式及其他方面等的一系列变化，并随着社会的发展，人口的增加，经济规模的不断扩大，对资源需求量将不断增加。在循环经济体系中，静脉产业与动脉产业既合作又竞争，但合作是整体性与长期的，而竞争是局部性与短期的，也就是说合作是永远的，而竞争是暂时的。实际上，静脉产业与动脉产业在一些合作互动领域也存在竞争，如在能源方面，如果使用废弃能源，同样能够挤占动脉产业的能源市场；开发利用再生再造产品，也同样能够挤占动脉产业的市场，由于分析问题的侧重点不同，有关这方面的问题在此处不作深入的探讨与研究。

（三）循环经济中的产业关系

循环经济产业体系分为动脉产业、静脉产业、环保产业及服务产业，它们之间存在相互依存的关系。在整个产业体系中，动脉产业是起点，是经济体系中新资源的入口，整个循环经济的产业网络以动脉产业为起点展开各种活动，如果没有资源枯竭、资源供给紧张、环境恶化等问题的出现，也就不会有其他相关产业的产生。动脉产业是基础，是起点，其约束静脉产业、环保产业的发展规模，也为静脉产业、环保产业的发展创造条件，科技发展引起动脉产业兴衰，动脉产业兴衰对静脉产业、环保产业提出新的要求，进而推动静脉产业、环保产业向新领域、高水平发展，同时，动脉产业也为静脉产业、环保产业提供设施、设备、技术等资源，为它们健康发展创造条件。静脉产业主要是以资源再利用、循环利用等为目标发展起来的产业，如果没有资源供给紧张、没有不可再生资源问题存在，静脉产业也不会出现，因此，静脉产业是以动脉产业（也包括生活、社会活动等）为依托发展起来的，没有动脉产业也就不会有静脉产业的产生，虽然静脉产业发展历史比较短，但动脉产业与静脉产业在经济中的作用与地位将随着科技发展、资源供给情况而变化，终有一天，静脉产业会取代动脉产业成为社会经济发展的主体，而目前静脉产业暂时处于辅助地位，是动脉产业补充，是生态产业体系的完善。

环保产业是在人类活动对生态环境造成严重影响，并引起恶化的情况，人类为了生存安全而发展起来的产业，末端治理是环保产业发展的起因。起初，人类发展环保产业的目的就是治理，为了避免人类生产、生活等活动引起环境恶化，将产生的废弃物进行处理，达标后再排放到自然界中。因此，环保产业也是在动脉产业基础上发展起来，起初主要是为动脉产业服务的，也可以讲是为动脉产业善后的，后来随着人类生活、社会活动等规模扩大，排放的废弃物已经不能被自然完全自净处理，环保产业才将范围扩大到生活、社会活动的废弃物处理范围。末端处理是只投入，没有产出，属于纯社会公益性的产业，企业积极性不高。为调动企业积极性，解决日益加剧的资源供给矛盾，在可持续发展理论指导下，人类发现了循环经济的发展模式，再利用成为循环经济中研究的重点，通过不断探索，一个新兴产业——静脉产业脱颖而出。静脉产业的产生引起产业关系的变化，原来环保产业成为动脉产业与静脉产业联系的"纽带"，就是环保产业将动脉产业（包括生活、社会活动）产生的废弃物进行处理，能够使用转给静脉产业使用，同时环保产业也是为静脉产业进行善后服务的，因为静脉产业同样产生废弃物，并且在现有技术情况下，人类还没有达到将一切废弃物完全利用水平，部分废弃物仍然需要环保产业进行处理后排放到自然界。环保产业主要以废弃物处理为目标，属于一种公益性产业。环保产业是联系动脉产业与静脉产业的"纽带"，更主要的是处理动脉产业、静脉产业（包括生活、社会活动）产生废弃物的中心，因此，也是动脉产业、静脉产业提供服务的。服务产业是提供保障、为产业间相互合作提供可能的产业，主要是生产型服务产业，如提供信息技术服务、生产物流服务、产品贸易服务、金融服务、专业培训服务等。服务产业的核心就在于扩大循环经济产业发展领域，立足建设、生产、消费、流通等各个环节，构建产业信息网络共生系统集成、能源流物质流的优化配置方案、产品贸易服务商务平台，充分利用产业间的关系效应，促进动脉产业、静脉产业等制造产业和服务产业的融合发展。综上所述，只有动脉产业、静脉产业、环保产业、服务产业四者之间良好的互动合作，才能实现人类、经济、社会、环境与资源的共生与和谐，才能保证自然生态系统的良性循环与发展。

此外还需要注意的是，动脉产业利用静脉资源，静脉产业也利用动脉资源，此处对动脉产业、静脉产业、环保产业及服务产业的划分并不是绝对的，划分的标准主要是看其利用资源的主要类别或数量，以及其主要功能或性质。

本 章 小 结

本章主要对静脉产业体系的构成进行了简要介绍，首先对产业的概念进行了界定，并对循环经济的产业特征进行了分析，为了能够正确认识静脉产业，分析了循环经济下的产业组成，着重分析静脉产业与动脉产业间的紧密关系，为静脉产业的后续研究奠定了基础。

第三章　静脉产业运行原理

本章分析的重点是静脉产业运行的原理，从资源流动一般原理入手，分别介绍了静脉产业资源流动原理、替代原理、代谢原理及集成原理，通过对这些原理的分析，使我们更清楚地了解到静脉产业的发展规律，并奠定了静脉产业研究的理论基础。

第一节　资源流动一般原理

一、静脉物流运行原理

静脉产业是将资源及其废弃物综合利用，遵循生态学规律，为实现与环境和谐发展的经济模式，以低开采、高利用、低排放为原则，把经济活动组成一个"资源—产品—再生资源"的反馈流程。

动脉产业与静脉产业组成了循环经济的一个完整物流体系，这套物流系统相当于人的血液循环系统。动脉产业的物质流动方向是"资源—产品—消费"，这条物流的主渠道相当于人类血液的动脉系统，称为动脉物流；而静脉产业是将废弃物收集运输、分解分类及再生资源化和无害化处理的产业，经由消费者使用后，丧失了使用价值的各种废品和边角料要回收处理而逆流向上的物流渠道，相当于人类的静脉系统，称为静脉物流。在这个循环中物质和能源可以得到合理地和持久地利用，把经济活动对自然环境的影响降到最低。

因此，静脉物流可表述为了满足社会的需要，把废弃物从其来源地到其加工处理场所进行回收、分拣、净化、提纯、焚烧、掩埋等加工过程以及相关的信息研究、组织、协调、执行与调控的过程。

资源流动理论是静脉产业运行的理论基础，为此需要分析其资源流动规律，充分了解资源流动状况，找出静脉产业资源流动过程中存在的不合理、不均衡、复杂化、浪费多、变异多的环节加以改善。

静脉资源的有效流动是促进静脉产业合理发展及规模经营的基础。在社会生产、流通、消费的各个领域，通过采取综合性措施，循环利用静脉资源，提高资源利用效率，以最少的资源消耗获得最大的经济和社会效益，保障经济社会的可持续发展，因此，分析静脉资源的流动原理与规律，对静脉产业的发展具有积极的支持作用。

二、资源流动方式

这里从微观、宏观和工序三个角度深入研究资源流动的方式、流动网络、流程以及资源流动的基本规律。

（一）资源流动方式分析

资源是指一切可被人类开发和利用的物质、能量和信息的总称，或者说，资源就是指自然界和人类社会中可以用以创造物质财富和精神财富的具有一定量的积累的客观存在形态，如土地、矿产、森林、石油、人力、信息等资源。

在对资源进行划分时，分析角度不同，考察范围不同，对资源种类的划分方法也就不同，在总结已有研究的基础上，按照资源在社会生产中的作用，将其分成四大类：一是工具型资源，如机械设备、设施、配件等，考核这类资源的主要指标是使用寿命、维护保养和维修成本、报废后再利用程度等，这类资源流动后部分零部件能被直接利用或做次级资源被利用；二是能源型资源，如电力、燃料、煤炭等，能源资源的利用率（包括层级利用、循环利用）越高越好，这类资源在生产中部分被有效利用，存在过程损耗，一般能产出副产品、废弃物；三是人力资源，人力资源能长期被重复利用，经培训能改变应用范围；四是材料型资源，这类资源流入生产环节后，以产品、副产品、废弃物的形式流出，也有一些在生产过程中被消耗、磨损。

资源具有流动性，资源流动是指在人类活动作用下，资源在产业、消费链条或不同区域之间所产生的运动、转移和转化。资源有多种流动方式，从资源流动用途变化分析有层级、循环和再循环三种流动方式，如图3-1中（a）、（b）、（c）所示。

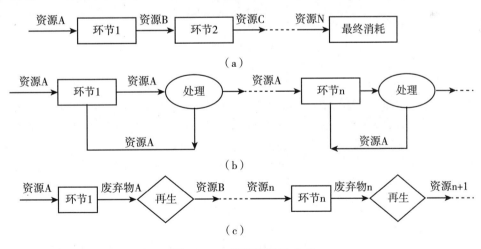

图3-1　一般资源流动方式

（1）层级流动是指资源每经过一个环节后都会产出新资源，依次发展下去直到最终消耗环节。此流动方式中资源在每个相关环节上都会产生产品、副产品、废弃物以及发生过程损耗，并发生物理、化学变化，引起其用途、功能的变化，层级流动有助于实现资源层级利用。

（2）循环流动方式是指资源流经各环节后其基本的用途、功能没有实质变化，经过处理后仍能被重新利用。这种流动方式易产生过程损耗，流动中需要补充新的资源，循环流动有助于实现资源循环利用。

（3）再循环流动是指资源流经各环节后，物理、化学性质发生重大变化，原有用途、功能基本丧失，成为暂时没有用途的资源，经过处理后，一部分资源能恢复原来的用途，另一部分资源经过化学、物理处理后再做他用，还有一部分成为废弃物。

按资源流动路径的拓扑结构分为：线状、树状、环状和网状流动方式，如图3-2所示。

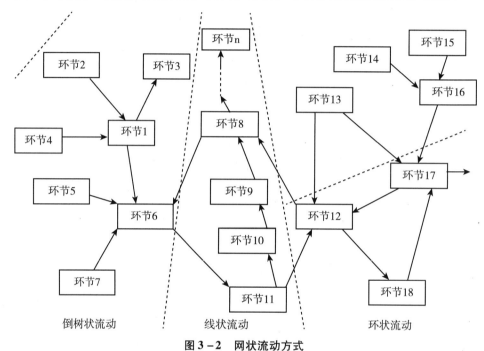

图3-2　网状流动方式

（1）线状流动指资源经过一个或多个环节后，其基本功能丧失，变成无法再进行利用的绝对废弃物，这是传统经济发展模式中经常出现的流动方式。

（2）树状流动是指资源经过相关环节后向某一环节汇集（倒树状结构），或者资源流动中产生的新资源，这些资源在经过相关环节后又产生新的资源，如此层层分解形成树状流动方式（正树状结构）。

（3）环状流动是资源从某个环节开始经过相关环节后发生了物理、化学变化，又以新资源形式流回起始环节。这种回流资源从数量上和价值上都远低于原始资源。

（4）网状流动是资源在相关环节之间流动，每个环节都有多种资源的流入与流出，各环节联系在一起构成了资源流动网络。网络状流动方式包含上述三种流动方式，是它们的综合流动形式，网状流动为资源优化配置、层级和循环利用分析提供了依据。

（二）资源流动网络

在资源流动体系中，资源在不同环节之间的流动路径形成了复杂的网络结构，在流动网络的各个环节上存在着多种资源的输入与输出，各环节之间以资源的流动为线索构成网式关系，某一环节上所产生的资源（包括产品、副产品、废弃物）流入其他的环节被利用，形成新的资源流动。不同流动路径的资源利用效率不同，对流动网络进行分析优化，寻求其中的薄弱环节进行改善，或使资源流向效率较高的环节（路径），保证资源的高流动效率，减少浪费，是资源流动系统分析的主要目的。流动网络中各个流动环节是构成资源流动网络的基础，资源流动网络是有多个"环节"构成的，对每个环节的输入、输出情况进行分析是研究资源流动网络规律的基础。图 3-3 是一个单环节资源流动模型。

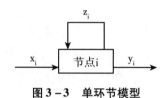

图 3-3　单环节模型

在模型中，节点 i 为资源流动网络中第 i 个环节，x_i 为外界向第 i 个环节输入的资源总和，y_i 为第 i 个环节向外界输出的资源总和，z_i 为第 i 个环节的内部积累。单环节资源流动分析是对资源开采、洗选加工和利用等环节进行系统分析的基础。

资源流动网络是由多个"单环节"节点构成的开放性网络，可以由多个始点和多个终点，网络是开放性的，既存在内部流动，也存在外部资源的输入和内部资源的输出；网络中有单向资源流动，也有双向资源流动；可以存在树状、网状、环形等多种资源流动结构和层级利用、循环利用等多种资源利用关系。网络内资源流动环节越多，网络结构也就越复杂，如图 3-4 所示。

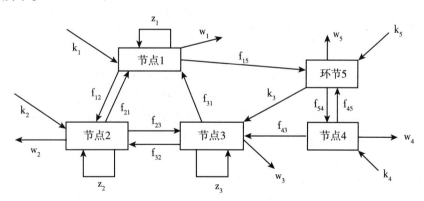

图 3-4　资源流动的网状模型

在模型中，k_i 为资源流动网络外部向第 i 个环节输入的资源总量（资源量统一折算成标准煤，单位为吨）；w_i 为第 i 个环节向网络外部输出的资源总和；f_{ij} 为资源流动体系内第 i 个环节向第 j 个环节输入的资源总和；z_i 为第 i 个环节的内部积累；其中 $i = (1, 2, 3, 4, 5)$，$j = (1, 2, 3, 4, 5)$。假设 x_i 和 y_i 分别表示单环节的资源输入和输出量，则根据上图可以分别得到以下表达式：$x_i = k_i + \sum_{j=1}^{n} f_{ji}$，$y_i = w_i + \sum_{j=1}^{n} f_{ij}$，两者之间的关系为 $x_i + z_i = y_i$。

静脉产业

在网状模型中，存在环形、线性等资源流动情况，既有内部资源流动，又有外部资源流动；既有单向流动，又有双向流动。虽然仅有五个节点，但这是一个复杂的资源流动网络。由于现实中的流动网络非常复杂，在不影响分析结论的情况下，可以剔除影响不大的微弱资源流动路径和环节，选择主要的资源流动路径和环节。在构建和分析资源的流动网络时，选择了开采、洗选、加工和利用四个主要环节并考虑了环节之间的运输过程，对开采环节的内部工序进行了分析。

（三）资源流动中的利用效率

资源流动网络中的资源流动过程符合质量和能量守恒的定律，资源的投入量与流出量始终保持平衡，资源流动中得到有效利用的部分越多，越有利于提高资源利用效率，通过对有效利用效率进行研究可以寻找并减少无效利用，提高资源利用率。

1. 单环节流动的资源利用效率

资源流经单环节后会产生新的产品、副产品和废弃物，并且还存在过程的损耗。流动过程遵循质量守恒和能量守恒定律，因此可以得到以下的平衡式：

$$T_r = Y_{cp} + Y_{fc} + Y_{fq} + Y_{gc} \qquad (3-1)$$

其中，T_r 为某种资源流入量，Y_{cp} 为产品产量，Y_{fc} 为副产品产量，Y_{fq} 为废弃物产量，Y_{gc} 为过程损耗量。资源（损耗）的单位一般统一折算成标准单位。

定义资源有效利用系数为资源有效利用量与资源投入量之比，以此来评价资源单环节流动后的效果。

$$K = \frac{Q_{cp}\alpha_1 + Q_{fc}\beta_1\alpha_2 + Q_{fq}\beta_2\alpha_3 + Q_{cr}\alpha_4}{Q_i} \qquad (3-2)$$

其中，K 为资源的有效利用系数，Q_{cp} 为产品产量，Q_{fc} 为副产品产量，Q_{fq} 为废弃物产量，Q_{cr} 为产品的再循环利用产量，Q_i 为资源在某一生产环节上的总投入量。α_i（i = 1，2，3，4）为产品、副产品、废弃物、产品再利用在评价分析中的权重，可采用专家评议得出，β_1、β_2 分别为副产品、废弃物能被有效利用的系数。

K 值越大，资源利用率越高；β_1、β_2 越大，说明副产品和废弃物被利用的程度越高；产品的再循环利用量越大，越有利于提升资源利用效率；过程损耗是在资源流动中发生的资源、能量的耗散，其存在造成了资源的浪费，影响了资源效率，必须加以控制。

2. 多环节资源流动的资源利用效率

在多环节流动中，资源流经某个环节后所产生的产品、副产品等继续在资源流动网络中进行流动，直到其没有利用价值时在某一环节以最终废弃物的形式被排放到环境中。

假设资源在流经某一环节后都会以产品、副产品、废弃物和过程损耗的形式输出，产品、副产品、废弃物流经多个环节后最终都在某个环节（可称其为"最终环节"）形成没有利用价值的废弃物并被排放到环境中。假设最终环节共有 m 个，从资源初级投入所有最终环节共有 n 个中间环节，则有以下的关系式：

（1）总投入。

$$Z_{tr} = C_{tr} + \sum_{i=1}^{n} (P_i + F_i + Fq_iLy_i) \qquad (3-3)$$

其中，Z_{tr} 为各环节资源投入总量，C_{tr} 为初次资源投入量，P_i 为投入第 i 环节的产品，F_i 为投入第 i 环节的副产品，Fq_i 为投入第 i 环节的废弃物，Ly_i 为第 i 环节的废弃物利用系数。

（2）总产出。

$$T_{cc} = \sum_{i=0}^{n} (Pc_i + Sh_i) + \sum_{j=1}^{m} (Zp_j + Zf_j + Zqc_j + ZS_j) \qquad (3-4)$$

其中，T_{cc} 为各环节资源产出总量，Pc_i 为第 i 环节产品产出量，Sh_i 为第 i 环节过程损耗量，Zp_j 为第 j 环节最终产品产出量，Zf_j 为第 j 环节最终副产品产出量，Zqc_j 为第 j 环节废弃物产出量，Zs_j 为第 j 环节过程损耗量。在中间环节产生的副产品、废弃物还会继续流动直到最终环节，所以中间环节的产出只包括产品和损耗。

（3）多环节资源利用系数。

$$Z_k = \frac{\sum_{i=0}^{n} Pc_i + \sum_{j=1}^{m} (Zp_j + Zf_j\alpha_j + Zqc_j\beta_j)}{Z_{tr}} \qquad (3-5)$$

其中，Z_k 为资源利用系数，α_j 为第 j 环节副产品利用系数，β_j 为第 j 环节废弃物再利用系数。Z_k 越大，资源利用率越高，通常情况下环节数 n 与资源利用成正向关系，环节越多，资源被利用的越充分，利用率就越高。

资源有效利用部分越大，资源效率越高，越有利于资源的节约。流动过程中产生的废弃物和副产品被有效利用的越多，越有利于提升资源整体的利用效率，但是并不是说废弃物和副产品数量越多越有利于资源效率，而是说在废弃物和副产品不可避免的产生后，要对其积极地利用，发挥其内在的利用价值，避免其浪费。

过程损耗的存在降低了资源有效利用率，需要对资源流动环节进行深入分析，寻找造成损耗的原因并采取措施减少或消除损耗。还有一种损耗就是途损，在资源流动中，各个环节之间会存在一个运输过程，在运输中可能会发生损耗（途损），例如，煤炭运输过程中实际途损一般在 1% 以上，采取措施减少途损，将有利于资源节约。

从生态效益方面来看，废弃物中能够得到有效利用的部分越多，既可以减少浪费，又可减少对环境造成的破坏。废弃物和过程损耗对生态环境的影响必须要进行控制，从经济、社会、生态三方面效益来看，采取措施尽力提高生产率，提高副产品、废弃物的利用量和利用率，减少过程损耗，这也是提高资源利用效率、节约资源的重要方向。

（四）资源全生命周期流程分析

资源流动方式和流动网络是从微观、抽象的角度分析资源的流动，本节从宏观生产流程的角度来分析资源在全生命周期中的流动状况。

静脉产业

在生产中，资源从供方开始沿着生产的各环节向需求方流动，每个环节都存在"需求方"和"供应方"的对应关系，形成了一条首尾相连的长链，从拓扑结构来看，此长链是一个资源流动网络，网络中以产品为主线，存在多种资源流动方式和流动关系。从生产运营过程来看，这是一个根据需求产生的，通过"原材料采购→存储→产品生产→产品送达顾客→消费→回收（废弃）"过程实现的资源流动过程，流动网络中的一个节点一般是一个企业或一个场所（例如车间），节点上下游通常是外部（协）企业、企业内其他部门或顾客等，而在微观分析中，一个节点一般是一个工序，上下游节点是其前后工序。这样就将研究对象的视点扩大到了生产流程这个宏观的角度，从宏观上来分析资源流动的规律。

如图 3 - 5 所示，资源全生命周期流动是指资源从原始材料获取开始，经过加工处理、投入生产直到最终消费以及消费后的回收利用的整个流程，其核心主流是生产制造中的有用物质流和能量流。随着资源的不断流动，资源的物理或化学性质也在不断地发生变化，资源每流经一个环节，需要新资源和能量的植入，随着流动环节的增加，物质的经济价值在不断地增值，使使用价值更加专业化。

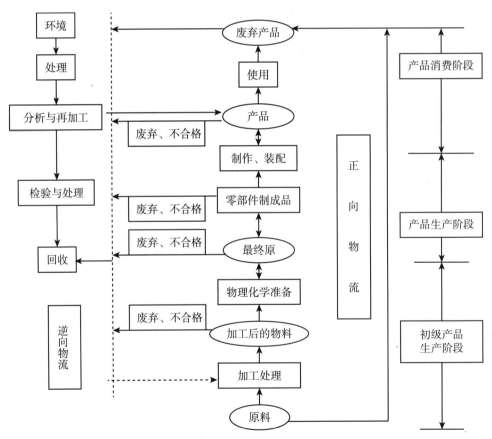

图 3 - 5 基于正向物流和逆向物流的资源流动生命周期分析

图左侧为物质资源以原材料的性质形式不断地参与生产，这部分物质没有退出整个生产过程（主流），所有循环物质和节点的距离意味着物质静脉产业成本的高低和物质参与生产过程的程度，作为循环的物质不可能回到流程的起点（原料）。

图右侧为物质资源的性质不断降解，在降解的过程中物质退出生产过程，所有退出的物质距离节点的远近意味着退出的经济成本的高低和物质处理利用（还原）的程度。但物质经过处理后只能通过生产的起点以原始资料的形式重新进入生产制造过程，处理后将不能再利用的废弃物排放到环境中。

在资源流动中，资源的废弃（排放到环境中的部分）完全可以视为"剩余"而不是"废弃物"，剩余的存在说明目前的技术水平还没有达到完全将剩余进行有效利用。从资源流动过程可以看出，从大量废弃物中获取能量或再循环、再安置被淘汰的子系统或零件，可以增加上级系统的能量，提高产品的可用性。

资源流动过程按其流动阶段，也是正向物流阶段可以进行以下分析：

（1）初级产品阶段。初级生产阶段是从原始资源开始，流程流经加工、处理，为生产最终资料进行各种物理化学准备，一个典型的例子就是从原煤中洗选后分离的煤矸石、精煤和煤泥。这一阶段资源流程一般属于传统的重工业，资源流动受控于资源供应链条的上游供应者。

（2）产品生产阶段。此过程是处理后的原料经过加工、装配等工序最终形成产品的过程，这一阶段同样包括剩余物质流程、循环物质流程和再处理流程，这些流程可以实现对部分剩余资源的再利用，有利于资源节约。例如，煤矸石经过物理化学处理，最终生产成建材或是铝粉产品；煤炭经过焦化形成焦炭。与初级产品阶段相比，产品阶段物质流经环节较少，而物质循环的途径较多，所以资源损失较少。

（3）产品消费阶段。产品销售后被用户使用、废弃、回收的阶段。此阶段直接面对物质的循环和废弃，循环和还原的路径较少，在一定程度上阻碍了资源的生产中的流转。因此，需要在此阶段加大对废弃资源的回收力度，扩展物质循环和还原路径，推动资源的流动。

图左侧为逆向物流，是指在生产过程中产生的废弃物以及不合格产品，或者消费后产生的废弃物通过退货、不合格品退回、维修与再制造、物料替代、物品循环利用、废弃物回收处理等流程，从而使这些物资重新获得价值并得到正确处置。

① 回收。回收是将顾客所持有的产品通过有偿或无偿的方式返回销售方。这里的销售方可能是供应链上任何一个节点，如来自顾客的产品可能返回到上游的供应商、制造商，也可能是下游的分销商、零售商。

② 检验与处理决策。对回收品的功能进行测试分析，并根据产品结构特点以及产品和各零部件的性能确定可行的处理方案，包括直接再销售、再加工后销售、分拆后零部件再利用和产品或零部件报废处理等。然后，对各方案进行成本效益分析，确定最优处理方案。

③ 分拆与再加工。按产品结构的特点将产品分拆成零部件，对回收产品或分拆后的零部件进行加工，恢复其价值。

④ 报废处理。对那些没有经济价值或严重危害环境的回收品或零部件，通过机械处理、地下掩埋或焚烧等方式进行销毁。

可以通过优化资源流动网络来实现生产中资源的优化利用，一般可有四种优化方式：

静脉产业

（1）生产流程的优化重组。与物质流动伴随的是能量流动，从能量流角度考虑，物质自身所含能量的高低随着物质流通环节的多少而逐级递增，为了保持物质自身较高的能级，在物质流动体系中必须考虑对现有流程的优化组合。

生产流程的改进主要是在传统的基础上更加注重于对生产中废弃物的有效利用，即从产品的设计到生产、销售一直到最后的处置，都必须加强对各环节生成废弃物的利用；同时改进生产技术，生产技术的改进要立足于在生产中最大限度地提高资源利用效率，在各个层次和不同范围内进行技术创新，如推广清洁生产、产品生命周期评价、各种工艺和生态工业园区的整合等。

（2）加强资源循环利用，提高流动速度，缩短资源流动周期。资源循环利用会加快资源流动的速度，扩大资源流动网络的规模，从理论上讲，一直进行重复回收利用直到可回收资源得到充分利用，从而使系统排放到自然界的废弃物最少是最优的资源利用方法。在实际的生产中，当可回收利用的废弃资源经过再生产后的价值已经小于回收利用过程中添加的资源价值时，如果继续投入资源进行再利用，只会造成投入资源的浪费，这时资源被排放到环境中，流动停止。

（3）优化资源流动环节，减少废弃物的产生；扩展流动网络，增加对废弃物的利用。通过资源流动环节的优化（包括流程优化和工艺改进等），可以减少废弃物的产生，但在目前的资源流动网络中，很多废弃物的产生是必然的，而且有些产业废弃物还是一种宝贵的资源，因此需要拓展资源流动网络，增加对废弃物进行利用的环节，发挥它们的价值。

（4）增强不同网络之间的链接，构建更大层次、更大范围的网络。资源流动网络具有开放性和层次性，可以和外界其他网络进行资源输入和输出，因此在网络中解决不了的物质剩余问题，可以通过不同网络之间的链接、协同关系解决，目前的生态工业园就是利用这个原理建立的。

通过对资源流动网络的优化，可以提高资源流动效率，扩大资源流动网络规模，减少资源浪费，是资源流动理论的核心。

三、资源流动中的物质流分析

本部分利用跟踪观察法建立物质流分析模型，将微观和宏观流动分析结合起来，通过深入分析资源流动网络上各输入输出环节的物质流量流向等指标，来理清资源在工序层面上流动时资源效率、环境效率、综合利用率、回收利用率等多项指标的关系，了解微观层面上的资源流动特性。

（一）物质流分析的模型

跟踪观察法是微观物质流分析的基本工具，利用此方法建立物质流分析模型模拟资源在网络中的流动状况。有如下假设：

假设1：选定的对象是某企业在某一段时间（年）内生产（或购买）的某种资源A。此种资源将用于生产某种产品B。资源流动环节包括原料加工处理、生产制造、产品利用和产品废弃（回收）等四个简单环节。资源不同环节间的运输损耗不计，物质流动分析时暂不考虑能源的输入输出，资源流动遵循质量守恒定律。

假设2：生产制造环节产生的废弃资源在当年（第 t 年）全部返回加工环节去重新处理，此环节不向环境排放废弃物。不合格的废料在加工处理环节排放到环境中。

假设3：为了研究方便，假设产品 B 的寿命都是 $\triangle t$ 年，利用之后进入废弃阶段，部分被回收，其余的进入环境造成环境损害。

假设4：回收的 B 产品在其报废当年（$t + \triangle t$ 年）就返回加工处理环节进行再处理以便被重复利用，处理过程产生的废料排放到环境中。如果 B 产品属于不可再回收的，则此项为零。

假设5：只考虑系统排放废弃物对环境在物质的破坏，不考虑不同废弃物在有毒有害程度方面的差异，并且假定排放到环境中的废弃物一定会对环境产生损害，且产生危害的程度与废弃物的数量呈正比。

在此基础上，结合对资源流动网络和流动规律的研究，建立了如图3-6所示的资源流动分析模型。

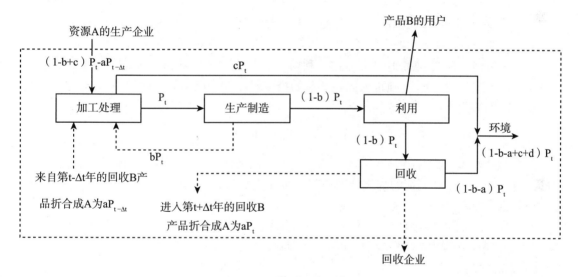

图3-6　物质流分析模型

在图3-6中，a 为资源循环利用率；b 为生产过程损失率；c 为加工处理环节的直接的环境损害率；P_t 为经过处理的资源 A，可以作为生产 B 的原料；$P_{t-\triangle t}$ 为 $t + \triangle t$ 年的回收 B 产品。虚线表示逆向物流。

分别对四个环节的资源流动状况进行分析，研究对象是第 t 年输入的资源 A，图3-6中所列出的各股物流流量都不是实物流量，而是按各种实物量折算成的 A 资源的量（也可以统一折算成标准煤），假设流量单位为吨。

（1）原材料加工处理环节，功能是将资源 A 经过处理后变成合格的原材料。例如，来自煤矿开采产生的煤矸石和洗煤厂洗选生产的煤矸石原料不能直接进入建材厂，必须经过生产环节后才能变成合格的建材原材料用于生产建材。输入的是资源 A，产出的是适合做原材

静脉产业

料的 A 产品和废弃物。按照质量守恒定律，此环节的输入输出等式为：

$$(1-b+c)P_t - aP_{t-\Delta t} + bP_t + aP_{t-\Delta t} = P_t + cP_t \qquad (3-6)$$

其中，左侧表示资源输入，右侧表示资源输出。输入为资源 A 生产企业在第 t 年输入的资源 $[(q-b+c)P_t - aP_{t-\Delta t}]$ 吨；生产制造环节产生的加工废料（由于工艺等因素产生）bP_t 吨，这些加工废料全部返回加工处理环节重新处理；B 产品经过 Δt 年报废，形成折旧废弃资源 A 为 $aP_{t-\Delta t}$ 吨，重新进入加工处理环节。输出为第 t 年的原材料 A 产量为 P_t 吨，进入产品生产制造阶段；同时将产生 cP_t 吨废弃物直接排放到环境中。

（2）产品生产制造环节，功能是将合格的原材料 A 生产加工制成合格的 B 产品（如经过加工后的煤炭用于炼焦），之后 B 产品将在销售后被利用以实现其使用价值。

输入为合格的原材料 P_t 吨，经过制造后可生产出 $(1-b)P_t$ 吨的 B 产品，同时产生 bP_t 吨加工废料（这些废料是由于生产工艺等原因产生的，在当年全部返回生产环节）。按照质量守恒定律，输入输出等式为：

$$P_t = (1-b)P_t + bP_t \qquad (3-7)$$

（3）产品利用环节，是用户购买、使用 B 产品的环节。这个环节同 B 产品的寿命有关，为了讨论方便，我们假设其使用寿命为 Δt 年，寿命到期后，将进入废弃环节。

输入端为 $(1-b)P_t$ 吨的 B 产品，进入利用环节后被用户使用 Δt 年实现自身的使用价值而报废；输出端为 $(1-b)P_t$ 吨进入回收环节的报废产品（中间损耗不计）。按照质量守恒定律，输入输出等式为：

$$(1-b)P_t = (1-b)P_t \qquad (3-8)$$

（4）回收环节，此环节是在第 $(t+\Delta t)$ 年将用户废弃的 B 产品统一回收，经过分选后一部分进入下一个循环周期的加工处理环节，实现资源的重复利用，另一部分最终进入环境并对环境造成损害。

输入为 $(1-b)P_t$ 吨报废的 B 产品，经过分选处理后输出为可作为下一循环（第 $t+\Delta t$ 年）加工处理环节的原料的资源 aP_t 吨；不可回收的 $(1-b-a)P_t$ 吨废弃物直接进入环境。输入输出等式Ⅳ：

$$(1-b)P_t = aP_t + (1-b-a)P_t \qquad (3-9)$$

在前面的模型中出现了 a，b，c 等参数，现对它们进行如下的定义：

（1）第 t 年的 B 产品经过 Δt 年后，演变为可回收的资源 A 的量为 $A=aP_t$，可得到 $a=\frac{A}{P_t}$。定义 a 为资源循环利用率，本例中指的是原材料 A 的回收利用率，A 可由回收的 B 品折算得来。反映了在 P_t 单位的 B 产品中，得到循环利用的那一部分 A 所占的比重，其值小于 1，对整个系统来讲，a 值越大越好。

（2）第 t 年的 B 产品生产制造过程中产生的加工废物量为 $B=bP_t$，可得 $b=\frac{B}{P_t}$。定义 b 为生产过程损失率，其与生产过程的技术水平、管理水平、设备等因素有关，反映了企业的生产和工艺的效率，其值小于1。对整个系统来讲，b值越小越好。如果 b＝1，则说明生产过程不合格，没有生产出合格的 B 产品。

（3）第 t 年的在加工处理环节直接进入环境的废弃物为 $C = cP_t$，可得 $c = \dfrac{C}{P_t}$。定义 c 为加工处理环节损失率，也是直接的环境损害率。反映了加工处理环节的效率和对环境的破坏程度，如洗煤厂对煤炭加工处理造成的环境污染。c 值小于1，且越小越好。

（4）整个系统在第 t 年排放到环境废弃物的量和输入的资源 A 的量的比值为资源 A 的资源综合损失率：

$$m = 1 - \frac{(1 - b - a + c)P_t}{(1 - b + c)P_t - aP_{t-\Delta t}} \qquad (3-10)$$

定义 $n = 1 - m$ 为资源综合利用率，m 和 n 反映了资源整个流动过程中输入的资源 A 被综合利用的程度，m 值和 n 值小于1，n 值越大越好，m 值越小越好。

在整个资源流动中，存在两股逆向物流，一个是生产制造环节返回加工处理环节的逆向物流（逆物流Ⅰ），另一个是经过回收再次返回加工处理环节的逆向物流（逆物流Ⅱ）。两者都对资源流动效率存在影响，逆物流Ⅰ的时间间隔较短，多是下道工序的边角废料返回加工处理工序进行再处理，属于生产中的物料循环和节约，基本不会对周围环境造成不良影响；逆物流Ⅱ的时间间隔较长，至少要间隔一个产品的寿命周期，并通过回收企业处理后才能返回生产制造过程，会对生态的环境产生较大的影响。

从制造过程效率来看，逆物流Ⅰ的存在将增加企业内耗，是企业生产流程不合理的体现，所以企业应该尽量减少生产过程中的废弃物，对于无法避免而产生的废弃物要积极内部逆向物流循环。而逆物流Ⅱ是产品废弃后的再回收利用物流，其流量越大越好。

（二）物质流分析模型中各项指标的关系

为了考察单位资源的利用效率，将模型中的各股物流量同时除以 P_t 并令 $p = \dfrac{P_{t-\Delta t}}{P_t}$，可以直接得到单位产品的物质流分析图 3－6，从图中可以直接写出同此物质流有关的各项指标计算式并推导出他们之间的关系。

（1）经过加工处理后的产出单位资源 A 需要投入原材料的量定义为单位资源投入量 R，R 是系统需要输入的资源量：

$$\begin{cases} R = 1 - b + c - ap \\ r = \dfrac{1}{R} = \dfrac{1}{1 - ap - b + c} \end{cases} \qquad (3-11)$$

其反映了加工处理环节对原材料 A 的利用效率。观察式（3－11）可知，系数 a，b，p 都是外来变量，与加工处理环节没有关系，由式（3－12）因此，此环节的资源效率 r 的影响因素只是本环节产生的废弃物量 c，这与加工环节的技术水平、管理水平以及原材料 A 本身的质量等因素有关。

静脉产业

（2）根据宏观资源流动的分析中提出的资源剩余是一种浪费，那么剩余的资源排放到环境中，既造成了资源损失，又造成了环境破坏，两者可以通过一个指标来衡量。单位资源引起的资源损失（环境破坏）量为 Q（Q = 1 - a - b + c），定义 Q 为资源损失指数（环境破坏指数），定义系统的资源损失率（环境效率）：

$$\begin{cases} Q = 1 - a - b + c \\ q = \dfrac{1}{Q} = \dfrac{1}{1 - a - b + c} \end{cases} \qquad (3-12)$$

q 与资源回收率 a、生产过程损失率 b 和加工处理环节损失率 c 三个系数都有关系，由式（3-12）分析可见，资源回收率越高，生产过程损失越小，加工处理环节损失越小，环境效率越高。

（3）资源投入和资源损失（环境损害）之间的关系 R = Q - a（p - 1）。若循环利用率 a = 0 或 p = 1，有 R = Q，表明此时投入的原材料 A 在一个生命周期结束后全部变为不可再利用的废弃物进入环境，将此式变换可得资源循环利用率 a 的另一种表示：

$$\begin{cases} R = Q - a(p-1) \\ a = \dfrac{R - Q}{1 - p} \end{cases} \qquad (3-13)$$

假设 p 为定值，则资源损失 Q 越小资源循环利用率越高。但 a 的大小并不是由 Q 决定的，而是由原材料和产品本身的性质决定的。

（4）单位产品的废弃物用量 S = ap + b，分别来自回收环节和生产制造环节，定义 S 为废弃物再利用指数；S 是衡量一个资源流动网络中废弃资源充足程度的判据；S 值越高，废弃资源越充足。假设随着生产工艺的改进，生产中产生的废弃物损失 b 越来越小，最后趋于零，那么 S 仅与回收利用的废弃资源有关，这就提示要提高资源流动效率，一方面要提高生产技术水平；另一方面要尽可能利用可重复利用的资源，并加大资源的回收力度，拓展资源流动网络的层次。

（5）分析 S 和 R 之间的关系可知，资源效率 r 可由 R = Q - a(p - 1) 和 S = ap + b 推出：

$$r = \frac{1}{R} = \frac{1}{1 - S + c} \qquad (3-14)$$

其反映了资源效率 r 和废弃物再利用指数 S 之间的正向关系，但是这种正向关系并不是说明资源流动网络中产生的废弃物越多越好，而是说在废弃物总量一定的情况下，其被利用的越多越好，这与资源全生命周期流程分析得出的结论是一致的。

（6）单位资源的综合损失率 m 和单位资源综合利用率 n：

$$\begin{cases} m = 1 - \dfrac{1 - b - a + c}{1 - b + c - ap} \\ n = 1 - m \end{cases} \qquad (3-15)$$

m 和 n 反映了资源流动整个过程中输入的资源 A 被综合利用的程度。需要注意的是，综合利用率和资源利用效率并不是一个概念，高资源利用率并不表明高的利用效率。综合利用率反映的是资源的利用数量指标，而资源利用效率反映的是资源利用水平指标。例如，将高热量的煤矸石用于井下充填，将富含硫铁矿的煤矸石用于筑路等，这些对废弃资源的不合理利用虽然可以使得综合利用率 n 增加，但是从整个资源流动网络来看，资源的利用效率仍然低下，因此需要在对资源的特性、用途进行充分分析的基础上，综合考虑，选择最优的利用途径，资源的不合理利用也是一种浪费。

（三）元素流分析

元素流是资源流动的重要组成部分，可以将其分为以下几种情景：一是化合物分解形成元素流，就是化合物经过相关过程分解成各种元素的流动过程，如二氧化铁、二氧化三铝等分解过程，这个流动过程主要是产生生产、生活、社会活动等需要单元素物质，如金、银、磷、硫等；二是化合过程，由相关元素经过化合反应形成相关化合物的过程，这个过程主要通过化合作用生产出生产、生活、社会活动等需要各种化合物，如高锰酸钾等；三是化合物分解过程，就是一种主要物质经过加工分解成相关产品的过程，如石油裂变，分解成柴油、汽油等过程；四是分子结构重新组合过程，就是通过物理与化学的过程，产生新的材料，如各种人造丝、合金、人造革等，这些过程在相关专业书籍中已有分析，这里不再进行分析。

在由原材料到最终产品的资源流动（产品生产）过程中，通常会有一种或几种元素贯穿整个流动过程，把流程内的多道工序串接在一起形成元素流。元素流分析是指从微观物质流分析的角度来研究元素的流动规律、元素效率、节约、环境影响等问题。

戴铁军对元素流进行了深入的研究，构建了基准元素图，并从生产流程、工艺流程中对元素流的资源效率、环境效率进行了深入研究，理清了两者之间的关系，指出：在生产过程中，副产品或废品在工序内部返回重新处理，对流程和工序的元素资源效率均没有影响，在工序之间返回重新处理，只对相关工序的元素资源效率有影响，而对流程的元素资源效率没有影响；各工序的排放量不仅对流程和工序的元素资源效率有影响，而且排放量越大，流程和工序的元素资源效率越低。这些结论对资源节约具有重要的指导意义。

煤炭资源的流动过程，均伴随着碳元素的流动。煤炭是一种重要的化工原料，碳元素在流经一些环节后发生化学变化，与其他元素结合，形成新的元素或化合物，由此构成了碳的化工生产。其化学反应式的形式为：

$$元素\,M + 元素\,C \xrightarrow[反应条件]{化学反应} C_x M_y\,(化合物) + 副产品 + 废弃物 + 过程损耗$$

其中，碳元素和 M 元素在一定条件下发生化学反应，形成了含碳化合物和副产品以及废弃物，在整个过程中还会存在过程损耗。在碳元素的流动中遵循能量守恒和质量守恒，可以据此写出平衡式分析其存在的资源损失。碳的燃烧也是一种化学反应，并且会释放出大量的热能。

图 3－7 是在能源化工多联产系统中的碳元素流动图，虚线表示碳元素的流动路径，原始碳经过多个环节后变成了甲醇、合成氨、一氧化碳、二氧化碳等多种新物质。

静脉产业

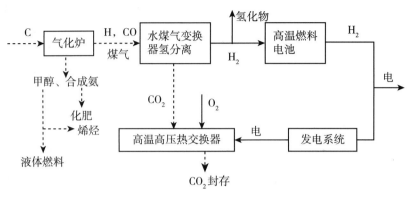

图 3-7　气化多联产系统中碳元素的流动

（四）资源流动网络中物质流动的特性

用物质流分析的跟踪观察法来分析资源流动网络中各个环节的特性及其复杂关系，可以更加深入地了解资源流动的规律。通过分析，可以得到以下物质流动的特性：

（1）资源综合利用率 n 反映了资源被综合利用的程度，用于分析资源流动网络中的环境不友好的废弃资源的综合利用程度，n 越大说明有越多的废弃资源被利用，资源浪费的就越少，越有利于资源节约。

（2）环境效率 q 反映了资源利用过程中对环境资源的损害程度，与生产工艺、设备、回收情况、管理、技术等因素有关，可以通过加工处理过程损失率 b，生产制造环节损失率 c，资源循环利用率 a 等指标来衡量。

（3）资源效率 r 反映了投入的单位资源获得产出的效率，是整个资源流动过程中技术、工艺、设备、管理等水平的综合反映，也可以说是反映了整个系统的综合实力。

（4）资源循环利用率 a 反映了资源回收利用的程度，提高 a 值可以提高资源效率和环境效率，有利用资源的高效利用和保护环境，同时还能扩展资源流动网络的层次性，增加资源流动环节，提高层级利用率。

（5）通过分析资源效率 r，环境效率 q 和资源综合利用率 n 的关系可以看到，仅仅提高 n 是不够的，在提高 n 的同时要更深入一步，进入加工处理、生产制造、资源回收等下游环节，提高整个系统的技术、工艺、管理、设备等关键环节的整体水平，才能真正促进资源利用效率的优化，从根本上节约资源。

（6）资源流动中一般同时存在制造过程内部的逆向物流和外部的逆向物流，两者对资源流动效率的影响不同，内部逆向物流会浪费企业的资源，增加搬运、处理中的工作，这是制造过程内部工序不完善的表现，应尽量减小内部逆向物流量。外部逆向物流可以增大废弃资源的再利用效率，同时减少对环境的破坏，应该增大外部逆向物流的流量。

（7）通过加工处理环节对原级资源进行加工，剔除废弃物、杂物等将其变成合格的原材料，减少运输工作量和生产制造环节的内部逆向物流，同时还能吸收回收的废弃物进行处理后再进入生产流程，这对于资源节约有着积极的作用。

四、能量流动分析

在资源流动网络中，与物质流动伴随的是能量的流动，生产过程不仅要投入物质资源，还要投入能量资源，两者共同构成了资源流动网络的主线，为此从能量流动的角度来分析资源流动网络中能量的利用效率与节约。

（一）工序能量流分析

资源被开采出来后，经过一系列加工、转换环节到能源产品或排放物，组成能源转换过程，各种能源产品从经过分配进入各个用户使用直到废弃物排放组成能源使用过程，各种物料沿着产品生命周期的轨迹流动，形成物质流；各种能源沿着转换、使用、排放的路径流动，形成能量流（Energy Flow），如图 3 - 8 所示。

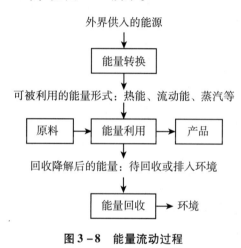

图 3 - 8 能量流动过程

物质流和能量流既独立又相互联系、彼此制约，物质流是企业生产的主体，能量流推动物质流的流动和转变。当产品规格和产量一定时，它们决定企业的资源和能源效率。

由于物质流和能量流分析会出现行业特色，因此具体分析中应该着重针对某一行业进行分析研究。根据现有材料，国内部分学者已经分析了钢铁企业的能量流和物质流以及它们之间的耦合关系，指出了钢铁企业能源流动的一些问题，提高了人们对流程工业中物质流、能量流的重要性的认识。

在这些研究的基础上，根据资源类企业的一般特点，运用前述理论，具体应用于矿区资源流动网络中的能源利用效率与节约问题的分析中，以便在了解原理的同时，也能掌握针对某一行业的应用分析能力。

在矿区企业中，碳素流是主要的能量流的主要形式，从开采出的原煤开始，流经洗选过程，然后以合适配比进入焦炉或电厂，转化为焦炭、焦炉煤气、化工副产品或是电能、热能，同时排放出 SO_2、CO_2 等气体。矿区企业的各种能量流与矿区的能源及环境相互关联，研究矿区企业能量流的运动规律，有利于节约资源，降低能耗和改善环境。

静脉产业

从微观的工序层面来看，以生产单位产品为研究基础，资源流动网络中能源转换工序或生产工序的能量流如图3-9所示。

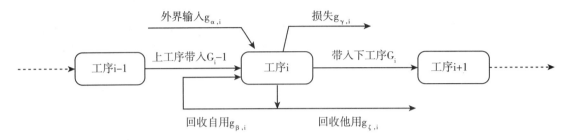

图3-9 工序能量流分析

能量流按其来源、去向和作用的不同，被划分为以下6股：

（1）输入能量流，来自上一道工序作为原料带入本工序的能量 G_{i-1}；

（2）输出能量流，本工序产品带走的能量 G_i；

（3）外部加入能量流，从本工序外部供给本工序的燃料、电力等能量 $g_{\alpha,i}$；

（4）损失能量流，本工序散失的以及物料在工序间输送过程中损失的能量 $g_{\gamma,i}$；

（5）回收自用能量流，本工序回收自用的燃料、热能等能量 $g_{\beta,i}$；

（6）回收他用能量流，本工序回收并用于其他工序的燃料、热能等能量 $g_{\zeta,i}$。

分析可见，要节约用能，一方面要降低工序中能源的投入 $g_{\alpha,i}$，另一方面对生产中产生的余热余能要及时、有效地加以利用。矿区企业的能量转化过程也是一个能量在时间上和空间上的耗散过程，各种余热余能必须及时加以利用，否则就会耗散贬值；同时还要遵守能级匹配用能。能级匹配用能理论指出，要使用能过程合理有效，一方面要注意节能，另一方面必须遵守"能级匹配"的原则，所谓能级匹配就是指供给用户的能量级别与所需能级相匹配（两者的能级差越小越好）。

目前煤炭矿区的余热余能主要是由矿区热电厂、焦化厂等企业产生的，其回收利用方式一般有两种：热回收和动力回收。从能级匹配来说，热能和动力同时回收效果最好，如热电联产；当余热能源的能级较高时，应以动力回收为主，如热能发电，当余热源级别较低时，应以热回收为主，如电厂余热回收用于供暖（制冷）、养殖。

对于被代入下一工序中的能量 G_i，需要判断其是否被下道工序充分利用，如果不能被充分利用，就会产生一部分余热余能，此时也要相应的按照能级匹配原则加以利用；如果 G_i 被下道工序完全利用，此时应该注意能量在工序间衔接上的时空最小化，尽量减少能量的耗散。在矿区电厂余热的回收用于供暖中，要合理规划、尽量缩短能量传输距离和时间，同时在传输中还要采取合理措施控制能流的耗散。

（二）企业能量流分析

从企业层面来看，在区域复杂多样的资源流动网络中，企业输入的各种能源经过转换、分配、使用直到最后以不能利用的废弃物的方式排放，这一过程中资源能量的流动可以用简化的能量流图来表示，如图3-10所示。

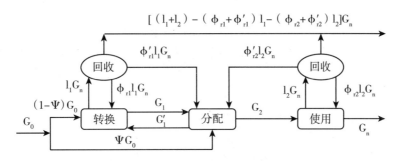

图 3−10　资源流动网络中的能量流分析

其中，G_0、G_1、G_1'、G_2 是为满足生产输入各个环节的能量；G_n 为生产单位产品所需要的有用能；Ψ 为一次能源的直接使用率；l_1、l_2 为能源转换、使用环节余热余能生成量与 G_n 的比值；φ_{r1}、φ_{r2}、φ_{r1}'、φ_{r2}' 为能源转换、使用环节，余热余能回收自用率及回收他用率。

从图 3−10 中可以看出，为满足生产所需的有用能 G_n，企业购入能源 G_0 的一部分 $(1-\Psi)G_0$ 经过转换后分配供给用户使用；另一部分 ΨG_0 直接进入储存环节供给用户；两种方式共为用户提供能量 G_n。在能源的转换和使用阶段都有余热余能生成 （$l_1 G_n$ 及 $l_2 G_n$），其中一部分回收自用 （$\varphi_{r1} l_1 G_n$ 及 $\varphi_{r2} l_2 G_n$），另一部分回收他用 （$\varphi_{r1}' l_1 G_n$ 及 $\varphi_{r2}' l_2 G_n$），其余排放到环境中。整个系统排放到环境中的能量为 $[(l_1+l_2)-(\varphi_{r1}+\varphi_{r1}')l_1-(\varphi_{r2}+\varphi_{r2}')l_2]G_n$。

根据整个系统的能量平衡，可得：

$$G_0 = [1+(l_1+l_2)-(\varphi_{r1}+\varphi_{r1}')l_1-(\varphi_{r2}+\varphi_{r2}')l_2]G_n \qquad (3-16)$$

由式 （3−16） 可得出系统的能源效率 （企业投入的单位能源所能生产的产品量） 为：

$$\eta = 1/[1+(l_1+l_2)-(\varphi_{r1}+\varphi_{r1}')l_1-(\varphi_{r1}+\varphi_{r2}')l_2]G_n \qquad (3-17)$$

由式 （3−17） 可知，影响企业能源效率 η 的因素主要有两个，分别是能量流动过程中的余热余能生成量 $(l_1+l_2)G_n$ 及回收利用的能量 $[(\varphi_{r1}+\varphi_{r1}')l_1+(\varphi_{r2}+\varphi_{r2}')l_2]G_n$。

综上可见，就能量流来说，提高副产品、余热余能的回收利用是降低能源消耗、节约能源的重要途径，且回收率越大节能效果越明显。要提高能源效率，要求每道工序的产品所载有的能量 G_n 要及时代入下一道工序进行利用，同时还要注意，应提高能源转换和使用环节的技术水平，降低能量流动过程中的余热余能生成量；产生的余热余能，应及时回收按照能级匹配原则进行利用，减少能量损失。

对 "煤炭→电力→余热利用" 能源流动链的优化可从两方面进行：一方面要发展洁净燃烧技术，采用先进燃烧技术和设备，提高煤炭燃烧的热效率和热量的散失，减少环境污染；另一方面，对于燃烧发电过程中的余热应尽可能地加以利用，形成能量梯次利用，提高利用率。

（三）能源加工和转换环节分析

能源资源流经一个环节后可能会发生物理、化学变化，可由一种物质形式经过加工后转换为另一物质形式，也可由一种能量形式转换为另一能量形式以满足需求，这个加工转换过程是能量流动的核心环节。

能源加工与转换既有联系又有区别，两者都是将能源经过一定的工艺流程生产出新的产品。能源加工，一般只是能源物理形态的变化，如原煤经过洗选成为洗煤；炼焦煤经过高温干馏成为焦炭；煤炭经过气化成为煤气；精煤经过深加工变成型煤、水煤浆；原油经过炼制成为汽油、煤油、柴油等石油制品等。能源转换是资源流动中能量形式的转换，如热电厂将煤炭投入热电设备中，经过复杂的工艺过程把热能转换为机械能、电能等。

随着科学技术的发展，能源加工转换的方式越来越多，技术越来越高。对能源加工转换进行科学的输入输出分析，掌握其流动特点和规律，可以为研究能源资源的高效利用、减少污染排放、进行资源综合利用提供科学的数据资料，也为研究资源节约提供依据。能源加工转换的输入输出指标主要有：

（1）能源加工转换投入量，亦称中间消费，是指为加工转换二次能源及其他产品所投入加工、转换设备中的各种能源。不包括能源加工、转换装置本身工艺用能和其他设备用能、车间用能、辅助生产系统用能、经营管理用能等。

（2）能源加工转换产出量，是指各种能源经过加工转换后，产出的各种二次能源产品，如发电产出的是电力；热电联产产出的电力、蒸汽、热水；洗煤产出的洗精煤，洗中煤、煤泥、洗块煤、洗混煤、洗末煤等；炼焦产出的是焦炭、焦炉煤气和其他焦化产品等。

（3）能源加工、转换损失量，是指在能源加工、转换过程中产生的各种损失量，即能源加工、转换过程中投入的能源和产出的能源之间的差额。计算公式为（需统一折算为标准煤）：

$$能源加工、转换损失量 = （能源加工、转换投入量） - （能源加工、转换产出量） \qquad (3-18)$$

由于能源管理水平和技术经济条件的限制，在能源加工、转换过程中不可避免地产生损失量，损失量的大小直接反映了能源加工、转换技术水平和管理水平的高低。因能源加工、转换的具体形式不同，能源加工、转换损失的表现形式也有区别。例如，原煤洗选损失量是指入洗原煤量与产出的各种洗煤产品产量之差，其损失量包括矸石、黄铁矿、浮选尾矿和洗煤过程中的流失量等；火力发电的损失量是指输入能量与实际产出的有效能量之差，计算发电损失量时，产出的电不能按等价热值计算，必须将当量热值折为标准煤。

（4）能源加工、转换损失率，是指能源在加工、转换过程中损失的能量与投入的能量之间的对比关系，反映了能源在加工、转换过程中能量的损失程度，计算公式为：

$$能源加工转换损失率(\%) = 能源加工转换损失量/能源加工、转换投入量 \times 100\% \qquad (3-19)$$

（5）能源加工、转换效率，是指能源加工、转换过程中产出量与投入量的比率，即能源加工转换的产出率。计算公式为（需按当量热值折为标准煤）：

$$能源加工转换效率(\%) = 能源加工、转换产出量/能源加工、投入量 \times 100\% \qquad (3-20)$$

能源加工、转换效率是反映能源在加工、转换过程中能量的有效利用程度，是考核能源加工、转换技术水平及管理水平高低的重要依据，本书在第五章将对煤炭资源流动效率进行深入研究。

（四）资源流动网络中能量流动的特性

通过工序和企业能量流分析，可以总结出能量流动的基本特性：

（1）能量流动遵循能量守恒定律，进入系统的能量，通过转换成工艺过程需要的能量种类推动目的工艺过程，在推动目的过程中降质，其数量不变，除部分进入产品物流外，"降质"后能量或通过各种单元过程或设备回收利用，或以各种形式排放到环境中。

（2）能量流动是伴随物质流动发生的，物质资源是能量资源的载体。企业输入的各种能源经过转换、分配、使用直到最后以不能利用的废弃物的方式排放，在流动过程中会发生损耗，常见的损耗有：不完全燃烧损失、排烟热损失、散热损失、疏水（排气）热损失、泄漏损失等，其热力学的熵不断增加，能量流的变化对能耗的影响很大，要降低能耗就要尽可能地将工序载有的能量及时转入下道工序进行利用。

（3）能量流动也存在线状、树状、环形、网状等流动方式，能量在流经不同环节之后其熵逐渐增大，其蕴涵的做功能力逐渐减小，直到在最终环节被完全消耗。增加能量流动的环节，能增加其层级利用率，改变线性流动方式为环状流动方式，能提高其循环利用率。层级利用和循环利用是提高能量利用效率的最重要的两种方式。

（4）能量流动过程中会产生不能完全利用的余热余能，对此应该从两个方面来看：一是在资源流动过程中要积极提高能量利用效率，就要提高能源转换和使用环节的技术水平，降低能量流动过程中余热余能的生成量，此方面需要引进先进的能源转化和使用技术，如采用先进的燃煤锅炉、采用先进的助燃剂、引进先进发电技术等，资源效率提升的越多，资源节约的就越多；二是要对产生的余热余能及时回收利用，减少能量损失，回收率越大，节能效果越大。

对于其他形式的资源流动，如人力资源流动、信息流动、资金流动等，由于时间关系，这里不做深入研究，但是这些资源的流动、配置也会影响到资源流动网络的优化，也需要予以足够重视。

以上主要是从资源流动的一般规律对资源流动方式、资源流动的物质流和能量流等内容进行分析概括，并依据现状进行理论应用分析。但就静脉产业而言，除包含上述一般特性外，其资源流动也有其自身特色。

（五）能量平衡表与能量平衡图

能源管理就是以上述原理为基础构建能源平衡图与平衡表，具体分析如下。

1. 能量平衡表

企业能量平衡表是企业能源系统进行综合分析的一种有用工具，也为改进企业能源管理、编制企业能源计划提供科学依据。企业能量平衡表的形式很多，为了各种不同目的，编制出许多类型的能量平衡表。

（1）分析企业能源系统状况、能量平衡关系，为企业能源管理、编制能源计划提供科学依据。

（2）分析企业节能潜力、明确节能方向、能源相互替代，确定节能技术改造方案。

（3）计算企业能源利用率。

（4）为绘制企业能源网络图与企业能流图提供了详细、可靠的数据。

企业能量平衡表如表 3 - 1 所示。

2. 能量平衡图

企业能流图是表示企业内部能量流向、平衡的图形。它直观、简洁、形象地概括企业能源系统的全貌。描述企业能源消费结构，反映企业在能源购入贮存、加工转换、输送分配、最终使用等环节的数量平衡关系。企业能流图是分析用能状况，研究企业节能方向和途径，进行企业能源管理的重要依据和方法之一。如果配置电子计算机和数据库，就可以对企业能源系统进行适时的管理与控制，为全面、科学地管理企业能源系统提供了便利条件。国家标准局 1996 年 11 月 28 日发布了国家标准《企业能源网络图绘制方法》（GB/T16616 - 96），如表 3 - 2 所示。

五、静脉产业体系中资源流动新特点

按照静脉产业"集约化、系统化、资源化"的发展要求，通过对资源类型的探索，发掘不同资源类型之间的变化关系，探寻未来资源利用主体可能的变化趋势，从而找到维持未来社会可持续发展的动力源泉，以应对资源枯竭与消耗剧增之间的矛盾。

（一）资源类型的再认识

从资源存在的方式可将资源分为新投入资源与循环再生资源两大类：新投入的资源是指从未在经济社会运行中使用的资源，是已存在于自然界、太空或经过人类、自然活动创造产生的资源；循环再生资源是指已经在经济社会中使用过的资源，经过静脉产业处理后再被投入使用的资源。

新投入资源是现今生产、生活及其他社会活动所需资源的主要形式，是动脉产业中的重要动力源，主要包括四类资源：一是自然界存在的不可再生资源，这是已经在自然界中存在并经过人类有目的的开采活动生产出来的资源，在现有条件下，这类资源存量只能不断减少而不会再有增量；二是来源于自然界的可再生资源，这是在自然环境下能够再生或循环的资源，包括有生命的与无生命的两类，这类资源再生速度受制于自然条件；三是人类种植养殖活动获得的资源，是指人类利用自然生态环境或资源，通过有目的的养殖、种植等活动获得的资源，这类资源既受制于自然条件，也受制于科技发展水平，随着科技水平不断提高，这类资源再生速度将大幅度提高，将来会成为人类主要的资源来源；四是来自外太空的资源，这是由自然力的作用或人类有组织的活动所获得的来自太空中的资源，如太阳能、将来人类从其他星球获得的资源等。以上新投入资源现在正广泛应用于人类的各种活动中，其中以第一类不可再生资源的利用为主。因此，新投入资源中的主要部分所带来的消极影响已成为静脉产业发展中需要重点摒除的内容。那么应如何摒除这些不利影响呢？

表 3-1

企业能量平衡表

统计期：×××年

单位：tce

项目 能源名称	购入贮存			加工转换				输送分配	最终使用						
	实物量	等价值	当量值	发电站	制冷站	其他	小计		主要生产	辅助生产	采暖（空调）	照明	运输	其他	合计
	1	2	3	4	5	6	7	8	9	10	11	12	13	14	15
供入能量 蒸汽															
电力															
柴油															
汽油															
煤炭															
冷煤水															
热水															
合计															
有效能量 蒸汽															
电力															
柴油															
汽油															
煤炭															
冷煤水															
热水															
合计															
回收利用															
损失能量															
合计															
能量利用率															
企业能量利用率															

静脉产业

企业能源网络图数据表

表 3-2

厂名： 统计期： 单位：MJ (tce)

能源种类	购入贮存			加工转换				输送分配		生产用能单位						其他用能单位						外供	备注
	实物量	当量值	贮存损耗	锅炉房		煤气站		收	支	收	支	收	支	收	支	收	支	收	支	收	支		
				收	支	收	支																
一次能源																							
二次能源																							
耗能工质																							
回收利用能																							
合计																							

统计日期： 年 月 日

随着人类活动范围、人口规模以及经济规模的不断扩张，现有资源储量已经远远满足不了社会发展的需要，尤其是自然资源的急剧减少，使人们将资源开发利用的目光转向静脉产业领域，使资源的来源途径得到拓宽。静脉产业的发展引起循环再生资源的产生，循环再生资源是人类对生产、生活、社会等活动中已经利用过的资源经过再开发利用后重新产生的资源。循环再生资源存在的历史比较长，但传统上由于自然界新资源比较多，资源供求矛盾不突出，因此，循环再生资源没能成为人类活动的主要资源来源。今天资源供求矛盾的日益突出，使得循环再生资源将成为人类的主要资源之一，对弥补资源不足，推迟资源枯竭期的到来起到不可低估的作用。

（二）新资源类型的特征

同种资源具有多种用途，满足同种用途能用不同的资源来实现，资源之间存在替代性是不争的事实，但各种资源又具有特定的用途或应用领域，资源之间在某些方面存在着不可替代性也是不争的事实，所以能够得出这样的结论：可再生资源不可能完全替代不可再生资源；存量多、流量大的资源不可能完全替代存量少、流量小的资源；稀缺程度低的资源不可能完全替代稀缺程度高的资源。为此，人类必须研究新的资源供给与生产方法、新的资源开采、加工、利用的方法，以解决资源的不足。随着经济的发展，新投入的不可再生资源与再生速度慢的资源的不断消耗，资源的供给量不断降低与资源消耗需求不断提高造成资源供求之间的矛盾越发突出，尤其是不可再生资源在这方面的矛盾更为突出，在这种形势下，寻求新的资源来源成为当务之急。静脉产业的发展既能缓解资源供给的紧张压力，也能为资源家族增加新的种类，但由于资源来源不同，其表现的特征也不同。

1. 新投入资源特征

新投入资源有四种，由于其来源渠道不同，表现特征也不同。

（1）不可再生资源。

自然界中不可再生资源在一定时期内总量是固定的，随着开采利用，存量、流量都在减少。随着不可再生资源数量的减少，不可再生资源的价格不断上涨，当达到一定极限（即资源的阻止价格时），不可再生资源利用从经济上不合理时或者资源完全枯竭时，人类将减少或放弃这种资源，转而寻求其他替代资源。不可再生资源变化的基本特征是资源先经过认识开发，再到被大量利用，直至资源枯竭或被放弃利用。其数量特征是存量、流量随着使用不断减少；价格特征是由低价到价格稳定，再到价格不断上涨，一直到经济上不合理而被迫放弃。这类资源主要受资源存量的影响，存量越大使用时间就越长，反之，则相反，在现有技术情况下，这类资源数量主要受自然条件的影响。

（2）可再生资源。

自然界中的可再生资源的再生速度和再生数量受资源再生环境及资源自身适应性的影响，尤其是受生态环境变化的影响。其中适应者再生速度快，再生量大；不适应者则相反，有的甚至被淘汰。可再生资源变化的基本特征是：其一，资源数量与其适应环境的能力是正向关系，适应者的数量增加，资源的存量、流量就不断扩大，而不适应者的数量减少，存

静脉产业

量、流量随之减少；其二，可再生资源的价格主要与资源供求关系有关，供大于求则价格下降，供不应求则价格上涨，其具体变化表现为：①数量增加的可再生资源的价格降低或维持不变，数量变化不大的可再生资源的价格维持不变或上涨；②数量下降甚至可能消亡的可再生资源的价格上升；③人类种植、养殖的可再生资源的数量变化是随着技术的不断成熟以及对资源需求量的不断增加，而不断增加，反之，则减少。资源价格随供求关系的变化而变化，总的趋势是不断上升的。自然界可再生资源主要受自然条件的影响，而人类养殖种植的资源主要受自然条件与人类生产技术条件两方面因素的影响。来自太空的资源是否会成为未来人类主要资源补充的源泉，取决于人类太空技术开发的速度与成熟程度。

2. 循环再生资源特征

循环再生资源是静脉产业对已经利用过的资源经过再生、再造、再利用等过程加工处理后重新获得的资源。资源经过消费环节后，一般会形成四部分，即构成产品的部分、构成副产品的部分、废弃物部分及过程耗损部分，同时经过某个环节后，资源性能会随之发生变化，如物理、化学、机械等变化。基于以上特征，循环可再生资源存量、流量变化的特征是：随着资源不断的循环再生利用，其总量不断减少，只是有的减少速度慢，有的减少速度快，有的循环再生利用次数多，有的循环再生利用次数少。其价格变化主要与循环再生技术及新资源增加量有关，再生技术越成熟，资源再生率越高，其价格就越低，反之则升高；新投入资源量越多，价格就越低，反之则越高。通过分析可以看出，循环再生资源的变化特征是可重复利用性及高性价比性，这是资源能否长久利用的基础。

3. 资源利用时间变化特征

（1）不可再生资源利用时间分析。

不可再生资源利用时间长短与其已经发现数量有关，也与开采、利用的方法及技术有关，发现的资源存量越多，其使用时间就越长，反之则越少；开采加工的方法越先进，资源回采率、资源成品率越高，使用时间越长，反之则相反；资源利用技术水平越高，资源利用效率越高，资源消耗量就越低，资源使用时间就越长，反之则相反。假设已经发现资源的存量为 $Q_{已}$，预计每年新发现的存量为 $Q_{新发}$，每年采用的替代资源当量为 $Q_{替代}$，资源回采率为 $K_{回}$，年平均增长幅度 $r_{回}$；资源加工有效利用率为 $K_{加}$，年提高幅度为 $r_{利}$；资源年耗量为 $Q_{年耗}$，年耗费平均增长率为 $r_{耗}$；资源使用效率提高系数为 $K_{效}$，那么资源被最终完全损耗的时间或重复利用的次数能够用下式算出：

$$\left(\left(Q_{已} + \sum_{i=1}^{t}(Q_{新发i})\right) \times K_{回} \times (1 + r_{回})^{t} \times K_{加} \times (1 + r_{加})^{t} + \sum_{i=1}^{t}(Q_{替代i})\right) \qquad (3-21)$$
$$- Q_{年耗} \times (1 + r_{耗})^{t} \div (1 + K_{效})^{t} = 0$$

式（3-21）表明，不可再生资源供给时间能够通过发现新的储量、提高回采率、提高加工率、寻找替代品、减少使用量、提高有效利用率等方式延长其使用时间，但最终因枯竭或经济上不合理被放弃使用是其发展变化的必然结果，而通过静脉产业的发展提高不可再生资源循环利用率，能够相对增加资源的数量，延长资源使用的寿命周期。

（2）可再生资源使用周期。

从理论上来分析，可再生资源具有无限的可循环再生性，这类资源能够永续使用下去，但当自然条件或技术条件发生变化时，这类资源也会枯竭，尤其是不适应社会发展时，就会被淘汰。同时，这类资源也随着供求关系的变化而变化，有的数量上升、规模不断扩大，也有的数量减少，规模缩小，其使用时间长短需要根据具体情况进行分析。如果假设 $Q_生$ 为分析期期初可再生资源的再生量，r_i 为分析期内可再生资源增加或减少的比例，$Q_{年耗}$ 为分析期内可再生资源初次耗费量，r_j 为分析期内资源耗量增加或减少的平均速度，$Q_替$ 为分析期期初用于替代其他资源的数量，r_t 为每年替代增加率，那么可再生资源分析期内供求平衡的模型为：

$$Q_生(1 + r_i)^t = Q_替(1 + r_t)^t + Q_{年耗}(1 + r_j)^t \qquad (3-22)$$

从式（3-22）中可以看出，当平衡时，资源再生量能够满足经济发展的需要，当再生量大于需求量时，再生资源剩余，可以扩大对其需求量，当再生量小于需求量时，再生资源不足，长期下去会引发其他问题，应该压缩其需求量。同时，当资源供求不平衡时，资源供求关系就会发生变化，引起资源生产关系的震荡。

（3）循环再生资源使用时间特征。可再生资源与不可再生资源之间存在的可替代领域为可再生资源替代不可再生资源的研究与实践提供了基础，可再生资源与不可再生资源之间的不可替代性也揭示了不可再生资源最终枯竭是其发展的必然结果，这就要求人类必须寻求推迟不可再生资源枯竭期到来的方法或手段。静脉产业的兴起与发展为不可再生资源重复利用奠定了基础，也为推迟不可再生资源枯竭期的到来开辟了途径。静脉产业虽然使不可再生资源能够被重复利用，但资源每次重复利用都有过程的损耗，而且某些应用领域资源根本无法实现再生利用，因此，静脉产业也不能阻止资源枯竭。如果假设每次损耗量为 $Q_损$，投入后无法再生利用的资源为 $Q_{全损}$，第一次投入的资源为 $Q_{初投}$，那么资源初次投入最终完全被耗费的时间能够从公式 $Q_{初投} = \sum_{t=1}^{n} Q_{全损i} + \sum_{t=1}^{n} Q_{损i}$ 中求出。从这一公式中可以看出，不可再生资源使用期限的长短与初次投入资源量呈正向关系，与一次损耗量及过程损耗量呈反向关系。静脉产业发展水平高低对推迟不可再生资源枯竭期的到来起着举足轻重的作用，水平高资源重复利用率越高，枯竭期到来的时间越晚；反之，则相反。通过提高资源循环利用率，能够延长资源使用生命期，减少新投入资源的数量，推迟不可再生资源枯竭期到来的时间。从前面分析能够得出这样的结论：人类要实现可持续发展的目标，在不断寻找替代资源的同时，必须通过发展静脉产业提高资源循环利用程度，尽可能地减少不可再生资源的开采量、投入量、使用量，这一切将引起资源开发利用策略的根本性变化。

但也可以看出，不可再生资源虽然能够通过替代、循环利用、梯级利用等延长它们使用寿命，但最终枯竭仍然是其必然的结局。因此，要维持社会稳定持续发展，保证经济规模的不断扩大，不仅要不断投入新的资源，更要尽可能减少不可再生资源的新投入量，尽可能提高不可再生资源的循环利用次数及循环利用量，尽可能寻找替代资源，这是解决资源制约经济发展问题的根本途径。

第二节 静脉资源流动原理与规律

一、静脉资源的流动原理

实现资源的流动必须使资源具有两个方面的特征：一方面，资源在空间上发生了位移，即所谓的"横向流动"。这种"横向流动"有两种情况：第一种情况，是从资源（特别是静脉资源）的产生地移动到资源的利用地，这种情况可以特指企业的静脉产业消耗掉自身动脉产业所产生的静脉资源；第二种情况，是指静脉资源经过专用的运输工具，在空间上从一个地点移动到另外一个地点，这种静脉资源的流动也许是特殊副产品的处理（如有毒、危险品的处理等），也可能是从一个企业移动到了另外一个企业。另一方面，资源的所有权发生了变化，即"纵向流动"，当一个企业在动脉产业的生产过程中产生了静脉资源，而自身又缺乏处理能力或不具备规模效益时，企业需要输出静脉资源。资源"纵向流动"不仅关注资源形态的变化过程，更关注资源系统中的资源利用效率，包括物质循环效率、能量转化效率和经济效率。但是，伴随着这种输出，静脉资源的所有权也发生了相应的变化。这种变化为静脉产业的发展提供了基础，这也是静脉资源交易机制重要性的体现。

从资源利用顺序或逻辑关系上可以这样理解资源纵向与横向流动，资源纵向流动是按照资源使用的顺序、资源代谢路径等形成的一种有内在逻辑关系或先后顺序的资源流动方式，其有线性流、树形流动、循环流动等具体形式，是对资源进行梯级利用、循环利用的主要分析依据，这种流动顺序一般不会改变，它是形成产业链的基本依据；资源横向流动是在资源纵向流动形成的资源流动链基础上，在相关产业链之间的流动。纵向形成的产业链之间没有逻辑关系，它们是一种并行的关系，但是产业链与产业链之间，尤其是企业之间会形成一种或多种资源流动，其没有规律可循，这种流动就称为横向流动。

与流体力学中液体的流动理论类似，静脉资源的也是从"位能"高的地方流向"位能"低的地方，只不过静脉资源流动的这种"位能"不取决于静脉资源所处位置的高低，而是取决于静脉资源流动壁垒的大小，也就是说，静脉资源的流动始终是从壁垒大的区域，流向壁垒小的区域。如果我们把静脉资源流动的壁垒定义为静脉资源流动的阻力指数 P_L，则 P_L 为：

$$P_L = F(H_z, G, Z) \tag{3-23}$$

其中，H_z——静脉资源的种类；

G——资源流动的价格；

Z——政府的相关政策。

通过式（3-23）中可以看出，静脉资源流动的难易程度主要取决于静脉资源的种类、静脉资源的流动（交易）价格和政府的相关政策三个方面。不同静脉资源的种类有着不同的用途，而静脉资源用途的不同又决定了其利用的难易程度和静脉产业收益的大小，产业收益的大小又决定了静脉资源流动的难易程度，经济效益好的静脉资源流动阻力小，经济效益差的静脉资源流动阻力大。

价格是指当静脉资源的所有权发生变化时资源流动的成本。静脉资源流动的价格受诸多方面的因素影响，并且，静脉资源流动的方式不同，其价格也可能不同，这部分内容将在以后的章节中专门讨论，在此不再赘述。当静脉资源的流动价格有利于资源的流动时，其流动阻力指数 P_L 会减小，反之，P_L 会增大，不利于静脉资源的流动，静脉资源的流动出现问题，则静脉产业的发展也必然受到限制。

任何产业的发展都离不开政策的支持，静脉产业的发展也是如此，由于静脉产业的发展根本保障是静脉资源的流动，只有静脉资源有效地流动，静脉产业才能得以发展。因此，区域静脉产业发展政策的好坏，其实质是看相关政策是否有利于静脉资源的有效流动。同时，由于区域的一项静脉产业发展政策具有时效性，而这种时效性，往往会出现与流变力学中相反的概念，即随着时间的推移，作用于静脉产业上的政策会由于时空关系的变化，其作用力会越来越小，P_L 会出现增大的现象，从而使相关政策阻碍静脉资源的流动，减小静脉产业发展的动力，这也是静脉资源流动的阻力指数从一个方面反映了静脉产业发展的动力大小的理由，及静脉产业发展政策需要适时调整的原因。

通过以上论述可以看出，静脉资源的有效流动是静脉产业是否顺利发展的重要标志，也是静脉产业发展的保障，因此，如何促进静脉资源的有效流动，是区域政府在制定静脉产业发展政策时必须重点考虑的问题。

二、静脉资源流动的一般规律

(一) 资源流动的一般规律

资源在流动过程中总会体现出一些规律，其主要体现在如下几个方面：

(1) 资源流动具有追求利益最大化的特性。这是资源流动的最基本的规律，是其他资源流动规律形成的基础。在市场经济条件下，资源本身具有追求最大利益的属性。资源作为生产性要素，本身具有资本的属性，要求在流动过程中不断地实现价值增值，追求经济和非经济收益的扩大，所以资源会寻找能够提供最大收益的领域，并向此领域流动。这个属性也使资源在流动过程中不断实现自身价值的增值，这同时也符合资源拥有者在激烈的市场竞争下生存的前提。只有保证资源流动会增值，资源拥有者才能从中获取经济利益。资源流动的方向是以经济利益为取向的，因此资源拥有者就会将资源投向能够提供较高价格、较大利润的方向，资源也会流向需求引力大、资源稀缺性大、潜在收益高的方向。

(2) 资源流动具有就近原则，即资源会就近流动。就近原则是由资源流动成本和资源流动的时间这两方面决定的。资源在转移的过程中需要花费大量的费用，资源流动的距离越大，转移的成本就越高，成本的增加会直接影响到资源的最终收益。同时，资源流动都是需要一个过程的，距离越远，资源到达目的地的时间就会越长，信息就越难以在它们之间传递，信息的准确性、可靠性和完整性也会存在缺陷，由于资源的流动是在信息的引导下进行的，信息不畅将对资源拥有者的资源转移选择造成限制性影响，资源就不能很快地被利用起来。如果可以进行近距离的资源转移，那么资源更倾向近处。因此，距离越近，资源流动就越迅速，成本也就越低。

（3）资源流动的网络特征。在资源流动的过程中，资源在不同环节之间的流动路径形成了复杂的网络结构，流动网络的各个环节上存在着多种资源的输入与输出，各环节之间通常以资源的流动为线索构成网式关系，也就是说，某一环节上所产生的资源（包括产品、副产品、废弃物）流入其他的环节被利用，形成新的资源流动。资源流动的网络构造由多个环节构成，每个环节中又会产生多种的资源流动关系。

（4）资源效率与资源流经的环节数成正比，资源流动的网络规模越大，资源经过环节越多，其为所产生的产品、副产品、废弃物的利用所提供的途径就越多。

（5）废弃物的利用可以扩大资源流动网络。在资源流动中，资源的废弃可以视为"剩余"，而不是"废弃物"，而"剩余"的存在说明目前的技术还没有达到可以将"剩余"完全利用的水平。废弃物的产生是一种浪费，因此从废弃物中获取能量或者再循环、再安置被淘汰的子系统或零件，可以增加上级系统的能量，提高产品的可用性。

（6）资源在流动过程中损耗不可避免。由于损耗的存在，资源每流动过一个环节后数量会呈倒金字塔形减少，其形成新资源的数量也少于之前投入的资源数量，因此研究资源流动型原理，减少损耗是优化资源流动的重点。

（二）静脉资源流动的一般规律

静脉产业资源流动在资源流动一般规律的基础上，具有自身的特点：

（1）静脉产业的发展使经济运行的体系发生了变化，由单一的动脉产业向动脉与静脉互动的经济运行体系发展。在这一体系中，传统资源供给领域向资源消费领域提供新的资源，资源消耗领域又向静脉产业资源供给领域提供资源，而静脉产业资源供给领域再向资源消耗领域反向提供资源，三者之间构成了一种闭路式的资源循环供给关系，使生产领域、生活领域、社会活动等领域都成为资源供给的来源。

（2）从宏观层面上分析，传统资源供给领域与静脉产业资源供给领域都向资源消耗领域提供资源，两者之间形成互补：后者能够弥补前者提供资源数量的不足，而前者是后者持续提供资源供给的源泉。大量利用静脉产业所提供的资源能够减少对新资源的开采与投入，不但能够起到维护自然资源的作用，而且还能持续地为经济发展提供动力。

（3）从微观层面上看，由于两者所提供的资源之间存在某些共同属性，在某些情况下两者可替代使用，这使两者之间存在着竞争关系：首先是价格竞争，在选择消费的资源时，谁的价格低就消费谁提供的资源；其次，在便利性上，谁提供的资源使用方便就使用谁的资源。

由以上分析可以得出这样的结论：传统产业与静脉产业两大资源供给领域共同为消费领域提供资源，两者之间既存在着互补性，也存在着竞争。因此，在选择使用资源时，应正确处理好两者之间的关系。

三、资源流动的影响因素

（1）内部机制。内部机制就是指微观主体对资源流动的决策机制，资源流动是以内部机制为基础的。在外部环境一定的前提下，资源流动的方向主要由微观主体决定。由于市场机制对消费者和生产者行为都具有调节功能，微观主体会驱使资源向未来经济收益大的方向流动。在现代社会，作为企业或个人，除了考虑经济效益以外，也同样注重生态环境。资源流动在有效地体现传统市场机制的同时，也注重了资源流动的可持续性，并能够提高资源配置效率。

（2）社会生活方式。在人口、资源、环境的矛盾日益激烈的情况下，人与自然和谐发展的价值观念正在形成，循环利用观念被越来越多的人所接受，越来越多的单位和个人更注重资源的可持续利用，渐渐地形成了资源循环利用的社会生活方式。资源循环利用的社会生活方式又促使更多的人转变了消费观念及消费行为。资源的流动取决于人们的生活方式，所以人们现行的生活方式是影响资源流动的一个重要因素。

（3）政府调控，政府对资源流动具有决定性的作用。政府可以控制消费总量不超过资源、环境的承载能力，同时要对市场进行调控，引导资源流动方向，防止资源配置效率的下降。政府也可以控制资源流动速度：当相关宏观政策宽松时，资源流动会加快；反之，在国家采取紧缩政策时，市场需求被压缩，资源流动就会放缓。

四、资源流动的路径

静脉产业是利用已经使用过的资源进行生产活动，并由资源回收、再造、再生、利用等环节组成。静脉产业中的资源比较侧重于生产消费过程产生的副产品、废弃物等，也包括闲置资源。正是这些废弃物的流动带动了整个静脉产业的运作，并成为静脉产业发展的必要条件。

静脉产业中资源流动的路径如图 3-11 所示。

从图 3-11 中可以看出，在企业利用资源制造产品的过程中，不仅生成了产品，而且产生了副产品及其伴生物；同时，产品使用后也汇集到废弃物中。通过对已经利用过的资源再制造生产有关产品，以及对已经利用过的资源进行再生，资源又可以循环反复利用，最后进行废弃资源的最终无害化处理，再排放到自然界。废弃资源就是这样循环利用，从而带动了静脉产业的发展，并且构成了静脉产业的根基。

五、静脉产业的逆向物流原理

"逆向物流"一词最早是由美国物流管理协会的 Stock 教授提出，经过众多学者的研究和产业界的实践，已发挥出巨大的作用。对于逆向物流的定义，国外学者及研究机构有着不同的表述，其中 Rogers 和 Tibber Lembke 给出的定义比较有代表性。他们认为，逆向物流是

静脉产业

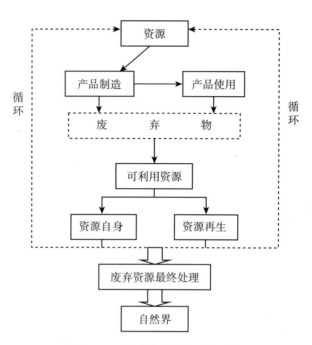

图 3-11　静脉产业资源流动路径

为了重新获得价值或合适地处理废弃物而有效率、有成本效果地对原材料、中间库存、最终产品和相关信息从消费点到出发点流动的计划、执行和控制的过程。因此我们可以了解到逆向物流是指商品卖给消费者并配送给消费者后，从消费者端开始，通过逆向渠道（废弃物从消费者到生产者流通的渠道）对使用过、损坏或过期的物品，从事回收与搬运储存的过程。而这一过程正是静脉产业获取所需资源的渠道，因此逆向物流原理的发展与应用对静脉产业运行起着非常重要的作用。

对于逆向物流的定义，国内外学者及研究机构虽然表述不同，但关于逆向物流内涵的理解基本相同。即从管理学的角度，逆向物流就是企业为了达成与环境友好及经济效益目标，经济、高效地对沿供应链各环节回流具有再利用价值的物品及相关信息进行计划、实施和控制的过程。包括回收逆向物流和退货逆向物流。

静脉产业的物流是逆物流和正物流都存在，正物流与动脉产业的物流一样，其利用再生资源生产产品的过程，及相关设施设备等资源的流动属于正物流，符合正物流的流动原理，从生产活动、生活活动、社会活动等领域收集资源并对其进行分解、处理等过程属于逆物流的过程，符合逆物流的流动规律。静脉产业的物流也同动脉产业的物流一样，有广义与狭义之分，但广义范围大，就是静脉产业逆物流既包括企业内部逆物流，也包括资源回收等社会静脉资源回收过程（见图 3-12）。企业、从事社会活动的政府、事业部门相对集中，因此，副产品、废弃物及闲置资源的回收成本低，比较集中，这些资源的回收系统比较好建立，相对将居民户比较分散，能回收的资源数量少、成本高、效益差，这方面资源回收比较困难，需要政府给予大力支持。

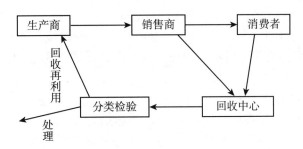

图 3 – 12　逆向物流循环流程

第三节　静脉产业替代原理

随着我国经济快速增长和工业化进程加快，对资源的需求压力与日俱增，尤其到 21 世纪上半叶，我国主要战略资源供应缺口加大，绝大多数资源存量急剧下降，部分资源的绝对稀缺和相对稀缺程度提高的威胁，资源供求矛盾更加突出，资源的保障程度成为经济社会能否持续稳定发展的关键制约因素。正是由于资源流量、存量减少，稀缺性程度加重，节约才成为必要，才产生了如何有效配置和利用资源这个基本的经济问题，引起了谨慎地权衡比较资源各种用途并加以选择的必要性。在这方面，一些学者做了一些较为有价值的研究工作，如国外的 Francisco J. André 和 Emilio Cerdá 等人从技术组分角度分析了替代弹性的作用并建立了简单的系统动力学模型，以此来分析可再生资源如何在产量以及可持续性方面替代不可再生资源。

一、替代机理

（一）替代机理分析

循环经济的实质是以尽可能少的资源消耗、尽可能小的环境代价实现最大的经济和社会效益，力求把经济社会活动对自然资源的需求和生态环境的影响降到最低程度，实现资源生产与消费之间的有机平衡，保证资源、经济和环境的和谐发展。然而不同种类的资源有其不同特征、不同的使用领域，其流动方式也不同，因此，研究资源之间的替代对于循环经济集成利用资源具有重要意义。

资源之间利用先后顺序如下：从存量、流量、能否再生等方面分析，应首先利用再生速度快的资源，其次是利用再生速度慢的资源，再次是利用流量大、存量大的不可再生资源，最后利用存量小、流量小的不可再生资源；从经济、生态、社会三方面进行分析，应尽可能用经济效益好、生态效益优、社会效益优的资源替代经济效益差、生态效益差、社会效益差的资源，即使用成本低、代价小、收益高的资源替代成本高、代价人、收益低的资源，用无毒、无害的资源替代有毒有害的资源。

静脉产业

同种资源有多种用途，各种用途在社会和经济发展中发挥的作用不同，其重要程度也不同，由此可将其使用领域划分为重要领域、次要领域与一般领域，因此应对资源应用领域进行排序：首先满足社会经济重要领域的应用，然后满足次要领域的应用，最后满足一般领域的应用。

同种需求可由不同的资源来满足，但资源存量、流量、再生速度不同，资源稀缺程度不同，其应用时产生的效益不同，对生态、社会影响程度也不同，因此应尽可能用存量大、流量多、再生速度快的资源代替存量小、流量少、再生速度慢的资源，用效益好的资源来代替效益差的资源。例如，为满足人类对电力的需求，我们可选择煤炭发电、天然气发电、核能发电、风能发电等，风能可以说是取之不尽的，煤炭、天然气的储量相对就较小，因此从资源的稀缺程度来讲，可选择的顺序依次为风能、核能、天然气、煤炭。

资源的多用途性及满足同种用途资源多样化的特点，使相关资源之间在用途上存在共同的应用领域、独立应用领域，即在某一领域多种或几种资源都能满足需要，而在一定领域只有一种资源能满足需求。具体可将其分成资源的通用领域、共用领域和专用领域三种状况，分析如图 3 – 13 所示。

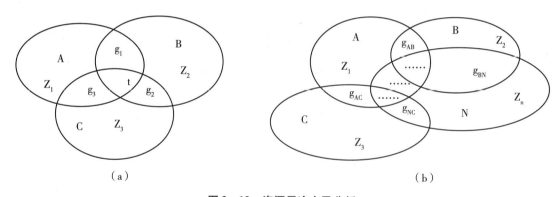

（a）　　　　　　　　　　　　　　　　（b）

图 3 – 13　资源用途交叉分析

图 3 – 13（a）中 A、B、C 分别代表三种不同的资源，t 代表 A、B、C 三种资源的通用领域，g_1、g_2、g_3 分别代表 AB、BC、AC 的共用领域，Z_1、Z_2、Z_3 分别代表 A、B、C 三种资源的专用领域。如果是 n 种资源，它们所构成的应用领域关系分析方法相同，只是共同领域的数量有所增加，如图 3 – 13（b）所示。如采煤机、工人、信息三种资源，三者均可应用于煤炭产业，则煤炭产业为三者的通用领域；采煤机与工人的共用领域为煤炭产业；工人与信息的共用领域为第二产业；信息与采煤机的共用领域为煤炭产业；而采煤机只能应用于煤炭产业。

实施资源替代，并不是完全替代，而是要大力开发替代资源，以资源替代战略实现资源总量充裕和结构优化，为可持续发展提供资源保障。

通过资源之间的替代，利用可再生资源替代不可再生资源，一方面可以减缓不可再生资源的耗竭速度，实现资源的可持续发展；另一方面，可以减少资源消费过程中产生的大量污染，有利于生态环境的保护。当然，对资源的替代性进行分析，能够分析清楚资源之间的替代关系，将资源配置在能够发挥最大效益的领域，从而减少和避免实践中的资源浪费现象，并有助于提高资源利用率，减少资源的浪费。

除了资源之间具有替代关系之外，也存在产业替代，通过对产业替代进行分析，能够清楚分析产业之间的替代关系，发挥产业结构优化的最大效益，从而实现企业的可持续发展。

（二）资源替代性分析

发展循环经济就是要提高次级资源利用量和利用效率，其途径之一是通过替代研究探讨用哪些副产品、废弃物能替代正在使用的"正品"；哪些无毒、无害、无污染的资源能替代那些有毒、有害、对环境有污染的资源；哪些存量多、流量大的资源能替代那些存量少、流量小的资源；哪些再生速度快、再生规模大的资源能替代那些再生速度慢、再生规模小的资源；哪些价格低、效益高的资源能替代那些价格高、效益差的资源。开展循环经济体系资源替代性研究将有利于上述方法的实施。用矩阵表进行资源替代性分析，具体如表3-3所示。

表3-3　　　　资源替代分析

替代资源＼原有资源		资源1			资源2			……			资源m		
		用途1	用途2	…	用途1	用途2	…	用途1	用途2	…	用途1	用途2	…
资源1	用途1	Y	Y	…	Y	N	…	N	Y	…	Y	N	…
	用途2	N	Y	…	N	Y	…	N	N	…	N	Y	…
	…	…	…	…	…	…	…	…	…	…	…	…	…
…	…	…	…	…	…	…	…	…	…	…	…	…	…
资源N	用途1	Y	N	…	N	N	…	N	N	…	Y	N	…
	用途2	N	N	…	N	Y	…	N	Y	…	N	Y	…
	…	…	…	…	…	…	…	…	…	…	…	…	…

表3-3中的纵向列出所有用于替代资源名称，在各种用于替代资源右方列出用于替代资源的用途，在表的上方横向列出各种已用资源，在各种已用资源的下方列出已用资源的用途，然后用一一对应方法寻找用于替代资源与被替代资源相同的用途，并在相应方格中用Y表示用途相同，能替代，N表示用途不同，不能替代。

发展循环经济集成就是要提高资源利用量和利用效率，开展资源替代系数的研究将有利于循环经济集成体系的实施。下面用矩阵表进行对资源替代数量和系数分析，具体如表3-4所示。

表 3 - 4   资源替代数量表

数量 替代资源 ＼ 被替代资源	资源 1	资源 2	…	资源 n	总量
替代资源 1	Q_{11}	Q_{12}	…	Q_{1n}	
替代资源 2	Q_{21}	Q_{22}	…	Q_{2n}	
…	…	…	…	…	
替代资源 n	Q_{n1}	Q_{n2}	…	Q_{nn}	

表 3 - 4 中的纵向列出所有用于替代资源名称，在表的上方横向列出的是被替代资源的名称，并在相应方格中用 Q_{ij} 表示资源 i 对资源 j 替代的数量。由此，得出替代系数 A_{ij} 如下：

$$A_{ij} = Q_{ij} / Q_I \qquad (3-24)$$

$$A_{总} = \sum_n Q_{ij} / Q_J \qquad (3-25)$$

$$A = \sum_{i=1} A_{总} \times W_i \qquad (3-26)$$

有上述公式得到资源替代系数如表 3 - 5 所示。

表 3 - 5   资源替代系数

数量 替代资源 ＼ 被替代资源	资源 1	资源 2	…	资源 n	总量
替代资源 1	A_{11}	A_{12}	…	A_{1n}	
替代资源 2	A_{21}	A_{22}	…	A_{2n}	
…	…	…	…	…	
替代资源 n	A_{n1}	A_{n2}	…	A_{nn}	

表 3 - 5 中的纵向列出所有用于替代资源名称，在表的上方横向列出的是被替代资源的名称，并在相应方格中用 A_{ij} 表示资源 i 对资源 j 替代的系数。由上述资源替代表和公式得出资源替代系数，从而说明以哪种资源替代另一种资源更有效，为资源替代提供了定量依据。

（三）最佳替代问题分析

1. 资源之间替代分析

在对资源之间关系与地位及资源之间替代领域分析的基础上，利用资源产出模型及资源产出效益模型分别计算资源产出效益系数，然后利用下列模型计算资源之间的替代系数。

（1）资源替代系数计算。从资源产出分析可以看出，生产方式不同、资源耗费方式不同，资源投入种类的数量及产出种类的数量也不同，资源产出效益的计算方式也不同，但资源替代系数的计算方法基本相同，因此，本书仅以单一投入单一产出为例进行分析，分析模型见式（3-27）。

$$K_{替i} = \frac{R_{价单i}}{R_{价单i-1}} = \frac{\dfrac{Q_{出i} \times P_{出i}}{Q_{入i} \times P_{入i}}}{\dfrac{Q_{出i-1} \times P_{出i-1}}{Q_{入i-1} \times P_{入i-1}}} = \frac{\dfrac{f(Q_{入i}, m_1, m_2, m_3, m_4) \times P_{出i}}{Q_{入i} \times P_{入i}}}{\dfrac{f(Q_{入i-1}, m_1, m_2, m_3, m_4) \times P_{出i-1}}{Q_{入i-1} \times P_{入i-1}}} \qquad (3-27)$$

其中，$K_{替i}$为资源 i 与资源 i-1 之间替代系数；$R_{价单i}$为资源 i 的产出效益系数；$R_{价单i-1}$为资源 i-1 的产出效益系数，其他同前面。当 $K_{替i} > 1$ 时，使用资源 i 比资源 i-1 效益好，用资源 i 替代资源 i-1；当 $K_{替i} < 1$ 时，使用资源 i 比资源 i-1 效益差，用资源 i-1 替代资源 i；当 $K_{替i} = 1$ 时，使用资源 i 与使用资源 i-1 效益相同。

（2）资源替代排序。用上述计算方法将每种资源能够与其进行替代的资源之间的替代系数计算出来，并根据资源替代系数大小，由小到大进行排序，填入表 3-6 中。

表 3-6　　　　　　　　　　　　　　　资源替代排序

被替代资源 1	用于替代资源	资源$_1$	资源$_2$	…	资源$_n$
	替代系数	$K_{替11}$	$K_{替12}$	…	$K_{替1n}$
被替代资源 2	用于替代资源	资源$_1$	资源$_2$	…	资源$_n$
	替代系数	$K_{替21}$	$K_{替22}$	…	$K_{替2n}$
…	…	…	…	…	…
被替代资源 n	用于替代资源	资源$_1$	资源$_2$	…	资源$_n$
	替代系数	$K_{替n1}$	$K_{替n2}$	…	$K_{替nn}$

（3）分析资源之间替代关系和顺序。从"资源替代排序表"中选择替代系数最大的，就是最佳替代配置，其次是次优替代配置，依此类推，一直到最差的替代配置。在资源利用时，首先选用最优的，其次选用次优的，依此类推。

2. 同资源多领域应用分析

同种资源具有不同的用途，其在不同的领域使用产生的效益不同，发挥的作用也不同，因此应对资源应用领域进行排序，使资源发挥出最优的价值。具体分析如下：

（1）资源应用领域分析。利用前面的分析原理，列出某种资源所有应用的领域，并对这些应用领域进行分析，然后依据通用领域、共用领域和专用领域的划分方法，对此资源专用领域进行分析，以便首先满足专用领域的需要。

（2）同资源不同领域产出分析。利用式（3-28）计算同种资源在不同领域产出的资源量。

<h1 align="center">静脉产业</h1>

$$Q_i = f_i(Q_{\lambda i}, m_1, m_2, m_3, m_4) \qquad (3-28)$$

其中，Q_i 表示资源在第 i 领域的产出量；$Q_{\lambda i}$ 第 i 种资源的投入量；m_1，m_2，m_3，m_4 与式（3-27）所述相同。

（3）进行产出效益计算。依据资源投入与产出的关系，按照前面资源产出情况分析，利用式（3-28）计算资源在所有应用领域的产出效益。

（4）资源投入产出效益排序。将资源产出效益系数由大到小进行排序，就可得到同种资源在不同领域利用效果的排序表，排在最前面的就是此资源的最佳应用领域，依此类推，排在最后面的就是此资源应用的最差领域，实际工作中应将资源应用到最佳应用领域。用此排序可发现资源在用于哪个领域能产生最大的效益，实现资源配置最优化，尤其在使用不可再生资源或者是流量小、存量少的资源时，应以此排序为依据，搞好资源配置，使稀有资源得到最佳利用，具体如表3-7所示。

表3-7　　　　　　　　　　　　资源不同领域产出效益排序

资源＼用途	用途 1	用途 2	…	用途 m
资源 1	R_{11}	R_{12}	…	R_{1m}
资源 2	R_{21}	R_{22}	…	R_{2m}
…	…	…	…	…
资源 n	R_{n1}	R_{n2}	…	R_{nm}

（5）资源应用分析。按照先独立领域，后一般领域的原则，再依据产出效益的大小及排序情况对资源应用领域进行合理配置。

3. 同领域不同资源替代分析

首先，对能满足此领域需求的所有资源进行归类分析，然后利用式（3-27）计算所有资源在此领域的产出量及产出效益，进而利用式（3-28）计算这些资源相互之间的替代系数，然后对它们之间的替代情况进行分析，最后对这些资源在此领域的利用情况按照效益由大到小进行排序，就可得到有关资源在此领域由优到差的排序，为此领域资源的合理配置和利用提供依据。

二、产业替代性分析

1. 能源替代分析

由于资源具有稀缺性，又有很多资源是不可再生的，为了满足自身的需要，人类始终在不断寻找新资源，开发已有资源的新用途。同种能源有多种用途，各种用途在矿区发展中发挥的作用不同，其重要程度也不同，由此可将用能领域划分为重要领域、次要领域与一般领域。一般来说，首先，保证社会经济发展重要领域的能源供应；其次，满足次要领域的能源供应；最后，满足才考虑一般领域能源供应。

每种能源具有多种用途，各种用途在经济和社会发展中的作用和地位不同，其贡献也不同；不同能源能满足同一需求，但能源存量、流量不同，能源再生速度不同，其应用时产生的效益不同，对生态环境影响程度也不同。因此应尽可能用存量大、流量多、再生速度快的能源代替存量小、流量少、再生速度慢的能源，用效益好的能源来代替效益差的能源，以新能源、闲置能源替代常规能源。如矿井水热能可以替代燃烧煤炭供暖，煤泥、煤矸石、太阳能等可以替代煤炭发电等。

通过能源替代分析，能够清楚分析能源之间的合理替代关系，利用新能源、闲置能源替代不可再生能源，一方面可以减缓不可再生能源的耗竭速度；另一方面，可以减少能源消费过程中产生的大量污染，有利于生态环境的保护。能源替代理论的应用能够为能源集成利用提供分析方法，从而减少和避免区域实践中能源浪费现象的出现，并有助于提高能源利用率，将能源配置在能够发挥最大效益的领域。

2. 产业替代分析

新资源的运用会引起已有产业关系的变化，某些产业被新兴产业替代而被淘汰，使已有产业结构被调整；当开发出已有资源的新用途时，已有资源生产产业的辐射范围会不断扩大，引起新产业的兴起和发展，引起许多原来与产业体系无关的产业加盟到产业体系中来。由此看来，当作为产业的各种资源发生变化时，将引起产业体系中产业关系的调整和变化，从而引起产业体系的发展变化。

科技发展、社会进步同样会引起生产方式、消费方式的变化，引起产业体系内部产业关系的调整。科技发展不仅能引起资源供求量变化，而且能引起资源之间发生替代，引起产业替代，即过时产业被淘汰，适时产业出现。科技发展能够引起产业规模收缩与扩张，能引起辐射体系内产业关系调整，引起产业结构升级优化，这种失衡是长期存在的，能引起辐射体系发生本质的变化。

替代效应，替代在一定程度上经济，而在另一种情况下不经济，产业体系中各产业之间产业替代应尽可能在经济条件下进行，即当产业替代经济时这种现象就会发生，当产业替代不经济不合理时，这种替代关系就不会发生，替代效应约束产业体系中产业关系、资源关系的发展变化。

总之，产业体系变化是缓慢的更替过程，即新产业与原有产业在整个产业体系中并存，最终的发展结果是新兴产业替代被淘汰的不适合发展的产业。

三、替代在静脉产业中的作用

替代机理是研究各个环节如何科学合理地利用资源，是进行各个环节静脉产业研究，因此，替代机理既是产业内部资源合理配置的基础，也是产业之间、系统之间资源合理配置的理论基础，如果没有替代研究，就不可能科学合理进行资源优化配置，也就无法进行功能合

静脉产业

理整合，也就无法进行资源集成、产业集成，从而无法进行循环经济集成的研究。因此替代在静脉产业中的作用如下：

（1）通过资源替代分析，能够分析清楚资源之间的合理替代关系，搞好资源之间的合理配置及利用；通过资源替代分析，能分析清楚资源之间的关系与作用，为循环经济发展模式中资源层级利用、循环利用，尤其是产品、副产品、废弃物之间的利用提供依据，并为资源静脉产业利用提供分析方法。

（2）利用此模型能对资源价格变化时，资源之间替代关系及资源利用顺序的变化进行分析预测；利用资源或生产资源的技术、方法、生产工艺等变化时，资源之间替代关系及资源利用顺序的变化进行分析预测；管理水平及其他因素变化时，资源之间替代关系及资源利用顺序的变化进行分析预测；及时对资源配置方式及利用方式作出调整，使资源发挥出应有的价值。

（3）通过资源替代关系及应用领域的预测，能对相关产业发展变化趋势作出预测，从而及时调整产业布局或结构，为产业集成研究以及制定产业政策提供依据。以电力行业为例进行分析，考虑到发电站的全部运行寿命，燃煤发电的成本是最低的，每千瓦时为 3.2 欧分。其他燃料的发电成本每千瓦时依次是：燃气发电 3.3 欧分、核电 4.8 欧分、水电 5.6 欧分、太阳能发电 43.8 欧分。将以上数据代入式（3-28），计算所得数据如表 3-8 所示。

表 3-8　　　　　　　　　　　电力领域资源替代排序

煤炭	用于替代资源	天然气	核能	水能	太阳能
	替代系数	0.825	3.000	7.000	109.500
天然气	用于替代资源	煤炭	核能	水能	太阳能
	替代系数	1.212	5.818	13.576	132.727
核能	用于替代资源	煤炭	天然气	水能	太阳能
	替代系数	0.333	0.172	2.333	54.750
水能	用于替代资源	煤炭	天然气	核能	太阳能
	替代系数	0.143	0.074	0.428	31.286
太阳能	用于替代资源	煤炭	天然气	核能	水能
	替代系数	0.009	0.008	0.106	0.032

从表 3-8 数据可得知，煤炭资源的替代资源依次为太阳能、水能、核能、天然气；其他资源的分析可依次类推。由此表可以得出，在利用各种资源发电的最佳选择是太阳能，其次为水能、核能、煤炭，最后为天然气。这为煤炭资源的后续递补能源开发顺序提供了准备。

资源之间进行替代的基础是资源的多用途性及需求的多样性，进行替代的关键是资源应用上存在着产出效益的差别。通过建立模型分析资源之间的关系，分析资源之间替代顺序及资源利用领域顺序，是循环经济集成对资源进行合理配置、有效利用的主要途径之一。

第四节 静脉产业代谢原理

一、代谢的起源与内涵

代谢（Metabolism）一词源自希腊语，它的基本含义是"变化或者转变"。关于代谢的论述最早见于 1857 年摩莱萧特（Moleschott）的著作《生命的循环》。摩莱萧特是荷兰著名的生物学家和医学家，他在著作中提到：生命是一种代谢现象，是能量、物质与周围环境的交换过程。摩莱萧特之后，关于代谢理论的研究形成了两个重要的分支：其中一支向生物学中生物化学方面发展；另一支则向生态学方面发展。在 20 世纪后，以上两分支又都倾向于整合和吸收自组织系统理论而进行拓展。作为与生态学相互交叉学科的静脉产业理论中自然也包含到代谢的基本原理中。

生态学家主要将代谢理解为生态系统能量转换和营养物的循环。而且，相比生物有机体来讲，生物群体或者生态系统自组织特点表现得非常突出，也就是说，外界环境参数对生态系统的演变具有重要的影响。因此，在认识生态系统的代谢过程时，生态学家认为不能将目光锁定于系统自身的特征参数，必须要深入了解维持系统稳定的环境因素对代谢过程的影响，如图 3 - 14 所示。

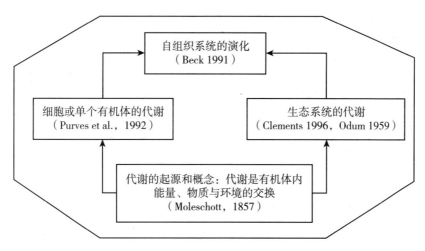

图 3 - 14 自然科学的代谢理论研究历程

通过代谢过程，不断转变或者改变营养物质的各种化学形态，以便于细胞或者有机体可以及时获得所需要的物质，同时降解、排放系统废弃物。因此，生物有机体的代谢更多地体现了维持生物有机体系统功能的特征，是维持细胞或者有机体功能的主要机制。

我们将代谢的概念进一步抽象发现：代谢的核心作用是对系统功能的维持。基于这样的认识，从地球这个生态经济大系统角度来看经济过程和生物新陈代谢过程，可以将生

静脉产业

态经济大系统的代谢过程分为新陈代谢（合成代谢和分解代谢）的生命过程和经济过程的生命过程（生产和消费）。在这两个过程中，新陈代谢的功能（引申出来的价值）是维持生命，而经济活动的功能（引申出来的价值）则是维持和享受生活。经济系统的物质流是效用的载体，物质流通过经济行为主体的直接和间接作用，持续为经济系统提供效用（Utility）。因此，经济过程的代谢可以理解为进入经济系统的物质流持续为经济行为主体提供效用的过程，维持经济系统的运行以及人类的生存和生活是经济过程代谢的核心功能。

通过以上理论可以看出，社会经济系统与生态系统是具有相似性的，代谢的观点和方法可作为静脉产业理论研究的一种方法和视角，用于分析和探讨经济系统的物质流流动规律。

二、代谢的基本机理

生物化学中的代谢不仅针对有机体与环境之间的界面，更多的是用于细胞、器官、有机体的转化过程。根据生物学理论，代谢指的是在一个活细胞中维持细胞稳定和成长的所有物质的生物化学反应的综合表现，这些反应是通过"代谢路径"进行的。生态学家将代谢理解为生态系统能量转换和营养物的循环。而且，相比生物有机体来讲，生物群体或者生态系统自组织特点表现得非常突出，也就是说，外界环境参数对生态系统的演变具有重要的影响。从生物物质代谢的角度看，代谢是有机体内所有物理和化学过程之和，是有机体系统功能化或者运行的基本过程。

社会经济系统与生态系统是具有相似性的，经济过程的代谢可以理解为进入经济系统的物质流持续为经济行为主体提供效用的过程，维持经济系统的运行以及人类的生存和生活是经济过程代谢的核心功能。这种通过分析物质流流动规律来探讨经济系统的代谢过程的观点和方法可以作为循环经济集成理论研究的一种方法和视角。

三、代谢的种类及特征

（一）物质代谢

人类未来的风险将来自物质系统本身而不再是单纯的某种污染物，各类物质使用的总量和物质使用本身引起的整个系统的各种反馈是自然生态系统面临的最大威胁。因此，唯有使物质减量，实现物质的循环利用，才可能实现可持续发展。物质代谢效率状况是表征循环经济发展水平的重要基础。

人类在其漫长的发展历史中经历了不同的经济形态，每一种经济形态都是一个很长的过程，并且都建立在与其相应的物质基础上。社会经济中的物质包括自然资源和环境质量两大部分。

人类消费的物质可以分成3种，可再生物质、可循环利用的不可再生物质、不可循环利用的不可再生物质。如生物质、太阳能是可再生物质；铁、铜等金属是可循环利用的不可再生物质；而石油、天然气等作能源使用时被公认为是不可循环利用的不可再生物质。因此可以确定上升式多峰论中的物质消费总量的结构，图 3 – 15 中的直线① – ①、② – ②和③ – ③分别表示 20 世纪 90 年代中期欧洲国家和美国在物质消费总量中这 3 种物质的比例。

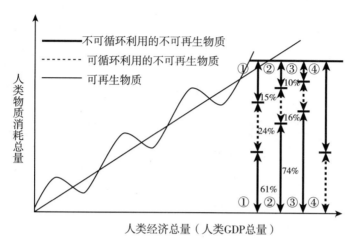

图 3 – 15　人类物质消费总量结构的调整示意图

既然人类物质消费总量上升是永恒的绝对的，不可再生资源总有耗尽的一天，循环经济中物质消费总量的结构调整可以归纳为科学地大幅度增加生物质等可再生物质在人类物质消费总量中的比例，最大限度地循环利用可循环利用的不可再生物质，尽量减少直至完全停止使用不可循环利用的不可再生物质。具体地讲，就是要将图 3 – 15 中物质消费总量的结构由① – ①调整为④ – ④。这就是静脉产业下的物质代谢原理。

（二）工业代谢

20 世纪 80 年代中期，Ayres 等在对经济运行中原料与能量流动的环境影响研究中提出了工业代谢的概念。1993 年，国际应用系统分析研究所的 Stigliani 和 Anderberg 首次采用工业代谢分析方法，从流域层次上对莱茵河流域的镉、铅、锌等重金属和氮、磷等进行了研究。

我国将工业代谢进一步划分为产品代谢和废物代谢。

（1）以产品流为主线的代谢，称为产品代谢。即上一个工艺过程或生产过程中形成的初级产品作为原材料输入下一个工艺过程或生产过程，再次形成初级产品和废物，初级产品再次进入下一个工艺过程或生产过程，直至以最终产品形式进入市场。这样，工业系统中就形成了一条或多条产品链，或产品流。随着产品链延伸，产品的经济价值也随之增加。

（2）以废物流为主线的代谢，称为废物代谢，这也是静脉产业主要应用的代谢形式。为了消除上一个工艺过程或生产过程中产生的废物对环境的影响，提高资源生产率，将上一个工艺过程或生产过程中产生的废物作为原材料输入下一个工艺过程或生产过程，再次形成

静脉产业

产品和废物，废物作为原材料再次进入下一个工艺过程或生产过程，直至最终处置、排放。这样工业系统中就形成了一条废物链，或废物流。随着废物链不断延伸，初始输入的原材料的利用率显著提高。

其综合代谢模式如图3-16所示。

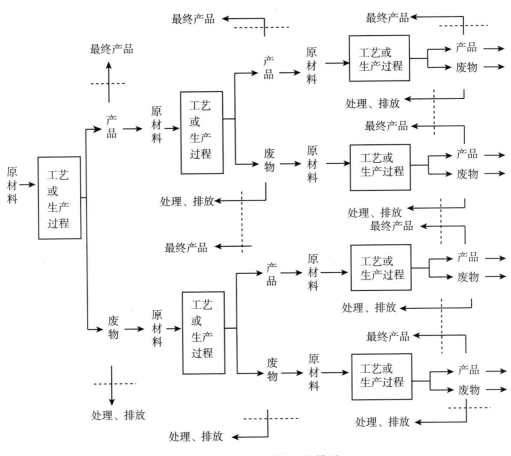

图 3-16   工业代谢的一般模型

（三）产业代谢

产业代谢研究是基于人类对所利用资源的绝对稀缺性的考虑而发展起来的。全球环境保护运动的倡导者佩肯（George Perkins）在1864年出版的《人与自然》一书中，从木材越来越稀缺的客观事实出发，指出人类正在通过侵蚀自身的基础来使自己陷入濒临危难的处境之中。随后，地质学家希勒（Nathaniel Shaler）进一步提出了矿产资源稀缺性问题，并表示出对人类社会未来矿产资源消费的担忧。从佩肯的呼吁到希勒的担忧，可以从侧面反映出社会经济系统的物质流正逐渐从农业生产资源的稀缺（食物的稀缺）向工业生产资源的稀缺转移（工业原料的稀缺）。

随着对经济增长与环境影响关系的讨论日益深入，又间接诱发了对社会经济代谢的新的关注。美国水处理专家沃曼（Abel Wolman）在 1965 年通过对城市代谢的研究，将工业社会的代谢概念化和实践化。他认为，城市的代谢需求可以被界定为维持城市居民生活、工作、娱乐的物质需求。但是由于废弃物和噪声等的存在，代谢循环并不是完整的。作为一个工程技术专家，沃曼更多地是从工程技术角度，将城市作为研究对象，来分析物质流与城市环境问题的内在联系以及从工程技术方面提供解决的方法。许多学者从减少进入经济系统的物质流规模的角度，来研究资源环境问题与经济系统物质流的关系。随之，产业代谢研究开始进入学者们的研究领域。

产业代谢理论最早由艾瑞斯系统阐述。他认为：第一，经济系统的产业活动与生物学中的代谢过程具有类似性（Analogy）。代谢是有机体内在的过程。有机体为了维持自身的功能，为了增长和再生，需要从外界吸收低熵"食物"。这个过程也会产生一些废弃物，包括高熵废弃物。对产业活动（或者整个经济系统）与生物有机体之间进行比较可以看出，两者都是以由能源驱动的物质过程为基础的系统；同时，两者也都是远离热力学平衡、自组织的稳态"耗散系统"。第二，经济系统本质上是一个代谢管理机制（Metabolic Regulatory Mechanism）。产业代谢的本质就是在一定的稳态条件下，覆盖原料投入、能源投入、劳动投入，生产最终产品和废弃物的物理过程的集合。经济系统的生产和消费过程的稳定并不是脱离周围环境的自我调节过程，而是需要通过人的作用而实现的。第三，代谢含义对企业具有适用性。由于经济系统中的微观主体——企业具有自组织的特性，因此与生物学中的有机体具有一定的类似性。但是两者之间的差异也是比较明显的。因为企业要不断地调整自身的产品输出结构来适应瞬息万变的市场情况，所以企业代谢行为不是稳定不变的。而生物有机体为了维持种群繁衍的稳定，必须在较长时期内保持稳定的代谢行为。

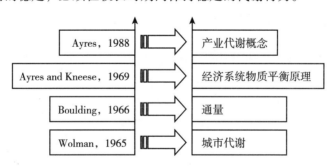

图 3 - 17　产业代谢研究背景

产业代谢的传统分析方法主要是流分析方法。此方法通过确认和评价所有可能的物质流流动路径以及其他与物质流相关的影响，来分析产品（原料）的生产（流动）过程。其中以物质流分析和原料流分析两种分析方法较为常用。但是这两种方法都是从生物物理角度来认识问题，仅仅关注了物质流动的生物物理特性，对于经济、社会因素还没有给予足够的关注，大多数分析集中在区域内的物质元素层次，很少考虑不同类型企业等经济行为主体因素，以至于很难用于决策管理和对微观主体的行为进行引导。流分析方法还存在弱化空间和时间因素的问题，分析对象往往局限于某一角度、某一部分，从而使分析结果难以对整个系统进行评价。而经济系统的物质流动不但涉及生物物理特性，更重要的是无法脱离经济规律的影响。因此，我们在对经济系统物质流进行分析时，不能漠视上述问题，不但要关注代谢的规模，还要考虑代谢过程。物质经济代谢过程如图 3 - 18 所示。

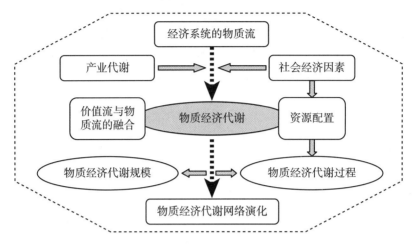

图 3 - 18　物质经济代谢概念框架

从关注的研究对象看物质经济代谢分析的方法，主要在考虑到物质流的生物物理特性的基础上，还考虑了影响物质流动的社会经济因素。从研究内容和方法看，物质经济代谢分析不仅有对经济系统物质经济代谢规模的宏观分析，还包括对物质经济代谢过程的微观层次分析，并且更注重动态分析。所以进一步深入研究物质经济代谢理论和方法对于认识和理解经济系统的规模局限性问题，对于从微观层次深化循环经济理论研究，都具有重要意义。

（四）系统代谢

系统代谢分析主要分析经济系统中物质的流动，包括从物质的提取一直到生产、消费和最终处置等运行过程如何影响社会、经济和环境以及如何减少这些影响等问题，它是促进循环经济发展过程中物质减量化、再循环、再使用的一种主要手段，每个系统中有许多子的系统，各个子系统都有各自的功能，当子系统功能完成后，就要进入下一个子系统，执行下一个功能，最后完成整个目标。物质代谢涉及物质合成、分离、传递和输送以及强化和衰减等一系列生物、化学、物理过程，高度复杂，因此，在物质代谢分析中必须抓住物质流的分析与核算这一重点，通过物质流的分析与核算揭示经济发展过程中普遍出现的、重大的机理性问题。

综上所述，由于研究角度和范围的不同，代谢被分为物质代谢，工业代谢和产业代谢。从而代谢的分析方法也形成了物质代谢分析方法，工业代谢分析方法与物质经济代谢分析方法。

四、循环经济资源的投入产出分析

为了更进一步地了解静脉产业资源的产出情况，本节构建了投入产出模型进行分析。

投入产出模型有两种典型的类型：价值型和实物型。价值型的投入产出表既可以用于计划安排，又可以用于系统价值组成分析和社会财富的分配分析，是一种功能强大的类型；实物型的投入产出表主要用于计划平衡，是实物平衡分析的主要工具。本部分根据循环经济和静脉产业的特征，根据资源的分类、再生利用途径以及来源，分别绘制了循环经济下的动脉产业与静脉产业的价值型投入产出表（表3-9）和实物型投入产出表（表3-10）。

1. 静脉产业投入产出模型构建

（1）静脉产业投入产出表（价值型）的构建与分析

静脉产业型的投入产出表主要对静脉产业中资源的投入与利用进行分析，对静脉产业中的经济情况进行分析预测、计划与评估。价值型的静脉产业投入产出表主要对静脉产业中资源价值组成和分配进行分析。如表3-9所示，其横栏表示资源的投入，包括静脉产业资源的四种形式：新资源、循环利用的资源、梯级利用的资源和生产过程中产生的资源；其纵向表示资源的产出，包括静脉产业中各产业的产出、资源总产出，另外，总比例表示静脉产业用量占资源总产出的比例。新投入的资源用来分析静脉产业生产和运转所需要消耗新投入资源的价值；循环利用象限中表示静脉产业消耗循环利用的副产品、废弃物和闲置资源的价值；梯级利用象限与循环利用象限相同；生产过程中投入的资源象限表示静脉产业消耗生产过程中的产品、副产品、废弃物和闲置资源的价值。根据表格可构建循环利用模型、梯级利用模型来分析静脉产业资源的利用状况，还可对资源的计划和经济的预测进行分析。

表中各元素的解释如下：

X_{ij} 表示新资源的产品投入静脉产业的价值，或静脉产业消耗新资源产品的价值；

Y_{ij} 表示循环利用的副产品、废弃物、闲置资源投入静脉产业中的价值，或静脉产业消耗循环利用中副产品、废弃物、闲置资源的价值；

Z_{ij} 表示梯级利用的副产品、废弃物、闲置资源投入静脉产业中的价值，或静脉产业消耗梯级利用中副产品、废弃物、闲置资源的价值；

W_{ij} 表示每项的小计和最后投入的产品、副产品、废弃物、闲置资源的合计；

q_{ij} 表示投入静脉产业中所有资源的总产出 $= [\,q_{1j},\ q_{2j},\ \cdots,\ q_{11j},\ q_1,\ q_2,\ q_3,\ q_4\,]^T$；

P_{ij} 表示静脉产业消耗资源的列向量 $= [\,P_{1j},\ P_{2j},\ \cdots,\ P_{11j},\ P_1,\ P_2,\ P_3,\ P_4\,]^T$；

α_{ij} 表示静脉产业用量占资源总产出的比例 $= [\,\alpha_{1j},\ \alpha_{2j},\ \cdots,\ \alpha_{11j},\ \alpha_1,\ \alpha_2,\ \alpha_3,\ \alpha_4\,]^T$。

（2）平衡分析。

根据产业型投入产出表基本平衡关系，可得知有以下关系：

如表3-9价值型静脉产业投入产出表，行表示静脉产业中对新资源的产品，以及循环利用和梯级利用的副产品、废弃物、闲置资源的消耗量与静脉产业产品、副产品、废弃物、闲置资源的产出量。如静脉产业 i 产业中对新资源产品的总使用量写成等式为：

$$R_{i1} = \sum_{j=1}^{N} X_{ij}\,(i = 1,2,\cdots,N)\,，\text{其他类似。}$$

静脉产业价值型投入产出表中各列反映新资源的产品，以及循环利用和梯级利用的副产品、废弃物、闲置资源对静脉产业的资源投入量。如新资源的产品对静脉产业的总投入写成等式为：$q_j = \sum_{i=1}^{N} R_{ij}\,(j = 1,2,\cdots,N)\,，\text{其他类似。}$

表 3－9　静脉产业投入产出表（价值型）

产出＼投入	新资源 产品1	新资源 …	新资源 产品N	新资源 合计	循环利用 副产品1	循环利用 …	循环利用 副产品N	循环利用 废弃物1	循环利用 …	循环利用 废弃物M	循环利用 闲置资源1	循环利用 …	循环利用 闲置资源L	循环利用 合计	梯级利用 副产品1	梯级利用 …	梯级利用 副产品N	梯级利用 废弃物1	梯级利用 …	梯级利用 废弃物M	梯级利用 闲置资源1	梯级利用 …	梯级利用 闲置资源L	梯级利用 合计	生产过程产生的静脉产业资源 产品1	…	产品N	副产品1	…	副产品M	废弃物1	…	废弃物L	闲置资源1	…	闲置资源K	合计
静脉产业 产业1	X_{11}	…	X_{1N}	R_{11}	$Y_{11}^{副}$	…	$Y_{1N}^{副}$	$Y_{11}^{废}$	…	$Y_{1M}^{废}$	$Y_{11}^{闲}$	…	$Y_{1L}^{闲}$	R_{12}	$Z_{11}^{副}$	…	$Z_{1N}^{副}$	$Z_{11}^{废}$	…	$Z_{1M}^{废}$	$Z_{11}^{闲}$	…	$Z_{1L}^{闲}$	R_{13}	$W_{11}^{产}$	…	$W_{1N}^{产}$	$W_{11}^{副}$	…	$W_{1M}^{副}$	$W_{11}^{废}$	…	$W_{1L}^{废}$	$W_{11}^{闲}$	…	$W_{1K}^{闲}$	R_{14}
静脉产业 产业2	X_{21}	…	X_{2N}	R_{21}	$Y_{21}^{副}$	…	$Y_{2N}^{副}$	$Y_{21}^{废}$	…	$Y_{2M}^{废}$	$Y_{21}^{闲}$	…	$Y_{2L}^{闲}$	R_{22}	$Z_{21}^{副}$	…	$Z_{22}^{副}$	$Z_{21}^{废}$	…	$Z_{2M}^{废}$	$Z_{21}^{闲}$	…	$Z_{2L}^{闲}$	R_{23}	$W_{21}^{产}$	…	$W_{2N}^{产}$	$W_{21}^{副}$	…	$W_{2M}^{副}$	$W_{21}^{废}$	…	$W_{2L}^{废}$	$W_{21}^{闲}$	…	$W_{2K}^{闲}$	R_{24}
…	…	…	…	…	…	…	…	…	…	…	…	…	…	…	…	…	…	…	…	…	…	…	…	…	…	…	…	…	…	…	…	…	…	…	…	…	…
静脉产业 产业N	X_{N1}	…	X_{NN}	R_{N1}	$Y_{N1}^{副}$	…	$Y_{NN}^{副}$	$Y_{N1}^{废}$	…	$Y_{NM}^{废}$	$Y_{N1}^{闲}$	…	$Y_{NL}^{闲}$	R_{N2}	$Z_{N1}^{副}$	…	$Z_{NN}^{副}$	$Z_{N1}^{废}$	…	$Z_{NM}^{废}$	$Z_{N1}^{闲}$	…	$Z_{NL}^{闲}$	R_{N3}	$W_{N1}^{产}$	…	$W_{NN}^{产}$	$W_{N1}^{副}$	…	$W_{NM}^{副}$	$W_{N1}^{废}$	…	$W_{NL}^{废}$	$W_{N1}^{闲}$	…	$W_{NK}^{闲}$	R_{N4}
资源总产出	q_{11}	…	q_{1N}	q_1	q_{21}	…	q_{2N}	Q_{31}	…	q_{3M}	q_{41}	…	q_{4L}	q_2	q_{51}	…	q_{5N}	q_{61}	…	Q_{6M}	q_{71}	…	q_{7L}	q_3	q_{81}	…	Q_{8N}	q_{91}	…	Q_{9M}	$q_{10,1}$	…	$q_{10,L}$	$q_{11,1}$	…	$q_{11,K}$	q_4
静脉产业用量	P_{11}	…	P_{1N}	P_1	P_{21}	…	P_{2N}	P_{31}	…	P_{3M}	P_{41}	…	P_{4L}	P_2	P_{51}	…	P_{5N}	P_{61}	…	P_{6M}	P_{71}	…	P_{7L}	P_3	P_{81}	…	P_{8N}	P_{91}	…	P_{9M}	$P_{10,1}$	…	$P_{10,L}$	$P_{11,1}$	…	$P_{11,K}$	P_4
总比例	$α_{11}$	…	$α_{1N}$	$α_1$	$α_{21}$	…	$α_{2N}$	A_{31}	…	$α_{3M}$	$α_{41}$	…	$α_{4L}$	$α_2$	$α_{51}$	…	$α_{5N}$	$α_{61}$	…	A_{6M}	$α_{71}$	…	$α_{7L}$	$α_3$	$α_{81}$	…	A_{8N}	$α_{91}$	…	A_{9M}	$α_{10,1}$	…	$α_{10,L}$	$α_{11,1}$	…	$α_{11,K}$	$α_4$

（3）资源总消耗分析。

① 新资源的总投入量。

新资源的总投入量为所有产品投入所有静脉产业中的总和，即：

$$q_1 = q_{1产} = \sum_{j=1}^{N} q_{1j} \qquad (3-29)$$

② 循环利用资源的总量。

循环利用的资源投入量为静脉产业中所有副产品、废弃物和闲置资源循环利用量的总和，即：

$$q_2 = q_{2副} + q_{2废} + q_{2闲} = \sum_{j=1}^{N} q_{2j} + \sum_{j=1}^{M} q_{2j} + \sum_{j=1}^{L} q_{2j} \qquad (3-30)$$

③ 梯级利用资源的总量。

梯级利用的资源投入量为静脉产业中所有副产品、废弃物和闲置资源梯级利用量的总和，即：

$$q_3 = q_{3副} + q_{3废} + q_{3闲} = \sum_{j=1}^{N} q_{3j} + \sum_{j=1}^{M} q_{3j} + \sum_{j=1}^{L} q_{3j} \qquad (3-31)$$

④ 生产过程中投入的静脉产业资源总量。

生产过程中投入的静脉产业资源总量为生产过程中投入的产品、副产品、废弃物和闲置资源的总和，即：

$$q_4 = q_{4产} + q_{4副} + q_{4废} + q_{4闲} = \sum_{j=1}^{N} q_{4j} + \sum_{j=1}^{M} q_{4j} + \sum_{j=1}^{L} q_{4j} + \sum_{j=1}^{K} q_{4j} \qquad (3-32)$$

⑤ 产品投入总量。

产品投入总量为新投入资源中与生产过程中投入的产品的总和，即：

$$q_产 = q_{1产} + q_{4产} \qquad (3-33)$$

⑥ 副产品投入总量。

副产品投入总量为循环利用中、梯级利用中和生产过程中投入的副产品的总和，即：

$$q_副 = q_{2副} + q_{3副} + q_{4副} \qquad (3-34)$$

⑦ 废弃物投入总量。

废弃物投入总量为循环利用中、梯级利用中与生产过程中投入的废弃物的总和，即：

$$q_废 = q_{2废} + q_{3废} + q_{4废} \qquad (3-35)$$

⑧ 闲置资源投入总量。

闲置资源投入总量为循环利用中、梯级利用中、生产过程中投入的闲置资源的总和，即

$$q_闲 = q_{2闲} + q_{3闲} + q_{4闲} \qquad (3-36)$$

静脉产业

（4）资源消耗率分析。

① 新资源投入率分析。

新资源投入率是新资源投入的总量占总投入的比例，即：

$$\theta_1 = \frac{q_1}{q_1 + q_2 + q_3 + q_4} \qquad (3-37)$$

其中，q_1 表示静脉产业利用新投入资源用量；q_2 表示静脉产业循环用量；q_3 表示静脉产业梯级利用量；q_4 表示静脉产业利用生产过程中产生资源的利用量。假设静脉产业中投入的资源是一定的，若 θ_1 的数值越大，则 q_1 越大，表示静脉产业中新投入的资源越多，消耗的新资源越多，静脉产业资源越少，则社会效益就越差；反之，则越好。

② 循环利用率分析。

循环利用是指将废物变为可再次利用资源的过程，在循环利用量表中，其横向表示各静脉产业中的资源产出量和实际资源循环利用量，纵向表示循环利用的副产品、废弃物以及闲置资源的投入量。

静脉产业循环利用率是指资源能够循环利用的数量占全部废物资源数量的比例，是考核静脉产业资源循环利用效率的重要指标之一，即：

$$\theta_2 = \frac{q_2}{q_1 + q_2 + q_3 + q_4} \qquad (3-38)$$

假设静脉产业中投入的资源是一定的，若 θ_2 的数值越大，则 q_2 越大，表示静脉产业中循环利用的资源越多，静脉资源利用得越充分，则带来的经济效益和社会效益就越好；反之，则越差。

③ 梯级利用量模型。

梯级利用与循环利用不同，梯级利用是根据能源的品位从高到低逐级加以利用，可以说循环利用是一个环向利用，而梯级利用则是一个单向走势，是一个不可逆的过程。在梯级利用量表中，横向代表了各静脉产业中的资源产出量和实际资源梯级利用量，纵向表示梯级利用的副产品、废弃物以及闲置资源的投入量。

本表中的静脉产业梯级利用率是指资源一级利用的总量之和占投入梯级利用资源的比例，是评估静脉产业资源梯级利用效率的重要指标之一，即：

$$\theta_3 = \frac{q_3}{q_1 + q_2 + q_3 + q_4} \qquad (3-39)$$

与循环利用率同理，假设静脉产业中投入的资源是一定的，若 θ_3 的数值越大，则 q_3 越大，表示静脉产业中梯级利用的资源越多，静脉资源利用得越充分，则带来的经济效益和社会效益就越好；反之，则越差。

④ 生产过程中投入的静脉产业资源消耗率。

生产过程中投入的静脉产业资源消耗率是指在生产的产品、副产品和产生的废弃物、闲置资源投入静脉产业中的资源占总投入的比例，即：

$$\theta_4 = \frac{q_4}{q_1 + q_2 + q_3 + q_4} \quad\quad\quad (3-40)$$

假设静脉产业中投入的资源是一定的，若 θ_4 的数值越大，则 q_4 越大，表示在生产过程中投入的静脉资源越多，表示在生产过程中产生的废弃物越多，资源越浪费，则带来的经济效益和社会效益就越差；反之，则越好。

⑤ 投入资源结构分析。

投入产品的比例是新投入资源和生产过程中投入的产品占总投入的比例，即：

$$\theta_{产} = \frac{q_1 + q_{4产}}{q_1 + q_2 + q_3 + q_4} \quad\quad\quad (3-41)$$

假设静脉产业中投入的资源是一定的，若 $\theta_{产}$ 的数值越大，则表示新投入的资源和生产过程中投入的产品越多，静脉产业带来的经济效益就越差；反之，则越好。

投入副产品的比例是循环利用、梯级利用和生产过程中产生的副产品占总投入的比例，即：

$$\theta_{副} = \frac{q_{2副} + q_{3副} + q_{4副}}{q_1 + q_2 + q_3 + q_4} \quad\quad\quad (3-42)$$

假设静脉产业中投入的资源是一定的，若 $\theta_{副}$ 的数值越大，则表示循环利用、梯级利用、生产过程中利用的副产品越多，说明静脉产业的经济效益就越好；反之，则差。另外，废弃物、闲置物品的分析类似于副产品的分析。

⑥ 总比例分析。

总比例即静脉产业的用量占总产出的比例，即：

$$\alpha = \frac{P}{q} \quad\quad\quad (3-43)$$

其中，α 代表总比例；P 为静脉产业资源实际用量；q 表示总产出。

2. 静脉产业投入产出表（实物型）的建立

实物型的静脉产业投入产出表是以实物为元素，统计静脉产业中资源的种类和数量，分析静脉产业内部资源利用方式之间的关系。如表 3 – 10 所示，其横向为资源的投入，包括新资源的投入、循环利用的资源、梯级利用的资源以及生产过程中产生的资源；其纵向为静脉产业的产出，包括静脉产业中各个产业的产出、总产出的统计、静脉产业实际用量以及总比例。新投入的资源用来分析静脉产业生产和运转所需要消耗新投入资源的种类和数量；循环利用象限中表示静脉产业消耗循环利用的副产品、废弃物和闲置资源的种类和数量；梯级利用象限与循环利用象限相同；生产过程中投入的资源象限表示静脉产业消耗生产过程中的产品、副产品、废弃物和闲置资源的种类和数量。其作用在于做投入部门间的平衡和计划，具体如下：

表 3 – 10　　静脉产业投入产出表（实物型）

列分组说明：列按以下大类与子类排列——**新资源**（产品 1…产品 N）；**循环利用**（副产品 1…N、废弃物 1…M、闲置资源 1…L）；**梯级利用**（产品 1…N、副产品 1…N、废弃物 1…M、闲置资源 1…L）；**生产过程中产生的静脉产业资源**（产品 1…N、副产品 1…M、废弃物 1…L、闲置资源 1…K）。

投入＼产出	新资源 产品1	…	新资源 产品N	循环利用 副产品1	…	循环利用 副产品N	循环利用 废弃物1	…	循环利用 废弃物M	循环利用 闲置资源1	…	循环利用 闲置资源L	梯级利用 产品1	…	梯级利用 产品N	梯级利用 副产品1	…	梯级利用 副产品N	梯级利用 废弃物1	…	梯级利用 废弃物M	梯级利用 闲置资源1	…	梯级利用 闲置资源L	生产 产品1	…	生产 产品N	生产 副产品1	…	生产 副产品M	生产 废弃物1	…	生产 废弃物L	生产 闲置资源1	…	生产 闲置资源K
静脉产业 产业1	X_{11}	…	X_{1N}	$Y_{11}^{副}$	…	$Y_{1N}^{副}$	$Y_{11}^{废}$	…	$Y_{1M}^{废}$	$Y_{11}^{闲}$	…	$Y_{1L}^{闲}$	$Z_{11}^{产}$	…	$Z_{1N}^{产}$	$Z_{11}^{副}$	…	$Z_{1N}^{副}$	$Z_{11}^{废}$	…	$Z_{1M}^{废}$	$Z_{11}^{闲}$	…	$Z_{1L}^{闲}$	$W_{11}^{产}$	…	$W_{1N}^{产}$	$W_{11}^{副}$	…	$W_{1M}^{副}$	$W_{11}^{废}$	…	$W_{1L}^{废}$	$W_{11}^{闲}$	…	$W_{1K}^{闲}$
静脉产业 产业2	X_{21}	…	X_{2N}	$Y_{21}^{副}$	…	$Y_{2N}^{副}$	$Y_{21}^{废}$	…	$Y_{2M}^{废}$	$Y_{21}^{闲}$	…	$Y_{2L}^{闲}$	$Z_{21}^{产}$	…	$Z_{2N}^{产}$	$Z_{21}^{副}$	…	$Z_{2N}^{副}$	$Z_{21}^{废}$	…	$Z_{2M}^{废}$	$Z_{21}^{闲}$	…	$Z_{2L}^{闲}$	$W_{21}^{产}$	…	$W_{2N}^{产}$	$W_{21}^{副}$	…	$W_{2M}^{副}$	$W_{21}^{废}$	…	$W_{2L}^{废}$	$W_{21}^{闲}$	…	$W_{2K}^{闲}$
…	…	…	…	…	…	…	…	…	…	…	…	…	…	…	…	…	…	…	…	…	…	…	…	…	…	…	…	…	…	…	…	…	…	…	…	…	…
静脉产业 产业N	X_{N1}	…	X_{NN}	$Y_{N1}^{副}$	…	$Y_{NN}^{副}$	$Y_{N1}^{废}$	…	$Y_{NM}^{废}$	$Y_{N1}^{闲}$	…	$Y_{NL}^{闲}$	$Z_{N1}^{产}$	…	$Z_{NN}^{产}$	$Z_{N1}^{副}$	…	$Z_{NN}^{副}$	$Z_{N1}^{废}$	…	$Z_{NM}^{废}$	$Z_{N1}^{闲}$	…	$Z_{NL}^{闲}$	$W_{N1}^{产}$	…	$W_{NN}^{产}$	$W_{N1}^{副}$	…	$W_{NM}^{副}$	$W_{N1}^{废}$	…	$W_{NL}^{废}$	$W_{N1}^{闲}$	…	$W_{NK}^{闲}$
资源总产出	q_{11}	…	q_{1N}	q_{21}	…	q_{2N}	Q_{31}	…	q_{3M}	q_{41}	…	q_{4L}				q_{51}	…	q_{5N}	q_{61}	…	Q_{6M}	q_{71}	…	q_{7L}	q_{81}	…	Q_{8N}	q_{91}	…	Q_{9M}	$q_{10,1}$	…	$q_{10,L}$	$q_{11,1}$	…	$q_{11,K}$
静脉产业用量	P_{11}	…	P_{1N}	P_{21}	…	P_{2N}	P_{31}	…	P_{3M}	P_{41}	…	P_{4L}				P_{51}	…	P_{5N}	P_{61}	…	P_{6M}	P_{71}	…	P_{7L}	P_{81}	…	P_{8N}	P_{91}	…	P_{9M}	$P_{10,1}$	…	$P_{10,L}$	$P_{11,1}$	…	$P_{11,K}$

纵向表示新资源投入静脉产业中的资源量，静脉产业中循环利用和梯级利用所使用的资源，以及生产产品、副产品和产生废弃物、闲置资源时所产生的静脉资源投入静脉产业中的资源实物数量，横向表示静脉产业中使用的新投入资源以及循环利用、梯级利用、其他途径资源的资源实物数量。实物型的静脉产业投入产出满足以下平衡关系：各资源的总投入 = 各产业的总产出。

实物表的数据关系可表示为：

$$
\begin{cases}
X_{1j} + X_{2j} + \cdots + X_{Nj} = q_{1j}\,(j=1,2,\cdots,N) \\
Y_{1j}^{副} + Y_{2j}^{副} + \cdots + Y_{Nj}^{副} = q_{2j}\,(j=1,2,\cdots,N) \\
Y_{1j}^{废} + Y_{2j}^{废} + \cdots + Y_{Nj}^{废} = q_{3j}\,(j=1,2,\cdots,M) \\
Y_{1j}^{闲} + Y_{2j}^{闲} + \cdots + Y_{Nj}^{闲} = q_{4j}\,(j=1,2,\cdots,L) \\
Z_{1j}^{副} + Z_{2j}^{副} + \cdots + Z_{Nj}^{副} = q_{5j}\,(j=1,2,\cdots,N) \\
Z_{1j}^{废} + Z_{2j}^{废} + \cdots + Z_{Nj}^{废} = q_{6j}\,(j=1,2,\cdots,M) \\
Z_{1j}^{闲} + Z_{2j}^{闲} + \cdots + Z_{Nj}^{闲} = q_{7j}\,(j=1,2,\cdots,L) \\
W_{1j}^{产} + W_{2j}^{产} + \cdots + W_{Nj}^{产} = q_{8j}\,(j=1,2,\cdots,N) \\
W_{1j}^{副} + W_{2j}^{副} + \cdots + W_{Nj}^{副} = q_{9j}\,(j=1,2,\cdots,M) \\
W_{1j}^{废} + W_{2j}^{废} + \cdots + W_{Nj}^{废} = q_{10,j}\,(j=1,2,\cdots,L) \\
W_{1j}^{闲} + W_{2j}^{闲} + \cdots + W_{Nj}^{闲} = q_{11,j}\,(j=1,2,\cdots,K)
\end{cases}
$$

3. 直接消耗系数与完全消耗系数的计算

静脉产业对新资源的直接消耗系数表示为：$A_{ij}^{新} = \dfrac{X_{ij}}{R_{i1}}$ $(i=1,2,\cdots,N;\ j=1,2,\cdots,n)$。

其中，X_{ij} 表示第 i 种产业消耗新资源的数量，R_{j1} 表示第 i 种产业消耗全部种类新资源的总量。

静脉产业对循环利用资源的直接消耗系数表示为：$A_{ij}^{循} = \dfrac{Y_{ij}}{R_{i2}}$ $(j=1,2,\cdots,N)$。

其中，当 $j=1,2,\cdots,N$ 时，Y_{ij} 表示静脉产业对循环利用中副产品资源的消耗量；当 $j=1,2,\cdots,M$ 时，Y_{ij} 表示静脉产业对循环利用中废弃物资源的消耗量；当 $j=1,2,\cdots,M$ 时，Y_{ij} 表示静脉产业对循环利用中闲置资源的消耗量，R_{j2} 表示第 i 种产业消耗全部种类循环利用资源的总量。

同理，静脉产业对梯级利用资源的直接消耗系数表示为：$A_{ij}^{梯} = \dfrac{Z_{ij}}{R_{i3}}$ $(j=1,2,\cdots,N)$。

其中，当 $j=1,2,\cdots,N$ 时，Z_{ij} 表示静脉产业对梯级利用中副产品资源的消耗量；当 $j=1,2,\cdots,M$ 时，Z_{ij} 表示静脉产业对梯级利用中废弃物资源的消耗量；当 $j=1,2,\cdots,L$ 时，Z_{ij} 表示静脉产业对梯级利用中闲置资源的消耗量，R_{j3} 表示第 i 种产业消耗全部种类梯级利用资源的总量。

静脉产业对生产过程中所产生的静脉产业资源直接消耗系数表示为：$A_{ij}^{生} = \dfrac{W_{ij}}{R_{i4}}$（$j = 1$，$2$，$\cdots$，$N$）

其中，当 $j = 1$，2，$\cdots$，N 时，W_{ij} 表示静脉产业对生产产品所产生静脉产业资源的消耗量；当 $j = 1$，2，$\cdots$，M 时，W_{ij} 表示静脉产业对生产副产品时静脉资源的消耗量；当 $j = 1$，2，$\cdots$，L 时，W_{ij} 表示静脉产业对排放废弃物时产生的静脉产业资源消耗量；当 $j = 1$，2，$\cdots$，K 时，W_{ij} 表示静脉产业对发生闲置资源所产生静脉产业资源的消耗量，R_{j4} 表示第 i 种产业消耗全部种类梯级利用资源的总量。

根据公式有：

$$\begin{cases} A_{1j}^{新}R_{11} + A_{2j}^{新}R_{21} + \cdots + A_{Nj}^{新}R_{N1} = q_{新} \\ A_{1j}^{循}R_{12} + A_{2j}^{循}R_{22} + \cdots + A_{Nj}^{循}R_{N2} = q_{循} \\ A_{1j}^{梯}R_{13} + A_{2j}^{梯}R_{23} + \cdots + A_{Nj}^{梯}R_{N3} = q_{梯} \\ A_{1j}^{生}R_{14} + A_{2j}^{生}R_{24} + \cdots + A_{Nj}^{生}R_{N4} = q_{生} \end{cases} \begin{bmatrix} A_{1j}^{新} & A_{2j}^{新} & \cdots & A_{Nj}^{新} \\ A_{1j}^{循} & A_{2j}^{循} & \cdots & A_{Nj}^{循} \\ A_{1j}^{梯} & A_{2j}^{梯} & \cdots & A_{Nj}^{梯} \\ A_{1j}^{生} & A_{2j}^{生} & \cdots & A_{Nj}^{生} \end{bmatrix} \times \begin{bmatrix} R_{i1} \\ R_{i2} \\ R_{i3} \\ R_{i4} \end{bmatrix} = \begin{bmatrix} q_{新} \\ q_{循} \\ q_{梯} \\ q_{生} \end{bmatrix}$$

$$令\ A = \begin{bmatrix} A_{1j}^{新} & A_{2j}^{新} & \cdots & A_{Nj}^{新} \\ A_{1j}^{循} & A_{2j}^{循} & \cdots & A_{Nj}^{循} \\ A_{1j}^{梯} & A_{2j}^{梯} & \cdots & A_{Nj}^{梯} \\ A_{1j}^{生} & A_{2j}^{生} & \cdots & A_{Nj}^{生} \end{bmatrix}, R = \begin{bmatrix} R_{i1} \\ R_{i2} \\ R_{i3} \\ R_{i4} \end{bmatrix}, q = \begin{bmatrix} q_{新} \\ q_{循} \\ q_{梯} \\ q_{生} \end{bmatrix}$$

$$R = A^{-1}q = Bq \qquad\qquad (3-44)$$

则 $B = A^{-1}$ 为静脉产业完全消耗系数矩阵。

第五节　静脉产业集成原理

资源的集成就是为了使生产获得更好的有效性和效率，去掉多余的资源，将可用的资源信息汇聚起来，使各种资源之间紧密联系，相互适应，彼此促进与共同发展。集成是为实现特定的目标，集成主体创造性地对集成单元进行优化并按照一定的集成模式构造成为一个有机整体系统，随着静脉产业的提出与不断发展，集成在静脉产业中发挥着越来越重要的作用。

一、集成的内涵与特征

集成的内涵可以概括为：为实现特定的目标，集成主体创造性地对集成单元（要素）进行优化并按照一定的集成模式（关系）将其构造成为一个有机整体系统（集成体），从而更大限度地提升集成体的整体性能，适应环境的变化，更加有效地实现特定的功能目标的过程。

基于上述关于集成内涵的描述和分析，集成的基本特征主要表现为：

（1）主体行为性。集成的主体行为性特征表现为，集成是人类的一种有意识、有选择的行为。因此，可以说人是集成的主体，即集成主体，任何形式的集成都是为了实现集成主体的某一具体目的而将若干集成单元集合成一定的集成关系从而构成集成体的。

（2）功能涌现性。集成的功能涌现性特征表现为，集成单元本身并不具备某种功能，通过相互作用和必要的整合及交叉复制而获得的功能，或称功能涌现。

（3）关系动态性。集成的关系动态性特征表现为，集成单元以一定的集成模式或集成类型建立的集成关系不是永久性的，集成单元随着外部环境的变化而发生进化，集成关系也发生自组织而改变集成类型或集成模式以构成新的集成关系，从而适应环境并随之进化。

（4）单元泛化性。集成的单元泛化性特征表现为，集成体是一个开放的复杂系统，集成不同于系统综合，一般的系统理论都强调系统具有特定的边界，将系统划分为内外两大部分，而集成却更具动态性的思想，构成集成体的集成单元的集合不是有限的集合，它淡化、模糊乃至打破了系统具有的特定的边界，呈现一种"泛化"的态势。

（5）选择竞争性。集成的选择竞争性特征表现为，集成体的形成是有条件的，这些条件是集成主体选择集成单元的依据，集成主体通过对有关信息的搜集、分析和评价，并根据集成体整体目标最优的原则确定集成单元。在完全信息条件下，集成主体可获得最佳的集成单元，而更一般的情况是选择在不完全信息条件下进行的，此时，竞争将起主导作用，选择的过程就是集成主体与集成单之间合作—竞争的博弈过程，同时集成单元之间、集成主体与环境之间都存在着合作—竞争的博弈过程。如战略联盟的形成就具有典型的选择竞争性。

资源利用的深度和广度取决于社会生产力发展的水平。从人类发展进步的历程看，人类对自然资源的利用经历了一个从简单到复杂，从低级到高级，从单项利用到综合利用，从低效利用到高效利用的过程。本部分从循环经济的领域研究资源的集成利用。所谓的资源集成就是为了使生产获得更好的有效性和效率，提高资源利用效率，提高资源的共享度，将可用的资源与信息依据机构运行的机理汇聚起来，使各种资源之间紧密联系，相互适应，彼此促进与共同发展。

（一）循环经济资源集成方式

循环经济资源集成利用的方式主要有资源的投入集成方式、资源产出集成方式以及资源利用环节集成方式三种。

1. 资源投入集成方式

任何物质的产出必然需要资源的投入，而在循环经济中投入资源种类各异，要想使所投入的资源种类合适，数量经济，即以最小的资源投入获得最大的综合效益，则需要对所投入资源进行集成分析。循环经济集成可以去掉多余的资源，并将有用的资源汇聚起来，进行统筹处理，达到以最小的投入代价来获取最大的经济效益和环境效益的目的。

2. 资源产出集成方式

对于生产型企业来讲，企业追求的目标就是资源的产出环节。企业要想使产出的资源得到充分利用，则可将各种产出资源进行集成。循环经济集成依据各种产出资源的特点，对其进行加工或者处理，使其物尽其用，发挥最大的效益。

3. 资源利用环节集成方式

资源投入和产出的环节即资源利用环节。资源环节集成，就是指对某个资源利用点或企业使用和产出的资源，通过投入和产出的资源进行集成分析和研究，有利于企业从总体上掌握可利用资源信息，更加科学合理地开发资源，提高资源利用效率，提高资源共享度。下面一个企业或一个节点的一个环节集成如图 3 – 19 所示。

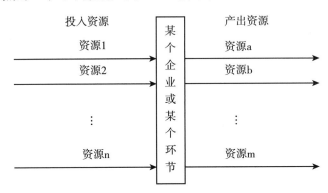

图 3 – 19　资源在一个环节的集成示意图

在图 3 – 19 的基础上，建立一个投入产出表，左边为投入资源名称与数量，右边为产出资源名称与数量，从而对投入的和产出的资源进行集成分析。某个环节资源投入产出表如 3 – 11 所示。

表 3 –11　　　　　　　　　**某个环节的资源投入产出表**

投入资源			产出资源		
名称	单位	数量	名称	单位	数量
资源 1			资源 a		
资源 2			资源 b		
资源 3			资源 c		
…	…	…	…	…	…
资源 n			资源 m		

　　表 3 – 11 左边为投入资源名称与数量，右边为产出资源名称与数量，从表中左右对比就可以清楚地看到投入和产出资源的种类、数量，从而明确这一环节点或企业使用哪些资源，产出哪些资源，通过对这些资源进行集成分析和研究，有利于企业从总体上掌握可利用资源信息，根据替代、协同、循环等集成原理，优化资源配置，达到提高资源利用效率，增强综合效益的目的。

　　环节集成比较复杂，有正向集成也有反向集成。如在煤炭开采环节，煤炭开采的过程中会涉及多种资源的再利用，如矿井水、采煤设备等，煤炭开采出来后，就涉及对这些资源的处理，有些资源不是仅用一次，而是可以将其循环利用的，这些资源的集成即正向集成；而煤炭开采过程中所产出的副产品、供伴生矿物（如高岭土、硫铁矿等）、废弃物（如煤矸石）的利用，根据各种资源本身的物理和化学性质，将其转变为具有高附加值的产品或是有用的产品，而这些副产品的集成则可视为反向集成。

　　资源利用环节的集成以煤炭开采为例具体是：可将煤炭开采中的供伴生矿物高岭土进行深加工作为造纸涂布、涂料，这大大提升了高岭土的使用价值；也可将煤炭开采中产生的废弃物如煤矸石直接用于井下充填，或者是用来制砖，还可以作为原料进行发电等，这就将原来没有价值的废弃物充分利用起来，这样的集成方式不仅可以产生良好的生态效益和社会效益，也给企业带来了可观的经济效益。

（二）资源代谢线状集成

　　在节点的资源集成基础上，按照资源代谢或梯级使用路线，必然会研究在一个代谢线路中或资源梯级利用资源集成。资源的代谢集成就是为了使整个代谢过程中获得更好的有效性和效率，去掉多余的资源，将可用的资源信息汇聚起来，使各种资源之间紧密联系，相互适应，彼此配合，实现资源的最大化利用。资源代谢集成图如图 3 – 20 所示。

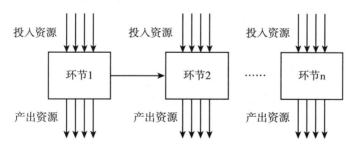

图 3 – 20　资源代谢集成示意图

　　在图 3 – 20 的基础上，建立一个投入产出表，纵向为投入资源名称，横向为产出资源名称，投入产出都分为 n 各环节，每个环节都有投入资源、产出资源的名称、数量，可以清楚地看到每一个环节投入和产出资源的种类、数量，进而明确资源整个代谢过程中使用了哪些资源，产出了哪些资源，通过对这些资源进行集成分析和研究，从而做到去掉多余的资源，尽可能用经济效益好、生态效益优、社会效益优的资源替代经济效益差、生态效益差、社会效益差的资源，最终实现使各种资源之间紧密联系，相互适应，彼此配合，达到优化资源配置，提高资源利用效率，增强综合效益的目的。

（三）资源代谢树状集成

代谢树状集成方式分为两种：倒树枝状集成方式和正树枝状集成方式，如图 3 - 21 所示，左侧为倒树状集成，右侧是正树状集成。倒树枝状集成方式是指资源经过相关环节后向某一环节汇集，为产生新的资源提供条件，来自不同分枝上的资源在新资源形成中的作用不同。它是区分劳动工具、能源、材料、活劳动等基本资源类型的基础和依据。正树状集成方式是指资源集成后能产生产品、副产品、废弃物等三种基本形式的新资源，这些资源在经过相关环节后又产生相应的新资源，依次类推，不断发展下去构成树状集成方式，也可以说资源从某个始点环节出发，层层分解形成树状集成方式，每一个环节都有资源的投入和产出。树状集成方式既是研究产品、副产品、废弃物优化配置、综合利用的基础，也是循环经济集成发展的基础。

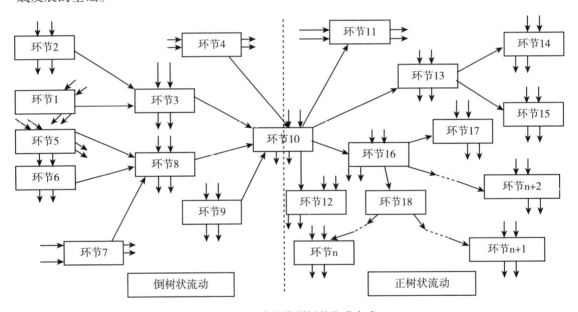

图 3 - 21　资源代谢树状集成方式

（四）代谢环状集成

如图 3 - 22 所示，资源从某个环节开始经过相关环节后发生了物理、化学变化，又以新的资源的形式流回起始环节。这种回流资源无论从数量上，还是从价值上都远低于原始资源，且其差额越大，表明集成过程效率越高，集成越合理。环状集成形式中的另一种方式是回流资源基本上还是原来的资源。环状集成方式中资源产生过程损耗，需要不断地补充资源，从经济学的角度出发，这种损耗越少越好，补充量越低越好。这是研究资源重复利用的依据，也是循环经济集成的重要方式。

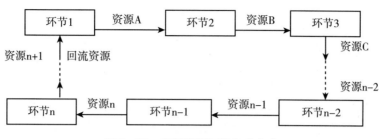

图 3－22　资源代谢环状集成方式

（五）资源代谢网状集成

如图 3－23 所示，资源在相关环节之间集成，每个环节都有多种资源的流入与流出，各环节联系在一起构成了资源集成网络。网络状集成方式包含上述几种集成方式，是它们的综合集成形式。网状集成为资源优化配置、层级利用、循环利用分析提供了依据，是循环经济集成中最重要的资源集成路径的集成方式。

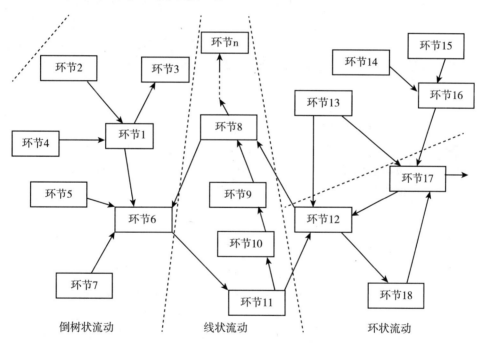

图 3－23　资源代谢网状集成方式

二、物质资源集成分析

物质资源种类多、利用领域复杂，通过对物质流分析，依据资源互补、组合、梯级、循环等原理研究物质资源集成。

静脉产业

（一）物质资源集成原理

1. 资源互补原理

资源互补是研究在生产或消费过程中，资源之间通过互相支持或辅助来实现以最合理的资源配置达到相同的产出，即合理安排资源品种间的配置比例，使有限的资源得到合理的开发与利用，实现增量效应。互补性资源可能构成产品或消费中的一部分，也可能只是在产品生产过程中起辅助作用，如电厂用的冷却水、造纸厂用的各种药剂等，但这些资源用量都以适度为宜，如果某种资源数量巨大，同时另一种资源严重不足，那么，就会导致过剩资源的边际生产率低下；同样，无论哪种互补资源的理论可用性与实践运作中存在着差距，其最终组合效果也会被限制在较低的水平上。

2. 资源组合利用原理

资源组合是资源整体或部分的迭加，一般体现为空间上的组合。从组合机制上可分为：相加组合，即将两个独立的资源本身相加或功能相加；替换组合，通过替换原来资源的某些形成要素，组合成一种新颖、实用的新物质，追求资源利用效率最大化；集成组合，根据资源间的紧密联系，将它们有机地结合在一起，达到化零为整的功效；重组组合，一般只是改变物质资源体内部各个组成要素间的相互搭配，从而优化资源体的性能。

3. 资源梯级利用原理

资源梯级利用原理就是对资源按照其品位划分等级或层级，并按其品位逐级加以利用，如高、中温蒸汽先用于生产工艺，之后的低温和余热可以用来为办公区或居民区供暖。资源的梯级利用既包括按质利用，也包括逐级多次利用。按质利用是尽可能地不使用高质资源去获取使用低质资源就可达到的能效；逐级多次利用是指高质资源不一定要在一个生产工艺中全部应用，可以分级扩散到各个生产工艺中。

4. 资源循环利用原理

资源循环利用是可持续发展的延续，其本质是循环经济。物质资源的循环利用是在资源短缺和市场需求的推动下提出的，是资源循环经济运作的方式和归宿，通过利用生态学理论指导人类社会的经济活动，以"减量化、再利用、资源化"原则形成"资源—产品—再生资源"的闭环式经济活动流程，使所有的物质资源在这个闭环型模式中得到永续利用，将其对环境的影响降到最低，倡导人与环境的和谐发展。物质资源的循环特指资源流的循环，在"生产—分配—加工—消费"过程中实现资源的合理利用，强调的是各个环节中的"循环"，注重系统性和整体性。

（二）物质资源集成指标选择

实现物质资源的优化配置就需要掌握资源的流动特性和规律，利用物质流分析跟踪法建立模型，分析模拟资源在一定范围内的流动情况，寻求不同资源间的替代、互补等关系，选择物质资源集成指标。一个物质资源从进入"物质流"开始流动到按生产工序划分需经过四个环节：加工环节、制造环节、使用环节和回收环节。用 A 资源加工制造 B 产品（P_t 单位）物质流流动框架如下：

假定第 t 年加工 B 产品的产量为 P_t 单位，则经制造阶段形成制成品为 $(1-b)P_t$，同时产生的废损量为 bP_t，这些废损量全部再返回加工环节参与物质流动；B 产品经过 Δt 年后报废，形成折旧量 aP_t，这些折旧量会作为原料进入 $t+\Delta t$ 年的 B 产品的生产过程；在加工过程中还有直接损失量 cP_t，因此在加工环节需要投入资源 A 的单位为 $(1-b+c)P_t - aP_{t-\Delta t}$。图 3-24 为资源 A 加工成产品 B 的物质流跟踪框架。其中有三个定义条件：①假定 B 产品的生命周期是 Δt，B 产品经 Δt 年后可演变为折旧资源，其折旧量为 aP_t，其中 a 为产品 B 的折旧率；②在生产过程中由于技术水平、设备水平等难免会出现资源损失及浪费，定义 b 为生产过程中的废损率，则生产 P_t 单位 B 产品在加工制造过程中产生的废损量为 bP_t；③在加工过程中，有些资源直接进入环境废弃物系统并未参与物质流动，定义 c 为资源的直接损失率，则生产 P_t 单位 B 产品在加工制造过程中产生的损失量为 cP_t。

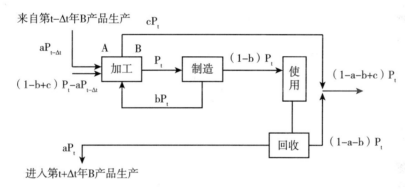

图 3-24　物质流分析跟踪框架

为了更好地分析物质资源的集成利用，实现物质资源的优化配置，需考虑整个物质流过程中物流量的变化，定义 p 为物流的非稳态度，表示一个生命周期中产品产量的变化，即 $p = \dfrac{P_{t-\Delta t}}{P_t}$。对图 3-24 中的各式同除 P_t 可得出与此物质流有关的各项指标及关系。

（1）资源 A 的资源效率（r），是投入一单位 A 资源能生产出 B 产品量的比值，即 $r = \dfrac{1}{1-ap-b+c}$，是整个资源在流动过程中管理、技术、设备、工艺等水平的综合反映。

（2）资源 A 的综合利用效率（m），是生产产品 B 向环境中输出的废弃物的量与资源 A 的比值，即 $m = \dfrac{(1-b-a+c)P_t}{(1-b+c)P_t - aP_{t-\Delta t}}$。m 越大说明有越多的废弃物可以被利用。

（3）资源 A 的折旧率即循环利用率 a。

（4）资源 A 的环境效率（q），可以反映资源 A 在加工利用过程中对环境的影响程度，

即 $q = \dfrac{1}{1-a-b+c}$。

（5）单位 B 产品的废 B 产品用量（S），S＝ap＋b，可以反映产品 B 在生产中资源 A 的两个来源，即资源 A 和资源 B 产品的废损量。

此外，物质资源集成指标还应有反映资源 A 消费的增长速度与整个循环经济园区产值增长速度比值间的关系即资源 A 的消费弹性系数（δ）。

（三）资源集成方法

（1）资源环节集成。不同种类资源的作用不同，需要对资源在各个环节中的流动进行分析，分析各个环节中投入资源和产出资源的种类、数量及作用，以达到各个环节投入资源的种类和数量最少，产出的资源尽可能被下一环节所利用，实现资源的循环利用，进而使各个环节上资源的投入产出比例达到最佳，这就是循环经济中的环节问题。资源在某一环节内的具体流动方式如图 3－25 所示。

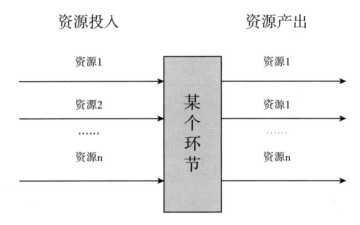

图 3－25　资源在一个环节的流动示意图

通过对投入和产出的资源进行集成分析和研究，有利于企业从总体上掌握可利用资源信息，更加科学合理地开发资源，提高资源利用效率，提高资源共享度。

（2）资源流动路径集成。每种资源都有多种用途，资源每经过一个环节会产生多种产品、副产品及废弃物，多数资源并不是经过一个环节就会结束，而通常会形成多条不同的路径，单个环节的资源有效利用率最高并不代表整条路径是最优的，资源流动路径集成，就是指对不同的资源流动路径进行集成分析、研究和优化，找到最优的资源流动路径。

（3）资源流动网络集成。资源在相关环节之间集成，每个环节都有多种资源的流入与流出，各环节联系在一起构成了资源集成网络。资源流动网络集成方式包含上述几种集成方式，是它们的综合集成形式。网络集成为资源优化配置、层级利用、循环利用分析提供。

（四）资源集成利用方式

（1）错时利用方式。由于资源生产与资源利用时间和空间上存在不统一性，能够存储的资源（如煤炭）可以利用库存来进行调节以降低资源浪费（虽然使用成本高），对于不能够存储的资源（如电力、风能、太阳能等）如果不及时利用，就会造成浪费。因此，需要依据资源供给系统的资源供应情况及利用领域的不同利用规律，合理地、有计划地安排和组织各个利用领域的利用时间，在保障生活和生活正常运转的前提下，尽可能错开资源利用的高峰期，而在低谷期利用不能存储的多余资源，解决资源生产与利用峰谷不协调的问题。

（2）梯级利用方式。资源梯级利用就是对资源转化或使用过程中所产生的资源依据其品质划分等级或层级，研究其特性；对资源需求领域依据其对资源品质的需求划分等级，研究其对资源的需求特性；依据资源品质与等级所对应需求领域的等级及所需求资源的品质配置资源使用领域，实现资源按其品位逐级加以利用的目的，如图3－26所示。

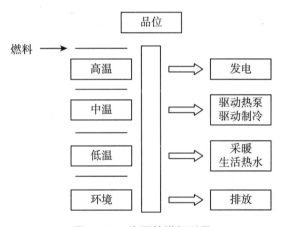

图3－26　资源的梯级利用

（3）顺序利用方式。对所投入资源替代关系进行集成分析，得出资源替代排序方法，然后对每一种资源的利用领域进行分析排序，最后再对资源与耗能领域之间的关系分析，进行综合排序，得出资源的最佳配置方式，使合适的资源放在合适的地方，物尽其用。以矿区能源集成利用顺序为例，其一，应该是优先考虑余热、余压及以副产品或废弃物形式出现的可燃固体、气体和液体；其二，考虑太阳能、风能、地热能及矿井水携带能量等可再生资源；其三，考虑煤泥、煤矸石、油母页岩等低品位资源；其四，考虑电力、天然气、油等优质资源；其五，考虑煤炭。

（4）联合利用方式。为了满足区域生产、生活及社会活动对资源需求的连续性和稳定性，同时有效减少常规资源的消耗，充分利用新资源、闲置资源，提高资源综合利用效率，利用资源之间的互补性，以使用再生资源、闲置资源为主，使用常规资源为辅的多资源联合利用方案是一个不错的选择。其主要包括串联利用、并联利用和混合利用。

静脉产业

（五）物质资源综合集成分析

研究物质资源的集成方法、优化配置方式离不开产业的参与，产业是物质资源的载体，以循环经济产业园区为例，可将园区内的所有的物质资源与其相应的生产工艺的物质流结合，以此构建园区物质资源与产业之间的集成网络图，如图3－27所示。

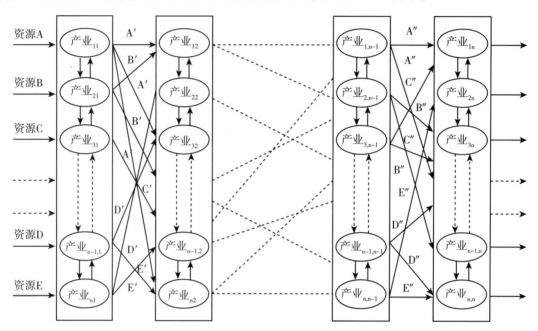

图3－27　物质资源与产业集成网络

图3－27中纵向是产业之间的关系，横向是资源在产业间的物质流。当资源 A 经过产业$_{11}$时会经过一系列的工艺演变为资源 A′，随着产业链的延伸继续裂变如资源 A″的形态，依此类推，整个循环经济园区内的资源和产业间就形成了资源在初始产业中→资源的第一副产品或第一废弃物在第二个产业中→资源的第二副产品或第二废弃物在第三个产业中→……→资源的第 n 副产品或第 n 废弃物在第 n＋1 个产业中的集成网络。

在图3－27中经过产业$_{11}$演变的资源 A′在另一纵向领域的产业群中会重新进行选择流向的产业领域，如图3－27所示，资源 A′同时进入了产业$_{12}$和产业$_{32}$等，与此同时，资源 B 的再分解资源 B′也进入了产业$_{12}$，资源 D 的再分解资源 D′也进入了产业$_{12}$……在保障产业$_{12}$正常经营运转的所有物质资源中，或许会存在可以进行替代、互补、组合利用的资源，假设资源 A′在产业$_{12}$的生产工艺中所起的作用同资源 B′在产业$_{12}$的生产工艺中所起的作用，但资源 A′的综合利用效率（m）高于资源 B′的，则产业$_{12}$为提高总体效益，常会用资源 A′替代资源 B′；若资源 A′的环境效率（q）低于资源 B′的，则产业$_{12}$也许会选择资源 A′与资源 B′的互补或组合利用，如图3－28所示。

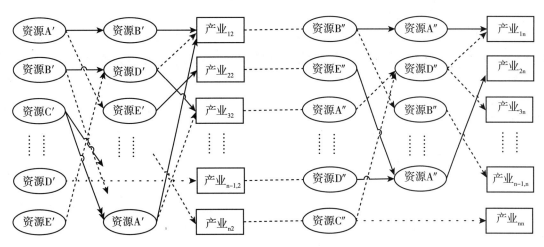

图3-28　物质资源流动中的资源关系

图3-28中第一纵向是初始资源经过初始产业时经过一系列的工艺演变的资源,这些资源在满足下一产业领域生产时,它们之间有时存在替代、互补等关系,图3-28中用"——→"表示替代关系,用"……→"表示互补关系,用"——▶"表示替代互补共存关系,用"—·—·▶"表示独立关系,专属利用。

在图3-27和图3-28中,资源 A′、资源 B′、资源 C′等进行产业领域选择时,需要考虑循环经济园区中各产业利用物质资源种类及产业关系,如图3-29所示。

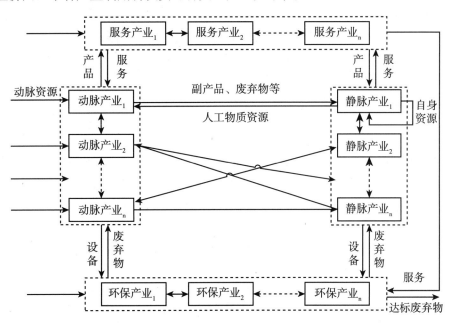

图3-29　物质资源流动中的产业关系

图3-29是循环经济园区中四大产业体系间的物质资源流动:动脉资源进入动脉产业加

静脉产业

工利用，静脉产业为动脉产业提供人工物质资源；动脉产业产出的副产品、废弃物等进入静脉产业再次加工利用，静脉产业在生产过程中也利用自身产出的物质资源；动脉、静脉产业将不能继续处理、排放不达标的废弃物并将其输送给环保产业进行达标处理，环保产业向动脉、静脉产业提供环保设备和环保服务，并向外界排放可达标的废弃物资源；服务产业利用动脉、静脉产业提供的产品维持正常运转的同时向它们提供资金、物流、培训等服务。此外，每一类产业间的共生、寄生关系使得物质资源间又存在着交互利用、共享利用，实现同一产业间的耦合效应。

总体来看，在图 3 - 27 的集成网络图中，物质资源在循环经济园区中不停地流动或裂变，直至耗竭，此时物质资源间的替代、互补等关系（见图 3 - 28）和各种物质资源在不同产业间的选择（见图 3 - 29）以及资源间的替代、互补、组合、梯级、循环利用原理便在这个持续网状流动的过程中充分发挥协调物资资源优化配置的作用。

三、能源集成分析

（一）能源特征和关系研究

1. 区域能源种类特征

区域能源种类多、来源广，特性各异。能源的分类方法有很多，按照能源的特征又可分为常规能源、新能源和闲置能源。

（1）常规能源。

常规能源也叫传统能源，是指已经大规模生产和广泛利用的能源。区域常规能源主要有电、煤、油、气等，其中电、煤等能源是区域生产、生活与安全正常进行的保障，是必须使用的，也是需要节约的。

常规能源特征：①产量大、性能稳定、易于操作和控制，投产方便；②开发利用技术比较成熟、应用普遍；③开发、使用成本较便宜；④储量有限、不可再生、环境污染。

（2）新能源。

新能源是指刚开始开发利用或正在积极研究、有待推广的能源，如太阳能、地热能、风能、海洋能、生物质能和核聚变能等。区域新能源包括太阳能、风能、生物质能、地热能等。新能源由于受技术、管理、认识等方面因素的影响，还没被正常地开发利用。随着技术的逐步成熟，它们将被大规模开发，并替代常规能源。

新能源特征：①来源丰富、分布范围广；②可再生、清洁无污染；③能量密度低、供应不稳定、随机性大、不可控因素多，新能源往往随地域、时间、季节以及气候等变化而变化，目前的情况下人类还不能对其进行有效的控制，这些能源的利用往往出现供给的不稳定性和不连续性；④开发利用技术不够成熟、成本高，难以大范围推广。

（3）闲置能源。

闲置能源是生产过程中产生的，但没有被开发利用的能源。区域闲置能源主要包括电厂、矸石砖厂、水泥厂等产生的余热能，地下水携带的热能、动能和势能，乏风携带的热能，煤炭开采、加工及利用产生的瓦斯、油母页岩、一氧化碳、煤泥、煤矸石，煤炭转化及利用过程中产生的可燃气体（如一氧化碳）、液体（如煤焦油）、固体（如焦渣）等。

闲置能源特征：①来源丰富、种类多，利用潜力巨大，是综合利用的重点；②直接排放到自然界不仅会造成能源的浪费，还会对生态环境造成污染；③集中度低，很多又属于低质能源，很难加以利用。

2. 区域能源关系分析

区域能源之间关系复杂，关联性强，能源之间既可以相互替代，又可以互补。在能源替代条件下，满足同一需要的替代性能源之间又可能存在互补关系；同样，在能源互补条件下，满足同一需要又可以使用不同能源来满足，这些能源又可能存在替代性，能源之间这种复杂关系为能源优化配置和集成利用提供了空间。

微观经济学中运用交叉弹性理论对两种商品之间的替代和互补关系进行了分析，但交叉价格弹性模型只能通过分析商品价格和需求的关系来判断两者的替代或互补关系，只能应用在完全替代、完全互补的分析上，无法研究能源替代和互补共存的问题。能源作为特殊的商品，有其自身特性。本书采用 MES 模型解决能源互补和共存的问题。

1967 年，Morishima 最先提出 MES 模型，用于估计两种投入要素比例变化对价格变化的反应程度，后来 Blackorby 和 Russell（1981）运用谢泼德引理对双重成本函数进行了扩展，实现了 Hicks 边际替代率和两种以上投入要素替代率的整合，即：

$$\text{MES} = \frac{\partial \ln C_i(p,y)/C_j(p,y)}{\partial \ln(p_i/p_j)} = \frac{\partial \ln(x_j/x_i)}{\partial \ln p_i}$$

$$= \frac{\partial \ln x_j(y,p)}{\partial \ln p_i} - \frac{\partial \ln x_i(y,p)}{\partial \ln p_i} \quad (3-45)$$

$$\text{MES} = \text{CPE} - \text{OPE} \left\{ \begin{array}{l} <0, \text{如果 CPE} <0 \Rightarrow \text{能源之间呈互补关系} \\ >0, \text{CPE} <0 \Rightarrow \text{能源之间呈 MES 替代关系,CPE 互补关系} \\ >0, \text{CPE} >0 \Rightarrow \text{能源之间呈替代关系} \end{array} \right\} \quad (3-46)$$

CPE 是能源之间的交叉价格弹性，OPE 是能源自价格需求弹性。一般对于正常物品而言，OPE <0。因此，可以推断出能源替代弹性的三种情况。据式（3-45）和式（3-46）计算两两能源之间的关系，建立能源关系分析表，如表 3-12 所示。

表 3-12　　　　　　　　　　区域能源之间的关系分析

	常规能源				新能源				闲置能源										
	煤	电	油	气	太阳能	风能	生物质能	地热	余热	余压	煤层气	可燃固体	可燃液体	可燃气体	矿井水	油页岩	煤泥	煤矸石	乏风	垃圾
煤	–	T	T	N	H	H	H	N	N	N	N	T	T	T	N	T	T	T	N	T
电	T	–	N	N	N	N	N	N	N	N	N	T	T	N	N	T	T	N	T
油	N	T	–	N	N	N	N	N	N	N	N	N	N	N	N	T	N	N	N	N

	常规能源				新能源				闲置能源											
	煤	电	油	气	太阳能	风能	生物质能	地热	余热	余压	煤层气	可燃固体	可燃液体	可燃气体	矿井水	油页岩	煤泥	煤矸石	乏风	垃圾
气	N	T	T	–	N	N	N	N	T	N	T	N	N	N	N	N	N	N	T	N
太阳能	HT	T	T	T	–	H	HT	HT	HT	T	T	HT	HT	HT	HT	T	HT	HT	T	HT
风能	HT	T	T	T	H	–	N	N	N	T	T	HT	HT	HT	T	HT	HT	HT	T	HT
生物质	HT	N	N	T	H	H	–	N	N	N	N	HT	HT	HT	N	N	N	HT	N	HT
地热	T	N	N	N	H	N	T	–	T	N	N	T	T	T	T	T	T	T	T	N
余热	T	N	N	N	H	N	T	T	–	N	N	T	T	T	–	N	T	T	T	N
余压	N	N	N	T	N	N	N	N	N	–	T	N	N	N	N	N	N	N	N	N
煤层	N	N	H	N	N	N	N	T	N	N	–	N	N	N	H	N	N	N	N	N
燃固	T	N	N	N	N	N	N	N	N	N	N	–	T	T	N	N	T	T	N	T
燃液	T	N	N	N	N	N	N	N	N	N	T	T	–	T	N	T	T	T	N	T
燃气	T	N	N	T	N	N	N	N	T	T	T	T	T	–	N	N	T	T	T	N
矿井	T	N	N	N	H	H	T	N	T	N	N	N	N	N	–	N	N	N	N	N
油页	N	N	N	N	N	N	N	N	N	N	N	N	N	N	N	–	N	N	N	N
煤泥	T	N	N	N	H	H	T	N	N	N	T	T	T	T	N	N	–	T	N	T
煤矸	T	N	N	N	N	N	N	N	N	N	N	N	N	N	N	T	T	–	N	T
乏风	N	N	N	T	N	N	N	N	T	N	N	N	N	T	N	N	N	N	–	N
垃圾	T	N	N	N	N	N	T	N	N	N	N	T	T	T	N	N	T	T	N	–

表 3–13 中的纵向、横向表示区域能源种类，第二列表示煤能够替代或互补的能源，第三列表示油能够替代或互补的能源，依次类推，方格中用 T 表示能完全替代，H 表示能够互补，HT 表示互补、替代共存，N 表示既不能互补，又不能替代。

（二）能源集成排序研究

1. 能源替代排序研究

能源替代是在节约成本、延长能源寿命、保证生产安全与稳定的前提下，最大限度地提高能源利用效率，减少对生态环境的影响。因此，替代排序应该考虑成本、能源使用时间、对生态环境的影响等因素。假设能够用于替代的能源为 m，用于替代能源量 x_j，被替代的能源为 x_g，等值产出或功效为 U_j，每期使用综合成本为 C，贴现率为 r，能源替代使用期为 n，那么，等值产出或功效为：

$$U = U(x_1, x_2, \cdots, x_m) \text{ 或 } U_j = U(x_j) \tag{3-47}$$

综合成本贴现为：

$$C = \sum_{t=1}^{n} \frac{c_t}{(1+i)^t} \tag{3-48}$$

单位能源等值产出或功效为：

$$AU_j = \frac{U(U_j)}{x_j} \tag{3-49}$$

单位等值产出均贴现成本为：

$$C_{均} = \frac{C}{x_j} \div AU_j = \frac{\sum_{t=1}^{n} \frac{C_t}{(1+i)^t}}{x_t} \times \frac{x_t}{U(U_j)} = \sum_{t=1}^{n} \frac{C_t}{(1+i)^t \times U(U_j)} \tag{3-50}$$

单位等值产出贴现成本替代系数为：

$$R = \frac{C_{均1}}{C_{均2}} \tag{3-51}$$

　　任选一种能源单位产出均以贴现成本为基准，与其他能源的均贴现成本一一比较，计算出替代系数，将得出的系数由小到大将进行排序，就是此能源的替代排序，然后再选中排序中的第二位能源，重复上述方法，就能够得到第二种能源排序，依此类推就能够得出所有能源替代排序表。用上述方法对能源之间的替代关系进行排序，并由小到大编码，第一排替代煤炭最优先的能源排为 A_1，第二位替代能源排为 A_2，第二排最优先替代电的排为 B_1，依此类推，然后填到表中，具体如表 3-13 所示。

表 3-13　　　　　　　　　　　能源替代排序

	煤	电	油	气	太阳能	风能	生物质	地热	余热	余压	煤层气	可燃固	可燃液	可燃气	矿井水	油页岩	煤泥	煤矸石	乏风	垃圾
煤	0	A_{19}	A_{18}	A_{17}	A_6	A_7	A_3	A_8	A_{12}	A_{13}	A_5	A_4	A_{10}	A_{11}	A_9	A_{16}	A_1	A_2	A_{15}	A_{14}
电	B_{19}	0	B_{18}	B_{17}	B_1	B_2	B_3	B_8	B_{12}	B_{13}	B_5	B_4	B_{10}	B_{11}	B_9	B_{16}	B_6	B_7	B_{15}	B_{14}
油	C_{17}	C_{16}	0	C_{15}	C_2	C_6	C_3	C_7	N	C_4	C_8	C_9	C_{10}	C_{11}	N	C_1	C_{12}	C_{13}	C_5	C_{14}
气	D_{19}	D_{18}	D_{17}	0	D_4	D_6	D_5	D_7	D_8	D_2	D_1	D_{14}	D_{15}	D_{16}	D_9	D_{10}	D_{11}	D_{12}	D_3	D_{13}
太阳	E_{19}	E_{18}	E_{17}	E_{16}	0	E_1	E_2	E_8	E_9	E_{10}	E_6	E_{11}	E_{12}	E_{13}	E_7	E_{14}	E_3	E_4	E_{15}	E_5
风能	F_{19}	F_{18}	F_{17}	F_{16}	F_1	0	F_2	F_8	F_9	F_{10}	F_4	F_{11}	F_3	F_7	F_{14}	F_6	F_{12}	F_{13}	F_{15}	F_5
生	G_{19}	G_{18}	G_{17}	G_{16}	G_5	G_6	0	G_7	G_{11}	G_{12}	G_4	G_3	G_9	G_{10}	G_8	G_{15}	G_1	G_2	G_{14}	G_{13}
地热	H_{13}	H_{12}	N	N	H_3	H_{11}	H_4	0	H_2	N	N	H_8	H_9	H_{10}	H_1	N	H_5	H_6	N	H_7
余热	J_{13}	J_{12}	N	N	J_3	J_{11}	J_4	J_2	0	N	N	J_8	J_9	J_{10}	J_1	N	J_5	J_6	N	J_7
余压	K_{19}	K_{18}	K_{17}	K_3	K_4	K_6	K_5	K_7	K_8	0	K_1	K_{14}	K_{15}	K_{16}	K_9	K_{10}	K_{11}	K_{12}	K_2	K_{13}

	煤	电	油	气	太阳能	风能	生物质	地热	余热	余压	煤层气	可燃固	可燃液	可燃气	矿井水	油页岩	煤泥	煤矸石	乏风	垃圾
煤层	L_{19}	L_{18}	L_{17}	L_3	L_4	L_6	L_5	L_7	L_8	L_1	0	L_{14}	L_{15}	L_{16}	L_9	L_{10}	L_{11}	L_{12}	L_2	L_{13}
燃固	M_{19}	M_{18}	M_{17}	M_{16}	M_7	M_8	M_3	M_9	M_{11}	M_{12}	M_{13}	0	M_4	M_5	M_{10}	M_{15}	M_1	M_2	M_{14}	M_6
燃液	N_{19}	N_{18}	N_{17}	N_{16}	N_7	N_8	N_3	N_9	N_{11}	N_{12}	N_{13}	N_4	0	N_5	N_{10}	N_{15}	N_1	N_2	N_{14}	N_6
燃气	O_{19}	O_{18}	O_{17}	O_{16}	O_7	O_8	O_3	O_9	O_{11}	O_{12}	O_{13}	O_5	O_4	0	O_{10}	O_{15}	O_1	O_2	O_{14}	O_6
矿井	P_{13}	P_{12}	N	N	P_3	P_{11}	P_4	P_2	P_1	N	N	P_8	P_9	P_{10}	0	N	P_5	P_6	N	P_7
油页	Q_{17}	Q_{16}	Q_1	Q_{15}	Q_2	Q_6	Q_3	Q_7	N	Q_4	Q_8	Q_9	Q_{10}	Q_{11}	N	0	Q_{12}	Q_{13}	Q_5	Q_{14}
煤泥	R_{19}	R_{18}	R_{17}	R_{16}	R_5	R_6	R_2	R_7	R_{11}	R_{12}	R_4	R_3	R_9	R_{10}	R_8	R_{15}	0	R_1	R_{14}	R_{13}
煤矸	S_{19}	S_{18}	S_{17}	S_{16}	S_5	S_6	S_2	S_7	S_{11}	S_{12}	S_4	S_3	S_9	S_{10}	S_8	S_{15}	S_1	0	S_{14}	S_{13}
乏风	T_{19}	T_{18}	T_{17}	T_3	T_4	T_6	T_5	T_7	T_8	T_2	T_1	T_{14}	T_{15}	T_{16}	T_9	T_{10}	T_{11}	T_{12}	0	T_{13}
垃圾	U_{19}	U_{18}	U_{17}	U_{16}	U_6	U_7	U_3	U_{13}	U_{11}	U_{12}	U_4	U_5	U_9	U_{10}	U_8	U_{15}	U_1	U_2	U_{14}	0

2. 能源利用领域排序研究

同一能源应用到哪一领域，首先应该考虑应用成本或收益（指综合成本或综合收益），收益越高，应用价值就越高，反之则相反；其次考虑能源在该领域利用效率，利用效率越高，在此领域应用就越好，反之则相反。

如果假设某种能源在某个领域使用期内的使用折标量为 $Q_标$，折标系数为 J，利用效率为 r，使用期为 n，使用综合成本为 C，贴现率为 i。

那么，使用期对此能源的需要量为：

$$Q = \frac{Q_标 \times r}{J} \tag{3-52}$$

该能源在此领域单位贴现综合成本为：

$$C_{单贴} = \frac{\sum_{m=1}^{n} \frac{C}{(1+i)^n}}{Q} \tag{3-53}$$

将计算出来的此能源在不同领域使用的贴现成本进行排序，就可以得出此能源利用领域排序表，其他能源排序方法类推，第一列煤最优先使用的领域为 A_1，次优使用领域排为 A_2，以此类推，第二列煤最优先使用的领域为 A_1，次优使用领域排为 A_2，依此类推然后填到表中，具体如表 3-14 所示。

表 3-14　　　　　　　　　　　　　　区域能源利用领域排序矩阵表

	煤	电	油	气	太阳能	风能	生物质能	地热	余热	余压	煤层气	可燃固体	可燃液体	可燃气体	矿井水	油页岩	煤泥	煤矸石	乏风	有机垃圾
井下耗能领域	0	B_1	C_1	0	0	0	0	0	0	0	0	0	0	0	0	0	0	0	0	0
生产加工维修	A_2	B_2	C_2	D_3	E_4	F_4	G_4	H_3	I_3	J_3	K_3	L_4	M_4	N_4	P_3	Q_3	R_2	S_2	T_3	U_4
电力	A_1	B_1	C_1	D_3	E_1	F_1	G_2	0	0	J_3	K_3	L_2	M_2	N_2	0	Q_3	R_1	S_1	T_3	U_2
建材	A_3	B_2	C_2	D_3	E_4	F_4	G_4	H_3	I_3	J_3	K_3	L_4	M_4	N_4	P_3	Q_3	R_3	S_3	T_3	U_4
煤炭转化	A_2	B_2	C_2	D_3	E_4	F_4	G_4	H_3	I_3	J_3	K_3	L_4	M_4	N_4	0	Q_3	R_2	S_2	T_3	U_4
非煤产业	A_3	B_2	C_3	D_3	E_4	F_4	G_4	H_3	I_3	J_3	K_3	L_4	M_4	N_4	P_3	Q_3	R_3	S_3	T_3	U_4
废物处理	0	B_3	C_2	D_3	0	0	G_5	0	0	J_3	K_3	L_5	M_5	N_5	0	Q_3	0	0	T_3	U_5
地面运输	0	B_1	0	D_3	E_4	F_4	0	0	0	J_3	K_3	0	0	0	0	Q_3	0	0	T_3	0
办公区域	A_4	0	C_4	0	E_2	F_2	0	H_1	I_1	0	0	0	0	0	P_1	0	R_4	S_4	0	0
职工公寓	A_4	0	C_5	D_2	E_2	F_2	0	H_1	I_1	J_2	K_2	0	0	0	P_1	Q_2	R_4	S_4	T_3	0
家属区	A_4	B_4	C_5	D_2	E_2	F_2	G_1	H_1	I_1	J_2	K_2	L_1	M_1	N_1	P_1	Q_2	R_4	S_4	T_2	U_1
食堂	A_4	0	C_5	D_1	E_2	F_2	G_1	H_1	I_1	J_1	K_1	L_1	M_1	N_1	0	Q_1	R_4	S_4	T_1	U_1
浴池	A_4	0	C_5	0	E_2	F_2	G_1	H_1	I_1	0	0	L_1	M_1	N_1	0	Q_1	R_4	S_4	0	U_1
工业广场	0	0	C_6	0	E_3	F_3	0	H_4	I_4	0	0	0	0	0	P_4	0	0	0	0	0
景观	0	B_5	C_7	0	E_3	F_3	0	H_4	I_4	0	0	0	0	0	P_4	0	0	0	0	0
通信	0	B_5	C_5	0	E_5	F_5	0	H_3	0	0	0	0	0	0	0	0	0	0	0	0
学校宾馆等服务	0	B_5	C_5	D_4	E_5	F_5	0	H_2	I_2	J_4	K_4	0	0	0	P_2	Q_4	0	0	T_4	0

3. 用能领域使用能源排序研究

煤炭是特殊生产行业，安全是第一位的，因此能源排序必须满足安全的需要，其次要考虑生产特性与稳定的需要，在满足这两方面条件的前提下，才能根据排序模型进行排序使用。具体排序模型如下：假设某种能源拥有量为 Q，折标系数为 J，年利用折标量为 $Q_{年用}$；此能源增长率为 $r_{增长}$，增长是指可再生能源，尤其是生物质能源，不可再生能源增长率为 0；能源在该领域的有效利用率为 $r_{有效}$；能源拥有量变化率为 $k_{变化}$，是指储量变化、技术变化对低品位能源的利用增加以及同类能源品种与范围变化等；能源替代率为 $k_{替代}$；能源科技贡献节约率为 $k_{科贡}$；能源有效使用年限为：

$$T = \frac{Q \times J}{Q_{年用}} \times r_{有效} \times (1 + r_{增长}) \times (1 + k_{变化}) \times (1 + k_{科贡}) \times (1 + k_{替代}) \qquad (3-54)$$

计算出此能源在相关领域使用年限后，用使用年限进行排序，年限长的优先使用，年限短的后使用，但是这种方法没有考虑效益问题，假设使用年限内使用此能源的综合成本（包括经济、生态与社会三方面成本）为 C_j，贴现率为 i，NPC 表示综合贴现成本，那么 T 年的综合成本贴现为：

$$NPC = \sum_{j=1}^{T} \frac{C_j}{(1+i)^j} \qquad (3-55)$$

用 $NPC_{年均}$ 表示年均综合贴现成本：

$$NPC_{年均} = \frac{NPC}{T} \qquad (3-56)$$

将所有能源年均贴现成本进行排序，就能够得到能源利用顺序，年均贴现成本最低的优先使用，高的后使用。如果在知道年使用综合收益的情况下，能够使用年均综合净现值法进行排序，假设 NPV 表示使用此能源净现值，R_j 表示第 j 年使用此能源的综合收益，那么，综合收益净现值计算如下：

$$NPV = \sum_{j=1}^{T} \frac{(R_j - C_j)}{(1+i)^j} \qquad (3-57)$$

用 $NPV_{年均}$ 表示年均综合收益净现值，其计算公式为：

$$NPV_{年均} = \frac{NPV}{T} \qquad (3-58)$$

将各种能源的年均综合效益净现值进行排序，就能够得到能源使用排序表，年均净现值最大的优先使用，年均净现值第二大的第二位使用，以此类推。据此建立矿区用能领域使用能源排序矩阵表，第一排回采所用最优先的能源排为 A_1，第二位使用能源排为 A_2，第二排掘进最优先使用的排为 B_1，以此类推，然后填到表中，具体如表 3-15 所示。

4. 能源最佳配置研究

不同耗能领域所使用能源种类和数量不同，同种能源投入不同使用领域，所产生的综合效益亦不同，因此，需要研究矿区能源最优分布问题，就需要建立能源集成配置模型，以解决能源种类和数量分布不匹配的问题。

由经济学中边际产出效益的概念可知，区域能源利用的边际效益是指在其他生产要素都不变的条件下，每增加一单位用能所增加的产值。能源作为特殊的生产要素在带来经济产出的同时一般会对环境带来相应影响。因此，区域能源集成配置要同时兼顾经济、环境及社会效益。

能源集成配置模型要涉及区域所有耗能领域、所有能源以及用能时间。为方便起见，这里仅研究在 t 时刻区域能源空间配置问题。设 t 时刻从区域获取的能源总量为 E，为方便，在能源的时空配置模型中不妨以第 i 区域为例进行分析。

表 3 – 15　矿区用能领域使用能源排序矩阵表

矿区用能领域	耗能领域	能源种类	常规能源				新能源					闲置能源										
			煤	油	电	气	太阳能	风能	生物质能	地热	余热	余压	煤层气	可燃固体	可燃液体	可燃气体	矿井水	油页岩	煤泥	煤矸石	乏风	有机垃圾
井下用能领域	基本生产	回采	0	A_2	A_1	0	0	0	0	0	0	0	0	0	0	0	0	0	0	0	0	0
		掘进	0	B_2	B_1	0	0	0	0	0	0	0	0	0	0	0	0	0	0	0	0	0
	辅助生产	运输	0	C_2	C_1	0	0	0	0	0	0	0	0	0	0	0	0	0	0	0	0	0
		提升	0	D_2	D_1	0	0	0	0	0	0	0	0	0	0	0	0	0	0	0	0	0
		排水	0	E_2	E_1	0	0	0	0	0	0	0	0	0	0	0	0	0	0	0	0	0
		通风	0	F_2	F_1	0	0	0	0	0	0	0	0	0	0	0	0	0	0	0	0	0
		压气	0	G_2	G_1	0	0	0	0	0	0	0	0	0	0	0	0	0	0	0	0	0
地面生产用能领域	生产用能领域	洗选与加工、机械、矿用物资生产、维修	H_8	H_3	H_1	H_6	0	0	H_7	H_7	H_7	H_5	H_4	H_6	H_6	H_6	H_7	H_2	0	0	H_5	0
		电力	I_6	I_7	0	0	I_3	I_5	I_4	0	0	0	0	0	0	0	0	0	I_1	I_2	0	0
		建材	J_9	J_7	J_3	J_8	0	0	0	0	0	0	0	J_4	J_5	J_6	0	0	J_1	J_2	0	0
		煤炭转化	K_1	K_3	K_2	0	0	0	0	0	0	0	0	0	0	0	0	0	0	0	0	0
		其他非煤产业	0	L_2	L_1	L_5	L_6	L_7	L_8	L_9	L_9	L_4	L_3	L_8	L_8	L_8	L_9	L_3	L_8	0	L_4	L_8
	辅助生产用能领域	固废与污水处理	0	M_2	M_1	0	0	0	0	0	0	0	0	0	0	0	0	0	0	0	0	0
		地面运输	0	N_2	N_5	N_4	0	0	0	0	0	N_3	N_3	0	0	0	0	N_1	0	0	N_3	0
		办公区域	P_6	P_5	P_1	0	P_2	P_3	0	P_4	P_4	0	0	0	0	0	P_4	P_5	0	0	0	0
地面生活用能领域	生活用能领域	职工公寓	Q_6	Q_5	Q_1	0	Q_2	Q_3	0	Q_4	Q_4	0	0	0	0	0	Q_4	Q_5	0	0	0	0
		家属区	R_6	R_5	R_1	0	R_2	R_3	0	R_4	R_4	0	0	0	0	0	R_4	R_5	0	0	0	0
		食堂	S_9	S_8	0	S_5	S_6	S_6	S_1	S_7	S_7	S_3	S_2	S_4	S_4	S_4	S_7	S_5	S_2	S_2	S_3	S_4
		浴池	T_9	T_8	0	T_5	T_6	T_6	T_2	T_7	T_7	T_3	T_2	T_4	T_4	T_4	T_1	T_5	T_2	T_2	T_3	T_4
		工业广场	0	U_4	U_5	0	U_1	U_2	0	U_6	U_6	0	0	0	0	0	U_6	U_3	0	0	0	0
		景观	0	V_4	V_5	0	V_1	V_2	0	V_6	V_6	0	0	0	0	0	V_6	V_3	0	0	0	0
	生活辅助	通信	0	W_2	W_1	0	0	0	0	0	0	0	0	0	0	0	0	0	0	0	0	0
		商店、宾馆、酒店、学校、银行等	X_9	X_8	X_1	X_8	X_2	X_3	X_4	X_5	X_5	X_6	X_6	X_7	X_7	X_7	X_5	X_6	X_6	X_6	X_6	X_6

静脉产业

设第 i 区域有 M 个用能领域，区域可用于经济发展的能源为 Q_{i0}，获取的能源量为 E_i，各用能领域能源消费的边际效益记为 f_{ij}，$j = 1，2，\cdots，M$。由于生产工艺、技术管理水平、设备等差异，不同用能领域消费单位能源所产生的污染为 z_{ij} 一般不同，不妨称 z_{ij} 为用能领域 j 的污染排放水平，$j = 1，2，\cdots，M$。设各用能领域接受能源量为 E_{ij}，则各用能领域产生污染为 $P_{ij} = z_{ij} \times E_{ij}$。由以上假设可得：

$$\text{Max} U_i = \sum_{j=1}^{M} \int_{Q_{ij}}^{Q_{ij}+E_{ij}} f_{ij}(Q_{ij} + E_{ij}) dE_{ij} \qquad (3-59)$$

$$\text{Min} P_i = \sum_{j=1}^{M} P_{ij} = \sum_{j=1}^{M} z_{ij} \times E_{ij} \qquad (3-60)$$

$$\text{s. t.} \sum_{j=1}^{M} E_{ij} = E_i \qquad (3-61)$$

$$\sum_{j=1}^{M} Q_{ij} = Q_{i0} \qquad (3-62)$$

$$\frac{df_i(Q_{ij} + E_{ij})}{dE_{ij}} < 0 \qquad (3-63)$$

其中 Q_{ij} 表示区域用于经济发展能源 Q_{i0} 在各用能领域之间的分配量，在模型中不考虑当地能源的配置问题，但其大小会影响各用能领域能源消费的边际效益，从而影响区域能源的配置。P_i 表示接受输入能源量为 E_i 对第 i 区域造成的污染总量。

问题可转化为在式（3-64）、式（3-65）和式（3-66）的约束下，有：

$$\text{Max} Y_i = U_i - P_i = \sum_{j=1}^{M} \int_{Q_{ij}}^{Q_{ij}+E_{ij}} f_{ij}(Q_{ij} + E_{ij}) dE_{ij} - \sum_{j=1}^{M} z_{ij} \times E_{ij} \qquad (3-64)$$

构造拉格朗日乘数函数，有：

$$L = Y_i + \lambda_1 \left(E_i - \sum_{j=1}^{M} E_{ij} \right) + \lambda_2 \left(Q_{i0} - \sum_{j=1}^{M} Q_{ij} \right) \qquad (3-65)$$

有：

$$\frac{dL}{dE_{ij}} = f_{ij}(Q_{ij} + E_{ij}) - z_{ij} - \lambda_1 = 0 \qquad (3-66)$$

且：

$$\frac{d^2 L}{dE_{ij}^2} = \frac{df_{ij}(Q_{ij} + E_{ij})}{dE_{ij}} < 0 \qquad (3-67)$$

由式（3-66）得：

$$f_{ij}(Q_{ij} + E_{ij}) - z_{ij} = \lambda_1 \qquad \forall j = 1, 2, \cdots, M \qquad (3-68)$$

即当各用能领域能源消费的边际效益与污染排放水平之差均衡时，区域总的社会效益最大。显然，某耗能领域能源消费的边际效益越高，污染排放水平越小，此耗能领域就可能分到更多的能源，就可以更好地发展，这就会刺激区域各单位各努力提高能源利用效率，研发并运用清洁能源技术，从而有利于区域能源、经济与环境协调发展。

由式（3-68）有：

$$E_{ij} = g_{ij}(\lambda_1 + z_{ij}) - Q_{ij} \qquad (3-69)$$

式（3-69）确定了各耗能领域分配到的能源量。在实证分析时，g_{ij}可由各用能单位的实测历史数据用二次函数进行拟合。

由以上分析可得，基于边际效益均衡的能源最佳配置原理可叙述为：当各用能领域能源消费的边际效益与能源消费的污染排放水平之差均衡时，矿区总的能源利用的综合效益最大。

四、产业集成

产业集成是指一组存在积极的纵向或横向联系的产业部门，或者说，是各产业之间纵向或横向联系所形成的创新结合体，其实质是技术创新、产品创新和市场创新等方面的系统集成。产业集成可分为宏观产业集成和微观产业集成。

所谓宏观产业集成是指与经济全球化相适应的产业集成。它强调空间、区域上的产业集成；宏观产业集成又可分为外部宏观产业集成与内部宏观产业集成。其中外部宏观产业集成侧重于本国产业与别国产业的产业集成，突出地域开放性；而内部宏观产业集成侧重于一国国内各地区之间的产业集成，突出整体合作性。

所谓微观产业集成是指与知识经济相适应的产业集成。它提出知识集约的经济增长方式，强调产业集成中的知识含量如科技信息含量，以及知识创新意识。同时微观产业集成还突出产业内外的各种协作效应与动态效应。

（一）不同发展阶段的产业集成路径分析

产业集成的生命周期理论已经得到了学术界的认可，本书借鉴蒂奇的生命周期理论，将产业集成的生命周期划分为诞生阶段、成长阶段、成熟阶段和衰退阶段。但是与生物学意义上的生命周期不同，产业集成最终未必走向衰落并消失，而是有可能在原有生命周期中的某一阶段，以某一点为起点步入新的生命周期中。这里从生命周期中的成长阶段、成熟阶段和衰退阶段规划高技术产业集成路径。与传统产业不同，随着科技的发展，信息技术的发达，技术创新贯穿于现今产业生命周期的始终，并决定其发展路径。集群内企业的技术创新会很快在企业间传播，被其他企业吸收借鉴，使一个创新活动演变成一组创新活动，从而以提高整个集群技术水平的方式实现集成。这就意味着各阶段企业技术创新的内容和方式直接影响着集成路径，此外，政府的规划引导间接对集成路径产生影响。因此，从生命周期角度规划产业集成路径时，重点要从企业和政府两方面分析。

1. 成长阶段的产业集成路径

当集群处于成长阶段时，集群内企业拥有的人才、知识、资金等资源有限，面对较大的技术不确定性和市场不确定性，基于现有的、可预测的市场需求进行渐进式创新是最佳选

静脉产业

择，如基于引进技术进行模仿创新。在这一阶段，集群内的创新网络尚未形成，实现产业集成主要依靠自主创新，技术的不连续性和产业的快速发展为集群内企业提供了更多的创新机遇，资金短缺的中小企业还可争取政府的创新基金。产业集成提高了集群成长阶段的竞争优势，使其以较高的起点进入成熟阶段，如图 3－30 所示。

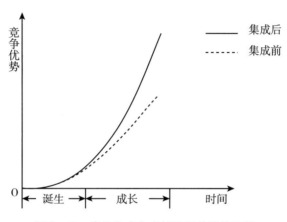

图 3－30　产业集成在成长阶段的优势比较

对于产业集群而言，信息的流动和共享是实现集成的重要条件。在成长阶段，政府应积极搭建信息交流平台，为创新网络的形成奠定基础。行业协会是加强企业间沟通合作的有效途径，企业间的非正式交流有利于协调多元化的利益。此外，行业协会在规范企业行为、沟通企业与政府关系方面发挥了任何机构无法替代的作用。因此，政府应积极协助企业成立行业协会，通过协会收集行业和市场信息，引导产业发展。

合理的产业结构是产业集成持续保持竞争优势的关键。在成长阶段，政府应通过政策措施引导与主导产业发展息息相关的企业进入集群，包括相关性企业和支持性企业，建立有效的进入企业筛选机制。在筛选入驻企业时，除了考虑产业链配套外，还要考虑企业的创新能力。

2. 成熟阶段的产业集成路径

在这一阶段，创新网络已经形成，企业和科研机构常常针对复杂技术进行合作创新，也有企业为避免合作方的制约而设立自己的研发中心，进行自主创新。但总的来说，集成创新是这一阶段的主要创新方式，包括渐进式集成创新和突破式集成创新。其中，渐进式集成创新能够延长集群成熟阶段的时间长度，竞争优势也有一定程度的提升，如图 3－31 所示。

相比之下，突破式集成创新能够使集群脱离现有生命周期的成熟阶段，进入竞争优势起点更高的另一生命周期的成长阶段，从而实现集成，如图 3－32 所示。突破式技术创新一旦实现，高技术产业集成的发展空间进一步扩大，新挑战、新机遇层出不穷，集成内企业将因业务的关联性而普遍受益。

为使处于成熟阶段的集群在实现产业集成过程中获得足够的承载力要素，地方政府应该进一步改善基础设施条件，加大专用设施投资力度；切实维护市场竞争秩序，避免恶性竞争

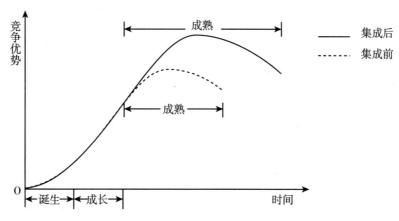

图3－31 产业集成在成熟阶段的优势比较（渐进式）

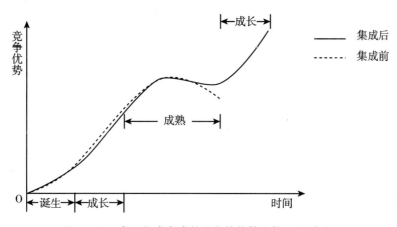

图3－32 产业集成在成熟阶段的优势比较（突破式）

对集群品牌的影响；培育区域创新文化，以专项资金等方式鼓励企业进行突破式创新。此外，政府还应着力保持集群创新网络的开放性，鼓励企业将创新网络延伸至集群外部，拓宽集群边界以容纳更多的新技术，为多种技术的融合创新提供基础。

3. 衰退阶段的产业集成路径

鉴于渐进式创新只能延缓衰退阶段的时间长短，对竞争优势的提升很有限，无法实现高层次的集成，处于这一阶段的高技术产业集群只能采取突破式创新的方式实现集成，如图3－33所示。对于企业而言，这往往需要更长的时间和更多的研发投入，也需要从集群外部获取更多的资源要素，政府应该重新整合区域现有资源，调整产业发展规划，引导即将衰退的产业向其相关性产业发展。最为重要的是，要积极从集群外部引进人才和研发机构，建立新的知识和技术供给，搭建可供本地企业与集群外企业进行沟通的平台，引导它们之间的合作。甚至可以像集群诞生阶段一样，引入对产业发展有带动作用的知名企业，为集群注入活力，间接协助高技术产业集群走出衰退阶段，实现向产业集成的跨越式发展。

静脉产业

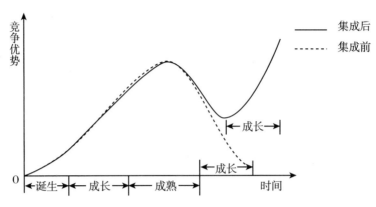

图 3-33 产业集成在衰退阶段的优势比较

对于以上三个阶段的高技术产业集成而言，在每一阶段实现集成后，并不代表实现了最终的集成，更不代表拥有了持久的竞争优势，而是意味着在其所处阶段的一定时期内拥有竞争优势，集群还需要随着时间的推进不断通过创新实现集成。例如，在成长阶段实现集成的集群，只意味着在成熟阶段较集成前有较高的竞争优势起点，还需在成熟阶段进行集成，步入新的生命周期的成长阶段，如此往复，才能使集群保持长久的竞争优势。如果停止创新，集群终将会面临衰退。

（二）产业集成方式和途径

产业集成方式分为纵向产业集成、横向产业集成以及网状产业集成，要具体分析产业集成的这几种形式，首先对环节产业集成进行介绍。环节产业集成如图 3-34 所示。

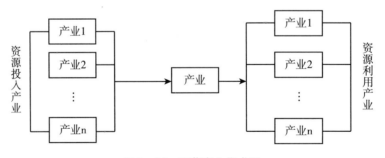

图 3-34 环节产业集成图

由图 3-34 可知左面的一系列产业都是资源投入产业，这些投入资源的产业可以进行集成分析，从而确定每个产业资源的流入种类和数量，去掉多余的资源投入，并对各种资源进行优化配置，使流入每个产业的资源达到最优；经过中间产业的集成，建立资源投入产业和资源利用产业之间的联系，实现产业之间的协调统一；右边是资源利用产业的集成，通过对资源利用产业的集成，确定流入各个产业资源的种类和数量，并进行统筹优化，做到物尽其用，从而取得最佳的综合效益。

1. 纵向产业集成

纵向产业集成一般是以某个产业为核心，上游和下游产业链上的产业形成集成在一起的集成体，它是以资源梯级利用、代谢路线、循环利用等形成的有逻辑关系或层次关系的线性集成体，是在环节资源集成的基础上，根据梯级利用路线、代谢路线、循环利用路线而形成的产业集成体。纵向产业集成如图 3 – 35 所示。

图 3 – 35　纵向产业集成图

由图 3 – 35 可知纵向产业集成是按照代谢、加工利用以及分工的组织形式进行的集成形式，这种集成形式环环相扣，相互之间的联系紧密。通过纵向产业集成分析能够掌握各种产业在资源流动过程中哪些资源在流入、哪些资源在流出以及流入、流出资源的数量，能够掌握在资源流动过程中会经过哪些产业。通过对这些问题的分析进一步研究这些产业是否合理，哪些是必需的，哪些可以去掉，通过这些研究使产业组合达到最优。

2. 横向产业集成

实际上横向产业集成和产业集聚、集群研究基本相同，就是以某个产业为核心，相关产业为了共同目的（提高资源利用效率、减少排放、降低成本），按照分工明确、责任清楚的原则进行集成，这种集成也可以是没有关系的多个独立产业群体。横向产业集成如图 3 – 36 所示。

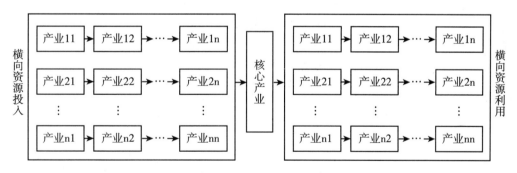

图 3 – 36　横向产业集成图

横向产业集成是按照替代、共享以及产业之间的互补合作关系建立起来的集成方式，这种集成形式的产业之间往往具有相关性，彼此影响。图 3 – 36 左面都是资源投入产业，右面都是资源利用产业，中间是连接投入和利用的核心产业，通过横向产业集成分析能够掌握在一个核心产业周围需要组建哪些产业，构成这些产业的企业数量和规模为多少，通过对这些问题的分析进一步研究这些产业是否合理，哪些是必需的，哪些可以去掉，从而使产业组合达到最优。

3. 网状集成

网状产业集成方式是在网络理论的基础上实现纵向产业集成和横向产业集成的混合形式。网络理论是培育产业集成影响因素的"沃土",它促进了产业集成体内社会资本的积累,同时也促进了集成体内的关联创新。因此,网络理论既是产业集成形成竞争力的基础,也是内部主体的行为基础。

网络本身就是层层嵌套,互相影响的。产业集成的网络分析是由核心网络和外围支持网络构成的,核心网络中既有企业供应链组成的横向网络,也有企业竞合关系构成的纵向网络。产业集成是相关行动者进行资源传递和信息共享的活动平台,涵盖了错综复杂的经济交往和社会交流关系。同时,网络分析不仅指基于产业关联关系而形成的生产网络,也指活跃在集成网络内的各类行动者之间错综复杂的关系网络。这里所研究的网络理论既是纵向竞合与横向供应链的叠加,也是核心网络与辅助网络的复合。网络中的单个主体成员被称为端,局域性的网络被称为元,端与端、端与元、元与元之间的联系被称为线,基本构架如图3 - 37 所示。按网络联系端、元的数目,网络分为二端元网络、五端元网络、多端元网络等。按是否产生效用可将网络分为有效网络和无效网络。按产生效用的高低,可将网络分为高效网络和低效网络,建设高效的多端元网络是产业集成发展的目标。

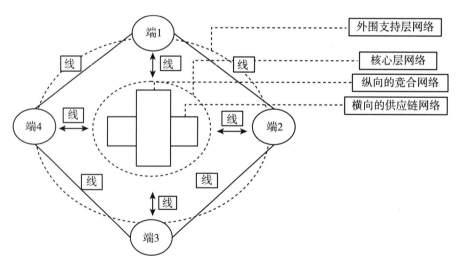

图 3 - 37　网络基本构架

将产业集成体纳入目标网络中,在产业集群研究的框架之上,得到产业集成的网络模型如图 3 - 38 所示。产业集成是一个动态发展中的主动优化过程,在这个过程中嵌入网络,实现进一步的优化升级和资源配置,从而达到产业资源高度整合的状态。

具体来看,网状集成主要有以下几种表现方式:

(1) 寄生方式。

寄生方式是集成最基本和最广泛的存在形式。在存在若干家大型核心企业的前提下,吸引许多家中小型企业围绕核心企业运作服务,如金融业、其他服务产业、文化产业等。寄生

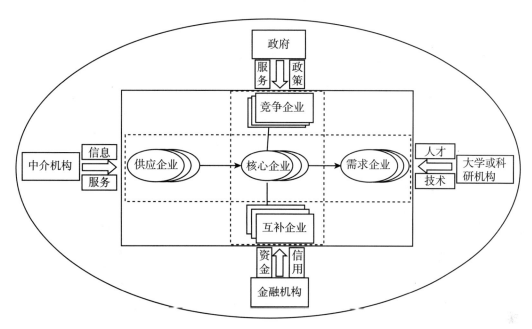

图 3 - 38　产业集成的网络模型

企业的利益来源核心产业，核心产业出现危机也会波及寄生产业。寄生产业的基本特征有：①寄生产业与核心产业地位不平等，两者存在明显的区别；②一般情况下不能产生新的价值增值活动，只能改变现有的价值或者实现物质的重新分配，价值和物资只能单向流动；③核心产业提供稳定的生产原材料和零部件，为寄生产业提供巨大的市场机会，核心产业提供大量的副产品和可资源化的废弃物，如水、材料、能源等，两者关系更加稳定，在资源使用、生产工艺、流程设计、产品设计等方面有明显优势。

核心产业和寄生产业之间的关系，既是"毛与皮"的合作关系，又是互助关系。在一个产业集群中如果只发展核心产业最后必然造成产业塌陷、萎缩；如果只发展核心产业，产业集群无法得到新鲜血液的输入，不能发展壮大。寄生产业对核心产业有乘数放大效应，在金融业体现尤其明显，能够加快人类对自然资源掠夺的速度和经济周转速度。

寄生方式按核心产业的数目不同可分为单中心寄生方式和多中心寄生方式。当只存在一家核心企业时，寄生企业围绕核心企业建立单中心寄生方式，如图 3 - 39 所示；当存在多家核心企业时建立多中心寄生方式，如图 3 - 40 所示。多中心寄生方式降低了园区中整个系统瘫痪的风险，园区的整体网络的稳定性和安全性得到了大大地提高。核心企业之间也会存在共生的关系，由于其合作企业较多，经营业务广泛，核心企业之间依赖性相对较弱，存在着相对的独立性。

寄生方式的特点是核心企业具有较强的依附性，主导着网络的运行，在谈判和治理的过程中占有绝对的主导地位。核心企业在网络中具有不可替代的作用，核心企业的经营环境发生变化，将直接影响寄生企业，最终影响网络的稳定性和安全性。

静脉产业

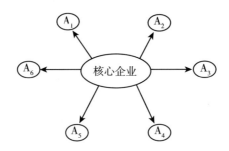

图 3-39 单中心寄生方式

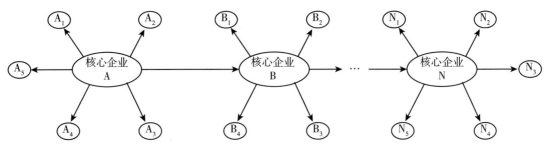

图 3-40 多中心寄生方式

（2）平等共生方式。

平等共生方式就是各企业的地位平等，不存在依附关系，通过节点之间的物质、能源、信息等的交换进行网络的自我调节，维持网络的正常运行。其结构如图 3-41 所示。在平等共生方式中企业在合作的谈判过程中地位相对平等，主要依靠市场的调节机制实现价值链的增值，当企业间合作不能为双方带来经济利益时，合作关系终止。参与的企业以中小型企业为主，组织结构相对灵活，在市场机制的调节下，以利益为导向，通过企业间和自组织推动系统的运作和管理。

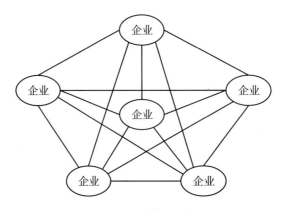

图 3-41 平等共生方式

平等共生方式最大的特点就是企业之间业务关系上的平等性，不存在依赖关系，在市场指导下企业采取灵活的合作方式，以寻求最大经济利益为目标，建立复杂的关系网络。通过这种方式系统能够迅速形成和发展，但是由于企业都是在利益的驱动下选择合作伙伴的，仅仅依靠市场的调节，网络的稳定性和安全性很难得到保证，还需要政府或园区管理者的参与，保证系统的稳定性和安全性。

（3）嵌套共生方式。

寄生方式和平等共生方式是两种极端的网络结构，前者对于核心企业过于依赖，具有非常强的专一性，后者结构过于松散，难以形成主体产业链。嵌套共生方式是介于两者之间的组织结构，集寄生方式和平等共生方式的优点于一体，是由多家核心企业及其寄生企业共同组成的。嵌套共生方式结构如图3-42所示。

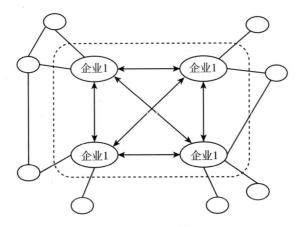

图3-42　嵌套共生方式结构

核心企业通过副产品、信息等资源流动组成主体网络，每个核心企业都有大量中小型企业寄生。寄生企业和核心企业形成子网络，寄生企业之间也存在业务的往来，核心企业之间的平等共生、寄生企业的寄生方式和各子网络之间的相互渗透共同组成了一个复杂的网络结构。嵌套共生方式中企业你中有我，我中有你的嵌套关系，增强了系统的稳定性、复杂性和安全性，既提高了企业之间合作的自由性，又增强了企业之间的依赖程度和凝聚力。企业之间存在多种资源的交流渠道，交流频率加快，物质流动速度快，网络的层层嵌套大大增强系统的稳定性。

（4）虚拟共生方式。

计算机技术、电子技术、通信技术和网络技术的发展为经济系统的发展提供了便利。企业所面临的环境也发生了变化，由静态、单一、稳定转向了动态、复杂、不可预测，固定建厂、生产、销售、管理等都受到了冲击，但是考虑到搬迁成本以及其他的因素，企业一般不会为了参与共生方式而迁址，逐渐产生了构建虚拟网络的需求。虚拟共生方式打破了传统的固定地理界线和具体的实物交流，借助先进信息技术手段，发挥信息流的作用，令市场需求变得多样化、柔性化，在整个区域中形成产业发展的梯次结构，充分发挥企业间协调运作、优势互补作用。

当企业分布的地理范围较广时，虚拟共生方式的作用尤其明显，实现远距离副产品的交换。这一网络结构不严格要求企业的成员位于同一地区，可借助于先进的信息技术，通过信息系统，先在计算机上实现物质和能源的交换，再在实践中加以实践。此方式省去建立复杂园区系统和工

静脉产业

厂迁址的巨大工程，具有较强的灵活性，但是需要发达的物流业作支持，运输成本增加。

此外，依据共生理论可对产业网络集成方式进行如下分类：

① 主导型网络集成。

主导型网络集成是煤炭行业最基本的一种链网模式。这种链网模式是以一家（如煤炭）或多家（如煤炭、洗选加工、发电、煤化工）为主导，多个小型共生单元围绕这些核心共生单元进行运作，从而形成共生链网。根据核心共生单元的数目不同，主导型网络集成可以分为单核心主导型网络集成（见图3-43）和多核心网络集成（见图3-44）。

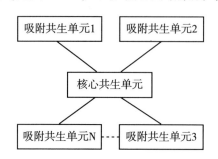

图3-43 单核心主导型发展模式示意图

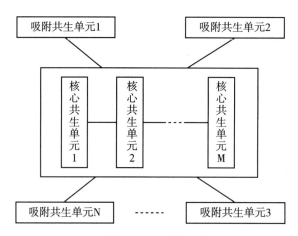

图3-44 多核心主导型发展模式示意图

单核心主导型共生链网中的核心共生单元对生产资源的需求量或为吸附企业提供副产品的供应量基本上是丰富而稳定的，具有规模优势。

多核心主导型工业共生链网中的各核心共生单元之间不一定存在非常强的依赖性，与那些依附于它们的吸附企业相比，各核心共生单元之间存在着相对的独立性。多核心主导型工业共生的出现提高了煤炭产业整体链网的稳定性。

② 平等型网络集成。

平等型网络集成是指共生单元之间通过开展多渠道、多层次的原料替代和资源交换，达成紧密合作关系，彼此获利，但可独立生存（见图3-45）。其最大特点就是共生单元之间在业务关系上的平等性。平等型工业共生单元对对方的依赖都不会太大，它们之间主要通过挖掘内部资源优势，广泛地与同行业企业、上下游相关产业建立互惠互利关系，不断延伸和拓展共生链条，以便扩展提高生态效益。

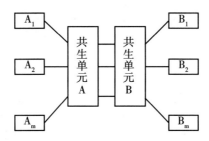

图 3 - 45　平等型发展模式示意图

③ 依附型网络集成。

依附型网络集成是由共生单元之间通过原材料、产品、副产品等的交流建立共生链网，如图 3 - 46 所示。共生单元之间资源相互利用和循环、能量梯级利用的比例占各自输入量相当大的比重。在煤炭产业循环经济发展的共生系统中，主要通过物质、能量利用建立起链网关系，形成了横向耦合、纵向闭合、区域整合效应，增强了共生单元之间相互依赖和相互凝聚的整体性，提高了共生链网的稳定性。

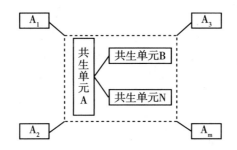

图 3 - 46　依附型发展模式单元示意图

④ 混合型集成。

在复杂大型生态系统中，共生单元间可以是主导与被主导的，可以是平等型或依附型关系，也可以是上述几种模式并存的混合型形式，也称多中心卫星型发展集成模式。随着共生内企业的兴衰发展，共生模式也可能会发生变化。

（三）产业集成模型

1. 神经元数学模型

循环经济的各产业之间存在错综复杂的关系，为了理顺产业之间的联系，引入人工神经网络结构，对产业进行分析。人工神经网络是模拟生物神经网络的信息处理机制，对输入的信息进行分布式和并行式处理建立的算法数学模型。

神经元中的最终输入值 v 经过神经元的映射函数 $f(\cdot)$ 产生神经元的输出值。神经元的输入加权强度和神经自身阈值决定神经元是否输出，如果神经元或得的输入信号强度超过了

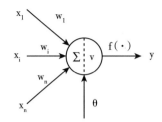

图 3-47 人工神经网络数学模型示意图

自身的阈值，神经元就处于激发态，产生输出值，否则处于抑制态。映射函数 f(·) 是一般的变化函数，线性函数、非线性斜坡函数、阶跃函数以及 S 型函数等。

2. 神经网络的结构

神经网络一般由 3 层或 3 层以上的多个神经元组成，神经元排列，同层的神经元之间也有信息交换。神经网络结构如图 3-48、图 3-49 所示。相互结合型网络中每个神经元都可能和网络中的另外一个神经元有联系。

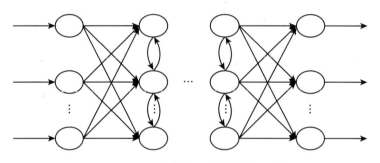

图 3-48 层内有相互结合的前向网络

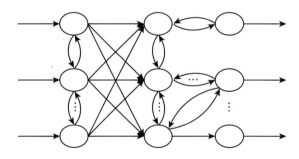

图 3-49 相互结合型神经网络

把产业系统中的产业比作网络中的神经元，把产业中物资的输入比作神经元中信息的输入，把物资在产业中通过生产运作输出产业比作信息在神经元中经过处理输出的神经元。初始信息的输入过程就是系统从自然界输入物质的过程，最终结果的输出就是系统中经济活动产生产品输出和废弃物排放的过程。

（四）产业链集成方法

产业链集成方法有三种：产业链纵向集成方法、产业横向方法和平台集成法的方法。这三种方法并不是单独作用的，而是相互协调的。

1. 产业链纵向集成方法

产业链纵向集成是指把产业链上各环节的企业划分到模块中，然后把模块按照产品生产的流动顺序进行集成，形成新的集成体。产品生产的顺序为矿产开采、产品设计和生产、销售。模块之间、模块和集成环境之间按照产品生产过程的顺次排列，物资、能量和信息在上游和下游环节之间传递。产业链纵向集成关系如图 3-50 所示。

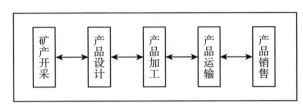

图 3-50 产业链纵向集成关系

产业链的纵向集成的理论基础是关键种理论。这一理论说明关键种对于维持生态系统群落的多样性和稳定性具有决定性的重要作用，循环经济园区中的关键种产业是生态产业链中使用和输入的物质最多、能量流量最大、对其他产业和行业有带动作用的核心产业。其对园区的发展和稳定起到决定性的作用。

2. 产业链横向集成方法

横向集成方法是把产业系统中企业间的集成关系按照类似于网络集线器的规则集成。产业系统中企业之间的协同和控制通过集成规则的设计者来实现，产业中占主导地位的企业和政府组织有集成规则的设计权。这一集成方式降低了产业中企业的协调难度，当系统发生变化时，只需要集成规则设计者做出创新，这是由于集成规则设计者是信息、数据和资源的交流中介，系统中的其他部分只需要调整战略适应新的集成规则，从而提高产业系统的创新能力。产业横向集成方法如图 3-51 所示。

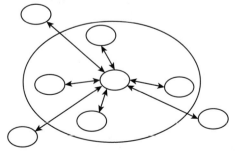

图 3-51 产业横向集成方法

3. 平台集成

平台集成是为集成单元提供支撑和运行的软环境和硬环境，是集成的运作载体，平台指支撑的物体，也可以将其理解为活动进行的基础。平台分为有形的实体平台（如支柱性产业平台、核心产品平台和核心技术平台等）和无形的隐形平台（如企业组织、技术标准、法律法规等），是一种综合性的集成方法。平台集成如图3-52所示。

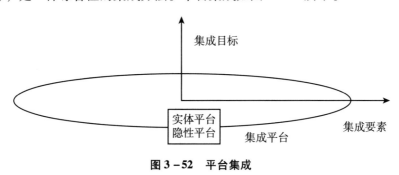

图3-52 平台集成

（五）循环经济下各产业集成模型

1. 动脉产业集成模型

动脉产业集成主要消耗直接从自然界获取的资源和人工产品，它是循环经济的基础，与动脉产业、静脉产业都存在物质的交流。动脉产业集成模型如图3-53所示。

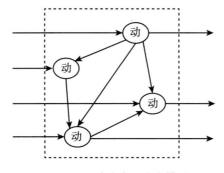

图3-53 动脉产业集成模型

动脉产业从自然界和社会中获取资源，箭头表示资源的流动，外界资源流入生产系统，任何两个动脉产业之间都可能有资源的流动，经过生产活动后产生的产品、副产品和废弃物流出动脉产业，流向下一个生产过程。

2. 静脉产业集成模型

静脉产业的资源主要是回收的废弃物和副产品，资源来源有动脉产业、静脉产业本身、环保产业、服务产业和生活、社会活动。静脉产业可以分为回收、处理、拆解、再生、再制造等环节，在静脉产业体系中这些不同的环节分别承担不同的职能，发挥不同的作用，它们互为基础、相互作用、相互制约、相互关联构成了完整的静脉产业体系。静脉产业集成模型如图 3 - 54 所示。

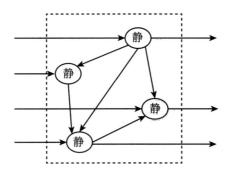

图 3 - 54　静脉产业集成模型

流经静脉产业的资源是废弃物及副产品，静脉产业主要的功能是实现废弃物的资源化。静脉产业流出的资源可能流向动脉产业、环保产业、服务产业，达标的废弃物排放到自然界。

3. 环保产业集成模型

环保产业中流入的资源来源较多，生产产生不能再次利用的废水、废弃、噪声和固体废弃物都要经过环保产业的处理，达标之后才能排放到自然界中，处理后可以再循环利用的资源则再次流向生产系统，可见环保产业在生产系统中的重要作用。环保产业集成模型如图 3 - 55 所示。

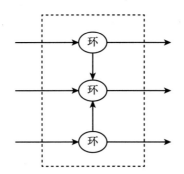

图 3 - 55　环保产业集成模型

五、系统集成

（一）系统集中在循环经济中的意义

所谓系统集成，就是通过结构化的综合布线系统和计算机网络技术，将各个分离的设备

静脉产业

（如个人电脑）、功能和信息等集成到相互关联的、统一和协调的系统之中，使资源达到充分共享，实现集中、高效、便利的管理。

系统集成在循环经济中的含义就是以最优化的综合统筹设计为出发点，以循环经济中的技术和集成技术为手段，按照循环经济集成原理，把各种产业按照一定的方式组合成一个系统集合体。系统集成涵盖了内部的资源集成以及相关产业的集成方式，通过系统集成实现了内部资源的替代、共享、层级以及循环利用，产业的协同发展，从而能够实现系统整体性能最优，取得最佳的综合效益。各个产业组建的子系统的集成如图 3 – 56 所示。

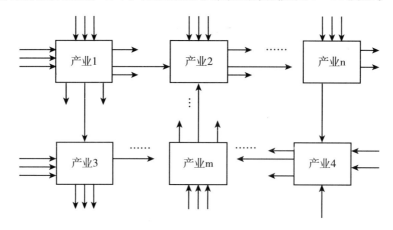

图 3 – 56　子系统的集成

由图 3 – 56 可知，系统内各个产业都有资源的流入、流出，并且产业之间也有资源的流动，一种产业的流出资源有时可以作为另一产业的流入资源，通过子系统集成分析能够掌握在一个子系统中需要组建哪些产业，构成这些产业的企业数量和规模以及投入产出的资源种类和数量为多少；通过子系统集成分析能够掌握在资源流动过程中会经过哪些产业，从而能够分析得出资源在这些产业之间的流动路径以及这些产业是否合理，哪些是必需的，哪些可以去掉，哪些还可以更优化，通过这些研究使产业组合达到最优，使各种资源得到最佳配置，从而以最小的投入来获取子系统的最大综合效益。

在子系统的基础上，我们可以把包括所有生产、生活的自然和社会看成一个大的系统，这个大的系统涵盖了生产者、消费者以及分解者。大的系统集成如图 3 – 57 所示。

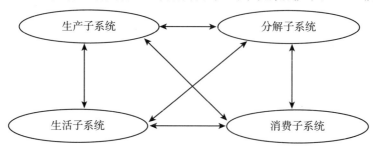

图 3 – 57　大系统集成

由图 3 – 57 可知，大的系统集成从宏观上反映了人与自然的关系，通过资源集成、产业集成、子系统集成的研究，建立集成基本体系，在这个系统内部实现了资源、产业、经济、社会以及自然的功能与作用的合理化，最终达到了人类、经济、社会与自然和谐发展的目的。

所谓静脉产业的资源集成就是为了使静脉型生产获得更好的有效性和效率，去掉多余的资源，将可用的资源信息汇聚起来，使各种资源紧密联系，相互适应，彼此促进与共同发展。对于静脉型生产企业来讲，首先就是资源的产出环节；其次，企业将各种产出资源进行集成，并依据各种资源的特点，对其进行加工或者处理，即资源处理环节；最后，正如生物链中存在的生产者、消费者以及分解者一样，资源经过产出与处理环节后，即为资源消费与资源分解环节。

（二）集成在静脉产业运行中的作用

集成是研究资源优化配置的基础，通过集成分析能够掌握在一个环节中需要投入哪些资源，需要组建哪些产业，构成这些产业的企业数量和规模为多少；通过集成分析能够掌握在资源流动过程中哪些资源在流入，哪些资源在流出以及流入、流出资源的数量；通过集成分析能够掌握在资源流动过程中会经过哪些产业。通过对这些问题的分析进一步研究这些资源、这些产业是否合理，哪些是必需的，哪些可以去掉，通过这些研究使资源或产业组合达到最优。因此，把集成的方法应用到静脉产业的发展中，对解决我国在静脉产业发展中遇到的问题，将起到显著的作用。

为了充分发挥集成在发展静脉产业运行中的作用，实现以最少的投入获得最大的经济和社会效益的目标，我们必须正确深刻地理解集成。

本 章 小 结

本章主要对静脉产业产生与发展的基本原理进行了简要介绍。通过对资源流动原理的分析，了解到静脉产业的发展要求与资源流动原理的一般规律是密切相关的；并以煤炭行业为例分析静脉型煤炭行业的资源流动分析过程。此外又相继介绍了静脉产业集成原理、替代原理与代谢原理。这些理论共同形成了对静脉产业发展的理论支持。

第四章 静脉产业体系

静脉产业本身包含的领域宽泛，构建静脉产业体系，更是集合各个参与主体的力量，形成"合力"，共同提升静脉产业的资源化处理水平。本章通过对静脉产业体系主体及主体行为的分析，找到静脉产业体系的构建依据，并分析了静脉产业体系的结构，最终将静脉产业体系的理论研究贯穿于实践，达到实际应用的目的。

第一节 静脉产业体系的主体行为分析

静脉产业是一项由政府、企业、社会公众、中介机构等多方参与的系统工程，涉及有关各方的关系。要实现静脉产业的发展目标，必须妥善处理各种复杂的关系，为此，需要对静脉产业体系运行主体及功能进行分析。

一、政府行为分析：以收费为例

政府为了让处理废弃物的企业和社会公众能按照政府的意图排放废弃物，减轻由于废弃物排放的负外部性所带来的消极后果，改善环境，政府会针对企业、社会公众等城市固体废弃物产生者进行适当的教育和政策引导，不仅有相关的立法规定，还会对排放者进行收费，通过这些手段的实施，有利于实现城市固体废弃物排放减量化的目标，并对改变废弃物的排放路径有直接的作用，从而影响到静脉产业的发展和社会福利。

（一）收费的积极后果

假定经济主体（以下简称排放者）在一定时期内产生的城市固体废弃物的排放有以下三种路径：将其中一部分排放到政府制定的回收系统，政府通过收取一定费用承担中间处理与最终处理，收费按废弃物的数量收取，单位费用率为 t；排放者将另一部分废弃物经分拣、分类、简单处理后，将其卖给废弃物处理企业、废弃物回收组织者或二手市场。以实现废弃物的循环利用，最后将剩余部分丢弃。在制度设计完善的状态下，废弃物的丢弃伴随着罚款，假设政府建立城市固体废弃物回收设施的成本为 C，处理城市固体废弃物的分拣、运输、处理、再销售的变动成本为 vQ，城市固体废弃物经处理后的产品量为 dQ（d 表示城市固体废弃物的资源化率），资源化产品的价格是一个反线性需求函数 $p = a - bQ$，其中 a，b>0，因此政府处理城市固体废弃物的利润用函数表示为：

$$R = dQ(a - bQ) + tQ - vQ - C \qquad (4-1)$$

通过求解最大化问题，最终可得：

$$Q = \frac{ad + t - v}{2bd} \qquad (4-2)$$

若政府不对城市固体废弃物的排放收费，也不对丢弃行为罚款，则单位费用率 $t = 0$，依旧沿用式（4-2）求利润，此时，经最大化后 $Q = \frac{ad - v}{2bd}$。

比较前后两个 Q，很明显可以看出前者大于后者，也就是说政府对废弃物的处理采用收费与罚款的方式，其处理量要大于不收费、不罚款的处理方式。可见政府通过采取收费、罚款等方式，能提升城市固体废弃物处理水平。

对排放者而言，将城市固体废弃物排放到政府指定的回收系统需缴纳相关费用，而任意丢弃则会被罚款，基于理性原则，大部分排放者都会选择尽量将废弃物进行分拣、处理，卖给企业、回收组织或二手市场。选择这种排放方式，对企业而言能减少成本支出，增加收入；对静脉产业而言能提高静脉产业中整个产业链运行的效率和效益，促进静脉产业的发展。

（二）收费的消极后果

政府对废弃物的处理收费虽然能增加政府财政收入，提高其处理城市固体废弃物的能力，迫使排放者为减少缴费而尽可能将废弃物出售或再使用。但从另一角度看，政府收费增加了企业的生产成本，企业为获得更大利润会将这部分费用通过提价的方式转嫁给消费者。

为了更方便分析此问题，首先作如下假定：

（1）企业的成本函数为 $C = a + bQ$；

（2）产品价格和产量之间的线性关系为 $p = m - nQ$；

（3）产品产量与废弃物的排放量之间的函数关系为 $Q_废 = x + yQ$。

政府收费的单位费用率为 t，分别对政府收费前后的均衡价格和数量进行讨论：

收费前企业的利润为：

$$R = pQ - cQ = (m - a)Q - (n + b)Q^2 \qquad (4-3)$$

一阶条件是 $\frac{\partial R}{\partial Q} = 0$，可得出 $Q = \frac{m - a}{2(b + n)}$，$p = \frac{an + mn + 2bm}{2(b + n)}$。

收费后企业的利润为：

$$R = pQ - cQ - tQ_废 = (m - a - ty)Q - (n + b)Q^2 - tx \qquad (4-4)$$

同样能得出 $Q = \frac{m - a - ty}{2(b + n)}$，$p = \frac{an + mn + 2bm + tyn}{2(b + n)}$。

将收费前后的产量和价格分别作一比较，可以看出收费后的产量降低了 $\frac{ty}{2(b + n)}$，而价格提高了$\dfrac{tyn}{2(b+n)}$，提高的这部分价格正是企业将政府收费转嫁给消费者的那部分，企业实际承担的部分为$t-\dfrac{tyn}{2(b+n)}$。均衡产量的下降和价格的上升是社会福利恶化的表现，由此可见政府收费也存在一定的消极影响。

　　尽管对城市固体废弃物的排放者实施收费管理存在双重后果，但在实践中，收费的方式仍被广泛使用。在城市固体废弃物处理产业发展早期，为了唤起并强化人们的环保意识，采用的是固定收费制；随着产业的发展和人们环保意识的提高，收费方式逐渐由固定收费转变为按单位排放量变动收费，此方式在实践中有一定的操作难度，但仍成为主流发展方向。

二、企业行为分析：用产生的再生资源取代原生资源

（一）再生资源对原生资源取代的过程和边界

　　众所周知，古诺模型为产业组织理论的研究作了先驱性的贡献，但它是在静态博弈状态下产生的，仅以产量为内生变量，因此受到诸多质疑，尤以伯川德提出的"伯川德悖论"最为著名。此命题指出：存在两个企业生产完全替代品，消费者会选择价格较低的企业的产品；如果它们生产的产品价格相等，则两个企业能均分市场需求，由于价格低的企业会占有整个市场，而价格高的会失去整个市场，因此两个企业会为了扩大其市场份额，拉开"价格战"，最终的结果是将价格降到和边际成本、平均成本相等。这种结果和完全竞争市场结构的均衡结果相同，但与完全竞争市场中厂商的数量要求相违背，因此被称为伯川德悖论。以"伯川德悖论"为基础描述再生资源取代原生资源的过程和结果，首先作出以下假定：

　　假定一：经济系统中存在两类企业，提供再生资源的企业和提供原生资源的企业。它们都能提供给生产企业使用的原材料，并且提供的资源在质量上不存在差异，或者虽有一定差异，但消费者对其不易察觉，并不影响产品的性能等主要参数。

　　假定二：两类企业之间不存在勾结行为，两者提供给生产企业的原材料不受人为限制，且有相等的市场交易成本。

　　基于上述假定，生产企业是购买再生资源还是购买原生资源作为其生产的原材料，取决于再生资源和原生资源的价格。假设生产企业的边际成本为mc_1，边际收益为mr_1；提供再生资源的静脉企业的定价为P_2，边际成本为mc_2，产量为Q_2；提供原生资源的企业的定价为P_3，边际成本为mc_3，产量为Q_3。

　　情况一：再生资源和原生资源在质量上存在差异。

　　当静脉企业提供的再生资源和原生资源供给型企业提供的原生资源在质量上存在差异，这些差异能从产品的性能、寿命等主要参数上影响产品的销售量，此时生产企业按利益最大化原则从这两种资源中择其一作为生产原材料：

　　当$P_2 > P_3$，且$mc_1 = mr_1$时，生产企业会从原生资源供给型企业购买原生资源作为原材料，否则，生产企业会从静脉企业购买再生资源作为生产原材料。

　　情况二：再生资源和原生资源在质量上不存在差异。

当 $P_2 > P_3$ 时，生产企业从原生资源供给型企业购买原材料；

当 $P_2 < P_3$ 时，生产企业从静脉企业内购买原材料；

当 $P_2 = P_3 = mc_2 = mc_3$ 时，两类提供原材料的企业将均享市场需求。

由此可见，定价高的企业会失去整个市场，反之则会占据整个市场，最终会使企业的价格与其边际成本相等。在第一种状态下，静脉企业产生的再生资源对产业结构系统没有实质性的影响，无法实现再生资源对原生资源的替代，在第二种状态下，再生资源能完全替代原生资源，在第三种状态下，再生资源部分替代了原生资源。

因此，静脉产业产生的再生资源能否取代及在多大程度上取代原生资源，取决于生产企业利用哪类资源能获得更高的利润：当两类资源带给生产企业的利润相同时，就开始出现再生资源和原生资源之间的替代；当静脉企业再生资源的定价更低时，生产企业可以从中获得更高利润，此时能实现再生资源对原生资源的完全替代；当静脉企业再生资源的定价更高时，生产企业无法从中获得相对较高的利润，此时再生资源对生产企业丧失了吸引力，再生资源对原生资源的取代也因此终止。

（二）再生资源取代原生资源的实现

发展静脉产业，实现再生资源的高度利用是人类社会发展的必然选择，但静脉产业的再生资源并不能无条件取代原生资源，而需要考虑成本。在不影响产品主要性能参数的前提下，当生产企业使用再生资源比使用原生资源更具有成本优势时，才能实现再生资源对原生资源的取代。因此，降低静脉企业的成本，对促进再生资源取代原生资源有很大的作用。下面主要从静脉企业价值活动链的顺序分析静脉企业的成本结构，如表 4-1 所示。

表 4-1　　　　　　　　　　　静脉企业的成本结构

静脉企业成本		
废弃物获得成本	废弃物资源化处理成本	再生资源市场化实现成本
回收成本 运输成本 分拣成本 …	固定成本（设备、厂房等） 员工工资、管理成本等 废弃物二次排放的相关费用支出 …	物流成本 交易成本 …

静脉企业从废弃物产生者手中获取废弃物，通过自身提供的运输工具将废弃物运送到企业，随后对废弃物进行分拣，实现静脉企业原材料的购进。购进环节需支付的各种费用总和形成废弃物获得成本；静脉企业购入原材料后就要组织生产，处理废弃物将其资源化，在此过程中，会涉及企业的固定成本、变动成本，将无法资源化的废弃物排放即"二次排放"也需额外缴费，这些成本之和构成废弃物资源化的处理成本；废弃物经资源化形成产品即再生资源，将再生资源市场化需付出交易成本、物流成本等，这些便是再生资源市场化的实现成本。

降低静脉企业的成本就要从静脉企业的成本结构入手。首先要降低静脉企业的废弃物获得成本，由于我国很多地区的城市固体废弃物不加分类直接回收，这种方式增加了静脉企业的分拣成本和处理费用，因此，要降低废弃物获得成本，首先，做好城市固体废弃物的分类回收，减低静脉企业的运行成本；其次，对静脉企业进行补贴，城市固体废弃物的处理需要大型机器设备等，固定成本高，需要政府给予一定的补贴以减轻静脉企业自身的负担；最后，降低静脉企业再生资源市场化的实现成本。政府应科学规划，积极引导，鼓励生产企业和个人使用再生资源，降低静脉企业的营销成本、物流成本和市场交易成本。

当然，仅靠低成本的优势，再生资源对原生资源的替代难以长期维持，对静脉企业而言，还要提高再生资源的质量，生产出与原生资源供给型企业相近的产品质量。只有再生资源的质量能达到甚至优于原生资源，才能被生产企业使用，实现再生资源对原生资源的取代。

第二节　静脉产业各主体利益博弈分析

在静脉产业的实践过程中，基于各主体不同的利益要求，各主体追求自身利益最大化的理性行为将导致静脉产业发展过程中一些矛盾和问题的出现，如政府与企业之间的"捉迷藏"，企业与企业间的"讨价还价"，企业与公众间的"企业强势，公众靠边站"等问题已对静脉产业的发展产生不利的影响。但从长远来看，它们的根本利益是一致的，即：设法克服资源环境约束，实现自身的持续、健康发展。基于以上的原因，本部分运用博弈理论对静脉产业各主体间利益进行分析，为静脉产业运行机制研究提供一定的理论基础。

一、政府—企业间利益博弈

在静脉产业发展中，单靠市场机制的调节不可能使企业、消费者之间的利益均衡得到解决。也就是说，对企业而言，发展静脉产业具有明显的外部经济效应。而保护环境、促进社会和谐发展是政府的重要职责。因此，政府的干预则成为发展静脉产业的重要保障。政府的积极作为或不作为，其监管执行的有效性是至关重要的。如果政府积极作为，如积极对静脉产业进行资金投入与各方面的政策支持，静脉产业则会有所发展，经济环境效益也会得到很好的保障；如果政府对静脉产业监督不力，或者不管不问，则在带来经济环境效益损失的同时引起一定的社会负面影响。

对企业而言，为了发展静脉产业，实现静脉资源的综合利用，获得一定利益，需要对静脉产业进行一定的投入。如果投入成本过高，获利很低，甚至无利可图，那么企业一般不会积极发展静脉产业。反之，若获利空间较理想，企业则可能会积极投入。

通过以上分析，在静脉产业发展中，政府、企业分别面临两种策略。政府策略为（作为，不作为），企业策略为（行为，不行为），两者组成的策略矩阵如图 4-1 所示。

假设一：

（1）在策略组合（A_1，B_1）下，E_{g1} 表示政府此时获得的总收益（这里政府总收益包括

	企业	
政府	(A_1, B_1)	(A_1, B_2)
	(A_2, B_1)	(A_2, B_2)

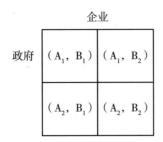

其中，A_1代表政府作为；A_2代表政府不作为；
B_1代表企业行为；B_2表示企业不行为。

图 4－1　政府与企业策略矩阵图

经济收益和环境、社会收益，以下相同）；O_g表示政府支持静脉产业发展的总支出；R 表示企业积极从事静脉产业获得的总收益（政府支持除外，以下相同）；C 表示企业从事静脉产业的总投入成本；I_g表示政府给予的资金等方面的支持收益。而政府的支付函数 $= E_{g1} - O_g$；企业的支付函数 $= R - C + I_g$。

（2）在策略组合（A_1，B_2）下，E_{g2}表示政府此时获得的总收益（不包括处罚收入）；G_f为政府对企业违反相关法律法规的处罚收入；O_{eg}表示政府直接从事环境治理、改善方面的支出。而政府的支付函数 $= E_{g2} - O_{eg} + G_f$；企业的支付函数 $= -G_f$。

（3）在策略组合（A_2，B_1）下，E_{g3}表示政府此时获得的总收益。R’表示企业积极从事静脉产业获得的总收益，C’表示企业从事静脉产业的总投入成本，企业的支付函数 $= R' - C'$。

（4）在策略组合（A_2，B_2）下，E_{g4}表示政府此时获得的总收益。则政府的支付函数 $= E_{g4} - O_{eg}$；企业的支付函数 $=0$。

若以上行动策略和收益函数均为共同知识，则政府与企业之间的博弈是完全信息静态博弈。两者组成的支付矩阵如图 4－2 所示。

	企业	
政府	$(E_{g1}-O_g, R-C+I_g)$	$(E_{g2}-O_{eg}+G_f, -G_f)$
	$(E_{g3}, R'-C')$	$(E_{g4}-O_{eg}, 0)$

图 4－2　政府与企业博弈支付矩阵图

假设二：

$E_{g1} - O_g > E_{g2} - O_{eg} + G_f$；$E_{g1} - O_g > E_{g3}$；$E_{g1} - O_g > E_{g4} - O_{eg}$；$R - C + Ig > R' - C'$；$R - C + I_g > 0$。

根据模型的假设，政府积极作为和企业积极行为是静脉产业发展中双方利益实现的最优纳什均衡策略，支付函数表示为（$E_{g1} - O_g$，$R - C + I_g$）。

静脉产业

以上是在相关假设下出现的企业—政府间的唯一纳什均衡。但在现实生活中,作为参与经济主体,尤其是企业,受自利动机的驱使,在实现其利益最大化的目标过程中,经常会出现个体理性与集体理性矛盾的纳什均衡(非最优纳什均衡)。

假设在政府—企业博弈中,其行动有先有后,政府积极从事静脉产业行为在先,企业是否从事静脉产业活动在后。因此,我们可以用完全信息动态博弈来论述两者之间的利益博弈问题,用逆向归纳来求得非最优的纳什均衡。博弈树如图4-3所示。

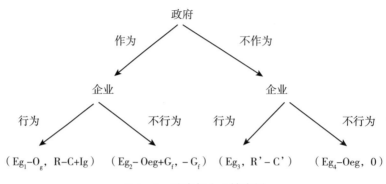

图 4-3 政府与企业博弈树

如假设 $Eg_1 - Og > Eg_3$;$Eg_1 - Og > Eg_4 - Oeg$;$Eg_2 - Oeg + G_f > Eg_3$;$Eg_2 - Oeg + G_f > Eg_4 - Oeg$;$R - C + Ig < -G_f$。

政府若选择作为,则企业行为的收益是 $R - C + Ig$,不行为的收益是 $-G_f$,企业会选择不作为,则政府的最终收益是 $Eg_2 - Oeg + G_f$;在政府不作为的情况下,企业的收益为$R' - C'$或0,企业会选择不行为。而 $Eg_2 - Oeg + G_f > Eg_4 - Oeg$,政府会选择作为。最终子博弈纳什均衡为政府单独从事静脉产业,而企业任其受罚,也不积极参与静脉产业,各自的收益为 $Eg_2 - Oeg + G_f$,$-G_f$。这也就是目前国家一直号召节约资源,保护环境,而现实中企业却频频出现污染环境的恶性事件发生的原因之一。同时,若再次假设 $Eg_1 - Og + R - C + Ig > Eg_2 - Oeg$,可得知政府单独从事静脉产业,而企业不积极行为并不能达到整个社会效益的最优。从长远来看,这不是静脉产业的发展趋势和方向。只靠国家单独力量来治理保护环境,最终不是长远之计。唯有企业也积极参与静脉产业活动中,才会出现双赢甚至多赢的局面。也就是说,政府—企业之间的利益博弈应寻求子博弈精炼纳什均衡政府作为和企业积极行为。相应的,改变问题的关键是改变企业的支付函数,也就是说政府应该加强对静脉产业积极行为的支持力度,或者加大对消极行为的惩罚力度,建立可置信的行动(分为可置信激励和可置信威胁),使其选择不行为的收益小于行为的收益。即 $R - C + Ig > -G_f$。当然,政府积极发布了相关从事静脉产业的鼓励与惩罚政策,采取的措施较多,但若执行力度不够,或者说检查力度不够,也会导致非最优的博弈策略现象。这里我们可以对政府—企业之间的博弈进一步从政府查与不查,查获成功与否的角度来进行分析。

假设如下:

(1)在政府预先颁布相关的激励与惩罚政策前提下,企业先来决定是否从事静脉产业,政府对此进行查与不查。

（2）企业积极行为的概率为 $1-P$，不积极行为的概率为 P，政府进行检查的概率为 q，不检查的概率为 $1-q$，且查获成功的概率为 r，未查获的概率为 $1-r$。

（3）政府从事检查的成本为 C；企业为逃避检查而付出的设计等成本为 C'，一旦被政府查获，企业将受到 f 的处罚。企业若积极从事静脉产业将受到政府的支持 I。

（4）在企业发展静脉产业的前提下，政府的总收益为 E_1，企业的净收益为 R。在企业不发展静脉产业的前提下，政府的总收益为 E_2，企业的收益为 0。

基于以上假设，形成的博弈树如图 4-4 所示。

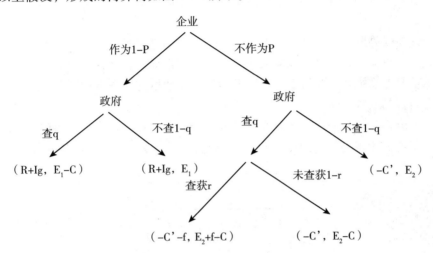

图 4-4　可置信威胁下的博弈树

可得企业的期望收益函数为：

$$U = (1-P)\left[q(R+Ig)+(1-q)(R+Ig)\right]+P\{q[-r(C'+f)-(1-r)C']-(1-q)C'\}$$

$$(4-5)$$

求企业的期望收益最大，即对式（4-5）中 P 求导，并令其等于 0 得：

$$q = (R+C'+I)/(-fr) \qquad (4-6)$$

由此可得，若 $R+C'+I>0$，即政府支持政策足够优惠下，若政府的惩罚力度越大且查获成功的概率越大，政府越倾向于检查。此时，企业在比较得失后，会不得不从事静脉产业。

同理可得政府的期望收益：

$$M = (1-P)\left[q(E_1-C)+(1-q)E_1\right]+p\{q[r(E_2+f-C)+(1-r)(E_2-C)]+(1-q)E_2\}$$

$$(4-7)$$

求政府的期望收益最大，即对式（4-7）中 q 求导，并令其等于 0，得：

$$P = C/rf \qquad (4-8)$$

由此可得：

$$1 - P = 1 - (C/rf) \qquad\qquad (4-9)$$

可以看出，政府的惩罚力度越大，检查成功的概率越大，即政府的惩罚力度越大，企业越倾向于从事静脉产业的活动。

由此可知，在静脉产业实践中，政府采取适当的可置信行动，即适当的激励与惩罚政策、措施，会使政府、企业在利益共同实现前提下，促进静脉产业的发展。

二、政府倡导下社会公众与企业之间的利益博弈

社会公众也是静脉产业不断发展的重要参与者。国外研究表明，环境的好坏与民众的参与程度成正比，可见，在静脉产业发展中，在政府的倡导下，社会公众的环保意识，维护自身权益意识会日益增强。社会公众通过有效地监督企业行为，在维护了自身权益同时，有助于静脉产业目标的实现。

基于以上分析，社会公众和企业在从事静脉产业的过程中，均存在两种策略。社会公众的策略为（参与，不参与），企业的策略为（行为，不行为）。则两者的策略矩阵如图 4-5 所示。

企业

(A_1, B_1)	(A_1, B_2)
(A_2, B_1)	(A_2, B_2)

社会公众

其中，A_1 代表社会公众参与；A_2 代表社会公众不参与；
B_1 代表企业行为；B_2 表示企业不行为。

图 4-5　社会公众与企业博弈策略矩阵图

假设一：

R 为企业从事静脉产业的总收益；C 为企业从事静脉产业的投入成本；F_g 为企业违反政府相关法律法规而收到的惩罚；F_p 为企业没有从事静脉产业活动而导致环境污染，对相关受害公众的赔偿费用；P 为社会公众积极参与静脉产业付出的成本代价；对应获得的环境及社会效益为 M。

基于以上假设，企业从事静脉产业活动所带来的支付函数为 R - C；企业不从事静脉产业活动所带来的支付函数为 $-F_g - F_p$。当社会公众积极参与静脉产业活动时，若企业从事静脉产业活动，此时社会公众的支付函数为 M - P；若企业不从事静脉产业活动，此时社会公众的积极行为会产生沉淀成本 -P；当社会公众不参与静脉产业活动时，若企业从事静脉产业活动，此时社会公众的支付函数假设为 0；若企业不从事静脉产业活动，此时社会公众的支付函数为 -M。从而得到社会公众与企业利益博弈支付矩阵如图 4-6 所示。

假设二：

M - P > 0；M - P > -M；R - C > $-F_g - F_p$。

企业

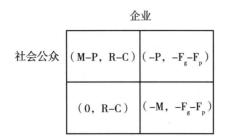

图 4 - 6　公众与企业博弈支付矩阵图

基于假设一、假设二，可得到社会公众和企业利益博弈最优纳什均衡结果为（A_1，B_1），即（参与，行为），支付函数为（$M - P$，$R - C$）。也就是说，社会公众和企业共同参与，在各自实现自身利益最优的情况下，有利于静脉产业的发展。而政府惩罚力度越大，企业的损失赔偿越多，越会促使企业从事静脉产业活动。

三、政府倡导下的企业与金融中介服务机构利益博弈

约束静脉产业发展的重要因素之一是：资金短缺。金融机构是社会资金融通的重要纽带。在发展静脉产业实践中，若金融机构在政府相关政策的支持下，给予静脉产业企业资金融通，对企业使用资金情况进行有效的风险控制，则会在获得利益的同时，推动静脉产业的发展。反之，企业可能没有足够的资金从事静脉产业的发展，从而带来一定的负面影响。因此，在静脉产业的发展中，金融中介服务机构和企业也同样面临着两种策略选择。金融中介服务机构的策略组合为（贷，不贷），企业的策略组合（行为，不行为）。两者组成的策略矩阵如图 4 - 7 所示。

企业

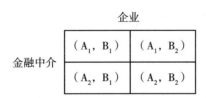

其中，A_1 代表金融中介机构积极提供贷款；A_2 代表金融机构不积极提供贷款；
B_1 代表企业行为；B_2 表示企业不行为。

图 4 - 7　金融中介与企业博弈策略矩阵图

假设一：

（1）在策略（A_1，B_1）中，金融中介机构在顺应国家发展静脉产业的政策下，积极给予企业贷款，帮助企业从事静脉产业，通过有效的风险控制带来的收益为 M，同时，国家可能给予金融机构一定的政策优惠，带来的收益为 N。而企业通过金融中介机构贷款，积极从事静脉产业活动而获得的收益为 R，投入静脉产业活动的成本为 C，政府给予企业从事静脉产业活动方面的政策支持带来的收益为 T。此时，金融中介机构的支付函数为 M + N；企业

的支付函数为 R – C + T。

（2）在策略（A_1，B_2）中，金融机构给予企业贷款，但企业并没有从事静脉产业活动，此时金融机构通过有效的风险控制，带来的收益为 M'。若企业不从事静脉产业活动而将贷款用于其他方面获得收益为 R'，相应的投入成本为 C'。违反相关政策而得到的处罚为 F。此时，金融机构的支付函数为 M'，企业的支付函数为 R' – C' – F。

（3）在策略（A_2，B_1）中，若金融机构不给予静脉产业企业贷款，从事其他盈利途径，假设获得的支付函数为 W，企业的支付函数为 R – C + T。

（4）在策略（A_2，B_2）中，金融机构的支付函数为 W，企业的支付函数为 R' – C' – F。

基于以上假设，可以得到金融中介机构和企业的支付函数矩阵如图4 – 8 所示。

企业

（M+N，R–C+T）	（M'，R'–C'–F）
（W，R–C+T）	（W，R'–C'–F）

金融中介

图4 – 8　金融中介与企业博弈支付矩阵图

假设二：

M + N > M'；M + N > W；R – C + T > R' – C' – F。

基于假设 、假设二，可得到金融中介机构与企业最优利益均衡策略为（Λ_1，B_1），即（贷，行为），此时的支付函数组合为（M + N，R – C + T）。也就是说，当双方同时积极参与静脉产业的发展时，可能达到双方的利益最优。而根据假设也可以看出，政府对金融机构的政策等方面的优惠及对企业违背相关政策的处罚是双方达到均衡的重要条件。

四、企业与企业之间的利益博弈

基于以上各利益主体的博弈分析，我们也可以看出，不管是政府、社会公众，还是金融中介服务机构，它们与企业之间的利益博弈实现均衡的重要条件是企业从事静脉产业活动的净收益要满足一定的条件，即收益大于成本。现运用成本收益法分析如下。

静脉资源的价格主要取决于副产品、废旧资源的替代程度、处理成本和交易成本。（1）处理成本是指再生资源重新进入经济系统所需的必要投入，用 $C_{处理}$ 来表示。（2）交易成本是资源交易价值的重要因素之一，用 $C_{交易}$ 来表示，其中信息成本、谈判成本、执行成本、风险成本等都是我们在进行资源交易时需要考虑的交易成本。分别用 $C_{信息}$、$C_{谈判}$、$C_{执行}$、$C_{风险}$、$C_{其他}$ 来表示各自的对应成本。静脉资源生产的总成本用 TC 来表示，则 TC = $C_{处理}$ + $C_{交易}$ + $C_{其他}$ = $C_{处理}$ + $C_{信息}$ + $C_{谈判}$ + $C_{执行}$ + $C_{风险}$ + $C_{其他}$。

企业参与静脉产业同样是以获取一定收益为目的的。在静脉产业模式下，企业进行资源交易所获得收益用 I 表示，主要包括：静脉资源出售价格 P；政府补偿 I_G，如政府给予的税收减免等优惠；节约的排污费用和污染治理费相当于一种收益 I_s；其他收益 I_0，如静脉资源替代传统资源后所节省的资源开采（利用）费用、减少的污染等。后三种收益是相对而言的，可能并不是直接的经济收入，我们可以用 I' 来表示这部分间接收益，则总收益 $I = P + I_G + I_S + I_0 = P + I'$。

　　企业参与交易，必然要付出一定成本，获取一定收益，但是只有当成本收益达到一种合适的状态时，企业间的交易才会真正实现。将企业利润用 R 来表示，则 $R = I - TC = (P + I') - TC$，由于企业都是追求利润的，则交易行为中 $R > 0$，即 $P > TC - I'$，若通过双方讨价还价，最终确定的价格满足 $P > TC - I'$，则双方一般是可以达成协议的，这样均实现了各自的利益。从中还可以看出，通过市场的调节形成的合理交易价格是企业从事静脉产业活动的基本保证。

　　通过以上四方面的利益博弈分析可知静脉产业的发展离不开政府、企业、社会公众及金融等服务机构的共同努力。它们彼此间的地位和作用是不能相互替代的，必须妥善处理好它们之间的利益关系，以合力来促进静脉产业的发展。这就需要在政府的倡导下，以企业为主，以市场为基础，充分发挥社会公众的监督作用，提高金融服务机构支持企业发展静脉产业的积极性，来推动静脉产业顺利运行。

第三节　静脉产业的组成与功能

　　静脉产业能够分为回收、分类处理与拆解、再生与再制造等多个环节，在静脉产业体系中这些不同的环节分别承担不同的职能，发挥不同的作用，它们互为基础、相互作用、相互制约、相互关联，构成完成的静脉产业体系。具体分析将在后面章节详细展开。

　　在循环经济产业体系中，静脉产业的主要功能是对已经失去直接使用价值的资源通过回收、拆解、再制造、再生等过程，使部分资源得到直接利用，部分资源再制造后恢复功能得到利用，部分资源再生后产生新的用途，作为新型资源得到利用，静脉产业扩大了资源来源的范围，提高资源再利用、循环利用率，为克服资源不足问题开辟了新的渠道，能够缓解资源供求之间的矛盾。静脉产业作用与功能主要包括以下几个方面：

　　（1）回收聚集功能。就是通过静脉产业将分散在企业、事业单位、政府机关、居民户手中的由于规模小无法集中处理利用的资源集中起来，配送给相关产业集中处理利用。

　　（2）配置功能。就是将资源经过分类后，按其用途和属性分送给不同的产业。

　　（3）再制造功能。就是通过再制造使丧失原来功能的资源恢复原来功能，再次被利用。

　　（4）再生功能。就是通过物理、化学、生物等处理过程使资源产生新的用途，实现资源的再利用。

　　发展静脉产业单纯靠市场的作用是不行的，需要政府给予适当的政策支持，引导企业和社会形成支持静脉产业发展的良好氛围。如图 4 - 9 所示，应从法律法规、政策、制度、市场、技术、教育、社会等方面拟建立多因素保障体系，以确保静脉产业的顺利发展。

　　（1）正确的分类收集废物。由于静脉产业的"生产原料"——废物成分和性质比较复

静脉产业

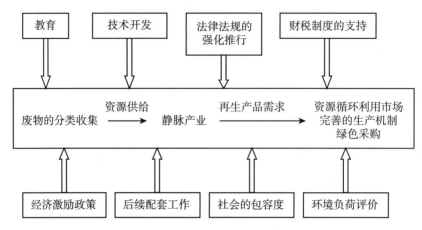

图 4-9　静脉产业系统组织结构

杂，因此混合处理基本不可实现。严格按排放废物种类，建立有效的分类收集系统，不仅能提高再生资源的品位，而且可以将部分零部件分拣后直接利用，避免资源浪费。开展产品生命周期评价、废物市场价值研究、废物成本研究等有利于建立正确的废物分类收集系统。因此，正确的分类收集废物是建立静脉产业的首要条件。

（2）完善市场机制。过去资源再生产业一直被看作政府投资的"公益事业"，没有引导其向着产业化、市场化、企业化的方向发展，从而抑制了产业发展速度。按照经济发展规律和市场运行模式，以政府绿色采购为先导，培育公众绿色消费意识，促进再生产品的销售和静脉产业市场的发展。静脉产业类企业，特别是中小型企业，应定期开展对市场需求以及再生产销售渠道的研究。完善的市场机制是建立静脉产业的必要条件。

（3）强化法律法规。在静脉产业的发展过程中，不同的参与者围绕着废物将发生一系列经济关系和社会责任义务关系，因此静脉产业的发展不仅适用市场经济的所有法律法规，还需要制定符合环境要求的新法规和新标准，使静脉产业的发展走上规范化和法制化建设的轨道。可以说，建立并完善法律法规体系是发展静脉产业的必要保障。

（4）建立政策机制。建立促进静脉产业发展的政策机制，制定税收减免、财政补贴、优惠利率贷款、技术研发专项经费等优惠政策，加大对静脉产业的支持。对重大"3R"技术项目，政府应给予直接投资或资金补助、贷款贴息等支持，以充分发挥政府的政策引导作用。调整并完善资源综合利用的财税优惠政策，以激励静脉产业的发展。

（5）开展技术研发。引进高新技术与自主创新相结合，自主研发废物分类回收和综合利用的新技术，废物减量化技术、废物的安全处置技术等，提高产品的科技含量和附加值。要重视并加大对静脉产业的扶持力度，引导企业、高校和科研部门开展废物循环利用新技术的研发。对具有推广应用前景的技术加大专项经费的支持力度。

（6）后续配套工作。按照市场经济规律，运用多种手段，从用地、用水、用电、道路等多方面对从事静脉产业的生产、流通企业给予支持，发展静脉物流业，鼓励更多的企业参与静脉产业建设。

（7）环境负荷评价。开展以 LCA 为基础的环境负荷评价，以清单分析所得的环境负荷数据明细表基础，从总体上分析和评价对环境造成的影响。开展产品生态设计，发展静脉产业，采用适当的方法对报废产品进行循环利用，可以将产品的环境影响降至最小。

（8）加强教育和培训。全社会各界的理解对静脉产业的健康发展是十分重要的，如果没有公众的配合，静脉产业的发展将举步维艰。运用各种手段和舆论传媒加强对静脉产业的宣传，开展对废物资源化知识的培训，提高全社会对正确处理处置废物及发展静脉产业的认识，形成绿色消费氛围，提高全社会参与静脉产业建设的积极性和主动性，增强社会的包容度。

第四节　静脉产业体系结构

一、静脉产业体系组成

静脉产业能够分为回收、分类处理与拆解、再生与再制造等多个产业环节，在静脉产业体系中这些不同的产业环节分别承担不同的职能，发挥不同的作用，它们之间互为基础、相互作用、相互制约、相互关联构成完成的静脉产业体系，具体细分如下：

（一）静脉产业体系的基本内容

1. 资源回收产业

资源回收产业就是将生产、生活、社会活动中报废与淘汰的资源收集起来，经过相关产业的加工处理达到再利用标准。

资源回收产业主要为三个领域服务：一是企业生产领域，就是将生产过程中产生的废弃物、副产品、闲置、报废、淘汰的资源回收起来，经过处理后供相关产业利用；二是居民生活领域，就是将生活中闲置、报废、淘汰的资源回收起来，进行处理后供相关产业使用；三是公共社会活动领域，就是从政府、公共事业等单位或部门回收废旧资源，经过处理后供相关部门利用，如军队、监狱、警察、政府及事业部门、社会团体与组织等部分报废与闲置的资源，具体有报废的枪支武器、交通工具、办公设施设备、报纸、书刊及一些特殊的用品等。

2. 拆解与分类处理产业

拆解与分类处理产业可分为拆解与分类处理两个阶段，这两个过程相互包含。

拆解阶段主要功能是将回收来的废旧资源初步拆解为可以直接再利用的资源和需要经过加工再制造才能再利用的资源。

通常拆解阶段包括对电子设备、家用电器、机械设备设施、废旧物料、运输工具、农用工具等资源的拆解。拆解过程主要依据回收资源的属性来设计，资源属性不同，拆解产业设置就不同。废旧资源能否再次得到利用以及再次利用率的高低取决于拆解阶段的设计水平与设备水平。

静脉产业

分类处理阶段主要体现在两方面：一是将回收来的资源进行分类，然后供拆解阶段、再生与再制造、再利用等利用；二是将拆解阶段拆解后的资源进行分类处理，按分类后用途将它们分送相关部门使用。

分解处理阶段主要作用是对回收或拆解后的资源按用途和属性进行分类或简单处理，供相关部门利用。

3. 再制造与再生产业

经过回收、拆解与分类处理产业等相关部门对资源加工处理后，有一些资源其物理、化学、机械等性能无法恢复到原来状态，不可能在原来的领域直接利用。再制造与再生产业就是对这些资源进行加工处理，经过加工处理的资源部分可恢复原来的物理、化学、机械等性能，可以在原来领域利用。其余部分资源的物理、化学、机械性能发生了变化，不适合在原来的领域利用，但能够在其他新的领域利用。绝大部分的废弃资源能够在再制造与再生产业中多次进行加工处理，最终供社会循环利用。

再制造与再生产业的主要作用是使资源恢复原来的物理、化学、机械性能或使资源物理、化学、机械性能发生变化，分配到不同的生产领域，使资源能够再次被社会利用。

4. 资源再利用产业

静脉产业中资源再利用是关键，它是完整的静脉产业体系中不可缺少的一部分，只有资源得到了再利用才能达到发展静脉产业的目的。

资源再利用产业环节的主要作用是对回收资源进行再利用，它包括直接再利用和间接再利用两种情况：直接再利用是指对资源进行处理后不改变其物理、化学、机械等性质的利用；间接再利用是改变物理、化学性质，尤其是机械性质后对资源的利用。

再利用包括用再生资源生产新产品和用再制造部件组装产品两个方面：部分再利用产业是用再制造与维修后的部件组装产品；另一部分再利用是用再生后的资源生产产品。

5. 物流产业

物流产业环节是指物品从供应地向接收地实体流动的过程。在物品流动过程中，根据实际需要，它包括运输、储存、装卸、包装、流通加工、配送、信息处理等基本功能活动。在静脉产业体系中，物流是将静脉产业中相关产业加工、处理后的资源按其属性、用途分送到其相关领域。物流产业在静脉产业体系中起到资源流动、销售的作用。

6. 技术创新产业

静脉产业中技术创新产业是静脉产业发展的保障，主要负责静脉产业中再制造技术、再生技术、分类技术、再利用技术等研发，为相关产业发展提供技术支持和保障。

7. 资源最终处理产业

静脉产业是通过对废旧物资回收、处理等环节生产出能够供生产、生活消费的资源，但受科技发展水平的限制，部分资源暂时没有找到用途而被闲置，需要对这些资源进行处理储藏，静脉产业中的资源最终处理产业负责完成这一任务。

（二）静脉产业体系各组成部分的关系

建立完善的资源回收系统，发展相关资源回收是静脉产业发展的基础。此部分负责将社会、企业、居民户等相关领域废弃资源回收起来，其规模大小决定了相关产业的规模。通常情况下资源回收产业涉及领域越广、涉及资源种类越多，静脉产业规模越大，静脉产业越完善，相关产业规模就越大；反之，则越小。

拆解与分类处理是回收产业联系其他产业的纽带，也是资源能否得到合理有效利用的关键部分，只有经过这些程序对资源进行合理拆解分类，资源才有可能得到有效利用。

再制造与再生是对分解后资源进行加工的一种有效途径。再制造过程仅对拆解分类后的资源原有功能、用途进行修复。再生是对无法在原产业领域再利用的资源进行加工处理，通过改变或保留原来的物理化学机械属性形成新资源，以供其他领域使用。资源再制造与再生是两个并行过程，两者都是资源能否再次被利用的关键环节，尤其是层级利用、重复利用的重要环节，只是两者对资源的处理方式不同。

资源再制造与再生产业发展规模、发展速度、发展水平主要取决于以下三方面。

一是资源回收规模。资源回收规模越大、越完善，则资源再制造与再生产规模越大；反之，则相反。

二是资源拆解与分类产业规模与水平。通常情况下，资源拆解与分类产业规模越大，发展程度和水平越高，资源再制造与再生产发展规模和水平越高；反之，则相反。

三是科技发展水平。科技发展水平越高，资源再制造与再生产业规模就越大，资源再制造与再生产业完善程度也就越高；反之，则相反。

再利用是静脉产业发展的最终体现，静脉产业效益如何、能否发展壮大关键取决于再利用资源的再利用水平。再利用是静脉产业中的一个重要环节，其包括利用再生资源或能源进行生产活动、利用再制造的部件组装产品两种方式。

物流是静脉产业体系中的关键环节，由它负责将加工、处理后的资源输送给再利用领域。资源配送是资源回收、资源拆解与分类处理、资源再制造与资源再生等部分的延续，此部分规模受上述部分规模限制，更受循环经济发展水平的限制。在其他条件不变的前提下，上述部分规模越大，科技发展水平越高，资源配送产业规模及发展水平就越高；反之，则相反。

在循环经济中分析静脉产业发展具有两方面的作用：

（1）为社会有关产业或部门提供资源，即静脉产业利用其再生机制通过对废旧物资等资源进行回收、加工、再生向社会提供资源。

（2）向社会提供产品，即静脉产业通过其再制造机制对设备设施及其他产品进行加工、修补、组装向社会直接提供产品或向社会提供静脉产业利用循环再生资源生产的产品。

静脉产业

二、纵横向视角构建静脉产业体系

（一）静脉产业可利用资源分析

资源是一切可被人类开发和利用的有型或无形产品，可以从广义与狭义两方面进行分析：广义资源是指一切被人类开发利用的资源，包括自然资源、信息资源、人力资源等；狭义资源是指自然资源，是指矿产、土地、水、能源、森林等。分析角度、考察范围不同，对资源种类的划分方法也不同。从资源能否具备再生性可以分为可再生资源与不可再生资源；从对环境的影响程度上可分为有毒、有害资源以及无毒、无害资源；从经济效益上可分为经济性资源和非经济性资源；从产品结果可分为产品、副产品、废弃物以及过程损耗四大类；按照资源在社会生产中的作用可以分为工具型资源、能源型资源、材料型资源、劳动型资源四大类；从生产方式不同可以分为工业生产性、农业生产性及自然生产性三种资源；从产品、企业蜕变的角度来看，可以将资源分为：土地资源、基础设施资源（厂房、道路等）、机器设备资源、材料资源、人力资源、科技资源、资金资源、品牌资源等八大部分，而静脉产业的研究将资源分为动脉产业资源与静脉产业资源。

静脉产业主要是对生产、生活、社会等活动中产生的副产品、报废设备设施、废旧物资、闲置设施设备及物资等再利用，要构建静脉产业体系结构必须首先对资源投入产出情况进行分析。不同行业由于空间位置和所处生命周期阶段不同，投入产出的资源种类、数量也不同，不同生产、生活环节投入产出的资源种类和数量也不相同。

（二）静脉产业横向体系构建

为提高可再生资源利用的程度，化解资源供需紧张的矛盾，提高生态环境的质量，对于数量不足以发展静脉产业的资源建议采取对外转让或向内购进的方法发展静脉产业。这里仅对数量充足的资源进行分析研究，并构建静脉产业横向体系，横向体系构建主要是根据资源的属性，按其能够再利用的领域进行分类划块，横向静脉产业体系构建是在纵向产业链的基础进行构建分析，横向静脉产业体系之间存在资源交换与流通，但是产业之间没有必然的逻辑关系，就是不存在上下关联关系，也不存在资源加工、利用、流动的顺序规律，它们之间是并行关系，并随着社会、科技等发展而变化，具体如图 4 - 10 所示。

（1）以废旧设施设备开发利用为核心的静脉产业。主要包括交通工具及设备设施、制造加工机械、农用机械设备与设施、矿山开采加工设备设施、办公设备设施、家电、电脑及其他电子产品等。目前此领域发展比较好的是汽车业、家电业等，部分地区已经形成规模，也为此领域静脉产业发展积累了经验。

（2）以边角料为核心的静脉产业。主要包括工业边角料（如金属、橡胶、塑料、布料、食品下脚料）、农业生产与加工下脚料等。在静脉产业组成体系中，应重点开发废旧物资的新用途、新功能，尤其是开发物资之间的替代研究，以提高这些物资的再生利用率。

（3）以副产品为核心的静脉产业。主要包括采矿业产生的伴生共生矿物，采矿加工业产生的副产品，农业加工业产生副产品，机械加工业产生副产品、化工业产生副产品、轻工

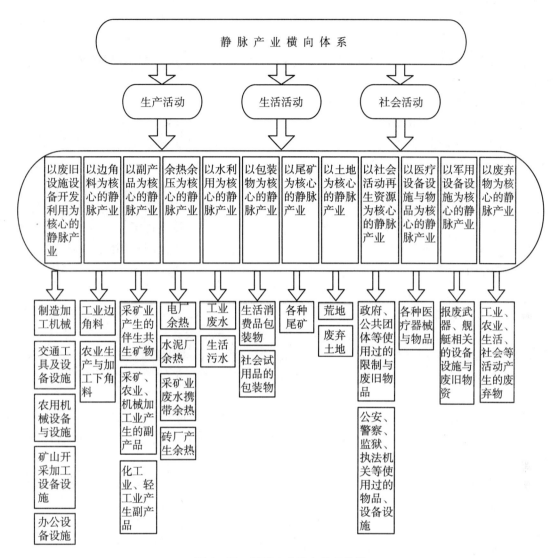

图 4 - 10　静脉产业横向体系结构

业产生副产品等。以上这些副产品应该属于动脉产业研究的领域，但由于多数企业没有进行分采分离，分类加工，因此这里将其作为静脉产业一个组成部分来看待。

（4）以剩余能源利用为核心的静脉产业。现今社会中正在利用的剩余能源主要包括发电厂余热、水泥厂余热、采矿业废水携带余热、砖厂产生余热等形式（由于笔者所获取资料中剩余能源利用形式主要涉及工业生产活动中的余热余压的利用，因此结构图示中以余热余压为剩余能源的代表；当然随着技术进步和创新能力的提高还会有更多剩余能源利用形式产生，这将在以后版本中陆续添加）。这些剩余能源如果不加以开发利用，将对环境产生热污染，因此应该依据这些热源温度、数量、使用便利性等构建企业剩余能源（现阶段主要是指热源）静脉产业体系，主要用于采暖与制冷、职工澡堂加热、烘干、养殖与种植、工

静脉产业

业发酵等领域，利用层级、梯度、循环等利用原理，进行规划使用。

（5）以水利用为核心的静脉产业。主要包括工业废水、生活污水再利用。发展中水利用静脉产业既能缓解对新鲜水使用的压力，又能减轻污水与废水外排对环境的破坏。企业水资源开发利用的静脉产业主要根据水质情况和用水环节对水质的要求，采用水资源集成与层级利用、循环利用等方式构建企业水资源综合利用体系。

（6）以包装物为核心的静脉产业。主要是指生活消费品包装物、工业品包装物、社会活动用品的包装物等，这类物品种类繁多，数量相对较少，利用起来比较困难。包装物的再利用与防治假冒伪劣是矛盾，部分包装物被不法分子直接用来转为假冒伪劣产品的包装物，给打击造假带来困难，因此，如何开发利用包装物资源还有许多问题需要研究。

（7）以尾矿为核心的静脉产业，指各种尾矿的加工利用。选矿中分选作业的产物之一，其中有用目标组分含量最低的部分称为尾矿。在当前的技术经济条件下，已不宜再进一步分选。但随着生产科学技术的发展，有用目标组分还可能有进一步回收利用的经济价值。尾矿并不是完全无用的废料，往往含有可作其他用途的组分，可以综合利用。实现无废料排放，是矿产资源得到充分利用和保护生态环境的需要。

（8）以土地为核心的静脉产业。主要指废弃与荒芜土地的再开发与利用。企业按照与城市的地理位置关系可以分为市区、市郊、乡村三种情况。废弃与荒芜的土地资源是能够反复使用的，目前这方面的应用领域主要有工业旅游地、开发商业区与居民区、开发工业用地、开发农业养殖与种植用地等，同时也可以作为城市建筑垃圾的处理场所，充分发挥这些废弃与荒芜土地资源的功能。

（9）以社会活动再生资源为核心的静脉产业。主要是指对政府的有关部门、为保证国家安全的组织（如军队、警察、监狱等）、公共团体、民间组织、群众团体等使用过的闲置与废弃的物品的再生产、再利用。过去将消费分为生产消费与生活消费，社会活动消费没有单独分离出来。社会活动消费基本属于耗竭性消费，与生活消费具有共同属性，但也有特殊性，在静脉产业运行中，由于社会活动消费的某些物品的特殊用途，在静脉产业发展中再生、再造等途径不同，处理方式、途径等也不同，因此在静脉产业中单独将其划分为一个领域进行分析，如公安、警察、监狱、执法机关等使用过物品、设备设施，这部分资源基本由政府特许部门专营，报废后处理也有单独部门进行管理，一般不允许民间企业插手。

（10）以医疗设备设施与物品为核心的静脉产业，指对各种医疗器械与物品再生、再造、再利用的过程。这类资源开发利用的安全风险性比较高，应该由特许专业公司进行。

（11）以军用设备设施为核心静脉产业，包括报废武器、舰艇及相关的设备设施与废旧物资，这方面发展比较好，尤其在军用设施设备再造方面发展前景良好，但这类静脉产业发展属于政府特许专营，一般企业难以进入。

（12）以废弃物为核心的静脉产业。主要是指工业、农业、生活、社会等活动产生的废弃物。城市主要产生建筑垃圾、生活垃圾，一些多元化发展程度比较高的城市的相关产业也会产生再生利用的资源。

（13）以闲置设施设备利用为核心的静脉产业体系。闲置设施设备在我国十分严重，尤其在政府事业部门、国有企业等单位，或多或少都存在闲置设施设备，开发利用这些资源对缓解资源供需矛盾尤为重要。闲置设施设备的种类可以分为：①技术先进闲置设施设备；②技术一般闲置设施设备；③技术落后的闲置设施设备。如果从使用时间上分可以分为间断性闲置设施设备、结构调整型闲置设施设备。对闲置设施设备可以采用租赁、转让、共用及第三方经营等方式发展静脉产业。

（14）以闲置物资利用为核心的静脉产业。闲置物资分别被居民户、政府、事业、群众组织、企业等拥有，种类比较多，数量比较分散，如服装、家具、生活用、办公用品、多余生产资料等。这类资源闲置的原因有许多方面，但一个主要的特征是这些资源的基本功能没有丧失，流转到相关领域还能够使用。随着时间推移，科技发展，生产结构、消费结构等调整，尤其是居民生活水平的提高，这类资源将越来越多，将占用大量社会资源，开发利用这类资源势必在行。过去这些资源通过旧货市场等实现再利用，一般是价值比较高、耐用的物品，价值低、不耐用的产品基本不会交换。在我国由于经济、社会等发展的不平衡性，生产水平、消费水平等也不平衡，就是同一区域由于收入水平存在差距，消费水平也存在差距，因此，根据实际情况，建立健全闲置物资再利用体系，对提高资源利用效率具有重要的意义。

对静脉产业的发展问题，也可以从固体、气体、液体的角度进行分析，由于受篇幅所限，这里不展开分析。

前面根据静脉产业资源的物理、化学、机械等性能从横向，也可以讲从使用领域方面构建了静脉产业体系，这为相关资源集中开发利用提供了理论依据。但如果一个企业产生的资源达到创办产业的规模可以创办相关静脉产业，而问题是大多数情况下一个企业产生的资源达不到发展静脉产业的规模，并且有时各种资源混杂在一起，无法直接利用，这就需要拆解、分解、再生、再造等相关产业完成，因此，需要从纵向构建静脉产业体系。

（三）静脉产业纵向体系构建

静脉产业的主要功能是对废旧资源进行回收加工再利用，使这些宝贵的资源能够再次发挥作用，提高资源利用率，实现可持续发展。废旧资源的来源渠道广泛，可循环或再生利用资源的物理、化学、机械等性质不同，其开发利用的方式及采用的静脉产业的生产工艺也不同，根据静脉资源的特征、组成及作用，对静脉产业的横向体系结构进行了分析。由于静脉产业的资源分散在各个领域，不同的资源开发利用的环节也不同，并且在现有技术条件下，不可能对固废进行完全彻底的开发利用，因此，需要从纵向或产业链的角度，对静脉产业体系构成进行分析，即静脉产业纵向体系构建。纵向静脉产业体系是依据工业生态学的原理而构建的产业体系，它依据静脉产业社会分工顺序、资源代谢顺序、层级利用顺序、循环利用顺序等进行构建，整个产业体系属于同类资源再应用领域，是由于分工与代谢等原因而形成的产业关系，它们之间存在一定的逻辑关系，其流动顺序必须按照资源开发利用的规律进行，静脉产业纵向体系结构如图4-11所示。

（1）资源回收。资源回收是静脉产业的起点，就是通过直接或间接等方法，利用逆向物流的原理，将分散在企业、社会、居民户等的可再生、再利用的资源回收起来。一般规模或数量较大的资源由资源提供单位直接卖给相关静脉产业企业或再生资源回收单位，数量较

静脉产业

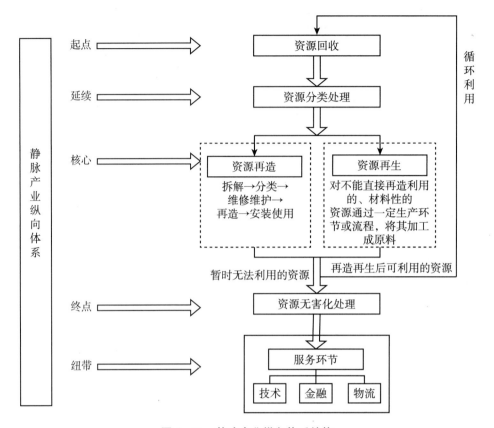

图4-11　静脉产业纵向体系结构

少则由再生资源回收的商贩回收。资源回收需要根据资源性质、数量等建立资源回收网络。

（2）资源分类处理。规模较大且品种单一的资源，能够直接输送给相关静脉产业使用，而通过网点回收回来的资源品种多，数量少，成分复杂，需要进行分类处理才能供有关产业使用。如金属、玻璃、塑料、橡胶等，这些资源数量较少，一般经过分类处理即可对外销售。

（3）资源再造。资源再造由拆解、分类、维修维护、再造、安装使用等环节组成，简单的设施设备可以直接进行维修维护或再造，复杂的设施设备通过拆解、分类，对合格部件进行维修维护后可以直接使用，对不合格的部件采用纳米等相关技术进行再造，不能再造的部件和材料则进入再生环节，部分设施设备经过再造就能够直接利用。

（4）资源再生。资源再生是对不能直接再造利用的及材料性质的资源通过一定生产环节或流程，将其加工成原料的过程。资源再生的主要处理渠道：一是资源化处理，就是将废弃物加工成相关资源；二是对生活垃圾、种植养殖产生的废弃物经过沼气池或堆肥生成有机肥及沼气。

（5）资源无害化处理。资源无害化处理主要是对无法利用或暂时无法使用的废弃物等进行掩埋、储藏等处理。随着技术进步，需要进行这个环节处理的资源将越来越少。

（6）服务领域。静脉产业的服务环节主要包括技术服务、金融和物流，其中金融不需要单独发展，技术服务主要由相关科研机构与高等院校提供。因此，企业需要建立的是静脉产业物流体系，一方面是再生资源回收体系，另一方面是资源交易体系。资源交易体系包括再造产品与再生资源的销售、对外输送资源销售、静脉产业发展所需资源的购进等。

在上述各领域中，资源回收是静脉产业发展的起点，只有构筑完善合理的资源回收网络，才能使相关资源得到及时有效的回收，才能为静脉产业的发展提供源源不断的原料，回收网络建设也包含再生资源基础设施建设与完善；资源分类处理是静脉产业资源回收网络的延续，只通过分类回收，才能做到依据资源的不同品质、属性进行开发利用，也就是说分类处理为资源的合理开发利用奠定了基础；再造、再生是静脉产业的核心，再造首先对能够恢复功能的设施设备进行再造，使其直接回到使用过程，对不能直接恢复功能的设施设备进行分解，对合格能用的部件进行维修直接使用，对不合格的部件采用相关技术进行再造，投入使用领域，其中部分部件直接组装设施设备。再造水平高低取决于再造技术高低，再造是提高再生资源利用效率的关键，也是节能减排的关键。无法继续再造的资源及其他非设施设备类的再生资源利用再生技术进行再生利用，再生后的资源有的可直接用来生产原来产品，有的则用来生产其他产品。报废与闲置设施设备、废弃资源能否得到合理开发利用，关键取决于资源再造与再生。资源无害化处理是静脉产业体系的最后过程，这部分资源越少，表明静脉产业发展水平越高。服务领域是联系各个部分的纽带，通过运输、信息交流、金融、技术、交易平台等使各种资源在相关领域流动，将静脉产业各个部分有机联系在一起，同时服务体系也起到内外交流纽带的作用。

根据资源性质、资源数量、静脉产业特点从横向按照使用领域构建静脉产业体系，为合理开发利用废弃物、闲置资源、副产品资源奠定了基础；根据静脉产业发展顺序、工艺等从纵向构建静脉产业体系，这为静脉产业链的形成提供了理论基础。横向与纵向结合构成了静脉产业完整体系，为以静脉产业为核心，实施多元化发展战略提供了依据。

（四）静脉产业网络分析

前面以资源属性及应用领域为基础，对横向静脉产业体系进行了分析，以回收、加工、利用顺序等为基础，对纵向静脉产业体系进行了研究，虽然，横向产业之间不存在逻辑关系，但产业之间仍然存在资源流动与交换，纵向与横向产业之间进行资源交换与流动就构成了静脉产业产业网络。产业网络一般以某个产业为核心形成，能够分为核心层、紧密层、过渡层、松散层与边界外层，原理在《产业辐射理论》中已经分析，这里不再介绍。

三、组织间与组织内视角构建静脉产业体系

除了从纵横向视角发展静脉产业体系之外，还可从组织内和组织间视角构建静脉产业体系。

此原理要在废弃物处理和资源化领域，以废弃物综合利用和再生资源生产为主，发展静脉产业，按照静脉产业在不同组织的运行状况，确立发展静脉产业的不同层面的模式。具体来说，主要是对组织内部、组织之间的物质的回收、加工、销售或利用途径、流动方式等内

静脉产业

容进行系统规划，实现资源的循环利用。

（一）组织内的静脉产业链模式

要发展静脉产业，可先从内部做起，构建适合组织内部的静脉产业链，建立静脉资源协同作用理念，使组织运作过程中一个环节的废料成为另一个环节的原料。企业内部采用动脉产业与静脉产业协同共生的发展模式，就是要使以"原料—产品—废弃物"为特征的动脉产业和以"废弃物—再生—产品"为特征的静脉产业相衔接，实现资源的闭路循环。

组织可对内部产生的废弃资源分别进行收集，并就地处理和加工再造，使其成为二次资源，在内部得以循环使用。这类资源的主要特征是易于加工再造，不需要特别复杂的技术和工艺。组织可直接利用自身现有条件或者构建相关处理系统就可以实现；也有的资源利用价值不大，如果外运再造，就可能导致成本大于收益，不符合成本效益原则，因而需要在企业内部进行处理。

（二）组织间的静脉产业网络模式

组织内部由于技术、资金等条件的限制，对一些废弃物可能无法直接处理和加工，也就是说单一组织仅仅能够形成一种链状产业，不能够仅靠自己的力量完成全部资源的再利用。因而有必要与周边其他组织相互协调合作，将自身无法消解的一部分废料、能量、副产品变成另一家或一些企业的原料或动力，构建一个组织与其他组织间相协同的静脉产业网络，在网络内通过废物交易、循环利用等手段，实现物流、能量流和信息流的和谐流动，即建立以某一组织为中心的静脉产业园区或产业集群共生的发展模式，达到相互间资源的最优化配置。静脉产业集群的发展主要从三个方面获得动力支持，即处于静脉产业集群中的组织可以获得分享外部经济、降低交易成本和促进企业创新等动力。

（三）组织与社会之间的静脉产业链（网）模式

要积极发展综合利用技术，构建不同行业组织与社区居民之间的静脉产业资源交流体系。具体形式如下：

（1）鼓励开展对废纸、废金属、废玻璃、废塑料等的回收利用，逐步建立和完善废旧物资回收网络，鼓励垃圾焚烧余热利用和填埋气体回收利用，以及有机垃圾的高温堆肥和厌氧消化制沼气利用。

（2）生产过程中产生的废水，可根据水质不同，经过不同处理，供给不同的用户，实现水资源的最大限度地合理使用。如经处理后，达到净化水标准即可作为居民生活用水使用；一些达到排放标准的废水可以用于农业灌溉和城市绿化用水。

（3）再生能源利用方面，以社会余热利用为例，可首先考虑在组织内循环利用，如用于办公区的冬季供暖、制取居民洗浴热水等，这类利用方式也可以起到直接减少能源消耗的作用，获得比较理想的节能效果。其次，可以考虑余热的其他用途，如产生蒸汽用于社会居民生活，这样可以使余热和余压在输送途中，减少损失，节能效果也更好。余压也可通过高炉炉顶余压发电技术发电，供给居民生活使用。煤炭生产过程产生的煤气资源，可全面回收后供发电厂使用，满足其发电需用的部分能源，向社会供电。

（4）社会消费过程中产生的废弃物，如大宗废塑料、社会垃圾、生活污水等，可再次到达相关资源处理中心进行加工处理，以使其得到进一步的循环利用。如社会消费产生的白色污染——废塑料，通过分选后，可以装入焦炉，按焦炉生产焦炭总量的2%～3%消纳相当数量的社会废塑料。

总之，组织与社会之间的静脉产业链（网）的构建，对于消纳生产和居民生活的各种废弃资源有重要作用，有利于实现组织运作与社会生活的和谐发展，有利于进一步完善静脉产业体系。

四、静脉产业体系构建后的发展要求

（一）规模化经营

静脉产业的兴起不过十多年的时间，其发展水平和经营模式也参差不齐，多数地区静脉产业的发展仍处于起步阶段，粗放经营，缺乏制度保障和政策支持。规模化经营能够形成强大的综合竞争力，对于抵御市场风险起到不可低估的作用。静脉产业实现规模化经营的前提条件是产业集聚。与一般产业不同，静脉产业是从事垃圾回收、拆解和资源化再生产的特殊产业，其原料本身就存在污染风险，在生产和加工过程中仍有污染物排放，若干企业布局在一起，可以集中治污。

第一，静脉产业比动脉产业（一般产业）更具有来自外部的成本压力，规模化经营实现了资源和能源的集约化利用，所带来的成本降低有利于静脉产业的可持续发展。

第二，规模化经营具有小规模经营所不具有的环保优势，垃圾的集中处理比垃圾产生单位自行处理更有利于治理污染和防止二次污染，使分散无序的各类废旧物资经营户统一进入基地经营，能够提升再生资源行业的档次和整体形象，改善市容市貌和社会治安环境，也便于对经营企业的监督管理。

第三，规模化经营也有利于垃圾处理企业与垃圾产生单位的深入合作，更好地进行污染预防。与垃圾产生单位深层次的技术合作，是静脉产业实现环境效益和自身经济利益协调统一的良好方式。垃圾处理企业利用其自身对垃圾处理和回收利用的技术专长，帮助垃圾产生单位在生产过程中就处理或利用好废物。但垃圾处理企业只有拥有了必要的经营规模，才有足够的能力和精力进行与垃圾产生单位的深入合作。垃圾处理企业的资源化产品可以供应给垃圾产生单位，成为重要的资源供应中心。

（二）专业化经营

专业化经营通过差异化和突出经营特色来开拓或扩大市场，可以将经营业务归集到最具竞争优势的行业之中，并将经营与开发的重点放在核心行业价值链最具优势的环节上；同时也有利于核心能力的培育、维护和发展，强化专业经营职能，做大经营规模。

静脉产业的发展应该立足当地实际，在规模化经营的同时，应突出专业化特色，防止"大而全"的倾向。企业的资源是有限的，只有集中足够的能力和精力，专注于一个方向，才有可能发挥规模化经营的优势。

（三）BOT 经营

BOT（建设—运营—移交）模式是许多地区发展静脉产业的有效模式。其优势在于：第一，缓解市政基础设施庞大的资金需求，减轻投资压力，加快城市建设步伐；第二，引导民营资本投资，带动当地静脉产业的发展，造就一批国内或当地的明星环保企业；第三，为本地金融机构提供一个向外借贷、盘活银行库存资金的好机会。

（四）区域协作

静脉产业的发展受到垃圾产生数量、环境和经济的影响，不可能每一地区都全面采取规模化、专业化的发展模式。条件许可的地区可以打破行政区域界限，协作发展。其优势在于：第一，打破地域限制，几个城市集中发展和共用一个环境基础设施，可以最大限度地节约社会资源，避免重复投资和规模不经济，这种做法在国外已比较普遍。第二，由于产业的集约发展，有利于环境保护和集中治污，对产业布局地来说，有利于扩大再生产，降低运营成本；对协作地区来说，可以最大限度地避免土地占用，降低垃圾处理费用。第三，静脉产业的协作发展可以为其他形式的区域协作起到示范和表率作用，促进区域经济一体化，实现区域发展的多赢。

下面以煤炭行业中应用静脉产业理论构建静脉型煤炭产业体系为例进行实证分析，以便掌握分析与构建以某一特定行业为基础的静脉产业体系的能力。

第五节　静脉产业体系构建实证——煤炭矿区
静脉产业体系构建分析

动脉产业与静脉产业是循环经济发展的基础，动脉产业是利用新资源进行生产等活动，但随着社会经济发展，人口剧增，对资源耗费量越来越大，而面临现实是不可再生资源日益减少，可再生资源再生速度却慢于资源消耗的速度，面对资源供求紧张的矛盾，人们将更加珍惜新资源，减少其在社会、生产、生活活动中的投入量，把目光转向废旧与闲置的资源。未来经济运行中新投入资源只是社会、经济发展所需资源的补充，并将随着科技的发展以及社会生产方式、生活方式、消费方式等方面的进步而实行限量投入，这种变化将引起再生资源的大量使用。静脉产业是再生资源的主要来源，在可以预见的将来，静脉产业将成为社会发展的主流。不同的行业、不同的区域由于产业结构不同，消费方式不同，因此，生产、生活、社会活动等投入产出的资源也不同，其静脉产业运行体系也不同，这就需要针对不同产业、地区构建相应的静脉产业体系。目前，国内外学者对电子、汽车等行业的静脉产业研究比较多，但对矿区，尤其是煤炭矿区静脉产业体系的研究还不多见。因此这里将着重以煤炭矿区为例进行实证分析。

一、煤炭矿区静脉产业可利用资源分析

（一）煤炭矿区静脉资源类型分析

矿区静脉资源种类繁多，它包括企业生产和消费过程中产生的，可再利用和资源化的各种废弃物和共伴生物质。结合的具体特点，这里从资源的产生及利用的角度进行分析，将静脉资源可以分为以下八大类：

（1）污水资源，包括矿井水、工业污水、生活污水、塌陷区积水等；

（2）废弃土地资源，包括采矿活动形成的塌陷区、尾矿和固体废弃物堆存所占土地、物料存放所占土地、地面工业广场所占土地等；

（3）附属能源资源，主要包括余热资源、地热资源、生物质资源、煤气资源等；

（4）固体废弃物资源，主要包括煤矸石、煤泥、粉煤灰等资源；

（5）废旧设备设施资源，如煤机、水泵、压风机、皮带机、刮板运输机（镏子）、支柱、推溜器等；

（6）废旧物资资源，包括皮带、托辊、钢轨、电缆、木材等；

（7）伴生共生矿物资源，包括油页岩、高岭土、硫铁矿、钒钛等伴生共生矿产资源；

（8）生活废弃物，主要包括报废的生活物资及闲置的生活物资，如衣服、旧家电、旧家具等。

（二）煤炭矿区可利用静脉资源内涵

静脉产业主要是对生产、生活、社会等活动中产生的副产品、报废设备设施、废旧物资等再利用，要分析静脉产业体系结构必须首先对资源投入产出情况进行分析研究。由于空间位置和生命周期不同，在同一活动中投入产出的资源种类、数量也会有所不同。同时，不同生产、生活环节投入产出的资源种类和数量也不相同，分析了解这些不同点，是静脉产业体系结构分析的基础。

（1）矿区煤炭开采产生的资源。煤炭开采活动中主要使用采煤机、掘进机、绞车、风机、运输机械、支护材料等设备设施，投入水泥、木材、石子、炸药、电缆、皮带、金属网等物资，动用煤炭地质储量，在劳动者的运作下，开采出煤炭资源。开采活动在产出原煤产品的同时，会产生煤矸石、伴生共生矿物、矿井水、瓦斯、报废设备设施、废旧皮带、木材、电缆等可再生利用的资源，同时，煤炭开采活动造成地表塌陷，形成塌陷区，产生荒芜土地资源。煤矸石、硫铁矿、高岭土、矿井水等资源开发利用起来是宝贵的资源，如果不开发利用，不仅堆放需要占用土地，而风化、自燃、排放等会对生态环境产生污染。

（2）矿区煤炭加工产生的资源。煤炭加工主要是指洗选、加工成各种可以供用户直接利用的产品，如精煤、水煤浆、型煤等，这个过程主要是使用加工设备设施，投入能源、药剂、水、易耗配件等，对原煤进行洗选加工，利用劳动力产出精煤等产品。同时，产生煤矸石、煤泥、中煤、报废设备设施、报废备件、洗煤废水等产品与副产品。

（3）矿区煤炭利用后产生的资源。煤炭使用主要是电厂、煤化工、取暖及生活等煤炭

的利用，随着循环经济发展，采用锅炉直接取暖、居民生活直接燃烧煤炭量正在下降，在可以预见的将来取暖及生活用煤能够降到不予考虑的范围。发电分为利用煤炭发电与利用煤矸石、煤泥及劣质煤发电两种方式，发电投入煤炭、水煤浆、煤矸石、煤泥、水等资源，使用发电设施设备，动用劳动力产生电力资源，同时产生余热、粉煤灰、炉渣、烟尘、工业废水、报废设施设备等产品与副产品；煤化工主要是使用化工设施设备，投入煤炭、水等资源，生产出化工产品，同时产生煤焦油、煤气、废热、废旧设备设施等可再生资源。这些资源如果不加以开发利用，将对生态环境造成严重的影响。

（4）矿区辅助生产活动产生的资源。围绕服务的产业有建材、机械制造、维修、生活用品生产、金融等行业，与煤矿密切相关的是水泥生产、机械维修等行业，水泥生产主要产生余热，机械制造与维修主要产生金属下脚料、废旧设施设备等可利用资源。

（5）矿区城镇发展产生的资源。矿区城镇的建设发展会产生建筑垃圾、生活垃圾，一些多元化发展程度比较高的矿区型城镇的相关产业也产生可以再生利用的资源。所处城镇既有城市动脉产业的特点，同时也兼具静脉产业的特点。目前这方面的研究尚不成熟，城镇产生的建筑和生活垃圾还很难统计。

（6）矿区农业等其他活动产生的资源。主要指在现代化矿区综合生态建设中发展矿区农业等活动产生的各种固废物质。主要有废旧农用设备设施、农作物的秸秆、农产品加工的下脚料等。

各种资源利用关系如图4－12所示。

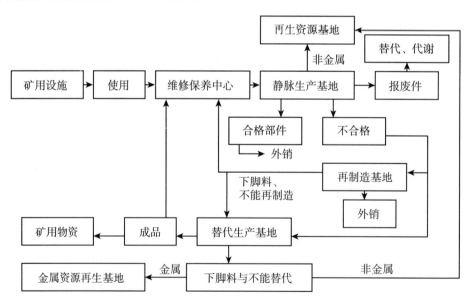

图4－12　煤炭矿区静脉资源利用关系简图

（三）矿区静脉产业可利用资源投入产出分析

通过对资源进行分析，我们基本了解了静脉产业资源的基本情况。下面根据煤炭资源流经的主要活动绘制资源投入产出表。

投入产出模型有两种典型的类型：价值型和实物型。价值型既可以用于计划安排，又可以用于系统价值组成分析和社会财富的分配分析，是一种功能强大的类型；实物型主要用于计划平衡，是实物平衡分析的主要工具。本书根据的特点，分别绘制了价值型资源投入产出表和实物型资源投入产出表，如表4-2和表4-3所示。表中各元素的解释如下：x_{ij}表示第 j 环节对第 i 环节产品或劳务的消耗，或表示第 i 环节或劳务作为产品在第 j 环节的分配数量；Y 表示各环节其他消耗列向量 = $[Y_{开采}, Y_{洗选}, Y_{发电}, Y_{化工}, Y_{维修}, Y_{服务}]^T$；Q 表示各环节总产出列向量 = $[Q_{开采}, Q_{洗选}, Q_{发电}, Q_{化工}, Q_{维修}, Q_{服务}]^T$；p 表示各环节的其他投入列向量 = $[p_{开采}, p_{洗选}, p_{发电}, p_{化工}, p_{维修}, p_{服务}]^T$；R 表示各环节的总投入列向量 = $[R_{开采}, R_{洗选}, R_{发电}, R_{化工}, R_{维修}, R_{服务}]^T$；$q_1$ 表示各环节静脉资源的产出列向量 = $[q_{1开采}, q_{1洗选}, q_{1发电}, q_{1化工}, q_{1维修}, q_{1服务}]^T$；$q_2$ 表示各环节动脉资源的产出列向量 = $[q_{2开采}, q_{2洗选}, q_{2发电}, q_{2化工}, q_{2维修}, q_{2服务}]^T$。

表4-2　　　　　　　　　　资源投入产出表（价值型）

投入＼产出		各环节消耗						其他消耗合计	总产出	其中静脉资源产出	动脉资源产出
		煤炭开采	煤炭洗选	发电	煤化工	机械维修	服务活动				
各环节投入	煤炭开采	x_{11}	x_{12}	x_{13}	x_{14}	x_{15}	x_{16}	$Y_{开采}$	$Q_{开采}$	$q_{1开采}$	$q_{2开采}$
	煤炭洗选	x_{21}	x_{22}	x_{23}	x_{24}	x_{25}	x_{26}	$Y_{洗选}$	$Q_{洗选}$	$q_{1洗选}$	$q_{2洗选}$
	发电	x_{31}	x_{32}	x_{33}	x_{34}	x_{35}	x_{36}	$Y_{发电}$	$Q_{发电}$	$q_{1发电}$	$q_{2发电}$
	煤化工	x_{41}	x_{42}	x_{43}	x_{44}	x_{45}	x_{46}	$Y_{化工}$	$Q_{化工}$	$q_{1化工}$	$q_{2化工}$
	机械维修	x_{51}	x_{52}	x_{53}	x_{54}	x_{55}	x_{56}	$Y_{维修}$	$Q_{维修}$	$q_{1维修}$	$q_{2维修}$
	服务活动	x_{61}	x_{62}	x_{63}	x_{64}	x_{65}	x_{66}	$Y_{服务}$	$Q_{服务}$	$q_{1服务}$	$q_{2服务}$
其他投入		$P_{开采}$	$P_{洗选}$	$P_{发电}$	$P_{化工}$	$P_{维修}$	$P_{服务}$				
总投入		$R_{开采}$	$R_{洗选}$	$R_{发电}$	$R_{化工}$	$R_{维修}$	$R_{服务}$				

在资源投入产出表中，各行表示各环节对第 i 环节产品或劳务的消耗量，加上此产品或劳务作为其他使用的使用量，得到这一环节产品或劳务的总产量。如煤炭开采环节总产出表示为：$Q_{开采} = \sum_{j=1}^{6} x_{1j} + Y_{开采}$，其他环节类似。

在资源投入产出表中，各列反映各环节投入要素的构成或价值形成过程，即可以建立其他投入、各环节投入及总投入之间的平衡关系。如煤炭开采环节总投入等式写为：$R_{开采} = \sum_{i=1}^{6} x_{i1} + P_{开采}$，其他环节类似。

另外，从投入产出表中，可以得到各个环节静脉资源的产出量和产出比例。如煤炭开采环节产出比例 $V_{开采} = q_{1开采}/Q_{开采}$。$V_{开采}$反映了静脉资源在整个煤炭开采环节中所占的比重，

静脉产业

如表4-3所示。

表4-3　　　　　　　　　煤炭矿区各种资源投入产出表（实物型）

投入＼产出		中间产品											最终产品				总产量
		煤	电	化工产品	(余)热	污水	废弃土地	固体废弃物	废旧设备	废旧物资	伴生共生矿物	合计	库存	外销	其他	合计	
自产产品（包括动脉资源和静脉资源）	煤	X_{11}	X_{12}	X_{13}	X_{14}	X_{15}	X_{16}	X_{17}	X_{18}	X_{19}	X_{10}	$\sum$	Y_{11}	Y_{12}	Y_{13}	Y_{14}	X_1
	电	X_{21}	X_{22}	X_{23}	X_{24}	X_{25}	X_{26}	X_{27}	X_{28}	X_{29}	X_{20}	$\sum$	Y_{21}	Y_{22}	Y_{23}	Y_{24}	X_2
	化工产品	X_{31}	X_{32}	X_{33}	X_{34}	X_{35}	X_{36}	X_{37}	X_{38}	X_{39}	X_{30}	$\sum$	Y_{31}	Y_{32}	Y_{33}	Y_{34}	X_3
	(余)热	X_{41}	X_{42}	X_{43}	X_{44}	X_{45}	X_{46}	X_{47}	X_{48}	X_{49}	X_{40}	$\sum$	Y_{41}	Y_{42}	Y_{43}	Y_{44}	X_4
	(污)水	X_{51}	X_{52}	X_{53}	X_{54}	X_{55}	X_{56}	X_{57}	X_{58}	X_{59}	X_{50}	$\sum$	Y_{51}	Y_{52}	Y_{53}	Y_{54}	X_5
	废弃土地	X_{61}	X_{62}	X_{63}	X_{64}	X_{65}	X_{66}	X_{67}	X_{68}	X_{69}	X_{60}	$\sum$	Y_{61}	Y_{62}	Y_{63}	Y_{64}	X_6
	固体废弃物	X_{71}	X_{72}	X_{73}	X_{74}	X_{75}	X_{76}	X_{77}	X_{78}	X_{79}	X_{70}	$\sum$	Y_{71}	Y_{72}	Y_{73}	Y_{74}	X_7
	废旧设备	X_{81}	X_{82}	X_{83}	X_{84}	X_{85}	X_{86}	X_{87}	X_{88}	X_{89}	X_{80}	$\sum$	Y_{81}	Y_{82}	Y_{83}	Y_{84}	X_8
	废旧物资	X_{91}	X_{92}	X_{93}	X_{94}	X_{95}	X_{96}	X_{97}	X_{98}	X_{99}	X_{90}	$\sum$	Y_{91}	Y_{92}	Y_{93}	Y_{94}	X_9
	伴生共生矿物	X_{01}	X_{02}	X_{03}	X_{04}	X_{05}	X_{06}	X_{07}	X_{08}	X_{09}	X_{00}	$\sum$	Y_{01}	Y_{02}	Y_{03}	Y_{04}	X_{10}
外购物料	设备设施	W_{11}	W_{12}	W_{13}	W_{14}	W_{15}	W_{16}	W_{17}	W_{18}	W_{19}	W_{10}	$\sum$	V_{11}	V_{12}	V_{13}	V_{14}	W_1
	其他物料	W_{21}	W_{22}	W_{23}	W_{24}	W_{25}	W_{26}	W_{27}	W_{28}	W_{29}	W_{20}	$\sum$					
劳动力		L_1	L_2	L_3	L_4	L_5	L_6	L_7	L_8	L_9	L_0	$\sum$					

其中，自产产品 j 对自产产品 i 的直接消耗系数记为 a_{ij}，即有：

$$a_{ij} = \frac{X_{ij}}{X_j}(i, j = 1, 2, \Lambda, 9) \tag{4-10}$$

求出自产产品 j 对物料 i 的直接消耗系数 d_{ij}，其系数矩阵记为 D，即有：

$$d_{ij} = \frac{W_{kj}}{X_j}(k = 1, 2, j = 0, 1, 2, \Lambda, \cdots, 9) \tag{4-11}$$

可得直接消耗系数表。

根据自产产品对自产产品的完全消耗系数矩阵计算公式为：

$$B = (I - A)^{-1} - I \tag{4-12}$$

可得完全消耗系数表。

二、构建煤炭矿区纵横向静脉产业体系

煤炭企业主要负责对矿产品开采、加工和利用，并向社会输出矿产品，与此同时还会产生相关副产品、废弃物及闲置资源。这些废弃物具备两面性，如果开发利用起来就是宝贵的资源，如果不开发利用就是严重的污染源，因此，研究矿区静脉产业体系，对于提高矿区资源综合利用程度，减少源头污染具有重要意义。不同矿区所产生的资源不同静脉产业研究侧重点也不同，受篇幅所限，本书只对煤炭矿区静脉产业体系的构建从纵向与横向进行研究分析。

（一）矿区静脉产业横向体系结构

通过前面分析可以看出，煤炭矿区产生的可再生利用的资源种类比较多，但数量达到可以直接在矿区发展静脉产业规模的资源品种并不多。为提高可再生资源利用的程度，化解资源供需紧张的矛盾，提高生态环境的质量，对于数量不足以发展静脉产业规模的资源建议采取对外转让或向内购进的方法发展静脉产业。这里仅对数量充足的资源进行分析研究，并构建煤炭矿区静脉产业横向体系如图4-13所示。

（1）以矿区固废利用为核心的领域。煤炭矿区主要的固废资源是煤矸石、煤泥、粉煤灰、炉渣、城市垃圾等。

煤矸石的主要来源有：矿井井筒和巷道掘进过程中开凿排出的矸石；在采煤和煤巷掘进过程中，由于煤层中夹有矸石或剥下部分煤层顶底板，从运到地面上的煤炭挑选出来的煤矸石；煤炭洗选过程中排出的矸石。煤矸石种类可分为白矸与洗矸，洗矸品种不同，发热量也不同，白矸没有发热量。根据煤矸石的特点其利用途径主要有煤矸石发电、煤矸石制砖、造水泥、制有机肥、陶粒、微晶玻璃等，其次是铺路、治理塌陷区、井下置换煤炭资源等。

煤泥含水率高（20%~30%），无法直接使用，也不便于储运。煤泥主要用来制水煤浆、发电、制有机肥等。煤泥制水煤浆技术是在高浓度水煤浆基础上发展起来的煤泥浆燃烧应用技术。它是利用煤泥经简易制浆，就地就近用于工业锅炉及其他热工设备燃烧，达到以煤泥代煤代油目的的一项煤泥综合利用技术。煤泥浆一般对质量没有严格要求，只要能满足实际燃烧需要即可。煤泥制浆时一般不预先磨矿，不加或稍加一些起稳定作用的添加剂，所以制浆系统简单，生产成本低，可以作为静脉产业发展的重要组成部分。

粉煤灰是火力发电厂大量排出的主要工业废料，它具有重要的综合利用价值。粉煤灰的物理化学性质不同，其综合利用途径也不相同。具体渠道有利用粉煤灰做水泥添加料、井下

静脉产业

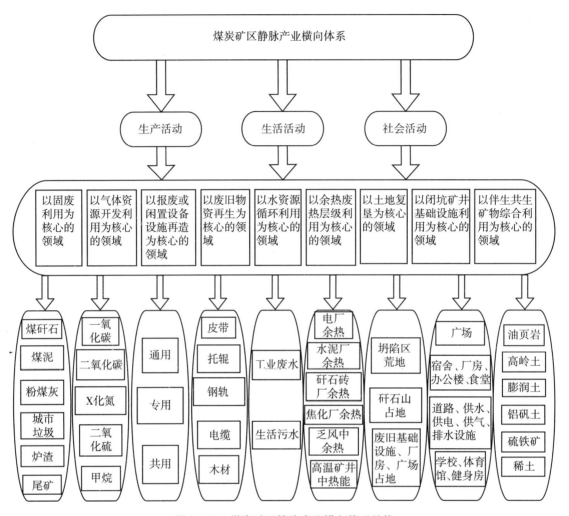

图 4-13 煤炭矿区静脉产业横向体系结构

防火材料、井下置换煤炭、制建筑材料等，粉煤灰高附加值的利用途径是造纸、橡胶生产等的添加剂、制作微晶玻璃、陶粒等，部分矿区用粉煤灰制化肥、做土壤的调和剂以改良土壤。

炉渣是以煤为燃料的锅炉燃烧过程中产生的块状废渣。炉渣主要用来制备建筑材料、铺路等，也有部分矿区用炉渣置换井下煤炭。

城市有机垃圾主要用来发电、堆肥等，建筑垃圾可以用来铺路、治理塌陷区和井下充填。

（2）以矿区气体资源开发利用为核心的领域。矿区气体资源主要有二氧化碳、二氧化硫、X 化氮、一氧化碳、甲烷等，能够直接利用的是甲烷、一氧化碳，一般用作燃料，主要用于发电、生活等领域。

二氧化碳是正在研究利用的气体，其利用途径：一是用于养殖藻类物质、生产植物油、作饲料、食品、医药等；二是用来生产碳酸类产品，如碳酸饮料、碳酸类易分解的地膜、装修材料等。二氧化硫主要用来生产硫酸，氨法脱硫生产硫酸铵，石灰石脱硫生成石膏，用于发展建筑材料。

（3）以矿区报废或闲置设备设施再造为核心的领域。煤炭矿区设施设备分为通用、专用、共用三大类，通用是指各个行业都能使用，如客车；专用是指只在一个行业使用；共用是指几个行业都能够使用。

从矿区情况来看，通用设备设施使用量不多，并且相关行业已经有静脉产业发展，因此矿区不适合再发展；共用与专用设备设施有的矿区使用量较多，有的使用量较少，数量多的可以发展静脉产业，数量少的则不适合发展，但可以与相关区域或领域联合发展。从使用量及规模上看，煤炭矿区宜于发展支护设施设备、绞车、电机等为主体的静脉产业，采煤机、掘进机、运输机、通风机、水泵、变电器等宜于采用多矿区联合方式发展。设施设备主要采用再造技术发展静脉产业，将设施设备拆解，合格部件直接使用，不合格的采用纳米技术等进行修复使用，不能够修复的做原料使用。

（4）以矿区废旧物资再生为核心的领域。煤炭矿区废旧物资主要包括皮带、托辊、钢轨、电缆、木材等。在静脉产业组成体系中，矿用物资修复发展比较成熟，以后应重点开发废旧物资的新用途、新功能，尤其是开发物资之间的替代研究，以提高这些物资的再生利用率。

（5）以矿区水资源循环利用为核心的领域。煤炭矿区水资源包括地表水、工业废水、生活污水、地下水等四部分，地表水与地下水属于新鲜水的范畴，不在讨论范围内。

工业废水主要包括矿井水、洗煤废水、电厂废水、煤化工厂废水等；生活污水主要包括居民生活、职工洗浴及办公、相关服务业产生的废水。发展中水利用静脉产业既能缓解对新鲜水使用的压力，又能减轻污水与废水外排对环境的破坏。煤炭矿区水资源开发利用的静脉产业主要根据水质情况和用水环节对水质的要求，采用水资源集成与层级利用、循环利用等方式构建矿区水资源综合利用体系。

（6）以矿区余热废热层级利用为核心的领域。煤炭矿区余热及废热主要有电厂产生的余热、水泥厂产生的废热、矸石砖厂产生的废热、焦化厂产生的废热、乏风中携带的废热、高温矿矿井水携带的热能等，部分矿区也有地热资源。这些余热与废热如果不加以开发利用，将对矿区产生热污染，因此应该依据这些热源温度、数量、使用便利性等构建煤炭矿区热源静脉产业体系，主要用于采暖与制冷、职工澡堂加热、烘干、养殖与种植、工业发酵、井口防冻等领域，利用层级、梯度、循环等利用原理，进行规划使用。目前支持技术是溴化锂、地源热泵等技术。

（7）以矿区土地复垦为核心的领域。这里所提到的土地主要指土地塌陷造成的荒芜土地、已经形成的矸石山占用的土地、废弃基础设施、厂房、广场等占用的土地资源。土地资源的再利用本身不属于静脉产业的范围，但目前又没有其他领域可以列入，而煤炭矿区大量存在这种现象，因此，本书将其纳入静脉产业体系。不同矿区由于煤层厚度不同、开采方式不同、生产规模等不同，造成的荒芜土地资源量也不同，在发展时应该根据具体情况有选择性的发展。目前主要是土地治理、复垦与开发利用，主要分为工业、住宅、农业、景观等使用。

　　塌陷区土地资源已经遭到严重破坏，主要的任务就是对其进行综合治理，防止进一步恶化。

　　矸石山用地的复垦有以下方法：对于存在污染、不宜复垦作为农牧业生产用地的矿山废弃地，可以根据其污染程度开发其他用途，如作为工业用地、垃圾存放地等；对于可开发为农牧业用地的矿山废弃地，应对其进行全面的监测与评估。此外，还可以利用表面覆土种植技术进行矸石山人工造景。利用矸石山造景，引水上山，这样既解决了矸石自燃问题，避免了环境污染，又为矿区创造了一个良好的工作、生活环境。

　　废弃基础设施、厂房、广场等占地根据其地理位置不同可以进行改造再利用或开发成住宅区、商业区等。

　　（8）以矿区闭坑矿井基础设施利用为核心的领域。煤矿按照与城市的地理位置关系可以分为市区、市郊与乡村三种情况。资源枯竭后闭坑的矿井基础设施主要包括道路、供水、供电、供气、排水等设施，同时也存在大量的职工宿舍、办公楼、食堂、厂房及其他服务性的建筑物，还有广场、学校、体育馆、健身房等设施及其他资源。这些资源，尤其是土地资源是能够反复使用的，因此应该建立基于基础设施利用为核心的静脉产业领域。目前这方面的应用领域主要有建设煤炭博物馆和工业旅游地、开发商业区与居民区、开发工业用地、开发农业养殖与种植用地等，井下硐室与设施主要用来搞养殖、种植，作为水仓或二氧化碳存放地等，同时也可以作为城市建筑垃圾的处理场所，充分发挥这些基础设施设备等的功能。

　　（9）以矿区伴生共生矿物综合利用为核心的领域。伴生共生矿物应该属于动脉产业研究的领域，但由于多数煤炭企业没有进行分采分离，分类加工，将其与煤矸石一样作为固废处理，因此这里将其作为矿区静脉产业一个组成部分来看待。煤矿伴生共生矿物主要有油页岩、高岭土、膨润土、铝矾土、硫铁矿、稀土等资源，对这类资源主要采取分采分运、分类加工措施进行处理，但要根据储存数量来决定。如煤系高岭土的利用主要分为两个方面：一是煤系高岭土经粗选后作为建筑材料、铸造型砂，经过改性处理后可作为橡胶、塑料的填充料。二是煤系高岭土还可以用来提炼金属铝、合成4Å沸石、生产聚合氯化铝和白炭黑及铜版纸涂料。煤系硫铁矿的利用主要是用来制取硫黄和工业硫酸，而油页岩可炼制页岩油等。

　　前面根据静脉产业资源的物理、化学、机械等性能从横向，也可以讲从使用领域方面构建了煤炭矿区静脉产业体系，这为相关资源集中开发利用提供了理论依据。但如果一个企业产生的资源达到创办产业的规模可以创办相关静脉产业，如煤泥、煤矸石等，而问题是大多数情况下一个企业产生的资源达不到发展静脉产业的规模，并且有时各种资源混杂在一起，无法直接利用，这就需要拆解、分解、再生、再造等相关产业完成，因此，需要从纵向构建静脉产业体系。

（二）煤炭矿区静脉产业纵向体系构建

　　煤炭矿区静脉产业的主要功能是对矿区废旧资源进行回收加工再利用，使这些宝贵的资源能够再次发挥作用，提高资源利用率，实现可持续发展。矿区废旧资源的来源渠道广泛，可循环或再生利用资源的物理、化学、机械等性质不同，其开发利用的方式及采用的静脉产业的生产工艺也不同，前面根据静脉资源的产生渠道及利用途径，对煤炭矿区静脉产业的横向体系结构进行了分析。由于静脉产业的资源分散在各个领域，不同的资源开发利用的环节也不同，并且在现有技术条件下，不可能对固废进行完全彻底的开发利用，因此，需要从纵向或产业链的角度，对矿区静脉产业体系构成进行分析，即构建静脉产业纵向体系。煤炭矿区静脉产业纵向体系结构如图 4-14 所示。

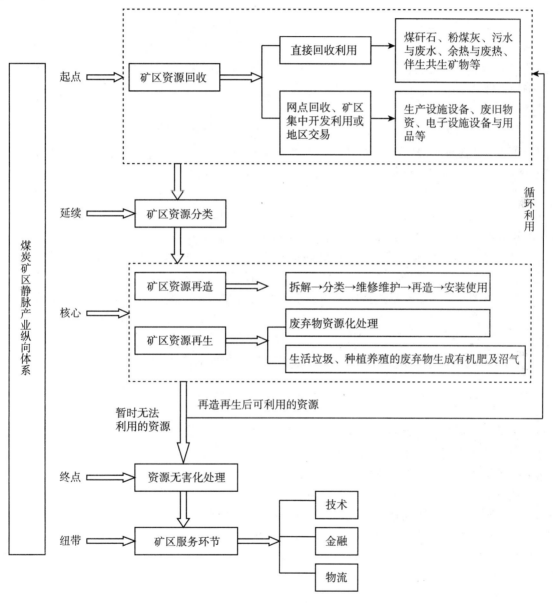

图 4-14 煤炭矿区静脉产业纵向体系结构

（1）矿区资源回收环节。煤炭矿区资源回收分成两部分：一是规模、数量较多的资源，符合建立静脉产业规模要求，由企业直接回收利用，这方面的资源主要有煤矸石、粉煤灰、污水与废水、余热与废热、土地、基础设施、伴生共生矿物等；二是数量比较少，达不到建立静脉产业规模的资源，可以通过回收网点回收、矿区集中开发利用或交易到其他地区利用，这些资源主要包括生产设施设备、废旧物资、电子设施设备与用品、生活用品等。

（2）矿区资源分类处理环节。矿区中规模较大且品种单一的资源，能够直接输送给相关静脉产业使用，而通过网点回收的资源品种多、数量少、成分复杂，需要进行分类处理才能供有关产业使用。

（3）矿区资源再造环节。煤炭矿区能够达到规模的再造资源主要是单体支柱、皮带、矿车、小绞车、小电机、局部变压器、小电器、刮板运输机、跳汰机等，这些资源再造工艺比较简单，一个矿区就能够建立再造体系；采煤机、水泵、掘进机、通风机、大型变压器等由于规模数量不够，需要对外合作进行再造，也可以通过输出资源或是将外面资源引进来的方式，建立相关再造基地。

（4）矿区资源再生环节。煤炭矿区可以再生的资源主要有废旧金属、橡胶、塑料、废旧纸张、有机生活垃圾、种植养殖的废弃物等。资源再生的主要处理渠道：一是资源化处理，就是将废弃物加工成相关资源；二是对生活垃圾、种植养殖产生的废弃物经过沼气池或堆肥生成有机肥及沼气。

（5）矿区资源无害化处理环节。矿区资源无害化处理主要是对无法利用或暂时无法使用的废弃物等进行掩埋、储藏等处理。

（6）矿区服务领域。矿区静脉产业的服务环节主要包括技术服务、金融和物流。因此，煤炭矿区需要建立的是静脉产业物流体系，一方面是再生资源回收体系，另一方面是资源交易体系。资源交易体系包括再造产品与再生资源的销售、对外输送资源销售、矿区静脉产业发展所需资源的购进等。

三、依据组织间与组织内视角构建煤炭矿区静脉产业体系

（一）构建矿区组织内静脉产业链

由于矿区资源种类繁多，无法一一列举，为分析简便起见，特以矿区组织内废旧设备设施及废旧物资为例，对矿区报废设备设施、矿用物资再利用的核心就是通过回收、拆解、再制造、再生的过程，使一些资源的物理、化学、机械等特性恢复到使用前状态。矿区内各组织可通过引进和自主创新一些利用废旧设备的新技术，建立废旧设备设施能级利用模式，在这个过程中，要注意对其属性进行细分：首先要看物资在同一领域丧失功能后能否用作他用；物资在此领域不能继续使用，则可转向其他领域，看其是否适用。类似的，对于组织内产生的大量废弃资源，矿区组织可首先考虑在自身内部处理消化。报废设备设施循环利用图如图 4-15 所示。

（二）构建矿区组织间静脉产业网络

煤炭产业涉及的能源与资源较多，所以能够与煤炭企业耦合而形成静脉产业的模式也是多种多样的。如矸石—发电—建材—建筑产业、水泥厂—余热电厂、石膏矿—石膏板厂—水

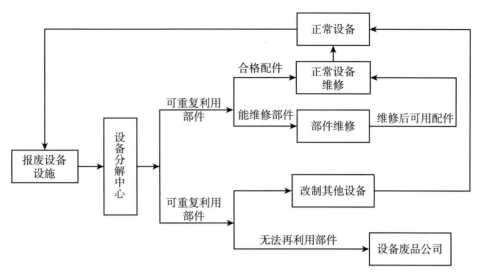

图 4 – 15　矿区组织内报废设备设施循环利用静脉产业模式

泥厂、煤炭—煤气—发电—建材等多种形式的产业链，不同产业链的交叉就构成了静脉产业网。构建煤炭企业与其他企业间的静脉产业网络，使静脉产业发展为集煤、电、煤气、水泥、建材、化工、钢铁等于一体的静脉产业园区，废弃物的整个循环与单一企业循环而言，更易做到大范围内的零排放。如以煤炭产业为依托，在煤炭开采的同时将产生的瓦斯进行回收处理，并输送到各企业用于生产发电或作工业用燃料，对生产出的原煤筛选出的煤矸石等低热值燃料用来进行生产发电，灰渣作为各厂区的建材原料。以原山东枣矿集团富源热电公司依托煤矸石电厂项目构建企业间静脉产业网络模式为例作具体分析。

原山东枣矿集团公司滕南小区现有原集团公司所属二级单位 7 家，分别是田陈煤矿、二机厂大修中心、租赁站、供应处、铁运处、供电工程处、滕南医院。煤矸石电厂项目实施前，供热方式采用各自独立的供热系统，未形成集中供热。工业用汽及职工生活采暖皆由各自单位自行设立的蒸汽或水暖锅炉，供热方式比较落后，供热效率差，且浪费严重。煤矸石电厂项目已于 2006 年投入运行。2007 年建成同型号备用锅炉一台，并于 2007 年年底投入运行，实现了热电联产。热电联产可以替代 15 台小锅炉。富源热电公司煤矸石电厂属于坑口电项目，燃料来源主要依托于田陈煤矿。电厂循环水水资源来自田陈煤矿矿井水，下设田陈煤矿矿井水处理厂。公司利用矿井水，经过技术处理后可用于公司循环冷却水和井下防尘用水以及绿化、卫生清洁等。对电厂附近的企业实行集中供热，有效节约了资源，减少了管理费用，改善了环境，提高了供气质量。以与山东省田陈煤矿进行合作为案例，富源热电公司煤矸石电厂静脉产业链模式如图 4 – 16 所示。

（三）构建矿区组织与社会之间的静脉产业链（网）模式

原因同上，这里以煤炭矿区水资源利用为例进行分析。现有煤炭矿区水资源主要包括煤炭开采外排的矿井水和洗煤厂、焦化厂等工矿企业产生的工业废水。在建立污水处理中心，

静脉产业

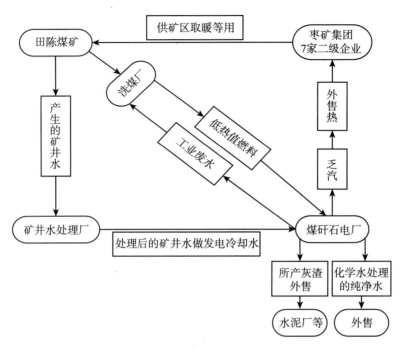

图 4 – 16   山东富源热电公司煤矸石电厂静脉产业网络模式

根据矿井水质的特性、来源及应用领域采取不同的处理方式，使其与企业生产活动相联系，建立自身的水循环再用机制，即水资源按不同层级的消费者的要求在不同部门流动，最后进入污水处理系统进行处理，然后再次循环。矿区水资源循环利用静脉产业模式图如图 4 – 17 所示。

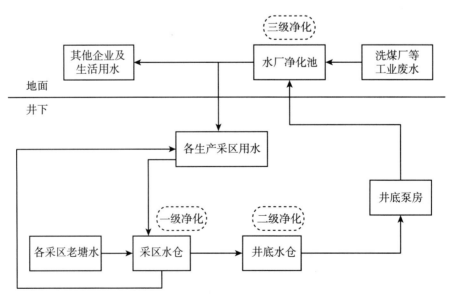

图 4 – 17   矿区水资源循环利用静脉产业模式

综上所述，依据前述理论，充分考虑煤炭矿区资源特性以及静脉产业发展基础，从纵横向视角和组织内与组织间视角分别构建静脉产业体系，为矿区以静脉产业为核心，实施多元化发展战略提供了依据。除此之外，其他行业静脉产业发展中会由于行业特性不同而呈现出不同发展方式，现就部分行业发展静脉产业体系的形式进行简要分析。

第六节　静脉产业的资源利用模式

一、工业固废利用模式

（一）工业固体废弃物定义

工业固体废物是工业生产过程中排入环境的各种废渣、粉尘及其他废物。这些废弃物主要分为以下几个种类：

（1）按来源分类，主要有冶金固体废弃物、燃料灰渣、化学工业固体废物、石油工业固体废物、食品工业固体废物、其他废物。

（2）按危害状况，可分为一般工业固体废物和危险废物。一般工业固体废物包括粉煤灰、冶炼废渣、炉渣、尾矿、工业水处理污泥、煤矸石及工业粉尘等；危险废物指易燃、易爆，具有腐蚀性、传染性、放射性有毒有害废物，半固态、液态危险废物等。

（3）按行业类型分类：主要分为冶金、金属结构、交通、机械等行业（金属、渣、砂石、模型、芯、陶瓷、涂料、管道、绝热和绝缘材料、黏结剂、污垢、废木），建材工业（金属、水泥、黏土、陶瓷、石膏等），食品加工业（肉、谷类、蔬菜、硬壳果、水果等），橡胶、皮革、塑料等工业（橡胶、所料、皮革、布、纤维、塑料等），化工工业（化工废渣、化学药剂、污泥等），石油化工工业（化学药剂、金属、塑料、橡胶、陶瓷、沥青、污泥、油毡、石棉、涂料等），电器、仪表、仪器等工业（金属、玻璃、研磨料等），纺织服装业（布头、纤维、金属等），造纸、木材、印刷等工业（刨花、锯末、碎木、化学药剂金属填料等）。

工业固体废弃物的种类繁多，数量庞大，成分复杂，是环境主要污染源之一，其危害主要表现在以下几个方面：

（1）侵占土地，目前我国工业固体废弃物就达 60 多亿吨，占地 5.4 亿平方米。

（2）污染土壤，工业固体废弃物中的有害成分渗入土壤后，能够杀死土壤中的微生物，破坏土壤腐解能力，导致草木不生。

（3）污染水体，工业固体废弃物随降水和地表径流流入江河湖海，渗入地下水体，造成水体污染。

（4）污染大气，堆存的废渣随风飘散，扩散污染范围。

工业固体废弃物经过适当的工艺处理，可成为工业原料或能源。一些工业固体废弃物已制成多种产品，如水泥、砖瓦，提取金属或稀有金属，制造肥料和土壤改良剂等。目前，工业固体废弃物的管理还是以政府管理为主，并亟须新兴的符合可持续发展要求的治理技术。

（二）我国工业固体废弃物资源化利用现状

近年来，我国工业固体废弃物呈现增长趋势，但综合利用率却不高，废弃物资源化成为一个亟待解决的问题。废弃物资源化主要包括以下几个方面：

（1）粉煤灰的综合利用。近些年来，尽管粉煤灰的排放量随着电力建设的发展而大幅度增加，但粉煤灰的利用率依然保持稳定上升。粉煤灰主要可以作为建筑材料的掺和物，广泛用于建材工业中，也可用于商品混凝土、墙体材料、筑路、水泥生产等。

（2）冶金渣的综合利用。冶金渣主要包括生产过程所产生的矿渣和含铁尘泥以及废矿等废物。矿渣主要包括锅炉渣、钢渣等。高炉渣可分为高炉水渣和高炉干渣两大类，水渣是生产水泥的重要原料，已被广泛应用于水泥行业中；干渣应用广泛，以钢渣为例，其利用途径可分为内部循环和外部循环利用两个方面，内部循环主要作为烧结矿的原料，也可代替石灰石作为高炉或化铁炉的熔剂，外循环利用主要集中在建筑建材行业，可直接作为贴纸校正料替代水泥生产原料。

（3）煤渣的综合利用。炉渣主要被添加到黏土砖中，可以大大节省砖窑的能耗，而且还可以增加砖的强度，其余被制成煤渣砖、铺路或填坑。

（4）脱硫石膏的综合利用。脱硫石膏是指燃煤电厂的烟气经脱硫工艺产生的产物，主要成分是二水硫酸钙，而且脱硫石膏是与天然石膏等效的材料，可将脱硫石膏作为水泥基材添加剂等使用，脱硫石膏还可制成石膏砂浆和石膏砌块等墙体制品、抹灰材料、装饰建筑以及具有多种功能的胶粘剂等。

（5）建筑工程废弃物的综合利用。建筑工程废弃物是指新建、改扩建工程、装潢工程或对旧建筑拆除、维修、在装潢过程中产生的渣土垃圾和废旧物品。工程渣土和建筑泥浆以回填或氯化、围海造田为主，建筑垃圾通过市场调节基本可以做到产生和消费的平衡。

二、生活垃圾资源化利用

（一）生活垃圾的定义

生活垃圾是指在日常生活中或者为日常生活提供服务的活动中所产生的固体废弃物以及法律、行政法规规定是生活垃圾的固体废弃物。生活垃圾一般可以分为四大类：可回收垃圾、餐厨垃圾、有害垃圾和其他垃圾。

（1）可回收垃圾包括纸类、金属、塑料、玻璃等，通过综合处理回收利用，可以减少污染，节省资源。

（2）餐厨垃圾包括剩菜剩饭、骨头、菜根菜叶等食品类废弃物，经生物技术就地处理堆肥，食用废油类回收后可以用在工业中，用来制作肥皂，或者利用技术让废油转化为生物柴油。

（3）有害垃圾包括废电池、废日光灯管、废水银温度计、过期药品等，这些垃圾需要特殊安全处理。

（4）其他垃圾包括砖瓦陶瓷、渣土、卫生间废纸等难以回收的废弃物，可以采取卫生填埋的方式处置。

（5）塑料。塑料的危害主要有以下四个方面：①塑料地膜废弃物在土壤中大面积残留，长期积累，破坏土质；②抛弃在陆地或水体中的塑料，污染地下水，被动物吞噬，可能导致动物死亡；③生活垃圾中的塑料质量轻、体积大，不易处理，难以降解；④焚烧处理塑料垃圾会产生多种有毒物质。

（6）剩餐。剩餐主要来自餐饮业，本来可以搜集作为饲料处理，但日常中的剩餐常常与普通垃圾混在一起，容易滋生蚊蝇细菌，释放对人畜有毒的氨气和硫化氢气体，也促进沼气的产生，留下容易发生垃圾爆炸的隐患。

（7）油漆、黏合剂、颜料等。主要来源于建筑、家庭装修后的废弃物。这些废弃物含有有机溶剂，其挥发性高，容易被人体吸收，具有危险的毒性。

（8）清洁类化学药品。主要来源于各种家用去油、除垢等化学药剂，以及空气清新剂、杀虫剂等，这类垃圾含有有机溶剂或自然界中难以降解的石油化工产品，具有腐蚀性，有的含有氯元素，燃烧会产生剧毒物质。

（9）废纸张、易拉罐和玻璃瓶。主要来源于办公室、学校、写字楼、商场、冷饮处、家庭等。

以上这些垃圾严重污染水体，滋生大量蚊蝇和致病微生物，导致生物性污染，并且侵占了大量的土地，垃圾爆炸事故也不断地发生，因此，生活垃圾处理刻不容缓。

生活垃圾的处理方法大致可以分为：焚烧、填埋、堆肥和分选回收再利用。其中分选回收再利用是目前处理垃圾的最佳方式。一方面，焚烧垃圾产生的有毒气体会带来二次污染；填埋会侵占大量土地，填埋堆肥可能导致土地渣化，并可能对地下水体造成污染。另一方面，"分选"，即垃圾分类，是所有方式的前提条件；回收再利用，既可以回收利用资源，又可以减少垃圾处理量，减少运输、技术处理过程中的人力、物力、财力。

（二）我国生活垃圾资源化利用现状

近年来我国城市生活垃圾处理取得了快速的发展，截至 2014 年年底，我国城市生活垃圾产生量已达到 17899 万吨，清运量 17677 万吨，处理量 16681 万吨，与 2013 年相比分别增加 2.91%、2.54%、3.45%。全国设市城市生活垃圾处理率达到 91.9%，无害化处理率达到 79.8%。目前城市填埋场的平均规模大约是每座 600 吨/日，总规模年平均增加 1.0 万~1.5 万吨/日，预计到 2015 年达到 35 万吨/日。城市级垃圾焚烧厂有 138 个，处理能力超过 12 万吨/日，各省拟建垃圾焚烧项目总规模约为 30.72 万吨/日。

然而，生活垃圾处理形式也很严峻，近一半的垃圾未经任何处理。生活垃圾带来安全隐患，影响经济的可持续发展。为了提倡资源节约、环境友好型社会，要求动脉产业和静脉产业齐发展：动脉产业实现产业环境化，静脉产业实现环境能够产业化，满足废物资源化、减量化和无害化利用的循环经济需求。

三、电子废弃物资源化利用

（一）电子废弃物定义

电子与电器设备（Electric and Electric Equipment，EEE）是只依靠电流或者电磁场才能够正常工作的产品，其使用的交流或直流电压分别不超过1000伏或1500伏。废弃的电子与电器设备（Waste EEE，WEEE）产生于EEE，包括定义内的电子、电器产品，以及其所有的附件、零部件和消耗品。WEEE中含有塑料、重金属、聚合溴化联苯（PBB）及聚合溴化联苯乙醚（PBDE）等多种有毒有害材料，如果处理不当，就会造成严重的环境问题。

与此同时，WEEE中也含有大量可继续使用的电子元器件，品位较高的金属与贵金属材料，以及玻璃与塑料等非金属材料，具有显著的资源化再生价值，是珍贵的资源。对其合理的回收利用，不仅利于环境保护，而且还可推进社会的可持续发展。

（二）我国电子废弃物资源化利用现状

我国是世界范围内电子产品的生产、消费和出口大国。根据国家统计局提供的资料显示，2013年，我国家电行业销售产值超1万亿元，其中，冰箱累计销售量为4319万台，同比增长29.14%，空调销量6878万台，同比增长25.45%，洗衣机3457.1万台，同比增长20%。另外，据美国环保组织撰写的报告《出口危害：流向亚洲的高科技废物》中指出，全世界数量惊人的WEEE中，有近7成进入中国。

消费者手中的电子电器设备在完成实用功能后，有四个可能出路：二手市场、维修商店、回收、搁置。WEEE的流向及其处理状况如图4-18所示。

到达二级消费者手中和搁置的家电产品，在一段时间后还是会变成垃圾；通过维修店和回收站到达拆卸者手中的WEEE，采用不规范且原始落后的方法进行拆卸，有价值的进行回收，其余的丢弃，造成了很大的资源浪费。但是我国也涌现了许多新技术，例如，上海金桥工业废弃物管理有限公司目前形成了包括电子废弃物综合处置系统、废矿物油检测实验室、危险废物分析实验室在内的先进完备的废弃物处理系统，率先研制成包括电子元器件、精拆流水线、废旧硒鼓墨粉和再生处理系统，废旧电子线路板处理系统在内的工业电子废弃物综合处理系统，有效回收其中的再生金属和再生塑料，解决了WEEE二次污染的问题，极大地提高了电子垃圾的再生附加值。其中，废矿物油再生资源化系统，可以解决目前非油处理技术落后的现状，以废油为燃料油替代煤，有效减少了NO_2的排放。这些技术有效支持了循环经济"静脉产业链"的打造。

四、再制造发展

（一）再制造定义

再制造（Remanufacture）产业是在循环经济理论基础上发展起来的新产业，以优质、高效、节能、节材、环保为准则。根据国家发改委的定义，再制造是指主要以机电产品

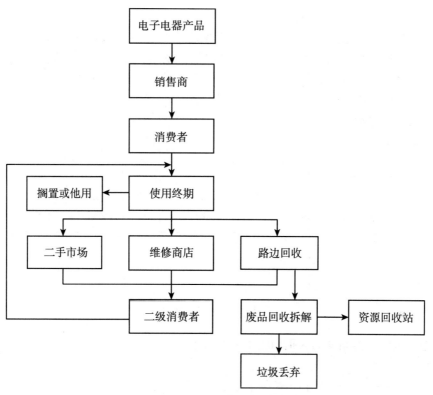

图 4 – 18　废弃电子电器产品流向

（装备）等废旧工业制成品为原料，在基本不改变产品形状和材质的情况下，运用高科技的清洗工艺、修复技术，或者利用新材料、新技术，进行专业化、批量化修复和改造，使此产品在技术性能和安全质量等方面能够达到满足再次使用的标准要求，具体如图 4 – 19 所示。

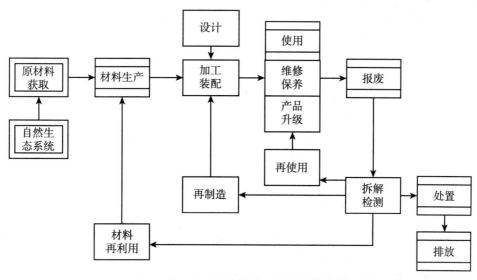

图 4 – 19　产品生命周期中的再制造工程

静脉产业

再制造的对象是广义的，可以是设备、系统、设施，也可以是其零部件。再制造工程包括两个主要部分：再制造加工，在失效分析和寿命评估的基础上，把有剩余寿命的废旧零部件作为再制造毛坯，采用先进的技术，使其性能迅速恢复，甚至超过新品；过时产品性能升级，主要针对已达到技术寿命的产品，或是不符合可持续发展要求的产品，通过技术改造、更新，改善产品的技术性能、延长产品的使用寿命，减少环境污染。

再制造的生产流程如图4-20所示。

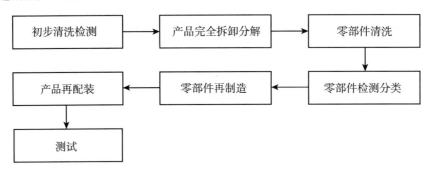

图4-20 再制造流程

再制造与维修、再循环的区别如图4-21所示。

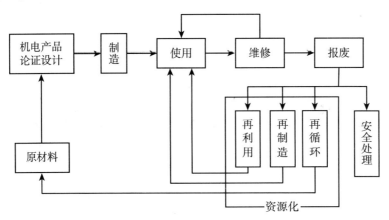

图4-21 资源再利用各种形式之间的关系

维修厂具有随机性、原位性、应急性，其设备和技术一般相对比较落后，而且形不成批量生产；再循环是通过回炉冶炼等加工方式，得到低品位的原材料，而且回收重要消耗较多资源，对环境有较大影响。而再制造有比较显著的特点。

1. 再制造技术优于原始制造

机电产品经过若干年的使用以后才会报废，而在使用期间，科学迅速发展，新材料和新技术、新工艺不断涌现，在对废旧机电产品进行再制造时可以吸纳最新的技术，提高易损零件、易损表面的使用寿命，对老产品进行技术改造，使其整体性跟上时代的发展和需求。这里的典型例子是先进表面工程技术、纳米表面工程技术。

2. 技术和工艺水平

再制造工程遵循一定的质量标准和经济原则，一般有五个步骤：第一，产品全部进行清洗；第二，产品全部进行清洗；第三，对零件进行检测分类；第四，失效零件的再制造加工或替换；第五，产品的再装配。废旧产品的拆解和清洗是在制造工序中没有的，因此属于工业领域中的新技术。再制造在此方面建立了细致的工作标准，并不断传造出新的解决方法和工艺技术。

3. 再制造成本低

再制造以废旧产品为原料加工，而不像制造一样从基础资源和零件开始生产制造，因此与制造过程相比，在制造生产出的产品成本要低得多。

4. 节能节材效果明显

所有产品都是有原材料组成的，新产品的制造需要消耗相应的原材料，而传统再循环（材料再利用）会丧失包含在原产品生产中的能源，再制造能够保留第一次制造过程中注入产品中的能源，而且几乎不需要重新投入额外的能源。

通过对再制造特点的总结，我们可将再制造的逆向物流组织形式分为三类：生产组织型、消费者组织型以及第三方组织型。

（1）生产组织型。生产组织型是指原产品的生产企业对产品回收后在进行再制造生产。其主要优势有：生产企业对原产品熟悉，便于进行再制造生产；面向再制造的产品设计，生产者在产品设计过程中就考虑到再制造的因素；对于产品报废原因分析更加准确，再制造产品更优。其主要劣势有：物流成本较高；很难形成优势的产品市场保有量；生产企业对使用者情况不熟悉，对再制造造成困难。

（2）使用者组织型。使用者组织型是指有产品的使用者对产品进行再制造，已达到延长寿命、提高效率、节约成本的目的。其优势在于：减少了物流成本；使用者对于产品使用情况熟悉；有利于产品的升级使用。其劣势在于规模化难度大，小企业难以承受专项技术的开发费用等问题。

（3）第三方组织型。第三方组织型是指非生产企业按再制造的过程，再进行产品销售的再制造组织形式。其优势在于：利用规模化降低成本；解决不同生产者之间的技术和组织冲突。其劣势在于第三方组织难以获得再制造技术和客户的认可。

再制造过程的产品从消费者到再制造生产商，经过再制造返回销售市场的流动过程成为再制造工程的"逆向物流"。"逆向物流"包括退货逆向物流和回收逆向物流两个部分。退货逆向物流是将下游顾客不符合订单要求的产品返回给上游供应商；回收逆向物流是指将最终顾客所持有的废旧物品回收到供应链上各节点企业。再制造流程包含以上两种逆向物流模式，具体如图4-22所示。

静脉产业

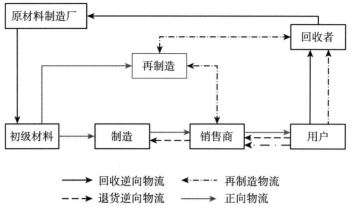

图4-22 再制造物流模式

（二）我国再制造发展现状

20世纪80年代以来，再制造在工业发达国家迅猛发展，我国政府对废旧物的再生利用日益重视，提出了废弃物处理的"资源化、减量化、无害化"的政策，并出台了相关规定，以及一系列的技术和政策。我国主要有以下几个方面的再制造。

1. 汽车相关再制造

汽车产品的再制造是传统的再制造产业，其主要包括汽车发动机再制造和轮胎再制造。发动机再制造工艺延长了产品的生命周期，节约能源，减少生产过程中的污染，具有极大的经济效益和社会效益，如图4-23所示。我国废旧轮胎的回收利用主要用于生产再生胶，其次是生产胶粉。但目前技术还比较落后，缺乏相应的规范，回收市场混乱，亟待改善。

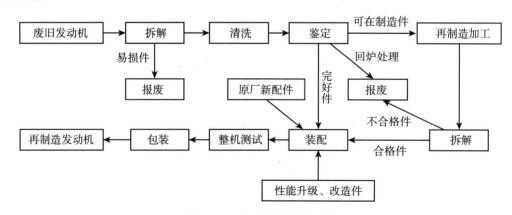

图4-23 发动机再制造工艺

2. 打印机耗材再制造

打印及耗材主要包括激光股份和组件、OPC 鼓、黑色墨粉、彩色墨粉等，弃置后将会对环境造成巨大的危害，要进行回收再制造。

3. 设备再制造

设备再制造，又称设备检修，过去只是对设备技术性能的恢复，现阶段设备的无形磨损已成为设备磨损的主要问题，因此要对设备进行再制造。

4. 船舶配套设备再制造

目前，我国不少修船企业仍处于"敲铲、油漆、换板"的老三样状态，并且我国船舶配套工业发展落后，修船企业技术和资金实力有限，这都限制了船舶再制造的发展。我国要积极吸纳国际先进再制造工程技术，并加以自主创新，形成规模产业，达到发展先进制造业的目的。

再制造是实现静脉产业发展的重要技术途径，带来了我国新的经济增长点，降低成本，提供了物美价廉的产品。它是对先进制造技术的补充和发展，使产品的生命周期得到了延伸，为我国发展循环经济，构建节约型社会做出了贡献。

五、秸秆综合利用

（一）秸秆概述

秸秆是仅次于煤炭、石油、天然气的第四大能源，是一种清洁的可再生能源，可作为生物燃料、有机肥辅料、动物饲料等多种用途的可再生的生物能源。秸秆主要产生于农田，对其综合利用可以把解决能源短缺、加强环境保护、农民增收致富等问题有机结合起来，大力发展循环经济。

（二）我国秸秆综合利用现状

目前，我国作物秸秆还以焚烧的方式进行处理，这样不仅污染环境，同时还造成资源的极大浪费，主要规划三个途径对于作物秸秆综合利用：第一，主要用于返田，改良土壤的结构和提高土壤有机质；第二，部分作物秸秆回收、氨化作为养殖业的干草饲料；第三，少量作物秸秆回收粉碎后有机肥发酵的辅料。

通过新技术也可以对秸秆进行利用，上海长江生态循环农业园区利用生物活性水（BMW）技术，借助于自然中原有的微生物、矿物质以及水形成类似于自然净化系统的人工循环系统。

此外，秸秆还有辅助畜禽粪便进行沼气发电、作为畜禽棚舍的垫料等用途。

六、其他废弃资源的综合利用

(一) 尾矿、余热、余压资源化利用

在当前的技术经济条件下，不宜再进一步分选的矿，称最终尾矿。尾矿并不是完全无用的废料，往往含有可作其他用途的组分，可以综合利用。余热余压利用工程主要是从生产工艺上来改进能源利用效率，通过改进工艺结构和增加节能装置以最大幅度地利用生产过程中产生的势能。

尾矿是有待挖潜的宝藏，例如，广西南丹的锡多金属矿有 61 个尾矿库，在总量 2522 万吨的尾矿中，含有大量的有色金属锡、锑、铅、锌、银、金、铟、镉以及非金属矿砷、硫等，品位都在国家工业品位指标之上，如果借助选矿技术的新发展，将这些金属回收，不亚于建立一个新矿山。我国矿业循环经济当前的任务就是要开发利用长期搁置的大量尾矿。

在石油化工行业，因为工艺过程中伴随有大量的蒸汽，也产生大量的废热液，这些废弃排放掉的热源都可以利用余热余压来回收发电。同样在冶金和钢铁企业，仅回收钢铁企业的冲渣废热水（80~90℃）一项，就可以为每个企业带来 2~5MW 的电能，对于世界最大钢铁产量的我国来说，其社会效益和经济效益是不可估量的。另外，钢铁企业的废弃蒸汽也很多，远远多于冲渣废热水废弃的能量，因而其回收能源的空间总量将是非常巨大的。在其他的行业，包括建材水泥、造纸印染、纺织、糖业食品、酒业、药厂等领域，余热余压利用也都大有可为。

(二) 水资源的利用

水资源作为一种不可替代不可再生的稀缺资源，必须进行统一规划、统一调配、合理使用。水资源包括地表水、工业废水、生活污水、地下水等四部分，地表水与地下水属于新鲜水的范畴，不在讨论范围内。

目前，我国企业应建立健全科学用水制度，使节水工作有章可循，并对企业的用水和排水体系作全面的生产管理。改变对水系统管理工作中既不重视又无科学的指挥"拍板"的局面，同时建立对企业的节水治污工作的奖惩制度。

大力推行节约用水措施，推广节约用水新技术、新工艺，发展节水型工业，建立节水型社区。因地制宜推广节水型生活用水器具，降低城市供水管网漏失率，提高生活用水效率；加强城镇污水集中处理，鼓励使用再生水，提高污水再生利用率。重点开发和推广节水技术及设备。开发和完善高浓缩倍数工况下的循环冷却水处理技术；推广直流水改循环水、空冷、污水回用、凝结水回用及再生水的利用等技术；使用国家鼓励推广经过认证的节水器具和产品；推广供水、排水和水处理的在线监控技术。对生活用水常用设备水龙头、淋浴器、浴盆、洗衣机、厕所冲洗箱等进行改造或重新研制开发使用新产品，做到既不影响用水设备的正常功能，又能达到节约用水的目的。

第七节　典型行业静脉产业体系发展模式

不同行业的静脉产业发展模式由其行业内涵、特性、现有行业经济活动组织方式和相关实践经验所决定的。本节将分别从农业、电子制造行业、机械制造行业、化工行业、冶金行业、轻工行业、纺织行业与造纸行业等几个行业领域简要分析不同行业静脉产业发展模式。

一、农业领域静脉产业发展模式

（一）农业静脉产业的基本内涵

农业静脉产业就是把静脉产业理论应用于农业系统，以生态学、生态经济学和生态技术学原理及其基本规律为指导，对农业生产过程中产生的各种废弃物进行资源化处理和利用，减少废弃物的排放量，从而实现"投入品—产出物—废弃物"的循环综合利用，最终实现农业经济和生态环境效益相统一的新型发展模式。

农业是国民经济的基础和我国社会经济可持续发展的重要组成部分，也是我国实施可持续发展战略的根本保证。我国是一个农业大国，农业人口占大多数，面对我国农业发展中所面临的大量废弃物排放、环境污染严重等问题，推进农业静脉产业的发展，对实现农业资源、环境与经济的可持续发展具有重要意义。

（二）农业静脉产业的层次划分

（1）产业间层次——废弃物资源化。农业产业间相互交换废弃物，使废弃物得以资源化利用。此层次是按生态经济学原理，在一定空间里将栽培植物和养殖动物按一定方式配置的生产结构，使之相互间存在互利互惠关系，达到共同增产，改善生态环境，实现良性循环的目的。这在我国已得到普遍的推广，如种养结合的稻田养鱼，稻田为鱼提供了较好的生长环境，鱼吃杂草、害虫，鱼粪肥田，减少了水稻化肥、农药施用量，控制了农业面源污染，保护了生态环境，增加了经济效益。

（2）农产品消费过程层次——物质能量循环。农产品消费过程中和消费过程后层次的物质能量的循环。这是一种良性的生态农业系统，一个生产环节的产出是另一个环节的投入，使得各种系统中的废弃物在生产过程中得到再次、多次和循环的利用，从而获得更高的资源利用率。

由此可知，农业静脉产业体系可以包含众多不同行业内容在内，其产业发展模式也呈现出多种多样的形式，但其核心发展理念是由农业动脉产业体系中获取废弃物加以利用又反哺农业。因此农业静脉产业发展基本模式如图 4 - 24 所示。

由图 4 - 24 中可以看出，农业领域静脉产业发展的基本模式是以从动脉产业与静脉产业互为补充的发展理念，从农产品的生产、农产品初加工、精加工过程以及农产品在市场和社

静脉产业

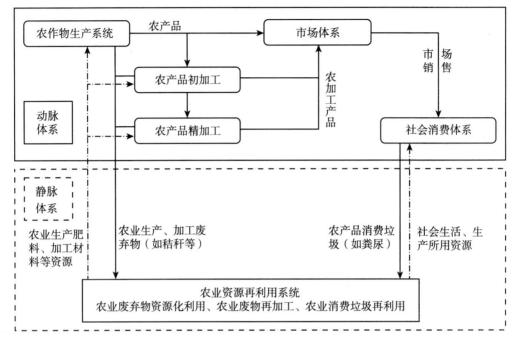

图4-24 农业静脉产业基本发展模式

会消费中获取的各种农业废弃物及可再利用的生活垃圾，经过静脉产业体系的加工生产，形成可反哺农业本身及社会生活的可利用资源。这一过程即农业静脉产业发展的基本方式。当然，随着技术进步以及产品创新速度的加快，很多新的利用模式及反哺方式会涌现出来，形成多链条、多层次、多主体的复杂静脉产业体系，这会令静脉产业与动脉产业间的联系更为紧密，为社会资源的节约创造新的贡献。

（三）农业静脉产业发展类型

农业静脉产业在实践上是一种发展模式或技术规范，它遵循了循环经济中再利用和再循环的原则，使农业经济系统更加和谐地纳入生态系统的物质循环过程，实现生态系统中的能量、物质、信息和资源的有效转换。再使用原则，就是对作物秸秆、水果枝条等以其最初的形态进行多用途的利用，挖掘其更多的经济价值。这个原则的运用表现为做强加工业，主要体现在对各类农产品及其初加工后的副产品与有机废弃物进行系列开发、反复加工，提高其附加价值上。再循环原则，就是对农业生产环节产生的各种废弃物，如作物秸秆、牲畜粪便、海产品的壳、农产品加工业的下脚料等，变成资源为其找到新的循环利用途径。借鉴国外经验，结合国内实际，农业静脉产业发展模式大体可以分为以下几种：

（1）加工废弃物就地利用模式。对于易腐败或附加值较低的农产品固体废弃物、液体废弃物，宜采用就地利用的循环模式，即所有废弃物均就地处理和循环使用，这样一方面可避免长途汇集废弃物所带来的额外费用，另一方面可方便资源直接进入农业生产系统，实现资源在某一农业领域内的循环流动，如图4-25所示。

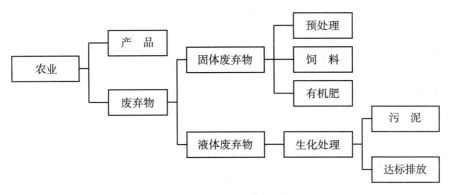

图 4－25　农业废弃物就地利用模式

（2）加工废弃物集中利用模式。农产品加工废弃物集中利用的循环模式，就是在一个某类加工废弃物较多的地区，建设一个规模较大、技术水平较高的农产品资源化基地，利用某项现代生物工程和高效提取技术，专业从事产品加工废弃物的综合利用。对于某些附加值较高的农业废弃物，由于实现其资源化利用还需要一些复杂的技术，就地处理无法实现这一过程，这样就需要采用集中利用的模式，从而可以大大提高资源的利用率，为农业发展创造更大的价值。如汇集油料加工厂生产的油脚，提取维生素 E、卵磷脂等；汇集速冻食品加工厂的龙虾资源，提取甲壳素、蛋白、虾红素等；汇集蔬菜加工厂的废物生产有机肥。

二、电子制造行业静脉产业发展模式

"绿色电子制造"是电子制造业必由之路。电子制造企业需要进行产品策略变革，实施绿色产品体系。在开发设计新产品的过程中，必须把产品回收方面的相关要求纳入一并考虑，这些要求包括采用易于回收的材料及元器件、有利于产品拆解的组装方式以及对所有的塑料部件加入塑料分类标志。

电子产业静脉产业对废旧手机、家电等电子产品进行回收处理，主要工作包括：

（一）回收及预处理工作

对各种废旧电子产品的回收是首要工作，因而要建立配套的回收体系，对于不能直接再用的电子废物（包括冰箱、电脑及其他电子产品）收集后首先进行分类，然后运往电子废物处理中心继续下一步处理，预处理流程如下：（1）人工拆解：将废旧电子产品用人工进行拆解，拆解的目的在于将所有的安装件和有害材料拆除。如在处置废电冰箱和废空调的过程中，使用专门的抽吸装置将制冷剂（氟氯化碳或戊烷）排干，用专用管道将制冷剂输送至焚烧炉中进行焚烧处理。电子废品如电视机、电子游戏机、电脑等通过人工拆解出显示器、电子电路板和壳体等部件。（2）分类：将人工拆解后的废旧电子产品，用人工进行详细分类。将可回收利用的塑料、有色金属、玻璃等材料大体分开。对于经人工拆解的部件，相对完好的可直接重复利用，如电子电路板拆除的电子元件，经检测完好的可以重复利用。（3）机械破碎：将已经分类的可回收利用材料分别进行破碎。（4）风力筛选和磁力筛选：将已经破碎的小片通过风力筛选机和磁力筛选机筛选后，将不同的材料分开。主要分为：废钢铁、废塑料、铜铝等有色金属、其他贵重金属和废玻璃等。如电子产品塑料壳体或金属壳体破碎后经过磁选机、涡选机可分拣出铁金属、有色金属和塑料再将其回收利用。

（二）再加工和再利用工作

经过预处理得到的废钢铁、废塑料、铜铝等有色金属、其他贵重金属和废玻璃等物资，需要按其不同特性，进行再加工和再利用。回收材料大致分为以下几类：（1）废钢铁：除少量直接利用在企业工装设备等部门使用外，大部分由废旧钢铁冶炼企业收购。（2）废塑料：将PP、PS、ABS等塑料进行分类，并标志不同颜色，然后转交塑料加工车间生产再生塑料。（3）机油：压缩机机油回收后，可销售给本地的炼油企业，进行石油工艺提炼，能够生产出汽油、润滑油等产品；由于废机油的品质较高也可经过初步提炼加工市场销售，油渣送至本园区内的废矿物油加工车间进行处置。（4）铜、铝等有色金属：一部分通过检验直接使用或修复后使用，其他重新铸锭。（5）其他贵重金属：回收后由电子原料企业收购，添加塑料制作金属合金，或经废金属冶炼工厂处理后得到各种贵重金属。（6）碎玻璃：运往废玻璃处理车间集中处置。

废旧电子产品处理后会有部分材料不可回收利用，如一些纯度不够的废塑料、废钢铁等，材料混在一起，无法分离；另外，制冷剂也不能全部回收利用，上述固废属于危险废物，通常由危险废物处理中心统一集中安全处置。

三、机械制造行业静脉产业发展模式

机械工业是为国民经济各部门制造各种装备的部门，在机械工业的生产过程中不论是铸造、锻压、焊接等材料成型加工，还是车、铣、镗、刨、磨、钻等切削加工都会排出大量污染大气的废气、污染土壤的废水和固体废物。机械制造业静脉产业的主要原料来源就是在材料加工过程中产生的大量金属屑、熔炼渣、炉渣等和粉末等固体废弃物。

（一）机械工业固体废弃物的预处理

机械工业固体废物多种多样，其形状、大小、结构及性质各异。为了进行处理、利用或处置，首先须对工业固体废物进行预处理。预处理的方法很多，如处理或处置前的浓缩及脱水、处置前的压实、综合利用前的破碎及分选等。

（1）压实是利用压力来提高工业固体废物容重的一种预处理方法。压实仅适用于那些压缩性大而复原性小的废料，如金属加工排出的各种松散废料。通过压实处理可大大减少包装容器的数量，提高搬运效率，减小进行无害化处理及最终处置的废物体积。

（2）破碎处理是利用外力缩小固体废物颗粒尺寸的一种方法。通过破碎处理，可使工业固体废物颗粒尺寸均匀，使容重和比表面积增加，进而提高焚烧效率，便于分选回收有用的金属及提高填埋处置的密度。

（3）为了回收利用工业固体废物中的有用成分，或将有害成分分离出去，在对工业固体废物进行处理、利用和处置之前常须进行分选处理。一般是利用物料的某些特性，如磁性、漂浮性、粒径大小等来进行分选。根据这些特性形成了多种多样的分选方法，如筛分、重选、磁选、浮选等。

（4）对有害的机械工业固体废弃物必须进行无害化处理，常用方法有化学处理、焚烧、固化等。化学处理方法通常只适用于处理有单一成分或几种化学特性类似成分的废物，包括氧化、还原、中和等；焚烧是通过高温对可燃性固体废物进行破坏的一种无害化方法，也是有机物的深度氧化过程；固化是指通过物理—化学方法将有害废物固定或包容在惰性固化基材中的无害化处理过程，固化产物可直接进行安全土地填埋处置也可做建筑的基础材料或道路的路基材料。

（二）机械工业固体废弃物的利用

机械工业固体废弃物的综合利用是指通过回收、复用、循环、交换以及其他方式对工业固体废物加以利用，它是防治工业性污染、保护资源、谋求社会经济持续稳定发展的有力手段。工业固体废物综合利用的途径很多，主要有生产建筑材料、提取有用金属、制备化工产品、用作工业原料、生产农用肥料和回收能源等。

废旧金属是机械产品在生产、使用过程中不断产生的废物，数量较多。如来自切削过程的切屑、金属粉末、边角余料、残次品，以及铸件浇冒口、报废工具和机床（或零部件）、各种锈蚀损坏的钢铁结构物品等。处理方法通常是先进行分拣，对某些尚有使用价值的部分进行修复或改制后重新使用，再把有色金属和黑色金属分开后，回炉熔炼。

在重金属电镀污泥被塑料固化的工艺流程中，电镀污泥的处理关键是将含水率95%以上的电镀污泥干燥和球磨的工艺。污泥干燥方法是先将回收的电镀污泥，经自然干化、干燥机烘干。干燥后即可球磨，污泥粉末与塑料粉末以一定比例混合配料，最后可以压制成型或注塑成型为一定形态的产品。

四、化工行业静脉产业发展模式

化工行业生产的特点是产业链长、产品种类多，生产过程中的化学反应往往伴随其他反应，产品伴随其他产品，上下游生产之间的衔接性也非常好，产品之间还存在很强的可转换性。因此，发展化工行业静脉产业的巨大优势除了依靠技术进步外，还必须结合化工行业的生产特点，遵循静脉产业运行的基本机制，构建化工行业发展静脉产业的有效组织形式。

借助化工产业园区发展静脉产业是非常有效的组织形式。化工行业生产过程中所产生的"废弃物"由于价值很低，不可能进行长距离的运输。因此，化工行业发展静脉产业需要在相对集中的空间上实现范围经济和规模经济。除了一些大规模综合性化工企业可能做到同时满足上述两个要求外，绝大多数化工企业是难以同时达到这三个要求的。但是，化工行业发

静脉产业

展循环经济不一定要局限于企业层面，通过企业联合、产业集聚可以比较有效地解决化工行业在企业层面发展静脉产业的困难。产业集聚强调生产在空间区域上的"大专业和小分工"，非常符合共性和个性的辩证关系，而工业园区是实现产业集聚最有效的方式。通过借助发展化工园区，促进生产相互衔接的相关化工企业进行空间集中，实现产业有机集聚，形成生态网络，便于化工废物的回收和处理，使得化工行业满足发展静脉产业所需要的范围经济、规模经济和空间集中的要求。

在化工产业园区内设立固废处理站，此处理站拥有化工固废的收集、运输、贮存、物化处理、焚烧、稳定化、固化、污水处理和安全填埋等处置设施和完善的固废管理、检验、控制系统。危险废物的填埋场共用多层保护膜，以防止影响地下水和土壤；填埋场渗滤液通过处理后，可达到国家一级排放标准。所有进入处置站的化工废物都要首先经回收系统进入化验室进行化验和分类，然后再根据化工废物的特点进行分类处理。化工固体废物种类繁多，成分复杂，治理的方法和综合利用的工艺多种多样，应重点抓好量大面广的治理和综合利用，如对硫铁矿烧渣，应根据其含铁量的不同确定其用途，铁含量高的应回炉炼铁；低铁、高硅酸盐的硫铁矿烧渣宜做水泥配料。烧碱盐泥可采用抽滤、沉淀过滤法进行处理，或用于制氧化镁等；含汞盐泥可用次氯酸钠氧化法、氯化—硫化—熔烧法进行处理，并回收金属汞。电石渣可制水泥或代替石灰作各种建筑材料、筑路材料等，还可用来生产氯酸钾等化工产品。其他化工废物，例如，磷渣可烧制磷酸；溶剂厂母液可生产二甲基甲酰胺等；染料废渣制硫酸铜等产品；胶片厂的废胶片和废液可回收银。对于某些不可再次利用的废弃物，则直接采用适当工艺销毁，如对有机污泥和可燃化工废物，采用焚烧工艺；对表面处理的废物及重金属污泥，采用稳定化、固化处理工艺；对废液，采用物化处理工艺；对可直接入填埋场的化工固废，采用直接填埋工艺。对于不宜采用上述方法处置的危险废物，则存放于暂存库，以便和其他处置站进行废物交换或进一步研究开发利用。

总之，在化工园区设立固废处理站应符合化工产业静脉产业的内在要求。不仅高效、环保，也便于管理监测。化工行业借助工业园区形式发展静脉产业在理论上是说得过，在实践上是行得通的。

五、冶金行业静脉产业发展模式

冶金行业是我国国民经济的支柱产业之一，为社会的发展做出了重要贡献。然而，冶金企业造成的环境污染与资源浪费也是相当严重的。冶金行业的废弃物主要有高炉渣、钢渣、废旧油、含铁尘泥等，这些废弃物并不是毫无价值的，它们也具有相当大的可利用价值：高炉矿渣是发生量最大的冶金渣资源，生产矿渣微粉用作砼高性能掺合料；高炉干渣经加工可广泛应用于混凝土道路、地坪和砌块、三渣路基料、水泥掺合料、新型矿物棉制品等方面；钢渣回收后用于水泥生产、道路路基料、混凝土工程、软土地基处理等领域。废旧油经处理形成的净化油产品质量可达到同类新油的使用标准，实现再生利用；含铁尘泥是品种最多、成分最杂的废弃物，除部分含锌较低的高炉瓦斯泥、转炉OG泥返回烧结循环利用外，大部分含铁尘泥都通过简单加工或直接外销利用，主要供水泥厂以及中、小钢铁厂作水泥生产和炼铁烧结原料；冶金废弃物中的酸洗废液和除硅泥饼用于制备球形氧化铁黑。

冶金行业发展静脉产业的关键问题是要做好工业废弃物质和能源的大、中、小循环。小循环是指生产上下工序之间的循环，谁在各个工序内部的自循环以及各个工序生产过程中产生的副产品在本工序内的循环等，如炼铁总厂产生的各种除尘灰返回本厂烧结工序。中循环是指各个生产厂之间的物质和能量循环，即下游产品的废物返回上游工序，作为原料重新利用；或者将一个生产厂产生的废物、余能作为其他生产厂的原料和能源。例如，高炉渣和转炉渣作为矿渣公司生产的原料，矿渣公司产生的废物——渣粉作为水泥厂生产水泥的原料；发电厂的粉煤灰作为生产建材产品的原料。大循环是指企业与社会之间的物质和能量循环，包括向社会提供民用煤气、冬季将余热输送供居民取暖、使用报废的社会废品并经回收后作为金属生产原料重新使用、金属渣用于建材和城市道路交通建设等。总之，对冶金工业废弃物的处理处置及资源化有着巨大的环境价值、经济价值和社会价值。冶金行业发展静脉产业要结合行业自身生产特点，以市场为导向，在努力提高返生产线循环利用的基础上，发挥资源优势，大力拓展废弃物资源的外循环利用途径，通过静脉产业的发展，大力开发综合利用产品，实现渣、灰、泥、酸、油、气等工业废弃物和副产品资源化，形成建筑材料、磁性材料、耐火材料、化工原料、冶金辅料等冶金工业废弃物综合利用产业。

六、轻工行业静脉产业发展模式

轻工行业按其所使用的原料不同，可分为两大类：

（1）以农产品为原料的轻工业，是指直接或间接以农产品为基本原料的轻工业。主要包括食品制造、饮料制造、烟草加工、纺织、缝纫、皮革和毛皮制作、造纸以及印刷等工业。

（2）以非农产品为原料的轻工业，是指以工业品为原料的轻工业。主要包括文教体育用品、化学药品制造、合成纤维制造、日用化学制品、日用玻璃制品、日用金属制品、手工工具制造、医疗器械制造、文化和办公用机械制造等工业。根据轻工业行业的具体特点进行分析，目前轻工产业静脉产业模式主要有造纸行业静脉产业模式、食品静脉产业模式、纺织行业静脉产业模式、橡胶行业静脉产业模式、塑料行业静脉产业模式等。各个行业特点不同，构建的静脉产业模式不同；企业所处的地理位置不同，面临的生态环境、生存环境不同，所构建的静脉产业模式也不同。

七、造纸行业静脉产业发展模式

从已有材料可以看出，发展静脉产业是造纸业持续发展的必由之路，大力发展静脉产业是解决废纸回收、造纸污染等问题的必然选择，只有这样纸业才可能更好地持续发展。

静脉产业在造纸行业中的应用表现在三个方面：

（1）通过废旧资源回收实现产业生产循环。废纸作为造纸原料生产纸和纸板，可以减轻污染，保护环境，还可以减少森林砍伐，节省原生纤维资源。我国所用废纸原料，多以国外进口废纸为主，主要原因是国内回收不能满足企业生产要求，同时回收的废纸分类粗糙，好坏混杂，非木纤维含量高，草浆成分较多，影响纸的品质。目前在一些废纸回收做得比较成熟的国家，均有一整套严格的回收法律体系：对造纸企业，强制要求必须使用一定数量的废纸作为生产原料；对回收企业，规定政府必须给予一定的补贴，保证它们的正常运行能获得合理的经济效益；对消费者，行政执法部门会随时抽查，对于不按要求把废纸分类送交到指定的回收处的，进行罚款。

（2）对生产过程中的废弃物回收利用。经过预处理，达到卫生学无害化水平的造纸污泥，具有优良的保温节能、轻质吸声性能，因而可将其作为功能性建筑材料，与料浆混合后填充于节能利废自保温砌块的结构空腔中。充分发挥优势，彻底解决危害，赋予并利用其功能性建筑材料的作用，形成初级"污染废弃物"、中级"功能性原材料"、终极"高附加值产品"的利用途径，真正实现"变废为宝"的愿望。

（3）治理污染，实现经济社会环境良性循环。目前造纸工业的主要污染源来源于三方面：煮浆工段的废液即碱法煮浆（制浆）的黑液和酸法煮浆（制浆）的红液；含氯漂白废液的污染物；制浆造纸过程中段废水的污染。而目前解决制浆造纸工业对环境污染的有效方法是：现代碱法制浆生产中运用碱回收系统；用中高浓度无氯漂白或少氯漂白纸浆的新技术取代全氯漂白纸浆的传统方法；发展其他的无（少）污染制浆技术，为消除造纸工业污染开辟新途径。

企业应认识到发展静脉产业与纸业发展的关系，在自觉推行企业清洁生产的基础上，构建适合自己的静脉产业发展模式，变废为宝，减少污染物的产生量和排放量，实现造纸业与生态的协调发展。

八、纺织行业静脉产业发展模式

纺织工业必须走科技含量高，经济效益好，资源消耗低，环境污染少，人力资源得到充分利用的新型工业化道路，协调自身产业发展与经济、环境、社会三者之间动态平衡关系，促进对各种资源和能源的综合利用，注重污染治理，推广废弃物再利用，不断满足社会的绿色消费需求。在循环经济的理念指导下，大力发展纺织行业静脉产业，特别是在废弃物领域要强化污染治理和推广回收利用。纺织工业分为十几个行业，污染涉及面较宽。废水排放量大，水质复杂，是污染治理的重点。其中染料的污染最为严重。像棉纺织的印染工序，毛纺织的洗毛、毛条染色和湿整工序，麻纺织的粗纱炼煮和漂白工序，丝绢纺织的缫丝工序等。另外，加工场所空气的污染。如棉纺织中清花、梳棉工序的飞毛，毛纺织选毛的气味，麻纺织栉梳工序的空气环境等。还有噪声污染问题，近年来有较大改进。

（1）废水处理。纺织工业造成环境污染主要是印染、化纤企业等废水排放。有害物质包括：各种浆料，主要是聚乙烯醇；各种染料；各种助剂；多种纤维杂质等。其中印染废水污染较为严重，其特点是废水量大、水质复杂、有机物浓度高、难于生物降解的物质多、色度深，导致生态环境破坏。全国印染加工企业大多数集中在浙江、江苏、广东、山东等经济发达、人口集中地区，这是纺织工业废水处理的重点。印染废水处理是用物理、化学、生物方法或几种方法的结合，以去除水中不需要的物质。常用的物化技术包括混凝絮凝技术、吸附脱色技术、化学氧化技术、光催化氧化技术和电化学技术等，效果较好，但处理费用较高，并会产生大量污泥。所以国内大量采用生物处理技术，利用有氧化分解有机物能力的微生物来处理废水。生产实践证明，生化方法比物化方法经济，处理后水质一般可达到排放要求。治理后的废水可根据具体情况循环使用，节约水资源。

（2）废弃物回收利用。纺织品废弃物的有效回收和循环利用很早就在行业中提倡和推广，但比例一直很小，是实施循环经济的薄弱环节，需要在观念更新的前提下，依靠技术创新，探索一些新的领域。对于纺织品废弃物，目前尽管比例很小，但也应引起重视。要积极开展废旧纤维及废旧聚酯的回收利用，制定相应的规划，采取分类管理、回收利用。回收的棉、毛纺织企业产生的大量纤维废弃物、下脚料，可用于制作农业大棚保温毡等产品；聚氨酯纤维废弃物的降解产物经分离提纯后可与异氰酸酯和扩链剂反应，得到的聚氨酯产品可用作涂料、薄膜、泡沫、纤维等。这样不仅节约了大量的化工原料，还会避免造成土地和大气污染，同时，通过制定措施鼓励广大消费者建立绿色消费意识，有利于引导人们自觉地保护环境。

九、橡胶行业静脉产业发展模式

当前我国橡胶工业发展呈现三大特点：第一，我国已是世界第一橡胶消耗大国，轮胎等主要产品产量居世界前茅。第二，我国橡胶资源的供需矛盾日益尖锐，每年橡胶缺口达50%以上，原料缺乏将制约我国橡胶工业的发展。第三，我国是世界上最大的废旧橡胶产生国之一，废旧橡胶制品污染问题不容忽视。发展静脉产业是橡胶工业发展的必然趋势，我国橡胶工业是一个大行业，分为轮胎、翻胎、力车胎、胶管胶带、胶鞋、乳胶、制品、炭黑、再生胶和胶粉、助剂、骨架材料、橡胶材料及橡胶机械等10余个专业。废旧橡胶综合利用是行业的一贯做法，并已形成了橡胶资源开发——橡胶制品制造——橡胶制品销售——橡胶制品使用——废旧橡胶制品回收及再资源化等橡胶工业循环经济产业链。

依托再生资源加工企业，橡胶行业静脉产业强调对废橡胶的综合利用，将回收的废旧轮胎或塑胶地板等橡胶制品适当筛选分类，粉碎后，按其特性进行热塑、改性、再生等再加工处理，最终生产出热塑性弹性体、沥青改性剂、再生橡胶等产品，并将其输送到消费市场。具体流程如图4-26所示。

十、塑料行业静脉产业发展模式

在塑料及塑料制品加工过程中产生的下脚料、边角料和残次品以及经过加工清洗后的、使用过的热塑性塑料是塑料行业静脉产业的主要原料来源。日常生活中消费的各种塑料包装物、农膜、编织袋、饮料瓶、塑料盆、废聚氯管、工业废旧塑料制品、塑料门窗、聚酯制品也具有较大的再生利用价值。

依托再生资源加工企业，对塑料加工企业内所产生的废旧塑料和日常生活消费后的废旧

静脉产业

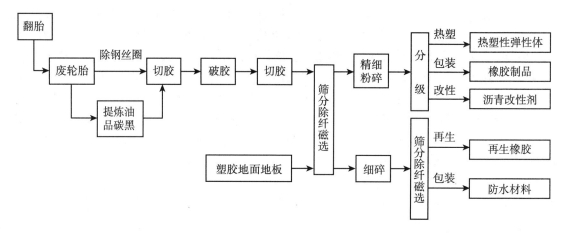

图 4 - 26　橡胶行业静脉产业发展模式

塑料制品进行回收造粒。废旧塑料熔融再生加工成颗粒后，仍具有良好的综合材料性能，可满足吹膜、拉丝、拉管、注塑、挤出型材等技术要求。回收的废塑料首先根据塑料品种进行分类，近期分类后机械清洗、粉碎、造粒，中长期根据市场需求加工制造塑料桶、塑料罐、塑料袋、周转箱等产品供人们使用。其基本工序为：废塑料→回收→预处理→鉴别→分类→除杂清洗→粉碎→造粒→加工新产品→市场→循环利用。具体来说，废塑料回收再生利用的方式大致有 3 种：一是熔融再生；二是燃烧回收热能；三是裂解转化。燃烧回收热能会产生大量有毒有害物质，对环境易造成二次污染。研究证明，废塑料在一定条件下进行热裂解或者催化裂解可制得燃料油、燃料气和化工原料等。目前废塑料裂解技术，一般把废塑料裂解以制得便于储存和运输的液体燃料和气体燃料，这不但可以解决废塑料的污染，还可以在一定程度上缓解能源的紧缺，是最有发展前途的资源回收方法。

十一、建材行业静脉产业发展模式

建材行业是能源消耗和资源消耗型行业，物质资源消耗比重占基本原材料产业面的90%以上，在整个经济社会大循环中扮演重要角色。近年来，依靠科技进步、市场运作及国家相关政策的鼓励，建材行业众多企业进行了"减量化、再利用、资源化"的技术改造，以提高资源利用率、固体废弃物利用率。下面以水泥工业、陶瓷产业、玻璃工业等为例，着重研究建材行业对固体废弃物的利用状况。

水泥工业不仅可利用矿渣、粉煤灰等工业废弃物，而且利用生活垃圾生产"生态水泥"的研究也是世界范围的研究热点。国际上出现将垃圾焚烧和水泥煅烧相结合，在利用垃圾可燃烧热量的同时以焚烧灰做原料的生产技术。美国利用城市污泥与 20% ~ 50% 石灰、铝、氧化铁和助剂混合，经高温煅烧研磨后的产品可作为高活性混合材料代替 20% ~ 70% 的水泥熟料。我国在北京建成了利用生活垃圾生产水泥的生产工艺线，在苏州成功进行了将河底淤泥全部代替黏土原料煅烧熟料，同时与高活性细掺料如优质粉煤灰、矿渣粉细掺料等，直接大量代替高能耗水泥，制成"绿色混凝土"，在节约能源、土地和石灰石资源的同时，还可大大减少二氧化碳的排放。

陶瓷产业也是一个资源能源消耗大户。随着产量增加，陶瓷原料消耗严重，浪费了许多优质资源，因此，保护与合理利用优质陶瓷原料资源、寻找其他可替代原材料或利用工业废料是建筑陶瓷工业实现绿色化、实现可持续发展的重要内容。对于胚体废料，不管是上釉废料还是无釉废料，都可与一定比例的陶瓷原材料球磨成浆料进行再次利用；在工业废渣利用方面，将高炉矿渣、粉煤灰以及城市垃圾等部分掺杂在陶瓷生产中，不仅能降低材料的生产成本，而且还解决了废料废渣的再生利用和污染治理等问题。

在墙体材料方面，大量利用工业废渣代替部分或全部天然资源生产各种免烧砖，如空心砖、灰砂砖、煤渣砖、粉煤灰砖等，不仅节约了大量能源，还可改善墙体的保温性、抗震性与隔热性。此外，还有利用水泥以外的其他胶凝材料制造墙体材料的绿色化改造技术、利用农业废弃物代替木质纤维制造人造板、利用压蒸法制造板状或块状的墙体材料，如硅酸钙板、条板以及加气混凝土砌块等。

在玻璃工业方面，对资源、废弃物的处理也需引起高度重视。在玻璃制造技术方面，大力发展大型浮法玻璃熔窑技术、富氧全氧燃烧技术等，提高生产技术水平以及资源的利用率和高品质玻璃的成品率。在对碎玻璃的综合利用方面，大力发展变废为宝的碎玻璃利用技术，如可作为部分原料重新用于玻璃生产或各种建筑材料生产，包括生产黏土砖、混凝土集料、建筑涂料、玻晶砖、泡沫玻璃、贴面材料、饰面砖、玻璃微珠等。

十二、城市矿产静脉产业发展模式

城市矿产包括在工业化和城镇化过程中产生的废旧机电设备、电线电缆、通信工具、汽车、家电、电子产品、金属和塑料包装及废料等。城市矿产资源化是以城市废旧机电产品为主要对象，通过现代技术与工艺加工，在规范的市场运作下，最大限度地保存及利用其中蕴含的残余价值，使其成为可重新使用的产品或资源，以达到节能、节材、保护环境等目的。城市矿产开发利用的基本途径包括再利用、再制造和再循环，其中，再利用主要是指经检测合格的废旧产品零部件的直接利用，这类物品不需要处理修复即可使用的、通过进入流通市场实现再使用和资源的重复利用；再制造是通过先进技术手段修复、翻新，通过再制造方式实现产品价值的最优化保留；而再循环是针对无法再用的部件，通过资源再循环方式（如回炉冶炼或粉碎萃取等）分解为钢铁、有色金属、稀贵金属、塑料、橡胶等原材料或资源，以城市废钢铁为例，其实现再循环的工艺技术流程如图 4 - 27 所示。城市矿产的开发利用是对废弃资源通过以上三个层次的使用价值再生过程，实现城市矿产资源的最优化利用，其实质是通过充分利用或延长产品的生命周期，实现产品使用价值的最大化。

综上所述，城市矿产开发利用的基本途径可分为再利用、再制造、再循环三部分，其中再利用和再制造是废旧机电产品资源化的最佳形式和首选途径。废旧机电产品资源化的目标是通过采用先进技术和严格管理，使再利用、再制造的部分最大化，再循环的部分最小化，使需要安全处理的部分趋零化，最大限度地提取废旧机电产品中所蕴含的财富。城市矿产开发利用在废弃产品全寿命周期中的位置如图 4 - 28 所示。

静脉产业

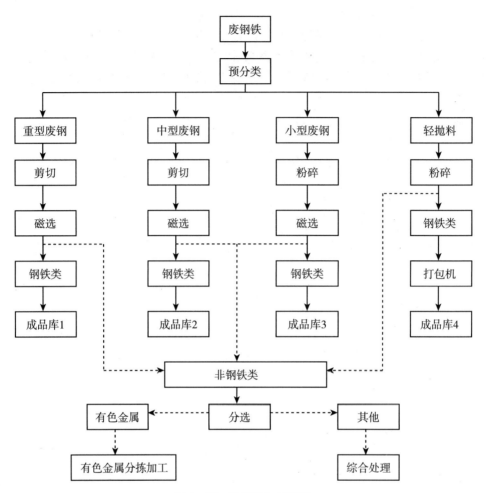

图 4-27 废钢铁加工流程

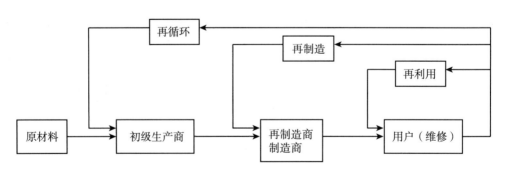

图 4-28 耐用品的材料流示意图

本章小结

　　本章从理论和实证角度分别分析静脉产业体系。首先分析静脉产业体系的主体、构建的依据及静脉产业体系结构，静脉产业体系共有八个基本组成部分，并以此为基础从纵横向和组织内与组织间两个角度分别对构建静脉产业体系进行理论分析，介绍了静脉产业体系构建要点及基本内容。此后，为便于弄清前述内容，选取煤炭行业为例，对煤炭矿区静脉产业体系的构建进行实证分析，构建煤炭矿区纵横向视角和组织间与组织内视角的静脉产业发展模式，更直观地将静脉产业的构建与基本发展内容展现在读者面前。随后分析了静脉产业体系在城市的合理布局以及静脉产业体系中资源的利用模式，最后就几个不同行业静脉产业发展模式进行简要介绍。

第五章　静脉产业协同机制

本章首先介绍了产业协同的含义，包括协同的提出与发展以及产业协同的具体含义；其次分别研究了静脉产业与动脉产业、环保产业之间的协同，并对其间的协同关系做一分析；最后将协同关系进一步拓展到更多领域，包括科技、区域经济、生态环境、社会环境等。

第一节　产业协同含义

一、提出与发展

1965 年，安索夫在《公司战略》中第一次提出协同思想，认为协同效应是一种系统的联合效应，其目的是使企业通过各业务单元间的合作使企业的总体收益大于各个业务单元的独立营运收益之和。

20 世纪 70 年代德国物理学家赫尔曼·哈肯在其著作《协同学——大自然构成的奥秘》一书中，提出了完整的系统协同学观点。哈肯在深入研究激光和其他非平衡系统的过程中发现，许多不同领域中有序结构的形成具有普遍规律和共同特征，哈肯在此基础上概括出了协同理论。

协同理论是一种可广泛应用的现代横断科学，它研究的是由大量系统以复杂的方式相互作用所构成的复合系统，在一定条件下，子系统通过非线性作用产生协同现象和相干效应，使系统之间形成有一定功能的空间、时间或空间的自组织结构，实现从无序状态到有序状态的过渡。协同理论认为各子系统通过内在动力的自发规律即自组织的作用产生协同效应，形成系统整体的有序协同发展，从而达到"整体功能大于局部之和"的作用。也就是说，在一个开放系统中，当各子系统和其要素处于混乱状态时，系统很难发挥其整体性功效，而最终会走向瓦解。只有各个子系统及系统要素打破相互间的壁垒，以共同的目标相互配合进行协调运作，才能最大化资源效用，最终使系统的整体功效大于子系统单个功效之和。

协同理论有三个主要的基本原理，分别是序参量原理、支配原理和不稳定性原理。序参量是描述复合系统中各个子系统的状态和发展变化中的众多参数指标，序参量参数的选取有一定难度，需要考虑现实中系统的运行状况，序参量指标的确定直接影响了复合系统的协同度。支配原理的意义在于复合系统是个动态变化的过程，整个系统的变化过程由序参量决定，序参量中的慢参量决定快参量，并确定了复合系统的变化发展趋势。不稳定性原理是复合系统能够发展和前进变化的基础，由于复合系统的内部和其外界环境的时刻变化，复合系统往往会从一个相对旧的状态转变发展成为更新的状态。

从哈肯的协同理论不难看出，经济系统亦具有上述特征，因此，在经济系统中运用协同理论发现系统自组织演化规律，对促进系统协同有序发展、地区协作有效利用资源具有十分重要的意义。经济系统是一个由许多子系统组成的复杂大系统，这些子系统在宏观上彼此影响，发生耦合作用，在微观上又有大量产业子系统组成。根据子系统之间的协同和竞争，使经济系统及各子系统的运动发展能得到更好地调控和引导。经济系统本身是一个自组织系统，其各部分之间不是独立的，而是相互关联的，它们共同产生整体行为，整体行为又反作用于各个部分，使各部分之间进行协同。

二、内涵

关于产业协同的内涵，胡大立认为产业协同"是指集群内的企业在生产、营销、采购、管理、技术等方面相互配合、相互协作，形成高度的一致性或和谐性"；吴晓波等人认为协同主要有生产协同、市场协同和管理协同三种方式，其中生产协同包括产品协同、设备协同和生产工艺协同等；王传民研究了产业协同的机制，认为产业协同包括动力机制、耦合机制、外部环境控制机制和自组织运行机制等四种机制；李若朋等人研究了产业协同的实质和模式，认为"产业是一个复杂的分工网络，产业协同问题其实是复杂分工网络的协调问题"，并将产业协同模式分为知识同化和层级分解等两种。

通常，我们对"产业协同"的理解是指相关产业的协同发展，是指多个产业及其下属的相关子产业在发展过程中，在生产、营销、采购、管理、技术等方面基于产业的技术经济关系，从追求独立的系统演化到追求产业间的相互配合、相互协作、共同发展，对现有产业状况进行修补或提升，形成一种以互惠双赢为动力、具有高度和谐性的产业运作和管理机制。产业协同发展可以促进系统内人、财、物、信息等各种要素的相互补偿、优化配置和高效整合，有助于产业间要素耦合效应、产业关联效应、技术波及效应和共生经济效应的发挥，节约产业管理成本和产业自身发展的成本，避免因无序竞争而导致的高成本和低收益，获得更高的盈利能力，即所谓的 $1+1>2$ 或 $2+2=5$ 的效果，进而形成竞争优势。因此，协同发展已经成为促进产业、区域经济及宏观经济发展的有效途径之一。产业协同可分为以下几种方式：

（一）分工协同：高度专业化促进收益递增

分工是经济组织的基础，是一切生产发展的动力源。正如亚当·斯密所言："劳动生产力上最大的增进，以及运用劳动时所表现出的更大的熟练、技巧和判断力，似乎都是分工的结果。"分工细化能提高劳动生产率、实现报酬递增，是因为分工能提高劳动熟练程度，促进专业化，减少工作转换时间，特别是分工能促使人类把注意力集中于最为简单的事物上，导致节约劳动的专用机械和专用工具的发明，促进技术进步。因此，在静脉产业中，产业分工要十分明确，每个企业要精于一个产业，并与其他企业形成合作共赢关系，才能保持企业的竞争力。

静脉产业

伴随产业协同集群的形成和发展，分工不断走向深化。一定意义上，产业协同集群是分工在一地高度专业化的结果，是分工发展的高级阶段。刚开始，产业中只出现专门生产某一类产品的分工。这时产品生产或是由单一的或者几个大型企业完成，或是由大量中小企业集中进行，两者都导致此类产品生产规模扩大，形成生产集中。这种产品专业化的结果使市场规模扩大，为进一步分工提供了可能。于是一些中间生产环节外包，出现了由本地大企业衍生、外地企业移入或本地新增投资而形成的大量中间产品生产企业。因此，产品生产专业化又带来上游供应生产的专业化，即中间产品专业化，包括零部件生产专业化、原材料生产专业化甚至生产工艺专业化。生产专业化分工的深化使中间产品生产企业之间以及中间产品与最终产品生产企业之间的交易范围、环节和数量逐渐增大，由此创造了范围更广、规模更大的市场。这又进一步增强了分工的自我繁殖和自我增强能力，促使分工发挥出双向带动作用：一方面，同行企业的集中会产生加强彼此联系和对外联系的巨大需求，产生拉动作用，带动服务行业分工程度的提高，导致为企业提供专业化服务或处理分工关系的机构大量出现，如销售企业、专业市场、会展中心、产业研发中心、广告公司、咨询公司、专业设备工具提供商、物流公司、行业协会、中介机构、教育培训机构、金融担保机构、保险公司等，因此生产专业化又产生了服务专业化。而且，在行业规模达到相当高度时，专业服务部门又出现专业化分工，专门针对某一类客户提供高质量、低成本的服务。例如，广东乐从有全国最大的家具交易市场，为家具生产和交易提供专业服务的行业在这里一应俱全。由于有大量的国内外客商前来洽谈采购，交易规模巨大，货运量十分可观。这里的家具运输及相关物流服务也随之分化和发育到了很高的程度，出现了为不同省份和地区提供专门运输的服务部门，如东北货运、西北货运、云贵川货运等。另外，企业集群使同行竞争加剧，为实现产品差异化和争夺市场，原来行业的内部分工进一步加深、细化，产品线深度提高，各企业分别生产各具特色的同类产品，出现了产品生产的品种、规格、档次、用户甚至是用料的专业化。例如，广东乐从家具交易市场提供的家具品种、花色、款式应有尽有，几乎达到了"只有你想不到的，没有我提供不了的"程度，甚至家具配套消费品亦是齐全备至。因此，产业集群是高度专业化的，产业集群的形成过程就是行业之间和行业内部持续的专业化分工过程。分工使产业的社会生产高度专业化，分工产生的相互协作和彼此关联又使生产高度一体化。

分工导致的高度专业化又加深了集群企业内部的分工。分工是形成规模经济和经验曲线经济的基础，因此专业化分工直接导致企业内部的生产成本降低。首先，专业化企业内部分工更趋细化，人们关注对象的单一性提高，业务更为专一，劳动更为熟练，更促进了设备的改良、工艺的改进、发明专利的出现以及生产的科学组织，人机搭配和人员协作更合理，人员和物料能源浪费减少，产品质量提高。因此，分工带来的劳动生产率提高和技术进步使企业生产规模不断扩大。这样，在一定限度内，将出现规模收益递增的规模经济效应，即随着生产规模的扩大，单位产品的长期平均成本趋于下降。其次，细致的专业化分工促进了人们对狭窄的专一业务的长期关注和潜心研究。在长期的自身学习和相互学习中，人们提高了自身业务素质，积累了更多的生产经验，使技术水平提高，生产率上升。同时，管理者对生产组织、管理方式和激励手段的改进，技术人员对机器和生产工具的改进，设计人员对产品设计的改进以及营销人员对产品缺陷和顾客需求的及时反馈，也都有利于标准化的生产方法、工艺规程和管理方法的推行，给降低成本带来好处。这就形成了由于不断学习、不断改进及不断的经验积累而带来的经验曲线经济效应：随着不同时点上企业累积产出的增加，单位产出的成本不断降低。经验曲线中的单位产出成本降低并非规模经济所致，而是由累积总产出的增加带来的。也就是在一定时期内，尽管生产规模并未变化，但是累积产量增加仍然带来单位成本的下降。因此，在静脉产业发展中，产业分工十分必要，各类分工要划分清楚，并尽可能细致。这样才能使单个企业专注于同一个产业，不断研发新技术，提高自己的创新能力和竞争力。

（二）集聚协同：从外部经济中获取成本降低的力量

产业的地理集聚产生外部经济。一般地，外部经济是指"经济人"的行为给第二方"经济人"带来的无须支付成本的非排他性利益。产业集群中的外部经济尤为突出，即同行企业聚集及其带来的行业规模扩大，导致集群企业的成本处于较低的水平。与规模经济和范围经济等内部经济不同，外部经济可以在企业生产规模、产品品种和技术水平不变的条件下通过外部因素而获取。产业集群中分工和市场需求的扩大为产品和专业服务的卖方提供了规模经济，而行业规模的扩大以及本地联系的增强，为产品和专业服务的买方（主要是集群企业），带来了四个方面的外部经济：

1. 供应外部经济

供应外部经济主要包括：（1）原料外部经济。对集群外或本地的原料供应商来讲，产业集群使企业形成集体力量，议价能力提高，实施同行业的大规模集体采购可以获得成本更低的原料供应。（2）中间产品外部经济。同行企业集聚导致市场规模扩大，零部件、原材料等中间产品的行业需求增加，规模效应使采购品中的成本降低。中间产品的生产专业化，促使大量企业在当地组织生产，就近为下游厂商提供零部件配套或原材料供应，甚至能实现厂对厂、待加工品直送工位的直供物流运输，达到"准时化生产"的程度，中间产品运输成本、存货成本、损耗成本极为节省。中间产品在当地生产使零部件本地配套率和原材料本地供应率达到了很高的程度，下游企业"足不出户"便可在当地采购到所有所需物料，许多企业没有采购人员，采购次数也很少，极大地节约了采购费用。从整体看，集群成了产品各个生产环节分别于本地不同专业化企业完成的"虚拟工厂"。（3）劳动力雇佣外部经济。行业规模扩大吸引大量各类人才来本地求职工作，从业人员的增多形成了劳动力市场的规模效应，企业可以低成本地雇佣到合适的员工。这一点对我国特别重要。我国东南沿海省份形成的为数众多的低成本集群以及为国外做代工的加工型集群，很大程度上是因为这些地区吸引了大量来自川、黔、湘、赣、豫、皖等劳动力富裕的地区的民工来此打工，且工人的工资非常低。（4）基础设施外部经济。众多静脉企业和相关企业集聚，能共享交通、通讯、信息以及煤、水、电等基础设施，节约基础设施建设成本。

2. 专业服务外部经济

由于静脉产业相关企业集聚，提供专业化服务的部门具有了规模经济，包括机器设备的维修服务，原料运输、原料保存等销售服务，广告、策划、咨询等营销服务，合同签订、纠纷处理等法律服务，商业贷款、货物保险等金融服务，信息提供、经纪代理等中介服务，货物运输、包装仓储等物流服务，员工培训、短期进修等教育服务等一系列的专业服务价格低廉。

3. 营销外部经济

集群中的名牌产品和知名企业会对本地产品和其他企业起到宣传作用，名牌之间也会产生相互烘托的效应。例如，在珠三角很小的地域范围内形成的家电产业集群中，就集中了康佳、美的、格兰仕、格力等一大批全国家电名牌企业。它们可谓相映生辉，一年一度的顺德家电博览会，在名牌济济、客商云集的产品展示交易过程中，每个家电企业的形象和声誉都得到极大提升。一些中小企业产业集群并没有名牌产品和企业，但是聚合在一起却造就了具有广泛市场影响力的"地域品牌"。它是各集群企业都能无偿享有的、价值巨大的无形资产，相当于给全部企业做了一个"集体广告"，如中关村电子、义乌小商品、温州打火机、绍兴纺织品、寿光蔬菜。本地企业的各种广告、营业推广、公关宣传、展会活动，各地大量客商的眷顾以及由此形成的良好口碑，对所有企业都十分有益。大型专业交易市场的形成，使各企业能共享销售渠道，既批发又零售，甚至是直接对顾客直销，缩短了企业和客户的市场距离，节省了大量的流通费用。当有些企业开拓国际市场时，其建立的渠道、积累的经验以及关于国外市场的信息也有利于其他企业跟随进入国际市场。同样在静脉产业发展中，营销外部经济也十分重要，将整个静脉产业链作为整体进行宣传包装，进行集体广告，不仅降低了宣传成本，还容易形成地区特色。

4. 技术知识外部经济

空间距离的接近，便于同行进行面对面的信息交流、直接的人际接触和现场的观察模仿。这十分有利于诸如专业技能、技术诀窍、经营经验、供求信息等难以纸面化、具体化、系统化，甚至"只可意会，不可言传"的隐性知识的传播，通过频繁的人际接触和耳濡目染，这些知识迅速外溢。于是，集群内行业秘密难以保守，企业利用近距离的交流、学习和模仿，很方便地掌握了源自其他企业的重要技能、经验和方法，提高了生产效率。最终，技术溢出和企业间的相互学习，使经验曲线以更快的速率下降。

（三）竞争协同：成本差异创造竞争优势

企业的空间集中，提高了竞争强度，同行竞争更趋激烈，迫使企业不断创新和降低成本，形成了集群的竞争协同效应。产业集群是具有自身优势循环累积特性的经济系统，有极强的自组织、自适应、自增强的性质。随着企业集聚度的上升，集群的竞争优势渐趋显现，形成"磁吸效应"，大量企业在集群区自动集聚，随之相关的服务体系和基础设施也不断完善，集群优势进一步增强。同行企业的大量聚集导致竞争水平上升。首先，集群的名牌企业和绩优企业会产生"标杆效应"。距离靠近使企业间经营业绩可比性提高，孰优孰劣更为明了，企业绩效更容易比较评估。优秀企业作为"标杆"，其产品、技术和管理成为其他企业竞相学习、模仿和赶超的对象，从而形成相互竞争、相互学习、你追我赶、力争领先的良好产业氛围。其次，集群会促进企业提高竞争层次，促使企业在成本、价格、技术、品牌、质量、人才、管理等方面展开全方位的竞争，同时集群形成的"声誉机制"还抑制了不正当竞争行为，减少了其负外部经济性的不良影响。因为产品假冒伪劣、质次价高、服务低劣、缺乏诚信的企业很容易被发现，为维护行业信誉，这样的企业会被严惩，难以立足。最后，竞争刺激企业不断创新。由于创新产品市场价格较高，创新技术能降低成本，因此率先创新的企业可以获取超额利润，但是，由于外部经济的存在，创新容易为同行模仿，这又迫使创新企业进一步创新。总之，集群竞争对企业改善管理、降低成本、加强创新，具有积极的作用。通过竞争，优胜劣汰，只有素质好、效率高的企业得以生存，而效率低的企业被清除出市场。

三、范围

协同理论汲取了系统论、控制论、信息论、突变论和耗散结构理论的精华，自创立以来，已被广泛应用于众多学科与领域，包括物理学、化学、计算机科学、生物学以及建筑、机械、电子和航天工程中。另外，在经济学、社会学以及管理科学中，协同理论也得到了广泛的应用，取得了重要的应用成果。哈肯等人应用协同的有关理论、概念和方法，对某些社会问题进行了研究，从而创立了定量社会学。韦德里希（W. Weilich）和哈格（G. Hagg）运用协同理论建立了社会舆论、人口变化、经济发展等的定量模型，并奠定了定量社会学的基本框架和数学模型。韦德里希还将大系统理论和协同理论的社会热力学方法应用于移民、群体动力、政治观点形成、非均衡经济和城市演化等模型中。

协同理论的领域与许多学科有关，它的一些理论是建立在多学科联系的基础上的（如动力系统理论和统计物理学之间的联系），因此，协同论的发展与许多学科的发展紧密相关，并正在形成自己的跨学科框架。协同学还是一门很年轻的学科，它的出现是现代系统思想的发展，为我们处理复杂问题提供了新的思路。

第二节 静脉产业与动脉产业、环保产业发展协同

根据协同理论的创始人哈肯的观点，协同的实质在于强调事物或系统在发展过程中内部各要素或各子系统之间保持同步、合作的、协调的状态和趋势。一个地区的发展是一项涉及多个产业密切协作的系统工程，在协同过程中，尤其强调整合、协作的集体性、一致性和合作性，促使区域经济的产业联动发展，形成协同效应。

一、静脉产业与动脉产业发展协同

（一）协同原理

1. 系统论——差异协同性

系统论指出，任何系统都是差异和协同的统一整体。系统内部发展结构的差异性是系统

静脉产业

或各层次要素保持个性的状态和趋势，从而达到系统整体的合作与优化，实现系统整体目的协同放大的功能，其内因就是系统内部的差异性；而协同是系统或各层次要素之间保持合作性、相关性的状态和趋势，是系统得以发展演化的前提和基础。差异与协同之间相互依存、相互依赖。差异存在于系统发展的全过程，在一般条件下都能融合、一致。如果片面强调差异性或协同性，系统的整体功能就会遭到破坏。只有在差异与协同之间找到一个最佳的结合点，才能实现系统内部各种差异关系的和谐发展。静脉产业和动脉产业是两个截然不同却又互有关联的产业：动脉产业包括制造业等产品供应领域的产业，是指从原料开采到生产、流通、消费的整个过程；静脉产业则涉及生产或消费后垃圾及废弃物的回收、焚烧、处理、再资源化或者最终废弃物处置等相关领域及处理过程。动脉产业为静脉产业提供生产生活所需的资源，静脉产业对动脉产业等活动所产生的副产品、废弃物与闲置资源进行加工、处理及再利用，既弥补了动脉产业发展所需资源不足的问题，成为动脉产业的延续和补充，同时又通过自身不断发展产生新的需要对动脉产业形成拉动与促进作用。可见，两产业间既有差异又存在协同合作关系，只有找到一个最佳的结合点，才能更好地发挥两产业的价值，实现整个大系统的和谐发展。

2. 互补原理

著名物理学家波尔从逻辑关系角度提出了彼此不兼容但又互为完整的互补原理。正如辐射与物质都同时具有波动性和粒子性一样，辐射和物质的这两种性质在同一时刻是相互排斥的，但它们在更高层次上具有互补性和统一性。此原理同样适应于经济学，经济系统中各产业组成部分有相互独立的一面也有互为完整的一面，各产业既能独立地完成一定职能，同时各部分又是经济系统中不可缺少的一部分。静脉产业和动脉产业单从各自功能和处理领域来看，是相互排斥的，但两者同时有更深入的互补关系：动脉产业的输出端是静脉产业的开始和输入端，静脉产业的输出端返还到动脉产业支持新一轮的生产，可见动静脉产业并不是相互独立的两个产业，而存在不可分离的、互为补充的密切联系。

（二）协同发展关系

动脉产业资源供给领域与静脉产业资源供给领域都是向资源消耗领域提供资源，两者之间形成互补，互为基础、相互促进发展。从产业结构调整方面来看，随着动脉产业结构的发展，新兴产业的出现，新材料和新技术的不断涌现等，新的静脉产业也会产生；同样，静脉产业，尤其是生产再生原料的静脉产业的出现与发展，同样也会引起新的动脉产业的出现；反之，则相反。从资源方面来看，动脉产业是静脉产业持续提供资源供给的源泉，静脉产业能够弥补动脉产业提供资源数量的不足。动脉产业随着排放废弃物数量的增多，对自然环境的破坏会影响到资源开采的运行，而大量利用静脉产业所提供的资源能够减少对新资源的开采与投入，不但能够起到修复环境的作用，而且还能持续地为经济发展提供动力。

从前面分析可以看出：（1）静脉产业发展规模需要与动脉产业发展规模相适应，有多大的动脉产业就应有多大的静脉产业，两者发展规模必须协同一致才能保障循环经济体系的正常运行。过大会出现静脉产业因资源不足而使生产能力得不到有效利用，过小则会出现静脉产业资源不能被完全充分利用。（2）静脉产业体系与动脉产业性质协同一致。静脉产业是以开发利用动脉产业产生的废弃资源等为目的的产业，动脉产业不同，其产生的副产品、废弃物及闲置资源不同，由生活、社会活动而间接产生的废弃物与闲置资源也不同，静脉产业必须依据这些资源的特性而设立，因此静脉产业必须与动脉产业的性质协同一致。（3）静脉产业与动脉产业调整协同一致。随着科技和社会的变化，生产方式、消费方式等发生变化，经过相关环节或渠道后，引起动脉产业发生变化，新的产业兴起，一些原有的产业衰退或被淘汰，作为直接或间接开发利用动脉产业废弃物的静脉产业必须进行调整，才能适应动脉产业发展变化的要求。（4）静脉产业与动脉产业在资源共享方面协同一致。静脉产业除了直接或间接开发利用动脉产业提供的资源外，也有与动脉产业进行资源共享的领域，这主要表现在共用或通用资源使用方面，如果不能协同一致，就会造成资源浪费。

　　以资源型企业为例，资源型企业的动脉产业围绕自然资源的价值变化，由资源转化为产品的整个生产流程，此产业环节涉及采矿厂、烧结厂、成品加工厂以及销售公司等；资源型企业的静脉产业围绕自然资源利用后排出的废弃物，通过运用相关技术回收利用其中有价值的部分，并对没有经济价值的部分进行无害化、减量化处理，使之最终转化为可重新利用的资源和产品，从而在一定程度上弥补动脉产业发展所需资源不足的问题。此产业环节涉及废弃物回收再利用公司、环境清洁公司、再生资源销售公司以及最终废弃物处置公司等。资源型动静脉产业协同关系如图 5－1 所示。

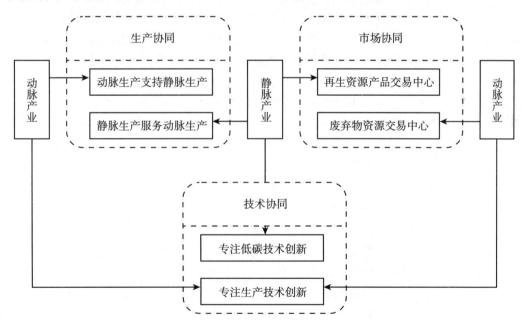

图 5 － 1　资源型企业动静脉产业协同关系

　　综上所述，动脉产业可通过利用生态产业链设计生产流程，实行清洁生产或使用新能源实现资源型企业的产业环境化；静脉产业则可通过开展废弃物回收及再利用来实现资源型企业的环境产业化，静脉产业既可以解决由动脉产业废弃物产生的环境污染，又把动脉产业产

静脉产业

生的废弃物作为二次资源进行利用。通过静脉产业变废为宝、循环利用的特点，与动脉产业相互补充，两者形成天然的耦合关系，不仅可创造更大的经济效益，更重要的是可以减少对原生资源的需求，缓解经济发展引发的资源危机，有效解决经济发展与环境保护的矛盾。因此，要正确处理好两者在合作发展模式中各方面的关系，确定好它们之间的比例关系，使整个体系能够科学、合理、充分、有效地利用资源，形成和谐共进、协同发展的运行机理，在资源共享的基础上实现"1＋1＞2"的目标，并最终实现可持续发展。

二、静脉产业与环保产业发展协同

随着经济的持续快速发展，城市进程和工业化进程的不断增加，环境污染日益严重，国家对环保的重视程度也越来越高，投入环保产业的人力、物力、财力不断增加，使环保产业发展实力大大加强，环保效力得到有效提升。与此同时，静脉产业作为资源再生利用产业，以保障环境安全为前提，以节约资源、保护环境为目的，实现各类废物的再利用和资源化，它与环保产业的出发点和目标几近相同，两者之间存在相互促进、协同发展的关系。

（一）协同原理

系统论——系统的整体性特征。系统论是以系统及其机理为研究对象，研究系统的类型、一般性质、运动规律及演化机制的理论。它从世界普遍联系发展变化中研究客观存在，为各学科理论的发展提供了新思维、新方法，是各学科理论发展和实践应用的基础。系统论高度重视系统整体，因为只有注重了系统的整体性，才能发挥系统的整体效应，即整体应大于各部分之和。整体性原则，这一系统论的定律，是对系统的整体效果的最好表达，也是系统论的核心思想。系统论的基本思想方法，就是结合系统、组成要素和外部环境之间的相互联系和变化的规律性对系统内部结构及其功能进行研究分析，通过优化系统内部结构，实现系统整体最优目标。

亚里士多德提出"整体大于部分之和"表达了系统的整体性特征。系统的整体性是事物普遍具有的属性，任何事物都是由若干组成要素以一定方式所构成的整体，作为系统组成要素，其一旦成为系统整体的一部分，就拥有了独立要素个体所不具有的功能和特征，形成某种系统新质的规定性，这种新质并不是各组成要素功能和特征的简单叠加，每个要素自成系统又互成系统，在系统中都处于一定的位置，并发挥特定作用。系统的整体性功能是各要素在独自状态下无法完全实现的，具有"系统整体性功能大于各孤立部分之和"的综合效果，各组成部分一旦离开整体便失去其作为整体部分的特征和功能。静脉产业和环保产业作为两个子系统，是经济大系统的一部分，并致力于环境污染控制与减排、污染清理以及废弃物处理等相关领域，两者只有相互合作、取长补短，才能发挥其大于个体价值的整体价值，共同创造更高的环境效益、社会效益和经济效益。

（二）协同发展关系

环保产业萌生于工业生产部门，是在解决环境问题的过程中产生的，是污染控制技术应用于实践的媒体。它是国民经济结构中以防治环境污染、改善生态环境、保护自然资源为主要目的的技术开发、产品生产、商业流通、资源利用、信息服务以及工程设计、施工承包等活动的总称。而人们在解决环境问题的长期探索中逐渐认识到，单纯依靠污染控制技术是解决不了日趋复杂和广泛的环境问题的，要按照生态可持续性和经济可持续性的要求，改变现有技术和生产结构，减少资源消耗，这种情况下，循环经济思想应运而生。循环经济要求把经济活动组织成为"自然资源——产品——再生资源"的反馈式流程，所有的原料和能源都能在这个不断进行的经济循环中得到最合理的利用，从而使经济活动对自然环境的影响控制在尽可能小的范围内。在循环经济角度下，产业被划分为动脉产业、静脉产业和环保产业。相对于环保产业，静脉产业能运用先进的技术，将生产和消费过程中产生的废物转化为可重新利用的资源和产品，实现各类废物的再利用和资源化，包括废物转化为再生资源及将再生资源加工为产品两个过程。可见，静脉产业更注重废弃物的再生资源化及相关领域的研究，而环保产业的综合性要强于静脉产业，涉及的领域也更为广泛，不仅能提供环保设备和技术，从事城市污水处理、城市垃圾处理和处置等方面的工程或活动，还能提供与环境分析、检测、评价和保护等方面有关的服务，环境技术与工程服务，环境研究与开发，环境培训与教育、环境核算与法律服务、咨询服务以及其他与环境有关的服务，因此，静脉产业和环保产业在相似领域中可协调运作、共同发展，而当静脉产业尚不能提供相应的环保服务时，环保产业可以弥补此空缺，它在环保技术上的突破和创新也能顺势带动静脉产业的发展，它们之间相互借鉴、协同发展，共同带动环保技术的升级和循环经济的发展。

三、协同效果

与传统静脉产业单一的发展方式相比，静脉产业与动脉产业、环保产业协同发展的具体效果可分为三个层面：

（1）降低产业发展成本，获得产业剩余。静脉产业协同发展的过程强调在既有资源下，通过要素的相互作用实现系统功能放大，获得协同剩余。协同发展模式比普通发展模式能以更低的代价和消耗生产出同样效用甚至更高效用的产品，可大幅度降低静脉产业发展成本；静脉产业与动脉产业、环保产业的协同发展增加了相互之间技术、市场的互动，增强了各部门之间的互动频率及效率，能相对降低组织成本；同时，协同发展能减少静脉产业自身孤立发展的不稳定性和提高资金使用效率，减少发展项目失败所增加的成本，对风险成本也有一定的控制。

（2）促进系统柔性发展，降低产业发展风险，提高其应变能力。静脉产业独立发展，易使其与动脉产业、环保产业各职能部门间相互隔离，信息流动受各自边界的限制，传递信息的渠道单一且过长，静脉产业对外界环境变化反应迟钝，不能及时做出调整。而在静脉产业与动脉产业、环保产业的协同发展中，各组织的各个部分虽相对独立，但各部分之间是融合共生的关系，不存在划定的明显边界，能大大减少各产业在发展运作过程中的摩擦，提高产业系统的运行效率。同时，各产业协同发展能充分协调团队成员的集体智慧，提高静脉产业应对环境变化的反应能力，增强产业面向外界变化的柔性。

（3）增进产业发展效率，提高产业竞争力。随着科技水平的不断提高，静脉产业发展涉及的知识与技术的难度和深度也日益加深，新技术研发不断复杂化，涉及的专业、部门范围也愈加广泛，静脉产业的孤立发展难以满足对相应的技术、资源的要求。而与动脉产业、环保产业的协同发展，不仅能高效的实现跨产业、跨部门前提下各技术领域之间的相互补充，将更多符合需要的资源聚集在一起，更重要的是这些互补性资源之间还能通过协同效应激发出其他具备稀缺性的特殊资源，可有效地帮助静脉产业在市场上获得并保持竞争优势。

第三节　静脉产业与其他领域的发展协同

静脉产业除了与动脉产业、环保产业之间协同发展外，在与其他领域，如科技、区域经济、生态环境之间，也能相互影响、作用，存在协同发展的关系。

一、与科技发展协同

静脉产业发展和科技发展之间存在两阶段的循环发展模式。在第一阶段中，静脉产业在市场需求的动力下发展起来，此时产业集群发展起着决定性的作用，并推进了科技的创新和发展；相反，在第二阶段，科技的发展起决定性作用。静脉产业或产业集群在初始阶段基于市场优势迅速发展并走向繁荣，并为科技创新和发展提供了得天独厚的条件，使技术也得以蓬勃发展。由于静脉企业利润的存在，会不断吸引集群外的企业加入，加剧了产业内部的竞争，迫使企业不断提高自主创新能力和研发能力，开发产业最新的技术产品，此时，产业集群在科技的创新与发展中再一次飞速发展，实现产业整体向更高层次技术平台和市场的跨越。

（1）静脉产业推动科技发展的第一个阶段。静脉产业是将生产和消费过程中产生的废物转化为可重新利用的资源和产品，实现各类废物的再利用和资源化的产业，有强大的市场需求和发展前景，加上国家政策的引导，已不断吸引新的企业加入，加强了静脉产业内部的分工细化和产业链的延伸发展。产业集群会催生规模效应、合作互助等聚集效果，这就进一步强化了静脉产业集群的市场竞争优势，其吸引力和需求拉动力也更加突出。同时，静脉产业的发展会传导到技术创新。规模化的产业集聚催生了对高新技术的非常需求，因此集群内的产业专业化和各企业间的协作与联系会进一步带来更高层次的技术创新，推动技术不断创新发展。

（2）科技发展带动产业集群的再一次发展。科技创新与发展是产业永葆生机的一个行之有效的方法，静脉产业中的各企业只有不断提高创新水平，提升资源获取和整合的效率，才能更好地适应市场需求的变化，延长产业的生命周期。同时，新的市场需求往往是由新技术和新产品带来的，有了新的市场需求，企业就要整合创新资源来进行研究开发，生产出符合市场需求的新产品或新工艺，并通过商业化得到创新的利益。在这个过程中，技术发展对产业内各企业和组织产生了各种新的市场需求，于是，与之相关联的企业也纷纷进驻，或又有新的静脉企业相继诞生来分享市场利润，就这样，静脉产业内的企业会不断增加，相关的服务组织也会持续加入，使静脉产业又一次焕发活力。产业的发展又反过来带动企业进行技术创新，进而带动产业的不断升级。于是，在新技术、新产品持续创新、发展的过程中，静脉产业得以持续发展下去。

综上所述，静脉产业与科技发展之间存在协同合作关系，静脉产业在市场带动下发展起来，进而促进了科技的进步和发展；科技发展又进一步反哺静脉产业，推动静脉产业的再一次升级。

二、与区域经济发展协同

静脉产业的发展促进了区域经济增长，经济增长系统的提升又反作用于静脉产业发展水平。因此，静脉产业和区域经济增长是两个相互影响、相互关联的系统，两者之间存在明显的交互作用。

（1）区域经济状况是静脉产业发展的基础。区域经济的快速发展能为静脉产业提供其所需的交通、通讯、运输、配送等硬件条件和人才、管理、文化、政策等软件条件，因此，静脉产业的发展状况和水平，直接受到区域经济的影响和制约。只有区域经济呈现出效益显著提升、结构优化、运行平稳的良好态势，才能为静脉产业的发展提供更大的发展空间。因此区域经济能带动静脉产业实现更高层次的发展。

（2）静脉产业发展推动区域产业升级。静脉产业是区域经济系统中的一个举足轻重的子系统，它的发展程度高低与否，直接关系到区域环境处理的好坏，进而影响到其他产业乃至区域经济的正常有序发展。静脉产业的快速发展，使城市垃圾和废弃物得到妥善处理和再利用，区域的环境问题得以有效解决，与此同时，静脉产业还能带动其他相关产业在发展过程中增强废物利用意识、开发先进的循环利用技术，优化资源配置，促进区域各产业可持续发展，推动区域产业升级。

三、与生态环境、社会环境发展协同

静脉产业的实质是运用循环经济理念，有机协调当今世界发展所遇到的两个共同难题——"垃圾过剩"和资源短缺，静脉产业通过垃圾的再循环和资源化利用，"变废为宝"，最终使自然资源退居后备供应源的地位，不仅缓解了经济发展引发的资源危机，而且通过对生产和生活废弃物无害化安全处置和资源再生利用，有效地减少甚至消除人类活动对生态环境产生的各种负面影响，使自然生态系统真正进入良性循环的状态。

与此同时，静脉产业的发展也与社会环境相互影响、协同发展。首先，静脉产业作为一个新兴产业，其巨大的发展潜力将吸引众多企业加入或诞生，新企业的出现、企业部门中新职能的增加，能创造大量的工作岗位，增加就业机会，缓解就业压力。其次，静脉产业资源再利用、环保等理念的推广，能提高社会人文素质，提升公众意识。静脉产业是资源回收产业，它在激励人们节约资源、增强环境保护的责任意识，自觉形成环境友好型生活方式，追

静脉产业

求科学、文明的环境理念等方面均起到重要作用，辅助营造一个良好的社会氛围。最后，发展静脉产业能产生政府财政支出的"替代"收益。"替代"收益是指静脉产业的投资来源于静脉产业经营主体，相当于节约了政府用于废弃物处置和环境保护的公共财政支出，从而相对增加了政府用于其他公共福利的支出。而社会环境的净化、良好社会责任感的形成均能反作用于静脉产业，能夯实静脉产业发展的社会基础，促使静脉产业拥有更强大的发展推动力。

总之，静脉产业是工业化运动以来经济、社会、环境从分裂的发展模式到整合发展模式的变革，它把经济发展、环境保护、社会就业统一起来，促进经济发展与人口、资源、环境相协调，以此促进整个社会可持续发展能力的提高。

本 章 小 结

本章对静脉产业协同机制进行了研究。主要分析了产业协同含义及与动脉产业、环保产业等相关产业的协同发展，认为它们之间是相互关联、不可分离的。此外，本章还将静脉产业与科技发展、区域经济、生态环境、社会环境联系起来，分析了其间也存在协同发展的关系，认为只有各产业、各子系统间相互协调，才能共同促进经济的可持续发展。

第六章 静脉产业运行的约束机制

任何产业的发展都受诸多因素的影响，静脉产业的发展也不例外，分析影响静脉产业发展的因素，有利于有针对性地制定相应的产业发展政策。所以本章重点分析影响静脉产业运行的约束因素和约束机理，在此基础上构建静脉产业运行保障体系。

第一节 静脉产业运行机制的基本框架

运行机制是指在人类社会有规律的运动中，影响此运动的各因素的结构、功能及其相互关系，以及这些因素产生影响、发挥功能的作用过程和作用原理及其运行方式，是引导和制约决策并与人、财、物相关的各项活动的基本准则及相应制度，是决定行为的内外因素及相互关系的总称。在上述研究的基础上，本部分将建立静脉产业运行机制框架，包括框架建立的目标、原则、指导思想及基本框架。

一、框架建立的目标

人类各项经济活动都受到诸多因素影响，各种因素相互联系，相互作用，共同促进经济发展，发展静脉产业亦是如此，只有当相关要素相互作用并形成总体功能，生成具有内在动力和协调能力的制度化运行机制，才能有力促进静脉产业的持续发展。因而要保证静脉产业发展过程中各项工作的目标和任务真正实现，就必须建立一套协调、灵活、高效的运行机制。

一种经济模式要获得持久生命力，必须具备两个条件：一是健全的机制，二是保障机制运行的良好外部环境。发展静脉产业要立足于生产和消费过程中资源消耗的节约、废弃物减量化、资源化再利用，促进企业的经济效益、社会效益和生态效益的同步增长，实现经济与环境的协调发展，最终建成经济发达、环境优美、社会和谐的社区，这也是这种体系框架建立的最终目标。

二、框架建立的指导思想和原则

1. 框架建立的指导思想

静脉产业运行机制框架构建首先必须明确一个指导思想，这个指导思想必须适合于产业

静脉产业

发展特征，同时又适合于静脉产业发展规律。

发展静脉产业的重要任务就是针对传统现行经济运行模式中废物再生利用系统缺乏，废物不能成为再生资源进入再生产过程的缺陷，构建废弃物再生利用的运行模式，实现资源的循环利用。可持续发展思想、生态经济思想、循环经济等思想起着重要的统领和指导作用，在此基础上，根据矿区实际情况，构建静脉产业运行机制框架，必须遵循循环经济运行规律，走产业化发展的道路，在促进物质循环利用的基础上，实现资源循环和循环社会的建立。此外，系统化思想在框架构建过程中也起着十分重要的指导作用，一方面要以系统化的指导思想推动其发展，对涉及静脉产业运行机制的整个系统进行全面的规划，明确废物回收、拆解、无害化处置、利用全过程的运行规律和原理，使这一产业运行机制形成一个完整的体系；另一方面，要从其关联的三大子系统（驱动力、交易价格、约束力）入手，进行更为细致全面的剖析。

2. 框架建立的原则

在构建静脉产业运行机制框架时必须遵循以下原则：

（1）以科学为基础。在构建运行机制时，要考虑理论上的完备性、科学性、正确性，即机制框架等相关概念必须明确，且具有一定的科学内涵。此外，在研究过程中使用的方法也必须具有科学性，做到有理可依、有据可循，以保证框架的合理完整性，能有效指导矿区实践工作的开展。

（2）以实际为依托。我们研究运行机制的主要目的是指导社会实践，脱离了实际的理论是没有任何价值和意义的，因此，必须在以科学理论指导的基础上，深入研究相关领域的基本性质和特征、静脉产业发展模式等实际情况，理论联系实际，以更好地推进静脉产业发展。

（3）整体性与层次性原则。运行机制框架作为一个整体，应比较全面地反映静脉产业运行的特征，既要反映资源流动全过程，又要考虑约束静脉产业发展的正反两方面因素。经济是由许多同一层次中具有不同作用和特点的功能团以及不同层次中复杂程度、作用程度不一的功能团所构成的。因此构建运行机制框架时又必须要考虑层次性，分层逐项研究，以保证框架体系的完整性和准确性。

三、基本框架

在任何一个系统中，机制都起着基础性的、根本的作用。在理想状态下，有了良好的机制，甚至可以使一个社会系统接近于一个自适应系统——在外部条件发生不确定变化时，能自动地迅速做出反应，调整原定的策略和措施，实现优化目标。通过静脉产业运行主体利益博弈分析，静脉产业运行机制的基本框架主要包括动力机制、传递机制、交易机制和约束机制四方面内容，在这四方面机制相互作用和影响下，静脉产业才能朝着既定目标健康发展。

动力机制是指强化静脉产业资源流动的驱动力强度、保障资源合理流动和产业运行动力的联合作用的运作框架，是运行机制的重要内容之一。任何产业的发展都需要相应的推动力，这种推动力包括内生动力和外生动力。运行动力机制的分析有助于区域结合不同静脉产业资源的类型制定相应的产业政策和产业发展规划。同时，产业运行动力的产生需要经过相应的传递过程才能够形成相应的产业体系，运行动力源所产生的动力在形成产业的过程中将出现运行动力的递减现象，例如，资源利用过程中可能存在着技术瓶颈而使相应的运行动力减弱；可能出现替代产品对静脉产业产品的冲击而使动力减弱。通过对静脉产业运行动力、传递机制等内容的研究，构建动力联合机制模型，是动力机制所涵盖的主要内容。

静脉产业传递机制，就是将静脉产业发展的动力通过经济能量辐射传递到相关领域，由于静脉产业传递机制的存在，通过能量载体的流动将由于某些方面变化引起的经济波动传递到相关产业，引发他们发生相应的变化。由于引发静脉产业发生变化的原因有许多，原因不同，产生变化的机理不同，因此，其传递机制也不同。引发静脉产业变化的原因有科技、资源供求关系、生产方式、生活方式、社会活动方式等，社会进步，居民消费方式同样会引发静脉产业体系及运行机理的变化，传递机制是联系静脉产业相关范畴的纽带，设计合理的传递机制对静脉产业体系的运行具有重要意义。

静脉产业资源交易机制，就是指静脉产业资源交易的各因素构成及作用方式。具体来说，包括交易方式、交易主体、交易渠道、交易网络、静脉资源定价策略等内容，它们相互联系、相互作用，共同构成了一个完整的交易机制体系框架。资源交易机制主要研究的是如何来实现这些资源的合理流动问题，即通过何种方式来保证资源交易的顺利实现。合理的静脉产业资源交易机制有利于促进交易的实现，从而保证资源合理顺畅地流动，提高资源层级利用率和循环利用率，促进静脉产业健康发展。

约束机制是指为保障产业正常发展，便于产业有序运转、充分发挥其作用而构建的相应机制。约束主要包括国家的法律法规，经济政策、静脉产业资源数量、成本效益约束等因素。按照约束的形式，可以分为正约束和负约束两种，正约束是指能够促进产业健康发展的约束，由于它起到防止产业在无序状态下自由发展的作用，因此称为正约束；负约束则是阻碍产业发展的约束。任何产业的发展都受诸多因素的影响，静脉产业的发展也不例外，分析影响静脉产业发展的约束机制，有利于有针对性地制定相应的产业发展政策，保障产业的有效运作。

综上所述，静脉产业运行机制的基本框架模型如图6-1所示。

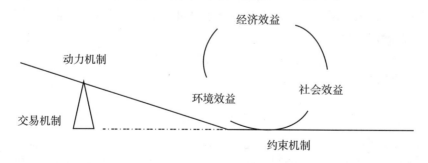

图6-1　静脉产业运行机制模型

在此基本框架模型中，静脉资源是基础，动力机制是杠杆，传递机制是纽带，交易机制为支点，约束机制是规范，在各方共同协调配合下，使静脉产业持续、健康、顺利的发展，实现经济效益、社会效益和环境效益相协调的目标。在这种状态下，合理的静脉产业运行机制使复合生态系统接近于自然生态系统——高效使用各种资源，建立良好的废弃物循环利用产业链（网），从而有助于调整产业策略和措施，实现优化目标。具体来讲，包括以下几层含义：

（1）静脉资源是基础。任何产业的发展离不开资源的充分供给，资源供给充分与否直接影响产业的发展规模与速度。静脉产业的发展也不例外。静脉产业资源的种类、数量及资源的回收利用的程度是影响静脉产业运行的首要因素，也是静脉产业得以运行的物质保证。

（2）动力机制是杠杆。杠杆的作用是传递动力。静脉产业与其他产业一样，其发展也需要一定的推动力。静脉产业专业化、规模化发展离不开各种动力的驱使。各种动力源通过作用于杠杆的一端，加之杠杆的传递力作用，来推动静脉产业社会、环境、效益目标的不断磨合，最终达到统一与协调。

（3）传递机制是纽带，纽带的作用是联系相关的领域与产业。由于内外原因的变化，必然产生内外力，积蓄能量必然引起相关领域变化，通过传递机制将有关能量释放出去，最后达到新的平衡。

（4）交易机制为支点。静脉产业的发展离不开政府、企业、社会公众等的积极参与。只有建立合理的市场机制，来充分协调各参与方之间的利益，才能加速静脉产业的发展。尤其是企业的积极参与与否，决定着静脉产业的发展规模。因此，通过建立合理的交易机制，从而保证资源合理顺畅地流动，提高资源层级利用率和循环利用率，促进静脉产业健康发展。这有利于在实现企业利益的同时，加速静脉产业社会、环境效益的实现。

（5）约束机制是规范。静脉产业的发展不可能一帆风顺，在其实现目标的过程中，由于各种目标的矛盾性，可能会导致静脉产业的发展脱离正常的轨道。没有规矩不成方圆，因此，通过国家制定相关完善的法律法规等来加以限制，有利于静脉产业顺利向其目标发展。

第二节　静脉产业运行约束因素分析

静脉产业运行的约束因素很多，主要包括法律因素、经济因素、资源数量因素、成本效益因素、资源环境因素等。

一、法律因素

静脉产业是发展循环经济的重要组成部分，循环经济作为一种经济发展方式，它并不改变经济发展的内在规律性，而是需要通过一定的法律制度来支持和保障。法律法规作为一种正式的强制性制度，能够以适宜的制度安排促进静脉产业的激励机制的形成，以法律法规强制性促进静脉产业的约束机制的形成，从而有效地规范和引导静脉产业行为，确保静脉产业进入有序的发展轨道。

发展静脉产业必须立法先行。在静脉产业发展过程中，不同的参与者围绕着废弃物发生了一系列的经济关系和社会责任义务关系，它不仅适用市场经济所有的法律法规，还需要一些特殊的法律来明确利益相关者的"责、权、利"关系，需要相关的政策措施的颁布来激励更多的人参与到发展静脉产业的行动中来。目前，我国的循环经济立法已被全国人大常委会提到议事日程，静脉产业的政策法规也亟待出台，只有在统一的社会规范和协调的法律体系下，才能建立起科学的、严谨的和可操作的产业运行制度，从而把资源节约、经济质量、生态建设和社会效益完整地结合在一起。一系列符合产业发展规律的政策法规、法律的出台，是约束不利行为、激励有益行为的重要举措之一。

然而，法律法规政策体系的不健全对于产业发展又起到了制约的作用。一是我国尚未形成促进循环经济发展的法律框架，作为循环经济重要组成部分的静脉产业还没有具体的法律法规。国家和地方在静脉产业发展方面的基本法和专门法还存在严重缺位的现象，现行的政策法规也多是在传统模式上制定的，对企业、个人、政府在静脉产业发展方面的"责、权、利"及管理体制尚不明确；缺乏必要的强制性标准等技术法规。二是已有的相关法规质量有待提高，如资源再循环利用等方面的一些规定比较笼统，没有提出具体的要求，可操作性不强；在法律法规的制定和实施过程中，往往过多照顾部门的意见，没有系统性，相关法律之间不够协调、有关的配套措施不到位；缺乏行之有效的法律法规实施效果评估机制等。三是在资源回收和循环利用等市场失灵的领域，企业参与的积极性不高，这就需要政府的政策引导和政策激励，但目前我国还没有建立完善的引导和激励政策体系。这些问题的存在，都是法律政策体系不健全的表现，制约着静脉产业的发展。

二、经济因素

推动静脉产业发展，必须借助一定的经济手段，充分发挥市场机制和经济杠杆的作用，使企业、社会和公众都能获得发展静脉产业所带来的利益。经济手段是指政府在自觉依据和运用价值规律的基础上借助于经济杠杆的调节作用进行的一种调控。经济杠杆是对社会经济活动进行调控的价值形式和价值工具，主要包括价格、税收、信贷、工资等，这也是国家运用经济政策，通过对经济的调整来影响和调节经济活动的具体措施。为了推动静脉产业快速健康发展，国家有必要采取一系列措施，尤其是通过制定和实施经济措施，对经济活动参与者进行引导。常见的经济手段有政府直接投入、财政补贴、经济奖励、价格、税收等。

大规模政府直接投入是最直接、最见效、最有力的经济手段，如建立省市发展静脉产业的建设基金，通过政府直接投入，帮助区域建立起以资源回收、分类、再造为核心的静脉产业发展体系；加大科技开发资金的投入，集中力量研究开发资源再生利用的技术，依靠科技进步增强节约能力，建设静脉产业技术支撑体系。财政补贴是政府为了协调社会经济活动而采用的一种引导力较大的经济手段，可分为直接性财政补贴和间接性财政补贴，通过实行财政补贴，可以影响静脉资源再生产品的相对价格结构，减少企业经济负担；可以把政府发展静脉产业的决心转化为市场信号，引导市场主体更加积极主动地参与到静脉产业的建设和发展中，从而改变资源配置结构、供给结构和需求结构。对于静脉产业发展过程中做出突出贡献、取得较大成效的企业可以给予一定的经济奖励，以激励企业行为。此外，税收政策也是影响产业发展的重要影响因素，以静脉产业的发展理念为指导，制定对资源循环利用的生产销售和消费行为给予减税或退税的政策，建立促进资源节约的税收体系。

目前，推动静脉产业发展的外在动力和内在利益的协调机制还没有普遍形成，促进静脉产业发展的相关经济措施还有待完善，以较少经济因素对产业发展的制约。

三、资源因素

静脉产业的发展必须建立在一定的基础之上，即存在大量的废弃物；废弃物具有有用的属性；拥有将废弃物再资源化的技术；存在着对再生产品的需求，这是产业发展所必须具备四项基本的前提，其中，资源数量问题是约束产业发展的首要的、最基本的前提。

静脉产业实质上是实现各类废弃物再利用和资源化的产业，离开静脉产业，就无法完成物质和能量的循环。换句话说，各类废弃物是静脉产业的生产原料，是静脉产业发展的物质基础，离开了各类废弃物，静脉产业也就失去了存在的意义。要发展静脉产业，就必须充分考虑资源的可供给性，静脉资源数量的多少直接决定着静脉产业的规模，对单个企业来说，只有规模足够大、排放的废弃物足够多时，企业才具备独立对其进行再生利用的可行性。目前大多数中小企业废弃物的数量不足以达到规模化处理的最小规模，故而难以独立建立合适的静脉产业发展体系，阻碍了产业发展。因此，如何保障静脉资源数量，实现静脉产业规模化是我们亟待解决的问题。

一个区域产生的可再生利用的资源种类比较多，部分资源数量较大，达到了直接在区域内发展静脉产业的规模，可以由企业直接回收利用；同时，为提高可再生资源利用的程度，化解资源供需紧张的矛盾，对于数量不足以发展静脉产业的资源通常采取对内输送或从外引进的方法，可以通过回收网点回收、区域内集中开发利用或交易到其他地区利用，这些资源主要有生产设施设备、废旧物资、电子设施设备与用品、生活用品等，从而形成规模化的产业集群发展模式，最大限度地减少资源数量对产业发展的约束作用。从另一个角度，资源回收利用程度也是静脉产业发展的约束因素之一。资源回收是静脉产业的起点，通过直接或间接等方法，利用逆向物流的原理，将分散在企业和社会的可再生、再利用的资源回收起来。合理的资源回收网络的建立对静脉产业发展具有促进作用，资源回收程度高，静脉产业的生产材料就多，规模化效益也就越明显。

四、成本效益约束因素

企业发展静脉产业面临两方面的权衡：一是成本问题，即"投入"；二是效益问题，即"产出"。在市场经济条件下，企业的目的在于追求最大的经济效益，所以在进行生产时就要有成本效益观念，从"投入"与"产出"的对比分析来看待投入的必要性、合理性。

静脉产业与动脉产业相比，有着自己的特点，静脉产业以动脉生产所产生的废弃物为主要原料，采用一定的技术对其进行加工再造，因此，成本会受到企业规模和技术水平的影响；同时，由于再生产品的特殊性，决定了它的市场价格必须低于一般资源产品的价格才有可能销售出去，这样，成本效益自然就会对产业发展形成一种约束作用。企业在进行生产前，首先就必须要权衡一下成本效益问题，尤其是成本的合理性。考察成本高低的标准是估算产出（收入）与投入（成本）之比，此比值越大，则说明成本效益越高，相对成本越低；考察成本应不应当发生的标准是产出（收入）是否大于为此发生的成本支出，如果大于，则此项成本是有效益的，应该发生，否则就不应该发生。

降低成本的途径取决于静脉产业的技术水平和企业的规模，其中关键技术的研发起决定性作用，如资源再生利用技术、资源再造技术、资源回收技术等；同时，只有在废弃物排放量与回收量具有规模化循环利用时才能实现成本最小化。一方面，合理利用废旧资源需要现代的技术支撑，资源高效利用往往需要从综合开发资源的角度进行技术研发。目前，多数企业还没有能力独自研发技术的能力，制约着成本的降低，进而约束着产业发展。另一方面，较高的资源回收技术能够收集到更多的废弃物，有益于规模效益的提高，降低生产成本。

五、环境因素

静脉产业发展离不开资源，而资源环境是静脉产业形成的基础，生态环境运行良好，能促进静脉产业的形成和发展，当环境受到危害时，静脉产业也就难以维持。资源环境与静脉产业之间形成一种互动关系，分析如下：

1. 约束关系

资源环境为静脉产业提供资源，自然界提供资源的数量和品种约束了静脉产业的发展，提供静脉资源数量越多，静脉产业发展规模就越大，反之，则相反；自然界能够提供的静脉资源品种越多，静脉产业体系就越完善，反之，则相反。静脉产业规模与发展水平对自然生态发展也产生约束作用，静脉产业规模超过自然界所能提供资源的上限时，过度的资源利用影响约束生态环境的发展，反过来，又影响到相关产业的发展。静脉产业规模过低，消耗不了自然界提供的资源，过剩的资源，尤其是再生资源会加重生态环境处理负担，同样影响自然生态系统的正常发展。从和谐发展的角度分析，资源环境与静脉产业之间存在相互制约的关系，两者只有规模适宜，才能和谐发展。

2. 互补关系

资源环境与静脉产业之间存在互补关系，自然界为静脉产业发展提供资源，保障相关产业发展，静脉产业的发展消费相关资源为生态系统的正常运行提供保障。生产，尤其是静脉产业对资源数量、品种的需求，促进了自然界中提供相关资源的子系统的发展，产业需求高的，发展就快，需求低的，发展就会受到限制（这种限制是在人类干预下实现的）。同样静脉产业的生产活动在耗费资源的同时，也为自然界的生物、微生物等生长与发展提供资源。由此看来，在人为干预下，资源环境与静脉产业之间存在互补关系。

3. 互动关系

人类是自然界生态系统中的一个子系统，整个自然界按照一定客观规律与方式运行。自然界为人类生存与发展提供资源等条件，人类也依据对自然的认识，能动地改造自然，使其向有利于自然与人类和谐发展的目标发展。自然为生产活动提供资源，生产活动也在一定范围内改造自然。作为生产活动表现形式之一的静脉产业或产业体系也要适应这一规律，产业体系调整要依据自然条件状况进行，产业结构调整也要有利于推动自然环境向良性方面发展。

4. 和谐关系

人类是自然界生物系统的一个子系统，目前人们对于人与自然的关系有三种观点：一是以自然为中心，二是以人为中心，三是人与自然和谐发展的观点。随着科技发展，人类认识自然能力的增强，更趋向于人类与自然和谐论。自然运行的规律是客观存在的，是不以人的意志为转移的，人类只有适应自然的发展才能生存下去，反之，则相反。人类与自然的关系是人类适应自然环境，而不是自然环境适应人，当人类适应自然环境时，人类就能够更好地生存发展，但当人类不适应自然环境时，人类就需要调整自己的行为使其适应自然环境，否则，将会被自然淘汰。当然，人类能够认识自然运行规律，利用发现的规律，调整自己的行为规范使其适应自然的发展。生产活动是人类生存的方式之一，作为人类行为规范内容之一，生产活动也必须适应自然界的运行规则。产业及产业结构是人类组织生产的复杂系统，也必须适应自然运行的法则，静脉产业也不例外。当静脉生产活动适应自然运行规律时，自然就能合理有序地为产业活动提供资源，同时利用或净化产业活动产生的多余资源；反之，当静脉生产活动不适应自然运行规律时，自然提供资源过剩或不足会影响生产活动的正常进行，同样生产活动为自然界提供的资源不足或无法完全处理利用等都将影响产业的正常运行。由此看来，人类必须要根据人与自然和谐发展的原理设计生产方式、生产工艺，调整产业结构与产业体系，使人类产业活动与自然和谐发展。

综上所述，法律因素、经济因素、资源因素、成本效益因素、环境因素是约束静脉产业运行的主要因素，通过对上述因素的改善，能够有效地促进静脉产业的快速健康发展。

第三节　约束机理分析

产业的发展是在一定的约束机制下进行的，而产业的约束有正约束和负约束两个方面。正约束是指能够促进产业健康发展的约束，由于它起到防止产业在无序状态下自由发展的作用，因此，在这里称其为"正约束"；相反地，"负约束"是指阻碍静脉产业发展的约束。因此，本部分将首先分析正约束和负约束产生的原因和机理，然后分析增加正约束、减少负约束的途径和方式。

一、静脉产业的运行原理

静脉产业的发展受到可持续发展、循环经济、生态经济等多种理念的影响，在这些理念的指导下，人类参与到废弃物的再循环过程中，变废为宝，发展静脉产业，以期提高资源利用效率。

从循环机制看，生态系统中的物质、能量在系统内循环流动而被多次反复地利用。自然生态系统中基本没有无用的废物，也没有仅供一次利用的能源，这些特征使生态系统成为一个高效能的系统。而复合生态系统中废弃物不可能在系统内自行循环，如果处理不好就会造成系统的失衡。静脉产业的一个重要特征就是模拟自然生态系统，在传统经济系统中引入一个新的角色——分解者，这个角色承担了扩张型的经济系统与稳定型的自然系统之间的缓冲任务和磨合作用。

生态经济系统的一般原理在产业生态系统中体现为：竞争、共生、自生。具体来说，竞争是一种动力机制，是生态系统演化的正反馈机制，它强调发展的效率、力度和速度，强调资源的合理利用与潜力发挥，激励各种资源潜力挖掘和实现价值，提倡优胜劣汰；共生是维持生态系统稳定的负反馈机制，是缓冲剂，追求价值上的共赢与共存，它强调发展的整体性、平稳性、和谐性，倡导合作共生，协调多元需求和多维利益；自生是一种自我生存本能，是生态系统应对外部变化的一种自我调节能力，其基础在于生态系统的承载能力、服务功能和可持续程度[109]。静脉产业就以产业复合生态系统的运行机制：竞争、共生、自生为基本原理，以企业自身的产业链的纵向闭合、企业之间的横向共生、企业与社会间区域性的系统耦合为作用形式。

根据静脉产业运行主体及其功能分析，以及各主体之间的博弈，本书建立了静脉产业运行系统结构框架如图6-2所示。

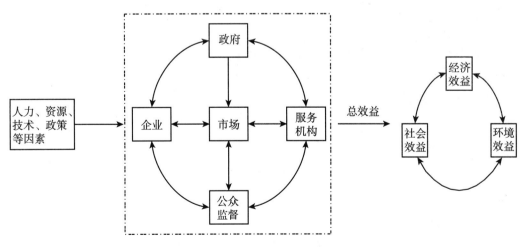

图6-2 静脉产业运行系统结构

在这一运行系统结构框架中，政府、企业、公众监督、金融服务机构是静脉产业运行的

静脉产业

主体，是系统的组成要素。这四方面在市场机制的调节下，互相作用，形成静脉产业的运行状态。通过技术、政策、静脉资源、人力资源等要素的投入影响静脉产业的运行，以实现静脉产业的总体目标，即达到经济、环境和社会效益的协调发展。

静脉产业运行系统能否有效顺利运行关键在于系统中各运行主体之间能否以恰当的互相作用方式协调发展，即静脉产业的发展不仅要依靠企业，同样需要政府、公众、金融等中介机构的支持，应在政府的统筹规划、引导下，以企业为主体，各市场要素互相促进，共同推动其发展。

二、约束产生的原因

任何产业都不是孤立存在的，它受到周边诸多因素的影响，促进或阻碍产业的发展，同样的，静脉产业发展也如此。静脉产业的约束因素主要体现在资源、经济、成本收益和法律政策等方面，这些因素在静脉产业运行过程中表现为两面性，既有促进静脉产业健康发展的方面，又有阻碍其发展的一面。

这些约束产生的原因是多方面的，有自然的，也有社会的。所谓自然原因是指由客观存在或规律决定的原因，如静脉资源数量因素、资源可再生利用的潜在价值等。任何产业都包含一个从投入到产出的过程，其中的投入这一环节就必然受到资源多少的制约，投入决定产出，资源数量是投入数量的主要影响因素，因此，资源数量对静脉产业发展的约束作用自然产生；此外，利用资源的潜在价值是人们从事生产的主要原因，静脉产业资源的可再生利用价值的大小影响到人们参与其中的欲望和行动，由此对产业发展产生约束作用。所谓社会原因则是指人们在生产过程中为了规范和约束产业发展中可能遇到的一些问题而做出的一系列行为，如政策法规的制定和实施、资源再生利用技术的研发、资源回收网络的构建等。由于市场并非万能的，存在固有的弱点和缺陷，静脉产业的运行也不是一帆风顺的，它必须借助于政府的干预、技术研发等外在手段的帮助，解决产业发展过程中遇到的一些问题，一方面可以使静脉产业运行机制得到修整，或者说，使其缺陷得到克服；另一方面，在运行机制所不及的特殊领域里，能够直接发生作用，弥补不足。当然，这些手段的执行程度的不同，也会导致约束效应的不同，从而形成"正约束"和"负约束"。

综上所述，约束的产生与存在是伴随产业发展而自发产生的，是自然及社会原因驱动的结果。

三、约束的作用方式与途径

静脉产业运行的约束因素各自发挥着作用，促进或阻碍着产业的正常运行，其具体作用机理如图6-3所示。

从图6-3中可以看出，静脉产业的发展受到正负两方面的约束，其中，政策法规的激励，静脉资源种类多、数量大，静脉资源可再生利用的巨大潜在价值和社会、生态、经济效益的巨大回报是静脉产业发展的约束机制中有益的一方面，即正约束。具体来说：

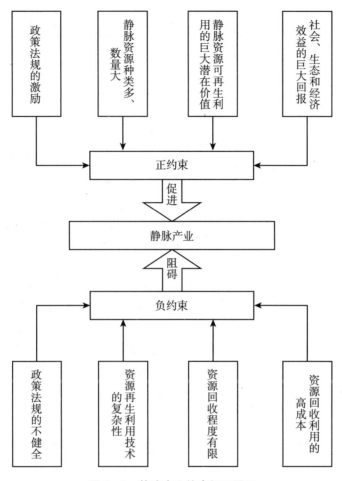

图 6 - 3　静脉产业约束机理图示

（1）政策法规的激励作用体现在：法律法规具有一种正确导向的作用，可以有效规范和指导市场主体的行为，打击破坏产业发展的行为，确保产业发展的正确方向；经济政策则是从经济层面，通过各种具体的财政政策、税收政策、金融政策，给予静脉产业的参与者一定的利益补偿，从而促使更多的人参与其中，如通过税收优惠或税收减免，刺激企业发展静脉产业的欲望，引导企业自觉加入以废弃物再生循环利用为核心的静脉产业发展的行动中来。

（2）静脉资源种类多、数量大对产业发展的"正约束"作用体现在：可提供充足的生产"原料"，有利于形成规模化效益，降低生产成本。

（3）资源价值的约束作用体现在：静脉资源可再生利用的巨大的潜在价值是静脉产业能够得以运行的核心，换句话说，发展静脉产业的主要目的就是要利用资源的价值，提高资源利用率。静脉资源可再生利用的潜在价值越大，再生产品的交易就越容易实现，也就越有利于静脉产业的发展，起到了正约束的效果。

（4）社会、生态、经济效益的巨大回报的约束作用体现在：静脉产业将废弃物视为资源，通过加工再造实现资源的再生利用，是集社会效益、经济效益和生态效益于一体的，因此，发展静脉产业可以给企业带来多方面的回报。反过来，这种多重的巨大回报也就必然会促进产业发展。

静脉产业运行的负约束主要有：政策法规的不健全、资源再生利用技术的复杂性、资源回收程度的有限性、资源回收利用的高成本，它们在静脉产业运行过程中起着阻碍作用，不利于产业发展。

具体来说：

（1）政策法规的制定和执行是有利于产业发展的，主要起到一种保障和规范的作用，但是在目前的情况下，静脉产业的政策法规体系还不健全，还存在着一些问题，这些问题的存在就使它在某一方面不能很好地约束不合理行为，势必会给产业发展带来阻碍。

（2）资源再生利用技术的复杂性：废弃物的再生利用需要借助一定的技术，这种技术越复杂，相应的再生产品的成本就越高，对企业而言负担相对加重，更多的中小企业可能就不愿意进行生产，从而制约着产业的整体发展。

（3）资源回收程度的有限性同样阻碍着产业运行：静脉资源要进入生产，首先必须经过资源回收系统的有效回收，有些废弃物的回收方便，有些则相对复杂，对于这类资源，如果不能采取措施提高回收率，那么，就必然影响生产的正常投入，阻碍产业发展。

（4）资源回收利用的高成本：资源回收利用的成本越高，相应的产出资源或产品的价格也就相对较高，在市场上的需求也就可能随之降低，不利于再生产品的销售，静脉产业的再利用环节就会受阻。

第四节　基于资源环境的静脉产业约束模型建立

在一定时期内，在不考虑其他条件的情况下，当静脉产业资源数量与净化能力一定时，要使区域生产总值或产业增加值达到最大，并使废弃物的数量控制在合理范围内，可以通过对静脉产业结构的调控来达到目的。为合理安排区域静脉产业结构和规模，就需要对静脉产业约束情况建立模型进行分析。

一、约束条件建立

静脉产业结构与规模受区域资源环境与产业之间的互补、互动、和谐、资源供给与净化等方面的关系约束，这些约束关系构成区域产业与资源环境的合理范围，在合理范围内产业结构与规模是可行的，超出这个范围，就是不可行的。因此，在进行区域静脉产业结构调整与规模发展时，一定要结合这些关系进行。这些约束关系模型如下：

1. 互补约束模型

互补是指元素之间以固定的比例关系投入资源保持系统运行的方式，在自然界中各个子系统或单元之间都以一定的比例使用相关系统或单元提供的资源，同时也向相关的系统或单元提供一定的比例资源。这种互补比例关系短期内是固定的，但长期内是变动的，尤其当运行的条件发生变化时，这种关系就会发生变化。因此在短时期内静脉产业与资源环境之间的互补约束主要受到资源环境与产业结构、产业规模与资源环境规模的约束，其约束函数如下：

（1）静脉资源供给互补关系模型：

$$U((Q_1,Q_2,Q_3,\cdots,Q_i),(G_1,G_2,G_3,\cdots,G_j))$$
$$=\min((a_1Q_1,a_2Q_2,a_3Q_3,\cdots,a_iQ_i),(b_1G_1,b_2G_2,b_3G_3,\cdots,b_jG_j)) \tag{6-1}$$

（2）静脉资源净化互补模型：

$$O_i=f(Q_i)=f(f(U_i))=f(f(f(O_i))) \tag{6-2}$$

2. 互动约束模型

$$f(G_1,G_2,G_3\cdots G_j)=f(Q_1,Q_2,Q_3\cdots Q_i)=f(H_1,H_2,H_3\cdots H_h) \tag{6-3}$$

3. 和谐约束模型

在生态系统中，人类活动消耗的资源与产生的资源能够在合理利用的范围内，能够维持生态系统和谐运行。考虑到资源环境的有限性、静脉产业结构中各个影响因素的复杂性等特点，建立和谐约束模型，提高和谐性分析评判的科学性。和谐约束模型如下：

和谐区间：

$$HD=[\underline{HD},\overline{HD}][\underline{HD},\overline{HD}]\subseteq[0,1] \tag{6-4}$$

$\underline{HD}$——和谐区间下界，$\overline{HD}$——和谐区间的上界

和谐区间是生态环境系统所处的和谐性的总体区间。

4. 静脉资源供给约束

$$\begin{cases}A_{11}\times a_{11}+A_{12}\times a_{12}+A_{13}\times a_{13}+A_{14}\times a_{14}+\cdots+A_{1m}\times a_{1m}\leqslant Q_1\\A_{21}\times a_{21}+A_{22}\times a_{22}+A_{23}\times a_{23}+A_{24}\times a_{24}+\cdots+A_{2m}\times a_{2m}\leqslant Q_2\\A_{31}\times a_{31}+A_{32}\times a_{32}+A_{33}\times a_{33}+A_{34}\times a_{34}+\cdots+A_{3m}\times a_{3m}\leqslant Q_3\\A_{41}\times a_{41}+A_{42}\times a_{42}+A_{43}\times a_{43}+A_{44}\times a_{44}+\cdots+A_{4m}\times a_{4m}\leqslant Q_4\\A_{n1}\times a_{n1}+A_{n2}\times a_{n2}+A_{n3}\times a_{n3}+A_{n4}\times a_{n4}+\cdots+A_{nm}\times a_{nm}\leqslant Q_n\end{cases}$$

5. 净化约束模型

（1）区域静脉资源环境净化上限约束：

静脉产业

$$\begin{cases}
A_{11} \times b_{11} + A_{12} \times b_{12} + A_{13} \times b_{13} + A_{14} \times b_{14} + \cdots + A_{1m} \times b_{1m} \leqslant A_{\pm 1} \\
A_{21} \times b_{21} + A_{22} \times b_{22} + A_{23} \times b_{23} + A_{24} \times b_{24} + \cdots + A_{2m} \times b_{2m} \leqslant A_{\pm 2} \\
A_{31} \times b_{31} + A_{32} \times b_{32} + A_{33} \times b_{33} + A_{34} \times b_{34} + \cdots + A_{3m} \times b_{3m} \leqslant A_{\pm 3} \\
A_{41} \times b_{41} + A_{42} \times b_{42} + A_{43} \times b_{43} + A_{44} \times b_{44} + \cdots + A_{4m} \times b_{4m} \leqslant A_{\pm 4} \\
A_{n1} \times b_{n1} + A_{n2} \times b_{n2} + A_{n3} \times b_{n3} + A_{n4} \times b_{n4} + \cdots + A_{nm} \times b_{nm} \leqslant A_{\pm n}
\end{cases}$$

（2）区域静脉资源环境下限约束：

$$\begin{cases}
A_{11} \times b_{11} + A_{12} \times b_{12} + A_{13} \times b_{13} + A_{14} \times b_{14} + \cdots + A_{1m} \times b_{1m} \geqslant C_{\mathrm{F}1} \\
A_{21} \times b_{21} + A_{22} \times b_{22} + A_{23} \times b_{23} + A_{24} \times b_{24} + \cdots + A_{2m} \times b_{2m} \geqslant C_{\mathrm{F}2} \\
A_{31} \times b_{31} + A_{32} \times b_{32} + A_{33} \times b_{33} + A_{34} \times b_{34} + \cdots + A_{3m} \times b_{3m} \geqslant C_{\mathrm{F}3} \\
A_{41} \times b_{41} + A_{42} \times b_{42} + A_{43} \times b_{43} + A_{44} \times b_{44} + \cdots + A_{4m} \times b_{4m} \geqslant C_{\mathrm{F}4} \\
A_{n1} \times b_{n1} + A_{n2} \times b_{n2} + A_{n3} \times b_{n3} + A_{n4} \times b_{n4} + \cdots + A_{nm} \times b_{nm} \geqslant C_{\mathrm{F}n}
\end{cases}$$

二、最佳产业结构目标模型

1. 静脉资源供给模型

静脉资源供给主要从经济收益最大化的角度建立模型，然后利用资源约束条件进行计算，其模型如下：

$$y_{\text{经}} = G_1 \times p_1 + G_2 \times p_2 + G_3 \times p_3 + \cdots + G_j \times p_j \tag{6-5}$$

如果在已有约束条件下此模型取值最大，就可以利用线性规划的有关方法进行计算。价值最大化主要是指利润最大化、增加值最大化或总产值最大化，在资源环境承载力约束下，价值最大化主要是指增加值最大化或利润最大化。

2. 静脉资源净化模型

基于静脉资源环境的产业结构优化主要考虑如何合理安排静脉产业结构关系，在产业规模最佳的情况下，使用的静脉环境资源最小，其分析模型如下：

$$y_{\text{资}} = G_1 \times a_1 + G_2 \times a_2 + G_3 \times a_3 + \cdots + G_j \times a_j \tag{6-6}$$

其中 a_j 表示第 j 个静脉产业单位产出使用静脉环境资源，此模型应该趋向最小值，就是在产值一定的情况下，动用静脉环境资源越少越好。

3. 和谐优化模型

可持续发展追求的最佳状态是自然环境既能为产业提供合适的资源，又能使用产业体系所排放的多余资源，同样产业体系既能合理使用自然界提供的资源，又能够适度地向自然界排放资源。要达到这样的目的，就需要自然生态与产业体系和规模和谐发展，考察这一问题的关键指标是自然与产业体系的和谐度，和谐度越高，自然与产业体系的关系越和谐，反之，则相反。为分析问题方便起见，建立和谐分析模型如下：

$$y_{和} = c_1 G_1 + c_2 G_2 + c_3 G_3 + \cdots + c_j G_j \qquad (6-7)$$

其中 c_j 表示第 j 产业单位产值和谐度，在不考虑其他问题的前提下，和谐度越高越好。

4. 互补优化模型

互补是指静脉资源环境与静脉产业体系之间按照最佳固定比例相互之间提供资源，相互之间通过资源利用净化生态环境，其考察指标为静脉资源生态环境与静脉产业体系之间的互补度，互补适宜性越高，静脉资源环境与静脉产业体系的关系就越合理，反之，则相反。为分析问题方便起见，建立互补适宜度模型如下：

$$y_{补} = d_1 G_1 + d_2 G_2 + d_3 G_3 + \cdots + d_j G_j \qquad (6-8)$$

其中 d_j 表示第 j 产业单位产值互补适宜度，在不考虑其他问题的前提下，总适宜度越高越好。

5. 互动优化模型

静脉资源环境与静脉产业体系存在互动的关系，静脉产业体系调整、产业规模变化能够促进自然生态环境的变化，同样生态环境，尤其是静脉资源环境的发展演化也会对静脉产业体系变化产生影响。两者互动合理时，对静脉资源利用和共享的程度高，反之，则相反。为分析问题方便起见，建立模型如下：

$$y_{动} = e_1 G_1 + e_2 G_2 + e_3 G_3 + \cdots + e_j G_j \qquad (6-9)$$

其中 e_j 表示第 j 产业单位产值共享度，在不考虑其他问题的前提下，总共享度越高越好。

三、最佳产业结构优化方法

前面分析可以看出，基于资源环境的静脉产业结构优化从不同角度进行研究分析，站的角度不同，追求的目标就不同，因此静脉产业结构优化与静脉资源环境属于多目标的优化问题。目前解决这类问题的方法有模糊评价、灰色关联度、层次分析等方法，比较适用的系统动力学和多目标决策方法。此处简要介绍系统动力学与多目标规划整合模型。

系统动力学和多目标规划整合模型（SD—MOP）是将系统动力学与多目标规划模型有机地结合起来，互相取长补短，采用多模型有机整合的方法，构成一个功能互补的有机整合模型。SD—MOP 模型的优点：能够描述出产业结构优化系统内部结构及功能，反映出系统的发展规律及趋势；能够准确地找到关键决策点，并能够对这些关键点的最优值求解，依据这些解与决策集团进行交互，并根据敏感因素对方案进行调整，取得可信度、优化度、可行性都较高的优化方案。

基于资源环境的静脉产业结构优化系统不仅包括资源子系统，还包括社会、环境和经济

静脉产业

等其他子系统，静脉产业结构优化系统是一个十分复杂的经济社会系统，如果想全面准确地研究各系统、各要素之间的相互作用关系和它们对静脉产业结构优化系统的作用，就必须建立一个适合这个复杂系统的系统动态分析模型，此系统的组成结构如图6-4所示。

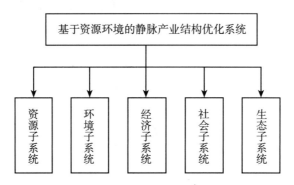

图6-4 基于资源环境的静脉产业结构优化系统结构

SD—MOP整合程序：

（1）建立系统动力学模型并识别出静脉产业结构优化系统的敏感性因素。在正确系统分析的基础上，分析系统因果关系，建立SD模型，并模拟系统发展状态；通过对系统的灵敏度和原始运行状态进行系统的分析，找出对静脉产业结构优化系统发展影响较大的敏感因素，根据系统动态模拟仿真模型原始运行结果及敏感性因素分析，分辨出静脉产业结构优化系统的敏感性因素包括：①资源供给量；②资源净化量；③产业结构优化对社会和经济发展影响很大等主要内容。

（2）建立多目标决策模型并求解。多目标决策模型是对基于资源环境的静脉产业结构进行系统分析的基础上，并以系统动态仿真模型分辨出敏感因素为核心建立起多目标决策模型，求解模型，求取敏感性因素的最优值。以SD模型分析的敏感因素为核心建立多目标决策模型：

目标函数：

总体经济效益最大的目标：

$$\max y_{经} = \sum_{j=1}^{n} G_j p_j \qquad (6-10)$$

静脉资源消耗最少的目标：

$$\min y_{资} = \sum_{j=1}^{n} G_j a_j \qquad (6-11)$$

静脉资源环境与静脉产业和谐目标：

$$\max y_{和} = \sum_{j=1}^{n} G_j c_j \qquad (6-12)$$

静脉资源环境与静脉产业结构互补目标：

$$\text{maxy}_{\text{补}} = \sum_{j=a}^{n} G_j d_j \qquad (6-13)$$

静脉资源环境与静脉产业结构互动目标：

$$\text{maxy}_{\text{动}} = \sum_{j=1}^{n} G_j e_j \qquad (6-14)$$

约束条件：

静脉资源供给约束模型：

$$\sum_{\substack{i=1 \\ j=1}}^{\substack{i=n \\ j=m}} A_{ij} a_{ij} \leqslant Q_i \qquad (6-15)$$

静脉资源净化约束模型：

$$C_{\perp} \leqslant \sum_{\substack{i=1 \\ j=1}}^{\substack{i=n \\ j=m}} A_{ij} b_{ij} \leqslant A_{\perp} \qquad (6-16)$$

和谐约束模型：$\underline{HD} \leqslant HD \leqslant \overline{HD}$。

非负约束：$G_j A_{ij} \geqslant 0$。

整个静脉产业结构优化多目标决策问题：

$$\begin{cases} \text{maxy}_{\text{经}} = \sum_{j=1}^{n} G_j p_j \\[2mm] \text{miny}_{\text{资}} = \sum_{j=1}^{n} G_j a_j \\[2mm] \text{maxy}_{\text{和}} = \sum_{j=1}^{n} G_j c_j \\[2mm] \text{maxy}_{\text{补}} = \sum_{j=a}^{n} G_j d_j \\[2mm] \text{maxy}_{\text{动}} = \sum_{j=1}^{n} G_j e_j \\[2mm] \sum_{\substack{i=1 \\ j=1}}^{\substack{i=n \\ j=m}} A_{ij} a_{ij} \leqslant Q_i \\[2mm] C_{\perp} \leqslant \sum_{\substack{i=1 \\ j=1}}^{\substack{i=n \\ j=m}} A_{ij} b_{ij} \leqslant A_{\perp} \\[2mm] G_j, A_{ij} \geqslant 0 \end{cases}$$

（3）进行人机交互、人人交互、设计模拟运行方案。选择敏感性因素最优值，在其能

静脉产业

够容忍的偏离范围内，根据区域的具体情况合理组合数值，设计并运行模拟方案，将设计运行模拟方案的结果，与决策集团进行交互，在敏感因素能够容忍的范围内对方案进行优化调整，最终取得决策集团与设计规划者都满意的优化方案。基于资源环境的静脉产业结构优化的 SD—MOP 整合过程如图 6－5 所示。

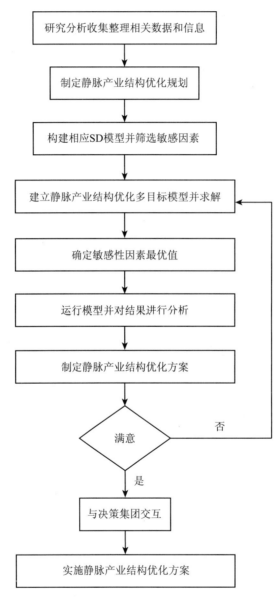

图 6－5　SD—MOP 整合过程

第五节　静脉产业运行保障体系的建立

研究表明，产业的发展是在一定的约束机制下进行的，而产业的约束有正约束和负约束两个方面。"正约束"是指能够促进产业健康发展的约束，由于它起到防止产业在无序状态下自由发展的作用；相反地，"负约束"是指阻碍静脉产业发展的约束。因此，约束体系建立是促进产业发展的基础，本部分在静脉产业各利益主体博弈分析及静脉产业约束因素分析等研究的基础上，认为应该建立以国家倡导下的公众、各个服务中介（以金融中介为主）积极参与的约束体系。

一、政府政策保障

发展静脉产业是在市场经济条件下进行的，市场机制在社会资源配置中起着基础性作用。然而，市场也存在着一些自发性、盲目性、局限性、信息的不对称性与不完全性、不完全的竞争性市场等自身无法克服的缺陷，所有这些都会导致市场失灵。市场失灵是市场经济的一个极为重要的特征，客观上要求政府发挥职能矫正市场失灵。因此，为了实现一定的经济和社会目标，政府有必要对产业的形成和发展制定各种政策，它的功能主要是弥补市场缺陷，有效地配置资源；保护产业的成长；熨平经济震荡；发挥后发优势，增强适应能力。与发展动脉产业相比，在我国，静脉产业仍属于微利产业，需要政府颁布和制定一系列的政策来大力扶持静脉产业，这是静脉产业得以健康发展的保障。

1. 税收政策方面

税收政策具有巨大的潜力，已成为实现各种社会目标的工具。为了促进静脉产业的发展，我国的税收法律法规不断增加了相关的优惠政策，如静脉产业企业免征增值税的政策等。

2. 金融政策方面

静脉产业技术比传统技术要复杂得多，一般涉及许多领域，技术更新速度较快，需要资金也就较多，加之将科技成果转化成生产力，没有一定的资金支持是不行的。因此，国家应该采取如下相关的金融政策：

（1）可以通过建立政策性金融组织，利用资金成本低等市场竞争优势，为静脉产业提供政策性或廉价资金支持。

（2）可以设立静脉产业投资基金，利用其开放融资、共担风险的优势，向社会筹集资金。

（3）积极培育和发展静脉产业的主板市场和创业板市场，来充分发挥市场融资的作用。推进静脉产业企业的市场化与规模化。

（4）大力推进静脉产业金融资源的创新，发展静脉产业资产证券化。因为，不论是企业的资源回收利用、节能降耗生产，还是"环境生态工业园"及绿色产业的发展，都能直接或间接地体现为会计效益，并能够相应地带来一定现金流，具备了资产证券化所需要的资产和现金流基础。

3. 财政政策方面

静脉产业的发展具有很大的外部性，国家级的财政优惠及补贴政策在一定程度上提高了企业发展静脉产业的积极性。另外，政府可以采取积极采购的政策，即政府在其需要采购的众多商品和劳务中应优先选择静脉产业的产品，促进静脉产业产品的消费，以此影响消费者消费方向和企业的生产方向，从而促进静脉产业的发展。

4. 产业政策方面

静脉产业从纵向来说包括回收、分类、再造再生、无害化处理及服务领域。从横向上也涉及煤炭、水泥、建筑、电力等产业发展。各产业之间是互相联系的，因此政府不仅应该从纵向上制定相关的、有利于各个静脉活动环节的政策，同时，也应该制定与静脉产业相关的其他行业的政策来带动静脉产业的发展。

5. 宣传教育方面

伴随着人们环保意识的增强，保护生态环境的呼声越来越高，发展循环经济，尤其是静脉产业成了大势所趋。目前，公众在发展静脉产业方面还受到传统意识制约。在传统的经济制度下产生的意识必然为其制度的存续服务，单纯依靠资源消耗线性增加的片面发展观就是传统经济制度的体现，造成了经济与社会发展的分离，并由于意识形态本身具有长期性和固化性，也影响着循环经济的发展：对静脉产业内涵的理解不够。把资源环境与经济整合起来的发展思想还存在一些模糊认识：将静脉产业简单化为废弃物综合利用或污染防治、等同于传统的低水平物质循环利用、片面强调越封闭越好，忽视了静脉产业的区域性、开放性和社会性；简单等同于可持续发展概念，外延无限扩大，任务不明确，片面强调静脉产业的各种工程和项目，而相应的政策措施缺乏。因此，必须采取一定措施，全面提高公众发展静脉产业的意识，如开展静脉产业知识普及或讲座，加强宣传力度，强化基层的参与意识等。

二、建立社会公众参与组织

公众既是社会消费的主体，也是生态环境需求的主体，环境直接关系到其自身安全与生活福利水平。他们自发地组织起来成为生态保护的重要因素。国外研究表明，环境的好坏与民众的参与程度成正比。因此，公众对生态环境状况的知情权、参与工程项目影响评价与决策具有重要的意义。然而现实中，在我国现有的制度条件下，社会公众利益表达的正规渠道是人大和政协。但是，作为个体，由于需求的分散性和差异性，公众力量很薄弱，其环境权益受到伤害时，无人管的现象屡见不鲜，其利益需求并不能通过正规的渠道得以有效表达。因此，有必要成立代表社会公众利益的第三部门。第三部门在一定程度上已经成为社会公众参与决策的组织者和代表。我国近年来，以民间环保组织为代表的第三部门发展迅速，逐渐发展成为普及环境教育和倡导公众参与循环经济等环境友好活动的重要力量。一方面，通过第三部门，社会公众可表达自己的意见和利益追求。另一方面，第三部门承担了了解公众利益诉求、了解社区发展需要的职责，能够比较准确地把握公众的意见。第三部门的出现和发展，没有对政府的权力或职能造成任何影响，反而在很大程度上履行了一部分本应由政府完成的职责，有效地减少了政府部门的管理成本。但代表社会公众利益的第三部门仍旧力量薄弱，因此，应该在政府的积极倡导下，积极发展代表社会公众利益的组织，充分发挥其上传下达的桥梁和纽带作用，使政府、企业与社会公众能够在静脉产业的建设和发展过程中形成良性互动，实现合作与共赢。

三、金融等中介机构的积极参与

1. 金融机构行为方面

商业银行等金融机构应当发挥促进静脉产业发展的金融主力军作用，金融业应捕捉越来越多的环境机会，开展绿色信贷，适时推动环境金融产品创新，实现循环经济和金融创新的双赢。如金融机构可以在信贷审核和决策过程中，对于能够体现发展静脉产业、保护自然环境和维护生态平衡要求的客户或项目，对于国家确定的发展循环经济的试点单位，给予降低利息率、延长信贷期限、加大贷款额度、放宽还贷条件等优惠，积极给予信贷支持。

2. 静脉产业的评价组织建立方面

静脉产业不仅担负着资源循环利用和再生利用的任务，还担负着再生利用后废物的安全处置义务，因此，环境安全是这一行业发展必须考虑的首要影响因素。构建产业评价标准，为各类企业、工业园区提供全面、系统的指导，为静脉产业的发展提供技术支持和导向，为定量分析和科学评价静脉产业的发展水平奠定基础，便于环境管理机构、经济管理机构对静脉产业进行正确管理和宏观调控，不断完善静脉产业建设，促进静脉产业的健康、安全、有序发展。

3. 技术服务机构方面

各个技术服务机构应该积极推行《国家资源综合利用优秀实用技术》和《国家重点行业清洁生产技术导向目录》中的先进技术，自主研发或引进废物分类回收和综合利用的新技术、废物减量化技术、最终废物的安全处置技术等，提高产品的科技含量和附加值。积极推进产、学、研合作创新体制的建立，通过加强技术创新系统中各行为主体间的合作与协同，加快科研成果的创新和转化应用。如针对报废设备设施、矿用物资、废橡胶、废塑料等废物的分选、再生环节，开发具有自主知识产权的新工艺、新技术，以高新技术促进静脉企业的健康发展。

4. 信息中介组织方面

成立以政府投入为主，企业投资为辅，建设"煤炭矿区废弃物信息交流平台"，并与省级、国家级和其他区域网络的互联互通，以废弃物信息的提供、发布、交易为主线，建立企业、产品、项目、政策和科技成果等与废物交易相关的数据库，实现多企业、多领域、多方位合作，优势互补、互惠互利、共同发展，实现政府—企业—社区之间透明、开放和高效的废物交易利用的畅通渠道，推动静脉产业的发展。

四、建立健全产业运行保障制度

政府的政策保障、社会公众及中介机构的积极参与，有利于从正面的角度激励和促进静脉产业的发展，为产业的顺利发展提供保障。但是，在静脉产业的运行过程中，难免会出现各种不和谐的因素，对产业的正常运行产生负面影响，使其脱离正确的运行轨道。为了减少不合理行为，纠正产业运行偏差，保证静脉产业的正确运行方向，有必要建立健全相应的运行保障制度。静脉产业运行保障制度主要包括法律制度、发展规划、监管制度、考核制度，以及其他保障制度。

1. 健全法制，制定相关法律法规

法律法规是一种正式的强制性制度，对规范企业行为具有强大的约束效力。加快制定静脉产业相关法律法规，通过法律规范社会不同主体的行为，依法推进静脉产业的发展。建立健全促进静脉产业发展的法律框架，可从以下几方面入手：

首先，提高已有的相关法律法规质量。如现有的法规在资源再循环利用等方面的一些规定比较笼统，没有提出具体的要求，可操作性不强，通过对这部分内容的完善和补充，有利于弥补不足，以更好地引导企业行为。

其次，要在《中华人民共和国循环经济促进法》的指导下，加快制定静脉产业基本法，规定静脉产业发展的基本方针、指导思想、基本原则、法律制度和基本责任，从总体上对静脉产业发展做出详尽诠释和规范性界定；不同的静脉资源有不同的物理和化学特性，所以对其进行回收利用和处理需要采取不同的方法，法律法规在这方面也可做出不同的制度安排，加快制定静脉产业专项法，制定带有必要的强制性标准的技术规范，使静脉产业由抽象变为具体；建立循环经济模式下的新型产权制度，明确产权主体的权利和责任边界，尤其要明确生产商、销售商、使用单位和消费者对废弃物回收、处理与再利用的法定义务，规定静脉产业参与主体的行为准则，以调整相关利益关系，规范企业行为，对违反静脉产业法律的行为制定严格的处罚条款。

最后，协调相关法律之间的关系，强化法律体系的系统性；同时，制定有关的配套措施，建立行之有效的法律法规实施效果评估机制，确保法律实施的有效性。

2. 明确目标，制定具体的产业发展规划

明确的静脉产业目标可以帮助企业找准发展方向，对于静脉产业发展具有重要意义；具体的静脉产业发展规划，可以指导静脉产业有序、渐进地发展。换句话说，促进静脉产业发展必须有科学的发展规划和系统可行的实施方案，为静脉产业发展指明目标，确定内容，确立重点，明确过程，使静脉产业有序、渐进发展。

我国各地经济发展水平不同，各区域静脉产业发展条件也存在一定差距。自然环境状况、资源条件、产业结构类型等因素的不同要求各区域在发展静脉产业时，必须结合各自特点制定适合本区域的规划。

3. 强化监督，建立有效的监管与考核制度

不管是法律法规的执行，还是静脉产业发展规划的具体实施，都离不开必要的监管措施。构建静脉产业发展的监督管理体系，严格依法行政，强化执法监督，加强废弃资源再生利用管理，是保障机制发挥作用的又一重要措施。

监管制度可从以下两方面建立：（1）制定和完善静脉产业的部门条例和行政规章，建立执法责任制。为了保证激励约束静脉产业发展的有关法律和地方性法规得到有效的贯彻执行，必须要依法建立严格的监管制度，加大执法监督检查力度，严肃查处和重罚违法违规行为。如制定节能监督监测管理办法、垃圾分类回收管理办法、主要产品单位产品能耗限额管理办法等，保证产业运行监管工作的有序和规范。（2）建立静脉产业运行的综合指导、协调、监督和专门监督管理相结合的行政监督管理体制。要有效改革行政管理体制，加强相关部门的垂直管理改革的力度，试行静脉生产巡视制度，对重点企业实行重点监管、实时监管，积极构建发展静脉产业的监督管理体系，提高废弃资源再生利用管理的权威性和效率，确保静脉产业的运行实施能落到实处。

合理的评价指标的制定与评价体系的建立，有助于我们正确评价区域静脉产业的发展情况，及时发现问题，解决问题。同时，对于领导绩效评价考核体系的完善，也有助于推进静脉产业发展。（1）发展静脉产业，需要通过制定行业标准、产品标准等一系列标准，以强制形式来促进废弃资源的再生循环利用，为合理评定各企业静脉产业工作提供具体的量化的指标依据。企业根据评价指标体系考核自身工作，对与评价标准差距较大的项目进行重点剖析，可以更加准确地找出问题及产生原因，从而能够及时纠正静脉产业运行偏差，有效保障产业发展。（2）完善现行的领导政绩评价体系，制定行业管理部门资源循环利用责任与综合业绩考核政策。将再生资源生产率、资源消耗降低率、资源回收率、资源循环利用率、废弃物最终处置降低率等主要指标纳入本地静脉产业发展规划和政绩考核体系，建立健全促进静脉产业发展的奖惩机制，将考核结果作为任用和评价干部的重要标准，从而有效调动单位领导静脉生产的积极性，促使各级领导选择有利于静脉产业发展的生产模式，约束单位领导的各种不作为行为或刻意缺位行为。

本 章 小 结

本章对静脉产业的约束机制进行了理论研究。主要从约束因素、产生的原因和作用方式与途径方面对约束机理进行了分析。认为区域静脉产业的约束因素主要体现在资源、经济、成本收益和法律政策等方面，这些因素在静脉产业运行过程中表现为两面性，使静脉产业的发展受到正负两方面的约束，其中，政策法规的激励，静脉资源种类多、数量大，静脉资源

静脉产业

可再生利用的巨大潜在价值和社会、生态、经济效益的巨大回报是静脉产业发展的约束机制中有益的一方，即正约束。政策法规的不健全、资源再生利用技术的复杂性、资源回收程度的有限性、资源回收利用的高成本，它们在静脉产业运行过程中起着阻碍作用，不利于产业发展，即负约束。本章认为应该建立以国家倡导下的公众、各个服务中介（以金融中介为主）积极参与以及建立健全产业运行保障制度的约束体系，来保障区域静脉产业的发展。

第七章　静脉产业体系稳定机制

静脉产业体系稳定性受诸多因素影响，不同因素对其影响的程度不同。本章重点分析影响静脉产业体系稳定性的相关因素，并研究每种因素对产业稳定性的影响程度，在此基础上，进一步分析静脉产业体系稳定性的演化机理、关联机制及稳定性机制分析，并从多极产业体系对策、动态发展战略对策和柔性发展对策来研究维持静脉产业体系稳定性的对策。

第一节　静脉产业体系稳定性影响因素

从热力学的角度，系统的稳定性是指系统受到外部扰动后保持和恢复其初始状态的能力。根据这个原理，再结合静脉产业体系的结构特征和运行规律，我们可以将静脉产业体系的稳定运行定义为：静脉产业体系通过内部良好的合作，建立起物料供需平衡的物质与能量循环利用和交换的网络，同时获得政府、社会等支持系统的积极支持，并在外部市场中获得相应的市场份额，当静脉产业体系这个系统的内外部环境（包括市场环境、经济环境、政策、法律环境等）发生一些变动时，能够及时地反映和适应这些变动，保持和恢复静脉产业体系有序、良性循环运作的状态。由于生活方式、消费方式、资源供求关系及技术条件等因素变化的影响，产业体系中必然存在新产业的兴起和落后产业的淘汰，因此静脉产业体系稳定性是相对的。在本章中静脉产业体系的稳定性是静脉产业结构不变时的稳定性，研究其目的在于通过延长其稳定时间，为产业结构的优化和重组奠定稳定的基础，同时赢得重组的时间。

因此，对于静脉产业体系运行的稳定性因素应从内部因素和外部因素两个角度予以考虑。以静脉产业体系稳定性影响因素因果分析图为例，静脉产业体系稳定性受以下几方面因素影响：资源因素、技术因素、市场因素、企业因素、产业因素、子系统因素等，如图7-1所示。

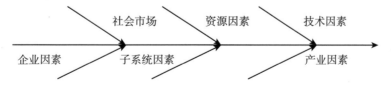

图7-1　静脉产业体系稳定性影响因素鱼骨图

静脉产业

一、内部因素

（一）资源因素

自然资源的储量、使用速度、可使用时间等直接影响到静脉企业获得资源的能力，如果资源匮乏，企业将需要高的成本获得资源，以节约资源的生态工业方式进行生产就会成为合理的选择，反之则不然。同时环境的污染承受能力也影响着企业的行为，如果环境污染严重，企业将面临政府与社区的巨大压力，选择生态工业就成为可能；生态产业与传统产业相比具有更为明显的区域性特点，系统的成员之间的供需关系具有更强的相互依赖性。特别是在原料（废弃物或副产品等）供需市场调节机制尚不健全的背景下，生态企业之间供需关系的稳定性将直接影响到生态产业系统中废物的消耗的再利用水平。如果供需不平衡，相关企业就难以在需求数量、废物种类上匹配，废弃物的循环利用目标也就难以实现。因此，系统内的企业之间是否具备稳定的供需关系是影响静脉产业系统稳定发展的重要因素。

（二）资源流动

资源是静脉产业链运行的物质基础。由于受各种因素的影响，当资源流经产业体系中的每一个环节后，会引起其特性发生变化，产生不同的用途、功能、作用，即使同种资源流经不同坏节也会产生不同的变化方式。也就是说，不同的资源流动方式会产生不同的效果。资源储量、相关资源供求情况、资源深加工程度与规模、资源配置的合理状况和资源综合利用效率的高低等都对静脉产业体系的稳定有着重要影响。因此，对一个环节或单元中投入资源的合理度，产出资源流向哪些环节的合适度以及资源的层级、共享和循环利用度的提高都可以降低体系内部产生的正熵流，以实现产业体系的稳定。由以上分析可知，静脉产业中对废弃物综合利用效率的高低都会对产业体系的稳定产生重要的影响。

（三）技术因素

科学技术与静脉产业存在着相辅相成、相互促进、互为基础、相互发展的关系，科学技术通过影响静脉产业系统中节点或结构来达到对静脉产业系统稳定性的影响，表现为突变式、渐进式、间歇式。对企业来说，技术因素是十分重要的因素，技术的高低直接影响到废弃物利用率的高低，同时也影响到静脉行业控制污染的能力的大小。从科学技术对循环经济系统稳定性渠道上不难发现，科学技术主要通过影响产业体系稳定性的时间来达到对稳定性的影响，因此产业或行业服务年限的长短决定了体系的稳定性，所以在投入新技术时要充分了解其对服务年限长短的影响，这样才能保证体系的稳定性。

技术结构的发展变化将会引起产业生产组织方式的变化。生产组织方式不同，其供给方式不同，供给量不同，对下游产生变化动力不同。需求方式不同，对上游产生的变化动力也不同，它将依据其内在规律变化对产业体系产生影响。科学技术的进步必然会引起生产方式、消费方式的变化。生产方式变化，引起生产工艺、生产技术等变化，这些变化必将引起供给与需求的变化，引起产业覆盖领域、媒介变化，导致变化动力与强度变化。技术的进步为产业部门提供新的、有效的生产经营手段、组织方式，提高产品质量、降低成本、扩大市场、增加利润，进而触发产业规模的扩张，为相关产业发展带来动力。

静脉产业能实现资源的高效利用与回收，实现物质闭路循环和能量多级利用，它存在的技术前提就是从研究物质和能量的流动的角度使工业系统能够像自然生态系统那样维持循环运行。静脉产业的企业链稳定运行需要一系列的绿色技术体系来支撑，涉及的主要技术因素有：（1）生命周期分析技术；（2）废物资源化技术；（3）污染治理技术；（4）再循环和重复利用技术；（5）信息管理和决策支持技术。

综上所述，如果要真正实现静脉企业链的稳定发展，就必须有其他特定技术作为支持，包括信息技术、水重复利用技术、能源综合利用技术、回收与再循环技术、重复利用与替代技术等。

二、外部因素

影响静脉产业体系运行稳定的外部因素有：

（一）自然环境因素

静脉资源的储量、使用速度、可使用时间等直接影响到静脉企业获得资源的能力，如果资源匮乏，企业将需要高的成本获得资源，以节约资源的生态工业方式进行生产就会成为合理的选择，反之则不然。同时环境的污染承受能力也影响着企业的行为，如果环境污染严重，企业将面临政府与社区的巨大压力，选择生态工业就成为可能。

（二）市场因素

社会市场的需求是企业经营的关键，静脉产业中企业合作的成果最终都必须接受市场的检验，市场风险的大小直接影响着企业的行为取向。在对待环境问题上，企业相当于"囚徒"，如果都根据自身利益最大的原则，过度利用公共资源，从长远利益来看都不能达到利益最大。当一个社会中的每个个体都只为自身的利益打算时即使大家都遵守社会规则，个体的行为是不一定符合集体或社会的利益的，甚至也不一定真能实现个体的最佳利益，即追求个体利益的动机变为实现社会最大利益的手段的"看不见的手"并不是总存在的。要使企业真正将生态工业作为自觉的企业行为，政府在社会经济活动中的组织协调工作还是必须的。

竞争是市场经济的基本规律和基本要求，合理的竞争能增加整个经济系统的社会福利，但过度的无序竞争会造成对环境的肆意破坏和资源的过度浪费，尤其在我国，目前企业生产多以粗放型的方式为主。市场竞争越激烈、越充分，则对企业的压力、激发作用就越大，转化为企业进行大规模生产的动力越强。

（三）企业因素

静脉产业体系稳定运行与各个静脉企业和非静脉企业行为、体系目标、功能、所需资源以及生产的产品是密切相关的，只有实现了企业之间的资源共享、技术合作以及协同发展，才能达到静脉产业体系的有序、稳定发展。

（四）政策因素

政策因素主要是指政府出台相关政策对其所产生的影响。随着环境与经济之间的不协调问题的出现，国家政策越来越多地针对能源消耗型产业，限制污染型产业的扩张，鼓励发展绿色产业、循环产业，促进产业结构的优化升级。各级政府要明确静脉产业在循环经济中的重要地位，重视并发挥静脉产业的作用，构建完善的静脉产业发展制度框架，制定静脉产业发展相关规划，加强立法，规范不同参与者的经济关系和权利义务关系，并综合利用财税、信贷、投资等政策手段，采取一定优惠措施扶持静脉产业发展。

第二节 静脉产业体系稳定性演化机理

在静脉产业体系不同生命周期阶段中，随着产业体系内资源的变化以及单个企业的发展变化，流入效应、流出效应和乘数效应所发挥的作用和表现是不同的，在产业体系的孕育、成长、成熟阶段，流入效应大于流出效应，乘数效应表现为正的乘数效应；在衰退阶段，流出效应大于流入效应，乘数效应表现为负的效应。虽然在静脉产业体系的孕育、成长、成熟、衰退阶段，流入效应都占主导地位，都表现为正的乘数效应，但在四个不同阶段的流入效应各有区别，乘数效应所表现出的强度也有不同，这使四个阶段的演化机理呈现不同的阶段性特征。

一、孕育阶段的演化机理分析

是什么因素导致的流入效应而使产业在特定空间开始聚集，是分析静脉产业体系孕育阶段形成机理的关键。通过对国内外一般意义上的产业体系形成过程分析可以得出，产业集聚在某地不是偶然的，个别关键要素往往起着主导作用。这个关键要素可以是良好的区位条件、丰富的自然资源、劳动力资源、资本资源或技术资源，也可能是充足的市场需求等。以煤炭企业为例，当一个煤炭企业在一个地方建立并运行之后，必然会产生大量的煤炭、煤矸石、煤泥、煤层气、伴生矿物等。在循环经济理念的指导下，除煤炭以外的所有资源，只要达到当前的利用标准，均可被静脉产业利用，形成变废为宝的静脉资源。因此，当静脉资源集聚到可以利用并产生经济效益和社会效益后，相应的静脉产业也就随之产生，形成以煤炭企业为核心，相关静脉产业相互依托、辐射的产业链或产业体系。

但此阶段的静脉产业体系还仅仅只是空间上的集中布局，企业之间的产业关联和分工协作关系还不强，虽然实现了企业地理空间上的集中，但产业关联上还基本处于一种松散的状态。因此，此阶段由企业集聚带来的乘数效应还不能充分发挥作用，还未形成严格意义上的产业体系，也不具备体系所具有的各种优势与特征。随着区域内生产同类型产品企业的不断增加，体系雏形的显现，这时意味着静脉体系将开始由孕育阶段向成长阶段进一步发展演化。

二、成长阶段的演化机理分析

静脉产业体系的雏形形成以后，由于聚集企业的盈利效应，区域产生了更强的"磁力"，区域的流入效应也越来越明显，生产同一种产品的企业数量急剧增加，意味着静脉体系步入成长阶段。在这一阶段，静脉企业集聚既包括横向集聚，也包括纵向集聚。横向集聚是生产相同产品企业的集聚，纵向集聚是与产业相关联的上下游企业和相关支撑机构的集聚。此时，企业之间出现专业化分工，一条较为完整的产业链开始形成并逐步完善。此时，乘数效应发挥较强的作用。

与孕育阶段主要依托自然资源优势形成的流入效应不同，由专业化分工所带来的外部规模经济和范围经济成为成长阶段新的流入效应产生的基础，虽然此阶段由自然资源优势形成的流入效应依然存在。外部规模经济和外部范围经济是与内部规模经济和内部范围经济相对应的概念。内部规模经济是指企业因扩大生产规模带来的单位产品成本下降的效应，内部范围经济则是指企业因实行多元化战略而带来的效应。内部规模经济和内部范围经济的实现要求企业具备一定的实力和条件。那么，对于不具备条件获得内部规模经济和范围经济的企业如何获得规模经济和范围经济？走与别的企业分工协作的道路，实现外部规模经济和范围经济是其根本途径。而外部规模经济和范围经济的实现与企业在空间上的集聚有着密切的关联性。因为企业在空间上的横向和纵向集聚，一方面有利于节约彼此间的交易成本；另一方面使整个集聚体区域内部生产规模扩大，行业生产率得以提高，单位产品生产成本大幅降低，规模效益得以实现，对于集聚体内的单个企业而言获得的就是外部的规模经济。与此同时，在集聚体内，产业价值链上各环节企业专业化的分工，产品生产的多样化，对于集聚体而言是内部范围经济的实现，但对于内部的单个企业而言则是外部范围经济的获得。因此，当静脉企业集聚发展到成长阶段，单个企业既可实现外部规模经济，也可实现外部范围经济，从而由专业化分工所带来的外部规模经济和外部范围经济是成长阶段新的流入效应产生的源泉和基础。

三、成熟阶段的演化机理分析

静脉产业体系开始正式步入成熟阶段的标志是完整的、配套的产业链价值体系的形成。这一阶段的特征和表现是，集群相关企业为数众多，企业数目增长率开始放缓并逐步下降，与产业配套的企业已形成一个群体，分工更加明确、联系更加密切的完整的产业价值体系业已形成。相关企业之间彼此既竞争又合作，形成了一个坚实、稳定、联系密切的本地关系网络。这种产业价值体系具有极大的乘数效应，能够维持与增强体系的竞争优势，并维持一种稳步成长的发展状态。在此阶段，成长阶段的由外部规模经济和范围经济带来的流入效应仍然存在，但基于社会资本形成的创新网络又为集群带来了新的流入效应。然而静脉产业体系不仅仅是一个聚集经济规模体，更是一个由众多主体和法人机构组成的复杂网络组织结构，内部各主体之间存在复杂相互作用并有强烈文化同质性和植根性，正是这种强烈文化同质性和植根性，为新的流入效应的产生奠定了基础。如在静脉产业体系内部，企业之间会由于长期的合作和交流形成的相互信任关系，减少市场交易中的机会主义和不确定性风险。虽然体系中企业和相关机构之间的交往频繁，但交往的频繁不但不会增加交易费用，反而会因为面对面的交流和沟通而增加彼此之间的相互信任，这都有利于体系内信息的快速传播与交流，知识的外溢和技术的扩散，从而为新的流入效应的产生创造条件。因此，在静脉产业体系中，关系网络与自然资源、外部规模及范围经济共同维持着其稳定性。

四、衰退阶段的演化机理分析

在静脉产业体系进入成熟阶段之后，各个企业之间的竞争与合作关系基本稳定，外部规模经济和范围经济的变化也处于稳定范围之内，很多企业还可以通过其他资源的投入维持企业的运行，此时的静脉产业体系会进行重组，将依托中心转移，向另一个产业体系的形成转变。

从前面的分析可以得出，静脉产业体系的演化过程是在流入效应、流出效应和乘数效应共同交互作用下完成和演变的。在产业体系的孕育、成长、成熟、衰退阶段，流入效应大于流出效应，乘数效应表现为正的乘数效应。在产业体系的孕育阶段，以自然资源优势为主的关键要素是产生流入效应的基础，但此阶段由企业聚集带来的乘数效应还没有真正充分发挥作用；在成长阶段，特定区域空间上的分工与专业化得到发展，乘数效应发挥较强作用，由专业化分工所带来的外部规模经济和范围经济为成长阶段带来了新的流入效应。在成熟阶段，产业体系已形成了一个完整的产业价值体系，乘数效应发挥极大作用，在由外部规模经济和范围经济产生的流入效应的基础上，基于社会资本形成的创新网络又为集群带来了新的流入效应，使集群得到进一步的发展和稳定。由此可以看出，产业体系的形成和发展是一个从低级到高级的渐进发展过程。以此来看，我国静脉产业体系的发展还处于较低级的阶段，大部分静脉产业还处于孕育阶段，成功的静脉产业体系还极为少见，一些名义上被称为"产业体系"的区域充其量只不过是一种"地理上的集聚"，离产业体系还有很大差距。当前，我国很多地区提出要发展静脉产业体系，运用循环经济理念对废弃物、伴生物等进行充分的利用，以实现经济的可持续发展。

第三节　静脉产业体系稳定性机制分析

一、影响产业体系稳定性的渠道与方式分析

（一）横向产业链对静脉产业体系稳定的影响

实际上横向产业链和产业集聚、集群研究基本相同，就是以某个产业为核心，相关产业为了共同目的（提高资源利用效率、减少排放、降低成本），按照分工明确、责任清楚的原则进行集成，这种集成也可以是没有关系的多个独立产业群体。横向产业链如图 7 - 2 所示。

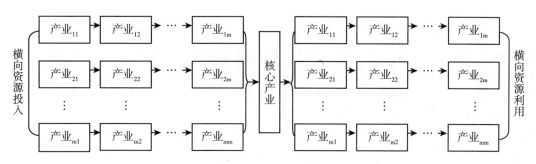

图 7 - 2　横向产业链

由图 7 - 2 可知，横向产业链是按照替代、共享以及产业之间的互补合作关系建立起来的集成方式，这种集成形式的产业之间往往具有相关性，彼此影响。图 7 - 2 左面都是资源投入产业，右面都是资源利用产业，中间是连接投入和利用的核心产业，通过横向产业集成分析能够掌握在一个核心产业周围需要组建哪些产业，构成这些产业的企业数量和规模为多少，通过对这些问题的分析进一步研究这些产业是否合理，哪些是必需的，哪些可以去掉，从而使产业组合达到最优。

这里所说的横向产业链是指：（1）使用同种原料（上游企业的产品或废料）的下游企业间的关系；（2）排放相同的废料的上游企业之间的关系。多个横向产业的存在可以促使形成网络化的产业链。横向竞争的存在将会分散企业间的联系，削弱了彼此之间的依赖性，在这个方面将不利于企业链的稳定性。同时，横向竞争也会造成环境的不确定性，使上下游的企业间难以形成长期的稳定的合作关系，从某种意义上讲又削弱了企业链的稳定性。横向企业间在竞争的基础上也存在着协作关系。具体表现在：基础设施的共享、信息和技术的共享等。这些共享能够减少单个企业在这方面的成本投入，能够提高整个产业的生产效率。所以说，横向竞争的存在可以促进企业生产效率的提高，提高整个企业链的运行效率，横向竞争中的适当协作又可以抑制企业间的过度竞争，减少市场和企业间的不稳定性。企业间的横向关系的存在总的来说能够增加企业链的稳定性。某个产业的兴起或遭淘汰都会影响产业链的稳定性，某个产业的兴起拓宽了原有的产业链，从而使产业体系得以扩张，短时间产业体系会处于相对稳定的时期。而随着产业的衰落到慢慢遭淘汰就会再次引发产业体系的变化，使产业体系规模收缩，同样也会引起相关产业的变化，使产业体系处于不稳定状态。产业淘汰、产业体系萎缩势必会造成资源的重新流通，这样就会导致产业与产业之间的重组或整合，从而使产业体系再次进入这种循环之中。

（二）纵向产业链对静脉产业体系稳定的影响

纵向产业链一般是以某个产业为核心，把上游和下游产业链上的产业进行集成在一起的集成体，它是以资源梯级利用、代谢路线、循环利用等形成的有逻辑关系或层次关系的线性集成体，是在环节资源集成的基础上，根据梯级利用路线、代谢路线、循环利用路线而形成的产业集成体。纵向产业集成如图 7 - 3 所示。

由图 7 - 3 可知，纵向产业集成是按照代谢、加工利用以及分工的组织形式进行的集成

静脉产业

图7-3 纵向产业集成

形式，这种集成形式环环相扣，相互之间的联系紧密。通过纵向产业集成分析能够掌握各种产业在资源流动过程中哪些资源在流入、哪些资源在流出以及流入、流出资源的数量，能够掌握在资源流动过程中会经过哪些产业。通过对这些问题的分析进一步研究这些产业是否合理，哪些是必需的，哪些可以去掉，通过这些研究使产业组合达到最优。

纵向产业链有其优势，可以实现上游产业为下游产业提供原料，下游产业的副产品或废物有可能又作为新原料提供给上游产业，但单一纵向产业链有其脆弱性，主要表现在以下几个方面：

（1）产业链组织结构的单一性，造成对原材料数量的过分依赖。由于没有多余的、必需的上游产业，使整个纵向产业链对原材料数量过分依赖，致使产业链单一脆弱。如果某上游企业改变生产方式，或者只是简单的终止其剩余物的供应业务，就会使整个剩余物交换不足，从而使整个系统受到严重的干扰。

（2）对原材料质量的要求比较严格。由于企业链上的上下游企业间在物质和能量上具有某种刚性，由此加大了上下游企业间对于原材料（固定废物）的要求。一旦某个环节的产业在工艺上或在原材料的使用方面发生一些轻微的变化，会给整个企业链造成严重的影响，因为下游产业的工艺流程很难承受原材料在性质上或在构成方面的变化。

上下游产业间的纵向关系与企业链的稳定性如下：

在静脉产业体系中，上游产业向下游企业出售自己的产品，而下游产业将其作为原料进行加工生产，从而实现资源和能量的循环使用。因此，上下游产业间的纵向关系是产业链组成的最基本的关系，产业链的稳定性也首先表现在纵向关系的稳定性上。

首先，在市场条件下，静脉产业间自发的形成产业链，只要有经济利益存在，产业就会进入，产业链就会延伸。在经济利益的驱动下，产业会主动地利用废料进行生产，所以经济利益的大小决定了产业链延伸的长度。但需要指出的是产业链越长，其稳定性越差。当位于产业链上游的某一个环节出现问题时，处于其下游的所有环节都会受到影响，甚至会导致整个产业链的解体。尤其是上下游产业间为了经济利益而协作，同时也为了经济利益而竞争，合作越密切稳定性越强，竞争的越厉害稳定性就越差。

其次，上下游产业间的纵向关系决定了产业间具有一定的依赖性，产业间依赖性的大小又直接影响到静脉产业链稳定性的大小。单一的链式结构的产业链，其稳定性是最差的，因为在这种结构下，上下游产业的个数有限，甚至是只有一家，产业间的依赖性很大，一旦出现意外会很快影响到产业链的稳定性。如果有多个上游产业和多个下游产业同时并存并且构成复杂的网状结构的产业链，这种产业链的稳定性是最高的。因为在这种结构的产业链中，某个产业出现问题时，还会有其他可替代的产业来缓解其变化对整个产业链的冲击，使整个系统在较小的范围内波动，不从根本上破坏其稳定性。

（三）产业链的组织结构的动态稳定性

静脉产业产业链的形成是一个渐进的过程，在这个过程中产业链的组织结构以及所处的市场环境都在不断地发生变化。在这个动态的变化过程中，产业链要实现动态的稳定就要求产业链的组织结构具有灵活性和普遍适应性，保证产业进入和退出的灵活、自由。根据"可竞争市场"理论，产业的进入和退出可以有效地克服寡头市场中产业所具有的垄断竞争力。即使这种竞争没有真正的发生，较低的进入和退出障碍也会提高市场的可竞争性。因此，进入和退出可以提高产业链的经济运行效率，产业有更高的动力加强合作，维持其稳定的状态。

此外，进入和退出也是产业链在组织结构上保持开放性和灵活性的要求。产业链在组织结构的开放性和灵活性是产业链稳定和长期发展的根本保证。因为产业所处的环境（技术、市场、经济和政策等环境）是不断地发展和变化的，当上游产业的生产发生变化时，下游的产业应该可以做出相应的调整以实现新的匹配或者从产业链中退出。只有保证静脉产业能顺利地进入和退出产业链，才能使整个系统不断地适应环境的变化，保持动态的稳定性，才能不断地发展，取得更高的经济和社会效益。

综上所述，影响静脉产业体系稳定性的渠道与方式主要有以上三种。不管是横向产业还是纵向产业，都是通过相关产业资源的供求关系来影响。静脉产业体系稳定性的变化可以从量变与质变的角度来分析。量变是指产业规模的变化、资源供给与需求量的变化会使产业体系的规模发生变化从而引起产业体系的扩张或收缩，最终实现由量变到质变的演变。

二、静脉产业体系稳定性表现

静脉产业体系稳定运行一般表现在以下几个方面：

（1）静脉产业体系内各产业、企业具有复杂多样的联系。静脉企业组织结构的多样性可以提高整个产业系统抵抗风险的能力，一个企业所需要的静脉资源要尽可能地来自多个上游企业，以保证单个企业衰落而导致的资源危机。

（2）组织空间具有稳定高效的工作系统。静脉产业体系要想稳定的发展、壮大，必须具备长期高效的信息、技术交流与共享系统，这一切的顺利进行需要企业之间建立起长期的合作关系、畅通的合作和交流渠道，相互之间获得充分的信任；在静脉产业体系中，产业链的上下游企业及竞争合作企业要保持信息、技术交流与共享，从而不断提高企业的竞争力。

（3）静脉产业体系与政府良性互动，获得政府的长期支持。在世界各国静脉产业的实践中政府政策与资金的支持是其稳定运行的一个重要因素，静脉产业获得政府长期有效的支持是静脉产业体系稳定运行的重要保障。

（4）产业与周围的社区、社会市场及自然环境融为一体。社区、社会市场及自然环境是静脉产业的主要参与者之一，静脉产业与社区、社会市场及自然环境一起进行更大范围物质与能量的循环利用是静脉产业的发展方向，静脉产业的各企业需要从社区、社会市场中获得产品市场以及通过社区的合作使得产业内企业的员工建立起良好的私人关系等，静脉产业与社区、社会市场及自然环境的积极融合也是静脉产业体系稳定运行的又一保障。

（5）静脉产业体系的开放性。即各静脉企业及其相关企业能依据市场原则顺利地进入和退出，这样才能保证静脉产业体系的平衡和发展。

（6）静脉产业能给企业、社会带来良好的经济效益和环境效益。

三、静脉产业体系稳定性模型研究

（一）技术与生产方式稳定性模型

1. 科学技术影响静脉产业体系稳定性的方式

静脉产业体系稳定性是指在静脉产业系统所处条件不变或变化时，系统能够保持稳定状态的能力。这个稳定状态不仅指原有的稳定状态，还包括系统为适应条件的变化而达到的新的稳定状态。在自然生态系统长期的演进过程中，形成了比较完善的"生产者—消费者—分解者"的结构。而这一结构也体现了自然界最基本的物质循环运动规律，使自然生态系统能够有效完成以"生产—消费—分解—再生产"为特征的物质循环功能，并体现于能量流、信息流的通畅之中，从而使生态系统处于良性循环的平衡状态。

在传统的经济发展模式中，人们在改造大自然的过程中，带来了许许多多的环境问题，而这些环境问题出现的原因就在于人类的生产活动忽视了以"生产—消费—分解—再生产"为特征的物质循环系统的结构，违背了自然界的生态规律。夸大地认为自然界所能提供给我们的物质需求是无限的，更多地关注生产和消费的环节而忽视了分解者的作用，从而造成分解者功能的缺失，这样污染物直接进入自然生态系统中，最终引发了生态破坏等一系列问题。静脉产业体系要稳定运行，就需要遵循自然界物质运动的基本规律，建立类似自然生态系统"生产者—消费者—分解者"生态链网的结构。这一结构，是静脉产业体系稳定运行的基础和保证；但同时也存在着问题，即由于这一基本结构的刚性，当其中的节点（或结构）发生变化时，往往会对整个系统的稳定产生影响。因此，要保持静脉产业体系的动态稳定，需要使其中的节点和结构能够在所处条件发生变化时及时调整并适应，以保持相对稳定。科学技术影响静脉产业体系稳定性主要有三种方式：突变式、渐进式、间歇式。

（1）突变式。突变式是指科技对静脉产业的影响不是通过循序渐进的方式而是通过影响静脉产业体系中节点或结构的方式，促成静脉产业体系稳定性中节点或结构的变化，使某些产业的出现或淘汰具有突然性，最终影响静脉产业体系稳定性的改变。

（2）渐进式。渐进式是指科技对静脉产业体系的影响是缓慢的、持续的量的积累过程，对静脉产业体系中节点或结构的影响达到一定程度后，改变了静脉产业体系稳定性中节点或结构的排列组合，使产业由量变到质变的转化，最终促使了某一产业的出现，进而影响到了产业链、产业体系，最终使静脉产业体系稳定性受到了影响。

（3）间歇式。间歇式是指科技对静脉产业体系的影响是不持续的，而是对其节点或结构的影响具有间断性，从而达不到一次性改变静脉产业体系的稳定性。

2. 科学技术对静脉产业体系稳定性影响的渠道

从前面得知，科学技术与静脉产业的相辅相成、互为基础的关系，科学技术对静脉产业的影响是多种多样的。以下将通过一个简单的数学公式来说明一下科学技术对静脉产业体系稳定性影响的渠道：$f(t) = \lambda_1 t + \lambda_2 t + \cdots + \lambda_7 t$。

（1）科学技术的运用增加了资源的开采量，这样就使资源储量随着科学技术的运用而不断增加，储量的增加通过动脉产业的消耗而作用于静脉产业，使静脉产业的资源来源增加，从而使静脉产业的年限延长。

（2）科学技术的大规模应用，促进了可利用资源种类的多样化，而可利用资源种类多样化迫切要求产业部门的多样化从而使静脉产业体系变得复杂，静脉产业体系的复杂化最终影响了体系的稳定性从而使静脉产业体系的稳定性下降。

（3）科学技术的大规模运用，提高了资源的利用效率，利用效率的提高促进了静脉产业年限的延长，产业年限的延长在一定程度上又保证了体系的稳定，提高了静脉产业体系的稳定性。

（4）科学技术的运用提高了资源的利用效率变相地提高了资源的再生能力，从而延长了当前资源的使用期限。

（5）科学技术的发展促进了新的产业的兴起，而原有产业的年限就会缩短，这样就在无形中激化了稳定性的淘汰，从而使体系稳定性下降。

（6）科学技术的发展，促进了生产关系的变革，提高了劳动生产率，使静脉产业体系中的节点或结构得以变化，最终影响了体系的稳定性，使得稳定性下降。

（7）科学技术的发展，使人们改变了以往的消费方式，绿色经济、低碳经济的出现和日益严峻的环境问题，迫使人们开始关注自己的消费方式，开始向着绿色消费、低碳消费转变，消费方式的转变使供需市场不得不去满足需求的变化，从而增强了静脉产业体系的稳定性。

由前面得知，科学技术与静脉产业存在着相辅相成、相互促进、互为基础、相互发展的关系，科学技术通过影响静脉产业体系中节点或结构来达到对静脉产业体系稳定性的影响，表现为突变式、渐进式、间歇式。从科学技术对静脉产业体系稳定性渠道上不难发现，科学技术主要通过影响产业体系稳定性的时间来达到对稳定性的影响，因此产业或行业服务年限的长短决定了体系的稳定性，所以在投入新技术时要充分了解其对服务年限长短的影响，这样才能保证体系的稳定性。

科学技术直接引起生产方式与生活方式变化，引起静脉产业体系的变化；对资源需求量的变化，扩大需求范围或领域，引起产业体系变化；减少需求范围或领域，引起产业体系变化；生产工艺变化，引起副产品、废弃物变化，引起产业体系变化，如技术进步，某种废弃物消失，产业体系就要发生变化。

3. 社会发展对生产方式和消费方式的影响

（1）社会发展对生产方式的影响。随着社会的进步和人们物质生活水平的提高，人们

静脉产业

的思想逐渐朝着健康、生态和可持续的方向发展，并且越来越关注生态环境和经济发展的可持续性和稳定性，生产方式也由原来的粗放式向可持续的循环经济发展。传统工业经济的生产观念是最大限度地开发利用自然资源，最大限度地创造社会财富，最大限度地获取利润。而随着人们对利益的攫取，生态环境遭受了毁灭性的破坏，生态系统的反馈作用也让人类遭受了本不该承受的痛苦。人们开始反思，并开始探索新的发展路径，寻求新的生产观念和生产方式。新的生产观念要充分考虑自然生态系统的承载能力，尽可能地节约自然资源，不断提高自然资源的利用效率，循环使用资源，创造良性的社会财富，从而催生了基于可持续和节能的新的生产方式的形成。由此可见，社会的发展能够促进新的生产观念的出现和先进的生产方式的形成。

（2）社会发展对消费方式的影响。在一定社会经济条件下，消费者与消费资料相结合的方式即消费方式，包括消费者以什么身份、采用什么形式、运用什么方法来消费消费资料，以满足其需要。消费方式是由生产方式决定的，生产方式的社会性质决定消费方式的社会性质；生产方式的自然形式决定消费方式的自然形式；生产方式改变了，消费方式也要相应改变。消费方式反作用于生产方式，与生产方式相适应的消费方式，为生产开拓市场，促进生产力的发展和生产关系的完善，落后或超越生产方式的消费方式，会妨碍生产力的发展，破坏或损害生产关系的进步和完善。

现代的消费方式与农业社会生存型的消费方式不同，它不是建立在满足基本需要基础上的消费，而是大大超出了人的基本需要，具有明显的奢侈性、浪费性的消费，可称其为奢侈型的消费方式。人们通常所说的高消费指的也就是这样的一种消费。奢侈型的消费方式，在发达资本主义国家和地区中的表现尤为典型，相对而言，大多数发展中国家仍然在致力于解决温饱问题，其主要的消费方式只能是生存型的。然而，由于发展中国家在推进工业化进程中，纷纷效仿发达国家的发展模式及其派生的消费方式，使奢侈型的消费方式向全球拓展，已经具有了相当的普遍性，就以中国来说，我们的消费方式也出现了由生存型向奢侈型变化的趋势。

如果单纯局限于生产和消费关系的领域看，或许只是着眼于当代人的发展考虑问题，奢侈型消费或许是有一定的益处的。在一定时期内，奢侈型的消费在促进经济增长和生产力大幅提高上，是有明显作用的，可是，如果走出生产和消费的狭窄领域，把由奢侈型消费而导致环境遭受的损害，同时也使人类自身遭受的损害都考虑进去，如果我们不只是考虑当代人的利益，也要顾及子孙后代发展即着眼于可持续发展的需要的话，奢侈型消费就是有害的。它的直接后果就是引起资源耗竭、环境污染、生态破坏，造成对地球支持生命能力的严重威胁，它不仅危及后代人的生存和发展，而且身处当代的人们也会深受其害。因此，现代消费方式是不可持续的，是要加以否定的。

我国作为一个发展中国家，经济发展水平与发达国家在一定程度上存在很大的差距，但消费观念、消费欲望却已接近或赶上甚至超过发达国家，即所谓的消费早熟。我国目前的生产力水平还不高，人均收入还是低水平的，算不上一个富裕国家，如果按照生存、享受和发展自我三个层次的需要分析，中国的多数人正处在由生存需要向享受、发展自我需要的过渡阶段。相应的，其消费水平也只是处在一个中间层次上，此外，还有一部分尚未彻底解决温饱问题的，其需要只是停留在生存阶段，消费也是生存型的，能真正称得上富人的只有少数。目前，虽然奢侈型消费突出的表现在少数人身上，但也要清醒地看到，随着经济的发展和生活水平的提高，追求高消费生活方式的人并不在少数，由此带来的环境问题也非常严重。所以我们要变革现有的消费方式，必须首先实现由单纯追求经济增长的发展模式向可持续的发展模式转变，包括片面追求经济增长手段的转变。

简单地概括来说，传统的工业经济是本着"拼命生产、拼命消费"的理念，没有顾及社会整体经济效益，而随着经济的发展，人们越来越清晰地意识到一个合理的消费观念和消费方式对于促进社会经济整体良性发展的至关重要的作用。至此，人们的消费方式从奢侈的、不持续的逐渐转变为适度的、可持续的，倡导在消费的同时要考虑到废物的资源化，建立循环生产和消费的观念，新的消费方式即适度、生态、更注重精神追求的消费方式正在逐渐形成。

（二）市场分析模型

1. 市场供求关系模型

在市场经济条件下，当某种商品的供应量大于需求量时，会造成价格下跌、市场萎靡、利润减少，形成买方市场。随着利润减少甚至亏损，商品生产者选择减产、转产甚至被迫倒闭，由此造成市场供应量减少，供给不足会造成价格重新上涨，利润增加，形成卖方市场。在完全自由竞争的市场环境中，商品价格必然随供求关系波动。下面我们从数学的角度来探索静脉市场的供求关系。

设 t 时刻静脉资源的产量为 $Q^s = Q^s(t)$，价格为 $P = P(t)$，产量与价格的关系为 $P = f(Q^s)$，t 时刻的价格又影响下一时刻的产量，即有 $Q^s(t+1) = g(P(t))$。由此形成下列链式关系：$P = f(Q)Q = g(P)$。

$$Q^s(1) \rightarrow P(1) \rightarrow Q^s(2) \rightarrow P(2) \rightarrow Q^s(3) \rightarrow P(3) \rightarrow \cdots \rightarrow Q^s(n) \rightarrow P(n) \rightarrow \cdots$$

设 $A_1(Q^s(1), P(1))$，$A_2(Q^s(2), P(2))$，$A_3(Q^s(3), P(3))$，$A_4(Q^s(3), P(2)) \cdots$，$A_{2n-1}(Q^s(n), P(n))$，$A_{2n}(Q^s(n+1), P(n))$。在直角坐标系中，价格与产量之间的关系如图 7-4 所示。

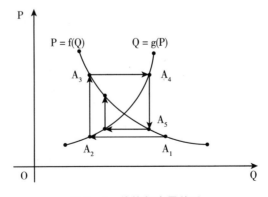

图 7-4　价格与产量关系

静脉产业

另外，设 t 时刻静脉资源的需求量为 $Q^d = Q^d(t)$，需求量与价格之间的关系为 $Q^d = h(P)$，则反应市场供求关系的数学模型如下：

$$\begin{cases} Q^d(t) = h(P(t)), \\ Q^s(t) = g(P(t-1)), \\ Q^d(t) = Q^s(t), \end{cases} \qquad (7-1)$$

其中，$Q^d = h(P)$ 称为需求函数，$Q^s = g(P)$ 称为供给函数。

作为上述供求关系模型的特例，我们讨论下列线性问题：

$$\begin{cases} Q^d(t) = \alpha - \beta P(t), \\ Q^s(t) = \lambda + \mu P(t-1), \\ Q^d(t) = Q^s(t), \end{cases} \qquad (7-2)$$

其中 α，β，λ，μ 均为正常数。在同一直角坐标系中，需求与供给均为直线，我们分三种情况进行讨论。

情况 1：若 $\mu < \beta$，即供给曲线斜率的绝对值大于需求曲线斜率的绝对值，如图 7-5 所示。以 s 表示供给曲线，d 表示需求曲线，s 与 d 的交点 $E(Q_E, P_E)$ 为系统的平衡点。设静脉资源的初始产量为 Q_1，且 $Q_1 < Q_E$，此时产量偏低，市场供不应求，价格上升，根据需求曲线，消费者以价格 P_1 购买全部产量 Q_1。根据第一个时期较高的静脉资源价格 P_1，由于利润丰厚，静脉资源企业会增产，按照供给曲线，第二个时期产量达到较高水平 Q_2，造成市场供大于求，必然导致静脉资源价格下跌，生产者为了出售全部产量 Q_2，接受较低价格 P_2 进行销售。由于实际价格降为 P_2，按照供给曲线，第三个时期产量降为 Q_3，产量的降低又造成价格重新上涨，按照需求曲线，消费者以价格 P_3 购买全部产量 Q_3。根据第三个时期较高的价格 P_3，生产者又将第四个时期的产量增加为 Q_4。如此循环下去，由于 $\mu < \beta$，当 $t \to +\infty$ 时，系统收敛于平衡点 $E(Q_E, P_E)$，此时静脉资源供求平衡，价格趋于稳定。如图 7-5 所示，在直角坐标系中，价格与产量的变化轨迹如同一个蛛网，因此也称供求关系模型为蛛网模型。

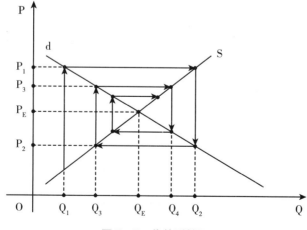

图 7-5 收敛型蛛网

情况2：若 μ > β，即供给曲线斜率的绝对值小于需求曲线斜率的绝对值，如图7－6所示。类似情况1讨论可知，当初始状态偏离平衡态以后，价格与产量的振幅会越来越大，偏离平衡态越来越远，系统不稳定，此时也称系统为发散型蛛网。

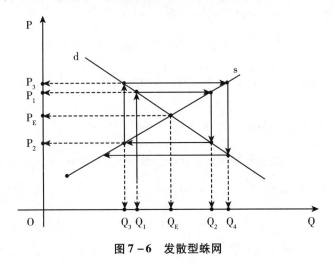

图7－6　发散型蛛网

情况3：若 μ = β，即供给曲线斜率的绝对值等于需求曲线斜率的绝对值，如图7－7所示。当初始状态偏离平衡态以后，价格与产量的振幅保持稳定，始终围绕平衡点进行循环，既不偏离也不收敛于平衡点，此时称系统为封闭型蛛网。

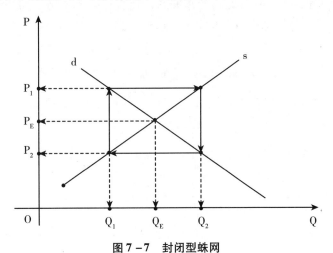

图7－7　封闭型蛛网

2. 最优价格策略

追求经济效益是企业的主要目标，利润最大化是商品的本性，而产品的利润取决于收入和成本。在产销均衡的经济系统中，总收入和总成本都可以表示为产量与价格的函数，根据供求关系模型，产量与价格有关。因而，制定科学合理的价格策略，在一定时期内可以使企

静脉产业

业获得最大收益。

若某企业需要在 $[0,T]$ 时间内将产品的价格由 p_1 调整为 p_2，问如何确定价格调整策略，才能使企业获得最大收益？即求价格函数 $p=p(t)$，使在 $[0,T]$ 时间内企业获得利润最大。设 t 时刻产品的价格为 $p=p(t)$，销售量为 $s=s(p)$，成本为 $C=\psi(s)$。若此商品的需求价格弹性为 E，则 $E=-\dfrac{s'(p)}{s(p)}p$，则由数理经济学可知，销售量 s 与产品价格 $p(t)$ 以及价格变化率 $\dfrac{dp}{dt}=\dot{p}(t)$ 有关，因而 $s=\varphi(p(t),\dot{p}(t))$，企业在 $[0,T]$ 时间内所获总利润为：

$$L=\int_0^T [p(t)\varphi(p(t),\dot{p}(t))-\psi(\varphi(p(t),\dot{p}(t)))]dt \qquad (7-3)$$

于是，最优价格策略问题的数学模型就是，求满足条件 $p(0)=p_1$，$p(T)=p_2$ 的函数 $p=p(t)$，$L=\int_0^T [p(t)\varphi(p(t),\dot{p}(t))-\psi(\varphi(p(t),\dot{p}(t)))]dt$ 达到最大。

对于给定的需求函数（销售量）$s=\varphi(p(t),\dot{p}(t))$ 及成本函数 $C=\psi(\varphi(p(t),\dot{p}(t)))$，利用拉格朗日乘数法，通过求解微分方程组，可以求得模型的最优控制解。

3. 最优产出水平

设某工业园区（或某企业）生产 n 种产品，每种产品的产量是相互独立的，分别为 x_1，x_2，$\cdots$，x_n。由于园区企业具有良好的合作关系，在生产技术等方面可以实现共享，从而可以降低成本，设 n 种产品的总成本 $C=C(x_1,x_2,\cdots,x_n)$，总收入 $R=R(x_1,x_2,\cdots,x_n)$，则此园区的总利润为：

$$L=R(x_1,x_2,\cdots,x_n)-C(x_1,x_2,\cdots,x_n) \qquad (7-4)$$

于是，最优产出问题的数学模型就是，求 n 种产品的产量 x_1，x_2，$\cdots$，x_n，使 $L=R(x_1,x_2,\cdots,x_n)-C(x_1,x_2,\cdots,x_n)$ 达到最大。

令 $\dfrac{\partial L}{\partial x_i}=0(i=1,\cdots,n)$，可得：

$$\frac{\partial R}{\partial x_i}=\frac{\partial C}{\partial x_i}(i=1,\cdots,n). \qquad (7-5)$$

因此，要使整个园区获得最大收益，就需要满足每种产品的边际收益恰好等于边际成本。

4. 市场需求变化分析

需求就是指一定时间内和一定价格条件下，消费者对某种商品或服务愿意而且能够购买的数量，必须注意，需求与通常所说的需要是不同的。市场需求的构成要素有两个：一是消费者愿意购买，即有购买的欲望；二是消费者能够购买，即有支付能力，两者缺一不可。影响市场需求的因素有很多，如消费者偏好、价格、消费者的收入水平、预期等，这些因素的变动究竟对市场需求的变化产生何种影响，下面作一具体分析。

（1）生产方式对市场需求的影响。随着社会经济的发展，生产方式也随之进行了一系列的变革，总体的发展趋势是从落后朝着先进迈进。生产方式的变化对市场需求的影响巨大，当生产方式比较落后时，机械化程度较低，生产工序落后，耗用的生产原材料和相关资源较多，对一些资源的市场需求很大，但是由于生产效率的低下，有很大一部分的生产材料和相关资源被耗损和浪费，不利于经济的可持续发展；当生产方式较先进时，社会生产的机械化程度提高，生产过程中的科技含量也不断提高，由于能够较合理地利用生产原材料和相关资源，因此原材料和相关资源的市场需求减少，但是利用率较高，这种"低能耗，高产出"的较先进的生产方式符合可持续发展的理念，也对发展循环经济起到推波助澜的作用。

（2）消费方式对市场需求的影响。消费方式是消费者在一定的自然和社会条件下与消费对象发生关系的方式。消费方式的形成及变化，要受自然和社会条件的制约，而且也受处于一定的自然和社会环境中的消费者的主观心理因素的影响。例如，在商品经济中，消费者为什么购买，购买什么，怎样购买等，除受客观条件的制约外，还受消费者本身的个性、情感、偏好等主观因素的制约。消费是刺激市场需求的直接力量，从而消费方式的变化也直接关系到市场需求的变化。消费方式根据不同的理财情况可以划分为多种类型，而每一种消费方式的变化都对市场需求的变化产生不一样的作用和效果，下面就三种不同的消费方式来具体分析其变化对市场需求变化的影响：

一是计划型，按家庭收入的实际情况和家庭生活的目标制订计划，消费时大致按计划进行，非常理智，很少出现盲目和突击性消费。这种计划型的消费方式是一种有规划的理性消费，由于是按具体需求而消费，虽然在消费的目标商品上有很强的计划性，但何时将这种目标商品纳入消费计划就带有很大的不确定性，因此也导致了这种消费方式本身也带有了不确定性，所以这种消费方式的变化对市场需求变化的影响是比较难明确的。

二是随意型，这种类型的人完全按个人喜好和临时兴趣进行消费，较少考虑整体消费效益，所谓"钱多多花，钱少少花"是这部分人的突出特点，较易出现盲目和浪费性消费。这种消费方式缺乏计划性，虽然不值得倡导，但是它对需求的刺激带动作用却是不容忽视的。这种类型的消费方式，能在很大程度上促进市场需求的增加，刺激消费，拉动经济增长。

三是节俭型，消费时精打细算，能省即省，并且善于利用再生性消费。这一类型的消费方式能够使家庭逐渐殷实，然而过于节俭的意识有时可能因过量购买便宜货而造成积压性消费。尽管自古以来倡导勤俭节约，但这种过于节俭的消费方式却不利于促进国民经济的增长和持续发展，没有需求就没有消费，没有消费便无法维持经济的正常运转，这种消费方式抑制了需求的增长，对市场需求的变动发挥了消极的影响。

（3）人数总量对市场需求的影响。人口作为消费者是无条件的，所以人口数量的规模同时也就是消费者数量规模。换言之，消费者数量规模首先取决于人口规模，一般说来，当其他条件既定时，人口数量规模和市场消费需求是正相关关系：人口数量较多，消费者数量就较多，市场消费需求便较高；反之，人口数量较少，消费者数量较少，市场消费需求便较低。关于此关系需要特别强调一点，就是消费者必须具有一定的购买力。因为我们所分析的市场消费需求，是指市场上对消费品有购买力的有效需求。从这个意义上说，对市场经济活动起影响作用的实际上是一定数量的消费人口的购买力水平或规模。

（4）收入对市场需求的影响。消费者收入一般是指一个社会的人均收入。在存在商品生产的条件下，仅仅有消费愿望并不能在市场上实现消费需求。只有既有消费愿望，又具备购买力才能成为现实的市场需求。因此，人均国民收入的高低及其增长速度、人均收入水平等对市场需求总量的大小和需求结构的变化起着决定性的作用。

一般来说，消费者收入增加，将引起需求增加，反之亦然。但是，对某些产品来说，需求是随着收入的增加而下降的。随着经济的迅速增长，消费者的收入水平将不断提高，在供给不变或供给增长率低于收入增长率的情况下，一方面使市场价格徐徐上升，另一方面也将引起商品市场需求的增加。

众所周知，一国人口的平均购买力水平取决于人均收入水平，因此，要考察收入水平对市场需求变化的影响也与人口总量有着不可分割的联系，这与收入效应有关。所谓的收入效应是指由商品的价格变动所引起的实际收入水平变动，进而由实际收入水平变动所引起的商品需求量的变动，它表示消费者的效用水平发生变化。人均收入的增长应当超过人数总量的增长速度，至少两者要持平，否则就会降低平均购买力，从而缩减有效市场需求。

（5）其他。政策法规对市场需求的影响：国家在一定时期制定的有关经济发展方向、发展规模、发展重点和增长速度等方面的方针政策，直接关系到社会购买力的提高和市场需求结构的变化。政府的法令、条例，特别是有关经济的立法，对市场需求的形成和实现具有一定的调节作用。

需求观念的变化对市场需求的影响：某种消费习惯的形成，不仅受自然经济条件的影响，也同社会道德观念和消费者的精神境界密切相关。而且，消费方式也会通过各种渠道在国际间传播，引起消费习惯的改变，从而导致需求观念的变化，影响到市场需求。

以上影响市场需求的几个因素，对不同商品而言，影响市场需求的程度是不同的，而且在各个时期是经常变化的。例如，对基本生活必需品的需求，人口因素的影响程度较大，而对某些高档消费品的需求则收入水平的影响程度较大。

在前面分析中得知，社会市场的需求是企业经营的关键，静脉产业体系中各企业合作的成果最终都必须接受市场的检验，市场风险的大小直接影响着企业的行为取向。追逐最大的经济效益是企业的终极目标，利益的诱导使企业扩大生产规模，从而使产量不断增加。随着企业产量的增加和规模的扩大，从而促进了产业的发展。当产业发展到一定程度就会处于一个相对稳定的阶段，这个时候产业对外提供的资源也是稳定的，不会随着外界因素的变化而产生相应的变动。随着产业进入衰退阶段，产量降低，产业链萎缩，产业体系就会发生变化，使产业体系稳定性受到影响，这就是量变影响的过程。若产业处于淘汰期，产业体系稳定性处于变化期，原有的产业已经不再适应产业体系的发展，这时新的产业出现也会影响产业体系的稳定性，这就是质变影响的过程。

（三）投入产出—互动分析模型

1. 静态投入产出分析模型构建分析

如表7-1所示，横向为产出栏，包括动脉产业领域、静脉产业领域、生活活动领域、社会活动领域的产出，动脉产业领域与静脉产业领域又包含了产品、副产品、废弃物、闲置

表 7 - 1　实物型社会投入产出表

投入\产出	动脉产业领域 产品1	…	产品N	副产品1	…	副产品M	废弃物1	…	废弃物L	闲置资源1	…	闲置资源K	静脉产业领域 产品1	…	产品N	副产品1	…	副产品M	废弃物1	…	废弃物L	闲置资源1	…	闲置资源K	生活活动领域 废弃物1	…	废弃物N	闲置资源1	…	闲置资源M	社会活动领域 废弃物1	…	废弃物N	闲置资源1	…	闲置资源M	中间消耗	总产出
动脉产业 产业1	X_{11}	…	X_{1N}	Y_{11}	…	Y_{1M}	Z_{11}	…	Z_{1L}	W_{11}	…	W_{1K}	U_{11}	…	U_{1N}	V_{11}	…	V_{1M}	P_{11}	…	P_{1L}	S_{11}	…	S_{1K}	T_{11}	…	T_{1N}	G_{11}	…	G_{1M}	E_{11}	…	E_{1N}	F_{11}	…	F_{1M}	O_1	R
⋮	⋮	⋮	⋮	⋮	⋮	⋮	⋮	⋮	⋮	⋮	⋮	⋮	⋮	⋮	⋮	⋮	⋮	⋮	⋮	⋮	⋮	⋮	⋮	⋮	⋮	⋮	⋮	⋮	⋮	⋮	⋮	⋮	⋮	⋮	⋮	⋮	⋮	⋮
产业N	X_{N1}	…	X_{NN}	Y_{N1}	…	Y_{NM}	Z_{N1}	…	Z_{NL}	W_{N1}	…	W_{NK}	U_{N1}	…	U_{NN}	V_{N1}	…	V_{NM}	P_{N1}	…	P_{NL}	S_{N1}	…	S_{NK}	T_{N1}	…	T_{NN}	G_{N1}	…	G_{NM}	E_{N1}	…	E_{NN}	F_{N1}	…	F_{NM}	O_N	R_N
静脉产业 产业N+1	$X_{N+1,1}$	…	$X_{1,N}$	$Y_{N+1,1}$	…	$Y_{1,M}$	$Z_{N+1,1}$	…	$Z_{1,L}$	$W_{N+1,1}$	…	$W_{1,K}$	$U_{N+1,1}$	…	$U_{1,N}$	$V_{N+1,1}$	…	$V_{1,M}$	$P_{N+1,1}$	…	$P_{1,L}$	$S_{N+1,1}$	…	$S_{1,K}$	$T_{N+1,1}$	…	$T_{1,N}$	$G_{N+1,1}$	…	$G_{1,M}$	$E_{N+1,1}$	…	$E_{1,N}$	$F_{N+1,1}$	…	$F_{1,M}$	$O_{N+1,1}$	R_{N+1}
⋮	⋮	⋮	⋮	⋮	⋮	⋮	⋮	⋮	⋮	⋮	⋮	⋮	⋮	⋮	⋮	⋮	⋮	⋮	⋮	⋮	⋮	⋮	⋮	⋮	⋮	⋮	⋮	⋮	⋮	⋮	⋮	⋮	⋮	⋮	⋮	⋮	⋮	⋮
产业M	X_{M1}	…	X_{MN}	Y_{M1}	…	Y_{MM}	Z_{M1}	…	Z_{ML}	W_{M1}	…	W_{MK}	U_{M1}	…	U_{MN}	V_{M1}	…	V_{MM}	P_{M1}	…	P_{ML}	S_{M1}	…	S_{MK}	T_{M1}	…	T_{MN}	G_{M1}	…	G_{MM}	E_{M1}	…	E_{MN}	F_{M1}	…	F_{MM}	O_M	R_M

静脉产业

资源的产出，生活活动领域和社会活动领域有包括了废弃物和闲置资源的产出；其纵向表示各个产业的投入，有动脉产业、静脉产业的投入和中间投入。

实物型投入产出表中间产品部分，由于横行表示对产品投入的资源数，纵列表示不同资源投入到同一产品中，由于单位不统一，因此纵列不可相加。为了研究方便，我们将实物型投入产出表 7 – 1 加以简化，并按当年的价格转化为如下价值型投入产出表 7 – 2。

表 7 – 2 投入产出表

投入＼产出		中间产品				最终产品				总产出
		部门 1	部门 2	……	部门 n	积累	消费	……	合计	
中间投入	部门 1	x_{11}	x_{12}	…	x_{1n}		y_1			X_1
	部门 2	x_{21}	x_{22}	…	x_{2n}		y_2			X_2
	……	⋮	⋮	⋮	⋮		⋮			⋮
	部门 n	x_{n1}	x_{n2}	…	x_{nn}		y_n			X_n
初始投入	折旧 d_i	d_1	d_2	…	d_n					
	劳动报酬 v_i	v_1	v_2	…	v_n					
	纯收入 m_i	m_1	m_2	…	m_n					
总投入		X_1	X_2		X_n					

引入记号 $A = (a_{ij})_{n \times n}$ 表示直接消耗系数矩阵，$B = (b_{ij})_{n \times n}$ 为完全消耗系数矩阵，$X = (X_1, X_2, \cdots, X_n)^T$、$y = (y_1, y_2, \cdots, y_n)^T$ 分别表示总产出与最终产品列向量，则投入产出的数学模型为：

$$Y = (I - A)X \qquad (7 - 6)$$

或者表示为：

$$X = (I - A)^{-1}Y \qquad (7 - 7)$$

其中 I 为 n 阶单位矩阵。由于 $B + I = (I - A)^{-1}$，上述模型还可以表示为：

$$X = (B + I)Y \qquad (7 - 8)$$

（1）最终产品增量引起总产出的变化。设最终产品 $Y = (y_1, y_2, \cdots, y_n)^T$ 产生增量 $\Delta Y = (\Delta y_1, \Delta y_2, \cdots, \Delta y_n)^T$，则社会总产品产生相应增量：

$$\Delta X = (I - A)^{-1} \Delta Y \qquad (7 - 9)$$

即：

$$\Delta X_i = \sum_{j=1}^{n} \overline{b_{ij}} \Delta y_j (i = 1, 2, \cdots, n) \qquad (7 - 10)$$

其中，

$$\overline{b_{ij}} = \begin{cases} b_{ij}, i \neq j, \\ 1 + b_{ij}, i = j \end{cases} \tag{7-11}$$

注 1：若 $\Delta y_j \neq 0$，$\Delta y_i = 0$（$i \neq j$），则有：

$$\begin{pmatrix} \Delta X_1 \\ \Delta X_2 \\ \vdots \\ \Delta X_n \end{pmatrix} = \Delta y_j \begin{pmatrix} \overline{b_{1j}} \\ \overline{b_{2j}} \\ \vdots \\ \overline{b_{nj}} \end{pmatrix}. \tag{7-12}$$

于是，即使最终产品中单一指标发生变化，也会造成全部社会总产出发生改变。

注 2：最终产品除消费、积累外，还包括废弃物、闲置资源等的产出，即：

$$Y = F + K + W, \tag{7-13}$$

其中 F，K，W 分别表示消费、积累、废弃物和闲置资源的产出列向量。若 F，K，W 分别产生改变，同样会引起社会总产出的改变：

$$\Delta X = (B+I)\Delta F, \Delta X = (B+I)\Delta K, \Delta X = (B+I)\Delta W. \tag{7-14}$$

（2）总产出的增量引起最终产品的变化。若总产出 $X = (X_1, X_2, \cdots, X_n)^T$ 产生增量 $\Delta X = (\Delta X_1, \Delta X_2, \cdots, \Delta X_n)^T$，则最终产品产生相应增量：

$$\Delta Y = (I - A)\Delta X. \tag{7-15}$$

即：

$$\Delta y_i = \Delta X_i - \sum_{j=1}^{n} a_{ij}\Delta X_j (i = 1, 2, \cdots, n) \tag{7-16}$$

注：若 $\Delta X_j \neq 0$，$\Delta X_i = 0 (i \neq j)$，则有：

$$\begin{pmatrix} \Delta y_1 \\ \Delta y_2 \\ \vdots \\ \Delta y_n \end{pmatrix} = \Delta X_j \begin{pmatrix} -a_{1j} \\ -a_{2j} \\ \vdots \\ 1 - a_{jj} \\ \vdots \\ -a_{nj} \end{pmatrix} \tag{7-17}$$

因此，若某单一生产部门的总产出增加 ΔX_j，则对应此部门的最终产品增加 $\Delta y_j = (1 - a_{jj})\Delta X_j$，而其他部门的最终产品减少，即 $\Delta y_i = -a_{ij}\Delta X_j (i \neq j)$。

（3）最终产品、总产出的增量引起初始投入的变化。初始投入一般可分为固定资产折旧、劳动者报酬、营业盈余等纯收入，将折旧、劳动报酬、纯收入向量分别记为 $D = (d_1, d_2, \cdots, d_n)^T$，$V = (v_1, v_2, \cdots, v_n)^T$，$M = (m_1, m_2, \cdots, m_n)^T$。直接折旧系数、直接劳动报

静脉产业

酬系数、直接纯收入系数分别为：

$$a_{dj} = \frac{d_j}{X_j}, a_{vj} = \frac{v_j}{X_j}, a_{mj} = \frac{m_j}{X_j} \quad (j = 1, 2, \cdots, n) \tag{7-18}$$

根据价值表列向平衡关系，可得初始投入与总投入之间的数学模型为：

$$N = (I - A_c) X \tag{7-19}$$

其中 $N = D + V + M$ 为各部门初始投入列向量，A_c 为中间投入系数矩阵，且：

$$A_c = \begin{pmatrix} \sum\limits_{i=1}^{n} a_{i1} & 0 & \cdots & 0 \\ 0 & \sum\limits_{i=1}^{n} a_{i2} & \cdots & 0 \\ \vdots & \vdots & & \vdots \\ 0 & 0 & \cdots & \sum\limits_{i=1}^{n} a_{in} \end{pmatrix} = \begin{pmatrix} a_{c1} & 0 & \cdots & 0 \\ 0 & a_{c2} & \cdots & 0 \\ \vdots & \vdots & \ddots & \vdots \\ 0 & 0 & \cdots & a_{cn} \end{pmatrix} \tag{7-20}$$

设最终产品 Y 产生增量 $\Delta Y = (\Delta y_1, \Delta y_2, \cdots, \Delta y_n)^T$，总产出 X 产生增量 $\Delta X = (\Delta X_1, \Delta X_2, \cdots, \Delta X_n)^T$，则折旧、劳动报酬、纯收入等初始投入会产生相应的改变，且有：

$$\Delta N = (I - A_c) \Delta X \tag{7-21}$$

$$\Delta N = (I - A_c)(I - A)^{-1} \Delta Y \tag{7-22}$$

① 若劳动者报酬、营业盈余等纯收入保持不变，则固定资产折旧与总投入之间的变化关系为：

$$\Delta D_X = (I - A_c) \Delta X \tag{7-23}$$

同样，$\Delta V_X = (I - A_c) \Delta X$，$\Delta M_X = (I - A_c) \Delta X$。

② 若劳动者报酬、营业盈余等纯收入保持不变，则固定资产折旧与最终产品之间的变化关系为：

$$\Delta D_Y = (I - A_c)(I - A)^{-1} \Delta Y \tag{7-24}$$

同样，$\Delta V_Y = (I - A_c)(I - A)^{-1} \Delta Y$，$\Delta M_Y = (I - A_c)(I - A)^{-1} \Delta Y$。

2. 基于动态投入产出分析的发展过程控制策略

静态投入产出模型不考虑时间因素，仅考虑一个固定时期内经济数量关系。事实上，国民经济是一个动态变化的过程，反映经济指标与时间关系的模型称为动态模型。

引入投资系数矩阵 $Q = (q_{ij})_{n \times n}$，其中 q_{ij} 表示生产第 j 个部门单位总产品对第 i 个部门产品作为存量资本的需求量，即 j 部门为增加单位产出对第 i 部门产品的投资需求，称为投资系数，则由微分方程表示的动态投入产出模型可表示为：

$$X_i = \sum_{j=1}^{n} a_{ij}X_j + \sum_{j=1}^{n} q_{ij}\frac{dX_j}{dt} + c_i(i = 1,2,\cdots,n) \tag{7-25}$$

其中，c_i 表示对产品 i 的最终净需求量，a_{ij} 是 j 部门单位产出对产品 i 的投入需求。若用差分方程表示，则为：

$$X_i(t) = \sum_{j=1}^{n} a_{ij}X_j(t) + \sum_{j=1}^{n} q_{ij}(X_j(t+1) - X_j(t)) + c_i(t) \quad (i = 1,2,\cdots,n) \tag{7-26}$$

也可用矩阵表示为：

$$X(t) = AX(t) + Q(X(t+1) - X(t)) + C(t) \tag{7-27}$$

这里假定 $A = (a_{ij})_{n \times n}$、$Q = (q_{ij})_{n \times n}$ 为常系数矩阵，即不考虑技术进步因素。第 t 年生产性资本的增加会引起第 t+1 年生产能力的增加，即时滞为 1 年。

根据非齐次差分方程的迭代求解方法，可以求得上述差分方程的特解为：

$$X(t) = J^t X(0) + \sum_{l=0}^{t-1} J^l Q^{-1} C(t - 1 - l) \tag{7-28}$$

其中 $J = I + Q^{-1}(I - A)$。

应用动态投入产出模型，可以进行经济预测和国民经济计划分析。当我们需要编制经济发展规划时，如果制定第 T 年各部门的目标总产出为 $X_i^0 (i = 1,2,\cdots,n)$，如何确定各年度每个部门的发展规划，才能实现此发展目标。即求 $X(t) = (X_1(t), X_2(t),\cdots,X_n(t))^T (t = 0,1,2,\cdots,T-1)$ 值，当 t = T 时，$X(T) = (X_1^0,X_2^0,\cdots,X_n^0)^T$。将上述差分方程变形为：

$$(I - A + Q)X(t) = QX(t+1) + C(t) \tag{7-29}$$

若矩阵 $H = I - A + Q$ 可逆，则有 $X(t) = H^{-1}QX(t+1) + H^{-1}C(t)$，对 t 进行迭代，得：

$$X(t) = (H^{-1}Q)^{T-t}X(T) + \sum_{l=t}^{T-1} (H^{-1}Q)^{l-t}H^{-1}C(l) \ ,t = 0,1,2,\cdots,T-1 \tag{7-30}$$

运用动态投入产出模型，从目标年度的总产值出发，利用上述公式逐年往前推算，可以求出各年度需要完成的生产任务，为制定科学的发展规划提供决策依据。

第四节　静脉产业体系稳定性对策

静脉产业体系稳定性影响因素的多样性、产业体系之间的复杂性要求我们要采取切实可行的对策来维持产业体系的稳定性。本节从多极产业体系对策、动态发展战略对策和柔性发展对策来研究维持静脉产业体系稳定性的对策。

一、多极产业体系对策

目前我国许多区域，尤其是资源型城镇和区域基本上都是单极产业体系。在单极产业体

静脉产业

系下，一个城镇或区域一般只有一个骨干产业，其他产业的发展大都依附于骨干产业：当骨干产业发展良好时，其他相关产业也随之呈现较好的发展势头；但当骨干产业萎缩甚至是即将被淘汰时，其他产业也会随着骨干产业的衰退而衰亡。因此，单极产业体系是极其不稳定的，如果一个区域在骨干产业处于下滑趋势时依旧采用单极产业体系，将会使整个产业体系崩溃，最终危害区域经济的发展。

从静脉产业体系的持续稳定发展来看，选取几个骨干产业同时发展是十分有必要的。但产业之间相互关联程度的强弱，又会对产业体系稳定性产生不同的影响。因此，发现新的骨干产业需要认清它与静脉产业之间的关联程度，依据静脉产业辐射可将其分为紧密层、过渡层和松散层三个层次。

（1）紧密层直接受静脉产业发展情况的影响。这个层次具有信息接收时间短、速度快且受静脉产业影响大等特点，在初期时应大力发展这个层次中的产业，但在中后期应及时对其进行调整以适应整个产业体系发展的需要。

（2）过渡层受静脉产业的影响是通过紧密层而起作用。相对于紧密层来说，过渡层具有信息接收时间较长、速度较慢且直接受静脉产业的影响较小的特点，这个层次的产业比较容易在将来转型或形成新的骨干产业。

（3）松散层是通过过渡层更间接地受静脉产业发展的影响。这个层次的产业对静脉产业的依赖程度最低，能与其他因素融合形成新的骨干产业，因此其转型也更为容易。

通常来说，产业联系越紧密，某个产业的波动对其他产业的影响就越大；反之，则越小。因此，利用好过渡层和松散层的产业，构筑以关联程度较低甚至是无关联的多个骨干产业为中心的多极产业体系，可以在一定程度上避免因某个骨干产业群的衰退甚至被淘汰而引起的经济衰退，对经济的冲击不至于太大，有利于区域或城镇经济的稳定发展。具体来说，多极产业体系的构建需要结合区域的实际情况，结合各个辐射层次发展变化的规律、特点及其依赖程度，按其辐射影响程度将其分为高、中、低三个梯度，依据辐射阶段特点及时间长短来确定各个梯度产业的发展及接替顺序，这样就可以从中发现新的骨干产业。在构筑多极产业体系时要注意对各个层次产业进行分析，掌握目前具体状况，较准确地把握将来发展情况，以便为产业结构调整、骨干产业替代、产业升级提供依据。

从单极产业体系到多极产业体系的转变，是一个适应新的经济发展形势的合理化的调整。只有在产业布局、产业结构调整、产业优化升级时走多元化布局之路，构筑多足鼎立的产业体系，才能有效避免因某些产业萎缩甚至被淘汰而引起的大幅度的经济波动，才能为静脉产业所在城镇或区域的持续稳定发展提供保障。

二、柔性发展对策

通常产业体系的发展是通过产业的扩张或收缩来体现和实现的，产业的扩张和收缩都是为了应对不同的经济发展局势而实施的，其目的都是适应经济发展的大趋势、促进产业体系总体上的稳定发展。

1. 产业扩张

产业扩张主要出现在产业生命周期的成长阶段，它对一个特定产业的最终发展规律具有决定性的影响，是产业发展过程中的一个极其重要的阶段。产业扩张有两种含义：其一是指在原有产业基础上向其他产业的扩展，从而实现多元化经营，区域的产业扩展，指的是在一个特定的区域内在原有产业基础上发展新的产业；其二是指一个特定产业形成以后，通过增加生产要素的投入而不断扩大产业规模或提高产业素质的过程。产业扩张的方式有多种，主要介绍以下两种：

（1）内涵式产业扩张。这种产业扩张方式主要通过技术进步和生产要素利用效率的提高实现的，如管理水平的提高、技术的发展、工艺水平的进步、产业组织结构的合理化等。

（2）外延式产业扩张。这种产业扩张方式主要是通过增加生产要素投入来实现的，如产业内企业数量的增加、资产规模的扩大、产业分布在区域上的扩大等。

2. 产业收缩

根据收缩战略的基本原因，可将收缩型战略划分为以下三类：

（1）适应性收缩战略。它是指由于外部环境的变化使市场缩小、资源紧缩，导致财务出现问题而难以继续维持目前的经营状况。这种收缩战略主要是为了避开环境的威胁，度过危机以求发展。

（2）调整性收缩战略。它是指为了谋求更好的发展机会、实现更长远的发展目标，集中并有效地利用现有的资源和条件而采取的一种收缩型战略。

（3）失败性收缩战略。它是指由于竞争能力下降、财务状况恶化及经营资源短缺等问题的出现，只能采取收缩或退却的措施才能最大限度地保存自身实力的一种收缩型战略。

而按实现收缩战略的基本途径可将收缩战略划分为以下四类：

（1）抽资转向战略。当现有的经营领域市场失去活力而衰退时，企业为了从原有领域脱身、另辟道路而实行的收缩。在实行抽资转向战略时，可采用调整企业组织、降低成本及投资、减少资产等措施来予以相应的配合。

（2）选择性收缩战略。企业在现有的经营领域中不能维持原有的产销规模和市场时，采取缩小产业规模和市场占有率的收缩战略。

（3）放弃战略。企业将其一部分，或部门或市场等，将其转让、出卖或中止经营，这种战略一般是在抽资转向战略不能实施时采取的。

（4）清算战略。此种战略一般是在其他战略均无法奏效时采用的，这种战略的结果就是卖掉企业或中止企业的存在。如果其他战略均没有效果，这不失为一个减小企业和员工损失的明智之举。

不管是哪一种扩张方式，最终都表现在产业综合生产能力的扩大、产业地域空间的扩展、产业内部各个部门的同步扩张和产业组织的扩充等方面，而在产业体系发展形势不稳定的情况下，及时采取合适的、主动的产业收缩的战略选择，从长远来看，不仅不会损害区域产业体系的总体发展，反而有利于各产业整合内部资源，压缩成本，提高资源利用效率，并以此来赢得竞争优势。产业收缩，应该是面对情势的一种合理分析，它更多的是一种调整行为。静脉产业发展方式的选择，必须从本区域产业的实际情况出发，选择切实可行的实施途径，避免出现产业扩张不足、产业扩张过度或产业收缩不当，在恰当的策略选择中实现产业体系的持续发展。

本 章 小 结

静脉产业体系的稳定程度事关产业发展的持续性，进而对经济发展的好坏具有直接的决定性作用，因此，静脉产业体系的稳定性研究是一个十分重要的问题。本章首先分析了静脉产业体系稳定性的影响因素，随后研究了静脉产业体系稳定性的演化机理、稳定性机制分析，在此基础上建立了技术—生产方式稳定性模型、投入产出—互动分析模型、市场分析模型，通过模型分析了产业体系的稳定性，最后主要从三个方面介绍了维持静脉产业体系的稳定性对策，以期对维持静脉产业体系的稳定性建设起到一定的辅助作用。

第八章　静脉产业运行的动力机制

静脉产业与其他产业一样，其发展需要一定的推动力，进行推动力的分析有助于制定相应的产业政策和产业发展规划。产业运行动力的产生需要经过相应的传递过程才能够形成相应的产业体系，分析静脉产业运行的动力机制有助于更了解静脉产业，更好地发展静脉产业。

第一节　静脉产业发展动力分析

任何产业的发展都需要相应的推动力，这种推动力可能来自企业或社会对某种产品的需求，我们可以把这种动力的来源称为产业的内生动力；也可能来自国家或区域的相关产业政策，我们将其称为产业的外生动力。对于运行动力的分析有助于区域结合不同静脉产业资源的类型制定相应的产业政策和产业发展规划。

一、静脉产业发展产生原因

马克思在分析生产与消费关系时认为，生产决定消费，有什么样的生产方式就有什么样的消费方式，生产决定了消费关系、消费数量，消费对生产具有反作用，消费合理能促进生产发展，反之则阻碍生产发展。从社会生产的目的来看，人类的一切活动，包括生产活动、科技活动都是以人类更好的生存为核心而展开的，只要有人类的生存活动，就会产生对产品的消费需求，就会带动相应产业的发展。如果没有人类的生存活动，产业的发展就失去了动力，就无法研究主导产业带来的辐射效应。从上述分析不难得出这样的结论：消费是人类活动，尤其是生产活动的核心，人类的一切活动，尤其是生产活动，不管其经过多少渠道，经过多少环节，最终都要与人类生存相统一，生产是人类消费的派生活动，无论是生产资料生产，还是消费资料生产都是这样。

（一）人类生存是静脉产业发展动力产生的基本原因

人类要生存、要发展就要解决衣食住行等基本生活问题。人类的生存、发展产生各种欲望，并且这些欲望是逐步提高的，当一种欲望得到满足后，人类就会产生新的欲望。欲望的不断提高和不断产生是推动人类进步的动力。有了欲望就会产生对各种各样产品的需求，当这些欲望而引起的需求在现有的科学技术条件下得不到满足时，就会推动人们去研究去开

静脉产业

发，促进科技发展，人们就能生产出各种各样的产品。一些产品直接供人类消费，而另一些是为了生产生活消费品而生产，即人类活动尤其是生产活动，有的直接为人类生存消费而进行，有的间接为人类消费而进行，只是有的表现较为明显，有的不十分突出。但无论如何，任何生产活动都是由人类生存需要而产生的，所以一切产业发展的动力最初都是由人类消费而引起的，有生存才会有消费，人类生存是产业发展动力产生的基本原因。今天在资源供求日益紧张、生态环境不断恶化并影响到人类生存的时刻，人类就要探讨新的经济发展模型，循环经济是在可持续发展理论指导下寻找到的良好经济发展模式之一，静脉产业是循环经济产业体系的重要组成部分，是解决资源紧张、生态恶化的有效产业形式。因此，静脉产业是在人类追求生存的前提下发展起来的，人类生存是静脉产业发展的主要动力来源。

（二）生产消费是静脉产业动力产生的次级原因

人类为生存而产生的需求引起两大类生产。一是生活消费资料生产，这与需求直接有关，需求大，相关产业规模大，对相应产业产生动力强；反之，则相反。二是生产资料生产，这方面的生产活动不直接为人类生存服务，但其为生产生活消费资料提供方法、条件和手段，由生产生活消费资料所引起，是一种派生性生产活动。按其与生活消费生产接近程度来分：有的较近，经过环节较少，在不考虑其他因素的情况下，其相互作用产生的动力大；有的较远，经过的环节较多，相互作用产生的动力小。资源是产业发展的基础，没有资源，任何产业都难以发展。当今经济社会发展遇到的两大难题是资源供给紧张与生态环境恶化，解决资源供给紧张的问题需要发现新的资源、增加资源供给数量与规模，在新的资源没有发现之前，需要延长资源枯竭期到来的时间，这就需要发展静脉产业，增加资源循环利用次数，在减少新资源投入量的同时，延缓资源枯竭期到来的时间，要解决生态环境恶化问题，需要发展静脉产业，在综合利用中解决废弃物排放对生态环境造成影响。由此看来，生产消费是静脉产业发展的动力之一。

（三）生产要素是静脉产业动力产生的后盾

生产要素分为基本要素和高等要素，前者包括自然资源、地理条件、气候条件等；后者包括高级技术和创造力、科教机构和领先学科、现代化网络等。基本要素情况如煤炭储量、土地面积等，是"遗传"的或先天的；高等要素是"人造"的，是后天开发的。因此，静脉产业动力的形成对生产要素有重要的依赖性，生产要素是保证静脉产业动力产生的一个必要条件。

1. 静脉产业资源是静脉产业动力产生的保障

人类要生存就需要消费一定的资源，无论是生产资料生产还是消费资料生产都需要一定资源。资源包括物化劳动也包括活劳动，包括无形资源，也包括有形资源。静脉产业资源除了组织生产所需要的设施设备、能源、资金、劳动力等外，更需要静脉产业分类、处理、再生、再造等需要的资源，这些静脉产业的资源包括生产活动产生的副产品、废弃物、闲置资源；生活活动产生的废弃物与闲置资源；社会活动产生的废弃物与闲置资源，如果没有生产过程、生活活动、社会活动等产生的这些资源，尤其是废弃物，也就不可能有静脉产业的产生。因此，需要处理的静脉产业资源是静脉产业产生的动力，也是静脉产业发展的保障。

2. 科技是静脉产业动力产生的助推剂

科学技术是第一生产力，科技发展提高了效率，尤其是生产效率，大大加快了人类社会发展进程，如果无科技大发展，人类社会就不可能有今天的快速发展。但科技发展是以人类生存消费需求为核心展开的，没有人类生存消费需求，就没有科技形成，正是人类为了更好地生存消费，才迫使人们去探索新的科技领域，去开发新技术、新产品、新工艺、新材料等。新技术的不断开发和广泛利用，降低了能源消耗和原材料消耗，促使资源有效地利用和开发，提高了产品的质量水平。新领域、新产品的不断涌现，引起生产方式、消费方式变化，从而引起产品结构的变化（一些新产品开发出来，一些旧产品被淘汰），进一步引起产业变化，部分原有产业萎缩衰退，在原有产业衰退的同时新兴产业出现。在循环经济发展模式中，科技发展拓宽了副产品、废弃物及闲置资源利用的渠道与方式，提高了这些资源利用的效率，降低了成本，推动了静脉产业的发展。

（四）利益是静脉产业动力产生的表面原因

对于企业来讲，利益是是否创办企业、是否生产、是否扩大生产规模的根本所在，如果有利益就生产，没利益就不生产，即企业的一切活动都围绕利益这个核心进行，利益是调节企业或者生产者行为的杠杆。但这只是表面现象，也是一种短期行为，在一定时期内，利益能发挥动力作用，但是长期来看，必须与人类生存消费相统一，否则随着环境变化其动力会减弱甚至降到零。另外，企业追逐利益的最终结局仍然是为了生存消费，如果当某方面生存消费得到的满足已过时，新的消费又没发现时，人们就会失去由此产生的无止境需求。在不考虑其他原因的前提下，追逐利益的动机仍然是为了消费，一些企业衰败、一些富裕家庭破落从侧面证实了这一点：生存消费是追逐利益的动力。生存引起需求，需求引起追逐利益，从而产生的动力。如果无人类生存，就无消费，也就无需求，就无产品生产，就不会出现静脉产业，如月亮、太阳、土星等无生命的星球上绝对无静脉产业，静脉产业都是围绕人类生产、消费等活动而产生的。当生产满足不了需求时，生存消费动力通过价格等机制传递信息，要求扩大规模增加产量，动力增大；当生产超过了需求时，生存消费动力通过价格等机制传递信息，缩减规模，减少产量，动力减小。所以生存消费是静脉产业动力产生的基本原因，利益动力是由生存消费动力而引起的，离开了生存消费也就无利益追逐，追逐利益形成的产业动力只是暂时的。生存消费动力有时要经过许多环节后才能寻求到，其具有隐蔽性。利益波动直接影响产业辐射强度，生存消费波动间接影响产业辐射强度，尤其是生产资料的生产更是如此。利益动力具有来势猛、变化快的特点，实际工作中应正确利用这一特性，妥善解决经济活动中可能遇到的各种问题。

（五）资源供给紧张是静脉产业产生动力之一

人类生存需要生产，生产需要资源，而当社会资源供给严重不足时，在推动人类发现新资源、提高资源利用率的同时，将目光转向资源的再生利用、循环利用等，由此，推动了静脉产业的兴起与发展。

（六）生态环境建设与治理间接引发静脉产业产生

由于经济社会的发展、人口的急剧膨胀，人类活动所产生废弃物超过了自然界净化的能力，产生了严重的生态问题，对人类生存带来影响，这就需要对废弃物进行处理。但处理废物，做到达标排放，人类是只投入，无收益，这就引发人类采取在利用中治理环境、减少废弃物等的排放，由此引发了静脉产业的产生与发展。

（七）和谐发展是静脉产业产生的原动力

人类经过对自然崇拜、到征服自然，最终回到了与自然和谐发展的正确轨道上。人类、经济、社会、自然和谐发展，人类只是自然界的一个组成部分，是复杂的自然系统的一个单元，如果人类无节制地利用自然，毁坏自然，人类就必然遭受自然的惩罚。而人类要有良好的自然生存环境，就必须善待自然，就必须约束自己的行为。静脉产业是人类约束自己行为，减少对自然界的索取，减少对自然毁坏的最好方式，因此和谐发展是静脉产业产生的原动力。

二、静脉产业发展的动力传递原理

静脉产业的发展动力是指企业发展静脉产业的内在积极性，这种积极性除企业的需求外，还包括来自企业外部的影响。因此，企业发展静脉产业的动力包括内生动力和外生动力两方面，如图8-1所示。

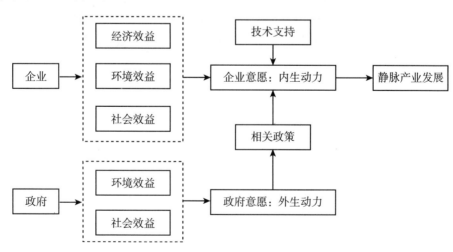

图 8-1　静脉产业的运行动力

从图8-1可以看出，企业发展静脉产业的内生动力是静脉产业发展的内因，而外生动力是静脉产业发展的外部促进因素，对于静脉产业的发展来说，这两种动力缺一不可。

（一）内生动力

静脉产业发展的内生动力主要来源于企业本身，它主要包括两个方面：一方面，是企业自身的需要和产业发展的需要，由于企业在生产过程中所产生的副产品和废弃物影响到了企业的发展，企业就必须发展静脉产业来维持动脉产业的发展；另一方面，静脉产业的发展能够为企业带来良好的综合效益，由于企业自身属性的限制，在综合效益中经济效益将是企业发展静脉产业的主要内生动力，这可以理解为狭义上的内生动力。内在因素包括五个方面：

（1）国民经济发展水平。衡量国民经济发展水平的主要指标之一是国民收入，国民经济发展水平与静脉产业的发展是相互影响、相互制约的。国民经济发展水平高，国民收入也会相应提高，社会对产品的需求量大，从而为静脉产业规模的扩大注入了动力；反之，国民经济发展水平低，静脉产业规模较小，人类只满足基本的生存需求，必然会制约产业之间的发展。

（2）资源价格。这里的价格是以产品成本允许的价格为资源价格，不是市场价格。价格变动能引起消费需求变动，通常情况下，价格降低，需求量增加，静脉产业规模扩大，对各种资源需求量增加，静脉产业动力增大，辐射强度增强；反之，则相反。

（3）静脉产业内部的竞争。静脉产业的聚集圈一旦形成以后，产业内部的竞争就会传递到整个辐射体系内的相关产业。静脉产业聚集圈内的信息迅速流动，有助于其及时了解新的动向，保持本产业的先进性，促进主导产业与静脉产业的相容性。

（4）主导产业的发展状况。静脉产业辐射圈的形成一般都有一个主导核心产业在发挥作用，通过此主导产业的衍生、裂变、创新与被模仿而逐步形成产业集群。作为静脉产业辐射圈中的"动力源"，如果主导产业具有发展潜力，将会吸引更多的新产业加入，而新产业加入必然带来新的技术与工艺，新的技术与工艺通过产业辐射网络在产业集群中进行流动，加速整个产业的技术进步和创新，扩大产业辐射规模，为产业辐射带来新的动力。

（5）企业的经营者。静脉产业聚集圈是由多个企业构成的，而企业的前进与否又受到经营者能力、魄力和领导水平的制约，也是克服困难的动力和推动企业发展的源泉。一个好的企业家能使企业高效、严谨的运作；使产品推陈出新，在同行中处于领先地位，看清潮流，掌握市场发展趋势，选择新的产业突破口。

（6）静脉产业成本。静脉产业成本包括回收成本、生产成本等，在其他条件不变的情况下，静脉产业成本越低，收益越高，企业积极性，反之，则相反。

（7）社会需求。社会需求是静脉产业在内的所有产业发展最原始的动力，是一切生产活动的起因，没有消费，就没有社会需求，就不可能产生各种生产活动。静脉产业产生的一切产品必须满足社会需求，如果不能够满足社会需求，静脉产业就无法正常进行。

在现代市场经济条件下，利润最大化是大部分企业经营所要实现的最重要目标，由于利润等于总收入与总成本的差额，因此，企业会从成本与收入核算的结果中做出合理的决定。通常，企业主要从增加收入和降低成本两个方面着手来使利润最大化。

各个主体都是追求利益最大化的，他们能够根据自身的条件、掌握的信息以及合理的开采方法和先进的工艺技术，从而做出最优的决策，使已经利用过的资源充分发挥效用，实现

静脉产业

有效利用，保证这些资源充分发挥经济效益，体现资源的价值，避免资源的流失，充分开发利用资源。不论是废弃物被循环用来产生同类型的新产品，还是通过废物资源转化成其他产品的原料，都使企业获得更大的利润空间。这种废弃资源的再利用使企业生产成本变低，而利用废弃资源的企业便可以获得一定的收益。只有当静脉产业的发展能够给企业带来收益时，企业才有足够的动力去发展静脉产业。因此，企业发展静脉产业能够获得更多的利益，是静脉产业发展的内部动力因素。

企业发展静脉产业的另一个内生动力是掌握其静脉产业发展的核心技术，技术创新是引领和支持企业发展的又一重要动力。一般认为，高新技术是建立在现代自然科学理论和最新的技术基础上的知识密集、技术密集，能够为社会带来巨大经济效益、社会效益和生态效益的技术。静脉产业的发展离不开高新技术的支撑。高新技术对静脉产业的运行起着巨大的推动作用。没有先进技术的投入，静脉产业就很难达到生态效益与经济效益的统一。技术在静脉产业发展中的作用主要体现在：可替代或节约资源，减少人类经济活动对生态环境的影响；可提高资源利用效率；避免或减少废弃物的产生和排放，达到资源再利用。

静脉产业的基本观点之一是将废弃物变为资源。静脉产业资源种类决定着资源的回收利用程度。不同的资源属性不同，因而回收利用的方法及加工工艺也不相同。静脉产业资源种类繁多，这就意味着资源的回收再利用的复杂性。资源回收利用程度是衡量静脉产业运行结果的重要因素。将这些所谓的不同种类的废弃物变为可以利用的资源，并发挥出应有作用，这就必须要求科学技术的介入。通过技术进步，改进工艺，再造流程，降低资源消耗，大幅度降低生产和消费过程中产生的废弃资源的排放，提高废弃资源利用效率，利用技术达到循环利用的目标。通过科学技术的研究，开发出废弃物的用途，使资源在静脉产业体系中循环利用起来。静脉产业的理论研究以及体系的建立，都需要科学技术作为基础，从而进行分析、判断、设置。因此，高新科技在静脉产业的发展中是十分必要的，而且随着静脉产业研究的深入、实践活动的不断开展，必定会出现许多新问题，这就要求科技水平的不断提高，科技不断创新。

2001 年 6 月，日本中央环境审议会围绕"综合性、战略性地推进环境研究、环境技术开发的政策"进行了审议，各专门委员会将关于循环型社会的创新项目、技术开发项目作为主要资助对象。德国政府对再生资源循环利用技术的开发上投入了大量资金，以保证技术的不断升级换代。德国的环保技术和产品在全球环保产业市场上一直保持国际领先地位，在资源回收利用的整个过程中，都具有精细的专业工艺和技术水准。德国联邦政府计划最迟在 2020 年完成抛弃垃圾填埋方式，届时，所有的垃圾都必须在物质和能量方面经过预处理和重复利用。这将是一种几乎没有残留物的方式，更需要进行大量的研究和开发工作。综上所述，科学技术的发展为静脉产业的研究和实践提供理论基础、手段和方法。科技是发展静脉产业的推动力，只有科技达到一定水平，资源才能得到有效的利用，静脉产业才能不断发展起来。静脉产业的研究、静脉产业体系构筑和模式的构筑不仅需要已有的科学技术作为支撑，更需要新的高新技术推动静脉产业研究的不断深入，推动静脉产业实践活动向更高的水平发展。因此，静脉产业的发展离不开科学技术的不断进步，需要各类最新的科研技术成果通过各种途径进行推广、应用，这样才能推动静脉产业的不断发展。

综上所述，企业发展静脉产业的意愿指数可以用式（8－1）表示：

$$Y_Q = F(Q,J) \qquad\qquad (8-1)$$

其中，Y_Q 为企业发展静脉产业的意愿指数；Q 为企业自身的内生动力（发展意愿）；J 为企业的相关技术支持程度。

内生动力是企业发展静脉产业的根本动力，也是原发动力，只有存在较为强大的内生动力，企业才具有发展静脉产业的意愿，所以激发企业的内生动力也就成为区域产生政策调整的重要组成部分。

同时，企业的内生动力也是企业发展过程中所固有的一种动力，它推动了企业的发展和进步，然而企业的内生动力是一个半结构化的变量，它在企业综合效益（特别是经济效益）发生变化时，其内生动力也随之发生变化，也就是说，企业的内生动力一则来源于企业自身发展的内部需要；一则来源于企业的外部。我们把来自企业外部的动力成为外生动力。

（二）外生动力

企业发展静脉产业的外生动力主要来自政府和社会公众，考虑到政府是社会公众的利益代言人，由社会公众产生的外生动力最终通过政府的力量表现出来，在此以及后面的概念模型中只分析政府政策的影响，也就是政府通过政策的调整来促进企业内生动力的增加或衰减。当政府的政策有利于企业促进综合效益的增加时，企业的内生动力就增加，企业发展静脉产业的意愿就增强；反之，企业发展静脉产业的意愿就会减退，这也是政府调整产业结构，促进产业优化升级的重要手段。

（1）静脉产业的市场需求。静脉产业的需求条件是指产品的市场需求，即静脉产业的成长和发展空间。任何一个产业的产品，都是在市场中进行交换的，都是为市场生产的。产品都有生命周期，产品在生命周期的不同阶段产量不同，增长大小不同，其产生的动力不同，将影响静脉产业本身。企业集群能够引领静脉产业的发展，使静脉产业处于生命周期的不同阶段。如一个地区的企业集群一经诞生，正好处于静脉产业的衰退期，那么这个地区的企业就失去了发展的有利时期，静脉产业的运行也就失去了动力。

（2）经济波动及其政策。宏观经济是影响静脉产业运行的一个重要因素，只有研究好经济波动原理，才能使静脉产业运行的动力得到更好的发挥。经济波动主要的表现形式是经济周期，经济周期性波动将引起静脉产业的扩张和收缩，引起静脉产业规模的扩大和压缩，从而影响静脉产业的运行。在危机阶段，由于大量产品充斥市场，找不到销路，迫使企业关门，将会压缩产业的规模，减少静脉产业运行的动力，直至经济活动的总水平与市场容量的矛盾缓和为止；萧条阶段，消费及生产不旺盛，静脉产品少，动力也小；复苏阶段，消费及生产开始恢复并发展，使静脉产业运行动力逐步增强；高涨阶段，新企业不断建立，产品价格上涨，利润急剧增加，引起产业规模的扩大，静脉产业动力增加。所以经济波动及其政策是影响静脉产业运行动力的一个重要因素。

（3）投资结构。投资如同血液，能够使静脉产业的机体迅速地发育成长。投资结构是指投资的方向和投资数额。投资方向直接决定投资在各个产业的分布，对静脉产业进

静脉产业

行连续的大规模的投资，必然会使静脉产业很快地崛起，投资方向是投资者的第一次选择。投资数额是投资者的第二次选择，显而易见，获得投资金额多的产业发展必然加快。利率作为一种经济杠杆，是影响投资结构的重要因素，其与投资结构成反比，在静脉产业利率提高的情况下，投资成本增加，利益下降，投资者未必愿意将资金投资到这个产业；反之，如果利率降低，投资者见有利可图，便会将大量资金投入这个产业，给静脉产业运行带来了动力。

（4）科学技术的发展。科学技术的发展是影响产业结构变化的重要因素之一，技术的发展主要指技术结构变化和技术进步。技术结构变化是指新技术的产业出现及技术水平的提高等技术现代化过程。技术结构的发展变化将会引起产业生产组织方式的变化。科学技术的进步必然会引起生产方式、消费方式的变化。生产方式变化，引起生产工艺、生产技术等变化，这些变化必将引起供给与需求的变化，引起静脉产业领域、产品品种的变化，导致静脉产业运行动力变化。技术的进步为静脉产业提供新的、有效的生产经营手段、组织方式，提高产品工艺质量、降低成本、扩大市场、增加利润，进而触发产业规模的扩张，为静脉产业发展带来动力。

（5）资源供给紧张程度。经济社会的发展，人口的急剧膨胀，引发生态环境恶化、资源供给紧张，资源供求矛盾日益加剧，可持续发展、和谐发展成为人类急需解决的问题，在可持续发展思想指导下，循环经济作为一种解决资源紧张、生态恶化的发展模式被人类发现，静脉产业作为循环经济产业体系中的主体为人们所认识，静脉产业主要通过资源循坏利用、梯级利用等运行解决资源供给紧张问题，缓解资源供给压力。因此，资源供给越紧张，静脉产业发展的动力就越多，反之，则相反。

（6）生态环境恶化。生态环境恶化引发各种矛盾产生，通过静脉产业发展能够通过利用减少废弃物的排放，达到治理生态环境的目的。因此，生态环境治理是发展静脉产业的动力之一。

（7）生存环境改善。大量污染物的排放在造成生态环境恶化的同时，也使人类生存环境恶化，各种疾病时有发生，并向低龄化发展，为改善人类生存环境，就需要发展静脉产业，通过废弃物、副产品等的利用，达到净化人类生存环境的目的。

（8）和谐发展的动力。人类对自身与自然关系的认识经过了以自然为中心、以人类为中心、人类与自然和谐三个阶段，最终人类发现自然界是有许多系统组成，人类是这些复杂系统中的一个子系统，人类要生存下去，必须与自然各个系统和谐发展，人类规模、人类活动必须与自然界发展相适应，人类要约束自身的行为。发展静脉产业能够减少对自然资源的需求量，减少生产活动、生活活动、社会活动等排放的污染物。因此和谐发展成为发展静脉产业的推动力。

胡锦涛在党的十七大报告中，把"循环经济形成较大规模，可再生能源比重显著上升"作为实现全面建设小康社会的新要求。这对于推动我国静脉产业又好又快地发展，具有重要意义。2006年9月实施的《静脉产业类生态工业园区标准（试行）》（HJ/T275－2006）标志着中国静脉产业作为一个独立产业的真正发展。

来自政府的外生动力主要包括政府税收政策的调整、政府对静脉产业资源流动的介入、政府财政对静脉产业建设与运营补贴等方面。这些内容可以同时对企业的内生动力增加或衰退发生作用，也可以单独使其发挥效应，为此，式（8-1）中描述企业发展静脉产业意愿的概念则应修正为：

$$Y_Q = F(Q,J,Z) \qquad (8-2)$$

其中，Z 为政府相关政策的支持变量集；其他符号意义同前。

或者将式（8-2）改为：

$$Y_Q = F(Q,J) \pm f(Z) \qquad (8-3)$$

其中，f(Z) 为政府政策对企业意愿的增减幅度；其他符号意义同前。

在此需要指出的是，f(Z) 是一个随着时空变化而变化的变量，也就是说，f(Z) 是时间和空间的函数。这一点非常容易理解。

从时间维度来看，当一项政策开始实施时，f(Z) 可能对企业发展静脉产业有比较大的促进作用，给企业带来的发展意愿比较高；但是，这一政策随着时间推移，对于同一企业、同一区域来说，f(Z) 也必将发展变化。若这一政策有利于企业综合效益的增加，则 f(Z) 将增大，即进一步提高企业发展静脉产业的意愿；反之，f(Z) 将减小，Y_Q 也随之减小，直至企业放弃静脉产业的发展。从空间维度来看，对于同一政策若作用于不同的区域或不同的企业，其 f(Z) 的大小不同，这也是不同区域在发展静脉产业过程中需要不同政策的原因，有的区域主要采取相关政策，限制副产品及其废弃物的产生，就可在经济发展中取得良好的机会效益和环境效益，如发达国家的污染产业外移就属于这一类型；相反，有的区域就需要相应的补贴政策来促进静脉产业的发展，这就是 f(Z) 的空间效应。

因此，考虑时间和空间对 f(Z) 的影响，则式（8-3）可调整为：

$$Y_Q = F[Q(t),J(t)] \pm f[Z(s,t)] \qquad (8-4)$$

其中，t 为时间变量；s 为空间变量；其他符号意义同前。

通过式（8-4）可以看出，就企业自身的内生动力而言，Q 也是时间的函数，随着时间的推移，企业自身的意愿也会发生增减；同时，技术的支持效应也是时间的函数，同一种技术随着时间的推移，其支持效应也会逐渐减退。这也是技术创新是静脉产业发展的根本保证这一结论的由来。

三、静脉产业发展动力的影响因素

静脉产业的发展受到诸多因素的影响，分析这些因素，对区域制定静脉产业发展政策具有重要的促进作用。

（一）内生动力——经济利润的影响因素

有关静脉产业经济利润最主要的影响因素是静脉产业运行的成本与收入。按照纵向产业链的角度，静脉产业的成本主要包括资源回收成本、资源拆解成本、资源分类处理成本、资

静脉产业

源再造成本、资源再生成本、资源再利用成本以及资源处理成本。静脉产业的收入不仅包含销售产品的显性收入，也包括节省的排污费、资源节约费、能源节约费、废弃物、副产品综合利用获得的收入及环境资源节约费、社会资源节约费等隐性收入。

对于从事静脉产业的企业而言，通常比较关心绝对经济效益，即收入与成本之间的差额：

$$\pi_{绝} = R_{静收} - C_{静成} \qquad (8-5)$$

其中，$\pi_{绝}$ 为绝对收益；$R_{静收}$ 为静脉产业绝对收入；$C_{静成}$ 为静脉产业成本。

（1）当 $R_{静收} > C_{静成}$ 时，即 $\pi_{绝} > 0$ 时，从事静脉产业活动的企业能够获得利润，其绝对效益大于零，企业积极性高，能够促进静脉产业的持续发展。

（2）当 $R_{静收} = C_{静成}$ 时，即 $\pi_{绝} = 0$ 时，从事静脉产业的企业虽然不能盈利，但也不亏本，正好处于静脉产业的盈亏平衡点，也能基本维持静脉产业的持续发展。

（3）当 $R_{静收} < C_{静成}$ 即 $\pi_{绝} < 0$ 时，从事静脉产业的企业不能从中获利，处于亏损状态，其绝对效益小于零，不利于静脉产业的持续发展。

从整个社会的角度分析，静脉产业的发展节约了环境资源、增加了就业岗位，提高了生态效益与社会效益。为此，国家应根据企业对社会贡献的高低，制定相应政策，对这些企业的发展给予扶持。对社会贡献方面要考虑静脉产业的总效益，也就是要全面考虑静脉产业的隐形收入与显性收入，其计算方法见式（8-6）：

$$\pi_{总} = R_{静总收} - C_{静成} \qquad (8-6)$$

其中，$\pi_{总}$ 为静脉产业总收益；$R_{静相}$ 为静脉产业总收入（包括显性收入和隐性收入）。

（1）当 $R_{静总收} > C_{静成}$ 时，即 $\pi_{总} > 0$ 时，从事静脉产业活动的企业不仅可以获得利润，而且相对于动脉产业来说，静脉产业还获得了由于资源的循环利用而节约的收入，既产生了一定的经济效益，也获得了巨大的社会效益和生态效益。

（2）当 $R_{静总收} = C_{静成}$ 时，即 $\pi_{总} = 0$ 时，从事静脉产业活动的企业虽然不能盈利，但相对于动脉产业来说，静脉产业还是节约了环境与社会资源，具有一定的社会效益和生态效益。

（3）当 $R_{静总收} < C_{静成}$ 时，即 $\pi_{总} < 0$ 时，从事静脉产业的企业不能从中获利，处于亏损状态，而且相对于动脉产业来说，静脉产业的节约收入仍然不能弥补损失，此时不利于静脉产业的持续发展。

以上是就经济利润的直接影响因素进行的分析，实际上技术与政策也会对利润产生间接影响，具体分析见本章第四节。

（二）内生动力——高新技术的影响因素

高新技术的形成是由很多因素相互作用的结果，影响高新技术的因素如下：

第一，社会需求。恩格斯说："社会一旦有技术上的需要，则这种需要就会比十所大学更能把科学推向前进"。社会需求就是有如此大的力量，它是科技进步的主要影响因素。原始人为了获取食物，开始制作了简单的工具；现代人为了联络方便，发明了电话，为了随时随地地联络，又发明了移动电话。这些技术都是通过社会需求而产生的，没有社会需求就不会有技术的进步与发展。同样，矿区静脉产业中高新技术的发展也是社会需求的结果。

第二，经济因素。科学技术的发展对经济产生了促进作用，但是，科学技术的每一步前进，都需要在经济上给予支撑。首先，经济需求是科学技术发展的重要推动力。"经济上的需要曾经是，而且愈来愈是对自然界的认识进展的主要动力"。其次，经济支持是科学技术发展的物质基础。科学技术的研究同样也是一种生产，对其投入的资金、设备、人才等的多少决定了产出的多少。然而，这些投入都是靠社会的经济投入来支持的。最后，经济竞争是科学技术发展的刺激因素。在商品的激烈经济竞争中，企业只能依靠科技进步才能获取最终的胜利。列宁在《俄国资本主义的发展》中写道："确实，事实告诉我们，广泛的农业技术改革运动是在商品经济和资本主义得到发展的改革后期才开始的。资本主义所造成的竞争和农庄对世界市场的依赖，使技术改革成为必要，而粮价的跌落则更加强了这种必要性"。人们为了在经济竞争中获胜，更加注重科学技术的进步，并将经济力量投放到科技进步上，从而形成了经济发展促进科技进步的局面。煤炭企业也像其他企业一样，需要一定的资金投入科研中，才能获得并利用高新技术。

第三，科技政策。经济基础决定上层建筑，作为上层建筑的社会制度是在一定的经济基础上建立起来的，同时也为经济基础服务。不同的社会制度为科学技术的发展提供了不同的空间。科学技术发展的速度和规模在不同的社会制度下存在着很大的差异。通常来说，先进的社会制度为科学技术的发展提供了更大的可能性。但是，想把这种可能性变为现实，必须通过政策和体制的支撑。很多国家制定了科学技术发展的战略和政策，也就是科技政策，它是国家为实现一定历史时期的科技任务而规定的基本行动准则，是确定科技事业发展方向、规模和速度，并且指导整个科技事业的战略原则。所以科技政策是影响高新技术发展的一个重要因素。

（三）外生动力——政策激励的影响因素

有关政府政策激励的影响因素包括以下几方面：

第一，政治稳定性。一个国家的政治稳定状况，是决定政策激励是否能够有效的决定性因素。一个地区政局十分稳定，则能加强政策激励的效果，反之，不稳定的政治环境则会削弱政策的激励效果，从而阻碍静脉产业的发展。稳定的政局是保障企业获取利益的前提，没有这个前提，政策激励的目的就难以实现，因此只有具备一个良好的政治局势，政策才能产生激励作用。静脉产业相关政策的激励效果也同样需要政治稳定这个前提。

第二，政策的引导性。不同的政策产生的激励效果各不相同，如果政府采取鼓励静脉产业的政策，则会引导静脉产业的发展，如果政府对静脉产业进行规制，则可能放缓静脉产业前进的速度。许多国家和地区都比较喜欢利用政策因素来调整个体行为。政府与企业间的利益博弈也进一步说明政府比较倾向于利用政策因素来调整个体行为的问题。

第三，政策的系统性。这是就制度的内容而言的。静脉产业发展涉及方方面面的利害关系，在进行政策制定时必须周密考虑，综合权衡，力争使政策全面配套、紧密衔接，既要激励各静脉产业发展市场主体的参与积极性，又要有利于区域社会经济的长远发展。否则，则存在制约静脉产业发展的"瓶颈"。

第四，政策的市场导向性。政府在静脉产业发展的过程中主要是起引导作用，利用政府政策的制定来弥补"市场失灵"，而不是忽视市场的作用，总是企图用行政的力量取代市场。在静脉产业发展中，政府整个政策制定的出发点和政策运转的环境都必须以市场及市场机制为基础，使行政力量和市场机制相融合，在静脉产业项目建设、投资机制、资源配置、管理效率等方面发挥更大的作用。否则，则会出现"政府失灵"现象的产生，同样不利于静脉产业的发展。

（四）静脉产业动力传递机制

影响静脉产业动力的因素有许多，它们从各个方面对静脉产业体系产生影响。但它们通过什么机制相互作用而形成静脉产业发展的动力，这些因素通过什么方式对静脉产业产生影响，对静脉产业体系的影响程度有多大，这些问题都需要作进一步的分析。无论是产业之间的相互拉动、产业结构调整，还是企业多元化发展战略实施以及产业链、循环经济研究都需要搞清楚它们之间的内部运作机制，搞清楚它们之间的关系和规律，以便为各种经济工作的开展提供依据，指导具体实践活动。

1. 消费—生产传递机制

人类为了自身生存发展就要开展各种各样的活动，尤其是生产活动。生产活动对外进行资源交换就形成了产业辐射的动力。辐射动力传递机制是通过人类生存、发展产生各种欲望，形成各种各样的具体要求，引起各种活动的开展，将某一环节的变化传递到辐射体系其他的相关环节。生产活动的发展壮大，形成以生产某种产品或类似产品为核心的产业，这些产业通过产品的输出影响其下游产业，又通过各种设备、原料及能源的输入影响其上游产业的发展，相应上下游产业又以各自供求为基础形成相关的产业体系，这样一环扣一环地发展下去，形成了以消费为中心，相应产品供求为纽带的社会产业体系。当消费发生变化时，通过相关网络、相应供求渠道将由消费所产生的辐射动力传递到社会经济活动，尤其是生产体系的各个环节，推动社会生产及其体系中各产业的发展变化。消费—产业辐射动力传递机制是产业辐射体系中基本的动力传递机制，可简单的归结为：生存机制—消费动力—产业发展动力—产业辐射动力。生存机制变化引起消费观念、消费方式的发展变化，通过相关系统或网络将其传递给相关产业，产业通过供求变化引起辐射动力的变化。

人类生存、发展的动机转换成消费动力，消费动力引起产品生产，产品生产发展壮大到一定规模形成产业，虽然产品多种多样，形成许多门类的产业，但总的归结起来为"两种生产，一种活动"，即生活消费资料生产、生产资料生产、市场活动。按消费品特性或用途不同又形成了各种各样的产业，供求关系将这些产业联系在一起形成完整的社会生产体系。消费观念、消费方式发生变化时，形成需求动力，这种动力通过相关渠道传递到相关产业，导致这些产业兴衰或变化，兴衰或变化形成产业辐射动力，通过相关渠道再传递给相应体系或环节，引起辐射领域、辐射媒介、辐射强度的变化。

消费引起产业辐射动力变化的方式有四种：（1）消费观念或消费方式转变，原有消费品需求量锐减，产业规模萎缩，产业辐射动力下降；（2）消费需求量没有变化，只是所占比重下降，产业辐射动力相对来讲不变；（3）消费需求量扩大，所占比例扩大，产业辐射动力增强；（4）新消费方式引起新消费领域出现，导致新产业出现，产业辐射动力转化。

循环经济可持续发展的观念改变了现存的消费方式和生产方式，在其观念的引导下，清洁生产活动的发展壮大形成了以废弃物转化为再生资源、将再生资源加工为产品为核心的静脉产业，静脉产业通过其再生产品的输出影响其下游需求企业，又通过废弃物等原料的输入影响其上游供给企业，相应上下游产业又以各自供求为基础形成相关的产业体系，这样一环扣一环地发展下去，形成了以消费为中心，相应再生资源产品供求为纽带的静脉产业体系。当消费发生变化时，通过相关网络、相应供求渠道将由消费所产生的辐射动力传递到静脉产业生产体系的各个环节，推动静脉产业体系及社会生产的发展变化。

2. 供需—价格利益传递机制

"生产—供需—利益"是产业辐射动力传递的主线之一，贯穿于社会生产始终，生存是产业辐射动力产生的源泉，是产业辐射动力传递的基础。但因其受生产条件、生产力发展水平的影响，供应与需求的平衡是暂时的，不平衡是永久的，供不应求、供过于求的问题时刻都会发生。当出现供需不平衡时，企业就会进行产量调整，引起辐射动力的变化：当供不应求时，企业扩大产量，对其上游相关产业需求量增加，产业辐射拉动力增大，对其下游相关产业供给量增加，产业辐射推动力增大；反之，则相反。由供求不均衡所产生的辐射动力是通过价格—利益机制来实现的：当供不应求时，价格上涨，在高额利润的诱导下驱使企业扩大生产；当供过于求时，价格下跌，企业已有利益受损，在其他因素的综合作用下，驱使企业削减生产，导致企业自身所产生的供求关系变化，进一步引起产业辐射动力变化，引起辐射强度变化，导致产业结构调整。当供不应求严重时，物价快速上涨，投资过热，供求两旺，产业与产业之间交易加大，产业辐射动力增强，但好景不长，由于投资过热、企业盲目扩大规模，导致供过于求，大量产品积压卖不出去，经济危机爆发，企业削减产量，有的甚至破产倒闭，引起产业萎缩、产业结构调整。"生产—供需—价格—利益"之间是相互促进又相互制约的，由供求关系及其他原因引起的经济周期性波动，引起产业辐射动力变化，导致辐射体系的调整。当利益高时，投资活跃，供需两旺，生产能力扩大，产业辐射动力强度增强；反之，则相反。

由供需所形成的动力传递机制，具有周期性特点，滞后于经济周期的各个阶段，具有明显的时间性；价格升降是指示器，利益高低是推进器；在生产、供需、价格、利益四者的共同作用下，将由四者相互作用而引发的产业辐射动力传递到各个环节。

静脉产业发展所需的原料是生产和消费过程中产生的废弃物，废弃物的供需也会存在某种程度的不平衡，由供求不均衡所产生的辐射动力是通过价格—利益机制来实现的：当供不应求时，再生资源的价格上涨，在高额利润的诱导下驱使静脉企业扩大生产；当供过于求时，再生资源的价格下跌，静脉企业已有利益受损，在其他因素的综合作用下，驱使企业削减生产，导致企业自身所产生的供求关系变化，进一步引起产业辐射动力、辐射强度发生变化，导致静脉产业结构调整。

3. 收益—投资传递机制

无论是生存、消费、生产引发的产业辐射动力，还是供需失衡引发的产业辐射动力，都通过投资来实现。假设其他条件不变，利息合适，资金和其他资源充裕的前提下，投资能实现，扩大生产规模策略就能实现；资金或其他资源在某些方面不足，投资实现不了，扩大生产规模则无法进行，其所产生产业辐射动力就无法形成。在其他条件不变的情况下，利益或者投资成本是投资能否实现的调节器，利息高，投资成本高，相对来讲收益较低，导致投资不活跃，有时投资甚至为"0"，因而所形成的产业辐射动力无法实现；反之，则相反。近几年政府投入了大量资金用于循环经济、静脉产业的建设，带动了其他相关产业的发展和投资需求的增加，大量投资的涌入引起静脉产业辐射动力的增强，促进经济发展，这正是收益—投资传递机制在起作用。

4. 科学技术传递机制

从产业方面来看，当一个产业有利润，或者有巨额利润可图时，投资者或其他企业就会进入这个产业，使产业规模过于庞大，导致利润逐步下降，最终出现亏损。在追逐利润动机作用下，企业加大科研投入，改进生产技术、生产工艺、降低成本，再次出现利润，产业辐射动力再次形成。虽然产业辐射动力、产业发展动力仍由消费需求引起，但会通过科技实现。

人类为提高生存质量，不断改善生活条件，追求可持续发展，在这种观念的指引下，需要大力发展科学技术，开辟新的生产领域、消费领域，形成新产业，这为循环经济发展提供了契机。循环经济的发展又形成新的供需体系，带动静脉产业及其他相关产业发展，将由消费所产生的动力通过科技发展传递给相关产业，使静脉产业辐射动力得以发挥其应有作用。

前面讨论的四种产业辐射动力传递机制不是各自独立进行的，而是以"生存—消费—生产"传递机制为主线，"供需—价格—利益"机制、"收益—投资"机制、科学技术传递机制为辅线，在它们的综合作用下进行静脉产业辐射动力传递。受环境条件的影响，在一定时期内它们所起的作用不同，有的起主要作用，并依据一定条件而转换。

第二节 提高静脉产业发展动力的途径

根据前面的分析，在静脉产业发展过程中应通过以下途径来增加发展的动力。

一、增加狭义上的企业意愿，即提高或维持 Q(t)

通过这种途径明显的一点就是维持和提高企业的经济效益。由前面分析的静脉产业经济利润的影响因素可以得出，静脉产业的经济利润是由成本及收入共同作用的，成本的降低或者收入的提高都会增加利润。下面仅从收入中的排污节约成本以及资源使用费节约方面分析静脉产业的利润驱动机制。

对于排污成本，可以假设在政策规定下某企业排放的某污染物数量为 M，此时 M 可视为企业应遵守的环境标准。又假设此地区不采取任何环保措施，任意排放的污染物数量为 X。为了治理环境污染，需支付成本，成本函数为 C = f(X - M, P)，其中 P 为治理污染的单位投入。我们可以看出成本函数是一个相对于 X 的增函数，即随着 X 的减少，治理环境污染的成本也相应减少，从而带动企业利润的增加。

而对于资源使用费，也像排污成本一样，只是成本函数变化为 C = f(N - X, P)，其中 N 为在没有资源再利用时资源的消耗量；X 为通过废弃资源转化的可利用资源，P 为资源的价格。资源使用成本函数是关于 X 的一个减函数，即当废弃资源转化的可利用资源增加时，资源使用的成本会减少。正是这些成本的减小带动了利润的增加，从而促进了静脉产业的向前发展。

静脉产业经济利润的高低决定了企业静脉产业发展的顺利程度，能够获取利润甚至获取高利润，企业的静脉产业将能够顺利地发展；如果没有利润或利润很低，静脉产业的发展可能会不顺畅、不正常。

二、使 J(t) 始终处于高支持状态，即不断提高静脉产业的技术创新

通常，拥有一定的科学技术，有利于人类进行生产和发展经济。在现代，静脉产业的发展，也需要运用当代最新的科学理论所发明的高新技术。下面就分析一下高新技术是怎样在静脉产业的发展中运用的。在传统的生产方式中，科技与资源的结合是十分简单的，并且一般是一次加工，其运行方式一般如图 8 - 2 所示。

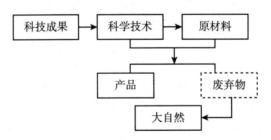

图 8 - 2　传统生产方式

这种传统的生产方式虽然有科技成果的利用，但是，这种生产方式不仅会造成原材料的浪费，而且对生态环境会产生很大的压力，并且会造成严重的污染。

企业每年都有大量的物资报废，并且在生产的过程中也会伴随着很多废弃物的产生。在当今社会，利用高新技术可以将这些废弃资源转化为可以再利用的有价值的资源，即利用高新技术的手段将废弃资源进行再利用和再加工，达到循环利用。这种运行方式可以用图 8 - 3 表示。

在这种生产方式中，人们反复运用高新技术手段对废弃资源进行加工，并且生产出相关的产品，最终将废弃资源变为可利用资源，不仅可以实现经济效益与环境效益的双赢，而且

静脉产业

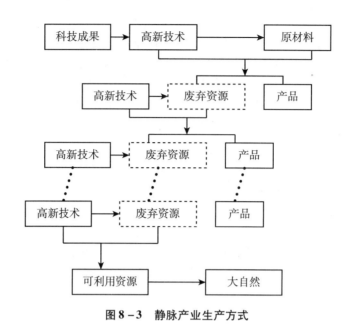

图 8-3 静脉产业生产方式

可以为静脉产业的发展提供技术支撑。

三、使 f[z(s,t)] 增加，即适度调整相关政策

激励是指为增强人们在追求某些既定目标时的愿意程度的活动，它含有激发动机、鼓励行为、形成动力的意义。激励是对人的思想、行为的激励，它以个人和群体为实施对象，在实施对人的管理中导向性地、最大限度地激发、调动人的积极性、主动性和创造性。静脉产业作为一种新兴产业，它以节约资源与实现资源的生态化和循环化为目标。国外循环经济发展比较好的国家，一般都是靠政府的推动，政策的激励机制是政府推动静脉产业发展的重要途径。财政政策的出台会直接影响静脉产业的发展。在由传统生产方式向静脉产业生产方式转型的过程中，必然需要大量的资金投入。企业由于受经济利益最大化目标的驱使，一般注重经济效益；同时，如果废弃物再利用带来的利润水平很低，必然会严重影响企业发展静脉产业的积极性；市场不是万能的，也存在"失灵"的情况，需要借助政府行为促进市场体系的发育，要发挥政府政策对发展静脉产业的主导和驱动力量。因此，给予企业一定的财政补贴，确保企业合理的经济利益，是发展静脉产业的动力，是激励企业扩大静脉产业规模的重要因素。在静脉产业的发展过程中，政府应发挥主导作用，综合运用政策、行政激励手段，以加快静脉产业的前进的步伐。

政府制定的法律法规和政策能够直接影响企业的经营管理战略。静脉产业是在资源、能源和环境压力不断增大、环境法规和社会需求的共同作用下发展起来的新兴产业。在静脉产业实施的初级阶段，政府的干预和引导起着十分重要的作用。静脉产业的发展离不开政策的支持。我国目前对于静脉产业有一定的扶持政策，其中国家对再生资源回收利用企业免征增值税这一项政策对静脉产业的发展起到了很大的促进作用，同时，排污收费、资源收税、污染损失赔偿等负激励措施也起到了促进作用。创造一个对静脉产业发展有利的政策环境，是加快静脉产业的良性发展的必要条件。

第三节　静脉产业运行动力联合机制

一、动力联合机制模型

通过静脉产业运行动力分析，可知静脉产业的发展动力包括经济利润、科学技术和政府政策三大动力。它们共同推动了静脉产业的发展。但静脉产业运行的动力强度如何，这三大动力如何作用来提高静脉产业发展动力的强度，是需要进一步研究的问题。本部分基于以上逻辑思路，构建了静脉产业运行动力联合机制模型，模型如图 8 - 4 所示。

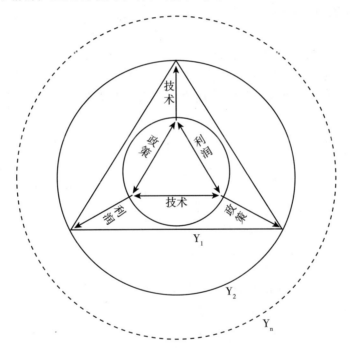

图 8 - 4　静脉产业运行动力联合机制模型

静脉产业的运行动力经济利润、高新技术和政策激励共同推动静脉产业的运行，并决定着静脉产业运行的动力强度。静脉产业运行的动力强度（Y）可表示为经济利润（E）、高新技术（T）和政策激励（P）的函数，数学表达式为：

$$Y = f(E, T, P) \tag{8 - 7}$$

在这个方程式中，经济利润（E）表示矿区发展静脉产业经济利润的大小对静脉产业的发展带来的影响；高新技术（T）指的是在静脉产业运行中所利用的科学技术，运用的科技

静脉产业

水平的高低影响着静脉产业的发展；政策激励（P）是指政府为促进静脉产业发展而制定的政策、法规及其规章制度等，从而带动企业发展静脉产业。

二、动力联合机制模型分析

模型解释如下：

（1）模型中圆圈 Y_1，Y_2，…，Y_n 代表动力强度，而且 $Y_1 < Y_2 < \cdots < Y_n$；

（2）利润、技术、政策三大动力，形成"三角式"的稳定结构，逐步稳定推动静脉产业发展；

（3）在现有的利润、技术、政策下，三者共同作用形成动力强度水平 Y1，根据三大动力之间的互相影响，逐步形成动力强度 Y2，促进静脉产业达到更高的水平，……，以此类推。

这个模型的主要目的是说明，静脉产业运行动力的强度取决于各个动力影响因素的综合作用，然而这种综合作用的大小是由经济利润、高新技术以及政策激励因素相互配合和支撑所形成的整体实力所决定的。在此模型中，三个因素各司其职又互相作用，企业的属性决定了必须要获取经济利润，并且有一定的科学技术作支撑，而政府的政策激励会提高矿区静脉产业的经济利润空间，加快高新技术的研发。三大动力要素之间也同时互为动力函数关系，即：

$$E = f_1(T,P) \tag{8-8}$$

$$T = f_2(E,P) \tag{8-9}$$

$$P = f_3(E,T) \tag{8-10}$$

式（8-8）说明了 T、P 对 E 的作用。可解释为：在有利的激励政策的支持下，加之静脉产业相关的高新技术的提高与应用，提升了企业获得利润的空间，强大的利润驱动力，增加了企业从事静脉产业的积极性，加速了静脉产业的运行。

式（8-9）说明了 E、P 对 T 的作用。可解释为：企业从事静脉产业的发展带来了丰厚的经济利润，加之国家对静脉产业强有力的支持，加速了静脉产业技术的深度研发与应用，从而在技术方面对静脉产业的发展形成了有力支撑，推动了静脉产业的运行。

式（8-10）说明了 E、T 对 P 的影响。静脉产业经济利润的提高和静脉产业相关的科技水平的改进与广泛应用，不仅带来的是整个社会经济效益的提高，同时有利于推动整个社会的进步，这要求政府采取相对更加优惠的静脉产业政策，给静脉产业带来更有利的支持，进一步推动静脉产业的发展。

可见，这三个因素并不是各自独立，互不相关的，而是互相影响，互为动力，形成强大的动力网，共同作用于静脉产业，使静脉产业发展具有足够的动力，不断地提升发展水平，并持续发展下去。

同时要注意的是，模型中的各个因素都有两面性：存在经济利润或者经济利润较高，会加大静脉产业运行的动力强度。反之，没有经济利润会降低动力强度；高新技术以及政策激励也有同样的性质。

第四节　静脉产业运行机制的 SD 模型构建及应用

系统动力学（System Dynamics，SD）是由美国麻省理工学院的福雷斯特（Jay W. Forrester）教授提出的研究系统动态行为的一种计算机仿真技术，它是根据系统论、控制论、信息论等有关理论和方法建立起来的一种数学模型，是研究高度非线性、高阶次、多变量、多重反馈复杂系统的一种定量方法。系统动力学广泛应用于研究城市经济发展、企业经营管理、宏观经济规划、区域经济、能源规划、工程系统、生物学和医学、环境、自然科学和社会科学等许多领域。

一、静脉产业运行机制的 SD 模型构建

静脉产业的运行系统是一个受多种因素影响的复杂系统，由十静脉产业受动脉产业的影响，因此其既有一般系统的特征，又有其自身的特征。

（1）静脉产业运行系统的影响因素呈动态、非线性的特点。静脉产业运行系统的各元素之间具有因果规律，涉及的众多因素呈现动态、非线性的特点。例如，在政府的积极倡导下，要求企业、公众积极参与到静脉产业实践中。有时政府虽然对静脉产业投资没有直接的关系，却通过其各种财政、税收、金融等政策和相关的法律法规的约束，为静脉产业的发展提供良好的外部环境。

（2）静脉产业运行系统内部存在多重正负反馈环。静脉产业运行系统结构以反馈环为基础，系统内部存在多重正负反馈环。例如，政府主导→企业行为→＋静脉产业生产总投资→＋规模扩大→＋经济效益→企业行为，此回路是正反馈网络，在政府主导下，企业积极从事静脉产业的生产活动，对静脉产业投资持续追加。政府主导→＋静脉产业技术投资→－企业生产成本→＋经济效益→政府主导，此网络是负反馈网络，体现了通过技术投资，可带来企业成本的降低，给企业带来经济效益。

（3）静脉产业运行系统存在时间上的延迟及空间上的非连续性。静脉产业运行系统内部，投资的进行与经济效益的取得等在时间上往往存在一定的延迟，空间上呈现出一定的非连续性。如对静脉产业的项目投资可能从建设开始需要经过三年的时间才能建成，给企业带来效益；又如当年的效益可能是前几年的投资效果。

基于以上特征，下面以系统动力学作为研究静脉产业运行系统的工具，力图较为详尽地阐述区域静脉产业运行系统中各个要素之间的关系，分析它们是如何影响静脉产业运行的，并通过案例来模拟静脉产业的发展，分析其发展规律，从系统角度简要提出有助于改善煤炭矿区静脉产业运行的对策和建议，为我国区域静脉产业的发展提供理论支持和方法依据。

静脉产业

二、区域静脉产业运行系统因果关系分析

静脉产业是一个复杂的大系统，其运行与发展是诸多因素互相作用、协调耦合的过程，具有非线性、开放、动态等特点，根据静脉产业运行系统结构框架，确定了区域静脉产业运行系统因果关系如图8-5所示。

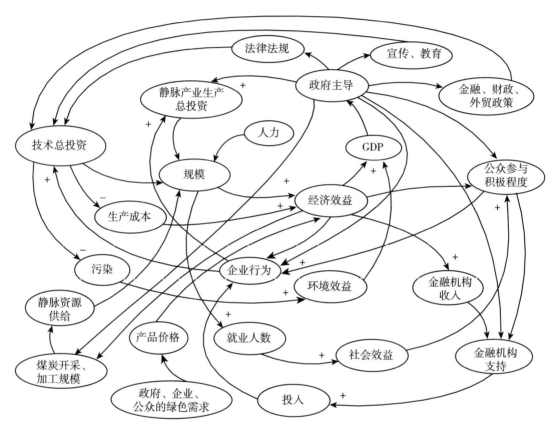

图 8 –5　静脉产业运行系统因果关系

三、区域静脉产业运行系统 SD 模型反馈回路

从静脉产业运行系统的 SD 模型中，主要的反馈回路有：

回路 1：政府主导→＋静脉产业生产总投资额→＋规模扩大→＋经济效益→＋GDP→政府主导

此回路是指在静脉产业发展中，政府采取财政等相关政策，直接增加对静脉产业的投资，从而使静脉产业的规模扩大，发挥规模效应，提高经济效益，导致国民收入增加，政府继续增加对静脉产业的投资。

回路 2：政府主导→＋静脉产业技术投资→－资源充分利用，成本降低→＋经济、环境效益→＋GDP→政府主导

此回路是指在政府采取相关政策下，直接增加对静脉产业的技术投资，通过新技术的应用，使各种资源充分利用，同时，也相对降低了企业成本，增加了经济效益与环境效益，国民收入也相应增加，推动政府继续增加对静脉产业的技术投资。

回路 3：政府主导→企业行为→＋静脉产业生产总投资→＋规模扩大→＋经济效益→企业行为

此回路是指，由于静脉产业的发展具有很大的外部性，出于对经济效益的考虑，一般企业是不积极发展静脉产业的，但在政府的相关法律、法规及优惠政策的支持与约束下，企业比较得益损失后，会对静脉产业进行投资，从而导致规模扩大，带来经济效益，在利润的驱使下，企业会继续增加对静脉产业的投入。

回路 4：政府主导→企业行为→＋静脉产业技术投资→－资源充分利用，成本降低→＋经济、环境效益→企业行为

此回路是指企业在政府倡导下，积极发展静脉产业，增加对其技术投资，使资源充分利用的同时，成本降低，带来一定的经济、环境效益，再次推动企业增加对静脉产业相关技术投资。

回路 5：静脉资源供给→＋规模效应→＋经济效益→企业行为→＋静脉产业总投资→＋规模效应

此回路是指静脉资源供给充足，带来一定规模效应，产生经济效益，促使企业增加对静脉产业的总投资，在静脉资源供给配合下，产生规模效应，带来经济效益。

回路 6：政府主导→＋公众参与程度→企业行为→＋静脉产业技术投资→＋环境效益→＋公众参与程度

此回路是指在政府宣传、教育下，公众的环保意识日益增强，积极参与环保活动，在外界压力下，企业对静脉产业进行技术投资，从而使资源节约，污染减少，人们的生活质量水平提高。

回路 7：政府主导→金融机构支持→＋金融机构资金投入→企业行为→＋经济效益→＋金融机构收入→金融机构支持

此回路是指金融机构响应国家的政策，积极为从事静脉产业的企业提供服务，给予企业贷款，缓解企业资金不足的压力，企业有了资金从事静脉产业的投资，带来一定经济效益，使金融机构的收入增加，在利益驱动下，金融机构继续给予静脉产业支持。

回路 8：产品价格→＋经济效益→企业行为→＋对静脉产业投资→＋经济效益→企业行为

此回路是指在合理的静脉产品价格下，会给静脉产业带来经济效益，促使企业积极从事静脉产业投资，带来经济效益，利益驱动使企业继续增加对静脉产业的投资。

在上述各个反馈回路中，可以看出政府在推动静脉产业发展、运行中的主导作用，政府采取财政、金融、税收等政策和相关法律法规，引导社会公众、企业及金融中介服务机构积极参与到静脉产业的发展中，使各自的利益得到满足的同时，实现静脉产业的运行目标。另

外，从中可以看出资金、技术、资源的供给以及合理的产品交易价格是促进静脉产业发展的重要因素。

四、区域静脉产业运行系统流图与结构方程

根据静脉产业运行的目标，本书将区域静脉产业运行系统分为经济子系统、环境子系统、社会子系统，各子系统流图和方程式分别如下。

（一）经济子系统流图与结构方程

区域静脉产业的主要活动分为回收、分类、再造再生等领域，同时，静脉产业的发展又依赖于动脉产业。在此将煤炭开采和加工作为煤炭动脉产业的主要活动。建立的静脉产业运行经济子系统流图，如图 8-6 所示。

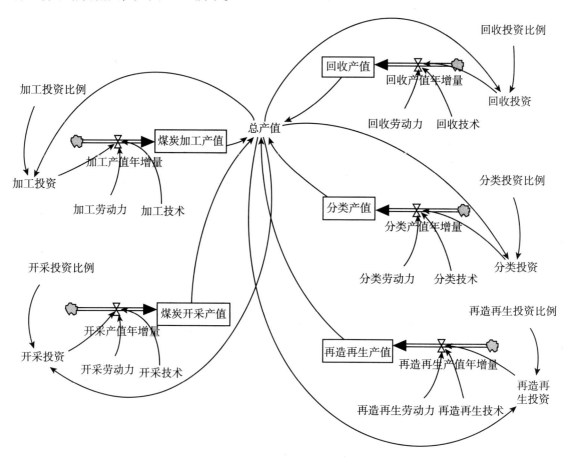

图 8-6　经济子系统流

（二）环境子系统流图与结构方程

根据区域静脉产业资源分析，将其简单划分为固体废弃物（考虑到煤炭矿区静脉资源的特殊性，在此包含固体伴生物）、废水、废气三部分。

建立的环境子系统流图如图 8 – 7 所示。

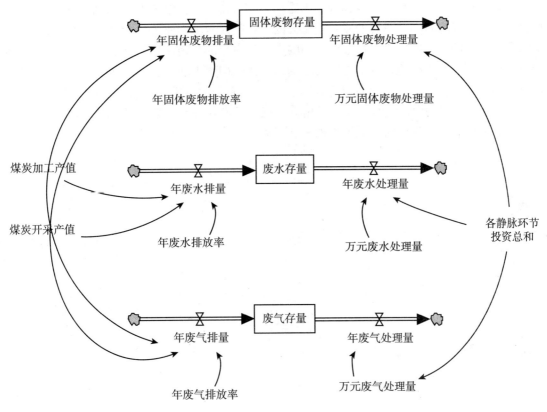

图 8 – 7　环境子系统流

（三）社会子系统流图与结构方程

区域静脉产业运行社会目标重要的表现之一是吸收劳动力，提高就业率。其社会子系统流图如图 8 – 8 所示。

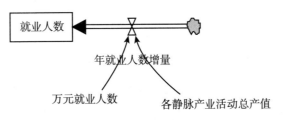

图 8 – 8　社会子系统流

本 章 小 结

　　本章主要分析静脉产业运行的动力机制，这是本书的重点内容之一。静脉产业发展的动力包括内生动力和外生动力，本部分对内生动力和外生动力产生的原因及传递进行了阐述，构建了企业发展静脉产业意愿的概念模型。同时，认为静脉产业运行动力的强度取决于各个动力影响因素的综合作用，这种综合作用的大小是由经济利润、高新技术以及政策激励因素相互配合和支撑所形成的整体实力所决定的，因此，构建了动力联合机制模型，即静脉产业运行的动力强度（Y）可表示为经济利润（E）、高新技术（T）和政策激励（P）的函数，数学表达式为：$Y = f(E,T,P)$。模型指出，这三个因素各司其职又相互作用，共同作用于静脉产业，使其能具有足够的动力不断地发展下去。

第九章　静脉产业链运行体系

静脉产业链具有一般产业链的基本属性，包括价值链、企业链、供需链和空间链四个维度，产业链就是在这四个维度相互对接的均衡过程中依据特定的逻辑关系和时空布局关系客观形成的链条式关联关系的形态。静脉产业以废弃物资源化处理为特征，它自身的产业链比一般产业的产业链要长，产业链各环节之间的关系也更加复杂。探讨静脉产业链的运行路线，有利于优化静脉产业链，形成合理的产业关系，从而有利于提高静脉产业链的运行效率，提升我国城市固体废弃物的处理水平，缓解我国社会经济发展对资源的依赖，实现产业结构的转型升级。

第一节　静脉产业链运行的中间环节

静脉产业链运行的中间环节衔接了回收与最终处理，主要包括拆解、分拣、物流配送等环节。中间环节的运行效率和组织化程度影响到最终处理的效率和整个静脉产业链运行的效率，因此，要构建现代静脉产业的运行体系，需要理清中间环节的各类关系。

一、分拣、分类与拆解

在静脉产业的发展中，从源头进行分拣与分类能减少产业链的环节，提高运行效率和最终处理的效果。但城市固体废弃物在源头上缺乏分类、分拣，通常城市固体废弃物处理产业中的回收者也同样扮演着分拣者、分类者、拆解者、运输者的角色，造成静脉产业产业链因内部缺乏专业化分工和协作而运行低效。

城市固体废弃物的来源分散、种类繁多。由于我国在废弃物分类方面的教育与宣传力度不够，使各个领域产生的废弃物混杂在一起，加大了分拣的难度，也造成资源严重浪费和环境污染。因此，我国应从源头出发，通过广泛、深入的环境宣传与教育，使排放者在废弃物排放之前做好科学的分类和分拣，从而真正从源头上做好废弃物的分拣与分类工作，以此提高资源循环使用率，节约大量中间处理成本。在这方面，英国、日本等发达国家的经验值得借鉴。日本的废弃物回收系统拒绝回收没有进行科学分类的生活垃圾；英国对生活垃圾的管理也很严格，要求每个家庭必须对垃圾分类，并分别装入5个不同的垃圾箱并分别倾倒，对不遵守规定的家庭处以罚款。这些做法都有效地促进了城市固体废弃物的分拣与分类，对于提高静脉产业链的运行效率和废弃物的资源化率，有重要的推动作用。

静脉产业

分类是分拣的结果，对固体废弃物的科学分类是提高废弃物回收利用率的前提条件。以我国的生活垃圾为例，1992年我国颁布了《城市市容和环境卫生管理条例》，要求"对城市生活垃圾应当逐步做到分类收集、运输和处理，城市环卫部门负责实施和管理"，2000年我国将8个城市作为垃圾分类收集试点城市，2008年为迎接奥运，北京市呼吁市民"树立垃圾分类好习惯"。但这些努力并没有带动全民性的行动，我国生活垃圾在源头上分类不足的现象仍未得到改善，生活垃圾资源化利用率很低。科学分类不仅需要政府的大力宣传和深入的环境教育，还需要更加严格的法律法规的约束，才能对城市固体废弃物科学分类，提高废弃物最终处理的效率和固体废弃物的资源化率。

拆解是对城市固体废弃物中特定类别的废弃物进行拆解，分拣出其中的有毒有害物质和能够循环利用的成分，如我国对废旧家具、电子垃圾、家用电器、报废的工业机器、汽车等。我国是电子产品生产和消费大国，电子废弃物的产生量也逐年增加。我国一些地区对电子废弃物的拆解、处理不当，造成严重的环境污染。我国于2002年建立了《报废汽车回收管理办法》，规定报废汽车的拆解主要由报废企业负责，重点防止报废汽车流入市场。依据2005年实施的《固体废物污染环境防治法》，国家环保总局于2008年实施了《电子废物污染环境防治管理办法》，对电子废物的拆解、处置等行为进行规制，并建立了电子废弃物产生者交付责任制度、拆解利用处置单位日常监测和经营情况记录簿制度、技术规范和监督抽查、处罚制度、电子类危险废物的管理制度等，将电子废弃物的拆解利用处置活动纳入法制化轨道。此外对我国的家具行业等城市固体废弃物的其他领域也有类似规定。但在实践中，政策并没有发挥预期的作用，我国城市固体废弃物处理产业在分类、分拣及拆解等中间处理环节的产业化程度上和发达国家相比依旧存在很大差距。

二、物流与存储

通常所说的物流，是指商品使用价值实体在空间位置上的移动。我国国标对废弃物物流作了如下界定："将失去原有使用价值的商品，根据实际需要进行收集、分类、加工、包装、搬运、储存等，并分送到专门场所时所形成的物品实体流动。"城市固体废弃物的来源十分分散，从回收到最终处理之间的物流和存储环节对提升城市固体废弃物处理效率和产业链运行效率有重大意义。

随着我国对城市固体废弃物处理产业的重视，越来越多的城市固体废弃物进入了政府处理系统。当前，我国对城市固体废弃物的物流与存储方面的管理特别强调对工业企业和事业单位危险废弃物的管理，而对一般工业废弃物和生活垃圾方面的管理还缺乏严格的规范。由于我国城市固体废弃物在源头上的分拣、分类不细致，危险废弃物和一般废弃物、低度污染物和重度污染物常混杂在一起，使废弃物中的有用物质和有害物质难以分拣，资源的循环利用率降低。此外，我国城市固体废弃物的物流与存储环节大部分是由政府环卫部门负责，而企业的介入不够，造成市场结构垄断化的特征。从发达国家发展静脉产业的经验来看，引入市场化运作机制，鼓励更多私人企业介入，对其购买废弃物存储和物流需要的专门的运输与存储设备以优惠政策和补贴，使私人资本看到加入这一领域的广阔前景。同时，需要加强对这些企业的管理，如在废弃物的运输环节，要采集私人企业的运输时间、运输路线等信息以加强监控；在废弃物存储方面，定期或不定期的检测其存储设备的性能和安全性，以保证安全性。这对于提高物流存储效率，提升资源循环利用率，实现城市固体废弃物管理的环境和社会目标有重要意义。

三、静脉产业链中间运行环节的优化

前面将静脉产业链的中间运行环节分为分类、分拣、拆解、物流与储存，这些都是废弃物从产生经过回收进入最终处理环节所要经历的过程。中间环节的运行效率，直接决定了回收环节和最终处理环节的效率以及废弃物的最终资源化率，因此，中间运行环节管理方案的设计对静脉产业发展的意义重大。

（1）兼顾生产者责任和生产利益。要提高静脉产业链中间环节的运行效率、提高废弃物资源回收率，生产者责任发挥了重要作用。部分生产者有自己特有的物流运输系统，或委托第三方的换货、退货系统，能方便、快捷地回收城市固体废弃物中的废旧物质，并对其进行拆解、分类以实现再利用，有些生产者能直接将废旧物质中的有用成分投入产品的生产中，在降低其生产成本的同时，减轻了政府处理废旧物质的负担，提高了资源使用效率。

城市固体废弃物处理是政府理应向社会提供的公共物品，生产者通过回收、运输、存储、拆解废旧物质实际上是履行了政府的部分公共职能，因此，政府应统筹考虑生产者责任和生产者利益，给予其生产补贴，提高生产者参与废弃物处理环节的积极性。

（2）加强对中间环节的监督和管理。拆解环节是城市固体废弃物资源化处理的重要环节。我国拆解行业的专业化分工程度低，技术装备落后。为了规范城市固体废弃物的拆解，我国于2008年实施了《电子废物污染环境防治管理办法》，禁止技术、设备和工艺落后的拆解者、拆解企业处理电子废弃物；我国的《报废汽车回收管理办法》也对报废汽车的回收和拆解等环节作了严格规定。这些相关规定，对部分城市固体废弃物产业链的健康运行起到了规范作用，对减少回收、拆解等环节的环境污染、提高城市固体废弃物的利用效率也发挥了重要作用。

虽然我国对城市固体废弃物的部分行业出台了相关的政策规定，但其涉及面还远远不够。随着社会经济发展和人们生活水平的提高，城市固体废弃物的成分越来越复杂，大部分城市固体废弃物的拆解仍然处于放任状态，因非法拆解产生的环境污染问题依旧层出不穷，因此政府应针对各类城市固体废弃物处理出台更多、更具体的行业规范和管理规定，对于规范我国城市固体废弃物处理产业的健康发展和静脉产业链的健康运行能起到积极的促进作用。

（3）鼓励中间环节的技术创新。鼓励静脉产业领域的技术创新，运用现代科学技术，提高废弃物处理中间环节的技术装备水平，是提升废弃物产业链运行效率的重要举措。总体上看，我国当前在提高再生资源回收利用效率的技术上虽取得很大成绩，但与发达国家相比还存在一定差距。政府应该给予企业在技术创新上的支持，建立完善的废弃物管理的信息技术系统，尤其应注重现代信息技术在分拣、运输和存储等环节的应用，实现废弃物处理的全过程监控；发展绿色再制造技术、降低再利用成本的技术，积极引入国外先进的核心技术和装备；同时要及时向社会发布有关技术、政策等方面的信息，开展信息咨询、技术推广的培训，使静脉产业的发展突破信息"瓶颈"的制约。

第二节　我国静脉产业链最终处理环节

城市固体废弃物经过回收、分拣、拆解、运输和存储后，进入最终处理环节，这一环节是静脉产业链运行的终端环节，同时也是城市固体废弃物资源化、无害化和循环再利用的关键环节。从生活垃圾和工业固体废弃物的最终处理结果来看，目前我国最终处理环节存在行业垄断、无序竞争等明显问题。

一、城市工业固体废弃物与城市生活垃圾的最终处理情况

20世纪下半叶，静脉产业的发展在主要发达国家的重视程度提高，并出台了一系列政策促进城市固体废弃物的发展。从政策上的重视到实践中的成功，引起了众多学者的关注。1998年"Money World"杂志中提出了"垃圾变黄金"的专题讨论，提到废弃物处理产业在未来有广阔的发展前景，垃圾处理产业会取代黄金和石油而成为吸引投资者的重要行业之一。我国城市固体废弃物处理起步较晚，由于我国产业结构特点和人口密度大等原因，每年大约丢弃1亿吨左右的城市固体废弃物，浪费了大量社会资源，环境问题也日渐突出，诸多问题的凸显使我国逐渐提高了对城市固体废弃物处理产业的重视，城市固体废弃物处理产业也因此取得快速发展。

随着我国经济的发展，煤矿、金属及化工制造加工等对原生资源高度依赖的行业产生的工业固体废弃物产量逐渐增多，成为工业固体废弃物排放的主要来源，而废弃物处理产业也因此面临更大的机遇和挑战。针对这些行业，应加强其行业管理和规范约束，从源头上减少这些行业的固体工业废弃物排放；此外，要加快我国产业结构的转变，改变传统靠能源和资源的高投入换取经济发展的粗放式发展模式，贯彻可持续发展。

城市生活垃圾处理产业链主要包括垃圾的收集、中转运输和处理处置等环节。我国的生活垃圾处理行业起步较晚，20世纪80年代，我国大多数城市还都是用简单堆填的方式处理生活垃圾，不仅导致废弃物的低循环利用，还带来一系列环境问题。1991年我国出台了《关于加强城市垃圾处理科学技术工作的几点意见》，明确了生活垃圾处理的资源化、减量化、无害化原则，并提出生活垃圾处理的新方向，即以堆肥处理为主，有条件的地方发展垃圾的焚烧和综合利用。90年代期间，我国开始对生活垃圾处理设施、收集运输及关键技术处理方面进行投资，生活垃圾处理的技术装备得以提高，并且极大地推动了环卫产业的发展。随着21世纪的到来，国家对生活垃圾处理产业的重视程度也不断提高，以生活垃圾资源化、无害化和减量化为原则，积极发展焚烧和综合利用技术，建设了大量的生活垃圾填埋场。近年来，我国更是高度重视城市固体废弃物处理产业，尤其是针对生活垃圾处理，出台

了一系列的优惠政策，吸引了大量投资者进入，无害化处理厂的数目不断攀升，大大提高了我国城市生活垃圾的无害化处理程度。

二、静脉产业链最终处理环节的组织调整

目前，我国城市固体废弃物处理的行业市场化程度、产业化程度不高，虽然在固体废弃物的回收领域呈现出类似于完全竞争的市场结构，但在产业链运行的最终处理环节的竞争者数量有限，呈现出高度垄断特征，尤其在生活垃圾处理领域表现最明显。我国城市生活垃圾的处理主要采用填埋的方式，新兴的焚烧、堆肥处理在我国发展较晚，焚烧需有专门设备，而这些设备的前期投入较大，投资回报周期长，加之政府补贴有限，使其对企业缺乏足够吸引力；堆肥处理的过程虽相对简单，但为堆肥产生的资源寻求市场也需要付出很高的成本，因此目前这两种处理生活垃圾的方式中，企业介入不足，基本都是由政府包办。企业参与的处理环节主要集中在回收领域，回收者对废弃物只是进行简单地分拣和拆解，获取生活垃圾中有用的成分和容易资源化的部分，其余大部分仍然进入政府回收系统或随意丢弃，造成严重的资源浪费和环境问题。总体来说，我国城市固体废弃物处理产业还处于初期发展阶段，市场缺乏足够吸引力和竞争力，市场结构的垄断特征明显，如生活垃圾处理产业，仅有光大国际、上海环投、金州环境、天津泰达、首创集团等有限的几家企业，在堆肥领域，也仅存在桑德环境等少数企业的规模较大，政府和企业之间的关系主要采用 BOT 模式，政府授权运营企业特许经营，企业的收入来源主要是向电网收取的上网售电电费和向政府收取的垃圾处理费。

我国城市固体废弃物回收环节的竞争特征和最终处理环节的垄断特征，促成静脉产业结构不合理，影响静脉产业链的运行效率。要形成稳定的产业链，不仅要使产业链本身具有增值能力，能让参与产业链各个环节的经济主体获得相应的经济利益，同时也需要一个合理的利益分享机制保证经济主体在纵向产业链运行中的交易与合作。但是，静脉产业链各个环节之间经济主体本身实力存在差异，使这种合作具有不稳定性，难以维持产业链各个环节之间的利益共享机制，导致静脉产业发展缓慢。因此，要对我国静脉产业组织规模进行调整，在坚持市场化方向的引导下，鼓励企业尤其是大企业的进入，引入竞争机制，提高静脉产业最终处理环节的市场化程度，降低垄断；提高回收领域的组织化程度，集中分散的回收主体，以保证整个产业链原材料的稳定供给；同时充分整合产业链其他环节的经济主体，力争形成纵向一体化。

第三节　静脉产业链体系的共生

产业链运行的各个环节只有相互协调、拥有较高的运作效率，才能实现城市固体废弃物资源化处理率的提高。回收环节、中间处理环节和最终处理环节之间要形成较合理的分工与合作关系，以达到各个环节经济主体之间的共生共荣。

静脉产业

一、产业链内部各环节之间的共生

共生的概念来源于生物学，最早由德贝里提出，他认为共生是一种合作关系，是指"不同种属在一定时期内按某种物质联系而生活在一起"。在经济学上，共生特指经济主体之间存续性的物质联系，这种物质联系在抽象意义上表现为共生单元之间在一定共生环境中按某种共生模式形成的关系。而产业共生是由产业链联系性的内因驱动和产业链增值性的外因诱导而产生的经济现象，具体是指在不断深化的分工的推动下，同类产业的不同价值模块和不同类产业所出现的融合、互动、协调的发展状态。

城市固体废弃物具有其独特的特点。一是废弃物的成分复杂，物理性状千变万化；二是污染具有综合性，同时会污染水、大气等，产生各种环境问题；三是它引起人们重视的时间最晚，相对于水污染、大气污染，固体废弃物污染最后引起人们的注意，也是最少得到人们重视的污染问题；四是固体废弃物是最贴近我们的一种污染问题，以城市生活垃圾为例，可以说每个人的每次消费活动都会产生生活垃圾，与每个人息息相关，因此它是最贴近我们的环境问题。城市固体废弃物自身的诸多特点决定了静脉产业链不能被简单地归结为某种单一的形态。例如，成分的复杂性决定了不同城市固体废弃物实现资源化的技术路线不同，其经济效益和环境效益也各不相同，静脉产业对其也应采取不同的处理方式，使不同规模和技术含量的经济主体在处理方式上能发挥其独特的优势。废弃物最贴近生活的特点，表明了废弃物来源的分散和广泛，仅依靠单一的组织形态无法满足及时、有效、经济地将废弃物送往最终处理现场的要求。

在我国城市固体废弃物处理领域，有技术含量低，依靠大量原始手工拆解、清洗和分拣的作坊；有拥有先进技术的企业自建的回收和处理系统；也有不成规模的、零散的、技术含量或高或低的小型处理企业。产业共生思想在我国城市固体废弃物处理领域的引入，为静脉产业优化各环节之间的关系提供了重要启示。在劳动密集型企业和技术密集型企业并存的状况下，合理将产业链各运行环节有效分工：劳动密集型企业可以进行回收、运拆解等对技术要求不高的产业链环节，而形成再生资源和产品的最终处理环节则交由技术密集型产业进行。在大小企业关系上，形成专业化分工和一体化发展的格局：鼓励大企业实行一体化经营，实现规模经济，小企业走专业化发展道路，承担大企业的市场补缺者角色；在企业和个体回收者之间的关系上，小企业和个体回收者之间可形成长期合同关系，提高产业链联系的稳定性。基于此，产业链中的大企业能获得长期稳定的原材料供应，而小企业和个体回收者也能依托大企业增强其抵御风险的能力，得以在产业链内长期生存发展。这样，通过建立不同规模、不同组织形态的产业主体之间的共生关系，保证了产业链有序、稳定运行及价值增值。

二、产业链与生产企业的共生

要提高静脉产业链的运行效率，促进静脉产业的发展，不仅要在产业链内部各环节之间形成合理的分工与合作关系，还要与生产企业形成共生关系。

　　生产企业和城市固体废弃物资源化处理企业之间有密切联系。生产企业是城市固体废弃物产生的重要来源之一，同时也是再生资源的主要市场需求者，它与废弃物处理企业之间可按照共生关系形成利益共同体：废弃物处理企业通过市场交易获取生产企业的废弃物，加工处理形成再生资源后，再将其销售给生产企业。这样在及时处理生产企业废弃物的同时，又实现了再生资源的市场化，使两类企业均能在共生系统中受益。

　　《中华人民共和国固体废弃物污染环境防治法》第三章第一节第十七条规定："收集、贮存、运输、利用、处置固体废弃物的单位和个人，必须采取防扬散、防流失、防渗漏或者其他防止污染环境的措施；不得擅自倾倒、堆放、丢弃、遗撒固体废弃物"。第十九条规定："生产、销售、进口依法被列入强制回收目录的产品和包装物的企业，必须按照国家有关规定对该产品和包装物进行回收。"诸多规定都要求企业对自己产生的废弃物尽到处理的义务。随着生产企业规模的扩大和一体化经营战略的实施，许多生产企业自建了废弃物回收系统，在符合我国相关规定的基础上，有利于强化生产者责任，减少废弃物在中间环节的滞留时间，实现废弃物就地处理，减轻随意排放对环境产生的恶劣影响。但是，即便生产企业能通过内部进行废弃物资源化处理，但在现有的技术水平下，废弃物很难100%的实现资源化处理。尤其是一些中小企业本身产生的废弃物数量有限，进行废弃物自身处理后，易出现规模不经济现象。因此，需要将一定范围内的同类企业产生的废弃物借助现代化物流机构集中起来，形成专业化的废弃物处理企业并由其进行资源化处理，最终形成生产企业和废弃物处理企业之间的共生机制。

本 章 小 结

　　本章着重对静脉产业链运行体系的中间环节和最终处理环节进行了介绍，通过对中间环节分拣、分类、拆解、物流、存储等方面的介绍，提出静脉产业链中间运行环节的优化措施。然后以城市工业固体废弃物和城市生活垃圾为例，介绍其最终处理情况，并对静脉产业链最终处理环节进行组织调整。最后从产业链内部各环节、产业链与生产企业的角度分析了静脉产业链体系的共生，有利于推动静脉产业链运行效率的提高，促进静脉产业的发展。

第十章　静脉产业成本分析与控制

静脉产业下的成本构成与传统企业的成本构成是存在一定的区别的，本章首先介绍了静脉产业成本的含义，然后分析了静脉产业成本的构成以及对成本影响因素的分析。本章将静脉产业成本构成分为经济成本和环境成本两部分。

第一节　静脉产业成本分析

一、静脉产业成本内涵

（一）传统成本的含义

马克思主义政治经济学是研究一定社会生产、资本、流通、交换、分配和消费等经济活动、经济关系和经济规律的学科，其核心理论是劳动价值理论。马克思主义政治经济学认为，成本是商品经济发展到一定程度的结果，是商品货币经济中的一个经济范畴的概念。成本的内涵和外延是随着商品经济的发展而不断变化的。

界定成本的含义就离不开马克思关于成本的论述。马克思在科学分析资本主义经济条件下的商品价值构成时，提出"按照资本主义方式生产的每一个商品 W 的价值，用公式表示为 W = C + V。如果从商品价值中减去剩余价值 m，那么商品中剩余下来的一个在生产要素耗费的资本价值 C + V 的等价物或者补偿价值。"和"商品价值的这个部分，即补偿所耗费的生产资料价格和所使用的劳动力价格的部分，只能补偿商品使资本家自身耗费的东西，所以对资本家来说，这就是商品的成本价格。"

从马克思的这段论述可以看出：成本的经济实质是生产经营过程中不断消耗的生产资料和活劳动转移的价值的货币表现，也就是企业在生产经营中所耗费的资金总额。它主要包括三方面的经济内涵：（1）从经济性质看，成本是生产经营活动中劳动耗费的价值度量，这种价值必须以一定质量和数量的劳动成果为对象，实质上反映了商品价值和使用价值的对立统一的转化关系，体现了成本的可度量性；（2）从经济内容上看，成本虽是商品价值的重要内容，但是两者之间构成与价值量上又有着显著的区别，在价值度量上，商品价值取决于生产商品的社会劳动必要量，而成本是生产该产品的个别劳动耗费，它实质上反映了企业生产产品的个别劳动耗费与商品交换价值的社会必要劳动时间的对立统一的转化关系，体现了成本的个别性；（3）从经济本质上看，成本是为生产一定数量和质量劳动成果发生劳动耗费的价值补偿，这种补偿必须而且只能以成本的经济内容为限度，反映了企业简单再生产与社会扩大再生产之间的矛盾对立统一的转化关系，体现了成本的可补偿性。

马克思在《资本论》中曾经科学地指出了成本的经济性质："按照资本主义方式生产的每一个商品 W 的价值，用公式表示是 W = C + V + M。如果我们从这个产品价值中减去剩余价值 M，那么，在商品剩下来的，只是一个在生产要素上耗费的资本价值 C + V 的等价物或补偿价值"。所以成本是生产和销售一定种类与数量产品以耗费资源用货币计量的经济价值。企业进行产品生产需要耗费生产资料和劳动力，这些消耗在成本中用货币计量，就表现为材料费用、折旧费用、工资费用等。而其在经营活动过程中、销售活动过程中以及管理过程中发生的费用也应当计入成本。因此成本的构成一般包括原材料费用、工资、折旧费用、管理费用、经营费用、销售费用等。

（二）静脉产业成本的含义

静脉产业是一个产业群体系，它由回收、分解处理、拆解、再制造、再生、配送、再利用等七大产业群组成，而静脉产业是利用已经使用过的资源进行生产活动，其产业链由资源回收、再造、再生、利用等环节组成。因此静脉产业成本指在进行资源回收、分理、分解、再造、再生以及在利用等整个过程中所发生的费用总和。

二、静脉产业成本构成分析

本书将静脉产业成本分为经济成本和环境成本两大部分。经济成本主要包括静脉产业下资源回收、资源分类、资源分解、资源再生、资源再造以及资源再利用六大环节中发生的经济性成本，而环境成本是贯穿于整个静脉产业体系中发生的环境成本的总和。

（一）经济成本构成分析

静脉产业通常由资源回收、资源分类处理、资源拆解、资源再制造、资源再生产、再利用和资源处理几个环节组成。资源回收是指企业通过对物资的统一管理，严禁废弃设备设施流入企业管辖范围之外的废品收购站，相反要将废品收购站的有利用价值的设施收购到静脉产业企业进行再加工再制造；资源分类是指将回收的资源进行分类，然后供拆解、再生、再制造、再利用等环节使用，或者将拆解后的资源进行分类处理，按分类以后资源的用途将他们送至相关环节使用；资源拆解是将设备设施和普通物资进行拆解，然后进行分类，部分直接作为零部件使用，部分简单加工，其他的运送其他部门处理；资源再制造是将资源分理产业或拆解产业提供的资源进行功能修复，使其恢复原来的机械、物理功能，能够继续在原来的领域使用；资源再生是对无法直接恢复功能的资源进行加工处理，作为循环资源供相关产业使用；资源再利用是用再造后或再生后的资源组装或生产新的产品；资源处理是对暂时无法利用的资源进行处理储存。从开采、生产过程中退出的资源经过静脉产业的一系列活动形成新的产品，然后再被投入生产、社会等经济活动中。静脉产业循环体系如图 10 - 1 所示。

从前面静脉产业生产环节组成不难看出，静脉产业的成本主要由资源回收成本、资源分类处理成本、资源拆解成本、资源再生成本、资源再造成本及资源再利用成本六部分组成。

静脉产业

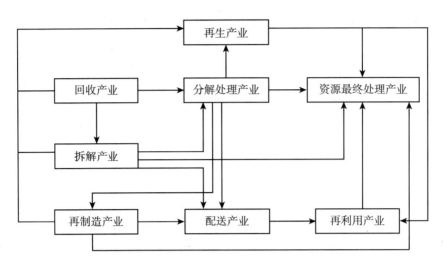

图 10 - 1　静脉产业循环体系

1. 资源回收成本

资源回收环节主要是将产生的废弃资源回收的过程，因此在这个环节中发生的成本费用主要包括从事资源回收工作人员的职工薪酬（$C_{回薪}$）；回收设施的折旧费用（$C_{回折}$）；回收过程中发生的燃料动力等辅助材料费用等（$C_{回辅}$）；回收废弃资源的仓储费用（$C_{回仓}$）；以及维系资源回收运营过程中发生办公费等期间的管理费用（$C_{回管}$）和财务费用（$C_{回财}$）以及期间发生的其他费用（$C_{回其}$）等。如果用 $C_{回成}$ 表示资源回收成本，那么资源回收的成本计算如下：

$$C_{回成} = C_{回薪} + C_{回折} + C_{回辅} + C_{回仓} + C_{回管} + C_{回财} + C_{回其} \qquad (10-1)$$

2. 资源分类处理成本

资源分类处理环节主要是对上个环节回收的废弃资源根据其性能以及用途进行分类，因此，在这个环节中发生的成本主要包括从事资源分类工作人员的职工薪酬（$C_{分薪}$）；用于资源分类的设备计提折旧费用（$C_{分折}$）；用于资源分类的原材料及低值易耗品费用（$C_{分料}$）；资源分类过程中使用的燃料动力等辅助材料费用（$C_{分辅}$）；资源分类技术的研发以及技术使用费（$C_{分技}$）；以及维系资源分类环节运营过程中发生的管理费用（$C_{分管}$）及除此以外发生的其他费用（$C_{分折}$）。如果用 $C_{分成}$ 表示资源分类处理成本，那么其计算公式如下：

$$C_{分成} = C_{分薪} + C_{分折} + C_{分辅} + C_{分技} + C_{分管} + C_{分其} + C_{分料} \qquad (10-2)$$

3. 资源拆解成本

资源经过分类处理后部分进入拆解过程，拆解主要是指机械设备设施、交通工具、电子产品、制造加工机械等，拆解需要专用工具及具备专业知识的劳动力，拆解产业成本主包括：从事资源拆解工作人员薪资（$C_{拆薪}$）；资源拆解设备及固定资产的设施折旧费（$C_{拆折}$）；资源拆解技术的研发以及技术使用费（$C_{拆技}$）；资源拆解过程中需要的原材料以及辅助材料费用（$C_{拆料}$）；资源拆解过程中耗费的水、电等辅助材料费用（$C_{拆辅}$）；维系资源拆解环节运营发生管理费（$C_{拆管}$）；财务费用（$C_{拆财}$）；废弃物、污染物处理费（$C_{拆污}$），主要指一些无法利用的资源排放前的处理费及征收的排放费；以及在此环节发生的其他费用（$C_{拆其}$）。如果用$C_{拆成}$表示资源拆解过程中的成本，那么拆解成本计算公式如下：

$$C_{拆成} = C_{拆薪} + C_{拆折} + C_{拆技} + C_{拆料} + C_{拆辅} + C_{拆管} + C_{拆财} + C_{拆污} + C_{拆其} \qquad (10-3)$$

4. 资源再生成本

资源经过分类处理后，部分资源丧失原来的功能，只能做二次资源利用；经过拆解后的资源也有部分资源不能够直接被利用，也只能做二次资源。这些丧失原来功能的资源要能够得到再次或多次利用必须经过资源再生产业进行加工处理，使其恢复物理、化学、机械等方面的性能，资源再生的成本主要有以下几方面组成：从事资源再生产业人员工资（$C_{再生薪}$）；资源再生环节使用的设施设备以及固定资产计提的折旧费用（$C_{再生折}$）；资源再生技术的研发或技术使用费（$C_{再生技}$）；资源再生环节使用的原材料以及低值易耗品的成本费用（$C_{再生料}$）；资源再生过程消耗的水、电等辅助材料的费用（$C_{再生辅}$）；维系资源再生环节发生的管理费用（$C_{再生管}$）、财务费用（$C_{再生财}$）；废弃物、污染物处理费（$C_{再生污}$），主要指一些无法利用的资源排放前的处理费及征收的排放费；以及在此环节发生的其他费用（$C_{再生其}$）。如果用$C_{再生成}$表示再生产业成本，那么再生产业成本公式如下：

$$C_{再生成} = C_{再生薪} + C_{再生折} + C_{再生技} + C_{再生料} + C_{再生辅} + C_{再生管} + C_{再生财} + C_{再生污} + C_{再生其}$$
$$(10-4)$$

5. 资源再造成本

资源经过分类或拆解后，部分资源虽然不能直接被利用，但经过修复后其原来的功能能够得到恢复，能够继续在原来领域使用。资源要恢复功能就必须经过再造产业，再造产业的成本主要有以下几方面组成：从事资源再造产业人员工资（$C_{再造薪}$）；资源再造环节使用的设施设备以及固定资产计提的折旧费用（$C_{再造折}$）；资源再造技术的研发或技术使用费（$C_{再造技}$）；资源再造环节使用的原材料以及低值易耗品的成本费用（$C_{再造料}$）；资源再造过程消耗的水、电等辅助材料的费用（$C_{再造辅}$）；维系资源再造环节发生的管理费用（$C_{再造管}$）、财务费用（$C_{再造财}$）；废弃物、污染物处理费（$C_{再造污}$），主要指一些无法利用的资源排放前的处理费及征收的排放费；以及在此环节发生的其他费用（$C_{再造其}$）。如果用$C_{再造成}$表示再造产业成本，那么再造产业成本公式如下：

$$C_{再造成} = C_{再造薪} + C_{再造折} + C_{再造技} + C_{再造料} + C_{再造辅} + C_{再造管} + C_{再造财} + C_{再造污} + C_{再造其}$$
$$(10-5)$$

6. 资源再利用成本

资源经过再造或再生后成为能够直接利用的资源，经过再利用产业后就形成能够直接被利用的资源。这个过程分为两种类型：经过再造的资源主要用于维修或组装新产品；经过再生的资源主要用于制造新的产品。虽然两者之间有区别，但为了分析问题方便起见，忽略它们之间差异，因此，再利用成本主要包括如下几方面：从事资源再利用产业人员工资（$C_{再用薪}$）；资源再利用环节使用的设施设备以及固定资产计提的折旧费用（$C_{再用折}$）；资源再利用技术的研发或技术使用费（$C_{再用技}$）；资源再利用环节使用的原材料以及低值易耗品的成本费用（$C_{再用料}$）；资源再利用过程消耗的水、电等辅助材料的费用（$C_{再用辅}$）；维系资源再利用环节发生的管理费用（$C_{再用管}$）、财务费用（$C_{再用财}$）；废弃物、污染物处理费（$C_{再用污}$），主要指一些无法利用的资源排放前的处理费及征收的排放费；以及在此环节发生的其他费用（$C_{再用其}$）。如果用 $C_{再用成}$ 表示再利用产业成本，那么再利用产业成本公式如下：

$$C_{再用成} = C_{再用薪} + C_{再用折} + C_{再用技} + C_{再用料} + C_{再用辅} + C_{再用管} + C_{再用财} + C_{再用污} + C_{再用其}$$

$$(10-6)$$

通过前面分析可以看出，静脉产业中资源从回收到最终再次被利用发生的成本能够合并为以下几部分：资源回收费用（$C_{回费}$）；人员工资（$C_{薪}$）；设施设备折旧费（$C_{折}$）；固定资产折旧费（$C_{固}$）；场地使用费（$C_{场}$）；生产费用，主要指能耗、技术使用等方面费用（$C_{生}$）；废品及废料所发生的费用（$C_{废}$）；工商管理费（$C_{管}$）；财务费用（$C_{资}$）；资源损耗所发生的费用（$C_{耗}$）；废弃物、污染处理费（$C_{污}$）；税及其他（$C_{税}$）。如果用 $C_{成}$ 表示从资源回收到再利用的过程中发生的全部成本，那么资源成本公式如下：

$$C_{成} = C_{回费} + C_{薪} + C_{折} + C_{固} + C_{场} + C_{生} + C_{废} + C_{管} + C_{资} + C_{耗} + C_{污} + C_{税}$$
$$= C_{回成} + C_{分成} + C_{拆成} + C_{再生成} + C_{再造成} + C_{再用成}$$

$$(10-7)$$

7. 静脉产业成本组成与动脉产业成本组成的区别

从前述分析中可知，按照静脉产业所经过的环节可将其成本分成六个部分，即资源回收成本、资源分类处理成本、资源拆解成本、资源再生成本、资源再造成本、资源再利用成本。而动脉产业从资源开采起到生产出最终产品其成本一般由如下几部分组成：资源开采成本（$C_{开成}$），是指将资源开采出来或收获而发生的成本；资源处理加工成本（$C_{加成}$），是对资源进行洗选成型等加工以供相关产业使用而发生的成本；资源精加工成本（$C_{精成}$），是指将资源加工成能够直接供相关产业利用的原料而发生的成本，如金属被冶炼成各种毛坯、木材被加工成各种板材、石油被冶炼成各种成品油等；生产制造成本（$C_{制成}$），指利用精品资源生产出各种成品的过程；废弃物处理成本（$C_{处成}$），指没有静脉产业情况下对资源开采利用过程中所产生的废弃物、副产品及资源经过消费环节后的废弃物进行处理的成本。如果用（$C_{动成}$）代表动脉产业生产一件产品的成本，那么其计算公式如下：

$$C_{动成} = C_{开成} + C_{加成} + C_{精成} + C_{制成} + C_{处成}$$

$$(10-8)$$

第十章 静脉产业成本分析与控制

动脉产业的成本从属性上能够分成人员工资（$C_{薪}$）；设施设备折旧费（$C_{折}$）；固定资产折旧费（$C_{固}$）；生产费用，主要指能耗、技术使用等方面费用（$C_{生}$）；废品及废料所发生的费用（$C_{废}$）；工商管理费（$C_{管}$）；财务费用（$C_{资}$）；资源损耗所发生的费用（$C_{耗}$）；废弃物、污染处理费（$C_{污}$）；税及其他（$C_{税}$）等，其公式为：

$$C_{动成} = C_{薪} + C_{折} + C_{固} + C_{生} + C_{废} + C_{耗} + C_{管} + C_{资} + C_{污} + C_{税} \qquad (10-9)$$

对静脉产业与动脉产业公式进行比较，可得出静脉产业的成本项目比动脉产业成本项目多，而且它们中每一项的内涵不同，从实际发生成本的角度，动脉产业成本项中的资源开采成本、资源处理加工成本、资源精加工成本要比静脉产业中资源回收成本、资源分类处理、资源拆解、资源再生等四项成本之和高出很多。因此，动脉产业中大量的成本耗费在资源开采、资源加工处理、资源精加工方面。动脉产业中制造过程成本比静脉产业资源再造成本高很多，有的甚至高出几十倍。动脉产业与静脉产业由于生产工艺不同，因此在能源耗费上也有巨大差别，静脉产业能耗量远远低于动脉产业的能耗量，从资源利用的角度分析，动脉产业制造是在一无所有的基础上从零开始进行，就是从初级原料或毛坯开始，这个过程中产生大量的下脚料、边角料，需要重新加工利用，而静脉产业是在已有产品的基础上进行，一般情况下生产过程中基本不产生下脚料、边角料的问题，资源利用率高，浪费小。因此，从资源利用的角度，静脉产业比动脉产业要好，资源利用效率较高。

从生态效益的角度分析动脉产业活动直接从自然界中获取资源，无论是开采自然界中生成的资源还是人类种植养殖的资源，都会对生态环境造成影响，或者讲使用了生态环境资源，动脉产业活动中（如果没有静脉产业的辅助活动）要产生大量的废弃物、副产品，这些物质要排放到自然界中，尤其是污染性的资源，又要占用生态环境资源，对生态环境造成影响。静脉产业活动主要是对已经利用过的并已经退出生产或消费领域的资源实施再开发利用，如开发利用废弃物、副产品，实行资源循环利用，不仅能够提高资源利用效率，而且也能够较少直接排放对生态环境产生的影响。因此，从生态效益的角度，静脉产业比动脉产业节约成本。当前对经济活动使用生态环境的成本没有计算衡量的方法，但可以以政府征收的资源开采费用及排污费用来进行计算衡量，如果假设 $C_{开费}$ 表示征收的资源开采使用费，这部分费用政府根据资源稀缺程度及在经济社会中发挥的作用进行调整，一般情况下随着时间的推移、社会发展这方面的费用将越来越高；$C_{排费}$ 表示征收的排污费用，这方面的费用随着时间的推移也将越来越高；$C_{治费}$ 表示治理污染物的费用，包括场地费、设备设施费、薪金、能耗、处理用的药剂费等；如果用 $C_{动环}$ 表示动脉产业利用生态环境的成本，那么计算公式为：

$$C_{动环} = C_{开费} + C_{排费} + C_{治费} \qquad (10-10)$$

静脉产业活动也使用生态环境，但由于其主要作用是通过对废弃物、副产品等再利用活动，能够减轻对生态环境的破坏，因此，将静脉产业的生态成本忽略不计。这是动脉产业比静脉产业多耗费的成本。动脉产业耗费资源，引起生态环境的恶化，也将引起许多社会问题，而静脉产业能够维护生态环境的发展，增加就业岗位有利于社会的稳定，但这方面成本无法进行衡量，因此，不考虑它的影响。

（二）环境成本构成分析

企业实施静脉产业发展战略、进行清洁生产，企业成本伴随着企业生产经营管理活动而产生。然而，企业实施静脉产业发展模式是一项可持续发展的模式，具有很强的环境效益和社会效益，清洁生产的实施必将带来环境成本的投入。这里的"环境成本"是一个广义成本，环境成本一旦产生便渗透到供、产、销各个生产经营环节，很难将其对象化。因此，企业实施静脉产业发展模式、进行清洁生产所发生的与环境保护相关的所有成本及费用统称为环境成本。以下将对静脉产业发展模式下企业的环境成本进行分析。

静脉产业发展模式下企业的环境成本伴随着企业生产经营管理活动而产生。企业的环境成本是指为防止、控制、回避环境负荷的发生，消除对环境的负面影响，恢复环境生态平衡的成本，包括投资额及费用两部分，是可以用货币单位计量的环境核算要素。投资额是指在一定会计期间以环境保护为目的的环境资产支出额。环境资产是指财务会计中那些用于环境经营活动，其价值在使用期限内不断耗损形成费用的资产。费用是指以环境保护为目的，由于产品、服务经营消费而发生的财务会计上的费用以及损失。因此，静脉产业模式下的企业环境成本主要包括资源耗减占用成本、环境破坏成本、环境保护与防治成本、环境恢复和治理成本、替代与转移成本以及环境管理和教育成本。

（1）资源耗减占用成本。资源耗减占用成本是一种补偿成本与机会成本相统一的环境成本。它指由于企业的经济活动对自然资源进行开发利用，使自然资源的储量逐渐减少，减少的资源价值即为自然资源耗减成本。资源是有价值的，人类社会经济活动使用和消耗自然资源必须支付成本，即付出代价，其数额应大于或等于资源自身的价值。对于企业来讲，环境资源不仅是组织生产活动的潜在基础，而且是一种生产要素，因此生产活动的开展是以资源的减少和生态环境系统的结构发生变化为前提的。因企业生产耗减、占用资源导致生态环境系统状态发生变化和他人失去利用资源与环境的许多机会，而必须由企业进行补偿的价值即资源耗减占用成本。

矿产资源权益是指矿产资源同体结合所附着的权利和要求，这种权益和要求在经济上得到体现，就形成矿产资源的权益价值。我国的全部地质勘探活动都要作为国家地质事业活动来对待。国家依靠对矿山的所有权要求矿产开采企业缴纳采矿权价款、探矿权价款以及相关使用费用等。

我国资源税费的理论基础是马克思的地租理论，矿产资源在法律上归国家所有，这种法定的所有权在经济上实现的形式是"矿山地租"。国家作为矿产资源的所有者，拥有对矿产资源开发利用的绝对地租和级差地租，对于部分特殊的矿产资源，国家还拥有垄断地租。因此，矿产资源开采者为了取得资源的开采权必须向国家支付租金，矿产资源的绝对地租是矿产资源所有者向开采矿产资源的企业收取的区域收益，在实际工作中表现为使用费；不同矿藏资源的产品和矿藏条件差异导致了矿产资源价值上的差异形成矿产资源的级差地租，在现实中则表现为资源级差费。

因此，基于矿产资源产权理论和税费理论产生的资源耗减占用成本主要包括资源税 $C_{税}$、资产收益 $C_{收益}$ 以及行政事业收费 $C_{行政}$ 三部分，如图 10-2 所示。

$$C_{资源} = C_{税} + C_{收益} + C_{行政} \qquad\qquad (10-11)$$

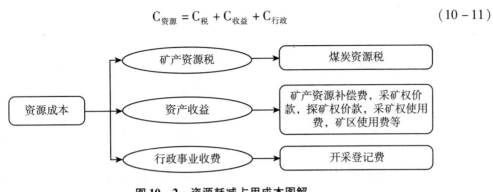

图 10 - 2　资源耗减占用成本图解

（2）环境破坏成本。生态环境是人类生存和发展基础与保障，生态资源的价值由其自身的使用价值来决定。生态环境的使用价值是自然环境要素对生物生存的基础价值，不以人的意志为转移。自然资源具有供人类直接利用、消耗的价值，其大小由资源的有用性及稀缺性所决定。由于自然资源的生成条件各不相同，客观上也就造成了资源价值量的差别。因此，质量高、对人类有用性强的自然资源往往生成条件较高，需要漫长的地质年代，因而其生成成本就高；质量差的自然资源相反。在市场经济条件下，资源的稀缺程度决定着其价格，因此日益稀缺的资源就会越来越珍贵。损耗、损坏这种资源需要承担的环境成本自然也就提高。

生产活动不仅占用和消耗资源，还会引起其他生态环境资源的破坏，如伴生资源（铜、铁、硫等）、水资源、土地资源等的破坏，同时，由于开采，导致地面塌陷，耕地消失，农业产生损失；开采过程中不可避免地产生大量固体废弃物——矸石，不仅压占大量土地，而且在一定条件下会发生自燃，排放出二氧化硫、氮氧化物、碳氧化物和烟尘等有害气体，影响居民的身体健康；开采、洗选过程中产生的污水排放到周边地区，也对环境造成了污染；等等；这些都是环境破坏成本。因此环境破坏成本主要包括对水资源破坏成本 $C_{水破}$、土地资源破坏成本 $C_{土破}$ 以及空气资源破坏成本 $C_{空破}$。

$$C_{破坏} = C_{水破} + C_{土破} + C_{空破} \qquad\qquad (10-12)$$

（3）环境保护与污染预防成本。为了将资源开发对生态环境资源的损害降低到最小，避免环境污染和环境事故所造成的损害，减少因此而发生的成本就是环境保护与污染预防成本。开采能耗高，对地表、空气、水等资源影响损害越来越大。静脉产业可以起到保护环境与预防污染的作用，因此环境保护成本与污染预防成本，是静脉产业模式下的主要环境成本构成。环境保护与污染预防成本是指保护和预防生态环境资源不受损害，避免环境污染和环境事故所发生的成本费用，属于企业的主动支出。企业为了实施静脉产业模式，提高资源利用效率，降低环境污染和生态环境资源破坏的程度，就需要投入一定的人力、物力和财力，这就会产生环境保护与污染预防成本。

因此，环境保护与污染防治成本主要包括直接人工成本，$C_{保人}$ 主要包括从事环境保护与污染防治人员的薪酬与奖金、新技术科研与技术使用费成本 $C_{保技}$、环境保护与污染防治的

设备折旧成本 $C_{保折}$ 及其他费用 $C_{保其}$。

$$C_保 = C_{保人} + C_{保技} + C_{保折} + C_{保其} \qquad (10-13)$$

（4）环境恢复和治理成本。为了保障可持续发展，对被污染、破坏的生态环境资源进行恢复和治理是必须的，因此也就会发生恢复和治理成本。环境恢复和治理成本是指在静脉产业模式下，为恢复和治理被污染、破坏的生态环境资源而发生的成本费用，就是环境恢复和治理成本。主要包括：处理废水、矸石等废弃物产生的成本；净化空气、水源产生的成本；处理地表塌陷、河流改道、山体滑坡产生的成本等。

因此，环境恢复与治理成本主要包括直接人工成本，$C_{复人}$ 主要包括从事环境恢复和治理工作人员的薪酬与奖金、污染现场的清理与保洁费用 $C_{复洁}$、环境恢复技术的研发与技术使用费用 $C_{复技}$、地面塌陷赔偿及矿山占用土地复垦复田支出 $C_{复地}$、管理费用 $C_{复管}$ 等。

$$C_复 = C_{复人} + C_{复技} + C_{复洁} + C_{保管} + C_{复地} \qquad (10-14)$$

（5）环境改善成本。环境改善成本，是指在静脉产业模式下为了改善和美化环境，需要进行植树、绿化以及构筑各类景观设施；为了改善工作环境，采取措施隔离噪声，降低粉尘等，这部分成本费用，称为环境改善成本。

因此，环境改善成本主要包括环境改善工人人工成本支出 $C_{善人}$、进行绿化或噪声隔离的材料费用支出 $C_{善料}$、改善环境所需设备的折旧费用 $C_{善折}$、改善环境的研发或技术使用费支出 $C_{善技}$ 以及其他费用 $C_{善管}$ 等。

$$C_善 = C_{善人} + C_{善技} + C_{善料} + C_{善折} + C_{善其} \qquad (10-15)$$

（6）替代与转产成本。替代与转产成本是指在静脉产业模式下，企业为寻找和研制代替资源的新资源，以及因资源枯竭进行停产、转产而应予以补偿的价值。世界各国都在投入大量的资金研究利用核能、太阳能、地热、新的元素、矿物成分及各种替代物等，这种投入即不可再生资源的替代成本。另外，由于资源枯竭需要停产和转产，对此也需要进行补偿和投入，构成了替代与转产成本的另一部分。

因此，替代与转产成本主要包括研究新能源的人工成本支出 $C_{替人}$、原材料支出 $C_{替料}$、技术研发或技术使用费 $C_{替技}$ 及其他费用 $C_{替管}$ 等。

$$C_替 = C_{替人} + C_{替技} + C_{替料} + C_{善其} \qquad (10-16)$$

（7）环境管理和教育成本。环境管理和教育成本，是指企业在从事环境保护的管理活动中所发生的成本。具体包括：对企业职工进行环境教育、培训的成本 $C_{教育}$；企业环境管理机构的建立、运作及体系认证的成本 $C_{管理}$；环境负荷监测、记录的成本 $C_{监测}$；企业生产经营的各个阶段，为降低和控制环境负荷的研究开发和方案设计成本 $C_{研发}$。

$$C_管 = C_{教育} + C_{管理} + C_{监测} + C_{研发} \qquad (10-17)$$

静脉产业的实施，必定会增加企业的环境保护与防治成本、环境恢复和治理成本、替代与转产成本以及环境管理和教育成本，但是由于静脉产业下废弃资源的回收利用提高了资源的利用率，降低了资源的耗减占用成本，也降低了环境破坏成本。而同时给企业带来的环境效益和社会效益也是不容低估的。

三、静脉产业成本影响因素分析

由于企业所处的内外部环境始终处于阶段性变化状态，这种阶段性变化要求企业对各要素的数量、质量、能量等方面进行改革和创新，提高静脉产业成本的配置效率，使企业自身健康、快速和可持续发展。对于静脉产业成本，各成本构成因素对企业的整体成本以及静脉产业模式的发展得到了决定性的作用，因此本节重点分析对静脉产业各成本构成的成本影响因素，使企业更清楚了解对成本变动的影响因素，以便更有针对性地实现对静脉产业成本的控制。

（一）经济成本影响因素分析

静脉产业的经济成本主要是指静脉产业下六个主要环节的成本构成，从前面的分析可以看出静脉产业下经济成本主要包括人工成本、材料成本、折旧费用、技术成本、辅助成本、排污费用以及期间费用等。因此，影响静脉产业经济成本的因素可以概括为以下几个方面。

1. 自然因素

静脉产业的起始环节是废弃资源的回收，而整个产业的各个环节也都离不开资源，而资源取决于自然，因此自然因素影响着静脉产业成本。

（1）自然赋存条件。例如，矿井的自然赋存条件主要表现为煤层的厚薄、埋藏的深浅、倾角的大小、煤层的稳定程度等，这些因素决定了资源回收的机械化程度、开采方式和支护形式，因而在很大程度上影响劳动效率的发挥和材料、物资的利用率，进行影响着企业成本。

（2）回收资源的自然属性。资源再生、再造和再利用环节是根据回收资源的物理、化学属性恢复其使用价值，因此回收资源的自然属性就影响着静脉产业成本。

2. 技术因素

静脉产业的建立离不开先进的科学技术作为支撑和动力，因此技术因素影响着静脉产业的经济成本，主要表现在以下几个方面。

（1）资源再生利用技术。对于不可再生资源应尽可能提高其利用率，减少其耗量，延缓其消耗速度。对于可再生资源，应加快技术研发速度，实现资源的再生利用。资源再生利用技术是将废旧物资加工成新的资源的技术，主要包括将废旧物资变成可利用原材料的技术和利用再生原料生产某种产品的技术。因此资源再生技术将对资源再生环节的成本起到关键性的影响作用。

（2）设备设施再制造技术。设备设施再制造技术是以废旧机电产品实现性能跨越式提升为目标，以优质、高效、节能、节材、环保为准则，采用产业化生产手段，对废旧机电产品进行修复和改造的一系列技术。因此，如果设备设施再制造技术可以得到更好的发展，也可以降低静脉产业成本。

(3) 生物工程技术。通过建立生物银行，培养、生产、储存、销售大量的特种菌类，利用生物法一次去除多种污染物，通过研究生物性检测手段、活性污泥法工艺中污泥膨胀的原因与控制等技术手段，实现对垃圾和废水的发酵和净化处理，目前此项技术在资源再生利用产业中的作用和地位日益突出。生物工程技术的发展也将影响到静脉产业成本的发展。

(4) 生态环境建设技术。搞好生态环境建设是建立经济发展与自然和谐的机制的关键步骤。为此，需要提高环境污染治理技术，加强再生资源再生速度技术，使生态系统中各系统之间相互支持，相互转化，互为食物链，这是开展循环经济研究，推广循环经济实践的又一关键技术。

(5) 现代信息技术。通过建立国家再生资源管理信息系统和调控决策支持系统，可以准确及时地统计分析再生资源相关信息及其对产业发展的重要影响。通过计算机和自控技术可以提高资源再生利用的质量与效率。通过对金属材料、橡胶材料、废旧纸张、废旧塑料、废旧化纤等的再生设施和再生过程的自动监测、分析、计算、控制和管理，可以提高回收质量和回收率，降低能耗，避免新的污染。因此，现代信息技术的应用将会影响到静脉产业成本的变动。

3. 管理因素

管理因素综合表现为人、财、物等生产要素利用水平与静脉产业下经济成本之间的关系，其中最为突出的三个要素如下：

(1) 人工效率。管理水平越高，全员的工作效率也就越高，单位成本负担的人工费用就会降低；反之，则越高。

(2) 生产过程组织的合理性。静脉产业的各个环节是相互依存、相互影响的。因此，如果企业管理到位，能够较好地协调各环节的相互关系，就不会产生因为某一环节的落后而影响整体产业的生产效率，这样既提高了整体工作效率，也降低了单位成本；反之，各个环节相互拖延、影响生产则只会增加企业的成本。静脉产业生产过程组织的合理性对静脉产业成本影响主要表现在以下两个方面：第一，生产过程的连续性。生产过程的连续性是指劳动对象在生产过程中各阶段的运动自始至终地不断进行，很少发生或不发生中断现象。生产过程的连续性要求把静脉产业生产过程中的各个环节组织好、衔接好。一切不符合规律的程序以及不注意衔接，都会破坏整个产业生产过程的连续性。提高静脉产业生产的连续性，可以缩短静脉产业的生产周期、提高生产能力及设备的利用率，从而影响着成本。第二，生产过程的均衡性。静脉产业下的均衡性是指到废弃资源回收开始，到最后把废弃资源实现再利用的各个环节，各个工序都能够始终按照规定的节奏进行，也就是各个环节、各个工序在相同的时间间隔内，完成相等或稳定上升的产量。

(3) 废弃资源的循环利用率。能够最大限度地挖掘可以回收的废弃资源，可以以最多途径实现废弃资源的循环利用，即废弃资源的循环率，也将影响静脉产业下的经济成本。并非静脉产业在模式在得到应用的废弃资源就可以全部得到循环利用，只有在企业的管理水平到位、足够重视静脉产业发展的情况下，才可以保证废弃资源可以寻找到最大程度利用的途径，这样提高了企业的效益，也就控制了静脉产业的成本。

4. 社会因素

企业是社会经济系统中的一个子系统，因此，企业的静脉产业成本不仅受到矿井自身因素的影响，还会受到社会因素的影响和制约。社会因素对企业静脉产业成本的影响主要体现在政策因素上，主要包括产业政策、技术政策以及税费政策。

（1）产业政策。产业政策是指一个国家或地区为实现某一特定时期的经济发展目标而制定的发展或限制产业的目的以及保障实现这些目标的各项政策。静脉产业政策的核心是将各个产业的资源消耗和环境影响作为确定产业发展优先顺序的重要参考，鼓励资源节约型和对环境无害或有益的产业的发展，同时限制能耗高、污染严重产业的发展，取消对资源密集产业的扶持和保护，将环保产业列入优先发展的产业领域。因此，发展静脉产业会得到国家政策的扶持而降低投入成本。

（2）技术政策。静脉产业的建立离不开先进使用的科学技术作为支撑和动力，因而国家的技术政策可以帮助企业发展资源综合利用技术的研发，降低企业的静脉产业成本投入。

（3）税费政策。税费是静脉产业经济成本的重要构成部分，因此国家的税费政策也影响了静脉产业成本。

（二）环境成本影响因素分析

静脉产业模式下的环境成本主要包括资源耗减占用成本、环境破坏成本、环境保护与防治成本、环境恢复和治理成本、替代与转产成本以及环境管理和教育成本。而企业的环境成本与经济成本的影响因素有相同之处也有不同之处，其主要受到来自社会、经济、历史、环境等因素的综合影响。其影响因素主要可以概括为以下几个方面：

1. 经济发展水平对环境成本的影响

经济发展水平对环境成本的影响主要表现在两个基本方面：从经济的发展规模来看，经济发展规模越大，在资源是主要能源的情况下，资源的消耗量也就越多，因此造成的环境污染程度也就越高，环境恢复、治理以及改善的支出就越高，支出的环境成本就越大。从经济的发达程度来看，经济越发达，人们对环境质量的要求也就会越高，社会对生产活动产生的环境影响的约束也就越来越多，保护环境的法律相应也就越来越完善，这就决定了对资源的开采也将受到更多的限制，无论从社会还是从企业来看，对环境的投入越大，成本也就越高。静脉产业的发展也是顺应现在社会对环境要求越来越高的趋势而产生的。

因此，随着经济发展水平的不断提高，环境成本也不断上升。但当经济发达到一定程度，随着社会综合国力的增强，企业和国家也将越来越多的承担起环境保护和改善的责任，也是环境成本区域慢慢下降的变化趋势，环境成本随着社会经济发展水平变化的趋势如图 10 - 3 所示。

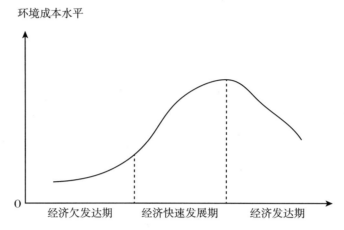

环境成本水平

0

| 经济欠发达期 | 经济快速发展期 | 经济发达期 |

图 10 - 3　社会经济发展水平对环境成本的影响图示

2. 科学技术进步对环境成本的影响

科学技术的发展对环境成本的影响也表现为两个方面：一方面，科学技术的发展在给社会经济发展带来巨大推动力，推动社会经济飞速发展的同时，也会带来日益严重和复杂的环境问题，产生的环境污染和环境破坏越来越严重形成的污染和破坏越来越难以消除和恢复，清楚污染和恢复环境质量的投入也就越来越大，致使社会环境成本越来越大；另一方面，随着科学技术的发展，节能技术、清洁生产技术、资源再造技术、资源再利用技术等不断出现，也导致了社会环境成本的降低。

四、静脉成本构成之间的关系

经济成本和环境成本构成了静脉产业成本的两个主要部分，各自成本的影响因素我们在前面已经分析过了，而两者之间也存在着相互影响关系。

首先，经济成本受到环境成本的影响。静脉产业产生的主要原因是环境污染、资源浪费增加了企业的环境成本，而静脉产业的产生才有了静脉产业的经济成本部分。静脉产业的资源回收、资源分类、资源分解、资源再生、再造、再利用等环节的成本是受企业环境情况影响的。在企业的环境成本较高、污染较严重、废弃资源堆积较多的情况下，静脉产业各环节所需要支付的成本就会上升。

其次，环境成本会因经济成本的发生而降低。静脉产业的建立重新利用了废弃资源、降低了的环境污染程度，也就降低了的环境成本。

因此，两者之间是相互影响的，经济成本的增加会降低企业的环境成本，而企业的环境成本恶化也会导致经济成本的增加。

第二节　静脉产业成本控制

在对静脉产业成本构成进行分析之后，本节我们对静脉产业成本进行控制，在分析静脉产业成本控制原则的基础上，构建了静脉产业成本的控制模型以及相应成本控制制度的建立。

一、静脉产业成本控制原则

静脉产业成本控制应当把握以下几个原则：

1. 经济性原则

任何系统的控制都应该遵循经济型原则，即用最少的投入来获得最大的收益。经济性原则应当贯穿在静脉产业成本控制始终，不仅是企业追求的目标，也应该是评价静脉产业成本控制有效性的重要标准。

2. 共赢原则

共赢原则是指在制定协调相关利益各方关系的方案时，必须使双方都获利，而不是牺牲一方的利益去保障另一方的利益。一方面，在处理环境与经济利益相冲突时，必须在能够保证环境效益的前提下去追求经济效益；另一方面，企业环境管理过程中，往往处理多方面的关系，既包括关联企业也包括政府部门，而此时，环境问题不是企业所能单独解决的。因此，在处理企业发展与环境保护，以及环境保护各方面之间的控制问题时，要保障遵守共赢原则。

3. 社会利益为主的原则

企业在生产过程中所造成的生态问题，给人类社会的持续发展带来很多问题，因此，控制静脉产业成本需要更多维护社会利益，当企业利益和社会利益相冲突时，要服从社会利益，以社会利益为主要原则。

二、静脉产业成本控制模型

在进行建模的过程中有以下三种过程变量：

（1）被控变量 CV：控制的目标或约束条件，一般为过程的可测量变量或间接测量变量。

（2）操作变量 MV：是控制的调节手段，一般为人为的设定值。

（3）干扰变量 DV：是一些可测的、对系统输出有影响的但不能控制或不便于控制的

静脉产业

变量。

在建立模型的过程中，主要从以下三个方面进行的：

（1）确定控制过程中相关的 CV、MV 和 DV，也就是静脉产业成本构成，对成本大小有影响的因素等。

（2）确定系统的控制变量的变化模型，这是本节所要重点解决的问题，根据成本的分类以及影响因素建立静脉产业下各子产业的成本模型。

（3）制定控制目标即模型预测控制预期达到的目的，这就涉及成本控制优化问题。对企业的成本管理来说，就是确定静脉产业下各个子产业的成本目标值，一般是最小值，并根据最小值对影响成本的因素进行控制。

在模型预测控制技术的应用中，模型的建立通常采用分析法和实验法两种方法。两种方法各有优缺点，目前比较好的方式是两者结合取长补短。通过机理分析，合理确定控制对象的变量，得出数学模型的函数形式，对其中的部分参数通过实测得到。

在本书中我们采用分析法建模，首先将确定输出变量和输入变量（包括受控变量和干扰变量）。

（一）建立成本控制模型

在静脉产业模式下，必须考虑其产业链下回收、分解处理、拆解、再制造、再生、配送以及再利用各子产业的成本，既使资源得到合理利用，为企业带来经济与环境效益，又能降低企业静脉产业成本。

设定 $C = [C_1, C_2, \Lambda C_n]^T$ 为静脉产业链中各产业成本，作为输出量；$U = [u_1, u_2, \Lambda u_m]^T$ 为影响成本的各种因素，包括操作因素和干扰因素，作为输入量。

本节参照经济学对成本的分类方法，结合静脉产业理论和前述对静脉产业成本的分析，把静脉产业模式下成本分为如下几种类型：

（1）C_1 材料成本。主要包括废弃原料、辅助材料、备品备件、外购半成品、包装物以及专用工具的成本。废弃原料主要是对回收的废弃资源，辅助材料、备品备件等主要是应用于再生、再造环节添加的其他辅料的成本。

（2）C_2 人工成本。是指企业为获得职工提供的服务而给予职工的各种形式的报酬，包括职工在职期间和离职后提供的全部货币性薪酬和非货币性福利。主要包括职工工资、奖金、津贴和补贴；职工福利费；职工医疗保险费、养老保险费、失业保险费、工伤保险费和生育保险费等社会保险费；住房公积金；工会经费和职工教育经费；非货币性福利；其他薪酬成本等。

（3）C_3 折旧费用。固定资产在使用过程中会不断发生磨损或损耗，其损耗价值要逐渐转移到成本费用中去，以便从收入中得到补偿。主要是指在静脉产业各环节中使用的设备以及固定资产所需计提的折旧费用。

（4）C_4 技术成本。在静脉产业的资源拆解、资源再生、资源再造等环节中，都会有新技术的应用，因此也就相应地需要有支付技术使用费、员工技能培训费等成本的发生。

（5）C_5 仓储成本。回收的废弃资源、再生、再造产生的可循环利用资源都需要占用较

304

大的场地，因此发生的仓储成本主要包括场地使用费、装卸费用、货物包装材料费用和管理费用等。

（6）C_6 废弃资源处置成本。主要包括经过拆解、再生之后残留的无使用价值的残留资源的处置成本以及缴纳的排污费等。

（7）C_7 环境成本。资源耗减占用成本、环境破坏成本、环境保护与防治成本、环境恢复和治理成本、替代与转产成本以及环境管理和教育成本。

（8）C_8 期间费用。主要包括期间的管理费用、财务费用以及税金等。

（9）C_9 间接成本。除上述成本以外，所有和生产过程有关的成本。

从静脉产业的整个链条来看，对各个成本有影响的因素（即输入变量）主要有废弃品回收价格 U_1、设备折旧 U_2、直接人工成本 U_3、原料消耗 U_4、燃料消耗 U_5、动力消耗 U_6、技术费用 U_7、废弃物品处置成本 U_8、环境保护费用 U_9。

（二）成本控制模型

根据控制理论，将静脉产业成本和成本影响因素列成下面的输入、输出关系：

$$C = [F] \cdot U \qquad (10-18)$$

其中，$[F]$ 为反映各成本与影响因素间的关系，它可能是一种非线性关系。总成本可以写为：

$$C_{总} = \sum_{i=1}^{n=8} C_i = I \cdot Y \qquad (10-19)$$

其中，I 为单位阵。为了控制静脉产业的成本，仅仅要求 C 最小有时并不现实，而只能针对总成本中的某些重要的部分进行组合，寻求最优。因此，建立下面的寻优控制模型：

$$P = \sum_{i=1}^{n=8} \alpha_i \left(\frac{c_i - \beta_i}{\sigma_i} \right) \mu_i = [T] \cdot Y \qquad (10-20)$$

其中，α_i 为成本重要性系数，β_i 为参考值，σ_i 为无量纲化参考量，μ_i 为指数，$[T]$ 为转换关系。

输出变量 C_i 与输入变量 U_i 的对应关系分析，如表 10-1 所示。

表 10-1　　　　　　　　静脉产业成本与各输入变量的对应关系

	C_1	C_2	C_3	C_4	C_5	C_6	C_7
U_1	f (U_1, C_1)						
U_2		f (U_2, C_2)	f (U_2, C_3)				
U_3			f (U_3, C_3)	f (U_3, C_4)			
U_4					f (U_4, C_5)		
U_5					f (U_5, C_5)		

静脉产业

	C_1	C_2	C_3	C_4	C_5	C_6	C_7
U_6					$f(U_6, C_5)$		
U_7						$f(U_7, C_6)$	
U_8							$f(U_8, C_7)$

下面根据企业的实际情况从技术角度上建立各个成本的计算模型，以帮助企业对静脉产业成本进行量化管理。

（1）材料成本 C_1。在静脉产业中，企业所需要的原材料主要是指废弃资源以及在资源再生产过程中需要加入的新材料。

（2）人工成本 C_2。人工成本包括两部分：直接人工成本和间接人工成本。直接人工成本是按照标准工时计算的成本，间接人工成本指人员的福利费用等其他部分。本节计算人工费用时，要把直接人工成本转换为包含生产工人的全部工资，转换时按照下面的分配率 Y 进行转换。

$$Y = \frac{\sum S_0}{\sum f \times t_i} \quad (10-21)$$

其中，S_0 为生产工人工资总额；f 为单位时间人工成本；t_i 为第 i 道作业单元的标准工时因此，人工成本控制的方法主要是提高工人的工作效率。

（3）折旧费用 C_3。对于相关设备的折旧成本，企业内部有很多折旧方法，可以采取的折旧方法有：

① 工作量法：也可称为计件法，按照设备能提供的总工作量，平均分摊计算的折旧方法。其计算公式为：$C(t) = \frac{V_0 - V_1}{W_0} w$，其中，$V_0$ 代表设备的初始价值，V_1 代表设备的残余价值，W_0 代表设备预计使用年限内可完成的工作量，w 代表单位加工使用设备的工作量。

② 工作小时法：按照设备预计能使用的总时数，平均分摊计算折旧的方法。其计算公式为：$C(t) = \frac{V_0 - V_1}{T_0} t_0$，其中，$V_0$ 代表设备的初始价值，V_1 代表设备的残余价值，T_0 代表设备预计使用年限内可完成的工作小时数，t_0 代表单件产品加工使用设备的时间。

③ 年限总和法：根据设备折旧总额乘以递减分数来确定年度折旧额的一种方法。这种方法计算折旧的基数不变，而折旧率随使用年份逐年递减。

工作小时法和工作量法处理简单，适用于设备使用寿命周期内的工作能力变化不大的设备。

（4）技术成本 C_4。静脉产业模式的发展需要较多的技术支撑，如资源再生利用技术、设备实施再造技术、生物工程技术、生态环境建设技术以及现代信息技术等。技术成本的投入可以提高废弃资源的回收率，为静脉产业创造更高的效益，相应地也可以降低企业人工成本以及其他成本的投入。但是技术费用以及员工的新技术培训费用一般都较高，也相应地增加了企业的负担，因此企业应平衡技术成本的投入与技术成本带来的效益。如图 10-4 所示，最初技术成本的投入增加可以提高企业的生产效益，但是增长需要控制在有效范围内时，当技术成本超出 B 点范围内时，技术成本的增加会导致企业生产效益的降低。

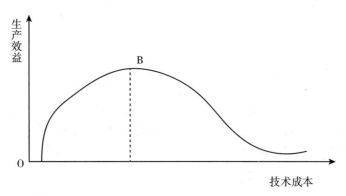

图 10-4　技术成本投入效益分析

$$C_4 = \mu_1 + \mu_2 \qquad\qquad (10-22)$$

其中，μ_1 是指企业的技术使用费；μ_2 是指对员工的技术培养费用。

（5）仓储成本 C_5。考虑静脉产业资源的仓储成本，主要考虑静脉资源的流动关系，并不是所有的静脉资源都有仓储成本，这主要与资源的利用途径相关。设定静脉资源只要存在仓储这一环节，便存在仓储成本，即初仓储成本；同时仓储成本随着储存时间加大部分。根据分析有：

$$\frac{dy_5}{dt} = d_0 \,(\text{常数}) \qquad\qquad (10-23)$$

对式（10-23）进行积分得，$C_5 = \begin{cases} S_0 + d_0 t_c & t_c > 0 \\ 0 & t_c = 0 \end{cases}$。

其中，t_c 为仓储时间；S_0 为初始仓储成本；d_0 为日常仓储成本。

可以建立静脉产业资源循环系统，加速资源的循环利用速度，减少仓储时间，降低仓储成本。例如，开采的副产品煤矸石可以不上井，直接在矿下进行相关工艺置换，既减少了矸石的运输成本也降低了仓储成本。

（6）废弃资源处置成本 C_6。国家《排污费征收使用管理条例》规定："依照大气污染防治法、海洋环境保护法规定，向大气、海洋排放污染物的，按照排放污染物的种类、数量缴纳排污费；依照水污染防治法的规定，向水体排放污染物的，按照排放污染物的种类、数量缴纳排污费；向水体排放污染物超过国家或其他地方规定的排放标准的，按照排放污染物的种类、数量加倍缴纳排污费；依照固体废物污染环境防治法的规定，没有建设工业固体废弃物贮存或者处置的设施、场所，或者工业固体废物贮存或者处置的设施、场所不符合环境保护标准的，按照排放污染物的种类、数量缴纳排污费；以填埋方式处置危险废弃物不符合

静脉产业

国家有关规定的，按照排放污染物的种类、数量缴纳危险废物排污费。"

（7）环境成本 C_7。静脉产业是从节约资源、保护环境角度出发的新产业，因此环境成本对静脉产业成本产生着较大的影响。静脉产业一方面减少了对废弃资源的排放，降低了企业资源耗减占用成本与环境破坏成本；另一方面，静脉产业模式的实施也增加了企业环境保护与污染预防成本、环境恢复和治理成本以及环境改善成本。

$$C_7 = \delta_1 + \delta_2 + \delta_3 - \delta_4 - \delta_5 \qquad (10-24)$$

其中，δ_1 为静脉产业模式下增加的环境保护与污染防治成本；δ_2 为静脉产业模式下增加的环境恢复和治理成本；δ_3 为静脉产业模式下增加的环境改善成本；δ_4 为静脉产业模式下减少的资源耗减成本；δ_5 为静脉产业模式下减少的环境破坏成本。

对于环境成本内部增减情况来分析，也存在两者的合理区间，经过控制可以实现企业中环境成本最低，如图 10-5 所示。

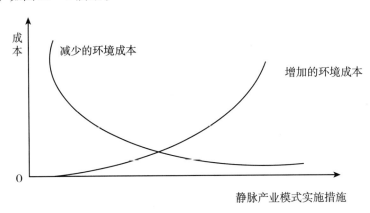

图 10-5　环境成本变化趋势

（8）期间成本 C_8。期间成本主要包括维系静脉产业运营所发生的管理费用以及财务费用。期间成本可分为可控成本与不可控成本，对于期间成本的控制应当主要集中与对可控成本的控制。如管理费用中的修理费、办公费、通讯费、印刷费、报刊费、咨询审计费、诉讼费、排污费、水费、取暖费、租赁费、差旅费、业务招待费、团体会费、保险费、警卫费、土地使用费、绿化费、环保费等。

（9）间接成本 C_9。企业在静脉产业生产过程中产生的、支持生产正常进行的各种成本。主要包括各种非生产性支出、企业管理人员的工资、各种辅助原材料成本、辅助人工成本等。这些成本不直接与产品的生产相关，然而生产又不可缺少。因此，这里把其单独列入一项，作如下处理：

$$C_9 = f_e + f_m \varphi T \qquad (10-25)$$

其中，f_e 为跟静脉产业生产相关的费用；f_m 为单位时间日常管理费用；φ 为单位产品生产占这段时间内总工作量的比重；T 为单位产品的生产周期。

三、静脉产业成本控制政策建议

因此，控制静脉产业成本需要在理顺国家相关政策的基础上，加强企业的内部控制，通过健全、有效的静脉产业生产模式，加强静脉产业的成本控制制度，才能保证静脉产业的顺利实施。在建立起静脉产业成本要素构成体系，完善成本核算方法的前提下，成本控制的重点应该是有针对性、有效的成本控制机制，形成全过程、全员参与、全方位的成本控制体系。

（一）完善静脉产业成本控制制度，加强静脉产业经济成本管理

静脉产业的经济成本构成部分是静脉产业成本的主要部分，也是最需要控制的成本。因此需要完善静脉产业成本控制制度，加强静脉产业经济成本管理。

1. 分析经济成本构成中的成本控制点，进行成本控制

合理对成本费用进行分类，根据行业特点对成本进行形态分析，将全部成本费用分为可控成本费用及不可控成本费用两大类，寻找成本控制点进行成本控制。

根据前面对静脉产业经济成本构成分析，不可控成本费用主要包括：

（1）制造类费用：职工薪酬及附加、折旧费、取暖费、燃料动力费、资产资源使用费等；（2）管理类费用：职工薪酬及附加、折旧费、技术开发费、无形资产摊销费、长期待摊费用、取暖费、燃料动力费等。

可控成本费用主要包括：

（1）生产成本：材料费、电费、水费等；（2）制造类费用：办公费、水费、电费、差旅费、会议费、运输费、劳务费、治安费、装卸费、供暖费、租赁费、排污费、劳动保护费、防暑降温费、施工折旧修理费、保险费等；（3）管理类费用：修理费、办公费、通讯费、印刷费、报刊费、咨询审计费、诉讼费、排污费、水费、取暖费、租赁费、差旅费、业务招待费、团体会费、保险费、警卫费、土地使用费、绿化费、环保费等。

2. 加强项目投资管理，确保基建支出最低和质量最优

静脉产业的建立与发展是一个周期较长、投资规模相对较大的投资项目，因此要降低静脉产业成本必须要严格控制基本建设支出，降低静脉产业成本。要控制好静脉产业的基本建设成本，必须做好以下工作。

在投资阶段要审慎决策。做好新投资项目的可行性研究，重视拟建项目的技术评价和风险成本的分析工作。为了取得新项目的最佳经济效果，对项目的先进性和经济合理性进行全面系统的分析和科学论证，同时对项目建成后投产的经济效益、社会效益等进行科学预测和评价。根据项目评价结果，选定最佳建设方案等结论性意见，为项目决策提供可靠的依据。在进行市场研究后，实施全过程负责的工程造价管理终身责任制。

在设计和施工阶段要加强控制。建设工程的设计阶段是影响新建项目建设造价的最大因素，这一阶段影响工程造价的可能性占了 70% 左右；施工阶段影响工程造价的可能性占

30%。在设计阶段，要推行设计监督制度，从项目的可行性研究阶段参与进去，协助开发企业调研、考察、立项和论证，以便提出合理化建议。

3. 加强成本费用的全面预算

成本费用全面预算，是指对成本中心有关的成本费用支出的未来情况进行预期并进行控制的管理行为及制度安排，是促进各成本中心自我约束、自我发展的有效途径。

将每一个可控成本费用的预算定额分别分解到每一成本点，由各成本点逐一控制每一可控成本费用，根据各成本点的职能合理分配成本费用的预算定额。这种控制模式可以减少项目预算之间的转出。

（二）促进静脉产业模式的完善

我国静脉产业刚刚起步，属于新兴产业，还没有建立起完善的静脉产业发展模式，运行过程中还存在很多不合理的因素，对静脉产业的发展也会起到负面的影响，增加静脉产业成本的控制难度。因此，为了保障静脉产业的规范发展和顺利实施，应该促进静脉产业模式的快速完善。

1. 建立静脉产业的战略性规划

一直以来，静脉产业在我国的产业机构体系中的地位和作用没有得到应有的重视，因此很多企业也把企业的工作重心放在了发展资源开发、开采，没有将静脉产业作为实现经济与社会可持续发展的战略性的重要位置上，缺乏了对静脉产业发展的长久规划。企业加强对静脉产业的重视，动员全体职工积极参与配合静脉产业的发展，完善废弃资源的回收体系以及对废弃资源循环利用机制。

2. 强化监督，建立有效的监督与考核制度

为了保障静脉产业的顺利实施，必要的监督强化措施是必不可少的。构建静脉产业发展的监督管理体系，严格按照规章制度执行，加强废弃资源的再生利用管理，是保障机制发挥作用的一大保障。企业可以制定和完善静脉产业的部门条例和规章制度以及建立静脉产业运行的综合指导、协调、监督和专门监督管理相结合的监督管理制度。

（三）静脉产业成本控制的配套措施完善

为了保障静脉产业成本控制的顺利实施，除了上述涉及两方面保障措施，也应该加强企业的财务管理制度、财务人员管理制度以及加快财务信息化建设。

1. 完善静脉产业财务管理制度

一直以来，企业的财务管理制度指只针对的生产过程进行成本管理，并没有将静脉产业成本的管理纳入财务管理范围之内。因此，首先企业的财务管理制度应加进对静脉产业成本的管理规章制度，建立与其相符的成本管理制度；其次，应当保障静脉产业财务制度的顺利

实施。

2. 培养财务管理人才

新产业的发展、新制度的实施，就需要加强对会计人员的培训，使其了解静脉产业在发展的重要性，以及与生产相比其具有不同特点与会计处理需要注意的方面。

3. 加快财务信息化建设

伴随着对企业管理的新要求增加，企业的成本控制要素也应比以往更有改进，需增加数据的实时处理以及查询功能，实现企业集团在技术上实现全集团数据的统计和分析。因此，应加快企业财务信息化建设。

第三节　静脉产业成本优化

价值链成本管理就是企业在价值链管理的环境下，以价值链、作业成本管理等管理理论为指导，以价值链联盟的核心企业为中心，对价值链上中下游各环节的作业流程和成本进行管理和控制，整合价值链资源，以获取价值链长期竞争优势和价值链整体价值增值为目的的一种成本管理方法。

一、静脉产业横向价值链成本分析与优化

以矿区静脉产业为例，如图 10 - 6 所示，由于横向价值链各个子链之间是平行的，因此静脉产业的总成本等于单个子链的成本之和。如果要对静脉产业价值链成本分析与优化，只需要对从事单个子链的企业或部门进行成本分析与优化即可。

王延青也曾在他的博士论文中提出："企业外部价值链 + 企业内部价值链 = 产业价值链"。本书从内部价值链成本、行业价值链成本、竞争对手价值链成本三方面对静脉产业的企业成本进行分析与优化。

（一）静脉企业内部价值链成本分析与优化

对静脉产业内部价值链成本分析的目的是对发展静脉产业的企业内部价值链做深入分析，区分出价值链上的增值与非增值作业，消除不增值的作业，提高增值作业的价值增值程度，并确定企业的价值链的成本动因，找出它们的相互关系，从而针对性地降低价值链的成本。

1. 以作业成本法为基础的内部价值链分析

内部价值链成本分析涉及产业内企业的所有价值活动。这些价值活动则由不同的作业完成，由此可以看出静脉产业作业是构成价值链的基本单元，内部作业链也成为内部价值链的

静脉产业

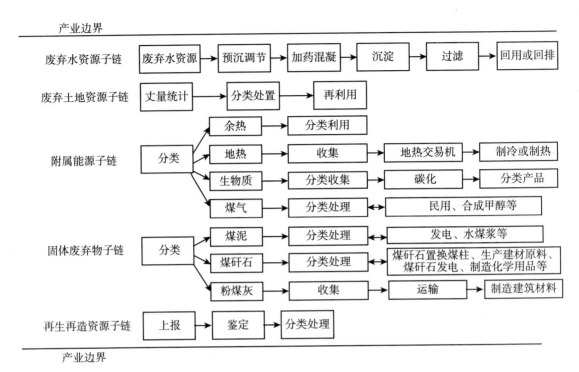

图 10-6　矿区静脉产业横向价值链流程

物资载体。所以内部价值链成本分析应以"作业"为中心,以作业成本法为主要方法进行分析。

（1）作业增值性分析。作业增值分析是根据能否为顾客增加价值,将作业划分成增值作业和非增值作业。增值作业是指能够最终产出增值价值的作业;非增值作业是指耗费了资源,却最终不能产出增值价值的作业。对于增值作业要尽量提高产出率,降低成本,对于非增值作业则尽量消除。

一般而言,可以依据以下条件来判断作业的增值性与非增值性。作业的功能是明确的;作业能直接或间接为最终产品或劳务提供价值;作业在企业的整个价值链中不能去掉、合并或被替代。只有同时满足以上三个条件者可以判定为增值作业,一个条件不满足者其则被判定为非增值作业。

在区域静脉产业中,增值作业一般包括资源的回收、分类、处理等各个生产加工作业,而企业中待工、搬运、调度、检验等都是非增值作业。当然,在具体实务中还可能遇到特殊情况,如某项作业能够为最终产品提供价值,但是其创造的价值低于成本,也就是增值作业无效益。虽然按照标准划分此项作业应该为增值作业,但根据实际情况应重新列为非增值作业;有些作业存在可替代作业以降低成本,在具体实务中这类作业可以单独划分出来,称为替代性增值作业。

对于增值作业企业应注意以下三点:一是由于资源的有限性,企业应把有限的资源运用到对企业价值链整体成本和竞争优势起关键性作用的增值作业上。二是考虑由增值作业向非增值作业转移的问题。例如，由于静脉企业改变生产流程，致使某些作业显得不再必要时，应该考虑将其从增值作业划分为非增值作业。三是单独考虑替代性作业，找出替代源，然后按照单位成本所创造的产品价值大小分析是否应该进行作业替代。

对于非增值性作业，企业同样应注意以下三点：第一，如果一项非增值性作业取消后，企业的生产经营不会产生质的影响，产品的价值量不会发生变化，企业应该予以消除。第二，有些作业可以从管理角度予以改善。第三，如果静脉企业中非增值作业比较多，而在现行生产流程中又不可避免，企业可以考虑通过改变生产经营方式，避开非增值作业，减少企业成本。

（2）作业效率分析。按前所述，对作业增值性进行分析，可以尽量提高企业的增值度，努力消除非增值作业。但是，在企业的增值作业中，不一定所有的增值作业完成效率都很高，因此，在对作业进行增值性分析后，还应对作业效率进行分析。作业效率的分析可以通过对比此作业的产出和消耗来进行。在对静脉企业作业效率分析时，可以将作业分成高效作业和低效作业两类。高效作业指产出较高，消耗较少的作业；反之，低效作业是产出较少，消耗较多的作业。对于低效作业，企业应找出低效原因，尽量减少此作业的消耗，提高其产出效率，从而达到降低单位产品成本，提高企业成本竞争优势的目标。

（3）作业效益分析。对于增值作业，企业不仅要进行作业效率分析，还要进行作业效益分析。作业效益分析是对增值作业所消耗资源的数量进行的分析。作业效益分析的具体方式是，对比单位作业与所消耗的资源数，消耗的资源数越多，此作业的效益越差，反之亦然。对增值作业效益分析的目的是通过计算其消耗资源的数量，分析消耗原因，找出降低资源消耗的办法，提高作业效益，最终减低企业产品的成本。

2. 成本动因的分析与控制

（1）成本动因的概念。成本动因是指引起企业成本发生的原因，它是决定了成本的构成。从价值链的角度来看，企业各种价值活动背后都隐藏着其独特的成本驱动因素，这些因素能解释价值活动的成本，而且每一个动因都有可能使企业占据独有的竞争优势。所以通过成本动因分析识别出导致企业价值活动的成本动因，然后比较各成本动因对成本的影响程度并有重点的加以控制，这样可以有效地优化企业成本，使企业获得独特而持久的竞争优势。

（2）成本动因的分类。将静脉产业的成本动因分为两个层面，战略层面和战术层面。战略层面包括结构性成本动因以及执行性成本动因，战术层面指作业性成本动因。如图10－7 所示。

结构性成本动因决定了企业的基础经济结构，它发生在生产开始前，通过合理安排企业的基础经济结构，决定企业的成本，并且影响企业的生产经营、产品质量、财务、人力等方面，最终形成企业的竞争优势。结构性成本动因的实质是确定企业的成本定位。

执行性成本动因是与作业程序的执行相关的成本驱动因素。执行性成本动因存在于结构性成本动因之后，它要求从成本管理的角度加强企业的全面质量管理、劳动力参与、工厂布局、生产能力利用的效率等方面，为成本管理目标的顺利实现提供效率方面的保证。执行性成本动因反映的是企业的业务及管理决策怎样有限地利用资源完成企业的战略目标。分析执

静脉产业

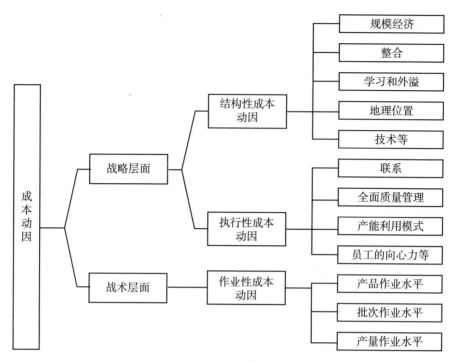

图 10 - 7　成本动因分类

行性成本动因的目的是提高企业的成本业绩。

作业性成本动因是指与企业具体生产作业有关的成本动因，它与企业的生产、管理等活动直接相关。静脉产业内部价值链上的作业活动依据作业性成本动因计入成本。

（3）成本动因的分析与控制。成本动因往往相互作用来决定一种价值活动的成本行为，各项价值活动中的成本动因相互影响会有较大区别。企业的成本地位不会由某一种单一的成本驱动因素决定。一般而言，战略成本动因对企业成本的影响更大，有数据表明，战略成本动因对企业成本影响的比重高达85%，而作业成本动因对成本影响的比重只占15%。

① 结构性成本动因。第一，规模经济是指当价值链活动扩大到一定规模时，支持活动所需的间接费用或基础设施的增长低于价值活动扩大的比例，由此而降低企业的单位生产成本。与此相反，企业规模的扩大有时也会带来负效应，这便是规模不经济。静脉企业价值活动的成本往往受到规模经济或规模不经济的影响。因此，企业应选择合适且敏感性最强的规模经济形势来对规模经济进行控制。第二，整合降低企业成本，将业务向两端延伸。在一定范围内加强整合可以达到增加企业效益，降低成本，为企业带来竞争优势的目的。如果企业的整合程度过高，容易导致企业灵活程度和组织的弹性降低，或者自制零件成本高于外购。这时，企业应解除整合。因此，企业应根据具体情况选择整合或解除，充分利用自身优势，达到降低成本的目标。第三，通过学习，可以使静脉产业的价值活动由于提高效率，降低成本。例如，通过对相关知识的学习而找到改善生产流程或厂房布局的方式；通过劳动熟练程度的加强而引起工人劳动效率的提高等。由此可见，企业的学习对降低成本有非常重要的作

用。由于静脉产业是一项新兴产业，目前大多数企业处于生命周期的发展期，因此，学习对企业成本的减少效果相对明显。第四，企业的地理位置几乎对所有价值活动成本都有影响。例如，企业所处位置与其他相关企业距离的远近，交通便利与否，都会对企业的采购、销售费用产生较大影响。因此，发展静脉产业的企业选址应尽量与一个或几个相关企业相隔较近。第五，技术对企业每一项价值链活动的影响都是不言而喻的。例如，静脉资源的处理过程是采用现代工艺可以提高使用寿命，从而减少使用成本；还是采用简单方法可以降低产品成本，从而降低售价。

② 执行性成本动因。第一，联系包括企业价值链内联系和企业上下游企业的行业联系两种。发展静脉产业的企业整个价值链中都有价值活动的成本联系。企业利用这些联系，优化内部价值链，可以达到提高生产效率，降低成本的目的。例如，企业产品的研发与生产、生产与后勤、质量与服务都存在着紧密的联系。企业上下游的行业联系，可以通过与供应商、销售商在各方面达成合作关系的方式降低成本。例如，企业可以与相关方签署原材料供应方面的协议，促进原材料及时、足额的供应，减少企业由于材料的短缺或积压造成的成本上升。第二，全面质量管理的要求质量目的是以最小成本投入获取最优的产品质量，其控制贯穿于企业全过程。全面质量管理认为质量是企业保持核心竞争优势的关键因素。因此，静脉企业要把它作为一个重要的成本动因。企业在实行全面质量管理的过程中，应树立全员质量意识，以实现降低成本为目标，全面实施质量管理，提高产品的质量。第三，产能利用模式，静脉企业的成本包括固定成本和变动成本。当一项价值活动的固定成本较高时，成本就会受到产能利用率的影响。产能利用率越高，单位固定成本越低，反之亦然。即使产能利用率低下甚至是不生产，企业的固定成本照常存在。固定成本与变动成本的比率意味着价值活动对利用率的敏感性。因此，企业应尽量提高产能利用率。而一项活动的生产能力利用模式部分地取决于环境条件和竞争对手的行为，所以企业可对产能利用模式的控制往往通过正常选择来进行。第四，员工对企业的向心力，一个企业的行动是众多员工个人行动的总和，因此，每一名员工都与企业的成本息息相关。静脉企业若要达到降低成本、取得竞争优势的目的，必须在成本管理时重视员工的因素，强调以人为本的思想，充分激发员工的积极性和创造力，提高员工对企业的向心力。

③ 作业性成本动因。第一，产品作业水平。例如，产品的赶工通常受延迟到货订单数的影响，重新设计产品受设计变更次数影响。第二，批次作业水平。例如，返工产品通常受次品数量的影响，产品检查的批数通常受检查小时的影响。第三，产量作业水平。例如，零件组装通常受组装人工小时影响，零件的打磨通常受磨床运转小时影响。

3. 企业内部价值链成本优化模型

（1）价值链成本优化模型的设计原则。

① 成本效益原则。任何企业的存在和发展都是为了实现经济效益，发展静脉产业的企业也不例外。因此，对静脉产业企业内部价值链核算而言，就要考虑成本效益原则，不应一味追求核算结果的精确性，而设置大量需要收集的数据，增加收集数据的工作成本。所以在设计优化模型时，既要考虑结果的精确性，又要考虑经济性。

静脉产业

② 简单易行原则。价值链成本核算相对于传统的成本核算方法而言，所需要的数据和核算的步骤相对复杂。而核算所需数据大多需要从习惯了传统成本核算方式的人员处获得。而两种核算方法之间的转变需要一个过程。因此，在静脉产业成本优化模型时，需要遵循简单易行的原则，尽量将两者的转变标准具体化。

（2）价值链层次划分。根据静脉产业的实际情况，将企业价值链划分为三个层次：第一层是基本价值链，资源回收、拆解与分类处理、再制造、再生产、最终处置、定价、销售、物流、顾客服务等价值活动组成。第二层是支持性价值链，主要有财务管理、全面质量管理以及顾客关系管理组成，第三层是决策价值链，由技术研发、信息管理以及人力资源管理组成。

（3）静脉企业内部价值链成本优化模型。对静脉企业进行内部价值链成本优化时，有一个前提条件就是企业从事的是静脉产业的一个子链，并且只从事这一个子链的活动，本节采用模糊线性规划模型对其进行优化。

① 目标函数的确定。设定目标函数时，首先确定企业的每个价值活动对顾客价值的贡献度。静脉产业的顾客价值与企业价值链结构如图 10-8 所示。

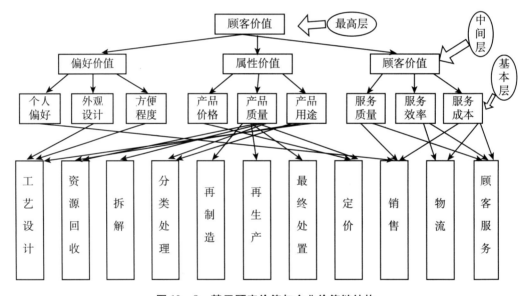

图 10-8　基于顾客价值与企业价值链结构

设组成顾客价值基本层的因素为 S_{jk}（j，k = 1，2，3），即个人偏好为 S_{11}，外观设计为 S_{12}，方便程度为 S_{13}，产品价格为 S_{21}，产品质量为 S_{22}，产品用途为 S_{23}，服务质量为 S_{31}，服务效率为 S_{32}，服务成本为 S_{33}。设 P_{jk} 为 S_{jk} 在顾客价值贡献中的比例。

P_{jk} 可以通过层次分析法来确定。确定了 P_{jk} 之后，给每个价值活动设定一个权重系数。根据顾客价值活动的基本层的影响不同，将价值活动进行分类，得到每个价值活动对顾客价值的贡献度为：

$$p_i = \sum_{j,k \in 1,2,3} P_{jk} ; i = 1,2,3,\cdots,11 \qquad (10-26)$$

通过归一化处理可得：

$$\bar{p} = p_i \sum_{i=1}^{11} p_i \qquad (10-27)$$

在这个模型中，决策变量为第 T 年 11 个价值链活动的成本分摊值 x_i^T；$i = 1, 2, 3, \cdots,$ 11。在一个规划期内，每一年的时间指标依次为：$0 < 1 < 3 < \cdots < t < \cdots < T-1 < T$。约束变量为：企业成本优化期期初总成本 C_t^0，价值活动的成本分摊值则为 x_i^0；同样，第 T 年的总成本为 C_t^T，价值活动的成本分摊值则为 x_i^T。

将第 T 年的各价值活动成本转化为顾客价值的比例设为 a_i^T，用多级模糊综合评价的方法，对 11 个价值活动对顾客价值最终实现效果进行综合评分，结果设为 a^T（$0 \leqslant a^T \leqslant 1$），则 $a_i^T = a^T \cdot \bar{a}_i$。由此可以得出企业创造的总顾客价值 f(X) 的计算公式：

$$f(X) = \sum_{i=1}^{11} a^T \cdot \bar{p}_i \cdot x_i^T \qquad (10-28)$$

于是，静脉产业内部价值链成本优化的模糊线性规划模型的目标函数为：

$$\max f(X) = \max \left| a^T \sum_{i=1}^{11} \bar{p}_i x_i^T \right| \qquad (10-29)$$

② 约束条件的确定。第 T 年的总成本约束条件为：

$$\sum_{i=1}^{11} x_i^T \sim \leqslant C_t^T \qquad (10-30)$$

假设其边际产量为 $Q^t - Q^{t-1}$，则得出静脉企业价值链上所有价值活动的总边际成本公式为：

$$C_m^t = \lim_{Q^T - Q^{T-1}} \left| \left(\sum_{i=1}^{11} x_i^t - \sum_{i=1}^{11} x_i^{t-1} \right) / (Q^t - Q^{t-1}) \right| \qquad (10-31)$$

根据边际成本分析的方法，当边际成本由正转负时，企业所获得的利润最大，此时边际成本最小，因此，企业所有价值活动的总边际成本是逐年递减的，第 T 年的总边际成本达到最小，因此有：

$$0 \leqslant C_m^t \leqslant C_m^{t-1}, t = 1, 2, 3, \cdots, T \qquad (10-32)$$

而且

$$C_m^T = \min_{1 \leqslant t \leqslant T} C_m^t \qquad (10-33)$$

经过递推以及模糊化处理，可以得到边际成本的约束条件为：

$$\sum_{i=1}^{11} x_i^T \sim \leqslant T \sum_{i=1}^{11} x_i^1 - (T-1) \sum_{i=1}^{11} x_i^0 \qquad (10-34)$$

各个价值活动成本分摊值的约束条件为：

$$x_i^T \geqslant x_i^0, i = 1, 2, 3, \cdots, 11 \qquad (10-35)$$

静脉产业

考虑到下限的近似性，模糊约束为：

$$- x_i^T \sim \leqslant - x_i^0 \quad i = 1,2,3,\cdots,11 \qquad (10-36)$$

由以上分析得出静脉产业成本优化的模型为：

$$maxf(X) = max \left| a^T \sum_{i=1}^{11} \overline{a}_i x_i^T \right| \qquad (10-37)$$

并且要同时满足式（10-30），式（10-34），式（10-36）。

通过以上模型可以看出，如果企业给定 T，C_t^T，$\sum_{i=1}^{11} x_0$，$\sum_{i=1}^{11} x_1$ 以及价值链优化模型中第 j 个约束条件的伸缩指标 b_j，即可通过求解确定各个价值活动应采用的成本均摊值及其所占总成本的比例。

对静脉产业内部价值链成本优化就是按计算得出的成本比例，将价值活动进行排序。利用现有的成本结构与之比较，发现企业需要进行成本改进的活动，从而对其进行优化。在成本优化中，企业的内部资源越充足，经过价值链成本优化所得到的成本结构越合理。经过模型计算，得到优化后的价值活动所占总成本的比例越大，说明这个活动将会成为企业发展的重点，企业需要更加重视这个价值活动，从而降低企业成本，实现顾客价值最大化，最终获得更多的利益和竞争优势。

（二）行业价值链成本分析与优化

静脉企业往往处于行业价值链的某个或某些环节中，行业价值链中的每个企业都会对其他企业产生直接或间接的影响。行业价值链成本分析的主要目的是对企业所处的行业进行合理定位，利用上、下游价值链对价值链进行整合优化，进一步降低成本或调整企业在行业价值链中的位置及范围，以取得成本优势。静脉企业对其行业价值链上的供应商及顾客进行分析，寻求整合方式再造企业价值链（必要时可以通过并购来降低成本），或者选择合适的伙伴建立战略联盟，扩大利润空间。

（1）上游供应商价值链成本分析及优化。静脉企业的上游供应商包括动脉企业以及位于企业上游的静脉企业。上游供应商对企业成本的影响可以分为直接影响和间接影响两个部分。对企业成本产生直接影响的包括供应商提供的原材料的价格、质量；对企业成本产生间接影响的包括供应商的供货方式、交货速度、研发能力、沟通能力、协作精神、售后服务等。一个优秀的供应商对成本降低、价值增值以及竞争优势的获得等方面起着重要的作用。因此，企业应谨慎选择合适的供应商，建立长久的合作关系，实现成本优化的目标。

上游供应商价值链成本的核算公式如式（10-38）所示：C 代表上游供应商价值链总成本；p 代表供应商商品的单位销售价格；q 代表企业购买材料的数量；C_i 代表基本作业的成本动因率，D_i 代表基本作业的成本动因量；C_j 代表非基本作业的成本动因率；D_j 代表非基本作业的成本动因量。

$$C = p \times q + \sum_i C_i \times D_i + \sum_i C_i \times D_j \qquad (10-38)$$

（2）下游顾客价值链成本分析及优化。顾客是价值链的最终环节，企业的生产经营活动都应该以获得其认可为目标。当前社会，企业间的竞争日益激烈，顾客对产品的需求也变化多端，企业根据顾客的需求开展企业的生产活动，管理好与顾客的关系，努力优化顾客价值链，只有产品得到顾客认可，才能使产品的价值才能得以实现，企业得以保持长久的竞争优势。

顾客价值链成本的核算公式如式（10-39）所示：C 代表上游供应商价值链总成本；C_i 代表基本作业的成本动因率，D_i 代表基本作业的成本动因量；C_j 代表非基本作业的成本动因率；D_j 代表非基本作业的成本动因量。

$$C = \sum_i C_i \times D_i + \sum_i C_i \times D_j \qquad (10-39)$$

企业在顾客价值链成本分析中应该做到以下两点：

第一，对顾客进行分类管理。不同类型的顾客或顾客群需求不同，耗费企业的服务成本不同，对企业的成本与价值增值的影响程度也不同，所以企业对不同的顾客或顾客群需要采用不同的成本管理方式，有针对性地节约企业的成本。针对静脉产业的情况，将顾客分为四种类型，如图 10-9 所示。

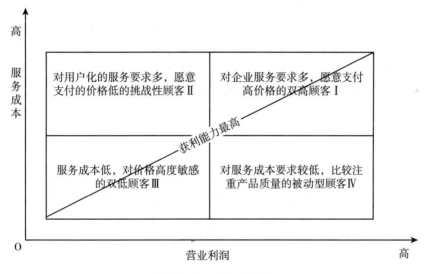

图 10-9　收益率矩阵

此矩阵中的横轴代表企业实现的营业利润，它是销售收入扣除销售成本及销售折扣后的净额；纵轴代表顾客服务成本，它包括与订货相关的成本，专门的顾客维持技术、营销及管理的费用。下面就顾客的四种类型分别进行成本分析如表 10-2 所示。

静脉产业

表 10 - 2   顾客类型成本分析

区域	表 现	对 策
I 区	对企业的服务要求多，愿意支付高价格。对角线以下的部分，企业所获得的营业利润高于服务成本，对角线以上的部分相反	属于盈利性的顾客，企业可以努力降低对其服务产生的服务成本，同时提高其个性化服务的质量；对于非营利性的顾客除了以上措施，还可以对其服务定价，努力争取使其发展成为盈利性的顾客
II 区	顾客对用户化的服务要求较多，企业的服务成本高，而愿意支付的价格低，属于最具挑战性的非盈利性顾客	企业从两方面来降低服务成本，一是企业自身努力降低服务此类顾客产生的作业成本，二是加强与顾客的沟通，尽量要求顾客减少服务的相关作业数。如果客户不愿意[21]，企业可以通过降低折扣率或增加特色性服务费用等方式来修正定价计划，以实现双赢。对于此类非盈利性顾客，当企业采取了所有方法均无法增加盈利和降低服务成本时，可以考虑放弃
III 区	顾客对企业服务没有特殊要求，服务成本低，同时对价格具有高度敏感性，愿意支付较低的价格	对于对角线下的盈利性顾客，企业应该尽量消除内部不增值的作业，进一步降低企业的服务成本，尽量使对角线上的顾客成为盈利性顾客
IV 区	顾客对企业服务没有特殊要求，服务成本低，但是很注重产品的质量，愿意为高质量的产品支付高价格	对于此类顾客，企业应采取相应的措施（比如给予更高的折扣或提供专门的服务等）来维持并扩展与其的业务，以提高此类顾客对企业的满意度与忠诚度

由表 10 - 2 可以看出，在对角线以下，企业向顾客销售产品获得的净利润高于服务成本，我们将这类顾客划为盈利性顾客；相反，在对角线以下，企业服务顾客发生的服务成本高于企业向顾客销售产品获得的净利润，这类顾客为非盈利性顾客。对于对角线以下的盈利性顾客，企业可以向其提供更低的价格，更优质的服务等来维持两者关系，提高这类顾客的忠诚度。对于非盈利性顾客，企业采取相关的措施将它转化为盈利性顾客，如果企业已采取了所有方法依然无法增加盈利和降低成本的，可以考虑选择放弃。

第二，改进与顾客的关系。静脉企业还可以从以下方面来改进与顾客的关系：

① 企业可以通过利用网络技术等方式建立更完善的信息沟通与协作机制，及时收集顾客对产品和服务的信息反馈，对这些信息进行分析，更好地了解顾客的需求，尤其是像煤炭企业这样的战略型客户的需求，并根据这些信息改进产品和提高服务的质量，实现企业价值链与顾客价值链的有效对接，促使企业与顾客形成利益联盟，从而建立一个双赢性的价值链系统。

② 建立完善的服务体系。优秀的企业服务质量是企业增强竞争力的一个重要因素。企业应该努力打造品牌服务，把服务作为品牌附加值的核心，提升顾客的满意度，努力留住老客户和开发新客户。例如，对重点顾客，通过建立顾客档案的方式，对顾客进行定期跟踪调查，为顾客提供个性化、互动式、一体化的高质量服务。短期来看，企业采取这些措施增加了成本。但是企业通过这些服务了解了顾客的需求，在安排生产的过程中可以做到精细化生产，避免浪费，也降低了储存成本。从长远的角度考虑，它有利于企业留住客户，降低了企业成本，给企业带来更多的价值增值，达到了双赢的目的。

（三）竞争对手价值链成本分析与优化

1. 竞争对手价值链成本分析的目的

企业通过识别分析竞争对手价值链，可以使自身更加合理地管理优化内部各项作业，同时减少或利用外部资源来管理非战略性作业。企业通过对竞争对手情况的调查分析，了解其价值链及所在的价值系统，将自身价值链与竞争对手价值链进行对比，分析两者的优势和劣势，对优势继续保持并改进，对于劣势，分析其生产的原因，采取措施进行改善，以优化自身价值链，从而降低价值链成本，增强企业的竞争优势。

2. 竞争对手价值链成本分析

静脉产业的企业在分析竞争对手价值链成本时，应按以下步骤进行：

首先，企业应该明确竞争对手的范围。竞争对手的范围包括静脉产业内部的竞争对手和潜在的竞争对手。潜在的竞争对手又包括进入本产业可以产生协同效应的公司，不在本产业但容易克服进入壁垒的公司，战略整合、延伸进入的公司等。企业所选择的竞争对手不同，相应采取的竞争战略也不相同。

其次，企业应对竞争对手价值链进行识别。静脉产业的企业可将竞争对手对内价值链分为：资源回收环节价值链、拆解与分类处理环节价值链、制作与再生产环节价值链、资源再利用环节价值链、技术创新环节价值链、顾客服务环节价值链和管理活动环节价值链等。竞争对手对外价值链则可分为分解化价值链、向前一体化价值链和向后一体化价值链等。为最终价值链成本分析奠定基础。

再次，企业应在前两个步骤的基础上，将竞争对手价值链与自身价值链进行对比分析。明确企业自身在竞争对手价值链中的竞争地位，了解竞争对手的发展方向及对自身的影响，比较两者之间的优势和劣势，找出产生差异的原因，为接下来企业制定竞争战略及对企业自身价值链进行控制和优化奠定基础。在进行对比分析时，应重点针对企业成本和收益影响程度较大的价值链活动进行分析。

最后，企业根据分析制定合理的竞争战略。企业通过对竞争对手价值链成本的分析，结合自身的内外部环境，制定适合自己的竞争战略与成本战略，以此确定企业下一步的方向。Porter 教授将企业的竞争战略分为成本领先战略、差异化战略和目标聚集战略，三种静脉产业的企业可以根据自身的实际情况，选择一种或几种作为自己的竞争战略，明确自身成本控制的重点，从多个战略角度优化企业成本，以获得持久的竞争优势。

3. 竞争对手价值链成本优化

根据竞争对手价值链成本分析，企业将竞争对手价值链与自身价值链对比分析，找出自身的优势和劣势，结合形成的原因，确定企业的竞争战略，明确其成本控制的重点，最终对自身的价值链进行优化。竞争对手价值链成本优化可以从实行标杆管理和建立战略联盟关系两种渠道进行。

（1）标杆管理。标杆管理又称基准管理，是指企业在全行业寻找和研究本行业一流公

静脉产业

司或竞争对手的最佳实践，比较自身与标杆企业在价值链的活动和职能中的优劣，找出差距，通过学习，企业重新思考和改进自身的价值链，创造适合自己的最佳实践。具体如图10-10所示。

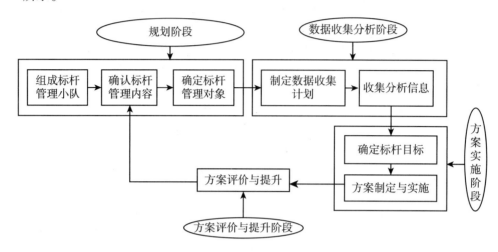

图 10-10　静脉企业标杆管理实施过程

第一阶段：规划阶段。

首先，组成标杆管理小队。企业应将来自企业内各个价值活动的员工召集起来，组成标杆管理小队，担当发起和管理整个标杆管理流程的责任。

其次，确认标杆管理的内容。企业需要对自身价值链成本的构成情况进行深入了解，确定需要改进或者能够改进的产品和价值活动。静脉产业是一个新兴产业，处于发展阶段，行业内企业不一定可以把整个价值链活动都做到最优，因此企业可以优先选择那些对企业而言至关重要的价值链活动进行标杆管理。

最后，确定所选择的标杆管理对象，即基准目标。选择竞争对手作为基准目标的原则是：与本企业产品处于同一细分市场；产品市场占有率与本企业相当；与本企业有共同的目标顾客；总体或部分价值活动比本企业有明显的竞争优势等。

第二阶段：数据收集分析阶段。

数据收集分析阶段分为制定数据收集计划和收集分析信息两部分。在这个阶段，企业会制定数据收集计划，充分了解标杆目标并及时沟通，找出标杆项目与基准目标的差距，提出成本标杆管理的目标及未来工作的标准。当企业确定了数据收集的计划之后，进入数据收集和分析阶段，这一阶段的工作要求包括收集数据，数据的处理和情报分析。

一般而言，需要收集的关于竞争对手的数据包括以下几类：一是竞争对手的产品信息，包括产品的原材料构成、产品的成本及价格、产品的销量、产品的质量、产品受欢迎的程度及顾客对产品的忠诚度等信息；二是竞争对手的内部价值链情况，包括竞争对手的生产工艺及流程、营销方式、财务状况等；三是竞争对手行业价值链构成信息，包括竞争对手的供应商的供应渠道、供应原材料或半成品的价格、数量等，竞争对手的销售商情况、占有的市场份额等；四是其他有关的数据，包括竞争对手的设备技术情况，合作者资料等。根据收集的计划，确定收集何种资料会应用何种方式进行收集。当信息收集完毕后，企业将信息根据实际情况进行分类整理并保存。

当数据处理完成后，企业可采用定量分析、定性分析的方法，对竞争对手价值链成本进行分析，找到基准目标和杠杆管理中的差别，并分析出现差别的原因及完成最优结果的基准目标的关键因素，进一步识别企业的优劣，从而预测杠杆管理所达到的目标水平。在对竞争对手进行分析时，还应分清层次。对主要竞争对手采用重点分析的方法，对次要竞争对手采用综合之后再分类的方法。情报分析的方法则由关键成本动因分析、比较分析和SWOT分析等方法组成。

第三阶段：方案实施阶段。

在实施阶段制订计划、实施计划和监控及调整计划是标杆管理的主要工作。在实施过程中，企业应利用各种途径告知企业内的各个管理层及有关员工情报分析的结果、拟订的方案、所要达到的目标前景，取得他们理解和支持，并根据他们的建议来修正和完善方案，统一成员思想，以减轻实施计划的阻力，使他们保持目标一致，行动一致，更好地实施计划。在实施阶段，还应注意实施过程中的信息反馈，并及时调整计划，保证标杆管理的顺利实施，最终达到增强企业竞争优势的目的。

第四阶段：方案评价与提升阶段。

企业实施某一标杆项目，只能保证自身在一定范围或一定时期内取得竞争优势，并不代表永远，因此标杆管理实施以后，还应该对实施过程中的经验进行总结，改善不足，进行再标杆。而且，标杆管理是持续的管理过程，不是一次性行为，因此，为便于以后继续实施标杆管理，企业应维护好标杆管理数据库，制定和实施持续的绩效改进计划，以不断学习和提高。只有这样，才能为企业提供一种长期的稳定的竞争优势。

（2）与竞争对手建立战略联盟。在竞争对手价值链成本管理中，企业为了建立自己的竞争优势，除了标杆管理之后，还可以在价值链中某个环节中与竞争对手结成战略联盟，相互合作，从竞争走向竞合，进而共同创造价值。

二、静脉产业纵向价值链成本分析与优化

（一）静脉产业纵向价值链分析方法的选择

静脉产业纵向价值链分析与优化的方法应该使用产业价值链的分析方法。产业价值链的分析方法包括产业环节分解法、竞争优势比较法、SWOT分析法、波特的"五力模型"法、案例分析法等。前两者是分析产业价值链的一般方法，后三者则是在具体产业应用中进行使用的。

产业环节分解法是将产业价值链的各个价值活动按最小单位分解，并找出各个价值活动的优势与不足。竞争优势比较法则是对产业价值链两端的作用力、价值链内部的结构、运行效率、信息沟通等方面的比较，确定产业的竞争优势。

首先识别静脉产业的价值链活动，然后对这些价值活动进行细化，并对其成本动因进行分析，加强优势价值链环节、放弃劣势价值链环节，从而构筑有利于成本控制、能够形成成本式的价值链。

（二）价值链活动识别

结合静脉产业的实际情况，根据静脉产业的体系构建静脉产业价值链模型，如图 10-11 所示。

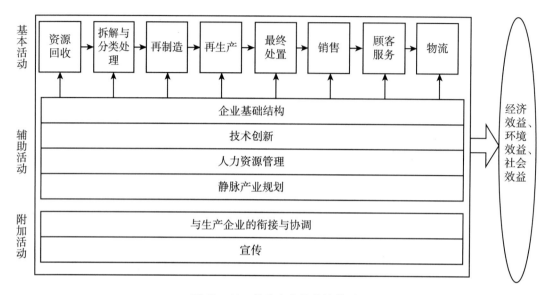

图 10-11　静脉产业价值链模型

前面已对静脉产业中基本活动的构成进行了识别，在此就不再一一赘述，下面仅对静脉产业价值链辅助活动的识别进行介绍。

（1）企业基础结构。静脉产业的基础结构建设相关的活动主要包括静脉产业法律法规体系的建设、静脉产业管理组织体系结构的建设、静脉产品质量控制体系相关的内容、静脉产业财务体系的构建、静脉产业战略计划的制定等内容。

（2）技术创新。静脉产业的技术创新包括技术的研发及拓展，它涉及静脉产业链上的 7 个基本活动中。主要有：资源回收阶段的信息技术、分类与管理技术；拆解与分类处理阶段的拆解技术、绿色处理技术、分类与管理技术；再制造阶段的制造技术；再生产阶段的生产技术；最终处置阶段的废弃物安全处理技术；销售阶段中应用于静脉产品销售支持的中介机构的关系；顾客服务阶段中的服务技术等。

（3）人力资源管理。静脉产业的在一定程度上缓解了社会上的就业压力，同时也解决了部分失业人员的就业问题。静脉资源的人力管理活动主要有：人员招聘、培训、员工激励、人才吸引以及与工资福利相关的各项活动等。

（4）静脉产业规划。静脉产业的规划包括企业对静脉产业的发展提供的各种整体规划、优惠环境、管理咨询、静脉产品市场前景预测、物流系统建设以及发展静脉产业而采购的各种设备设施等的投入。

（5）与生产企业的衔接与协调。与动脉产业链的衔接是静脉产业存在的一个重要条件。企业作为一个小型社会，静脉产业作为企业循环经济的一个必不可少的部分，是动脉产业的支撑与补充。静脉产业与动脉产业进行衔接与协调的主要价值活动有：与动脉产业耦合的市场机制、管理机制以及价值机制。

（三）静脉产业纵向价值链成本优化

对静脉产业纵向价值链成本优化主要是利用各作业之间的潜在联系，通过对作业成本动因的分析，进行作业的重组来设计产业的成本优化模型。模型的设计原则同横向价值链的成本优化模型设计原则一致。

设定 $U = [u_1, u_2, \Lambda u_m]^T$ 为成本动因，作为输入量；$C = [C_1, C_2, \Lambda C_n]^T$ 为静脉产业链中各具体价值链活动成本，作为输出量。具体价值活动成本分别为 $C_1 - C_{43}$ 成本动因则分别为 $U_1 - U_{129}$。一个价值活动成本对应多个成本动因，设第 i 个价值活动有 j 个成本动因，前 i-1 个活动共有 m 个成本动因，则有：

$$C_i = \sum_{k=m+1}^{m+j} f(C_i, U_k) \cdot U_k \qquad (10-40)$$

其中，$f(U_i, C_j)$ 为各成本与成本与成本动因的关系，它可能是线性关系，也可能是非线性关系。

$$C_{总} = \sum_{i=1}^{n=43} C_i \qquad (10-41)$$

通过式（10-40）、式（10-41）算式联立，得出 $U_k/C_{总}$ 的值：

$$U_k/C_{总} = U_k \Big/ \sum_{i=1}^{43} \sum_{k=m+1}^{m+j} f(C_i, U_k) \cdot U_k \qquad (10-42)$$

为了控制静脉产业的成本，就必须要求产业的总成本最小化。但现实中，由于数据的获取比较困难，以及成本动因与价值活动成本的关系 $f(U_i, C_j)$ 很难确定，因此，在现实中，只能模糊化处理，计算出对总成本影响较大的成本动因，通过对这部分成本动因的具体分析找出企业在某个单元价值链活动上存在的问题，以便采取措施，优化静脉产业的纵向价值链。

本 章 小 结

本章主要分析静脉产业成本以及成本控制问题。在成本分析中，主要分析静脉产业成本内涵、成本结构以及成本影响因素三个方面；在成本控制中，依据静脉产业控制原则建立成本控制模型，并提出成本控制建议。使用作业成本法分析静脉产业内的各项作业，区分增值作业和非增值作业，对作业进行效率及效益分析。分析完作业后，分析企业的成本动因，建立优化模型，从而找出成本优化的途径。静脉产业横向价值链成本分析与优化和纵向价值链成本分析及优化两者只是从不同的角度对静脉产业成本进行分析及优化。两者有各自的优缺点，横向价值链成本分析与优化在实际运用过程中比纵向价值链成本分析与优化更容易量化。在实际运用中，可以将两者结合起来，以一种方法为主进行研究。

第十一章　静脉产业效益

静脉产业具有很大的经济效益、环境效益和社会效益，三者应该是相互统一、共同发展的。本章首先介绍了静脉产业各效益的相关内涵，随后分析了静脉产业效益分析方法，最后通过模型构建为静脉产业效益分析提供了新思想。

第一节　静脉产业效益内涵

经济效益是静脉产业发展过程中带来的效益，主要体现在经济收入提高上面。静脉产业环境效益和社会效益是静脉产业发展带来的附加效益，集中反映了静脉产业在解决目前发展过程中面对静脉资源大量闲置和环境污染这两方面问题的效果。

通常经济效益是指通过商品和劳动的对外交换所取得的社会劳动节约，即以尽量少的劳动耗费取得尽量多的经营成果，或者以同等的劳动耗费取得更多的经营成果。

静脉产业经济效益可简单理解为通过收集获取静脉资源，并对其进行分类、运输、分解、再利用得到新的产品，企业对外销售由此获得的经济收入。

一般将环境效益视为人类社会活动对环境后果的衡量。由于人类的生活和生产活动必然会引起环境发生各种各样的变化，这些变化对人类的继续生存和社会的持续发展的反作用是不相同的，因此人类需要从自然、经济、人文等多种角度对人类活动可能导致的环境变化进行综合评估和衡量。环境效益的货币计量值可按环境保护措施实行前后环境不利影响指标或环境状况指标的差值来算，并将其值纳入社会经济发展指标体系之中。

静脉产业环境效益是指通过处理区域静脉资源，因废弃物减量化带来的环境效益与避免其他自然资源开发与加工过程的环境效益之和，去除静脉产业资源化过程产生的环境成本之后剩余的效益部分。

社会效益是指最大限度地利用有限的资源满足社会上人们日益增长的物质文化需求。

静脉产业社会效益可以看作静脉产业通过对社会文明进步的贡献，对居民健康的积极影响，对缓解劳动力就业压力的帮助所产生的效益。

第 二 节　静 脉 产 业 效 益 分 析 方 法

一、静脉产业效益分析方法类别

（一）经济效益分析方法

企业的经济效益分析，是指从微观经济效益与宏观经济效益相结合的角度，针对企业生产经营过程中的经济效益的形成和实现程度所进行的检查、考核和评价的管理工作。经济效益分析方法是多种多样的，应该根据分析目的、企业特点以及掌握资料的内容与性质来决定。目前采用的方法主要用以下几种。

1. 比较分析法

企业所获取的经济效益表现为各种经济指标按照事物固有的联系进行比较，便可做出客观评价。比较分析法，就是指通过指标对比，从数量上确定差异的一种方法。针对具体分析内容的不同，可采用实际指标与计划指标对比、本期实际指标与往期实际指标对比、本企业实际指标与其他企业实际指标对比。

比较分析法主要作用在于具体而有力地说明工作成绩和差距，以采取有效措施，挖掘各种潜力。因此，它是广泛应用的一种方法。当采用比较法进行对比分析时，必须注意经济现象或指标的可比性，必须在指标内容、期间、计算口径、计价基础等方面一致。只有从可比的经济现象或指标相比较中得到的差异，才能说明问题。

2. 比率分析法

比率分析法实质上也是一种比较分析法，只不过是一种特殊形式的比较分析方法。它是计算指标之间的相对数并用以分析经济现象的方法。在具体分析过程中，可分为相关比率分析法、构成比率分析法、动态比率分析法等三种方法。

在财务分析中，比率分析用途最广，但也有局限性，突出表现在：比率分析属于静态分析，对于预测未来并非绝对合理可靠。比率分析所使用的数据为账面价值，难以反映物价水准的影响。可见，在运用比率分析时应注意以下几点：（1）要将各种比率有机联系起来进行全面分析，不可单独地看某种或各种比率，否则便难以准确地判断公司的整体情况；（2）要审查公司的性质和实际情况，而不光是着眼于财务报表；（3）要注意结合差额分析，这样才能对公司的历史、现状和将来有一个详尽的分析了解，达到财务分析的目的。

3. 因素分析法

在企业经济活动中，一些综合性经济指标是由多种因素构成的，每一因素变动对综合性指标都有影响。把综合性指标分解成各个原始的因素，以便确定影响经济效益的原因，这种方法称为因素分析法。此方法要点为确定某项指标是由哪几项因素构成的，各因素的排列要

静脉产业

遵循正常的顺序；确定各因素与某项指标的关系，如加减关系、乘除关系、乘方关系、函数关系等；根据分析的目的对每个因素进行分析，测定某个因素对指标变动的影响方向和程度。主要包括连环替代法和差额计算法。

在具体运用因素分解法时应注意以下几点：（1）注意因素分解的关联性；（2）因素替代的顺序性；（3）顺序替代的连环性，即计算每一个因素变动时，都是在前一次计算的基础上进行，并采用连环比较的方法确定因素变化影响结果；（4）计算结果的假定性，连环替代法计算的各因素变动的影响数，会因替代计算的顺序不同而有差别，即其计算结果只是在某种假定前提下的结果。为此，财务分析人员在具体运用此方法时，应注意力求使这种假定是合乎逻辑的假定，是具有实际经济意义的假定，这样，计算结果的假定性就不会妨碍分析的有效性。

从因素分析法的概念及应用的叙述中可知，因素分析法具有以下优点：（1）因素分析法是一种客观的、科学程度较高的数学推理方法；（2）因素分析法能使研究人员简化自己的研究，从多种因素中提取富有代表性的少数几个主因素；（3）因素分析法能够使研究结果相互比较。

除此之外，应该看到因素分析法只有一个短暂的发展历史，本身还很不成熟，并有较大的局限性，主要表现在以下几个方面：（1）在因素分析运算程序中，几个主要运算环节都存在多重选择，这就给研究者带来主观选择余地；（2）在不同的研究中，用因素分析法也常常得不到相同的因素，因为对因素的判别及命名无法从因素分析程序中直接得到；（3）就数学假设而言，因素分析法假定变量之间应呈线性关系，并假定因素以加成方式组合，但复杂的心理现象有时可能是直线关系，如因果关系，而更多情况下则可能是曲线关系；（4）在提取出主因素并转轴后，因素关系较为明显，但却没有统一的标准让研究者有把握地认定得出的因素具有意义。

4. 平衡分析法

平衡分析法是用以查明具有平衡关系的各项经济因素之间的依存关系，将实际平衡关系与计划平衡关系对比，以确定各项经济因素变动对经济指标变动影响的一种分析方法。具体可分为余额平均法、全额平衡法、增长速度平衡法。

平衡分析本质特点表现为：平衡分析要通过有联系指标数值的对等关系来表现经济现象之间的联系；要通过有联系指标数值的比例关系来表现经济现象之间的联系；要通过任务的完成与时间进度之间的正比关系来表现经济现象的发展速度；要通过各有关指标的联系表现出全局平衡与局部平衡之间的联系。

采用平衡分析，可以带来众多显著的效果。（1）可以反映国民经济运动的总过程，以便及时发现薄弱环节，挖掘经济潜力；（2）可以用来研究国民经济的主要比例关系和宏观经济效果，并对国民经济的发展前景进行预测；（3）有利于加强企业的经营管理；（4）可以利用指标间的数量对等关系，用来推算数字根据矛盾对立统一的规律。

在应用平衡分析方法时，应注意两方面问题。首先，研究比例关系，要有一个进行比较的标准一般说来，衡量比例关系是否适当，要有一个进行比较的标准。其次，研究比例关系，要抓住主要矛盾。

5. 趋势分析法

趋势分析法是以现有资料为基础，研究复杂多变的诸因素，预见事物发展趋势的一种分析方法，可以分析事物发展趋势，对未来展开研究。

根据发展规律的不同，具体分为平均增减量趋势法、平均发展速度趋势法、移动平均趋势法、回归分析法、季节性趋势法。平均增减量分析法可将分析指标的现有数据按照发生时间先后排列，形成时间数列。当时间数列显现一定的上升或下降趋势，而且逐期增减量大致相同时，就可以用平均增减量趋势法测算经济指标的未来发展趋势。当分析指标的时间数列的逐期发展速度大致相同时，采用平均发展速度趋势法，可以根据发展速度计算其平均数，测算其发展趋势。运用移动平均法，通过移动平均数对数列修匀，可以更深刻地描述现象发展的趋势。回归分析法可用回归方程分析测算经济指标的发展趋势。企业生产经营活动受社会环境和自然条件制约，往往具有季节性。因此，对于呈现季节变化的经济指标，应考虑季节性影响，按照季节变化规律，作季节性趋势分析。

在采用趋势分析法时，必须注意以下问题：（1）用于进行对比的各个时期的指标，在计算口径上必须一致；（2）必须剔除偶发性项目的影响，使作为分析的数据能反映正常的经营状况；（3）应用例外原则，对某项有显著变动的指标作重点分析，研究其产生的原因，以便采取对策，趋利避害。

6. 线性规划分析法

针对经济效益进行分析，根据有关资料建立数学模型，采用一定方法求解最优方案的过程，可以称作线性规划分析法。线性规划数学模型分为两部分，即约束条件和目标函数。其中约束条件，是指用一组不等式或等式反映有限资源与特定未知数之间的关系，并限制未知数取值范围的条件。所谓目标函数，是指以一定函数形式表现的，在一定条件下可能达到的最优结果。具体可采用图解法和单纯形法，解决线性规划问题。

常用的线性规划分析法包括图解法和单纯形法。图解法直观，但待定未知数只能有两个，适用性不强。最常用的解法还是单纯形法，特别是电子计算机的应用，为单纯形法提供了科学手段。单纯形法可按以下几个步骤进行：第一步，根据资料数据，建立数学模型并使之标准化；第二步，编制初始单纯形表；第三步，调整单纯形表。

运用线性规划分析方法时需要注意的问题：（1）线性规划模型考虑的因素可能不全面，实际中有些情况没有被考虑到，这就使线性规划模型过于理想化；（2）实际运用线性规划模型时，虽然一些因素或约束条件被考虑到了，但是由于这些因素或约束条件不易量化或求得（如进行总生产计划常需考虑到的能源单耗就不易求得）时，线性规划模型的运用和有效性因而受到了一定的限制；（3）对一些基础管理不善的企业而言，模型中的单位产品资源消耗系数很难得到；（4）目标函数中的产出成本系数实际上是个变量，它随计划的数量结构和品种结构而变。这些问题给机械行业应用线性规划模型带来许多困难，如处理不好，求得结果的可靠性会很低。

静脉产业

线性规划模型用在原材料单一、生产过程稳定不变、分解型生产类型的企业是十分有效的，如石油化工厂等。对于产品结构简单、工艺路线短，或者零件加工企业，有较大的应用价值。需要注意的是，对于机电类企业用线性规划模型只适用于作年度的总生产计划，而不宜用来做月度计划。这主要与工件在设备上的排序有关，计划期太短，很难安排过来。

（二）环境效益分析方法

在生产活动和生活过程中，我们必须坚持经济效益、环境效益与社会效益相统一，在实际工作中，经济效益的计量是容易的，而环境效益的计量是十分困难的。

1. 城市环境费用效益分析方法——调查评价法

调查评价法是指通过收集资料，掌握城市社会经济状况，了解污染源及污染因子的污染水平分布，据此制定调查内容及调查范围的方法。调查评价法是解决环境效益难以评价的有效办法。当缺乏价格数据时，可通过对专家或环境资源的使用者进行调查，以获得环境资源的价值或环保措施的效益。常用的方法有专家评估法、投标博弈法。

环境污染对居民的舒适性影响的经济损失分析，其主要调查的参数是环境改善的支付愿望，除在大气污染（人们主要感受到的是异味、粉尘）的改善可应用外，还可应用在水质恶臭、噪声污染、旅游景观的改善等。除此之外，环境污染对居民舒适性影响的经济损失分析是与市场价格直接相关的，由于市场价格的日新月异，某时期的调查估算的数值仅能反映出某一时期的经济损失量。

由于调查人群中的平均收入、年龄和其他社会因子、环境因子存在显著差异，以实际调查区域外推全市的水平，估算结果相当粗略，如受邻近污染源明显影响的居民支付愿望较一般区域高。

2. 我国水环境治理效益分析方法——均衡分析方法

目前我国对水环境治理效益的分析，通常是定性描述，缺乏定量和规范性分析。均衡分析方法是在假定各经济变量及其关系已知的情况下，考察衡量水环境各个指标达到均衡状态的条件和状况的分析方法。

（1）综合治理效益。针对我国水环境恶化的原因，在目前经济社会和管理体制条件下，无论是有效地改善流域、区域，还是局部城市水环境，都必须采用综合治理措施。常用的治理措施可分为工程措施与非工程措施两大类。

水环境综合治理对改善水环境的效果，可以概括为增强生态系统功能和削减污染物量两个方面。生态系统功能增强，可增加对污染物的吸收和分解净化能力。针对削减污染物，可进一步分为两类：一是消除污染源，二是提高污染物削减能力。

（2）污染物排放量与削减能力均衡分析。主要包括现状（基准年）污染物（负荷）排放量、污染物总排放量预测、环境允许（控制）排放量、需要削减量、削减能力和均衡分析等。

针对我国正在实施的某流域水环境综合治理进行效益分析。需要先对污染物的排放量进行预测分析，扣除允许排放量，得出治理期需要的污染物削减量，最后将不同水平年的污染物削减能力与需要削减量进行对比分析。

预测总排放量等于现有排放量与治理期新增的排放量之和，允许（控制）排放量是根据不同治理期的水质目标所对应的水环境容量（纳污能力）及外调水新增的水环境容量的两者之和。需要削减量等于预测总排放量去除允许（控制）排放量之后的差额；削减能力是原有削减能力与治理期新增的削减能力两者之和，应大于污染物需要削减量。

当削减能力与需要削减的污染物量基本相当时，说明治理目标与治理措施是合适的，不需进行调整。

当削减能力小于需要削减的污染物量时，说明治理目标过高或者治理措施不够；需降低治理目标，或者维持原目标但增加治理项目及治理投资。

当削减能力远大于需要削减的污染物量时，说明治理目标定得过低或者治理工程项目过多，可适当调低治理目标或者调减代价较大的治理项目。

水环境综合治理效益分析还是一个新的领域，随着我国水环境治理项目及生态水利工作的大规模实施，深入开展这方面的研究工作很有必要。

3. 小流域综合治理环境效益分析方法——指标对比评价方法

小流域综合治理是在一定空间实施各种措施，在短时间内，对地表景观作较大调整，势必对自然、社会和生态环境造成影响。这种影响会随着人们的环境意识提高越来越受到重视。我国目前对小流域水土保持综合治理后产生的效果一般从经济效益、社会效益、生态效益进行评价。

从环境效益角度来评价小流域综合治理的成果不仅是小流域治理工作的需要，也是环境保护工作的需要。指标对比评价法是指将调查和实验所收集所得到的数据资料，进行加工整理、归纳、分组。根据可比性原则，将性质相同的指标进行对比，借此选择最优方案。

建立环境效益评价指标，必须遵循系统性、可行性、简明性的原则。环境效益指标内容及建立如下：

（1）自然环境，可具体分为大气环境、水环境、土壤环境等。

（2）生态环境，可用生物多样性来评价生态环境的改善效果。生物多样性包括植物多样性和生物多样性。

（3）社会环境，社会环境评价指标包括两方面：一方面是减灾防灾，如受灾面积、人畜伤亡、作物产量、水毁工程、经济损失等；另一方面是促进社会进步，如教育水平、就业率、基础设施、文化价值、旅游、土地利用、人均收入等。

最终，环境效益评价要坚持"因地制宜"的原则和"分析测试手段与专家系统相结合"的原则。

因为不同类型区、不同小流域因其自然、经济和社会条件的不同，地理位置的不同，生态、经济和社会因子的组合结果不同，流域治理的侧重点不同。因而，治理后产生的环境效益表现的方式和角度多种多样。作分析评价时，应根据其特点，因地制宜地选出相应的评价指标。

静脉产业

除此之外，由于小流域系统各因子变化规律的"黑箱"特点，指标值一般可通过测试得到，但由于环境效益分析工作还没有标准，各指标值增加或减少幅度多大为"好"，更有赖于专家经验。

（三）社会效益分析方法

不同行业对社会效益的理解不同，发展静脉产业主要是为了解决废弃物堆积、资源浪费和环境污染等问题，静脉产业的社会效益主要体现在静脉产业在环境保护方面的社会效益。环境改善带来的社会效益是环境污染或破坏造成损失的减少。环境保护活动主要包括环境污染治理投入、资源和生态环境保护投入，环境管理与科技投入。根据经济学基本理论，环境保护属于公共产品，大多数环保投入本身并不直接创造经济价值，主要体现社会效益，由国家和污染企业投资建设。

环境保护设施以及这些社会的运转费，就是环境保护社会效益分析中的费用，同时应当注意，费用往往包括由于环境保护设施运行带来的新的污染损失，可算作环境保护设施的负效益。计算环境改善带来的社会效益有以下几种常见的方法。

1. 市场价值法

市场价值法（或生产串法）是一种相对比较简单的方法，这种方法把环境看成是生产要素。环境质量的变化导致生产率和生产成本的变化，从而引起产值和利润的变化，而产值和利润是可以用市场价格来计量的。市场价值法就是因利用环境质量变化引起的产值和利润的变化来计量环境质量变化的经济效益和社会效益。（1）减少土壤流失可以保持甚至增加山地农作物的产量。土壤保护规划由于增加了生产率而得到了效益。（2）灌溉水水质的改善。例如，盐分降低可以提高作物的生产率。产量的增加乘以产品的价格可以作为水质改善的效益。（3）化工厂空气污染对厂周围的农业生产率有不利影响，损失农作物的产量可以作为减少污染所得到的利益。（4）空气污染可以引起某些材料的腐蚀和损坏。这种损坏可以通过材料的处理、涂漆或更新来补救，其所消耗的货币价值是可以计量的，可把这种费用当作治理空气污染带来的效益。

但这种方法在运用中也存在着难以把握的问题，如采用什么时间的市场价格，被评估对象参照物的选取等，这些都制约着社会效益正确分析与否。尤其是当静脉产业市场价格存在波动的情况下，市场价格法的问题便越突出。采用平均价格忽视了市场价格法的前提，即有效市场的假设。有效市场假设表明对于各种资源的价值来说，市场价格能够反映所有的公开信息，这就意味着静脉产业资源的价值应该确定在评估日当天的市场价格上，运用静脉产业资源的市场价值可以得出最为精确的价值估算；以过去的静脉产业资源价格进行平均是不合理的，它以过去的信息为依据，会减少评估的准确性。

2. 机会成本法

机会成本法是指在无市场价格的情况下，资源使用的成本可以用所牺牲的替代用途的收入来估算。例如，保护国家公园，禁止砍伐树木的价值，不是直接用保护资源的收益来测量，而是用为了保护资源而牺牲的最大的替代选择的价值去测量；保护土地，是为保护土地资源而放弃的最大的效益来测量其价值。

用环境资源的机会成本来计量环境质量变化带来的效益。当某些资源应用的效益不能直接估算时，机会成本法是一种很实用的评价技术。任何一种自然资源的使用，都存在许多相互排斥的备选方案。为了做出最有效的选择，必须找出社会经济效益最大的方案。资源是有限的，且具有多种用途，选择了一种使用机会就放弃了其他使用机会，也就失去了相应的获得效益的机会。我们把其他使用方案中获得的最大社会经济效益，称为此资源选择方案的机会成本。在环境污染或破坏带来经济损失计算中，由于环境资源是有限的，环境污染了就失去了其他的使用机会。在资源短缺的情况下，我们可用它的机会成本，作为由此引起的经济损失。这里必须强调，资源必须是稀缺的，资源污染的损失才是机会成本，否则机会成本为零。另外，以成本为基础的转移价格不考虑或很少考虑双方的机会成本，而且它也没有考虑不完全市场竞争对企业的影响。

3. 恢复和防护费用法

全面评价环境质量改善的效益，在很多情况下是很困难的。实际上，许多有关环境质量的决策是在缺少社会效益评价的基础上进行的。对环境质量的最低估计可以从减少有害环境影响所需要的经济费用中获得，可把恢复或防止一种资源不受污染所需的费用，作为环境资源破坏带来的最低经济损失。

恢复和防护费用法的使用，一方面可以采取一定的防护措施来防止环境问题出现；另一方面出现环境问题后，采取一定的措施（恢复措施）解决环境问题，恢复环境原貌。对各方案中防护措施和恢复措施所花费的费用进行估算，作为方案带来环境问题损失的最低估计值，估计值越低的方案越佳。这种方法从一定程度上保护了环境，从而带来一定的社会效益。但对于防护和恢复费用的标准有待进一步研究确定。

4. 影子工程法

影子工程法是恢复费用法的一种特殊形式，是在环境破坏后人工建造一个工程来代替原来的环境功能，用建造新工程的费用来估计环境污染或破坏所造成的经济损失的一种方法。例如，一个旅游海湾被污染，则另建造一个海湾公园来代替它；附近的水源被污染，需另找一个水源来代替，其污染损失至少是新工程的投资费用。森林效益的计量可以作为影子工程法的另一个实例。森林每年给社会带来多少效益不易计算，可假定森林不存在，用另外的办法来取得现有森林对社会的效益究竟每年要花多少钱，这笔费用作为森林的效益。涵养水分实测单位面积森林涵养水分量，然后放出总的涵养量，用库存同等量水库的基建费和运行费，作为森林涵养水源的效益；森林固土功能，算出此地区的总固土能力，然后用拦蓄泥沙工程代替，这笔费用作为森林固土功能的效益；森林制氧效益，算出制造多少氧，然后用市场价来计算，则为森林的制氧效益。把这些效益都加起来，则为森林的效益。

影子工程法将难以计算的生态价值转换为可计算的经济价值，从而将不可量化的问题转化为可量化的问题，简化了环境资源的估价。但此方法也存在一些问题：（1）替代工程的非唯一性。由于现实中和原环境系统具有类似功能的替代工程不是唯一的，而每一个替代工程的费用又有差异，因此这种方法的估价结果不是唯一的。（2）替代工程与原环境系统功能效用的异质性。替代工程只是对原环境系统功能的近似代替，加之环境系统的很多功能在现实中无法代替，使影子工程法对环境价值的评估存在一定的偏差。

5. 人力资本法

环境质量的变化对人类健康有很大影响，与健康影响有关的货币损失有三方面：（1）过早死亡、疾病或者病休造成的损失。（2）医疗费开支增加。（3）精神或心理上的代价。为了评价环境污染对人体健康造成的货币损失，经济学家们提出了很多方法，人力资本法是发展最快的一种。人力资本法将环境污染引起人体健康的经济损失分为直接经济损失和间接经济损失两部分。直接经济损失：预防和医疗费用，死亡丧葬费。间接经济损失：病人、非医务人员护理、陪住影响劳动人工时造成的损失。

人力资本法评价的不是人的生命价值，而是在不同环境质量的条件下。人因为发病或死亡对社会贡献的差异，以此作为环境污染对人体健康影响的经济损失。由于一定地区人员具有流动性，人力资本法操作起来工作量比较大，而且不同的人精神方面的损失不同，难以衡量。

（四）动态效益分析

静脉产业作为循环经济的一部分，也是一个复杂的、庞大的产业，它涉及经济、社会和环境等各个方面，是一个长期的不断发展变化的产业，具有持续经营性。因此，根据"收入－成本＝效益"进行分析时，我们应充分考虑时间价值的影响，从动态的角度来进行分析，以做出更合理的结论。

在决策评价时，考虑时间价值的评价指标有净现值、内部报酬率、投资回收期等。净现值＝∑未来现金流入的现值－∑未来现金流出的现值，净现值为正数时可行；内部报酬率是使未来现金流入现值等于未来现金流出现值的折现率，也是使净现值为零时的折现率，当内部报酬率高于资本成本时可行；投资回收期是指项目现金流入抵偿全部投资所需要的时间，即收回投资所需要的年限，年限越短越有利。

二、静脉产业效益分析方法选择

（一）静脉产业经济效益特点与效益分析方法选择

企业对外销售利用静脉资源得到的新型产品，由此获得的经济收入构成了静脉产业经济效益。

在静脉产业的运行过程中，通过运用先进的技术，将产品生产、加工、使用过程中产生的副产品、不合格品、下脚料、余热、废旧设备设施等废物资源重新利用，实现静脉资源的层级利用与循环利用。除此之外，将城市居民生活过程中产生的废金属、废塑料、废橡胶、废纸张、废玻璃、生活垃圾等废旧物质，通过回收再利用，生产出再生塑料等多种新产品，可给企业带来可观的经济效益。

分析静脉产业的经济效益，主要从收益性与生产性两方面来进行分析。收益性分析的目的在于观察企业一定时期的收益及获利能力。生产性指标分析的目的在于要查明企业在一定时期内的人均生产经营能力、生产经营水平和生产成果的分配问题。由于上述原因，针对静脉产业经济效益的特点可以选择因素分析方法和趋势分析法。

（二）静脉产业环境效益特点与效益分析方法选择

静脉产业可将原有工业生产链拉长，以制造、加工、使用过程中产生的静脉资源为原料，并通过科技进步，提高了原有区域技术水平，极大地减少了污染物的产生量。对区域产生的报废设备设施、金属、塑料、橡胶、纸张等资源通过再造、再生等生产活动进行再利用。在社区职工生活区建设沼气池，以生活垃圾、养殖的牲畜粪便制取沼气，利用沼气替代燃煤、燃气，广泛用于炊事、照明和发电，以沼液、沼渣为肥料用于经济绿化，形成有机绿色循环。既提高了资源综合利用水平，又达到了清洁生产的要求，具有显著的生态和环境效益。

总体来说，通过静脉资源的再利用，废弃物减量化可以带来一定的环境效益；因利用静脉资源，避免其他自然资源开发与加工过程也可产生生态环境效益；除此之外，静脉产业静脉资源的资源化过程中会产生一定的环境成本。前述两部分环境效益之和，剔除环境成本的剩余部分就等于静脉产业环境效益。

废弃物减量化引起的环境效益由四部分内容构成，针对其特点可采用排污收费标准进行估算。

因利用静脉资源，避免其他自然资源开发与加工过程产生的生态环境效益，前述环境效益分析方法都不合适，故此我们给出了再生资源代替自然资源开发过程产生的环境效益计算公式。

除此之外，废水、废气、固体废物的环境成本计算方法与利用静脉资源，废弃物减量化带来的环境效益计算方法相同。

（三）静脉产业社会效益特点与效益分析方法选择

静脉产业对社会文明进步的效益、静脉产业对居民健康的效益、环境治理后的防灾减灾效益、静脉产业产生的劳动力就业效益其总和构成了发展静脉产业所带来的全部社会效益。

通过静脉产业的运行，可使区域生态环境质量得到根本性的恢复和改善，使区域由资源线性耗费生产转为循环经济综合利用型生产。生产环节达到清洁生产要求，社区及周边城镇居民生活和工作环境得到显著改善和提高。此外，由于静脉产业的运行带动了整个经济的提高，居民经济收入将普遍增加。通过静脉产业的运营，可为社会提供大量就业岗位，稳定了社会环境，具有良好的社会效益。

为确定居民对静脉产业带来的教育与艺术、体育与娱乐、社会安全与社会凝聚力等方面支付意愿的最大金钱数量和不愿支付的最小金钱数量，并作动态比较，以反映静脉产业带来的社会文明进步效益的现值及其增减变化情况，针对社会文明进步效益的特点，采用条件价值评估法。条件价值评估法通过调查、阅卷、投标等方式咨询人们对环境质量的改善的支付意愿或忍受环境损失的受偿意愿来推导出环境物品、社会物品的价值。

由于环境治理而减轻的暴雨、洪水等对工农业生产和人民生命财产造成的危害的效益，根据其特点可用等效益替代法来进行计算。

针对劳动力就业效益，可用每年新增的由于区域发展静脉产业所引起的就业机会及就业人员增加数与这个地区年人均工资的平均值加以适当的调整来计算。

第三节　静脉产业效益分析模型构建

一、经济效益分析模型构建

静脉产业利用区域生产及生活过程产生的废弃物，通过收集、分类、运输、分解、再资源化及最终安全处置过程，实现废弃物资源化及再利用。将静脉资源进行再生产与再利用，销售处理再生产品得到的销售收入是静脉产业经济收益的主要部分，提高静脉资源再生产品的价格有益于静脉产业的发展。

（一）静脉产业的收入

对静脉产业进行效益分析，首先应该明确静脉产业收入的构成。基于静脉产业体系的特性，静脉产业的收入可以分为以下几个部分：

（1）正常收入。主要是指静脉产业生产的产品的销售收入。静脉产业利用其再生机制，通过对废旧物资等资源进行回收、加工、再生，或者是对设备设施及其他产品进行加工、修补、组装，向社会直接提供产品和资源，销售再生资源利用产业时获得收入。如果假设总收入为 $R_正$，单位产品价格为 P_I，产量为 Q_I，那么，正常收入为：

$$R_正 = \sum_{I=1}^{N} P_I \times Q_I \tag{11-1}$$

（2）间接收入。主要是指静脉产业"节约"了资源，相当于增加了社会财富总量而产生的收入，可以看作是一种隐性收入。这种节约是指静脉产业向社会供给了再生资源，从而减少了原生资源的供给，节约了为生产同样数量的原生资源而支出的成本。主要包括资源节约费 $R_资$、能源节约费 $R_能$、节省的排污费 $R_污$、废弃物 $R_废$、副产品综合利用获得的收入 $R_收$ 及环境资源节约费 $R_环$、社会资源节约费 $R_社$ 等。如果假设间接收入为 $R_间$，单位节约费用为 J_I，发生数量 Q_{JI}，那么，间接费用为：

$$R_间 = \sum_{I=1}^{N} J_I \times Q_{JI} \tag{11-2}$$

或者为：

$$R_间 = R_资 + R_能 + R_污 + R_收 + R_环 + R_社 \tag{11-3}$$

（3）环保收入。主要是指国家为了鼓励企业实施清洁生产、节约使用和充分利用资源等，制定相关的优惠政策，如税收减免和降低税率等，从而减少开支而获得的收入。税收政策具有巨大的潜力，已成为实现各种社会目标的工具。为了促进静脉产业的发展，我国的税收法律法规不断增加相关的优惠政策，如静脉产业企业免征增值税的政策等。假设为 $R_{环}$。

（4）补贴收入。主要是指企业因政府直接投入、财政补贴、经济奖励等获得的收入。静脉产业的发展具有很大的外部性，国家级的财政优惠及补贴政策在一定程度上提高了企业发展静脉产业的积极性。例如，企业因发展静脉产业节约了环境资源、增加了就业岗位，从而提高生态效益与社会效益。为此，国家根据企业对社会贡献的高低，给予一定的奖励或经济补贴，对这些企业的发展给予扶持。假设为 $R_{补}$。

静脉产业总收入为：

$$R_{总} = R_{正} + R_{间} + R_{环} + R_{补} \tag{11-4}$$

（二）成本部分

（1）从纵向对静脉产业成本分析。静脉产业成本主要包括资源回收成本、资源分类处理成本、资源拆解成本、资源再生成本、资源再造成本及资源再利用成本六部分组成，其中成本计算如下：

$$
\begin{aligned}
C_{成} &= C_{回费} + C_{薪} + C_{折} + C_{固} + C_{场} + C_{生} + C_{废} + C_{管} + C_{资} + C_{耗} + C_{污} + C_{税} \\
&= C_{回成} + C_{分成} + C_{拆成} + C_{再生成} + C_{再造成} + C_{再利成}
\end{aligned}
\tag{11-5}
$$

（2）从横向或成本转移方式分析。从成本转移方式或构成方面将静脉产业的成本分为可变成本（VC）和固定成本（FC）。

可变成本又分为三部分：购买成本（B），即得到静脉资源时支付的金额；保管成本（K），即静脉资源物的保管的费用；搬运成本（T），也就是搬运过程中车辆的燃料费用（与距离和重量成比例）等。

固定成本包括工资、土地、建筑物的使用及租赁费、车辆与机器设备的折旧费、通信费、利息支付的成本和其他的一般性管理费用。

由于可变成本与静脉资源量（Q）成比例，因此购买成本（B）和保管成本（K）、搬运成本（T）分别表示为各自的平均成本，也就是边际成本，即每增加一单位的静脉资源物所增加的成本。那么可变总成本可以表示为 $(B + K + T) \times Q$。

（三）静脉产业利润

静脉产业的利润从以下两个方面进行分析，如果从整个社会角度进行分析的话，应该扣除各种补贴等收入，因此，将其称为绝对利润 $\pi_{绝}$，计算公式如下：

$$\pi_{绝} = R_{正} - C_{成} \tag{11-6}$$

如果只考虑绝对利润，那么，只要绝对利润大于或等于零，此静脉产业可以发展，反之，则不可以。

静脉产业

如果从企业自身考虑的话，静脉产业收益应该包括各种补贴，一般称为相对收益，其利润称为相对利润 $\pi_{相}$，计算公式如下：

$$\pi_{相} = R_{总} - C_{成} \tag{11-7}$$

考虑相对收入后，收益范围扩大，利润也增加，因此，从这个角度，只要相对利润大于或等于零，静脉产业是可以进行的。

经济利润（R）为收入部分与成本部分的差额，单位固定成本为（AFC）。静脉产业的经济利润可用式（11-8）表示：

$$R = P \times Q - (B + K + T) \times Q - FC \tag{11-8}$$

那么静脉产业可以持续运行的条件就是：

$$P \times Q \geqslant (B + K + T) \times Q + FC \tag{11-9}$$

$$P \geqslant B + K + T + AFC \tag{11-10}$$

此时，静脉产业从业者每增加一单位静脉资源销售获得的平均利润（Aπ）为：

$$A\pi = P - B - K - T - AFC \tag{11-11}$$

当平均利润（Aπ）为零时，边际收益等于平均固定成本，即：

$$P = B + K + T + AFC \tag{11-12}$$

当再生产品的市场价格较低时，静脉产业经营者只有降低成本支出和静脉资源的购进价格才能实现自身利益的最大化。但在保管成本、运输成本和固定成本一定时，静脉产业经营者只能通过降低购进价格，以获得最大的购销差额。

由于购进价格直接与静脉资源供给者相关，因此，如果再生产品的市场价格相对较高，资源经营者也可能相对提高购进价格，刺激供给者经营活动的增加，即以损失一定平均收益为代价而获得更大的经营量，在实现规模经济的条件下实现更大的经营利润。

二、环境效益分析模型构建

静脉产业产生的环境效益可用式（11-13）表示：

$$C_{环} = Cx + Cy - Cz \tag{11-13}$$

其中，$C_{环}$ 表示静脉产业取得的环境效益；Cx 表示废弃物减量化带来的环境效益；Cy 表示避免其他自然资源开发与加工过程产生的生态和环境效益；Cz 表示静脉产业资源化过程中产生的环境成本。

（一）废弃物减量化带来的环境效益

废弃物减量化引起的环境效益（Cx）包括堆存占地损失 Cx_1、土壤影响损失 Cx_2、大气影响损失 Cx_3、水体影响损失 Cx_4 等 4 部分内容。其中堆放损失是指废物堆放占用土地造成的经济损失，采用机会成本法进行估算：

$$Cx_1 = Q/A_s \times B_s \qquad (11-14)$$

其中，Q 表示堆放废物总量；A_s 表示单位土地面积的废物堆积量；B_s 表示单位土地面积机会成本。

大气影响损失是指废物堆放引起的扬尘损失，水体影响损失是指废弃物渗滤液下渗对地下水造成的污染损失，土壤影响损失是指废弃物堆放过程对土壤环境的影响，废弃物产生的环境效益可采用排污收费标准进行估算，作为对环境的部分补偿，即：

$$Cx_2 + Cx_3 + Cx_4 = Q \times K \qquad (11-15)$$

其中，Q 表示固体废物总量；K 表示单位垃圾排污费。

所以固体废物减量化引起的环境效益如下：

$$Cx = Cx_1 + Cx_2 + Cx_3 + Cx_4 \qquad (11-16)$$

（二）避免其他自然资源开发与加工产生的生态环境效益

避免其他自然资源开发和加工产生的环境效益的估算过程，需要将静脉产业产生的再生资源向自然资源进行数量转化，再结合单位质量自然资源开发引起的环境效益数据，估算静脉产业产生的再生资源带来的避免自然资源开发产生的环境效益。

静脉产业产生的再生资源主要包括废旧物资、包装物、水资源、余热、废旧设备设施和基础设施等。再生资源代替自然资源开发过程产生的环境效益计算公式如下：

$$Cy = \sum_{i}^{n} Q_i \times K_i \times H_i \qquad (11-17)$$

其中：Q_i 表示静脉产业中 i 种再生资源的产量；K_i 表示 i 种再生资源向自然资源的质量转化率，即 1 吨再生资源相当于 X 吨自然资源的开放量；H_i 表示 i 种单位质量的自然资源开发过程中带来的环境效益损失，即 1 吨自然资源的开发引起 X 万元环境效益损失；i 表示再生资源的种类。

（三）静脉产业资源化过程中产生的环境成本

静脉产业资源化过程中产生废水、废气、固体废物等各类污染物，环境成本包括各类污染物对生产造成的损失、对生活造成的损失、对工作人员与劳动力造成的损失和各种补偿损失等。其中，废水、废气、固体废物的环境成本计算方法与废弃物减量化带来的环境效益计算方法相同。

三、社会效益分析模型构建

发展静脉产业所带来的社会效益有：

（1）静脉产业对社会文明进步的效益 C_a；（2）静脉产业对居民健康的效益 C_b；（3）区

静脉产业

域治理后的防灾减灾效益 C_c；（4）静脉产业产生的劳动力就业效益 C_d。

（一）静脉产业对社会文明进步的效益

社会文明进步效益采用条件价值评估法中的投标卡方法，了解当居民对静脉产业带来的教育与艺术、体育与娱乐、社会安全与社会凝聚力等方面支付意愿的最大金钱数量和不愿支付的最小金钱数量，并作动态比较，以反映静脉产业带来的社会文明进步效益的现值及其增减变化情况。

（1）个人愿意为静脉产业对社会文明进步支付的最大金钱数量：

$$E(WTP) = \sum_{i=1}^{m} p_i \times b_i \tag{11-18}$$

其中，$E(WTP)$为被调查者愿为静脉产业对社会文明进步的平均支付意愿上限；m为设定的指标值数量；p_i为第 i 指标值的被调查者愿意支付的频率；b_i为第 i 指标值的金钱额。

（2）个人不愿意为静脉产业对社会文明进步支付的最小金钱数量：

$$E(NWTP) = \sum_{i=1}^{m} p_i \times b_i \tag{11-19}$$

其中，$E(NWTP)$为被调查者不愿为静脉产业对社会文明进步的平均支付意愿下限；m为设定的指标值数量；p_i为第 i 指标值的被调查者愿意支付的频率；b_i为第 i 指标值的金钱额。

（3）静脉产业对社会文明进步的静态效益：

$$C_{a1} = \frac{E(WTP) + E(NWTP)}{2} \times N \tag{11-20}$$

其中，C_{a1}为静脉产业对社会文明进步的静态效益；N为被调查人口总数。

（4）静脉产业对社会文明进步的动态效益。

① 静脉产业对社会文明进步效益的增减值（假设支付意愿分类等级不变）：

$$\Delta C_a = C_{a1} - C_{a0} = \frac{E(WTP)_1 + E(NWTP)_1}{2} \times N_1 - \frac{E(WTP)_0 + E(NWTP)_0}{2} \times N_0$$

$$\tag{11-21}$$

其中，ΔC_a为静脉产业对社会文明进步效益的增减值；N_1为调查期该区域人口总数；N_0为基期该区域人口总数；C_{a1}为调查期该区域静脉产业对社会文明进步效益；C_{a0}为基期该区域静脉产业对社会文明进步效益；$E(WTP)_1$为调查期被调查者愿为区域静脉产业对社会文明进步的平均支付意愿上限；$E(NWTP)_1$为调查期被调查者不愿为区域静脉产业对社会文明进步的平均支付意愿下限；$E(WTP)_0$为基期被调查者愿为区域静脉产业对社会文明进步的平均支付意愿上限；$E(NWTP)_0$为基期被调查者不愿为区域静脉产业对社会文明进步的平均支付意愿下限。

② 区域静脉产业对社会文明进步效益的变动幅度：

$$\bar{C}_a = \frac{\Delta C_a}{C_{a0}} = \frac{C_{a1} - C_{a0}}{C_{a0}} \qquad (11-22)$$

其中：$\bar{C}_a$ 为区域静脉产业对社会文明进步效益的变动幅度。

（二）区域静脉产业对居民健康的效益

（1）因病潜在的寿命损失年数。YPLL，即潜在寿命损失年，是流行病学中用以衡量疾病负担的一个指标。它是指死亡时期期望寿命与实际年龄之差。将因某种疾病死亡的人群 YPLL 之和除以相应的死亡人数，即这种疾病平均的 YPLL。它的单位是年/人。

（2）减少因某种疾病而死亡的人数：

$$M_i = P \times A \times Q_i \times K_i \qquad (11-23)$$

其中：M_i 为减少因第 i 种疾病而死亡的人数；P 为总死亡率；A 为总人口；Q_i 为死因构成比；K_i 为归因系数，即归因于该污染物浓度下降的第 i 种疾病死无危险下降的百分比。

（3）减少过早死亡的健康效益：

$$C_{b1} = \sum_{i}^{n} (M_i \times YPLL_i) \times W \qquad (11-24)$$

其中：C_{b1} 为减少过早死亡的健康效益；$YPLL_i$ 为因第 i 种疾病的平均 YPLL；n 为疾病种类；W 为年平均工资。

（4）减少误工和医药费的健康效益：

$$C_{b2} = \sum_{i=1}^{n} N_i \times K \times (w_i + E_i) \times T_i \qquad (11-25)$$

其中，C_{b2} 为减少误工和医药费的健康效益；N_i 为减少的第 i 种疾病的发病人数；T_i 为每个第 i 种疾病患者平均误工天数；K 为假日修正系数；w_i 为日均工资；E_i 为日均医药费。

（5）区域静脉产业对人健康保护的总价值：

$$C_b = C_{b1} + C_{b2} \qquad (11-26)$$

（三）区域治理后的防灾减灾效益

可用等效益替代法计算由于区域治理而减轻的暴雨、洪水等对工农业生产和人民生命财产造成的危害的效益：

$$C_c = \sum_{i=1}^{m} R_i \left[\sum_{j=1}^{n} (U_{i,j1} - U_{i,j2}) \right] \qquad (11-27)$$

其中，C_c 为防灾减灾效益；R_i 为第 i 种灾害自然发生概率；$U_{i,j0-j}$ 为部门区域治理前同等 i 灾害造成的经济损失；$U_{i,j1-j}$ 为部门区域治理后同等 i 灾害造成的经济损失；m 为区域治理后的防灾减灾种类数；n 为灾害发生时危及的部门（单位）数。

（四）劳动力就业效益

用每年新增的由于区域发展静脉产业所引起的就业机会及就业人员增加数与此地区年人均工资的平均值加以适当的调整来计算：

$$C_d = N \times \bar{G} \times r \qquad (11-28)$$

其中，C_d 为区域发展静脉产业增加劳动力及就业效益；N 为区域发展静脉产业增加劳动力就业人数；$\bar{G}$ 为该地区人均工资额；r 为工资调整系数。

（五）区域静脉产业的总社会效益

区域静脉产业的总社会效益由区域静脉产业对社会文明进步的效益 C_a、对社区居民健康的效益 C_b、区域治理后的防灾减灾效益 C_c、劳动力就业效益 C_d 四部分构成，它们共同组成了区域静脉产业的总社会效益：

$$C_{社} = C_a + C_b + C_c + C_d \qquad (11-29)$$

其中，$C_{社}$ 为区域静脉产业的总社会效益。

四、静脉产业总利润模型

静脉产业总利润可以分为相对与绝对两种，绝对利润模型为：

$$R_{总绝} = R_{绝} + C_{环} + C_{社} \qquad (11-30)$$

静脉产业相对总利润模型为：

$$R_{总相} = R_{相} + C_{环} + C_{社} \qquad (11-31)$$

前述静脉产业利润模型是一个简化的模型，实际上静脉产业利润模型计算分析要复杂得多。对静脉产业项目分析，如果站的角度不同，出发点就不同，因此，具体使用时要根据具体情况进行具体分析。如果是静脉产业投资项目分析，要结合净现值、内部报酬率、期望值、投资回收期等方法进行动态分析或静态分析，并要进行风险分析。

本 章 小 结

本章分别就静脉产业的经济、环境和社会效益三方面来构建其效益分析模型。经济效益模型主要从静脉产业的经济成本、收入和效益三面来分析；环境效益则从废弃物减量化带来的环境效益、避免其他自然资源开发与加工产生的生态环境效益、静脉产业资源化过程中产生的环境成本三方面来构建分析模型；社会效益则从静脉产业对社会文明进步的效益、对居民健康的效益、区域环境治理后的防灾减灾效益和劳动力就业效益四方面来构建效益分析模型。至此，静脉产业的经济、环境和社会效益分析模型的构建完成，基本上实现了用一种新的方法对静脉产业的效益进行分析，为以后静脉产业效益分析方法的研究提供了选择依据，同时也为静脉产业投资分析提供了方法。

第十二章　静脉产业市场交易机制

静脉产业运行的交易机制，就是指静脉产业资源交易的各因素构成及作用方式，具体来说，包括交易方式、交易主客体、交易渠道、交易网络、静脉资源定价策略等内容，它们相互联系、相互作用，共同构成了一个完整的交易机制体系框架。

静脉资源交易的对象是静脉资源及其再生产品，资源交易机制主要研究的是如何来实现这些资源的合理流动问题，即通过何种方式来保证交易的顺利实现。合理的静脉产业资源交易机制有利于促进交易的实现，从而保证资源合理顺畅地流动，提高资源层级利用率和循环利用率，促进静脉产业健康发展。因此，本章将深入研究静脉产业资源交易机制框架，以期丰富相关理论体系，并为实践工作提供指导。

第一节　静脉产业资源交易特点与方式

从我国各行业实际发展情况来看，静脉产业的发展易受经济效益和外部不经济性两个方面的影响，由于存在着这种影响，其静脉产业的资源必然存在着交易性，这种交易是实现静脉产业集约化的基础。要建立静脉产业市场交易机制，首先要对静脉产业资源交易的实质、特点和交易的方式等进行分析。

一、静脉产业资源交易的实质

静脉产业的资源流动是静脉产业发展的基础，但是由于静脉资源的特殊性，决定了它不可能通过简单的物质流动形式实现其循环流转，它必须借助一定的外力，通过较为规范的交易的方式实现。静脉产业资源交易就是指两个或两个以上企业通过购买、出售或交易的方式寻求利用彼此的副产品和废弃物等静脉资源及其产品，而不是将其作为废弃物处理掉。

从广义角度来讲，静脉产业生产的产品在静脉产业市场中进行交易，而静脉产业需要的资源在市场上进行购买，其他多余的资源也在静脉产业市场上进行交易。另外，静脉产业生产过程中所需要的其他生产要素也再次进行交易。因此，如果要对静脉产业市场交易分析，必须首先分析静脉产业市场，然后才能分析交易范围、内容、数量、价格。

由于静脉产业发展的资源类型不同，不同资源必然带来不同的产品，有些产品可能具有良好的经济效益，具有市场化运作的基本特性，也就是产业的经济效益良好；而有些资源的产品不具有良好的经济效益，资源的外部不经济性非常大。具体来说，经济效益是指所产生的副产品和废弃物经过处理或加工，可形成具有一定价值的资源，这时，资源的所有者就享有了此资源的价值，使用者要想获得资源的使用价值，就必须支付一定的报酬给资源所有者，这样就产生了交易，这种交易会为静脉资源所有者带来一定收益，具有经济性。外部不经济性是指某项活动或物品对外界造成的不良影响，环境问题是外部不经济性的必然结果。由于静脉产业资源主要是指生产生活中产生的各种废弃物，如果这些废弃物不经处理就直接向外排放，势必会造成环境的污染，具有较大的外部不经济性；相反，若对这些废弃物进行一定的处理，使其达到循环使用的要求或排放标准，就可以避免或减少外部不经济性，但是这样生产者的外部成本就会增加，资源所有者要想获得收益来对外部成本费用支出进行一定的补偿，就必须要通过交易的方式来实现。

静脉产业资源交易的核心是建设一个在某一内部、整个或社会范围的企业间、居民间，或是企业与居民间交易各自生产运行所产生的副产品、固体废弃物、能源、水等静脉资源的交易系统。工业生态学认为工业系统中的物质、能源和信息的流动与储存并不是孤立的、简单的叠加关系，它们之间存在着一种相互依赖、相互作用、相互影响的链接关系，这种关系进而构成一个巨大的、复杂的网络系统，系统中的各种"资源"可以像在自然生态系统中那样循环运行。理想的工业生态系统应能以完全循环的方式运行"零污染"、"零排放"，也就是说，在这种状态下，没有绝对意义上的废物，因为静脉资源对一个部门来说是废弃物，而对于其他部门来说可能是一种资源。

在静脉产业资源交易网络内，各种在业务上具有关联关系的企业聚集在一起，一家企业产生的副产品和废弃物将通过交易的方式直接输送到另一家企业作为资源来使用，或经过一定程序、工艺将静脉资源进行处理加工之后，以半成品或成品的形式出售，供其他部门或单位使用。

具体而言，交易必须具备下列条件之一：

（1）XY < JY：企业利用拥有的静脉资源自己发展静脉产业所带来的动态收益小于静脉资源交易所带来的收益。

（2）WB > JB：企业支付的副产品或污染物排放费用大于支付给购买方的交易补偿。

（3）JB + ZB + XY > SC：卖方给予购买方的补偿、政府给予的补贴以及静脉产品的动态收益大于生产成本。

其中，XY 为静脉产业动态收益；JY 为静脉资源交易收益；WB 为废弃物排放费；JB 为静脉资源拥有方支付给购买方的交易补偿；ZB 为政府补贴；SC 为生产成本。

在生态环境保护、节能减排等背景下，最先出现的是碳交易，后又延伸到排污权交易等，也包括实物性的租赁。

静脉产业资源主要来源于生产、生活、社会活动等领域，这些消费活动的规模大，能够为静脉产业提供资源就多，反之，则少；这些消费活动消费资源品种多，能够为静脉产业提供资源品种就多，反之，则相反。静脉产业利用再生资源同样为生产、生活、社会活动等提供资源与产品，它能够提供资源与产品数量越大、品种越多，这些领域能够消费的资源数量就越大、品种就越多，进而再为静脉产业提供资源。它们之间协同发展形成了资源的循环再利用。

静脉产业

静脉产业市场包含副产品市场、废弃物市场、闲置资源市场、使用权市场及静脉产品市场五种市场，副产品、废弃物等回收取决于生产者、居民等消费者的习惯，对静脉产业重视，能够及时使这类资源得到回收交换，反之，则困难。闲置资源、静脉产品等使用又取决于生产者、居民等消费习惯，如果有消费这类产品的习惯，这类产品就能交换出去，反之，则相反。由此看来静脉产业市场与生产者、生活者的消费习惯有密切的关系，良好习惯的形成有利于静脉产业市场的发展。

二、静脉产业资源交易形成的动力来源

静脉产业资源交易与传统经济模式下的资源交易不同，传统的资源交易主要是在市场机制的作用下自发形成的，而静脉资源由于其特殊性，资源交易的形成不仅要受市场机制的影响，而且需要借助一系列作用力的推动，从而形成适宜的、有效的资源交易方式。具体来说，资源交易方式形成的动力来源有：

1. 共同愿景对企业的指引

所谓共同愿景，就是指人们所共同期盼达到的目标、实现的愿望。企业发展静脉产业，最希望达到的最终目标就是实现经济效益、社会效益和环境效益的统一。静脉产业致力于废弃资源的循环再利用，减少废弃物的排放量，提高企业的生态和社会效益，这种共同愿景无形中促使企业发展静脉产业，指引企业自觉地朝着愿景方向努力，寻求一切合理的资源交易方式，促使静脉产业资源交易方式的形成与成熟。

2. 承担社会责任的需求驱动

企业社会责任是指企业在创造利润、对股东承担法律责任的同时，还要承担对员工、消费者、社区和环境的责任。企业在生产过程中消耗大量资源的同时产生废弃物，对环境污染严重。基于承担社会责任的原则，企业对资源和环境的可持续发展负有不可推卸的责任，而履行社会责任，就是要节约生产资源并对把环境可能造成的污染降至最低。正是社会责任理念的作用，促使企业通过交易彼此产生的副产品、废弃物等静脉资源来实现对资源的节约和对环境的保护，从而才有各种静脉产业资源交易的形式。

3. 利益驱动交易

企业作为营利性的组织，追逐利润是无可厚非的。静脉资源采用交易的形式进行传递，主要也是为了满足企业利益的需要，如果发展静脉产业对企业毫无利益可言，静脉产业就无法正常地发展下去。由于市场机制的作用，使静脉资源及其产品也能够在交易中实现其价值，人们需要借助这种自发的市场运行规律，尽可能给予静脉资源合理的价值评定，适当时给予企业一定的利益补偿，利益补偿不仅体现在企业与企业之间的静脉资源交易价格上，也体现在政府对静脉资源交易过程的价值介入，这种介入体现在价格补偿和相关政策两个方面，这样才能有效保证静脉资源交易的开展。因此，企业静脉资源交易方式的选择也都尽可

能满足利益最大化的目标。

4. 国家政策与补偿的驱动

静脉产业模式下的资源交易不仅涉及整个经济体系的方方面面，而且与整个社会大系统的一切主要组成部分息息相关。国家对于清洁生产、节能减排、废弃物综合整治等方面的政策、法规可以促使更多的企业参与到静脉产业发展中来，从传统经济模式向循环经济模式转换，强化静脉资源的回收与利用工作，相应的资源交易也就应运而生。此外，政府补偿对于资源交易的形成起着重要作用，政府可采取一系列优惠政策，激励企业参与到静脉产业中来，如给予企业一定的税收优惠政策、奖励机制等补偿措施，会驱动静脉资源交易的形成与发展。

社会环境包括生存环境和工作环境，以及整个社会都要求企业治理生态环境，减少污染物的排放，进而使企业和社会发展静脉产业，进行产权的交易等。

综上所述，我们在推动静脉产业资源交易方式的形成时可从如下两个方面考虑，首先是从企业层面考虑，企业要重视社会责任，强化责任意识，注重环境和资源的可持续，达成共同愿景，构建相应文化氛围，使循环经济发展理念与静脉产业运行融入企业中；其次是在社会层面上，主要就是要在发挥市场机制作用的前提下，强化利益驱动因素对企业静脉产业实践的影响，探寻最为合理的利益构成，建立健全相应法律法规，强化政府监管。

三、静脉产业资源交易的特点

与传统经济模式一样，静脉产业资源交易也受市场机制的供需关系影响，市场机制的运作可以以价格为尺度衡量副产品和废弃物交易的价值，交易双方可以在市场中找到自身可以接受的价格。在循环经济模式下副产品和废弃物交易的过程中，虽然政府的政策法规有一定的影响，但主要还在于市场这只"无形的手"所发挥的巨大作用。副产品和废弃物的交易其根本的驱动力还在于经济利益。但是静脉产业模式下的资源交易与传统经济模式下的产品交易又具有不同的特点，传统经济模式下交易的重点是产品，而在静脉产业模式下交易不仅局限于产品，更多地集中在了副产品及废弃物等静脉资源及其再生资源的交易上，因此其交易除了具备产品交易特征之外，还有以下几个方面特点：

1. 静脉资源交易数量依附动脉产业的生产

企业静脉产业交易的对象是各种静脉资源及其再生产品，这些资源的产生是伴随着开采与加工的过程而产生的，也就是说企业在生产产品时往往带有一种或多种副产品和废弃物的产生，这些副产品和废弃物是相对稳定的，只要产品种类和加工工艺不变，副产品和废弃物基本不会变化。静脉资源的产量主要依附于动脉产业产品的产量，当产品产量高时，静脉产业所能提供的静脉资源数量就越多，总价值就越高；反之，就越少。除此之外，静脉资源的数量还与地质赋存条件有关。

静脉产业

2. 静脉产业资源交易主体具有相对性

企业生产所产生的副产品和废弃物虽然对于这个企业来讲失去了应用价值或潜在价值，但是对于其他企业来讲或许可以成为其生产的原材料。因此，静脉产业资源交易的主体也就具有相对性，循环经济模式下的交易就是要将一个企业静脉资源通过合法的手段转移给其他需要这些资源的企业，从而使这部分资源能够合理、有效地利用起来，减少资源浪费，静脉产业交易的客体就是这些副产品和废弃物及其再生产品，因而交易的双方多为特定企业或群体，消费者个体购买行为较少。同时，企业间易于结成共生的伙伴关系，这是维系交易或交易的主要因素之一，正是由于这种互利共生关系的存在，使静脉产业的交易能够持续地进行下去。交易主体的相对性如图 12 - 1 所示。

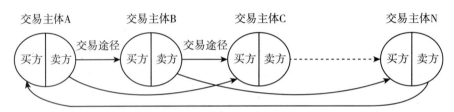

图 12 - 1　交易主体的相对性示意图

3. 静脉产业资源交易带来效益增值

静脉产业资源交易可以带动静脉资源的合理流动，为企业、社会带来效益增值，我们这里所讲的增值主要包括经济效益增值、环境效益增值和社会效益增值三个部分。

在经济效益方面，静脉资源的提供者和接受者在交易中皆可获益，提供者可以从销售中得到收入，从而补偿其加工处理费用，获得一定的经济效益；接受者可以节约原材料费用，因为多数废弃物的交易价格低于一般原材料费用。此外，在交易的过程中还可以使交易双方积极地寻找副产品和废弃物的新用途，增加它们的价值。经济利益的驱动是推动静脉产业资源交易的最大动力。同时，由于当地产业布局、市场竞争关系以及企业选址偏好等诸多因素的影响，企业可能选择在更大范围内搜寻价格、质量、供货数量等方面符合条件的合作者，而不采取与不符合要求的周边企业合作或者搬迁至其他地区的策略。

环境经济效益方面，由于副产品和废弃物交易减少了对有限资源的需求，减少了固体废物及污染物排放，环境质量因此得到改善，这符合可持续发展的理念，具有很好的环境效益。

社会效益方面，静脉产业的发展带来了许多新的工作岗位，可以为社会提供良好的工作机会，从而有助于缓解社会就业压力；此外，政府也可从静脉产业中收获更多的财政税收，社会效益显著。

4. 交易更容易受政策法规、相关技术等因素的影响

由于静脉产业产品的特殊性，有时候也需要借助国家政策的扶持、优惠等来帮助形成合

理的交易价格，保证静脉产业资源交易的顺利进行。静脉产业资源交易受国家政策的影响，政府的扶持性政策法规是保障交易顺利开展的重要条件。从区域特色来考虑，静脉产业资源交易关系的建立需要结合当地的产业结构、产业布局和自然资源等情况；静脉产业资源交易的成功需要有较高的副产品和废弃物处理技术予以支持。科学技术的进步，往往会使某些静脉资源用途扩大，从而提高了其经济价值。如果技术过不了关，静脉资源的消费者就无法充分利用生产者所提供的静脉资源，也就失去了静脉资源交易的意义。另外，更大的静脉资源循环网络超越了地域空间的限制，会使大量企业和静脉资源信息增加匹配难度，因而快速发展的信息技术、电子商务技术和数据库技术也为企业之间的静脉资源交易和合作提供了有力的技术支持。

四、静脉产业资源交易的方式

生产总是与交易并存的，在社会化日益提升的条件下，没有交易行为，整个社会再生产就无法进行，静脉产业亦是如此。对静脉产业资源交易方式进行研究，有利于保障静脉产业的正常运行。静脉产业资源交易方式可从两个方面来分析，一方面从市场交易目的的角度，可分为有偿交易、无偿交易和负交易三种类型；另一方面从交易的形态来分析，可分为直接交易方式、间接交易方式、联合型的交易方式、混合型的交易方式。

（一）从交易目的的角度来看

传统经济模式下企业与其利益相关者进行交易，交易的资源众多，既包括具体的物质资源和金融资源（如企业生产的、电力、资金），也包括某种抽象的影响他人能力的资源（如通过媒体影响企业声誉的能力、商誉等无形资产）。传统经济模式下企业对于产品、副产品和废弃物的交易一般采用有偿交易（又可分为正值交易与负值交易两种）和无偿交易两种形式，这两种交易方式在传统经济模式下既相互联系，又相互区别。

静脉产业资源交易同样可以采取这两种方式。这两种交易方式能促进企业努力寻求最佳的交易渠道，利用价格等手段来实现产品价值的最大化；而且也会促进企业将副产品、废弃物等静脉产业资源交易出去以获取收益，减少资源浪费。

负交易在传统经济模式下是不可能发生的，但在静脉产业模式下却是存在的。在静脉产业模式下，市场交易主体（主要是企业）更加注重经济效益、社会效益和生态效益的统一，于是产生了负交易。

1. 有偿交易

传统经济模式下的有偿交易是以获取利润最大化作为主要目的，常见的形式如企业在市场上出售产品获取收益等，企业通常会将生产的绝大部分的产品、部分利用价值较高的副产品以及极少数废弃物进行有偿交易，交易的动机就是获取最大利润。这种交易方式发生极为频繁，在传统经济模式下占据了主导地位，这一点在现实生活中可以得到验证。

静脉产业下的有偿交易与传统交易类似，主要是通过出售副产品、废弃物等静脉资源及

静脉产业

其产品，获取一定收益。静脉资源丰富，存在着巨大的潜在经济价值，具有完全的自主资源优势。以伴生矿高岭土资源为例，远景储量100多亿吨，矿层稳定，便于开采，且原料价格极为便宜，可深加工出许多优质产品。因此，企业可以采取有偿交易的方式，通过对这些共伴生矿物及其产品的出售，赚取利润。另外，废弃物主要包括煤矸石、煤泥、粉煤灰、矿井水、炉渣等，这些废弃物的可利用价值相对较低，但是可通过一定的工艺技术，使其成为再生产品，用来代替部分原材料或供其他部门使用，这类资源也是可以通过有偿交易的方式来实现其价值的。对于交易双方来讲，副产品、废弃物等静脉资源若想进行有偿交易必须具备两个方面的条件：一是技术上可行，二是经济上可以获得收益。

可见，有偿交易在三种交易形式中是最有利的，交易的双方都可以获得一定好处，出售方可弥补生产费用支出而获取收益，提高企业价值；购买方可获取价格相对低廉的原材料等资源，节约成本，因而这种交易方式是最容易实现的。

2. 无偿交易

传统经济模式下的无偿交易是以社会公益性为主，兼有获取一定的社会效益作为交易动机，通常企业会将极少数的产品用于无偿交易，同时企业也会将技术上不可行或经济上无法获取收益的副产品和废弃物进行无偿交易。由于无偿交易与企业创造经济利润存在矛盾，因此这种方式在传统经济模式下发生频率较低、偶然发生，处于辅助地位。

在静脉产业模式下，无偿交易经常发生，静脉产业中的极少数产品、部分利用价值较低的副产品以及部分废弃物通过无偿交易的方式实现资源交易。通常来说，静脉资源对不同企业来说具有不同的价值，企业间可通过静脉产业链相互沟通，互换资源，以实现资源的高效利用。这种交易方式可以帮助企业形成较为合理的资源流动网络，建立起高效率的闭环系统，既减少企业承担的各种费用，提高了经济效益，又可很好地改善生态环境。

3. 负交易

所谓负交易，就是指交易双方在进行资源交易时，资源供给一方除了向资源收购方提供相应的资源之外，还需要给予对方承担这部分资源处理的部分费用作为补偿。负交易方式的存在主要就是考虑了企业环境成本与效益的结果。在生产过程中会产生利用价值不高，直接排放又会对生态环境造成严重污染的废弃物，这个时候就有必要对废弃物进行处理，以消除或减轻其污染程度。企业可以采取自行处理的方式，也可以采用交易的形式将其转嫁给其他企业或部门，于是就产生了一种新的交易方式——负交易。负交易方式是在对传统经济模式下交易方式的继承与发展，它吸收了有偿交易与无偿交易的基本理念，是一种新型的交易方式。

负交易在传统经济模式下不可能发生，但在静脉产业模式下，是存在的。例如，经济主体A若向环境中排放废弃物，就必须交纳高额的排放费用，若将资源交易给经济主体B也需要给予对方一定的费用补偿，只要这部分费用低于排放费用，主体A就愿意进行交易，于是，负交易的发生就成为可能。发展静脉产业，对于生产过程中产生的那些再生利用价值极低且污染严重的废弃物，可以采用负交易的形式，将其出售给专门的处理中心，从而实现静脉资源的合理流动。

　　综上所述，静脉产业下资源交易的动机发生了变化，开始注重经济、社会、环境效益的统一，传统经济模式下再生利用价值低、对环境污染严重的废弃物一般不再进行交易，而这些废弃物在静脉产业中也是重要的交易资源，可以采用负交易的方式，实现提高资源利用效率与减少环境污染的双重目的。同时，若使静脉产业资源各种交易方式下的企业交易积极性都始终维持在较高水平，可以促使资源更加合理的流动，减少资源浪费，防止环境污染，三者是一种相辅相成的关系，它们共同作用，对实现资源层级利用、循环利用发挥着重要作用，从而有利于实现经济、社会和环境效益的统一。

（二）从交易的形态角度来看

　　静脉产业资源交易方式从交易的形态来看，可以分为：直接交易、间接交易、联合型交易、混合型交易方式四种类型。

1. 直接交易

　　直接交易方式，也就是说企业与企业之间直接进行静脉产业资源的交易行为。在这种交易形态下，企业不需要借助外部平台，可直接与资源需求企业联系进行交易，在市场机制的作用下，实现资源交易。政府或第三方为交易双方提供政策、资金、技术等支持。如生产时产生的大量煤矸石，企业可选择矸石燃烧时间长，热值在400J/kg以上的煤矸石，直接出售给发电厂用作发电燃料或供热燃料。直接交易方式如图12-2所示。

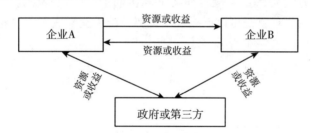

图12-2　静脉产业资源交易方式——直接交易

2. 间接交易

　　间接交易方式，是指企业之间通过借助一个交易平台来进行静脉资源交易，交易平台的主要作用就是为交易双方提供有益信息，以帮助交易双方更好地寻找合适的资源。静脉资源交易平台的形式多种多样，它既可以是个人、相关公司、组织、政府所专门组织的机构，也可以是一个数字化的网络平台，在这个组织或网络平台里，提供了大量的资源价格、供求、数量等信息，交易双方可以根据信息在这个平台上完成交易，资源需求者可以迅速地找到合适的资源供给方，以较低的价格获得静脉资源，满足其使用需要；资源提供者也可通过查阅相关信息，获知资源需求情况，更快地找到合适的买家，获取资源交易收益。政府或第三方的作用依然是促成交易达成。间接交易方式如图12-3所示。

静脉产业

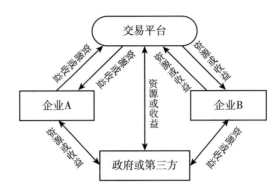

图 12 - 3　静脉产业资源交易方式——间接交易

3. 联合型交易

联合型交易，包括两种：第一种是上游的多个企业联合起来，建立协作关系，将各种资源交易给下游企业；第二种是下游的多个企业联合起来，建立协作关系，将各种资源交易给上游企业。在这种交易形态下，企业不再作为单个个体，而是联合起来，集中资源，然后再进行交易，这样可以使静脉资源数量更多，种类更丰富，方便资源需求者获取合适的资源。产业内可能包含多个企业，各企业规模不一，生产时产生的废弃物数量种类也会有所差别，若单个企业进行交易，可能无法直接满足需求，单个企业的交易成本也相对较高，而采用联合型交易方式可以很好地解决此问题，即将资源协同汇集，统一交易，建立长期的协作关系，此交易方式最大的优点就是可以形成规模优势，减少交易成本。政府或第三方的作用同上。联合型交易方式如图 12 - 4 所示。

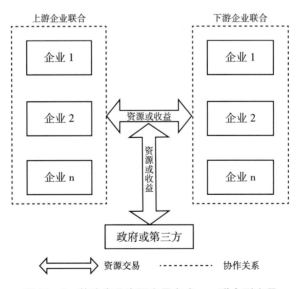

图 12 - 4　静脉产业资源交易方式——联合型交易

4. 混合型交易

混合型交易方式是指对于上述交易方式的综合形式，种类繁多，形式也更为灵活。企业在进行静脉资源交易时，通常不会只采用一种方式进行交易，而是根据资源特点等因素，采用上述两种或两种以上的方式进行交易，以克服单种交易方式的不足之处，保障资源交易的顺利进行。

第二节 静脉产业资源交易的主客体与交易渠道分析

本部分主要根据静脉产业资源的资源数量、资源用途、资源分散情况等特性，从地理位置、产业关系、资源属性、隶属关系和隶属关系传递等方面分析资源交易的主体、渠道和交易网络。

一、静脉产业资源交易的主体和客体

静脉产业资源交易的主体主要包括生产者、消费者、政府，各主体之间并没有严格的界限，它们相互联系，共同作用，是静脉产业交易的主要执行者；客体则是指副产品和废弃物等静脉资源及其处理后所形成的再生产品，是静脉产业交易的主要对象。

1. 生产者

发展静脉产业，各企业是主要的静脉资源生产者。这里的生产主要有两方面含义：一是生产会产生各种副产品，可作为静脉资源直接进行出售；二是生产产生的各种废弃物，如煤矸石、粉煤灰、矿井水等资源，企业可对其进行加工处理，使其成为有用的资源，进而开展静脉产业资源交易。静脉资源交易有时需要借助其他力量的帮助，如第三方的交易平台或集中的资源加工处理中心，各企业将自身生产所产生的大量废弃物等静脉资源集中输送到处理中心，由其进行统一的处理工作，这个时候，第三方交易平台或资源处理中心就承担起了静脉资源生产的角色。当然，静脉资源交易主体的角色并不是绝对界定的，各主体之间的角色也存在着相互转换的现象，如企业内部静脉资源的循环流动与利用就使企业自身既是资源生产者又是资源的消费者。

2. 消费者

即静脉资源交易行为中的资源购买者，企业实施购买行为，是为了获得资源的使用价值。静脉产业的再生产品可以为企业节省原材料，节能减排，集经济效益、环境效益与社会效益于一身。居民生活中使用静脉资源，也是一种消费行为。消费者作为中间产品和最终产品的广大用户，他们在消费过程中也会产生一些废弃物和污染物，他们也是自然资源的消耗者，因此，消费者虽然不是再生资源及产品的生产者，但却是环境影响力的产生者，从这个意义上说，消费者在静脉产业发展过程中也起着重要作用。消费者应树立正确的消费观，尽可能减少物质资源消耗，降低废弃物及污染物的产生。

3. 政府

在静脉产业发展过程中，政府扮演者特殊的角色，具有三重身份。首先也是主要的，政府是管理者、决策者和仲裁者，相关的主要职责包括提供公共产品（环保基础设施、环境教育等）、校正外部性（制定相应制度政策等）和完善市场（维护公平竞争秩序、公共定价等）等。其次，政府也是一个消费者，从事着消费活动。最后，政府还是静脉产业发展中行为的示范者和引导者，通过自身的积极参与和率先垂范产生示范效应，为静脉产业发展创造良好的氛围。市场失灵现象的存在，为静脉产业发展中政府这只"有形的手"介入提供了理论支持和现实空间。

静脉产业下的资源交易主体具有多样性，这种多样性是维持交易平衡的基础。由于各主体所处的行业和地理位置不同，或者即使是同一地区的同一行业，由于不同主体的规模不同，对于原材料等资源的需求数量、质量、种类也不同，这样所生产出来的再生产品的种类、质量、数量也就有所区别，正是因为各个主体之间的多样性才使主体之间的交易成为可能。

在静脉产业资源交易领域中，交易的资源（即交易客体）主要就是副产品、废弃物等原始静脉资源，以及对这些资源加工处理后的再生产品。在静脉产业的投入资源中，一部分资源本身就具有一定价值，可以直接出售给相关企业用作生产原料或辅助材料；还有一部分资源需要经过一定的加工处理程序，使其成为再生产品，再次进入市场；对于无再利用价值的废物，多经处理后排放，减少对环境的污染。可见，静脉产业资源交易领域涉及了多种类型的资源交易。

二、静脉产业资源供给方式

静脉产业的兴起使资源供给的方式发生了变化。如图 12-5 所示，传统的资源供给渠道单一，并且大部分资源经过生产、生活、社会等消费过程后变成废弃物，无法循环利用。

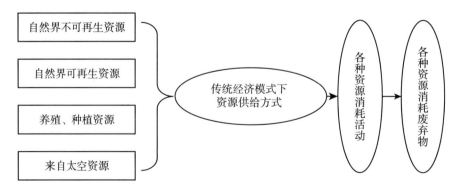

图 12-5 传统经济模式下资源供给过程

第十二章　静脉产业市场交易机制

静脉产业的兴起引起资源供给渠道的变化，静脉产业的发展使新投入资源通过传统供给渠道输入生产、生活、社会等各种资源消耗活动中去，经过消耗活动后所产生的副产品、废弃物等遗留产物中可循环再生的部分通过回收系统进入静脉产业领域中，经过静脉产业的再加工、再制造等生产活动，成为可利用的资源又重新投入生产、生活、社会活动等相关消耗活动中去，如此反复，直至资源无法循环利用为止，这是静脉产业发展模式下资源供给过程。

两种不同的资源供给方式，后者较前者对资源的有效利用效率高，方法先进，拓宽了资源供给的渠道与方式，为解决资源制约经济、社会发展的问题开辟了途径。静脉产业的发展，尤其是静脉产业体系的不断完善与深化，将对相关领域引起哪些变化，人类将采取怎样的应对措施是今后关注的重点。要分析这些问题，必须首先对静脉产业基本机理进行分析。

1. 资源供给渠道的变化趋势

在前面分析的基础上，从资源供需平衡角度进一步分析资源供给渠道变化所带来的影响。用 $\theta_{生产需}$ 表示生产所需要的资源数量，$\theta_{生活需}$ 表示生活所需要的资源量，$\theta_{社会需}$ 表示社会公益活动等所需要的资源量，假设三者之间不重叠，都是独立性需求，那么一定时期内整个社会所需要的资源总量为：

$$\theta_{总需} = \theta_{生产需} + \theta_{生活需} + \theta_{社会需} \tag{12-1}$$

如果用 $\theta_{新投}$ 表示新生产（投入）的资源量，$\theta_{循环投}$ 表示静脉产业生产的资源量，$\theta_{不}$ 表示新投入的不可再生资源量，$\theta_{自可}$ 表示自然界可再生资源投入量，$\theta_{农业}$ 表示养殖、种植提供的可再生资源量，$\theta_{太空}$ 表示来自太空的资源量，那么在一定时期能够向社会提供的资源总量为：

$$\theta_{总供} = \theta_{新投} + \theta_{循环投} = \theta_{循环投} + (\theta_{不} + \theta_{自可} + \theta_{农业} + \theta_{太空}) \tag{12-2}$$

平稳发展时资源的需求量等于资源的供给量，可得平衡式如下：

$$\theta_{总需} = \theta_{总供} \tag{12-3}$$

将式（12-1）与式（12-2）代入式（12-3）可得如下平衡式：

$$\theta_{生产需} + \theta_{生活需} + \theta_{社会需} = \theta_{新投} + \theta_{循环投} = \theta_{循环投} + \theta_{不} + \theta_{自可} + \theta_{农业} + \theta_{太空} \tag{12-4}$$

从式（12-4）中可以看出，当 $\theta_{生产需}$，$\theta_{生活需}$，$\theta_{社会需}$ 一定时，社会对资源的需求量一定，能否满足社会需要关键取决于资源的供给，当社会对资源的需求量发生变化时，资源的供给量也会发生变化。从资源供给渠道方面分析，社会需要的资源主要来源于新投入资源与循环利用资源两部分，这两大资源供给渠道之间是相互补充、相互竞争的关系，当某个渠道资源供给量不足时，另一个渠道可以补充资源的不足；但当资源供给大于资源的需求时，两者之间存在竞争的关系，它们之间争夺资源的利用领域。对新投入资源渠道进一步细分发现资源的来源由原来的两个扩展为五个，这些资源供给渠道之间同样是相互补充、相互竞争的关系。资源供给渠道的多元化，导致未来资源供给方式及其他方面的变化，资源供给渠道的

静脉产业

变化将引起其他一系列的变化。并且随着社会的发展，人口的增加，经济规模的扩大，对资源需求量将不断增加，而与此相反，已经开发利用的不可再生资源将不断减少，因此，静脉产业将成为未来资源的重要来源。静脉产业的发展在缓解资源供需方面矛盾的同时，将引起生产方式、消费观念等领域的变化，人类必须积极适应这一形势的变化，对自己的生产、消费行为进行及时的调整。

2. 静脉产业兴起对相关领域的影响及调整策略

通过前面的分析可以看出，随着资源供求关系的日趋紧张，资源来源将发生变化，既相互竞争又相互补充的静脉产业与传统动脉产业将构成未来资源供给的主体，成为经济持续稳定发展的保障。未来静脉产业的快速发展对现今诸多领域产生影响，而为了确保经济的平稳发展，应当采取措施积极应对由这些影响所带来的变化。

（1）资源供给渠道的变化。

静脉产业的快速发展，最先影响到资源供给渠道的相应变化。通过前面分析可以看出，资源供应渠道将由新投入资源领域与循环再生资源领域两个渠道组成。从新投入资源领域方面看，近期可再生资源与不可再生资源两大供给渠道并重，互为基础，相互补充；未来将以可再生资源的供给为主，不可再生资源的供给为辅。从目前静脉产业发展情况来看，近期，静脉产业提供的资源还无法替代动脉产业资源供给的主导地位，但是传统资源供给量在静脉产业发展下所占资源供给的比例会下降，将来静脉产业供给的资源量与动脉产业资源供给量平分秋色，并有可能取代动脉产业的供给量，成为主要渠道。适应这一变化趋势，应积极采取应对策略：缩减资源耗费较高、产出效益不高产业的数量和规模，加快利用循环再生资源的产业发展的速度与规模；加大科研投入力度，为开发利用静脉产业所提供的资源开辟途径。

（2）观念转变。

资源生产供给方式的变化将引起生产观念发生重大变化，将改变过去单纯通过量的增加来扩大生产规模、提高产值的做法，转而通过功能的修复或更新来增加产值；消费行为也将发生转变，将会从过去的淘汰物质或耗费物质的消费行为转为耗费功能或价值的消费行为，由传统的大量消费、大量废弃式的消费转向够用为主式的消费，多数资源能够在消费领域得到重复循环利用。为此，应该从税费方面制定政策，鼓励循环再生产业与新投入资源中的再生产业发展，限制不可再生资源开采产业的发展；鼓励消费循环再生资源与可再生资源，限制消费不可再生资源。

（3）产业结构转变。

产业结构将会由原来的以制造业为主体转变为以服务业、农业及静脉产业为主体的产业体系。这是由于在传统的以制造业为主体的经济发展模式中，耗费的资源主要是不可再生资源，当资源来源途径发生重大转变时，适应可再生资源以及循环再生资源利用的农业和静脉产业等产业形式就会占据产业体系中的主导地位。为此，应该出台有关政策，鼓励静脉产业、农业等健康发展，尤其要鼓励以服务维修、产品功能修复、产品技术更新、功能更新等为主体的服务业的发展，在有条件的高等院校应该及时设立相关专业，为这些产业的发展提供人才保障。

（4）外贸政策转变。

当前外贸，尤其是发展中国家的对外贸易主要是以输出物质资源为主，由于资源供给日趋紧张，未来资源将转向以再生资源为主体，因此外贸将从传统的以有形物质资源输出为主转向以价值资源或功能资源输出为主。随着静脉产业的发展完善，废旧物资将成为资源的重要来源，也将成为外贸进口的主要物资，产品功能修复与更新将引起贸易格局的变化，将形成产品出口—产品使用—功能落后或功能缺陷产品进口—产品功能更新或修复—产品出口—产品使用—再进口等反复循环产品进出口的格局。为此，应该加大这方面的研究力度，及时调整外贸政策，尽量减少以物质资源为载体的产品出口，增加技术、科技含量高的产品出口，尤其增加第三产业产品出口，尽可能减少初级资源出口，减少高耗费资源性的产品出口，尤其是要减少不可再生资源为主体的产品出口，大力组织对外服务型的劳务出口；根据经济发展需要，依据科技发展水平，积极研究废旧物资进口的政策与方法，循序渐进地组织废旧物资的进口，以补充资源的不足；及时发展功能更新或修复性产品进出口贸易。

（5）价格税费机制的变化。

为了尽可能减少新投入资源，尤其是不可再生资源的使用量，在征收资源开采费、使用费、环境保护费、排污费等基础上，应该对产品价格按使用资源的类别不同分别制定，也就是制定新投入资源与循环再生资源产出品的价格比，提高新投入资源的价格，尤其是提高不可再生资源生成品的价格，降低循环再生资源生成品的价格，鼓励消费循环再生资源生成品；通过征收不同级别消费税来调节产品的价格，对新投入资源产成品征收高额的消费税，对循环再生资源产成品征收较低或不征收消费税；实行补贴的方式鼓励静脉产业的发展，就是从税收中拿出一部分用以补贴某些起步阶段的静脉产业的发展；实行递进税费制，就是根据资源的稀缺程度分别制定不同的税率或收费标准，稀缺程度高的税率高，收费标准高，反之则相反。

（6）生产方式变化。

生产观念由传统的物质生产观念向服务为主的观念转变，如何提高资源使用价值，开发资源的功能将是产品开发研究的主要方向。从以物质资源为主体的生产方式转化为以功能或使用价值为主体的产品生产，尽可能提高物质资源的循环利用率，就是物质资源只是产品功能或用途的载体，而不是实体；新产品的产量将严格控制，而对已有产品的维修、更新换代等将成为社会生产的主流，以维修、技术更新换代为主，使用新物质生产的产品将受到控制，服务业将成为社会的主流产业。为此，应该对传统的产品设计生产方式进行调整，使产品由过去的粗老笨重、高耗材、高耗能转向精细化、灵巧化、低耗材、低耗能为主；加强标准化研究与标准化进程，使多数部件能够在不同的领域使用，扩大部件，尤其是报废产品部件的应用范围。适应形势发展的需要，培养人才，大力发展知识经济与功能经济。

（7）消费方式变化。

过去以占有物质产品为主体转换为以占有功能或使用价值为主体；大量废弃为主的消费方式将被循环利用或循环消费为主体的消费方式代替。整个社会将构成资源交换平台，实现资源在不同社会群体之间、不同区域之间，甚至在时间空间上实现交替循环使用，实现社会层面的资源循环利用。因此，社会应该加大产品功能修复、更新、功能换代等技术研究力度，从环保、卫生等方面加强对二手产品加工整理技术的研究；制定二手产品再利用、交换等政策与制度，建立规范的二手产品市场体系，构建覆盖社会各个领域的二手资源交换网络，为消费领域进行二手资源交换提供平台；加大宣传教育力度，积极引导居民消费观念的转变，为二手资源开发利用奠定基础。

（8）农业的发展变化。

传统农业是以提供人类基本生活需要资源为主，提供工业生产原料为辅，新型农业将被分成两部分：一是继续提供基本生活资料及工业原料；二是发展生物质能产业，农业为这些产业提供原料。随着科技发展，人类需要的部分能源的原料将通过农业来解决，植物能源、动物能源等将成为主要组成部分，农业的新形式——能源农业将会出现。以此为基础，需要在传统农业的基础上，加大资源农业，尤其是能源农业的科研投入，加强对农业废弃物资源化的利用研究。与此相适应，进行产业结构的调整，有计划有步骤地发展以农业为基础的制造业、能源加工业，大力发展以农业产品为能源的设备设施及交通运输工具，大力发展农业资源为主的材料、能源转换产业。

（9）循环资源开发利用。

可再生资源不可能完全替代不可再生资源，当前的生产、生活、社会等活动领域的主要资源还是由不可再生资源构成，而不可再生资源数量急剧减少，促使人类把资源利用重点转向不可再生资源的循环利用上，静脉产业将成为人类获取资源的重要渠道。人类将通过科技发展尽可能延长不可再生资源的使用期限与循环利用次数。顺应这一发展变化的要求，应该加大资源分类、分离、再造、再生、再利用、处理等方面的科研力度，研发相应的技术、工艺、设备设施；加大以再生资源为主体的新产品开发力度，为循环再生资源的利用奠定基础；加大产业调整力度，适应环境要求，按照静脉产业的构成机理发展相关产业，建立完善的静脉产业体系。

（10）强化完善第三产业，大力发展功能修复为核心的服务业。

静脉产业的兴起与发展，使资源利用方式由传统的以有形制造为主转向以功能升级、功能修复、使用价值开发为主；由过去大量耗费资源转向尽可能开发功能或使用价值，物质资源变成功能或价值的载体；由追求物质资源转向追求功能或使用价值。因此，第三产业应及时进行产业内涵的调整，除传统内容外，应增加以已有产品为载体，以技术更新、功能升级、功能修复、使用价值修复等为目的，丰富第三产业的内涵，应该在电子、机械设备设施、交通运输工具、制造工具等领域的服务业发展的基础上，加大科研力度，将其推广到其他相关行业，最终覆盖所有的产业；适应形势发展的需要，建立相应的人才培养机制，增加维修、功能转换、功能修复、功能升级、价值升级、技术更新等人才培养专业，为满足国内外对这方面人才的需求奠定基础。

为解决日益趋紧的资源供给矛盾，尤其是缓解不可再生资源日益枯竭而造成的压力，人类正在寻找各种替代方法和新型的资源供给渠道，而在循环经济基础上兴起的静脉产业为缓解资源需求的矛盾开辟了新途径。它对延长不可再生资源的使用期，推迟不可再生资源枯竭期的到来，将起到决定性作用。静脉产业的兴起与发展引起资源供给渠道的变化，引起生产、消费等观念的变化，进而引起产业结构、贸易方式等一系列的变化，这些变化也催生一系列新产业的出现，促使原有产业的蜕变，人类必须在科研、教育、文化、伦理等方面进行调整，才能适应这些变化，才能保证经济社会的持续稳定发展，否则，将落后于环境的变化，丧失发展的良机。

三、静脉产业资源交易渠道

在商业领域，商品通过流通渠道卖向不同的区域，以达到销售的目的，静脉产业资源交易渠道亦是如此。结合静脉产业的特点，本书将其分为内部交易渠道和外部交易渠道两种。

1. 内部交易渠道

企业拥有众多下属企业，这些下属企业往往不具有独立法人资格，企业间也不具有所有权上的隶属关系，而是归企业统一管理决策。将企业看作一个个体，那么，其下属企业内部、下属企业之间的资源交易渠道，就可以视为内部交易渠道。

内部交易渠道解决企业内部资源交易的问题，它受到企业自身情况诸如部门间协作程度、决策者重视程度以及经营情况等因素的影响，具有建立方便、成本低等优点。具体来说，内部交易渠道可以分为三种：一是企业内部各工序、各部门之间的交易，可以称为工序（部门）交易；二是同一区域内下属企业之间的交易；三是不同区域内下属企业之间的交易。

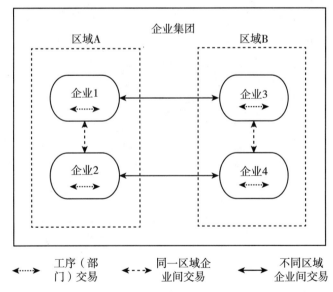

图 12 - 6　静脉产业内部交易渠道

如图 12 - 6 所示，在企业这个整体下，存在众多下属企业，每个企业自身都存在着内部静脉资源的交易，上一工序（部门）产生的静脉资源可以输送给下一工序（部门），通过交易的形式完成，有助于提高各部门的节能降耗意识，提高资源使用效率。同时，同一区域内

静脉产业

部下属企业之间也存在着静脉资源的交易行为，借助地理位置的优势，将部分企业自身无法消耗或多余的静脉资源输送到较近企业，达到资源互补的效果。对于一些特殊的静脉资源，它的使用对象可能较为单一，为了能够很好地满足资源的供需情况，就有可能需要不同区域下的企业之间进行交易，实现资源合理流动，促进静脉产业发展。

2. 外部交易渠道

外部交易渠道解决企业外部资源交易的问题，主要包括同区域同行业之间的交易、同区域不同行业之间的交易、不同区域同行业之间的交易、不同区域不同行业之间的交易四种类型。

外部交易渠道的影响因素较多，它除了受企业自身情况的影响之外，还受到法律、政策、人文、其他企业经营状况等诸多外部因素的影响，因而在建立外部交易渠道时可能需要花费大量的人力、物力、财力，但是它可以很好地解决内部交易的一些局限性，如企业所需要输入的资源无法全部通过内部交易渠道获得，企业输出的资源也无法全部通过内部交易渠道消化，也就是说存在资源供需不平衡的现象，因而外部交易渠道对静脉产业发展来说是必不可少的。

静脉资源通过内部交易渠道和外部交易渠道形成了不同类型的交易网络，如图 12－7 所示。

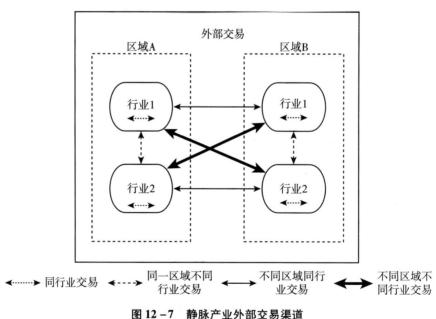

图 12－7　静脉产业外部交易渠道

四、静脉产业资源交易网络

静脉产业模式下的交易网络可以分为两种：

1. 主导型交易网络

主导型交易网络是指在静脉产业资源交易网络体系中存在一家或多家核心企业，这些企业规模较大，产生的静脉资源种类丰富、数量较多，是静脉产业的核心生产力量，其他附属企业依附于这些核心企业，在此基础上构建并形成的资源交易网络。这种交易网络较为普遍，企业可以采取这种方式，构建企业下的资源交易网络。围绕企业核心业务建立起来的一系列下属企业与企业共同参与静脉产业发展，充分利用各种副产品和原材料等静脉资源，形成内部交易网络。

这种资源交易网络最大的优点是可以充分利用优势，以较低的价格获取所需静脉资源，交易较为顺畅。但是这种网络也存在不足之处，即附属企业对于主导企业的依赖性较大，一旦主导企业的经营环境发生变化，交易网络的稳定性就会受到直接影响。

具体网络模式如图 12 - 8 所示。

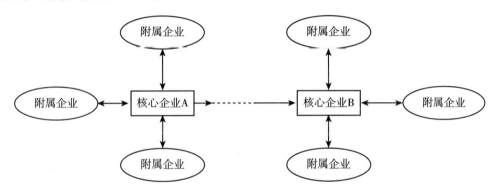

图 12 - 8　主导型交易网络

2. 对等型交易网络

对等型交易网络是指相互进行静脉资源交易的企业之间地位是平等的，不存在附属关系，各企业拥有资源所有权或使用权，在正常生产经营的基础上参与静脉生产，合理利用自身的静脉资源，同时也从其他企业购买部分静脉资源及再生产品，满足其生产经营的需要。这种网络模式最大的特点就是交易形式较为自由、灵活，简化的网络结构模式如图 12 - 9 所示。

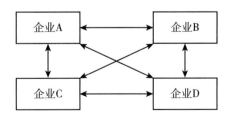

图 12 - 9　对等型交易网络

伴随着无线电通讯、电子计算机、互联网等技术手段的出现，数字型交易越来越普遍。静脉产业下用于交易的资源种类多、属性复杂、需求量较一般产品而言较小、分布范围广，这些特殊性在一定程度上会制约资源的交易，而数字型交易可以很好地解决这些问题，特别是对于那些信息不畅造成的交易失败，通过数字型交易平台的建立，企业可以及时准确地了解静脉资源动态，对比资源价格及区位优势，从而大大提高企业间静脉资源的交易成功率，有效地节约交易费用。由此可见，数字型交易网络是一种新型的资源交易网络，它突破了传统的固定地理界限，借助现代信息技术手段，用信息流建立开放式动态联盟，因此具有极强的适应性。

第三节 我国城市固体废弃物的交易体系

一、废弃物交易平台

在我国静脉产业的发展中，因废弃物的产生者、排放者和回收者、最终处理者等主体之间存在着时空连接上的信息不对称，致使许多交易无法及时完成。同时，城市固体废弃物中的再生资源成分往往十分复杂，难以及时找到合适的回收者，企业只能将这些废弃物暂时堆放在仓库等地，占用了大量空间，也带来了一系列安全隐患。另外，废弃物交易平台的存在能减少交易次数，降低交易成本，如图 12-10 所示。

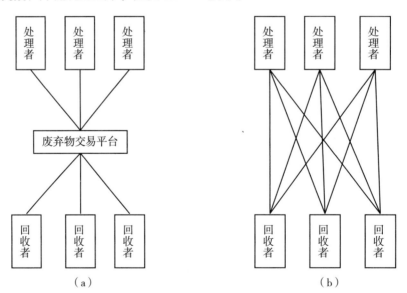

图 12-10　废弃物交易平台存在的必要性图示

图 12-10 显示了废弃物交易平台存在的必要性。假设存在三个最终处理者和三个回收者，在这个模型中，交易次数随着交易平台的建立而大大减少，在存在废弃物交易平台的

（a）图中，城市废弃物交易平台分别与回收者、最终处理者之间进行交易，市场交易总次数为6次，而在不存在交易平台的（b）图中，交易次数共有9次，以此类推，如果有更多的回收者和最终处理者，存在交易平台的市场交易次数减少的效果会更加明显。交易次数的降低能节约交易成本，促进产业链运行效率的提升，最终会提高城市固体废弃物处理产业相关经济主体的经济利润，促进城市固体废弃物处理产业的发展。

目前，我国部分城市已着手搭建固体废弃物交易平台，如苏州市、东莞市的加工贸易废料交易平台等。但是总体上，我国绝大多数城市还未建立类似平台，仅靠排放者和回收者之间"面对面"的方式联系与交易，使我国固体废弃物交易的信息化程度总体偏低，现代物流、虚拟空间交易等先进手段在废弃物交易中所占比重更是微小。因此，在我国城市固体废弃物处理产业发展进程中，要积极推进交易体系建设，建立废弃物交易平台，及时发布市场供求信息，鼓励有条件的大企业建立企业网站并披露相关行业信息，积极宣传环保观念，以及国家政策、行业的实时数据和发展趋势等，为废弃物处理产业提供信息支撑。此外，各个城市等行政区划单位要建立类似专业性质的网络平台，及时提供本区域的行业动态和信息，加强对虚拟交易平台的管理，规范交易秩序和交易企业行为，建立及时披露等信息化公开制度，为整个产业健康发展提供切实的帮助。

在建立虚拟交易平台的同时，还应注重建立相应的实体性废弃物交易市场，形成废弃物批发、零售等完整商业产业链。不同种类的废弃物有不同特点，决定了城市固体废弃物资源化的路径也各不相同。以废纸资源化处理为例，目前我国废纸回收体系不完善，废纸从居民到最终处理要经过多次转卖交易，增加了回收成本；政府对废纸回收的监管不到位，回收网点规划不合理，企业进入壁垒低，市场竞争秩序混乱。综观废纸回收行业，从回收、分拣到打包等过程的管理机制均缺乏规范性，使废纸的资源化程度总体偏低。除了要完善废纸的回收体系外，还要构建完善的交易体系，建立废弃物交易市场，不仅能为废纸生产者提供交易场所，也为废纸处理企业提供信息，并节约了交易成本，有利于提升废纸处理产业的效益。

二、旧货市场

旧货市场，又称旧货交易中心，是指已进入消费领域但仍具有一定使用价值的商品，由于特殊原因，又重返流通领域，再次被买卖、流通，再一次进入消费领域的过程。城市固体废弃物中有大量仍具有使用价值，或者虽有瑕疵，但经过简单修理就可重新获得使用价值的旧物质，如因款式落后而被淘汰的手机、旧家居等，通常，这些旧物质的所有者会采取送人、当垃圾卖给废弃物回收者、直接丢弃或是卖入旧货市场等方式处理旧物质。其中，流入旧货市场因能获得较高收益而成为旧物质所有者最期望的处理方式。因此，建立旧货市场有利于废弃物中的旧物质寻求更合适的资源化处理路径，减少静脉产业中间环节和最终处理环节的压力，推动资源再利用、资源使用效率的提高，使经济效益和社会效益都随之增强，因此，应加快建设我国旧货市场的步伐。

首先，制定科学的旧货市场发展规划。旧货市场与一般市场一样，是商品交换关系的组合，同时还记载着一个城市消费结构、产业结构升级变迁的发展历程。通过旧货能看到这个城市过去的产业结构和消费结构，而从当前的产业结构和消费结构中又能预测旧货市场在未来的供给结构。因此，在旧货市场的建设中，要立足于产业结构和消费结构的现状，并充分考虑其未来演变趋势，将旧货市场的建设和规划纳入城市发展规划中，合理选址、科学规划，统筹安排旧货市场的交通、物流配送以及信息服务等。

其次，旧货交易市场的层次需求与城市特色相适应。现代化城市从表面上看虽无大的差异，但其城市规模、优势产业和消费文化等方面却各有千秋。因此，应立足城市特色，建设与其特色相适应的旧货市场。对于具有政治、经济、文化等多种功能、产业部门齐全的特大城市，应建设大型综合性的旧货交易市场，同时，针对不同城区的产业结构建立一些专业性的旧货市场；对于产业结构单一的小城市，旧货市场的规模应适度缩小，着重体现专业性。除了建立综合性和专业性的旧货交易市场外，还要重视"跳蚤"市场的建设。城市"跳蚤"市场，是市民调换和处置个人消费品的商品交换场所，通过商品的再使用延长商品的使用周期，有利于循环消费模式的形成。城市可利用拆迁的空地、闲置厂房等开办"跳蚤"市场，还可鼓励有小商品、家电、服装等的商品市场开办专业型的"跳蚤"市场，也可将其与旧货市场结合，在旧货市场内开展"跳蚤"市场，这些方式均能为居民提供便利的家庭日用品交易场所。

最后，科学管理废弃物市场交易，规范交易秩序。旧货交易遵循循环经济理论，能提高资源再使用效率，但旧货交易市场也很容易成为非法销售、销售假冒伪劣商品的场所，所以要加强对旧货市场的管理，从本地实际出发制定相关管理规定，建立和完善部门分工负责、相互配合的管理机制，切实保护消费者和经营者的合法权益，维护正常的旧货交易秩序，促进旧货市场的健康发展，为提高城市固体废弃物的再使用率做出更大的贡献。

三、社区废旧物质收购网点

近年来，我国在城市固体废弃物处理行业做了大量工作，如建立静脉产业园区，建立废弃物回收中转站、交易平台等，城市固体废弃物处理的运行体系基本建立，但这些宏观体系和普通居民之间还有一定距离，如废旧物质交易市场，受距离因素的影响较大，如果市民的居住地距离交易市场较远，又没有专门的运输工具，雇佣物流环节的运输工具需额外支付运输费用，有时变卖废旧物质的价钱都不足以支付这笔运费，因此很多市民难以将废旧物质卖到市场上，如若随意堆放，无疑会加大环境压力，因此建立完善的社区废旧物质收购网点是解决此问题的有效途径。

社区回收网点建设的重点就是要接近居民住所，居民家中的废旧物品可直接、快速地送达回收站点，回收站点的规模可依据社区居民数量而定，如此一来，能减少居民处理废旧物品的时间成本，提高废旧物品的回收率和再利用率，同时，将走街串巷的个人回收者收编为社区的基层废品回收员，提高了回收环节的组织化程度。

第四节　静脉产业资源交易价格的形成

在对交易主体特性进行分析的基础上，根据不同的交易模式（如企业—企业的交易模式；企业—政府—企业的交易模式）特点，依据经济学原理，分析静脉产业价格形成机理及交易价格制定策略。

一、静脉资源价格影响因素分析

资源价格的形成受到多方面因素的影响，影响资源价格的决定性因素及这些因素之间的相互作用，共同促进了资源交易价格机制的形成。

价格是价值的货币表现，价格由使用价值和交易价值组成，影响静脉资源价格的因素主要有资源使用价值、生产费用、市场供求情况、交易成本、环境成本等因素。

1. 使用价值

使用价值是决定资源价格的主要因素。一般来说，商品之所以可以进行交易，是由它的物理属性（即有用性）所决定的，这是经济活动和交易关系存在的物质基础。静脉资源虽然大多是生产产生的副产品及废弃物，但是它们的使用价值并没有完全消耗殆尽，现存使用价值的大小对于资源定价具有重要影响。

2. 处理的难易程度

生产产生的各种副产品及废弃物等资源，有时并不能够直接加以利用，还必须经过一定的加工和处理程序，如对于矿井水的再利用，就必须要借助各种生物或化学的处理方法对其进行净化处理，使其达到生产生活用水标准之后，再进行利用。如果处理程度简单，那么相应的价格也就较低，反之，价格会有较大提高，因此，在制定静脉资源价格时，也必须要考虑这部分加工处理费用，这部分费用是人类劳动在资源中的凝结，是资源的人工化。

3. 市场供求情况

市场供求情况也是影响资源价格的重要因素之一，这是市场机制对价格影响的重要因素，供过于求，价格就降低，反之，价格就升高，在制定静脉资源价格时，也要遵循市场规律，发掘符合市场机制的定价策略。

4. 交易价值

交易价值指的是当一种产品在进行交易时，能换取到其他产品的价值，它是资源价值的市场发现价格。资源稀缺程度、替代资源的替代弹性、交易成本均是交易价值的影响因素。

静脉产业

5. 环境成本

环境成本是可持续发展模式下资源价格的重要组成部分。它不仅包含资源使用产生的环境问题，还涉及这种环境影响对其他消费者的效用损失和其他生产者的产量损失。随着人类对生态需求的提升，环境成本在资源交易价格中的体现也会日益明确。

综上所述，静脉资源交易价格的制定需要综合考虑使用价值和交易价值等因素的影响和制约，协调各方关系，在此基础上，理顺资源交易价格的形成机制。

二、静脉资源价格模式分析

静脉产业资源价格模式分析主要研究的是以废弃物、副产品、排污权、指标控制权等交易的均衡的资源价格构成，以及何种价格模式下资源交易可以顺利开展的问题。从企业角度来说，静脉资源及其再生产品的价格合理与否，直接影响着静脉产业资源交易的顺利与否，一般来说，价格制定合理，企业就愿意进行交易，反之，就会阻碍交易，静脉产业就无法健康发展。

经济系统中的资源可以大致分为初始资源和循环再生资源两类，传统产业体系下的定价模式已较为成熟，而在静脉产业体系下，由于资源的特殊性，其价格的制定模式较之一般资源相对复杂。通过静脉资源价格与成本的引导与约束，保证其价格低于初始资源或替代资源价格，即要考虑企业获取的利润问题，只有这样，市场上的生产者才会有生产动机，消费者才会有购买动机，静脉资源才具有竞争优势。

本部分主要运用成本效益分析法，对静脉产业资源交易的相关价值因素进行分析，即根据关键利益的获取方式和投入产出比例确定静脉产业资源的交易价格。同时，为了更好地研究资源价格问题，我们有必要对复杂的交易状况做出一系列假设，从而找到恰当的切入点，探寻合理的定价策略。

具体来说，有如下假设：

假设1：静脉资源均通过交易的形式流动；

假设2：静脉资源交易市场上的供需是基本平衡的；

假设3：环境权益明晰化，即企业对所处环境的保护负有明确的责任，如果企业任意排放废弃物，就必须支付高额的排污费及污染治理费，以作为对环境的补偿；

假设4：价格扶持，即政府会给参与静脉生产企业一定的利益补偿。

静脉资源的价格主要取决于副产品、废旧资源的替代程度、处理成本和交易成本。

(1) 处理成本是指再生资源重新进入经济系统所需的必要投入，用处理C来表示；

(2) 交易成本是资源交易价值的重要因素之一，用交易C来表示，其中信息成本、谈判成本、执行成本、风险成本等都是我们在进行资源交易时需要考虑的交易成本；

(3) 信息成本是指资源交易双方为了实现交易，就必须要搜集相关信息，如资源需求者的数量与范围、供给方可提供的资源数量与种类、资源的可利用价值等，这就必然要付出一定的信息搜集成本，以满足交易需要，用信息C来表示；

（4）谈判成本是指交易双方的讨价还价的过程所付出的成本，用谈判 C 来表示；

（5）执行成本就是交易在实施执行时所付出和承担的一些费用，如资源运送费、保险费、签约及履约成本等，用执行 C 来表示；

（6）风险成本是由于在实际交易过程中潜伏着很大的风险，这些潜在的风险都可能会给参与交易的企业带来非常大的交易成本，用风险 C 来表示；

（7）其他成本。因参与企业的规模、企业类型和产品特点不同，静脉资源价格可能还包括其他一些必要支出，用其他 C 来表示。

静脉资源生产的总成本用 TC 来表示，则 $TC = C_{处理} + C_{交易} + C_{其他} = C_{处理} + C_{信息} + C_{谈判} + C_{执行} + C_{风险} + C_{其他}$。

企业参与静脉产业是以获取一定收益为目的的。在静脉产业模式下，企业进行资源交易所获得收益用 I 表示，主要包括：（1）静脉资源出售价格，用 P 来表示；（2）政府补偿，主要包括转移支付费用、政府给予的税收减免等优惠，或政府鼓励企业综合利用而给予的资金补偿，用 IG 来表示；（3）节约的排污费用和污染治理费相当于一种收益，用 IS 来表示；（4）其他收益，如静脉资源替代传统资源后所节省的资源开采（利用）费用、节约的污染物存放设施等其他费用，用 IO 来表示。后三种收益是相对而言的，可能并不是直接的经济收入，我们可以用 I′ 来表示这部分间接收益，则总收益 $I = P + IG + IS + IO = P + I′$。

企业参与交易，必然要付出一定成本，获取一定收益，但是只有当成本收益达到一种合适的状态时，企业间的交易才会真正实现。一般而言，我们进行产品交易，存在三种状态，即成本小于收益 $TC < I$、成本等于收益 $TC = I$、成本大于收益 $TC > I$，静脉资源交易同样可能会出现这三种状况。

将企业利润用 R 来表示，则 $R = I - TC = (P + I′) - TC$，由于企业都是追求利润的，则交易行为中 $R > 0$，由此可以得出 $P + I′ > TC$，$P > TC - I′$。于是，我们可以得出静脉产业下资源价格存在三种情况：

（1）$P > 0$，即正价格。一般来讲，这是企业首选的价格模式，当资源外部需求较大时，企业可以以较高的价格出售资源，从而获得一定的经济收入，弥补费用支出，赚取利润。

（2）$P = 0$，即零价格。零价格下的交易，存在形式可能更多的是企业间资源的无偿交易，尽管不会获得经济上的直接收入，但却可以获得某些资源满足生产需要，并可获得资源交易所带来的间接收入。

（3）$P < 0$，这也就是我们所说的负价格，主要源于资源的负交易形式。这是循环经济模式下所特有的价格模式，静脉资源的负交易会产生环境及社会效益，可以弥补负价格所带来的亏损，从长远来看，也是可行的。

从以上分析可以看出，我们可以从降低交易总成本和提高交易收益两方面来促成静脉资源交易需要。

第五节　基于博弈论的静脉资源交易的定价策略

定价策略是市场营销组合中一个十分关键的组成部分。价格通常是影响交易成败的重要因素，同时又是市场营销组合中最难以确定的因素。企业定价的目标是促进销售，获取利润，这要求企业既要考虑成本的补偿，又要考虑消费者对价格的接受能力，从而使定价策略具有买卖双方双向决策的特征。

一、静脉资源交易定价策略的特点

在前面的分析中我们提到，静脉产业资源交易渠道可以分为内部交易渠道和外部交易渠道两大类，在选择定价策略时，可以此为根据，制定不同的价格标准。内部交易渠道可实行内部市场化进行交易。内部市场化是指企业根据市场经济运行规律，模拟市场交易方式来组织企业内部生产经营活动，充分挖掘企业潜力，增强企业活力，在提高企业市场运作效率的同时提高企业的整体经济效益。企业内部交易渠道所输送的资源，一般是供企业自身所用，因而可以基本的处理成本作为交易价格，成本高则资源价格高，反之，则可制定较低价格，这也符合内部市场化的原则。而外部交易对企业而言更需要获取利润，因而一般按市场运行规律来确定资源交易价格，综合考虑交易成本、处理成本、交易收益，权衡各方关系。

静脉资源交易的对象是副产品、废弃物、替代资源及其再生产品，这些产品与企业一般生产的产品定价策略有所不同，如前所述，静脉资源交易的收益来源于两方面，直接收入（即价格）和间接收入（即节约的各种费用）。因此，企业在定价时不仅考虑自身成本及价格，还要考虑销售所获得的各种间接收入。这种关系可以用函数 $f(P) = f(TC, I')$ 来表示，即静脉资源价格取决于总成本和销售间接收益两者之间的关系。

具体的定价策略分析如下：

（1）当销售间接收益小于静脉产品生产成本时，$TC - I' > 0$，$P > 0$，企业可采用一般产品的定价策略，即企业可用正常定价策略和定价方法确定产品价格，如渗透策略、撇脂定价策略和成本导向定价法等，除获取正常收益外，企业还会获得各种间接收益，这时企业参与静脉产业的积极性最高。

（2）当销售间接收益等于静脉产品生产成本时，$TC - I' = 0$，$P \geq 0$，此时，企业可根据目标市场需求情况，选择具体的定价策略。当市场需求较大时，企业可采用前面提到的一般产品定价策略，赚取较多利润；反之，当市场需求较小时，企业可采用温和定价策略，即制定低价格，甚至选择零价格，此时，企业销售的目的仅获得额外收益。

（3）当销售间接收益大于静脉产品生产成本时，$TC - I' < 0$，P 可能大于零、可能等于零、也可能小于零。关于大于零和等于零的情况，我们前面已经讨论过，下面重点研究小于零时的情况。$P < 0$，即前面我们提到的负价格，这是静脉产业模式下所特有的价格模式。企业在资源出售的同时，给予对方一定的经济补偿，尽管表面看起来是亏损的，但是通过交易可以获得部分间接收益，只要企业让渡这些资源所支出的费用小于其所获得的间接收益，其就愿意以负价格让渡资源。如对于一些污染严重的矿井水，自身无法处理或处理费用太高时，就偏向于将污水按负价格销售给污水处理厂，这样就可以节约排污所需要付出的高额费用，对企业而言也是有益的。

基于以上特点，我们在此运用经济学中的博弈论，建立博弈模型来引导企业之间去实行合理的定价策略，从而在实现各自企业利润最大化的同时，保证静脉资源的合理循环利用。本部分从不完全信息静态博弈和不完全信息动态博弈两方面来建立模型，分别寻求贝叶斯均衡和精炼贝叶斯均衡，来分别说明在双方同时叫价和轮流出价中的定价策略（以研究卖方定价为主）。

二、不完全信息下静态定价博弈模型

在静脉资源交易市场中，若某种静脉资源丰富，买卖厂家众多，为了各自利益，有时候双方仅是一次叫价，若双方叫价在对方的期望范围内，可能达成协议。否则，各自会另外寻找其他的交易对方。那么此过程则是双方同时叫价的静态定价博弈过程。

1. 博弈模型的假设

为了研究双方叫价定价博弈，做如下假设：

（1）买卖双方均是理性的，以追求利润最大化为目标。

（2）买卖双方均希望一次达成协议，即设卖方确定一个卖价 P_s，买方确定一个买价 P_b，双方共同出价，若 $P_b \geqslant P_s$，则交易可进行，以 $P = (P_b + P_s)/2$ 的价格成交。若 $P_b < P_s$，则交易不发生，双方无收益。这里研究的是 $P_b \geqslant P_s$ 的交易情况。

（3）买卖双方均不知对方的叫价，双方存在着私人信息，且 P_b，P_s 服从 ［P_l，P_h］ 均匀分布。因此，这属于不完全信息下的静态定价博弈。

（4）设双方达成协议后，买方因此带来的收益为 R_b，除购买资源的成本 P 外，其他总成本为 TC_b，卖方在出售的整个过程中总成本为 TC_s。

2. 模型建立

在这种不完全信息静态定价博弈中，卖方确定卖价 P_s，买方确定买价 P_b，若 $P_b \geqslant P_s$，则交易可进行，以 $P = (P_b + P_s)/2$ 的价格成交。若 $P_b < P_s$，则交易不发生。当以价格 P 达成协议时，则买方因此获得的收益函数为 $U_b = R_b - TC_b - P$，卖方获得的收益函数为 $U_s = P - TC_s$，若不成功，则双方的收益为0。

从中可以看出，买方的一个策略是 P_b，明确了买方在每一个可能的条件下将会给出的买价。卖方的一个策略是 P_s，给出了卖方在每一个可能的条件下将会给出的卖价。若以下条件成立，则 ｛$P \times s$，$P \times b$｝ 是一个贝叶斯纳什均衡。

（1）卖方最优。即在 ［P_l，P_h］ 内，$P \times s$ 使卖方期望收益 U_s 最大化，用数学公式表述为

$$Us = \begin{cases} \dfrac{1}{2}\big[P_s + E(P_b) - TC_s\big] \\ s.\,t \quad Pr(P_b \geqslant P_s) \end{cases} \quad (12-5)$$

其中 $E(P_b)$ 为在 $P_b \geqslant P_s$ 条件下，买方的价格期望。

（2）买方最优。即在 ［P_l，P_h］ 内，$P \times b$ 使买方的期望收益 U_b 最大化，用数学公式

表述为：

$$U_b \atop \max = \begin{cases} R_b - TC_b - \dfrac{1}{2}\left[P_b + E(P_s) \right] \\ \text{s. t} \quad \Pr(P_b \geqslant P_s) \end{cases} \tag{12-6}$$

其中 $E(P_s)$ 是在 $P_b \geqslant P_s$ 条件下，卖方的价格期望值。

3. 模型求解

（1）由式（12-5）得：

$$\max_{P_s}\left\{ \dfrac{1}{2}\left[P_s + \dfrac{P_s + P_h}{2} \right] - TC_s \right\}\dfrac{P_h - P_s}{P_h - P_l}$$

$$= \max_{ps} \dfrac{-3P_s^2 + \left[2P_h + 4TC_s \right]P_s + P_h^2 - 4TC_s P_h}{4(P_h - P_l)} \tag{12-7}$$

求 P_s 的一阶导数，令其为 0，则：

$$P \times s = (2/3)TC_s + (1/3)P_h \tag{12-8}$$

（2）由式（12-6）得：

$$\max_{P_b}\left\{ R_b - TC_b - \dfrac{1}{2}\left[P_b + \dfrac{P_b + P_l}{2} \right] \right\}\dfrac{P_b - P_l}{P_h - P_l}$$

$$= \max_{pb} \dfrac{-3P_b^2 + \left[2P_l + 4(R_b - TC_b) \right]P_b + P_l^2 - 4(R_b - TC_b)P_l}{4(P_h - P_l)} \tag{12-9}$$

求 P_b 的一阶导数，令其为 0，则：

$$P \times b = (2/3)(R_b - TC_b) + (1/3)P_l \tag{12-10}$$

4. 模型结果分析

由上述模型解可知，只要在 $P \times b \geqslant P \times s$ 前提下，双方才可能以 $P = (P \times b + P \times s)/2$ 进行交易，贝叶斯均衡解 $\{P \times s = (2/3)TC_s + (1/3)P_h; P \times b = (2/3)(R_b - TC_b) + (1/3)P_l\}$ 随着各自的成本，收益的变化也不同。

在这种不完全信息一次叫价的静态博弈中，卖方的最优出价 $P \times s = (2/3)TC_s + (1/3)P_h$，买方的最优出价 $P \times b = (2/3)(R_b - TC_b) + (1/3)P_l$，有 TC_s，P_h，P_l，R_b，TC_b 五个参数。在某些有较为活跃市场的静脉资源交易中，P_h 表示此静脉资源交易的最高价，P_l 表示此静脉资源交易的最低价。P_h，P_l 可通过此静脉资源以往及现在的交易等情况下获得估计数。当然，这需要提高这种静脉资源交易的透明度。除此之外，卖方最优出价 $P \times s$ 主要受其总成本 TC_s 的影响。成本越高，出价越高。而买方最优出价 $P \times b$ 主要受其收益 R_b，成本 TC_b 的影响，收益高或成本低，因此，为了把握时机，获得利润，买方也会适当提高其出价。尤其是在买方出价不变的情况下，而卖方受其成本影响，会提高卖价，使双方的谈判空间 $[P_s, P_b]$ 越来越小，甚至会达不成协议。

5. 模型扩展

此外，静脉资源价格形成问题也是经济系统内初始资源与循环再生资源的竞争和替代问题，要探寻静脉资源的均衡价格，除了市场机制自身的调节外，政府也应采取相应的税收、激励等调节措施来调节企业收益，调动企业参与静脉产业的积极性，促进资源价格、费用、税收的联动机制的建立健全。

在买方出价不变的情况下，而卖方受其成本影响，会提高卖价，使双方的谈判空间 $[P_s，P_b]$ 越来越小，甚至会达不成协议。但由于交易对象是静脉资源，存在着价格扶持，即政府会对参与静脉生产企业一定的利益补偿。在此，我们假设政府会给卖方一定的扶持（以下问题均是涉及政府对卖方补贴的讨论），那么对卖方来说，就相当于获得了一部分间接收益 I'，因此，若考虑此间接收益，则卖方期望最优收益表述为：

$$Us = \begin{cases} \frac{1}{2}[P_s + E(P_b) - TC_s + I'] \\ s.t \quad Pr(P_b \geqslant P_s) \end{cases} \qquad (12-11)$$

求 Ps 的一阶导数，令其为 0，则有：

$$P \times s = (2/3)(TCs - I') + (1/3)Ph \qquad (12-12)$$

可见，当 I' 越高，尤其是政府给予卖方越高的补贴收入时，会使卖方的最优出价 $P \times s$ 越低，此时会使双方的谈判空间 $[[P_s，P_b]]$ 越来越大，更有利于达成协议。

6. 其他情况的讨论

以上是关于 P > 0 的前提下而构建的博弈模型。而 P 可能 = 0 或 < 0。

（1）若 P = 0，双方不存在定价下的博弈问题，只要卖方收益函数 Us = I' - TCb > 0，买方收益函数 Ub = Rb - TCb > 0，则双方就可能达成协议，双方均获益。

（2）若 P < 0，即当卖方将资源出售的同时，给予对方一定的经济补偿，尽管表面看起来是亏损的，但是通过交易可以获得额外的间接收益，只要企业让渡这些资源所支出的费用小于其所获得的间接收益，其就愿意以负价格让渡资源。此时，对卖方来说是一种成本，卖方获得的收益函数为 Us = I' - TCs - P，买方对收到的价格是一种收益，买方获得的收益函数为 Ub = Rb - TCb + P。可以理解为此时卖方变为"买方"，而买方则变为"卖方"。同样可以根据 P > 0 时，建立一个不完全信息下的静态定价博弈模型。

①"卖方"最优，用数学公式表述为：

$$U_{b\max} = \max\left\{\frac{1}{2}\left[P_s + \frac{P_s + P_h}{2}\right] + R_b - TC_b\right\}\frac{P_h - P_s}{P_h - P_l} \qquad (12-13)$$

对式（12-13）求 Ps 一阶导数得：

$$P_{bs}^* = \frac{2}{3}(R_b - TC_b) + \frac{1}{3}P_h \qquad (12-14)$$

静脉产业

其中，P_{bs}^* 表示买方作为卖方时的最优要价。

② "买方" 最优，用数学公式表述为：

$$\underset{max}{U_s} = \max\left\{I' - TC_s - \frac{1}{2}\left[P_b + \frac{P_b + P_l}{2}\right]\right\}\frac{P_b - P_l}{P_h - P_l} \tag{12-15}$$

对式（12-15）求 Pb 一阶导数得：

$$P_{sb}^* = \frac{2}{3}(I' - TC_b) + \frac{1}{3}P_l \tag{12-16}$$

其中，P_{sb}^* 表示卖方作为买方时的最优要价。

由式（12-14）、式（12-16）得：

买方的最优卖价 Pbs * 受其收益与成本的影响较大。卖方的最优买价 Psb * 受其间接收益与成本的影响较大。在买方价格不变下，若卖方获得的间接收入，尤其是政府补贴收入越大，则其出价越高，从而双方的谈判空间越大，越有利于双方达成协议。

三、不完全信息下的动态定价博弈

在静脉资源交易市场中，双方同时叫价的静态定价博弈可能存在，但也不排除双方轮流出价的动态博弈。即假设存在 A、B 双方，先由 A 方出价，B 方拒绝或接受，若 B 接受，则交易成功。若 B 拒绝，则 B 反出价，由 A 来决定是否接受或拒绝。双方轮流出价，直到结束为止。这个谈判过程就是一个 Rubinstein 讨价还价的博弈过程。在此，本部分借助于 Rubinstein 的讨价还价模型的思想来构建不完全信息下的讨价还价动态定价模型。

1. 模型假设

在谈判之前，根据相关资源估计此资源交易价格的最高价 Ph，最低价 Pl。用 Wb、Ws 分别表示买方、卖方对这个时期的静脉资源价格的预期值。它们在双方的定价策略中起重要的作用。在双方之间的讨价还价博弈中，如果 Wb < Ws，即买方的期望价小于卖方的期望价，则交易不能达成。因为买卖双方在这个资源市场上买卖资源是双方的最优选择。只有 Wb≥Ws 时，双方才能达成交易。这也是此部分研究的角度。现假设如下：

（1）买卖双方均不知道对方 Ws、Wb 的真值，即 Wb、Ws 是私人信息，因此这属于不完全信息下的讨价还价。且 Wb、Ws 都服从 ［Pl、Ph］ 上的均匀分布。

（2）双方根据对方在博弈中的行为，不断改变对对方的价格预期值估计。即卖方在第一阶段出价 Pls，买方认为 Ws 服从 ［Pl、Pls］ 上的均匀分布。

（3）成功交易对双方都有利，双方都坚持 "尽快接受" 的原则。由于讨价还价博弈阶段理论上可以趋向于∞，因此无法用逆向归纳法直接求解。但根据夏克德（Shaked）和萨顿（Sutton）1984 年的观点，从参与人出价 A 的任何一个阶段开始的子博弈等于从第一阶段开始的整个博弈。为了简化分析，假设讨价还价博弈仅持续两个阶段，且由卖方先出价。

2. 模型描述

此模型具体描述为：（1）第一阶段卖方出价 PS1，买方选择拒绝或接受。如果买方接受，博弈结束，那么卖方的收益函数为（PS1 – Ws），买方的收益函数为（Wb – PS1）（此处的收益是指参与人在谈判过程中获得的收益）。如果买方拒绝，那么博弈阶段进入第二阶段。（2）第二阶段，买方出价 Pb1，卖方选择拒绝，还是接受。如果卖方接受，则博弈结束，由于博弈是在第二阶段达成的，双方的收益都要打折扣（时间是有价值的，否则，双方都会倾向于多讨价还价，晚达成协议），在此引入折扣系数 δ，表示双方晚达成协议对双方都有代价（0 < = δ < = 1，δ 表示双方的耐心程度，在此假设双方耐心一致）。此时，卖方的收益函数 δ(Pb1 – Ws)，买方的收益为 δ(Wb – Pb1)。如果卖方拒绝，则双方的支付为 0。两阶段博弈树如图 12 – 11 所示。

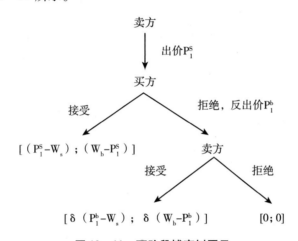

图 12 – 11　两阶段博弈树图示

注：第一个 [　] 内为卖方的收益，第二个 [　] 内为买方的收益。

3. 模型求解

此处采用逆向归纳法求精炼均衡解。

第二阶段买方拒绝卖方的出价，并反出价，这对于卖方来说是最后的机会。若拒绝，意味着双方的收益为 0，因此，只要 $\delta(Pb1 - Ws) \geq 0$，即 $Pb1 \geq Ws$，卖方一定会选择接受。此时，卖方的收益为 $\delta(Pb1 - Ws)$。第二阶段，买方反出价，首先买方知道卖方在这一阶段的选择方式为接受，同时，买方认为 Ws 服从 [Pl, PS1] 上的均匀分布。因此，买方的选择应该是使自己的利润最大化，即：

$$\max_{P_1^b}\left[\delta(W_b - P_1^b)P_{s1} + P_{s2}\right] \tag{12 – 17}$$

其中 Ps1，Ps2 分别是卖方接受和拒绝 Pb1 的概率。

$$P_{s1} = P\{P_1^b \geq W_s\} \qquad P_{s2} = P\{P_1^b < W_s\}$$

静脉产业

根据买方对卖方的 Ws 的判断，Ws 服从 $[Pl，PS1]$ 上的均匀分布，则有：

$$P_{s1} = P\{P_1^b \geqslant W_s\} = \frac{P_1^b - P_1}{P_s^1 - P_1} \qquad (12-18)$$

$$P_{s2} = P\{P_1^b < W_s\} = \frac{P_s^1 - P_1^b}{P_s^1 - P_1} \qquad (12-19)$$

将式（12-18）、式（12-19）代入式（12-17）中，转化为：

$$\max_{P_1^b}\left[\delta(W_b - P_1^b)\frac{P_1^b - P_1}{P_1^s - P_1}\right] \qquad (12-20)$$

求解式（12-20），得到买方的最佳出价 $P_1^b = \frac{W_b + P_1}{2}$，因而，在博弈的第二阶段卖方接受买方的反出价 P_1^b，则卖方的收益为 $\delta\left(\frac{W_b + P_1}{2} - W_s\right)$，买方的收益为：

$$\delta\left(W_b - \frac{W_b + P_1}{2}\right) = \delta\left(\frac{W_b - P_1}{2}\right)$$

在第一阶段，对于买方来说，他已经知道，若谈判进行到第二阶段，他能得到的最大收益是 $\delta\left(W_b - \frac{W_b + P_1}{2}\right) = \delta\left(\frac{W_b - P_1}{2}\right)$。因此，第一阶段，他选择 PS1 的条件是对应的收益 $(W_b - PS1) \geqslant \delta\left(W_b - \frac{W_b + P_1}{2}\right) = \delta\left(\frac{W_b - P_1}{2}\right)$，即 $W_b \geqslant \frac{2P_s^s - \delta P_1}{2 - \delta}$。卖方在了解买方的第二阶段和第一阶段的决策后，卖方出价 PS1 也要使自己的期望收益最大，即

$$\max_{P_1^s}\left[(P_1^s - W_s)P_{b1} + \delta P_{s2}'\left(\frac{W_b + P_1}{2} - W_s\right)\right] \qquad (12-21)$$

式（12-21）式中 P_{b1} 表示第一阶段买方接受 P_{S1} 的概率

$$P_{b1} = P\left\{W_b \geqslant \frac{2P_1^s - \delta P_1}{2 - \delta}\right\} = \frac{2(P_h - P_s^1) - \delta(P_h - P_1)}{(2 - \delta)(P_h - P_1)} \qquad (12-22)$$

Ps2′ 表示第一阶段买方拒绝，但第二阶段卖方接受的概率：

$$P_{s2}' = P\left\{W_b < \frac{2P_1^s - \delta P_1}{2 - \delta}\right\}\frac{P_1^b - P_1}{P_1^s - p_1} = \frac{2(P_1^b - P_1)}{(2 - \delta)(P_h - P_1)} \qquad (12-23)$$

将式（12-22）、式（12-23）代入式（12-21）得：

$$\max_{P_1^s}\left[(P_1^s - W_s)P_{b1} + \delta P_{s2}'\left(\frac{W_b + P_1}{2} - W_s\right)\right]$$

$$= \max_{P_1^s}\left[(P_1^s - W_s)\frac{2(P_h - P_s^1) - \delta(P_h - P_1)}{(2 - \delta)(P_h - P_1)}\right]$$

$$+ \delta \frac{2(P_1^b - P_1)}{(2 - \delta)(P_h - P_1)} \left(\frac{W_b + P_1}{2} - W_s \right) \Big]$$ (12 – 24)

求式（12 – 24）得：

$$P_1^s = \frac{(2 - \delta) P_h + \delta P_1 + 2W_s}{4}$$ (12 – 25)

4. 模型结果分析

从中得到了卖方先出价的两阶段讨价还价的精炼贝叶斯均衡。

（1）卖方第一阶段出价：

$$P_1^s = \frac{(2 - \delta) P_h + \delta P_1 + 2W_s}{4}$$ (12 – 26)

理性的卖方出价 $P_1^s = \dfrac{(2 - \delta) P_h + \delta P_1 + 2W_s}{4}$ 应该 $\leqslant W_s$。

由式（12 – 26）得：

$$\frac{2(P_h - W_s)}{P_h - P_1} \leqslant \delta < 1$$ (12 – 27)

当 $W_b \geqslant \dfrac{2P_1^s - \delta P_1}{2 - \delta}$ 即 $P_h \geqslant W_b \geqslant \dfrac{(2 - \delta) P_h - \delta P_1 + 2W_s}{2(2 - \delta)}$ 时，

买方接受卖方的出价 PS1，此时解得 $0 \leqslant \delta \leqslant \dfrac{2(P_h - W_s)}{P_h - P_1}$。

否则拒绝。

（2）如果第一阶段买方拒绝，买方反出价：

$P_1^b = \dfrac{W_b + P_1}{2}$。

如果卖方 $W_s \leqslant P_1^b$，则卖方接受买方出价 P_1^b，此时卖方的收益函数为 $\delta \left(\dfrac{W_b + P_1}{2} - W_s \right)$，

否则拒绝。

（3）由此可得，当 $\delta = \dfrac{2(P_h - W_s)}{P_h - P_1}$ 时，双方可能在第一阶段达成协议，卖方出价 $P_1^s = \dfrac{(2 - \delta) P_h + \delta P_1 + 2W_s}{4}$，买方接受卖方的出价 PS1。

当 $\dfrac{2(P_h - W_s)}{P_h - P_1} < \delta < 1$ 时，卖方出价 PS1 < Ws，但需要 Wb > Ph，这与假设相矛盾。因此，买卖双方不能在第一阶段达成协议，可能在第二阶段达成协议。

当 $0 \leqslant \delta < \dfrac{2(P_h - W_s)}{P_h - P_1}$ 时，买卖双方不能达成协议，因为此时 PS1 > Ws，是不可能的。

从上述结果来分析，买卖双方能否达成协议取决于 Ph，Pl，Wb，Ws，δ 这五个参数。而 Ph、Pl 表示静脉资源市场交易的最高、最低价格，可以根据以往和现在的交易情况来获得估计。Wb 表示买方对此时期的静脉资源价格的预期值。买方同时会根据其收益 Rb 和成本 TCb（除了买价外的总成本外）来确定，即 Wb ≤ Rb − TCb，如在第二阶段，买方反出价 $P_1^b = \dfrac{W_b + P_1}{2}$ 使其期望最大化。可见，当 Rb 越大或 TCb 越小时，则 Wb 的空间越大，买方的出价空间越大，达成协议的可能性则越大。Ws 表示卖方对此时期的静脉资源价格的预期值。这个价格是由卖方的成本 TCs 来决定的。即 Ws ≥ TCs，如在第一阶段，卖方出价 $P_1^s = \dfrac{(2-\delta)P_h + \delta P_1 + 2W_s}{4}$ 时，若满足 $W_b \geq \dfrac{2P_1^s - \delta P_1}{2-\delta}$ 即 $W_b \geq \dfrac{(2-\delta)P_h - \delta P_1 + 2W_s}{2(2-\delta)}$ 时，买方接受，此时卖方的期望收益最大。当卖方成本越高时，Ws 会越高，则卖方出价 P_1^s 会在一定程度上较高。而静脉资源的交易会存在一定的间接收益 I′，若考虑这部分间接收益，则需要 Ws ≥ TCs − I′，当卖方间接收益 I′ 越高时，Ws 会越低，卖方出价 P_1^s 会较高，相对不考虑间接收益来说，双方的谈判空间较大，达成协议的可能性较高。

5. 其他

以上同样是关于卖方价格 P > 0 的不完全信息下的动态博弈。当 P = 0 时，同样不存在定价问题。当 P < 0 时，此时只是变化角度即可，卖方变为"买方"，买方变为"卖方"，博弈模型同 P > 0 类似，在此不再建模研究。

四、结论

通过上述分析，得出以下结论：

（1）静脉资源交易价格的制定需要综合考虑使用价值和交易价值等因素的影响和制约，协调各方关系，企业可从多方面制定合理的定价策略。

（2）这部分从不完全信息的动静态博弈两方面研究了静脉资源的定价策略。从中可以看出，在同时叫价博弈中，双方的定价主要取决于各自的成本及带来的收益。在轮流出价博弈中，双方的定价主要取决于双方的耐心程度和期望值。期望值也最终受各自的成本及收益的影响。

本部分所建立的模型前提要有静脉资源的交易市场，而目前我国静脉资源交易市场发展只是初具基础，还需要政府、企业的积极参与来进一步完善。模型还存在需进一步探讨的地方，如模型的假定条件比较严格，现实中的企业很难完全满足这些条件，若放宽条件后，模型应如何改进等问题将是今后研究的方向。

本 章 小 结

交易机制是静脉产业运行机制的重要组成部分。本章首先分析了静脉产业交易实质，指

第十二章 静脉产业市场交易机制

出静脉产业资源交易的动力来源于共同愿景、承担社会责任的需求、利润驱动和国家政策激励与补偿四方面基础上，分析了静脉产业的交易特点及交易方式。指出静脉产业交易的特征除了产品交易特征之外，还有自身单独的特点，如依附性、相对性、市场性、增值性、政策导向性等。从市场交易目的和从交易的形态两方面来对静脉产业资源交易方式进行了分类，静脉产业下资源交易渠道可以分为企业内部交易渠道和企业外部交易渠道；交易网络主要有主导型交易网络、对等型交易网络和数字型交易网络。然后从静脉产业资源交易的主体和客体、静脉产业资源交易渠道、静脉产业资源交易网络、交易体系等方面对静脉产业的交易领域、渠道进行了详细的分析。最后，在以上分析的基础上，根据不同的交易模式（如企业—企业的交易模式；企业—政府—企业的交易模式）特点，依据经济学原理，运用成本效益分析法分析了静脉产业价格形成机理，并以企业—企业之间的交易为主，从不完全信息静态博弈和不完全信息动态博弈两方面来建立模型，来引导企业之间去实行合理的交易定价策略，从而在实现各自企业利润最大化的同时，保证静脉资源的合理循环利用。通过交易机制各方面的研究，对静脉产业的交易机制的合理形成与发展奠定了一定的理论基础。

第十三章 静脉产业评价与控制

静脉产业分析、评价与控制是静脉产业系统构建过程中必不可少的关键步骤，在正确分析与评价静脉产业的基础上，对静脉产业系统的有效控制就可以保证静脉产业系统的理论分析与实践运作可以有效地结合起来。因此，本章将对静脉产业的分析与评价体系的基本理论与运作模式进行详细的介绍。

第一节 静脉产业分析体系

静脉产业分析体系是静脉产业构建过程中的第一步，必须要在对静脉产业的运行环境、影响因素进行总体分析的基础上，才可以进行静脉产业的评价与控制。因此，把握好静脉产业分析的层次对于整个静脉产业的认识是至关重要的。

一、静脉产业分析的内涵

静脉产业分析涉及"静脉产业"和"系统分析"两个概念，因此此系统的定义应该既体现"静脉产业"的特点，又具有"系统分析"的特性。将静脉产业系统分析定义为"通过主体行为者、资源、经济、技术、管理、环境等内部子系统及外部自然环境、社会环境的相互作用、相互影响、相互制约，充分利用生产、生活、社会活动使用过或产生的废旧资源而进行生产活动的开放系统"。需要指出的是，这里所定义的静脉产业系统属于"概念系统"的范畴，由于其所处的地域和行业的不同，其"实体系统"必然千差万别。而静脉产业系统分析就是针对不同的实体系统的结构、功能以及相互之间的关系进行识别的过程。

二、静脉产业分析的内容

静脉产业分析需要对各种不同的实体系统进行辨析，因此，这就需要了解静脉产业分析的基本内容，其主要内容包括：

1. 建立静脉产业的基础分析

（1）科技发展程度：某些产业产品，尤其是副产品、废弃物能否成为某些静脉产业的原材料或能源，能否得到有效利用，达到变废为宝、治理环境的目的，关键取决于科技的发展程度。

（2）生产技术工艺：科学技术发展到一定水平，在理论及实验中能够对回收副产品、废弃物加以利用，但要将其转化为实用技术，生产设备、生产工艺等必须能够实现规模化工业生产，才能确保静脉产业机制运转正常。

（3）产品、副产品、废弃物用途：对自然资源的利用程度尤其是再生再造利用程度越高，经济效益就越大。对资源的利用程度，取决于对其产品、副产品、废弃物用途的开发程度，用途开发越广、利用程度越高，静脉产业体系的运转就越正常。

（4）产品、副产品、废弃物的数量：静脉产业体系的建立以产业链为基础，使上下游产业之间产品、副产品、废弃物相互利用，下游产业能否建立相关企业，主要取决于上游产业向其提供的原料或能源能否达到创办企业所需的数量。建立静脉产业体系所需要的资源产品、副产品、废弃物，无论是区域内提供，还是从区域外输入，必需条件是环节之间所需资源要达到创办企业的规模数量。

（5）市场需求：静脉产业要求尽可能减少资源消耗量、副产品及废弃物排放量，充分利用宝贵资源，以求得综合效益的提高。静脉产业体系中企业的建立，取决于市场对产品的需求。否则，生产越多，浪费越多。

（6）效益情况：产品经营活动是在尽可能减少资源消耗与废弃物排放的基础上追求最佳效益，不管是社会层面还是企业层面的静脉产业体系，只有达到最佳效益才能正常发展起来。目前终端治理环境污染所出现的种种困难和问题，就是因为企业层面上得不到效益而引发的。静脉产业体系的建立，必须合理处理好企业效益、社会效益、环境效益的关系，及眼前效益、长远效益的关系。

（7）环保要求：环保是21世纪经济发展必须关注的问题，建立静脉产业体系应以环境效益为主，以经济效益为辅。生产、生活的废弃物通过自然方式和人为方式来处理，即使能够自然自行调节，但经济上合理，就应该建立静脉产业体系，如果无法自行调节，但对环境保护作用巨大，从社会、环保意义角度必须建立静脉产业体系。

（8）规模经济数量：规模经济数量指创办企业最佳生产量。静脉产业中如果上游资源供量不足，下游达不到最佳经济规模数量要求，会导致生产费用居高不下，上游资源充分利用了，同样会造成新的资源浪费（如开工不足，生产能力闲置）；如果上游资源供量过高，部分产品、副产品、废弃物得不到充分有效地利用，同样会造成资源浪费。

（9）产业生命周期：产业生命周期越长，对其他产业依赖时间、支持时间越长，即对其他产业产品、副产品、废弃物需求时间越长；总需求越多，年需求量越稳定，供给其他产业的产品、副产品、废弃物时间也越长，年供给量越稳定，利于静脉产业体系的建立及相关产业的正常运转。

（10）产业政策：政府都会根据经济发展及客观需求调整产业政策，政府支持发展的产业，有利于静脉产业体系建立及运转。

（11）基础支持面：任何产业发展都需要基础层面的支持，主要包括基础设施，如路、电、水、原材料、能源、劳动力、资金、义教卫生、生活服务、种植养殖等方面。

（12）动脉产业发展情况：动脉产业发展规模越大，能够为静脉产业提供的资源就越

静脉产业

多，反之，越少；社会活动使用的资源越多，能够为静脉产业提供资源就越多，反之，则少；生活使用资源越多，能够提供的资源越多，反之，则少。

2. 静脉产业系统的结构分析

静脉产业系统是由主体行为者、资源、经济、技术、管理、环境六个子系统组成的复杂系统。它们之间的结构关系可以理解为以人力资源为核心的集成系统，如图13－1所示。

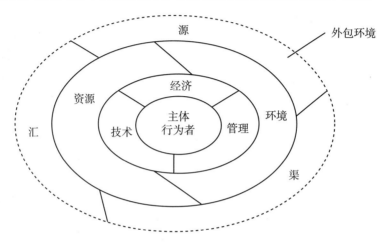

图13－1　静脉产业分析结构层次

第一层，主体行为者子系统通常包括四类主要行为者，资源开采者、处理者（制造商）、消费者和废物处理者（广义回收商）。所谓广义回收商是指具有回收、处理、再生利用等多功能的联合企业。回收商在静脉产业系统运行过程中应发挥重要的协调和纽带作用，是静脉产业发展的一个关键环节。

第二层，经济、技术、管理子系统是由静脉型企业将废弃或闲置资源转化为新经济产品过程中所采取的各种经济、技术、管理手段和方法的水平决定的。在静脉产业系统运行的过程中，有两个环节会对资源和环境子系统产生直接影响：一个是生产环节，另一个是消费环节。它们对资源和环境的影响程度，与静脉产业系统中经济、技术、管理三个子系统的发展水平有直接关系。经济子系统的发展水平是由企业筹措资金、运作资金、扩充资金的水平决定的，如果一个企业缺乏资金，资金运转困难，那么企业采用的设备、能源和材料必然是低水平的，对资源和环境的破坏也就严重。技术子系统的发展水平是由企业产品的设计、制造水平决定的，如果一个企业设计、制造水平落后，其产品性能、质量、成本就必然落后，企业就很难持续发展；管理子系统的发展水平是由企业供应、生产、销售的调控水平决定的，一个企业的管理水平低，必然造成人力、物力、财力的浪费。综上所述，静脉产业系统中经济、技术、管理三个子系统的发展水平在某种程度上决定静脉产业系统的发展水平。

第三层，资源、环境子系统是由资源与环境构成的基础圈层。废旧资源物资是静脉产业系统运行的基础。

第四层，是静脉产业系统的外部环境，具有源、渠、汇的功能，是静脉产业系统的外部支持系统。外部支持系统能够为静脉产业系统储存、提供或运输物质、能量和信息，按照其对系统的服务功能将其分为三种类型：源：向系统提供物质、能量、信息、人才、货币等，起着孕育、供养、支持系统的作用；汇：吸收、消化、降解制造系统的产品、产品及废物等；渠：在源、汇和系统之间起输导、运输作用，输入物质、能量、信息、人才、货币等，输出产品和代谢产物等。此层的外层边界是模糊的，在图 13 – 1 中用虚线表示。

3. 静脉产业系统的功能分析

静脉产业系统的主要目的是利用再生资源，缓解资源供给矛盾的前提下，持续地满足人们不断增长的物质需求，包括后代人的物质需求。这一目的的最终实现取决于系统内再生产能否高效、和谐、均衡地持续进行。系统通过物质、能量、价值、信息、技术、人员等的流动与转化关系把系统内的各成分因子连接成一个有机整体。再生产在系统内进行的是物流、能流、价值流资金流、信息流的不断交换和融合过程，而系统的运动和发展，要通过这些"流"的运动过程体现出来。因此，从本质上说，价值增值、逆向物质流动、逆向信息传递、技术与人员交流以及资金转移等都是静脉产业系统的功能。

4. 静脉产业系统的持续性分析

像任何事物的发展一样，静脉产业系统的发展也受到各种因素的影响，但可以分为两大类因子：一类是利导因子，另一类是限制因子。当利导因子起主导作用时，发展速度加快；随着利导因子的消耗和被利用，限制因子逐渐突出，系统发展的速度受到抑制，这时的发展过程表现为对限制因子的克服。因而，可以认为静脉产业发展的持续性就是系统发展条件的不断改善，或系统不断地克服限制因子的过程。发展条件的持续改善，才会使静脉产业发展具有持续性。

5. 静脉产业系统的发展性分析

静脉产业系统的发展过程应描述为在不危害后代人和其他系统满足其需要能力的前提下，以满足当代人的福利需求为目标，通过实践引导特定的物质转化系统向更加均衡、和谐和互补状态的定向动态过程。

6. 静脉产业系统的协调性分析

静脉产业系统的协调性分析主要体现在企业活动层面中。社会中各企业进行着产品的生产，它们在向该区域环境中排放污染物质的同时，为保证生产的可持续性，也努力设法对这些废弃物进行处理。这需要企业能够寻求到合适的废物处理环节的合作方，因此静脉产业系统需要进行协调性分析。

7. 静脉产业系统的经济性分析

（1）自然生态调控分析。建立静脉产业体系的基本落脚点充分利用废弃资源的同时减

静脉产业

少环境污染。实施环境保护、建立生态经济是建立静脉产业体系的一个侧重点。静脉产业要能对废弃物，尤其是有毒有害物质进行自然分解与处理，但其处理能力在某一时期技术条件特定的情况下都有一个数量界限，当超过这个数量界限时，过量废弃物，有害有毒物质的处理不当就会对环境造成破坏，影响生态环境的自然平衡，甚至会造成不可挽回的损失。

（2）市场需求分析。静脉产业体系各环节都要向外界提供产品，如果不能与外界发生联系，且资源输出量要大于资源输入量，那么此体系的建立是无效的。静脉产业某环节向外界提供产品，首要条件是社会对其产品有需求，关键是循环体系内外对其产品、副产品、废弃物需求量是否达到经济规模产量。

（3）产业经济规模分析。静脉产业体系各环上能否适合创办相关企业，通常情况下取决于市场需求量是否达到经济规模，达到规模经济时的产量可用非线性本量利分析方法确定，如图 13 - 2 所示。

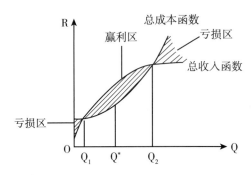

图 13 - 2   非线性本量利分析

总收入函数、总成本函数随产量 Q 而变化，盈利区间的产量范围在 Q_1 与 Q_2 之间，当产量大于 Q_1 小于 Q_2 时，创办相关企业盈利；如等于 Q_1 或 Q_2，创办相关产业盈亏平衡；如超过 Q_2 或低于 Q_1，创办相关企业亏损。对利润函数求极值，可以确定利润最大时的最佳产量 Q^*。当市场需求等于或接近于 Q^* 时利润最大时产量最合理。市场需求量进行比较，如果市场需求量在 Q_1 与 Q_2 之间，从效益上可以创办相关产业，当市场需求量接近于最佳产量点 Q^* 是最优。

（4）关联分析。建立什么样的静脉产业体系取决于静脉产业体系中关联环节上产业关联程度，如果关联程度高，适合建立紧密型静脉产业体系，如关联程度低，适合建立松散型静脉产业体系。产业之间关联程度为：x 产业关联度 = x 产业对 y 产业输入资源价值/y 产业所被输入资源价值总和，计算出来的关联度大，说明两者之间关联性强；如等于零或接近零，说明两者之间无关联。其次是产业之间关联弹性系数是指当 x 产业发生变化时，y 产业产值变化幅度与 x 产业产值变化幅度之比。如果 k>0，说明 x 与 y 两产业是正向关联产业，一个产业变化将引起另一个产业变化，其中，0<k<1 为关联性弱，能适合建立松散型静脉产业体系；如果 k>1，为关联性强，适合建立紧密型静脉产业体系；如果 k=0，说明与 y 两产业之间无关联性，不适合建立静脉产业体系，可独立发展；当 k<0 时，说明 x 与 y 两产业之间是负关联性产业，是互斥性产业，当一方发展壮大时另一方萎缩甚至消失，不适合

建立静脉产业体系，而适合建立顺序接替性产业关系。

三、静脉产业分析指标体系

通过对上述分析要点的了解，我们知道静脉产业分析是一项复杂而又连续的系统工程，这主要是由于不同分析要点之间存在着许多关联，有时无法一一完整表述。因此，为了最大限度地结合不同分析要点的分析优势，本节将从资源概况、资源利用和产业体系这三个方面寻求建立静脉产业发展能力分析指标体系。

1. 静脉产业分析指标体系构建

静脉产业指标体系如表 13 – 1 所示。

表 13 – 1　　　　　　静脉产业分析指标体系结构

目标层	系统层	控制层一	指标层	控制层二	指标层	控制层三	指标层
静脉产业发展能力	资源基础	资源获取	各类资源回收率	资源流动	资源流动效率；资源流动速度；资源流动效益；资源输出量占体系资源产出比重	资源配置	资源配置层次；不同层次上资源配置数量；不同层次上资源配置比重；资源配置优化能力
	资源利用	再利用	资源再利用率	再生利用	资源再生率	再造利用	资源再造率
	产业体系	产业规模合理性	静脉产业对生产、消费、社会活动等三大领域的覆盖率；对可再生资源种类的覆盖率；能源消耗产值率；静脉产业从横向到纵向的体系构建是否合理程度；静脉产业产值占当地 GDP 比重	产业效能	产业创收能力；产业效益占产业总投入比重；产业效益占社会总效益比重；资源在产业内流动效益；产业劳动生产率	产业升级潜力	产业效益增长速率；产业投资环比增长率；产业资源投入增长率；R&D 投入占产业总投入水平比重；R&D 投入增长率；科技成果转化率
		产业发展潜力	产业贡献率；产业增长率	产业带动效应	影响力系数；感应度系数；产业构成系数	产业吸纳就业能力	就业人数比率；就业吸纳率

2. 静脉产业分析指标体系内涵

（1）资源禀赋。本部分主要探求静脉产业发展的资源获取状况。通过对资源获取的了

静脉产业

解，可以进一步认清静脉产业的发展潜力。

各类资源回收率。主要是指静脉产业从自然界、动脉产业体系中获取各种废弃资源占所产出各种资源的比率，包括各种矿产资源、农业资源和能源类资源等。

（2）资源流动。资源流动效率，资源有效流动量与资源流动总量之间的比；资源流动速率，单位时间内资源的流动量；资源流动效益，单位资源流动所创造的经济、社会与生态效益；资源输出量占静脉产业体系资源总产出量比重。这一指标主要是指静脉产业体系将注入的资源再加工再制造后，所形成的各种可替代资源对外部的有效输出量占整个体系资源产出总量的比重，这一比重反映了体系内资源流动创造效益的能力。

（3）资源配置。资源配置层次，资源配置过程中所流经的各种路径形成的层次复杂程度；不同层次上资源配置数量，对于资源配置所面对的不同层次方向，资源总供给量限定的条件下如何有效使用资源，主要取决于资源在静脉产业体系内对不同利用途径（层次）的供给数量；不同层次上资源配置比重，与上述指标相类似，在资源总供给量限定条件下，在不同利用路径（层次）上资源利用量占资源供给总量的比例，在与资源输出效益指标相比较后，反映了静脉产业资源利用过程中资源使用投入产出状况。资源配置过程中若有资源利用不善的层次出现，需要通过静脉产业体系自我调节功能对资源配置路径进行重新优化。

（4）再利用。

$$R_{再利用} = \frac{q_{利用}}{q_{流入}} \times 100\% \qquad (13-1)$$

其中，$R_{再利用}$ 为资源再利用率；$q_{利用}$ 为静脉体系同类资源利用总量；$q_{流入}$ 为静脉产业体系同类资源流入总量。

（5）再生利用。

$$R_{再生} = \frac{q_{再产}}{q_{投入}} \times 100\% \qquad (13-2)$$

其中，$R_{再生}$ 为资源再生率；$q_{再产}$ 为静脉产业体系再生产品产量；$q_{投入}$ 为静脉产业体系用于生产同一再生产品的资源投入量。

（6）再造利用。

$$R_{再造} = \frac{q_{再产}}{q_{投入}} \times 100\% \qquad (13-3)$$

其中，$R_{再造}$ 为资源再造率；$q_{再产}$ 为静脉产业体系再造产品产量；$q_{投入}$ 为静脉产业体系用于生产同一再造产品的资源投入量。

（7）产业规模。

$$R_{覆盖1} = \frac{q_{流入1}}{q_{流出1}} \times 100\% \qquad (13-4)$$

其中，$R_{覆盖1}$ 为静脉产业对生产活动的覆盖率；$q_{流入1}$ 为静脉产业体系从生产活动获取资源的流入量；$q_{流出1}$ 为生产活动所产生各种资源流出总量。

$$R_{覆盖2} = \frac{q_{流入2}}{q_{流出2}} \times 100\% \qquad (13-5)$$

其中，$R_{覆盖2}$ 为静脉产业对社会消费活动的覆盖率；$q_{流入2}$ 为静脉产业体系从社会消费活动获取资源的流入量；$q_{流出2}$ 为社会消费活动所产生各种资源流出总量。

$$R_{覆盖3} = \frac{q_{流入3}}{q_{流出3}} \times 100\% \qquad (13-6)$$

其中，$R_{覆盖3}$ 为静脉产业对社会其他活动的覆盖率；$q_{流入3}$ 为静脉产业体系从社会其他活动获取资源的流入量；$q_{流出3}$ 为社会其他活动所产生各种资源流出总量。

$$R_{覆盖4} = \frac{p_{可再生}}{p_{总}} \times 100\% \qquad (13-7)$$

其中，$R_{覆盖4}$ 为静脉产业对可再生资源种类的覆盖率；$p_{可再生}$ 为静脉产业体系可再生利用资源种类数；$p_{总}$ 为静脉产业利用资源种类总数。

$$R_{能耗} = \frac{r_{总}}{q_{总}} \qquad (13-8)$$

其中，$R_{能耗}$ 为静脉产业能源消耗产值；$r_{总}$ 为静脉产业总产值；$q_{总}$ 为静脉产业的能源消费总量。

静脉产业从横向到纵向的体系构建是否合理的程度。这一指标主要从静脉产业纵横向体系涉及各环节效益、产能、环保要求等当面进行考察。

$$静脉产业产值占当地 GDP 比重 \theta = \frac{v}{GDP_{上年}} \times 100\% \qquad (13-9)$$

其中，v 为静脉产业产值；

（8）产业效能。

产业体系最终产出效益占产业投入比重：

$$\theta = \frac{r}{m_{总投入}} \times 100\% \qquad (13-10)$$

其中，r 为静脉产业产业收益；$m_{总投入}$ 为产业总投入。

产业效益占当地社会效益比重：

$$\theta = \frac{r}{r_{社会}} \times 100\% \qquad (13-11)$$

其中，r 为静脉产业产业收益；$r_{社会}$ 为当地社会总收益。

资源在产业内流动效益比重：

$$\theta = \frac{p}{v} \times 100\% \qquad (13-12)$$

静脉产业

其中，p 为循环产业体系内各级资源利用产出效益总量；v 为资源投入总价值。

$$劳动生产率\ R = \frac{p_{增}}{q_{从业}} \qquad (13-13)$$

其中，R 为静脉产业劳动生产率；$p_{增}$ 为静脉产业增加值；$q_{从业}$ 为静脉产业年平均从业人数。

（9）产业升级能力。

$$R_{效益} = \frac{p_{本期}}{p_{上期}} \times 100\% \qquad (13-14)$$

其中，$R_{效益}$ 为静脉产业效益增长率；$p_{本期}$、$p_{上期}$ 分别代表本期、上期的静脉产业效益值。

$$R_{投资} = \frac{p_{本期}}{p_{上期}} \times 100\% \qquad (13-15)$$

其中，$R_{投资}$ 为静脉产业投资增长率；$p_{本期}$、$p_{上期}$ 分别代表本期、上期的静脉产业效益值。

$$R_{资源} = \frac{p_{本期}}{p_{上期}} \times 100\% \qquad (13-16)$$

其中，$R_{资源}$ 为静脉产业资源投入增长率；$p_{本期}$、$p_{上期}$ 为分别代表本期、上期的静脉产业资源输入总量。

$$R = \frac{p_{研发}}{p_{总}} \times 100\% \qquad (13-17)$$

其中，R 为研发费用占产业总投资比率；$p_{研发}$ 为当期研发费用；$p_{总}$ 为当期静脉产业总投资。

$$R_{研发} = \frac{p_{本期}}{p_{上期}} \times 100\% \qquad (13-18)$$

其中，$R_{研发}$ 为研发费用增长率；$p_{本期}$、$p_{上期}$ 为分别代表本期、上期的研发费用投入。

$$R_{转化} = \frac{p_{转化}}{p_{总}} \times 100\% \qquad (13-19)$$

其中，$R_{转化}$ 为科技成果转化率；$p_{转化}$ 为当期科技成果转化实际生产力数量；$p_{总}$ 为当期科技成果总量。

（10）产业发展潜力。

$$R_{贡献} = \frac{p_{增}}{p_{总}} \qquad (13-20)$$

其中，$R_{贡献}$ 为静脉产业贡献率；$p_{增}$ 为静脉产业增加值；$p_{总}$ 为循环产业体系内各产业增加值。

$$R_{增} = \frac{p_{本期} - p_{上期}}{p_{上期}} \times 100\% \qquad (13-21)$$

其中，$R_{增}$ 为静脉产业增加值增长率；$p_{本期}$、$p_{上期}$ 分别代表本期、上期的产业增加值。

（11）产业带动效应。

影响力系数：

$$\theta_1 = \sum_{i=1}^{n} \overline{b_{ij}} \Big/ \frac{1}{n} \sum_{j=1}^{n} \sum_{i=1}^{n} b_{ij} \qquad (13-22)$$

感应度系数：

$$\theta_2 = \sum_{j=1}^{n} \overline{b_{ij}} \Big/ \frac{1}{n} \sum_{i=1}^{n} \sum_{j=1}^{n} b_{ij} \qquad (13-23)$$

产业构成系数：

$$\theta_3 = \frac{r_{静脉}}{r_{总}} \qquad (13-24)$$

其中，$\overline{b_{ij}}$ 为完全消耗矩阵 $(I-A)^{-1}$ 的系数，n 为产业部门数；$r_{静脉}$ 为静脉产业的产值；$r_{总}$ 为区域总产值。

（12）产业吸纳就业能力。

$$R_{就业} = \frac{q_{静脉}}{q_{总}} \qquad (13-25)$$

其中，$R_{就业}$ 为静脉产业就业人数比率；$q_{静脉}$ 为静脉产业就业人数；$q_{总}$ 为循环产业体系内就业总人数。

$$R = \frac{q_{静脉}}{r_{总}} \qquad (13-26)$$

其中，R 为静脉产业就业吸纳率；$q_{静脉}$ 为静脉产业年平均就业人数；$r_{总}$ 为静脉产业总产值。

总的看来，静脉产业评价将主要从资源禀赋、资源利用以及与资源供需密切相关的产业体系这三个方面进行评价，将得出静脉产业发展能力的评判，其评价路径如下。

四、静脉产业分析路径

静脉产业分析路径主要遵从上述三个方面的分析内容，分三个层次进行，即基础资源层、资源利用层和产业发展层。基础资源层分析得出资源的可利用能量是否得到合理配置，为资源利用层提供基本原料；资源利用层分析得出资源的可利用能力，即资源能量是否得到合理开发，为产业发展层提供创造动力支持；产业发展层分析得出产业发展能力是否可以支持静脉产业体系持续发展，为整个静脉产业体系发展水平是否合理的评判提供依据。基于以

静脉产业

上三个方面的分析，就可以得到静脉产业体系的基本发展水平。具体分析内容如图 13 – 3 所示。

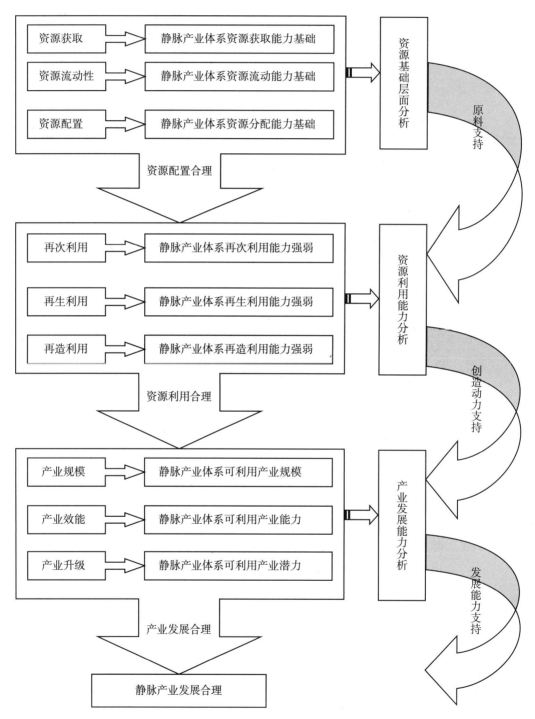

图 13 – 3　静脉产业分析模型图

第二节　静脉产业评价

一、静脉产业评价体系概述

1. 静脉产业评价的必要性

静脉产业发展战略是一个庞大的系统工程，它一方面要求我们制订方案，规划蓝图并付诸行动；另一方面又要求我们依据方案来测定发展速率，评价发展水平，跟踪监测战略实施的进程，作为对区域（部门）经济社会发展业绩评价的重要参数，彻底转变单纯追求 GDP 的政策目标，这就给我们提出了一个全新的课题——静脉产业评价。进行静脉产业评价需要构建符合静脉产业原理的综合评价指标体系，建立相应的统计数据收集系统，运用科学的综合评价方法，并对静脉产业的发展状况进行评价，这是发展静脉产业的一个必要步骤。

通过综合评价可以了解静脉产业系统的发展质量、发展水平和效率。要想评价静脉产业的发展水平就必须通过一定的指标对其进行描述，而静脉产业的发展涵盖自然、社会、经济等各个方面，建立单个指标无法说明问题，必须建立一个涵盖各子系统的指标集合，即指标体系。只有建立了一套科学、严密、完整的静脉产业评价指标体系，才能利用一定的方法手段对静脉产业发展状况进行监测和预测，从而为静脉产业的发展规划提供决策服务；也只有建立了静脉产业评价指标体系，才能对静脉产业发展水平进行科学评判，找出存在的问题，校正其发展方向。静脉产业评价是当前静脉产业领域研究的难点，近几年，国内对静脉产业的研究非常活跃，并取得了众多的研究成果，但是对静脉产业绩效的评价还没有成熟的理论和方法，因而有必要对有关的基本概念和原理加以探讨。评价就是评价者对评价对象的属性与评价者需要之间价值关系的反映活动。据此，静脉产业评价就是评价者对静脉产业系统属性（系统结构、系统功能）与评价者发展静脉产业进而实现可持续发展需要之间价值关系的反映活动，即明确价值的过程。发展静脉产业的目的是实现可持续发展。静脉产业评价的主体是人，因而在评价时，评价者必须树立可持续发展的静脉产业价值观。

在可持续发展中，衡量一个系统实施静脉产业的成功与否不仅仅是经济的增长，而是一个综合的评判，它还包括了系统周边的生态协调性、环境稳定性、资源利用持续性、企业发展潜力的持续性、相关产业发展的平衡性（公平性）等。这样的衡量标准，要求制造系统的发展不仅注重经济增长，更要注意培养制造系统发展的可持续性、稳定性、协调性和均衡性。因此制造系统在生产过程中要注意遵循减量化、再利用、再循环的原则；在空间上要求制造企业在有效利用资源和保护环境的同时，不危及其他产业或其他企业的发展。要求制造企业在利用资源和环境获利的同时，必须支付由此造成的环境成本和社会成本。静脉产业系统是由企业层、区域层、社会层构成的，只有静脉产业系统

静脉产业

内的企业层、区域层和社会层都深入贯彻实施了静脉产业，整个社会才有可能实现可持续发展。制造系统是众多区域系统中普遍存在的、具有典型意义的微观经济系统，对其进行静脉产业评价将有利于促进社会的可持续发展。因此，静脉产业的实施，最终必然要落实到具体的企业或企业群落。

2. 静脉产业评价的特点

静脉产业是针对工业化运动以来高消耗、高排放的线性经济而言的，它是一种资源节约、环境友好的经济发展新模式。它要求把经济活动组织成为"自然资源—产品—消费—再生资源"的反馈式流程，所有的原料和能源都能在这个不断进行的经济循环中得到最合理的利用，从而使经济活动对自然环境的影响控制在尽可能小的程度，从可持续发展的观念出发，人类社会必须要改变传统的经济发展模式，建立一种集约型、资源节约型的发展模式。而静脉产业就是在人类的生产活动中，控制废弃物的产生，建立起反复利用自然的循环机制，把人类的生产活动纳入自然循环中去，维护自然的生态平衡。

因此，可以说静脉产业是可持续发展战略的经济体现，它是经济利益兼而有之的双赢经济，会给全球带来全新的环境效益的同时，也给人们带来巨大的经济效益。静脉产业发展系统具有一定的位置和边界，是由人类社会与自然环境相互联系、相互影响、相互作用而形成的系统。它是一个由社会、经济、生态环境等子系统组成的复杂大系统。在此系统中，通过合理配置各种资源，在系统的组织和管理过程中不断提高系统的有序程度，使大系统最优化、和谐化，促使社会、经济、生态环境的协调发展。协调发展是系统或系统内要素之间在和谐一致、配合得当、良性循环的基础上由低级到高级，由简单到复杂，由无序到有序的总体演化过程。协调发展是一种强调整体性、综合性和内在性的发展聚合，它不是单个系统或要素的"增长"，而是系统或要素在协调这一有益的约束和规定之下的综合发展。因此，静脉产业追求大系统的协调发展，是实现协调发展的重要途径。

二、静脉产业评价指标体系

1. 静脉产业评价指标体系的内涵

评价反映了评价者对评价对象的属性与评价者需要之间的价值关系，因此，静脉产业系统评价反映了评价者对静脉产业系统属性（系统结构、系统功能）与评价者可持续发展需要之间的价值关系，即明确价值。

静脉产业是可持续战略的经济体现。只有当人们的行为从高排放的"牧童经济"转变为低排放的静脉产业时，一个可持续发展的社会才真正来临。静脉产业系统评价的主体是人，因而在评价时，评价者必须树立可持续发展的静脉产业价值观。在可持续发展中，衡量一个系统实施静脉产业的成功与否不仅仅是经济的增长，而是一个综合的评判，它还包括了系统周边的生态协调性、环境稳定性、资源利用持续性、企业发展潜力的持续性、相关产业发展的平衡性（公平性）等。静脉产业要遵循减量化、资源化，再循环的基本静脉产业系统评价也要在遵循减量化、资源化、再循环原则的基础上对生态、环境、社会进行综合评价。

　　总之，对于处于一定发展阶段的静脉产业系统来说，其静脉产业的实施状况既是系统过去运行的结果，也是其未来发展的起点和基础。要使静脉产业快速、稳步、健康发展，就需要一种度量监测其状况、态势的有效方法，以此评价静脉产业发展措施和政策的实施效果。静脉产业评价指标体系就是以静脉产业的基本特点，定量评价所描述对象发展过程的指标集合。这种指标集合是不同侧面、不同层次有关指标的有机组合，而不是指标的简单拼凑和堆砌，是一种复杂系统的多指标综合评价。静脉产业评价指标体系就是要通过对系统的结构功能分析、环境效果分析、经济效果分析和生产效率分析，找出系统发展过程中出现的问题，或面临的危机，或遇到的机遇，从而帮助决策者采取措施，以保证系统长期、和谐的发展。这就是静脉产业评价指标体系的内涵。

2. 静脉产业评价指标架构

　　（1）环境—经济—社会—制度架构。1996 年联合国可持续发展委员会（UNCSD）等机构提出了基于环境—经济—社会—制度理论架构的可持续发展指标体系。环境面主要考虑自然资源、自然能源和生物多样性；经济面主要考虑效率、成长和发展；社会面主要考虑贫困、文化遗产和社会公平；制度面主要考虑认同、支持和政策配合。而环境面与经济面关系主要考虑价值评估和资源效益；经济面与社会面关系主要考虑经济效率和社会公平；社会面和环境面关系主要考虑代际公平和民众参与。而制度面与环境面关系主要考虑保护和保育；制度面与经济面关系主要考虑为发展和保证；制度面和社会面关系主要考虑为稳定和保障，其四者间关系如图 13-4 所示。

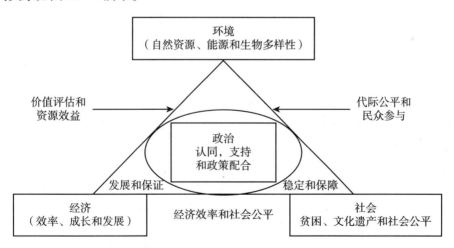

图 13-4　环境—经济—社会—制度架构

　　静脉产业是可持续发展的延伸，它是为解决地球环境危机与人类生存环境问题而提出的新思维，其内涵同可持续发展类似，也是寻求"人与自然"及"人与人"之间的和谐发展关系。因此，静脉产业的主要内容包括自然资源与生态环境、经济发展和社会发展问题，它以生态环境的可持续为基础；以经济稳定发展为前提；以促进社会进步为目标，但更强调了

静脉产业

自然资源的减量化、循环利用和无害化。据此，静脉产业指标体系也可按照环境—经济—社会制度的理论架构构建。即以环境面、经济面和社会面三者间的三角相互作用为基础，并透过制度面来居中协调，作为静脉产业的发展动力。在构建不同层面的具体指标时，要遵循静脉产业指标的选取原则，体现静脉产业的内涵及特征，避免完全套用可持续发展指标体系，以致选取的指标缺乏代表性及相关性。

（2）压力—状态—响应架构。经济合作发展组织（OECD）于 1994 年运用 PSR（Pressure State Response）模式确立了整个环境系统的指标架构。联合国可持续发展委员会于 1994 年，根据 OECD 的 PSR 观点及可持续系统特性，将可持续发展评价指标区分为驱动力（Driving Force）、状态（State）和响应（Response）三种指标项目主体。驱动力 - 状态 - 响应（D—S—R）架构中，D、S、R 间相互关系如下：

驱动力（D）：驱动力定义为人类经济、社会及其他活动。这些活动造成环境及自然资源状态的改变。状态（S）：状态定义为环境及自然资源的状态。在环境资源所能承受不至破坏生态平衡的前提下，以承载容量作为自然资源状态可持续性的判断依据。响应（R）：响应定义为决策与行动。决策及行动单位可根据驱动力指标及状态指标的信息模拟并进行相关的社会经济活动决策及相应措施。之后，又产生了 PSR 架构的另外一些变种，并有学者将之用于静脉产业发展的评价指标体系构建。

（3）"3R"架构。"3R"原则是体现循环经济思想的根本原则，也是循环经济和静脉产业现实运行的指导方针。因此，以"3R"原则作为循环经济指标体系的理论架构具有理论和现实的科学性。国内有学者从"3R"原则的减量化、资源化、无害化角度设定循环经济和静脉产业指标。

（4）系统层次架构。此指标架构是基于系统论中的系统的层次性原理而建立的，由若干个层次构成，将诸多复杂问题分解成若干层次进行逐步分析比较。如果说前三种架构是横向架构，那么系统层次架构主要建立了指标体系的纵向架构。系统层次架构一般由目标层、准则层和指标层三层构成，目标层即静脉产业发展的目标。目标层下可建立一个或数个较为具体的分目标，即准则层。指标层则由更为具体的指标组成。其他类型的系统层次架构一般是在三层架构基础上扩展而成。

3. 静脉产业评价指标体系的功能

静脉产业评价指标体系是用来反映静脉产业发展状态和程度的，应该具有如下功能：

（1）描述功能：描述和反映一个时期内静脉产业各个方面的发展水平和状况，为公众、政府和其他决策部门了解静脉产业的发展状况提供必要信息。

（2）评价功能：综合测度区域静脉产业发展指数，从整体上对静脉产业发展状况做出评价，作为对地方经济社会发展业绩评价的重要参数。

（3）导向功能：利用指标体系引导政府、企业和公众实践静脉产业的目标。

（4）预警功能评价和监测一定时期内静脉产业各方面发展的趋势及速度，对未来系统的结构和功能进行预测，为静脉产业发展模式的实践提供切实可行的决策方案。

4. 静脉产业评价指标体系的特点

（1）评价指标的多样性。静脉产业系统是一个复杂的、庞大的系统，它涉及经济、社会和环境等各个方面，因此静脉产业评价的目标就必须是多元的，既要有经济目标又要有环保目标，既要考虑到效率又要注意发展的潜力，这就决定了评价指标的多样性。发展的潜力，这就决定了评价指标的多样性。

（2）评价指标的动态性和相对性。静脉产业系统是处在不断地变化发展中的系统，某一时刻反映系统发展变化的主要矛盾或矛盾的主要方面在另一时刻可能降为次要矛盾或矛盾的次要方面，同样，某一时刻反映系统发展变化的次要矛盾或矛盾的次要方面也可能上升为主要矛盾或矛盾的主要方面。因此，评价指标的制定必须考虑到静脉产业系统这一动态变化的特点，根据不同时期的不同要求不断修正补充指标评价体系。同时，不同地区、不同行业对静脉产业发展的要求不尽相同，要根据具体地区具体行业静脉产业的实施情况并参考数据的可得性因素，构建适合此地区或此行业的静脉产业评价指标体系。

（3）评价指标体系的整体性和阶段性。可持续发展存在三个维度，即实现经济、社会和生态环境的三维整合。静脉产业的最终目的是实现可持续发展，是可持续发展的"三赢"经济，必须把经济发展、环境保护和人文社会统一起来。因为静脉产业的复杂性，各子系统之间相对独立又存在不可分割的联系，只有各子系统有序运行达到最优组合，循环系统这个大系统才能更好地发展，因此，评价指标体系必须从整个大系统的角度出发，将生态环境、社会与经济发展等诸方面作为一个整体考虑。在制定静脉产业评价指标时也要考虑阶段性的特点，不同的阶段静脉产业的发展状况和要求不同，参考的标准水平也有区别，不能超越特定阶段的具体要求制定不合适的指标。

（4）指标权重的相对性。评价指标的权重也有时空变化的特点。在静脉产业系统发展的不同时期，各个指标对于系统的重要性不同，其权重也会有所变化。而且不同地区不同行业，由于其自然条件、社会经济发展水平、对环境的污染程度以及发展目标的差异，对指标权重的要求也不同。

（5）评价指标体系的建立应体现静脉产业的指导原则。静脉产业不同于传统经济，它实际上是对物质闭环流动型经济的简称，是一种协调与和谐的经济发展模式，所有的能源和原料在这个不断进行的经济循环中都得以最合理的利用。静脉产业要求以"减量化、资源化、再循环"（3R）为社会经济活动的行为准则，而静脉产业评价指标体系是基于静脉产业的理念建立起来的，其目的是通过某一区域静脉产业的评价对以前的发展进行总结，为未来的决策提供依据，更好地指导静脉产业的发展，因此在静脉产业评价指标体系中也要体现"减量化、资源化、再循环"这个指导原则。

三、建立静脉产业评价体系指标

指标体系的建立主要是指标的选取及指标之间结构关系的确定。这是一个非常复杂的过程，应该采用定性分析和定量研究相结合的方法。定性分析主要是从评价的目的和原则出

静脉产业

发，考虑评价指标的充分性、可行性、稳定性、必要性等因素。定量研究则是通过一系列检验，使指标体系更加科学和合理。因此，指标体系的构建过程可以分成为两个阶段，即指标的初选过程和指标的完善过程。指标体系的初选方法有综合法和分析法两类。综合法是指对已存在的一些指标按一定的标准进行聚类，使之体系化的一种构造指标体系的方法。分析法是指将度量对象和度量目标划分成若干部分、侧面（即子系统），并逐步细分（即形成各级子系统及功能模块），直到每一部分和侧面都可以用具体的统计指标来描述、实现。科学的指标体系是获得正确的统计分析结论的前提条件。而初选后的指标体系未必是科学的，因此必须对初选的指标体系进行科学性测验。单体测验是指测验每个指标的可行性和正确性。可行性是指指标的数值能否获得，那些无法或很难取得准确资料的指标，或者即使能取得但费用很高的指标，都是不可行的。正确性是指指标的计算方法、计算范围及计算内容应该正确。

1. 静脉产业评价指标体系的建立原则

静脉产业评价指标体系和可持续发展指标体系在评价目标、评价主体和评价方法上都具有很多一致的地方。静脉产业指标体系的构建原则也可以借鉴可持续发展指标体系的构建原则。在研究和确定评价指标体系和设定具体评价指标时，我们应遵循如下基本原则。

（1）科学性原则。静脉产业评价指标体系设计应充分反映和体现静脉产业的内涵，从科学的角度系统而准确地理解和把握静脉产业的实质。评价指标能对静脉产业系统各层次、各环节的物质和资金投入、产出内容进行高度的抽象和概括，揭示其性质、特点、关系和运动过程的内在规律。评价指标体系应能够反映事物的主要特征，具体指标能够反映出静脉产业主要目标的实现程度。

（2）可操作性原则。静脉产业评价指标体系应尽可能量化，各项指标及其相应的计算方法要力求规范化，有明确阐义，计算所需数据也应比较容易获得和可靠，每项指标应该是可观、可测及具有可比性。

（3）系统性与层次性原则。发展静脉产业是一项复杂的系统工程，评价指标体系必须能够全面地反映静脉产业发展的各个方面，具有层次高、涵盖广、系统性强的特点。由于静脉产业包括若干个子系统，应在不同层次上采用不同的指标。

（4）完备性原则。静脉产业评价指标体系作为一个有机的整体，应该能够全面并综合地反映静脉产业发展的各个方面，指标体系应当相对比较完备，即应能够具备经济发展的主要方面或主要特征。

（5）简明性原则。从理论上讲，指标设置越全面，反映的客观现实越准确，但同时也带来了指标重叠，数据收集、处理的麻烦，因此在相对比较完备的情况下，指标体系应简单明了，尽量选择那些有代表性的综合指标和主要指标。

2. 静脉产业评价指标体系的层次结构

系统的一个重要特征是具有层次性。静脉产业系统是一类复杂系统，它是由许多同一层次、不同作用和特点的功能集以及不同层次的复杂程度、作用程度不一的功能集组成的。根据静脉产业系统评价的目标，设置的是描述系统不同发展特征，具有层次结构的功能集指标。根据系统的层次性特点，功能集结构也具有层次性，即高一层的功能集可以包含低层次的描述不同方面的功能集，功能子集可以认为是某一个层次的子系统。功能集指标的选择，决定了静脉产业评价指标体系的结构框架，是评价指标体系成功与否的关键。

静脉产业是一个涉及社会、经济、生态环境多方面协调、综合发展的整体，是集经济、技术和社会于一体的系统工程，静脉产业可以实现社会、经济和环境的"共赢"发展，在对静脉产业系统发展特征、结构、功能和基本要素分析的基础上，依据静脉产业评价指标体系设计的基本原则，结合静脉产业发展的现状和发展能力及内在潜力，从静脉产业的目标出发设计静脉产业评价指标体系：首先确定一个静脉产业评价总目标，然后将它分解为若干层次（系统），逐级发展、推导出各级子目标（系统），最后提出描述、表达目标的各项指标，即最后一层的具体指标。这样建立的指标体系，能够保持严格的内部逻辑统一性。一般经济评价指标体系分为目标层、准则层和指标层三个层次。

（1）目标层：综合表达系统的总体静脉产业能力，反映静脉产业系统的总体状况和发展趋势。静脉产业综合评价指数是我们通过测算所得到的最终结果。通过横向、纵向比较可反映静脉产业系统整体发展水平和发展趋势。

（2）准则层：将静脉产业评价指标体系分解为几个功能集。

（3）指标层：采用可测的、可比的、可以获得的指标及指标群，它们是指标体系的最基层要素，评价指标体系的主要计量工作是在指标层的基础上进行的。

3. 静脉产业评价指标体系的类型分析

（1）静脉产业发展的经济指标体系。经济发展是静脉产业发展的基础，它为社会发展、治理环境、提高资源利用率，最终永续地提高人民物质、文化生活水平提供了保障。经济的良性持续增长是静脉产业发展的一个重要目标，要想实现真正意义上的静脉产业发展，必须在经济增长的前提下才有可能，因此，对静脉产业发展水平进行评价需要选择适当的经济指标构成的数学模型来描述经济增长，这就是静脉产业的经济效益测度。

（2）静脉产业发展的社会指标体系。静脉产业发展的最终目标是实现可持续发展的社会，即具有高度物质文明和精神文明的社会。因此社会指标体系也是发展静脉产业需要考虑的一项重要部分，发展静脉产业必将促进整个社会的进步与发展。

（3）静脉产业发展的生态环境指标体系。静脉产业发展还需要一个良好的生态环境基础，判断这种良好生态环境基础的标准就是静脉产业发展的生态环境指标体系。静脉产业发展的目标是使废物最小量化，这与环境保护的目标是一致的。静脉产业发展除应有明显的经济效益外，还应重视生态环境效益。静脉产业的目标在于保护环境，减少对环境的污染与破坏，因此指标体系的设置还应从生态环境质量、生态环境保护、生态环境建设的角度来设置指标。

4. 静脉产业评价指标体系

（1）宏观评价指标体系。静脉产业评价指标体系，如表 13-2 所示。

静脉产业

静脉产业评价指标体系表（宏观）

	指　　标
一、资源再利用指标	静脉产业资源再利用率
二、资源综合利用指标	工业固体废物综合利用率 工业用水循环利用率 城市生活污水再生率 城市生活垃圾资源化率 农业秸秆综合利用率 农业畜禽粪污综合利用率
三、再生资源回收利用指标	废钢铁回收利用率 废有色金属回收利用率 废纸回收利用率 废玻璃回收利用率 废塑料回收利用率 废橡胶回收利用率
四、废物处置降低指标	工业固体废物排放（含处置）降低率 工业废水排放降低率

注：目前统计制度还不能满足静脉产业指标体系的要求，需进一步完善。

资源再利用率，主要是指静脉产业体系资源再次利用数量与静脉产业体系资源利用总量的比值。这项指标的比率越高，表明静脉产业资源利用效益越好。计算公式为：

$$R_{再利率} = \frac{q_{再利量}}{q_{总}} \qquad (13-27)$$

其中，$R_{再利率}$ 为资源再利用率；$q_{再利量}$ 为资源再次利用数量；$q_{总}$ 为资源利用总量。

工业固体废物综合利用率，指工业固体废物综合利用量占固体废物产生量的比重。计算公式为：

$$R_{固废} = \frac{p_{利用}}{p_1 + p_2} \times 100\% \qquad (13-28)$$

其中，$R_{固废}$ 为工业固体废物综合利用率；p_1 为工业固体废物产生量；p_2 为往年堆积量。

工业用水循环利用率，指工业循环用水量占工业用水总量的比重。计算公式为：

$$R_{工业} = \frac{p_{循环}}{p_{工业总}} \times 100\% \qquad (13-29)$$

其中，$R_{工业}$ 为工业用水循环利用率；$p_{循环}$ 为工业循环用水量；$p_{工业总}$ 为工业用水总量。

城市生活污水再生率，城市再生水量占城市生活污水总量的比重。计算公式为：

$$R_{污水} = \frac{p_{再生}}{p_{污水总}} \times 100\% \qquad (13-30)$$

其中，$R_{污水}$ 为城市生活污水再生率；$p_{再生}$ 为城市再生水量；$p_{污水总}$ 为城市生活污水总量。

城市生活垃圾资源化率，城市生活垃圾资源化量占城市生活垃圾清运量的比重。计算公式为：

$$R_{垃圾} = \frac{p_{资源化}}{p_{清运总}} \times 100\% \tag{13-31}$$

其中，$R_{垃圾}$ 为城市生活垃圾资源化率；$p_{资源化}$ 为城市生活垃圾资源化量；$p_{清运总}$ 为城市生活垃圾清运量。

废钢铁（或废有色金属、废纸、废玻璃、废塑料、废橡胶）回收利用率，指废钢铁（或废有色金属、废纸、废玻璃、废塑料、废橡胶）回收利用量占生产量的比率。计算公式为：

$$R_{废钢} = \frac{p_{回收}}{p_{生产}} \times 100\% \tag{13-32}$$

其中，$R_{废钢}$ 为废钢铁（或废有色金属、废纸、废玻璃、废塑料、废橡胶）回收利用率；$p_{回收}$ 为废钢铁（或废有色金属、废纸、废玻璃、废塑料、废橡胶）回收利用量；$p_{生产}$ 为钢铁（有色金属、纸、玻璃、塑料、橡胶）生产量。

农业秸秆资源化率，农业秸秆资源化量占农业秸秆产生量的比率：

$$R_{秸秆} = \frac{p_{资源化}}{p_{产生}} \times 100\% \tag{13-33}$$

其中，$R_{秸秆}$ 为农业秸秆资源化率；$p_{资源化}$ 为农业秸秆资源化量；$p_{生产}$ 为农业秸秆产生量。

工业固体废物排放（含处置）降低率，指报告期（通常为 1 年）内工业固体废物排放量与上一报告期内工业固体废物产生量的比率。计算公式为：

$$R_{降低} = \frac{p_{本年} - p_{上年}}{p_{上年} - p_{前年}} \times 100\% \tag{13-34}$$

其中，$R_{降低}$ 为工业固体废物排放降低率；$p_{本年}$、$p_{上年}$、$p_{前年}$ 分别代表工业固体废物在本年、上年和前年的排放量。

（2）工业园区静脉产业评价指标体系（见表 13-3）。

表 13-3　　　　　　　静脉产业评价指标体系表（工业园区）

	指　标
一、资源综合利用指标	工业固体废物综合利用率 工业用水循环利用率 工业废水再生率
二、废物排放降低指标	工业固体废物排放（含处置）降低率 工业废水排放降低率

注：目前统计制度还不能满足静脉产业指标体系的要求，需进一步完善。

静脉产业

工业固体废物综合利用率，指工业固体废物综合利用量占固体废物产生量的比重。计算公式为：

$$R_{固废} = \frac{p_{利用}}{p_1 + p_2} \times 100\% \qquad (13-35)$$

其中，$R_{固废}$ 为工业固体废物综合利用率；p_1 工业固体废物产生量；p_2 往年堆积量。

工业用水循环利用率，指工业重复用水量占工业用水量的比率。计算公式为：

$$R_{工业} = \frac{p_{循环}}{p_{工业总}} \times 100\% \qquad (13-36)$$

其中，$R_{工业}$ 为工业用水循环利用率；$p_{循环}$ 为工业循环用水量；$p_{工业总}$ 为工业用水总量。

工业废水再生率，再生水量与工业废水总量的比重。计算公式为：

$$R_{废水} = \frac{p_{再生}}{p_{废水总}} \times 100\% \qquad (13-37)$$

其中，$R_{废水}$ 为工业废水再生率；$p_{再生}$ 为再生水量；$p_{废水总}$ 为工业废水总量。

工业固体废物排放（含处置）降低率，指报告期（通常为1年）内工业固体废物排放量与上一报告期内工业固体废物产生量的比重。计算公式为：

$$R_{固废降} = \frac{p_{本年} - p_{上年}}{p_{上年} - p_{前年}} \times 100\% \qquad (13-38)$$

其中，$R_{固废降}$ 为工业固体废物排放降低率；$p_{本年}$、$p_{上年}$、$p_{前年}$ 分别代表工业固体废物在本年、上年和前年的排放量。

工业废水排放降低率，指报告期工业废水排放量的下降程度。计算公式：

$$R_{废水降} = \frac{p_{本年} - p_{上年}}{p_{上年} - p_{前年}} \times 100\% \qquad (13-39)$$

其中，$R_{废水降}$ 为工业废水排放降低率；$p_{本年}$、$p_{上年}$、$p_{前年}$ 为分别代表工业废水在本年、上年和前年的排放量。

（3）静脉产业发展水平评价指标体系。经过前述的分析研究，本章将主要从经济、环境、社会三个方面来选取反映静脉产业内涵、特征和原则的指标。采用"目的树"的分析方法，构建出树型结构的指标体系框架，如图13-5所示。这种指标体系分为四个层次，自上而下分别为目标层、系统层、控制层和指标层。目标层是最高层，即静脉产业建设总体状况和发展水平；系统层包括三个子系统，分别是经济子系统、环境子系统和社会子系统。各子系统根据不同的目标设立若干个控制层各个控制层内再根据不同的目标设立最终的详细指标。

四、静脉产业评价流程

在确立静脉产业评价指标体系之后，就需要按照系统观点有层次有步骤地展开评价。其

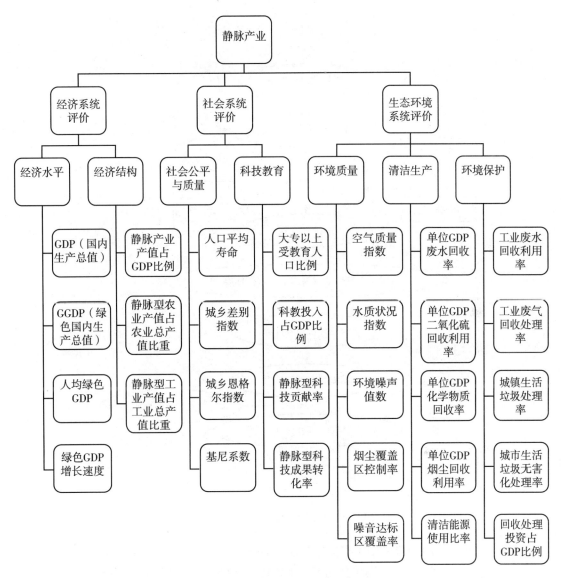

图 13 - 5　静脉产业发展水平评价指标体系

过程如图 13 - 6 所示。

（1）资料收集与调研。进行静脉产业评价首先要对评价所需资料进行收集，并按照一定的标准进行资料归类，为后续的评价指标的确立提供服务。

（2）确立评价指标体系。按照一定的评价原则，建立合理完善的评价指标体系。

（3）确定评价权重。由于静脉产业评价指标体系中各指标的重要程度不同，在进行评价时有必要对各指标进行加权处理。在评价实践中可运用多种确定指标权数的方法，其中层次分析法是一种处理定性与定量相结合的多目标规划方法，它把难以分析的定性问题转变为直观的定量问题，此法既简便易行又行之有效，特别适合用于对复杂结构指标体系的权数确

静脉产业

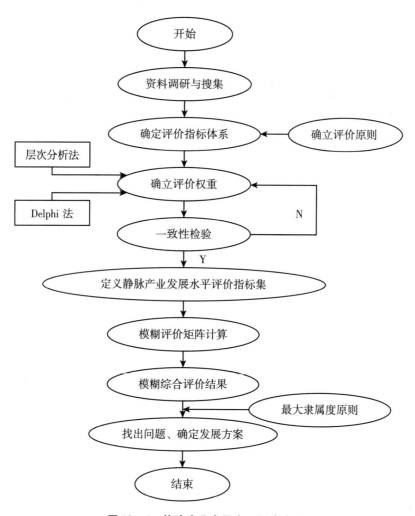

图 13-6 静脉产业发展水平评价流程

定。其中，判断矩阵的构造采用了专家意见法（Delphi 法）。

（4）一致性检验。如果运用层次分析，则判断矩阵的一致性检验能够保证层次分析法分析得到结论的合理性。

（5）确定静脉产业评价指标集。根据上述的一致性检验，最终从评价指标体系当中找出可以合理评价静脉产业发展水平的指标集合。

（6）模糊评价矩阵的计算与综合评价。

① 模糊评价矩阵的建立。采用专家评议的方法，假设聘请多位专家对各指标判定等级标准，对照标准评定等级，得到 u_{ij} 对评语集 V 的隶属向量 R_{ij} 为：$R_{ij} = (r_{ij1}, r_{ij2}, \cdots, r_{ij4})$，其中 $v_{ijk}/n(k = 1, 2, \cdots, 4)$，n 为参评专家总数，$v_{ijk}$ 是参评专家中认为 u_{ij} 属于 v_k 等级的专家人数，评价隶属矩阵为：

$$R_i = \begin{bmatrix} R_{i1} \\ R_{i1} \\ R_{i2} \\ \vdots \\ R_{im} \end{bmatrix} = \begin{bmatrix} r_{i11} & r_{i12} & r_{i13} & r_{i14} \\ r_{i21} & r_{i22} & r_{i23} & r_{i24} \\ \vdots & \vdots & \vdots & \vdots \\ r_{im1} & r_{im2} & r_{im3} & r_{im4} \end{bmatrix} \tag{13-40}$$

其中，m 为评价指标集 u_i 中元素的个数。

② 矩阵计算与综合评价结果。综合评价可分为两个级别，通过一级综合评判可得到 u_i 对 v 隶属向量 C_i：

$$C_i = W_i \otimes R_i = (w_{i1}, w_{i2}, \cdots, w_{im}) \otimes \begin{bmatrix} r_{i11} & r_{i12} & r_{i13} & r_{i14} \\ r_{i21} & r_{i22} & r_{i23} & r_{i24} \\ \vdots & \vdots & \vdots & \vdots \\ r_{im1} & r_{im2} & r_{im3} & r_{im4} \end{bmatrix} \tag{13-41}$$

其中，"$\otimes$" 是模糊矩阵合成算子符号。

根据一级模糊综合评价，得到隶属矩阵：

$$B_j = W_j \otimes C_j = (w_{j1}, w_{j2}, \cdots, w_{jm}) \otimes \begin{bmatrix} c_{j11} & c_{j12} & c_{j13} & c_{j14} \\ c_{j21} & c_{j22} & c_{j23} & c_{j24} \\ \vdots & \vdots & \vdots & \vdots \\ c_{jm1} & c_{jm2} & c_{jm3} & c_{jm4} \end{bmatrix} \tag{13-42}$$

根据二级模糊综合评价，得到隶属矩阵：

$$R = \begin{bmatrix} B_1 \\ B_2 \\ B_3 \end{bmatrix} = \begin{bmatrix} b_{11} & b_{12} & b_{13} & b_{14} \\ b_{21} & b_{22} & b_{23} & b_{24} \\ b_{31} & b_{32} & b_{33} & b_{34} \end{bmatrix} \tag{13-43}$$

最后得出：

$$A = W \otimes R = (w_1, w_2, w_3) \otimes \begin{bmatrix} B_1 \\ B_2 \\ B_3 \end{bmatrix} \tag{13-44}$$

A 为 U 对 V 的隶属向量，即总的评价结果。然后根据最大隶属度原则，得出静脉产业发展水平属于哪一等级。

（7）找出问题、确定发展方案。根据上述的评价结果，找出现阶段静脉产业发展所面临的主要问题，并针对问题提出相应的解决方案，以便本地区的静脉产业发展能够平稳健康地进行。

五、静脉产业评价方法

1. 评价指标类型的一致化

一般来说，指标可能含有"极大型"指标、"极小型"指标、"居中型"指标和"区间型"指标。对于某些定量指标，如产值、利润等，我们期望它们的取值越大越好，这类指标我们称为极大型指标；对于诸如成本、能耗等一类指标，我们期望它们的取值越小越好，这类指标称为极小型指标；诸如人的身高、体重，我们既不期望它们的取值越大越好，也不期望它们的取值越小越好，而是期望它们的取值越居中越好，我们称这类指标为居中型指标；而区间型指标是期望其取值以落在某个区间内为最佳的指标。类型一致化处理就是将各类指标转化为极小（或极大）型指标。

2. 指标无量纲化方法

在运用多指标综合评价方法时，由于各指标的性质、度量单位、经济意义各不相同，所以不能直接综合，而必须先进行指标的无量纲化处理，即把不能直接综合的指标进行标准化或规范化处理，使其消除计量单位的影响。

指标无量纲化方法按指标值与指标去量纲后的评价值的关系分为直线型无量纲化和曲线型无量纲化两种。其中，直线型无量纲化方法最为常用。其原理是，指标值与对应评价值这一对变量形成平面坐标上的一条直线，只要找到线上的任意两点（常常为最大值和最小值），此直线方程即可确立。根据直线方程可得到任何一个指标值的对应评价值，以此来确定各个指标的标准评价值，便于提高综合评价的实用性。

3. 指标赋权法

目前，确定权重的方法有两类：主观赋权法和客观赋权法。主观赋权法是根据决策者对各指标的主观重视程度赋予相应权数，如 Delphi 法、两项系数法、层次分析法等；客观赋权法是根据客观信息（如决策矩阵）进行赋权，如主成分分析法、熵值法、多目标规划法等。

各种方法都有优点，也都有局限性。例如，主观赋权法客观性较差，容易受人为主观因素影响；而客观赋权法虽然可以摒除主观影响，但确定的权重多属于信息量权重（随着指标数据变动，权重也会发生变化，缺乏稳定性）。

4. 层次分析法

层次分析法是 20 世纪 70 年代由美国运筹学家、匹兹堡大学教授萨蒂提出的一种多目标、多准则的决策方法。它是将半定性、半定量的问题转化为定量计算的一种有效方法。它可以将人们的主观判断用数量形式来表达和处理。

5. 灰色综合评价方法

灰色关联分析的实质是，可利用各方案与最优方案之间关联度的大小对评价对象进行比较、排序。灰色关联度分析是一种多因素统计分析方法，用灰色关联度来描述因素间关系的强弱、大小和次序的。灰色综合评价方法可以较好地解决评价指标难以准确量化和统计的问题，可以排除人为因素带来的影响，使评价结果更加客观准确。缺点是要求样本数据且具有时间序列特性，而且此方法只是对评判对象的优劣做出鉴别，并不反映绝对水平。

6. 多指标综合评价

所谓多指标综合评价，就是指通过一定的数学模型将多个评价指标"合成"为一个整体性的综合评价值。可用于"合成"的数学方法较多，有线性加权综合法、非线性加权综合法、增益型线性加权综合法和理想点法等。由于线性加权综合法对于指标数据没有什么特定的要求而且容易计算，因此，在综合评价中多采用此方法。为了简化计算，一般采用线性加权法对静脉产业评价指标体系进行综合评价。

首先，对指标进行预处理，将极小型指标和中间型指标转化为极大型指标，然后对转换后的指标进行标准化处理并确定指标权重，设各项指标参考值的评价值为100，对指标进行综合评价，计算公式如下：

$$Y = \sum_{i=1}^{n} W_i \times S_i \times 100 \qquad (13-45)$$

其中，W_i 为第 i 项的权重值，S_i 为第 i 项标准化后的值。

其次，将静脉产业的综合评价值分为四个等级以进行有效的宏观管理，如表 13-4 所示。

表 13-4　　　　　　　　　　　　静脉产业综合评价值

综合评价值 Y	<50	50~70	70~85	>85
评判标准	静脉产业发展准备阶段	静脉产业发展初期阶段	静脉产业发展中期阶段	静脉产业发展成熟阶段

7. 主成分综合评估方法

一般为了避免人为确定权重的主观性，还需探讨利用主成分方法确定指标的权数分配，进而得到静脉产业综合评估模型。主成分分析就是利用降维的思想从较多的指标中找出较少的几个综合指标，而这些指标能较好地反映原来资料的信息。第一主成分是原来各变量的线性组合且具有最大的方差，主成分与原来变量的相关系数称作因子载荷，各主成分原有指标的载荷值和公因子方差值反映了它们对主成分所起作用的大小，为确定各指标的权重提供客观依据。其具体过程如下：

（1）建立原始数据矩阵。设有 n 个样品，每个样品观测 p 个指标（变量）：X1，

X2，…，Xp，得到原始数据矩阵：

$$X = \begin{bmatrix} x_{11} & x_{12} & \cdots & x_{1p} \\ x_{21} & x_{22} & \cdots & x_{2p} \\ \vdots & \vdots & \vdots & \vdots \\ x_{n1} & x_{n2} & \cdots & x_{np} \end{bmatrix} = (X_1, X_2, \cdots, X_p) \qquad (13-46)$$

（2）建立方程组。用数据矩阵 X 的 p 个列向量（即 p 个指标向量）作线形组合（即综合指标向量）为：

$$\begin{cases} F_1 = a_{11}X_1 + a_{21}X_2 + \cdots + a_{p1}X_p \\ F_1 = a_{12}X_1 + a_{22}X_2 + \cdots + a_{p2}X_p \\ \qquad\qquad\qquad\vdots \\ F_p = a_{1p}Xp + a_{2p}X_2 + \cdots + a_{pp}X_p \end{cases} \qquad (13-47)$$

上述方程组要求：

① $a_{1i}^2 + a_{2i}^a + \cdots + a_{pi}^2 = 1$；

② Fi 与 Fj（i≠j，i，j = 1，…，p）不相关；

③ F1 是 X_1，X_2，…，X_p 的一切线性组合（系数满足上述方程组）中方差最大的，F_2 是与 F_1 不相关的 X_1，X_2，…，X_p 的一切线性组合中方差最大的，…，F_p 是与 F_1，F_2，…，F_{p-1} 都不相关的 X_1，X_2，…，X_p 的一切线性组合中方差最大的。这样决定的综合变量 F_1，F_2，…，F_p 分别称为原变量的第一，第二，…，第 p 主成分，其中 F_1 的方差在总方差中占的比例最大，其余主成分 F_2，F_3，…，F_p 的方差依次递减。在实际工作中挑选前几个甚至一个最大主成分 F_1，就能够基本包括全部指标所具有的信息，达到了将众多指标简化浓缩为少数几个甚至一个综合评价指标的目的。

（3）指标权重的确定。首先计算第 j 个主成分的方差贡献率及前几个主成分的累计方差贡献率，选取累计贡献率大于某值（如定为 90%、95%、99% 等）的前几个主成分。然后计算各指标的公因子方差，公式如下：

$$H_i = \sum_{j=1}^{m} a_{ij}^2 (i = 1,2,\cdots,p) \qquad (13-48)$$

因为公因子方差反映了各原始指标对选出的 m 个主成分所起的作用，亦反映了各原始指标的重要程度，从而将公因子方差分别做归一化处理可得到各指标的权重。

$$f_i = \frac{H_i}{\sum\limits_{k=1}^{p} H_k} (i = 1,2,\cdots,p) \qquad (13-49)$$

（4）建立静脉产业水平评价模型。将原始数据 x_{ij} 与权重加权合成静脉产业水平评价模型：

$$C_j = \sum_{i=1}^{p} x_{ij}f_i(j = 1,2,\cdots,n) \qquad\qquad (13-50)$$

其中，C_j 表示第 j 个样品静脉产业水平测度，C_j 越大表示静脉产业程度越高。这样就可以根据给定的各指标的评估值和各类指标权数，逐步逐层地计算出静脉产业发展水平（即综合评估值）。根据综合评估值，可以确定静脉产业的发展阶段。

第三节　静脉产业控制体系

一、静脉产业控制的本质

静脉产业是将经济效益与生态效益结合在一起的新型经济发展模式。在静脉产业中，从宏观方面对资源进行合理开发和利用，从微观方面应对企业经营运作的全过程加强污染控制，降低废弃物的产生，提高废弃物的回收利用率，以实现废弃物的零排放为目标。无论从哪个方面说，任何经济活动都不仅要从经济效益角度出发，还应从生态效益的角度进行总体控制。通过静脉产业控制体系，就可以解决传统经济发展模式下，区域经济实体只能追求经济效益，却无法提高环境效益这一难题，是一种具有可持续性发展的经济行为，是适应日益增长的环境压力，提高经济实体竞争力与生存能力的必然选择。

因此，静脉产业控制体系的本质就是在正确分析与评价的基础上，逐步实现各个层面上经济、环保高效益水平的"双赢"。基于以上几个层面的静脉产业控制就包含了丰富的内容。

二、静脉产业中控制目的

（1）静脉产业实现成本控制。本部分内容已在第十章详细论述，此处不再赘述。

（2）静脉产业实现效益控制。静脉产业中的效益包括生态效益和社会效益。生态效益是指生态系统及其影响所及范围内，对人类有益的全部价值，它包括生命系统提供的效益、环境系统提供的效益、生命系统与环境系统相统一的整体效益，也包括由上述整体提供的物质和精神方面的效益。社会效益是指每个部门、每个单位对发展社会生产力和改善人民的物质、文化生活所做的贡献。社会效益是一个综合的指标，一般都采用社会生活质量实际提高的水平来衡量。

（3）静脉产业实现排放物控制。静脉产业中所说的对排放物的控制并不是像有些资料中所说的要求零排放，在物质的生产活动中所谓的零排放是不现实的，也是不可能的，我们只能够尽可能地减少有害物质的排放，并且对排放物进行尽可能地利用。通过对有害物质排放的控制和回收利用来尽可能地维护我们赖以生存的周边环境。

三、静脉产业控制体系设计思路

（1）建立基础指标评价体系。要形成行之有效的控制体系，首先应建立相关的指标评价体系。从当前研究来看已经达成共识的指标主要分为以下的层次：第一层次是经济指标，主要包括数量指标和质量指标。数量指标包含生态园区的比例、GDP 密度等。质量指标包括减量化指标，即能耗指标；再利用及资源化指标，即回收资源指标和利用资源指标；无害化指标，即污物处理和排放率。第二层次是社会指标，主要包括就业、平等、福利和安全等指标。第三层次是生态环境系统指标，包括排放量减少指标和无害化指标等。目前这些指标只是作为衡量的标准，没有形成有效的评价体系，之间的内在联系没有得到反映。必须对这些指标体系进行归类联系并且进行相关的模型设计才能有效地考核静脉产业的效率性，才能使成本控制达到改进的目的。

（2）建立合理的控制分层体系。控制的分层体系和静脉产业的分层体系密切相关。当前静脉产业领域的层次体系主要从社会领域的范畴加以考虑，包括：①宏观层次主要从人文的角度来运作静脉产业过程，主要责任人是政府及一些非营利组织；②区域经济层次主要将重心放在不同地区的生态园区的控制方面；③企业层次主要是关注企业如何控制本企业的经济循环过程，对本企业经济循环过程中产生的资源损耗和资源消耗进行最优的规划，在保证本企业的经济利益时，不损害或者促进社会生态环境的良性循环，至少应该考虑到自然环境现有状况下的社会经济领域的成本控制的实施。这种实施必须兼顾自然环境的保护，即从经济利益考虑的成本，不能以损失环境成本为代价。应该建立一个平行、共存的社会和自然成本控制系统，实现社会领域和自然领域的共同优化的成本控制体系，然后分别对各自的子系统的成本控制设立目标，减少噪音，最终保持整个系统的成本控制符合可持续发展的要求。

（3）选择相关的成本控制方法。从静脉产业成本控制的特点来看，现有的成本控制方法的研究成果可以给予事实上的支持。应该采用目标成本法进行总体的优化和控制。可以先对整个社会资源现状和社会发展状况进行总体分析和评价，并以此设计出最优的成本控制目标，这个目标是构建下一级目标的基础目标。可以在一定时期内，假定自然环境保持静止状态，这样考虑则可以把目标成本限制在某种自然状态下的社会成本的最小值。对于区域系统，通常应该以价值链和消耗链进行优化分析，从区域系统的源头入手，寻找封闭系统的价值链和消耗链的最低值。但是封闭系统时，还需要考虑系统内部的最优循环控制是否改变系统外部的状态，即必须考虑系统最小值对外部状态的影响。如果不能保持外部系统的相对稳定性，那么，封闭系统应该取较优值。对于企业层次来看，需要采用的成本控制方法，应该是作业成本和 6δ 相结合的做法，首先考虑企业的经营过程可能对静脉产业产生的影响，将对环境产生影响的成本动因进行综合分析，并结合 6δ 进行方差的优化处理，最终使企业对环境的消极影响达到现有条件下的最小化。

（4）建立静脉产业控制模型。根据相应的控制目标，通过管理层级的确定，在不同层面上运用不同的控制手段就可以建立起相应的静脉产业控制模型。

四、静脉产业控制指标体系的选择标准

对于静脉产业控制体系的建立，各个国家和地区有着不同的模式和方法，重要的是要根据自己国家的特点和实际情况来发展自己的静脉产业。西方发达资本主义国家一般采用的是先发展经济后大力治理的方式，这种方式主要是由于他们在发展经济时人们特别是当局还没有意识到经济发展对周边环境造成的致命的破坏，所以它们走的是先破坏后治理的路子，这种方式的后果就是再治理的费用是十分巨大的，而且对环境和居民都造成了严重的危害，可以说西方资本主义国家在发展经济和环境保护上付出了巨大的代价，目前我国也正处在高速发展经济的过程中，我们要采用什么样的方式和手段来处理环境和经济发展的关系呢？西方国家已经为我们做了一个明显的参照，那种先发展后治理的方式不是我们要的，这样不仅浪费人力物力和财力更加会对我们的国民造成不可挽回的伤害，这是与我们现在以人为本的发展策略不相协调的，鉴于诸条原因本章认为要建立并采取适合我国国情的并能很好处理上述问题的指标体系和政策法规，并有效地执行。

（1）有利于发挥坏保部门在推进静脉产业工作中的重要作用和地位。第一，有利于国家政府经济发展模式的转变。深刻理解发展静脉产业与环境保护的关系。我国人口众多，资源相对短缺，经济结构不尽合理，经济增长方式粗放，资源利用率低，环境污染严重，资源和环境问题已成为我国可持续发展的主要障碍。发展静脉产业，有利于推动污染预防和生产全过程控制，有利于解决区域性与结构性环境污染问题。近年来，全国环保系统将发展静脉产业作为环境与经济"双赢"的一项重大举措，大力宣传静脉产业理念，组织理论和政策研究，开展企业、区域和社会等多个层面的试点和实践探索，促进了粗放型经济增长方式的转变，在一定程度上缓解了全国环境污染的压力。第二，有利于明确环保部门的职能定位。静脉产业控制指标体系的设定需要各级环保部门加强对发展静脉产业的"指导、监督、推进、服务"。要制定有利于静脉产业发展的法律法规、政策、标准，编制静脉产业规划技术指南，指导静脉产业的发展；认真履行环保部门环境执法职责，进一步加大环境执法力度，强化环境监督管理，严格执行规划环评、建设项目环评和"三同时"制度，提高企业准入的环境要求，推动重点企业实施清洁生产审核；加强宣传教育和培训，推进清洁生产，深化静脉产业试点和示范工作；组织开展静脉产业的科学研究和技术开发，为建立和完善静脉产业的技术支撑体系、提高我国静脉产业发展水平和速度服务。

（2）有利于静脉产业发展战略的实现。静脉产业控制指标体系的选择需要紧密依靠静脉产业发展战略和规划。首先，根据发展战略的需要，组织制定推进静脉产业发展、建设环境友好型社会的控制目标。在此基础上，还需要加强对静脉产业建设的分类指导。根据环境管理的要求，组织制定不同区域的静脉产业发展规划并组织编制具体行业的静脉产业发展指南。其次，通过制定和完善促进静脉产业发展的环境标准体系和环境技术政策，促进静脉产业健康发展；并通过建立和完善清洁生产标准体系，组织制定行业清洁生产审核指南，指导各地、各行业开展清洁生产审核，从而实现静脉产业的发展战略。最后，通过制定污染防治

和生态保护技术政策。制订和完善资源能源消耗高、污染严重行业的污染防治技术政策，将"减量化、再使用、资源化、无害化"作为污染防治的基本途径，从产品生产的全过程加强污染预防，最大限度地减少末端治理压力。

（3）有利于引导静脉产业的发展。通过制定静脉产业发展政策、法规、标准和技术规范，推进和规范各类废弃物的循环利用。一是推进废钢铁、废铝、废铜、废纸、废塑料、废旧轮胎、废旧家电及电子产品、废旧纺织品、报废机动车、包装废弃物、厨余垃圾等的回收和循环利用，不断完善废旧物资回收、加工、利用体系。二是加强工业废气、废水、固体废物的循环利用，重点抓好危险废物的处理处置；以粉煤灰、煤矸石、尾矿和冶金、化工废渣及有机废水循环利用为重点，推进工业废物综合利用。

五、静脉产业控制标准的选择

在发展静脉产业的过程中要实现定量化的控制，就必须预先制定一个较为完备的控制标准，这个控制标准可以参照国内外先进的静脉产业发展的经验和范例来详细制定。本书将主要从成本、经济效益和社会效益、最终物质的排放等几个方面来制定控制标准从而进行控制。

（1）成本效益控制标准。对于成本和经济效益来说控制的选择上较为简单，是一个优胜劣汰的过程，在市场经济的调控中自然会做出选择，因为经济体中企业是最普遍和最基本的单位，企业是为追求最大利润的，如果企业的某项生产没有效益或利润很少，企业自然会进行调试或中止这个项目。我们要注意严格控制的是企业的社会效益和排放物特别是有害物质的排放和处理，在这方面做出严格的规定来保证在大力发展经济的同时加强对环境和人身健康的保障。

（2）环境控制标准。在环境方面要优先控制对环境和人身伤害较大的排放物。以二氧化硫在我国的排放为例，由于二氧化硫这种排放物的危害特别大，严重的威胁周边环境和我们的身体健康，因此其排放应当予以强有力的控制。

（3）社会效益控制标准。现在我国经过改革开放以来粗放式的发展，使我国的自然环境受到了毁灭性的破坏，现在只对高耗能、高污染单位进行控制和取缔是不够的，还要改善现在我们的周边环境，尽量减少有害物的排放，所以我们要在充分发展经济的同时要更加注重社会效益，要重视社会效益就必须将各种要求和规定转化为数据和标准加以控制，这样更加形象化和可控化，方便监察部门进行管理和控制，也就是尽量用数据说话。

六、静脉产业控制模式

（1）静脉产业企业微观控制模式。静脉产业要充分发挥在经济和环境中作用，主要是要将其所提出的理论运用于实际的经济单元体中去，现在的最常见的经济单元体就是企业，换句话来说就是要将静脉产业的理论和体系充分利用在企业中建立一个适用于企业的一个模式，即企业静脉产业控制模式体系。

（2）静脉产业总体宏观控制模式。静脉产业控制体系的总体控制模型主要是对两个层面上的不同经济实体进行相应控制，从而体现出整体与局部控制的最优效果。其控制流程如图 13 - 7 所示。

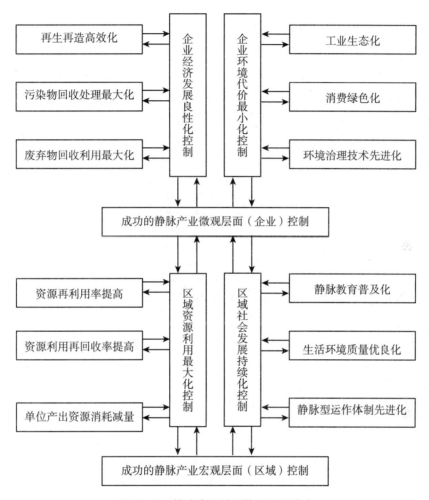

图 13 - 7　静脉产业控制体系运行模式

如图 13 - 7 所示，静脉产业控制体系运行模式主要是有两个层面的控制内容构成。第一层面，即静脉产业微观层面的控制体系主要是以微观经济发展的良性化和企业发展环境代价最小化为控制目标。通过各种控制手段的应用，使企业通过实现再生再造高效化、污染物回收处理最大化以及废弃物回收利用最大化达到企业经济发展合理化的控制目标以及通过实现工业生态化、消费绿色化以及环保技术先进化达到企业基于发展需要的环境代价最小化的控制目标。在此基础上，企业层面即微观层面上的静脉产业控制已获得成功，体现了经济效益与环境效益双"丰收"的可喜效果。

第二层面，即静脉产业宏观层面的控制体系主要是以区域资源利用最大化和区域社会发展持续化为控制目标。在取得微观层面的控制成效之后，就需要进一步获得宏观层面上的控

静脉产业

制效益。在宏观层面上，通过提高资源利用再回收率、提高资源再利用率减量以及单位产出资源消耗减量等控制措施达到区域资源利用最大目标以及通过普及静脉发展教育、优化生活环境质量和不断创新静脉型运作体制等措施实现区域社会持续发展的目标，以此来保证宏观层面上静脉产业控制体系的成功实施。

与此同时，如果在具体实施过程中发现宏观层面上的控制体系不完善，就可以通过运行模式中的信息回路对相应的控制措施进行修正或完善，如果宏观层面控制体系中的各项控制措施本身没有问题，就可以继续向上寻找微观控制层面控制体系中所存在的问题。因此，控制流程中的信息回路系统不但起到了信息反馈的职能，而且还为各级层面上的控制体系的有效运行提供了必要支持。

针对静脉产业发展与其所处环境的实际问题，运用系统控制思想，构建相应的静脉产业发展控制模型体系，其结构如图 13-8 所示。

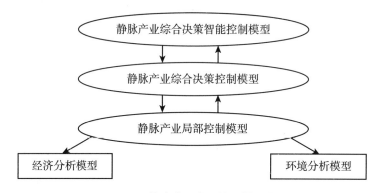

图 13-8 静脉产业发展控制模型体系

（3）基于"3R"原则的静脉产业控制体系。在图 13-9 中，基于"3R"原则的静脉产业控制模型体现了静脉产业在产业资源供给上的控制能力。首先在经济社会消耗活动中所产生的各种废弃物资经过筛选进入静脉产业运作体系当中，通过静脉产业的再加工，形成新的可替代资源形式，这一过程体现了静脉产业控制体系中的再利用控制层次，即从源头输入开始控制，进行资源的再加工创造；在静脉产业产业运作后，形成的各类可替代资源对社会当中所亟须的各类资源的需求紧张状况起到了缓解作用，从而使社会中不需要通过重复建设来增加资源的供给能力，使资源再利用过程当中实现了静脉产业控制体系中的减量化控制，即静脉产业资源供给能力确保了传统资源的投入减少；而与此同时所形成的可替代资源的输入也成为静脉产业控制体系中资源化控制的第一个层次，即静脉产业本身的资源输出就是"变废为宝"的控制过程。此外，在新投入建设产业类型的检验中，对资源环境的承受能力的考察就形成了资源化控制的第二个层次，即需要建设的新的静脉产业层次所产生的物质也是需要进行资源化输出的。

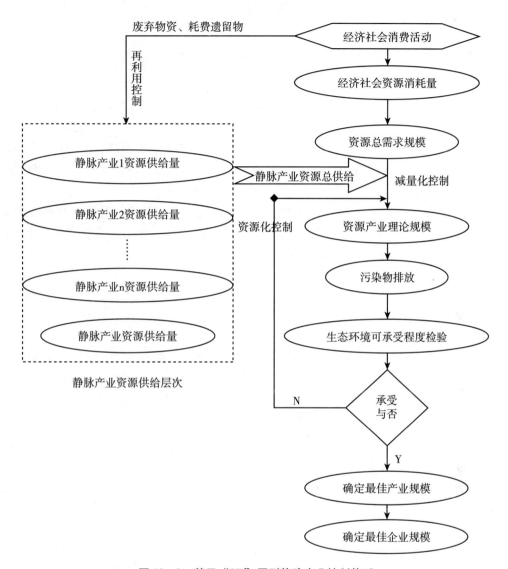

图 13 – 9　基于"3R"原则静脉产业控制体系

七、静脉产业体系控制保障措施

1. 微观层面上的控制保障措施

（1）对企业的废弃物排放进行管制。严格监管企业向外部排放废弃物，对不达标排放和超标排放的企业实行严惩；探索建立合理的排污权转让制度，在保证环境改善的同时，注重经济效益的提高。

（2）对企业的技术引导和技术支持。建立企业间的废弃物资源化技术的交流平台，提高企业废弃物资源化的技术水平，促进新技术的应用和推广；为企业的废弃物资源化技术更新改造提供宽松的融资环境。

2. 宏观层面上的控制保障措施

（1）全方位调控：税收、政府采购、法律规制。

① 税收。通过对环境破坏性行为（包括化石燃料的使用、废弃物的抛弃、森林采伐等）所带来的污染、气候变化及健康损害等社会成本的税金化，使之进入行为者的行为（生产）成本之中，并以产品市场价格反映出来，从而促使消费者和市场选择静脉产业及其产品。

② 政府采购。通过政府采购来扩大对废弃物资源化的二次资源的需求，给资源循环利用企业创造直接收益，以此引导循环利用及其产品的市场运作。

③ 法律规制。静脉产业中的法律规制主要包括：直接控制废弃物排放；从责任和义务上规定生产者对产品的回收责任，促进产品的循环利用；将环境生态标准通过法律及行业标准的形式作用于生产过程中，保障物质循环利用的标准化运作。

（2）实施产业重构。

① 组建生态工业园。通过产业间的组合与协作，改变过去物质的单向线性流动模式（原料→产品＋废弃物→废弃物）。使这一工业流程的废弃物成为另一工业流程的原料，从而实现清洁生产和废弃物减量排放。

② 发展服务经济。通过以劳动与智力对物质的替代来减少参与流通的物质总量。公司以提供服务的方式来满足消费需求，同时负责其所使用的产品的循环利用，以此提高物质的循环利用效率。

③ 建立废弃物信息交换中心，促进循环利用的流通速度，提高效率。

（3）加强各项基础设施建设。

① 建立循环利用技术创新制度。

技术研究与开发的主攻方向。在制定技术政策引导技术发展方向的过程中，要特别注意瞄准国外发达国家在静脉产业领域技术发展的新趋势，掌握一定时期的技术发展和技术突破的主流方向。

加强静脉产业的使用技术转让与转化服务。技术政策应重视行政指导和行政服务工作，促进循环利用技术能得以合理转化及运用。一方面要注重从国外引进可以直接应用的循环利用技术和设备；另一方面要促成国内已有科研成果积极向生产力转化，尤其是应运用市场机制将企业培育成为技术应用与推广的主体。在有条件的地方可建立一些循环利用技术转化和转让的服务基地，为技术的转让与服务提供贸易渠道。

建立静脉产业技术推广与应用的信息网络。运用静脉产业的信息和情报网络系统的服务能力，及时收集、整理、发布国内外循环利用信息，加大对静脉产业科技知识的宣传和普及，为企业提供先进的技术与管理信息，更有效地促进科技成果向应用领域的转化。

静脉产业技术标准政策。对静脉产业发展过程中产生的产品和技术应实行标准化管理，企业开展循环利用应严格按照国家标准、行业标准或地方标准组织生产，没有上述标准的，应制定企业标准。尽量广泛采用国际标准，以发达国家在静脉产业领域里的成就为目标，积极向国际标准靠拢。

② 加强静脉产业发展中的资源监管体系建设。

建立全社会范围内的核心资源监控体系和核心资源的物质流核算体系监管全社会、各产业以及企业的核心资源的循环利用状况，改进提高资源循环的效率，促进核心资源的减量化使用，避免核心资源的迅速耗竭。定期以公报的形式发布全国、区域及产业的核心资源循环利用状况。建立核心资源的物质流核算体系。以企业为单位统计核心资源在各环节的输入输出数据，再以产业、区域为界限汇总核心资源数据，以评定全社会或产业的资源循环利用效率。

③ 建立全国性的废弃物交易信息传递平台。

建立全国性的废弃物信息交流平台，所有生产废弃物的企业都可以在平台上报价，包括价格、时间、地点、批量以及样品等要素，废弃物资源化企业也可以在平台上询价、征集废弃物。废弃物交易信息系统的作用在便于废弃物的生产者和消费者交流获取信息的同时，最大可能地促进废弃物的回收利用，以市场制度来规范废弃物处理，便于废弃物在全国范围内的优化综合利用。

④ 建立高效、便捷的区域废弃物物流运输体系。

各种废弃物的物质性质存在诸多特点，如有些废弃物有毒、产生辐射，有些废弃物比较大件，而有些又散碎不便于直接装运，必须采取辅助措施。废弃物运输需要利用现代物流运输技术，采取集装箱运输，多次联运或者"门对门"运输等，发展便捷、高效的物流运输体系，尽量减少废弃物在运输过程中产生危害，使废弃物在区域或全国范围内迅速安全流动，促进其最大可能的再利用。

⑤ 积极推动社会回收利用体系建设。

引导各地建立以社区回收网点为基础的点多面广和服务功能齐全的回收网络，形成回收和集中加工预处理为主体、为工业生产提供合格再生原料的回收体系。同时推动建立设施先进、管理手段现代化的再生资源交易市场、科学先进的再生资源综合利用处理中心等组成的系统工程，促进"回收—加工预处理—利用"的良性循环。

（4）加强资源循环利用的宏观调控力度。

① 把资源循环利用列为可持续发展的基本政策，纳入国民经济与发展计划的工作日程中。国家应把资源循环利用列入年度和五年规划中，将资源循环利用率纳入政府负责人的任期考核目标中，由软指标变为硬指标。同样，地方政府也要把再生资源开发利用纳入地方政府的年度社会发展计划之中，保证这项工作得到较好的贯彻落实。

② 促进废弃物再利用的产业化，将发展静脉产业纳入各地区和全国的产业发展规划。国家、地区以及工业园区制定产业发展规划时，必须考虑相应的静脉产业的发展，有与废弃物生产规模相适应的静脉产业规划，把提高资源循环使用的效率作为制定产业规划的思想导向。

③ 改革资源循环利用的管理体制，增强资源循环利用宏观管理的调控力度。强化现有国家级资源综合利用管理机构的宏观调控职能，统一组织制定资源循环利用的发展规划，制定相关政策及实施办法，组织资源循环利用技术进步工作等各政府部门的资源综合利用管理机构应仅对本系统行业的资源综合利用工作进行业务指导和管理，而无权制定跨行业超系统

的政策和规定。这样可避免当前政出多门的混乱局面，保证管理权的适当集中。并且积极探索更加有效的宏观协调管理体制。

本 章 小 结

　　本章主要论述静脉产业分析、评价与控制体系。静脉产业的分析、评价与控制体系是静脉产业实施过程中的一体化应用手段。对发展静脉产业正确的分析是评价指标得以确立并获得合理的评价结果的必要前提，而评价结果是正确地运用相应层面的控制措施必要保证。三者对于静脉产业有效运行有着极为重要的作用，三者相辅相成，缺一不可。因此，在发展静脉产业时，必须对静脉产业发展条件进行必要分析，并根据评价指标得出评价结论，最后通过评价结果运用各种控制方式，从而在宏观和微观层面上实现有效的静脉产业发展控制。

参 考 文 献

1. 王慧敏. 流域可持续发展系统理论与方法 [M]. 南京: 河海大学出版社, 2000: 5-12.

2. Porter M E. Clusters and new economics of competition [J]. Harvard Business Review, 1998, 4 (1): 11-12.

3. Takashi onish. A capacity approach for sustainable urban development: an empirical study [J], Regional Studies, 1994, 28 (1): 152.

4. The World Bank. World development report 1992 [M]. Washington: D. C., 1992: 156.

5. Leamont. D. R, Minging must show it is sustainable [J]. Mining Engineering, 1997 (1): 25

6. 杨开忠. 一般持续发展论 [J]. 中国人口·资源与环境, 1994, 4 (1).

7. 牛文元. 持续发展导论 [M]. 北京: 科学出版社, 1994: 3-20.

8. 周德群. 可持续发展研究: 理论与模型 [M]. 徐州: 中国矿业大学出版社, 1998: 2-30.

9. 李堂军. 矿区可持续发展动态分析与适应性对策 [D]. 中国矿业大学, 2000.

10. 钱易等. 环境保护与可持续发展 [M]. 北京: 高等教育出版社, 2003: 3-15.

11. R. Frosch. Industrial development strategy for sustainable development [J]. Scientific American, 1989: 32-35.

12. 王敏旋. 发达国家循环经济理论与实践历程综述 [J]. 经济前沿, 2005, 24 (10): 32-35.

13. 曲格平. 发展循环经济是 21 世纪的大趋势 [J]. 当代生态农业, 2002, 11 (Z1): 18-20.

14. 冯之浚. 循环经济导论 [M]. 北京: 人民出版社, 2004: 6-18.

15. 吴季松. 正确理解循环经济的内涵 [N]. 科技日报经济特刊, 2005-06-19.

16. 冯久田, 尹建中, 初丽霞. 循环经济理论及其在中国实践研究 [J]. 中国人口·资源与环境, 2003, 13 (2): 28-33.

17. 解振华. 大力发展循环经济 [J]. 求是, 2003, 46 (13): 53-55.

18. 赵家荣. 加快循环经济发展落实科学发展观 [J]. 宏观经济管理, 2004, 20 (8): 25-27.

19. 格蕾琴·C·戴利，凯瑟林·埃利森. 郑晓光，刘晓生译. 新生态经济学［M］. 上海：上海科技教育出版社，2005：18－40.

20. 保罗·R·伯特尼，罗伯特·N·史蒂文斯. 穆贤清，方志伟译. 环境保护的公共政策［M］. 上海：上海人民出版社，2006：2－6.

21. 托马斯·思纳德. 张蔚文，黄祖辉译. 环境与自然资源管理的政策工具［M］. 上海：上海人民出版社，2005：2－3.

22. 李云燕. 论循环经济运行机制——基于市场机制与政府行为的分析［J］. 现代经济探讨，2010，29（9）：11－13.

23. 张琳. 深入发展循环经济要有动力机制［J］. 再生资源，2007，6（2）：6－7.

24. 庄士成. 循环经济运行机制的探索与思考［J］. 经济问题探索，2009，30（10）：168－172.

25. 乔延清. 循环经济发展的动力机制探讨［J］. 理论探讨，2007，24（5）：87－89.

26. 段宁主编，孙启宏等著. 中国循环经济发展战略研究［M］. 北京：新华出版社，2006：171－174.

27. 于利民. 我国煤炭产业发展循环经济的运行机制研究［D］. 华中科技大学，2008.

28. 王晓东. 国外循环经济发展经验——一种制度经济学的分析［D］. 吉林大学，2010.

29. 刘志坚. 基于循环经济的产业链耦合机制研究［J］. 科技管理研究，2007，7：111－113.

30. Mangena SJ, Brent AC. Application of a life cucle impact assessment framework to evaluate and compare environmental performances with economic values of supplied coal products［J］. Journal of Cleaner Production, 2006, 14（12－13）：1071－1084.

31. Oman J, Dejanovi B, Tuma M. Solutions to problem of waste deposition at a coal－fired power plant［J］. Waste Management, 2002, 22（6）：617－623.

32. Stiegel GJ, Ramezan M. Hydrogen from coal gasification：An economical pathway to a sustainable energy future［J］. International Journal of Coal Geology, 2006, 65（3－4）：173－190.

33. Whyatt JD, Metcalfe SE. Optimising the environmental benefits of emission reductions from UK coal-and oil-feed power stations：A critical loads approach［J］. Environmental Science & Policy, 2004, 7（6）：451－463.

34. 孙玉峰. 基于循环经济的煤炭企业发展模式研究［J］. 采矿技术，2006，6（1）：114－116.

35. 周仁，任一鑫. 煤炭循环经济发展模式研究［J］. 煤炭经济研究，2004，24（1）：23－24.

36. 林积泉，王伯铎，马俊杰等. 煤炭工业企业循环经济产业链设计与环境效益研究［J］. 环境保护，2005，33（4）：55－58.

37. 张麟. 应用循环经济理论构建煤炭生态工业园［J］. 中国矿业，2006，15（12）：

14 – 17.

38. ［日］吉野敏行. 资源循环型社会の经济学［M］. 日本：东海大学出版社，1996：47.

39. 宇寒. 静脉产业［J］. 国外社会科学文摘，2000，43（10）：79 – 80.

40. ［日］后藤典弘著. 现代のこみ问题：文化篇［J］. 中央法规，1983：28.

41. ［日］（财）クリーン ジャパンセソター编［S］. リサイクルーワード. 1993：198.

42. ［日］植和弘著. 废弃物のリサイクル经济学［M］. 日本：有斐阁出版社，1992：136.

43. ［日］吉野敏行著. 资源循环型社会の经济学［M］. 日本：东海大学出版社，1996：62.

44. T. Fuminori. A unified complex networt framework for environmal decision-making with applications to green logistics and electromic waste recycling［J］. Doctoral Thesis, 2005（66 – 11B）.

45. C. Mala, H. Patrick, P. Bolivar. et al. CEPM4：Optimization of the waste management for construction Projects using simulation［J］. Winter Simulation Conference, 2002（12）：1771 – 1777.

46. V. K. Nikolaos, D. Nikolaos, K. Maria. et al. Routing optimization heuristics algorithms for urban solid waste transportation management［J］. WSEAS Transactions on Computers, 2008, 12（7）：2022 – 2031.

47. P. P. Repoussis, vD. S. Paraskeropoulous, vG. Zobolas. et al. A Web-based decision support system for waste lube oils collection and recycling［J］. European Journal of Operational Research, 2009, 16（3）：676 – 700.

48. N. Fuzhan, H. Gordon. A fuzzy decision aid model for environmental performance assessment in waste recycling［J］. Environmental modeling & softwate, 2008, 16（23）：677 – 689.

49. W. Fengjiao, Z. Qingnian. Research on re-use reverse logistics network of disused household appliances based on genetic algorithm［J］. Proceedings of the 2008 International Conference on Intelligent Computation Technology and Automation, 2008（10）：135 – 139.

50. 秦海旭，万玉秋，夏远芳. 德日静脉产业发展经验及对中国的借鉴［J］. 环境科学与管理，2007，32（4）：149 – 151.

51. 曾文革，赵青，余元玲. 日本循环经济立法及其对我国的启示［J］. 重庆交通大学学报，2008，9（4）：26 – 29.

52. Pindyck R S. Uncertainty in the theory of renewable resource markets［J］. Review of Economic Studies, 1984（51）：289 – 303.

53. J. Audra, C. Potts. Choctaw eco-industrial parks：an ecologieal approach to industrial land-use planning, design［J］. Landscape and Urban Planning, 1998, 42：239 – 257.

54. Stuart Ross. Use of life cycle assessment in environmental management［J］. Environmen-

tal Management，2002，29（1）：132 – 142.

55. Das Sujit, Curice, T. Randall and Rizy. Colleen G automobile recycling in the united states：Energy impacts and waste generation ［J］. Resources Conservation and Recycling, 1995, 14（3 – 4）：265 – 284.

56. Tilton, E. John. The future of recycling ［J］. Resources Policy, 2002, 25（3）：197 – 204.

57. Kishino, Hirohisa, Hanyu, et al. Corres Pondence analysis of paper recycling society：eonsumers and paper makers in Japan ［J］. Resources Conservation and Recycling, 1998, 23（4）：153 – 165.

58. S. Spatari, M. Bertramand, K. Fuse et al. The contemporary European copper cycle：1year stocks and flows ［J］. Ecological Economics, 2002, 42（1 – 2）：27 – 42.

59. Kondo, Yasuo, Hirai, et al. A disscussion on the resource circulation strategy of the refrigerator ［J］. Resources Conservation and Recycling, 2001, 33（3）：153 – 165.

60. 静脉产业类生态工业园区标准（试行）（HJ/T275 – 2006）［S］.

61. 于双行. 浅析我国静脉产业发展现状 ［J］. 新乡学院学报，2008，25（8）：81 – 82.

62. 聂永有. 循环经济条件下的静脉产业发展探索 ［J］. 南方经济，2005，23（12）：95 – 97.

63. 薛楠，刘舜，陈素敏. 循环经济条件下的钢铁行业静脉产业发展模式研究——以河北省为例 ［J］. 生产力研究，2009，24（12）：138 – 141.

64. 孟耀，於嘉. 静脉产业、循环经济与节能减排 ［J］. 东北财经大学学报，2008，10（7）：80 – 83.

65. 牛桂敏. 加快发展静脉产业 推动循环经济发展 ［J］. 天津经济，2006，17（6）：32 – 34.

66. 孙仲万，余宏，王维兵，陈南军. 静脉产业与我国循环经济的消费体系 ［J］. 科技管理研究，2009，29（6）：294 – 296.

67. 任一鑫，韩港，曾丽君. 基于循环经济的静脉产业体系构建分析 ［J］. 工业技术经济，2009，28（5）：23 – 26.

68. 章和杰，张琦. 构建浙江省再生资源回收利用体系的路径探索 ［J］. 中国资源综合利用，2007，26（1）：30 – 32.

69. 秦海旭，万玉秋，夏远芬，张炜. 城市静脉产业体系的初步构建——以常州市为例 ［J］. 生态经济（学术版），2007，23（10）：185 – 188.

70. 王军，岳思羽. 我国静脉产业的发展现状及今后的主要工作 ［J］. 生态经济，2007，23（11）：30 – 33.

71. 肖忠海，宁波. 我国静脉产业规制演进的障碍研究 ［J］. 煤炭经济研究，2009，29（3）：11 – 13.

72. 魏婷，吴长年，蒋林明. 苏州高新区静脉产业循环经济发展的对策 ［J］. 环境保护科学, 2007, 33 (6): 48-50.

73. 张戈, 陈浩. 大连市静脉产业现状与特征 [J]. 科技信息, 2007, 24 (36): 487-488.

74. 耿飞燕. 静脉产业: 现状分析与对策构想 [J]. 经济前沿, 2004, 23 (9): 23-26.

75. 诸大建. "静脉产业" 亟待突围体制困局 [N]. 中国经济导报, 2009/4/7: B03.

76. 雷鸣. 我国静脉产业发展面临的问题与对策 [J]. 未来与发展, 2009, 30 (6): 26-28.

77. 张宗科, 吴国清. 未来静脉产业的机遇与挑战 [J]. 新材料产业, 2009, 11 (4): 57-60.

78. 崔晓莹. 我国静脉市场发展中的制约因素及对策思考 [J]. 中国环境科学学会学术年会优秀论文集, 2007: 1369-1374.

79. 陈大雨, 纪晓煜. 刍议静脉产业及对我国的政策建议 [J]. 商场现代化, 2005, 34 (10): 81.

80. 李赶顺, 刘红林. 中国静脉产业发展模式: 基于委托代理模型的分析 [J]. 生态经济, 2009, 25 (10): 144-147.

81. 王文中, 李赶顺. 中国发展静脉产业园区的激励机制与制度设计: 基于委托代理模型的分析 [J]. 生态经济, 2009, 25 (7): 48-51.

82. 张小冲, 李赶顺. 中国循环经济发展模式新论——静脉产业发展模式的国际比较与借鉴 [M]. 北京: 人民出版社, 2009.06. 68-72, 200-214.

83. 万云峰, 李露. 上海浦东新区静脉产业类生态工业园区规划设想 [J]. 环境卫生工程, 2009, 17 (2): 58-62.

84. 刘春尧. 成都市长安静脉产业园规划研究 [J]. 四川建筑, 2009, 29 (9): 70-71.

85. 许碧君. 城市静脉产业园构想 [J]. 环境卫生工程, 2009, 17 (10): 50-52.

86. 李铭裕, 何文远, 顾士贞. 老港静脉产业园区可再生能源体系构建规划 [J]. 上海建设科技, 2009, 30 (3): 26-33.

87. 王军, 岳思羽, 乔琦, 刘景洋, 林晓红. 静脉产业类生态工业园区标准的研究 [J]. 环境科学研究, 2008, 21 (2): 175-179.

88. 陈振华, 袁九毅, 潘峰, 仝纪龙. 静脉产业类生态工业园区标准研究 [J]. 安徽农业科学, 2009, 37 (8): 3728-3730.

89. 薛智韵. 浅析城市静脉产业链的构建 [J]. 江西能源, 2007, 24 (4): 96-98.

90. 陈瑛, 冯勇, 李艳. 云南静脉产业发展模式研究 [J]. 经济问题探索, 2009, 30 (5): 51-58.

91. 北华航天工业学院经济管理系课题组. 城市静脉产业链构建模式研究 [J]. 新西部, 2009, 26 (6): 22-23.

92. 卞丽丽, 黄辉, 邹奇清, 周敏. 以静脉产业为切入口推进煤炭企业循环经济的发展

[J]．煤炭经济研究，2006，26（10）：13－16．

93．聂永有，陈多友．珠江三角洲地区静脉产业发展探索［J］．珠江经济，2008，20（12）：23－29．

94．费金玲，聂永有．静脉产业中再生资源经营者的收益分析［J］．现代管理科学，2008，27（2）：72－73．

95．聂永有，吕顺辉．静脉产业中收运者的经济收益分析［J］．商业现代化，2007，36（5）：218－219．

96．于文良．城市静脉产业发展模式及其资源效益和环境效益估计方法研究［D］．陕西：西北大学，2009．

97．秦海旭，万玉秋，夏远芬．德日静脉产业发展经验及对中国的借鉴［J］．环境科学与管理，2007，33（6）：149－152．

98．郭进．日本废旧家电回收再利用研究［J］．家用电器科技，2002，22（9）：25－27．

99．郭海军．欧洲废铝的回收与中国之举［J］．世界有色金属，2007，22（1）：22．

100．徐波，吕颖．日本发展静脉产业的措施及启示［J］．现代日本经济，2007，26（2）：6－10．

101．林健，吴妍妍．日本发展静脉产业带给我国的思考［J］．特区经济，2008，26（4）：87－89．

102．芮明杰．产业经济学［M］．上海：上海财经大学出版社，2005：5－6．

103．王军．循环经济的理论与研究方法［M］．北京：经济日报出版社，2007：217－219．

104．沈金生．循环经济发展中政府、企业和公众利益博弈与对策［J］．中国海洋大学学报（社会科学版），2010，23（1），50．

105．于励民．我国煤炭产业发展循环经济的运行机制研究——以平顶山煤业集团为例［D］，华中科技大学，2008．

106．王贵明．产业生态问题初探——产业经济学的一个新领域［D］．暨南大学，2008．

107．黄家明，方卫东．交易费用理论：从科斯到威廉姆森［J］．合肥工业大学学报，2000，45（3）：33－36．

108．石建平．复合生态系统的理论构建［J］．福建论坛，2003，23（5），21－23．

109．杨雪峰．循环经济运行机制研究［M］．北京：商务印书馆，2008：81－82．

110．张瑞，郝传波．循环经济与中国煤炭产业发展［M］．北京：新华出版社，2006：277－278．

111．马克思恩格斯全集：第2卷［M］．北京：人民出版社，2001：103．

112．马克思恩格斯选集：第4卷［M］．北京：人民出版社，1995：249．

113．Alfred Marshalls Principles of Economics：An introductory volume［M］．London：Macmillan，8th ed，1890．

114．陈明．日本循环经济研究［D］．浙江：浙江工业大学，2007．

参 考 文 献

115. 张楠楠. 铅锌冶炼行业循环经济发展模式研究 [D]. 西安：西北大学，2008.

116. 吴鹏辉. 静脉产业又好又快发展需要国家政策扶持 [J]. 华商，2007，22 (22)：1.

117. 《马克思恩格斯选集》第 4 卷 [M]. 北京：人民出版社，1972：484.

118. 《列宁全集》第 3 卷 [M]. 北京：人民出版社，1972：196.

119. 邓金堂. 基于自主创新目标的国有高技术企业激励机制研究 [M]. 北京：经济科学出版社，2007：32 - 33.

120. 秦鹏. 国外再生资源回收利用立法对中国的启示 [J]. 有色金属再生与利用，2006，5 (7)：31 - 32.

121. 高丽峰等. 副产品交易的特征及影响因素分析 [J]. 生态经济，2005，21 (10)：64 - 65.

122. 杨雪锋. 循环经济学 [M]. 北京：首都经济贸易大学出版社，2009：89.

123. 杨雪锋. 循环经济运行机制研究 [M]. 北京：商务印书馆，2008：174 - 175.

124. 黄家明，方卫东. 交易费用理论：从科斯到威廉姆森 [J]. 合肥工业大学学报，2000，45 (3)：33 - 36.

125. 邹晓燕，王正波. 电力市场中关于直购电力价格的讨价还价博弈模型 [J]. 管理工程学报，2005，19 (4)：96 - 99.

126. 郑君君，付克耀. 讨价还价模型在风险投资中的应用研究 [J]. 统计与决策，2005，21 (11)：50 - 52.

127. 于群. 我国循环经济立法若干难点问题及解决对策 [J]. 学术研究，2008，51 (7)：62 - 65.

128. 李克. 促进地方循环经济发展的约束及激励机制 [J]. 中国社会科学院研究生院学报，2009，31 (5)：54 - 60.

129. 迈伦·斯科尔斯，马克·沃尔夫森，默尔·埃里克森. 税收与企业战略 [M]. 北京：中国财政经济出版社，2004：126 - 165.

130. David Gerard. The law and economies of reclamation bonds [J]. Resources Policy. 2001，26 (4)：189 - 197.

131. 毛利伟. 矿业循环经济激励约束机制研究 [D]. 浙江工商大学，2008.

132. 陆钟武. 物质流分析的跟踪观察法 [J]. 中国工程科学，2006 (1)：18 - 25.

133. 蒋金泉，李英德，任一鑫. 基于 MFA 的矿区资源微观优化配置模式 [J]. 中国矿业，2008 (3)：30 - 34.

134. 孙正萍. 循环经济园区中物质资源集成方法研究 [D]. 济南：山东科技大学，2014.

135. 任一鑫，李雪梅等. 基于循环经济的资源替代研究 [J]. 生态经济，2007，76 (10)：53 - 59.

136. 温秀晶. 基于面板数据 DEA 方法的能源利用效率与能源企业效率分析 [D]. 呼和浩特：内蒙古大学，2010.

137. 杨宏林，田立新，丁占文．西部开发中能源配置模型的研究［J］．数学的实践与认识，2006，36（4）：12-17.

138. 曾宪迪．煤炭矿区能源集成利用研究［D］．济南：山东科技大学，2013.

139. 席旭东．煤炭矿区工业共生模式研究［J］．山东工商学院学报，2007（6）：41-47.

140. 杨晓华．循环经济园区中产业集成方法研究［D］．济南：山东科技大学，2014.

141. 张宝兵．我国城市静脉产业体系构建研究［D］．北京：首都经贸大学，2013（6）：46-58.

142. 刘毅．区域循环经济发展模式评价及其路径演进研究［D］．天津大学，2012.

143. 崔兆杰，滕立臻，张凯，迟兴运．循环经济产业链柔性评价指标体系研究［J］．改革与战略，2009（01）：163-165.

144. 刘雷，崔兆杰．循环经济产业链的经济稳定性分析与评价［J］．中国经贸导刊，2009，19：56.

145. 袁学良．煤炭行业循环经济发展理论及应用研究［D］．济南：山东大学，2008.

146. 于成学，武春友．生态产业链多元稳定性影响因素识别——基于共生理论［J］．中国流通经济，2013（06）：40-44.

147. H.哈肯．徐锡申等译．协同学导论［M］．北京：原子能出版社，1984.

148. 张璇．基于投入产出的工业园区循环经济评价体系研究［D］．济南：山东科技大学，2013.

149. 胡大立．产业关联、产业协同与集群竞争优势的关联机理［J］．管理学报，2006，（11）：709-713，727.

150. 吴晓波，裴珍珍．高技术产业与传统产业协同发展的战略模式及其实现途径［J］．科技进步与对策，2006（1）：50-52.

151. 王传民．县域经济产业协同发展模式研究［M］．北京：中国经济出版社，2006：39.

152. 李若朋等．基于知识交流的两种产业协同模式［J］．北京理工大学学报（社会科学版），2004（6）：42-44.

153. 林绪成．产业集群与技术创新的协同合作机制［J］．管理纵横，2013（19）：12-13.

154. 王晓东．煤炭循环经济园区产业体系稳定性研究［D］．济南：山东科技大学，2014.

155. 张咏梅，张世强，张暖暖．基于博弈论的静脉产业资源定价策略研究［J］．山东社会科学，2011（06）.

156. 郭莉，苏敬勤等．产业生态化发展的路径选择：生态工业园和区域副产品交换［J］．科学学与科学技术管理，2004（08）：73-78.

157. 闫启平．经济转型中的中国废钢铁投资市场［J］．再生资源与循环经济，2012（02）：4-9.

158. 闫启平，李银雪．低碳经济与废钢铁利用［J］．钢铁研究，2011（02）：1－6.

159. 亚当·斯密．国富论［M］．唐日松等译，北京：华夏出版社，2005.

160. 萨缪尔森，诺德豪斯．经济学：第十七版［M］．萧琛主译，北京：人民邮电出版社，2004.

161. 高鸿业．西方经济学：第二版［M］．北京：中国人民大学出版社，2000.

162. 宋宛霖．公共管理视角下的静脉产业发展研究——以大连市为例［D］．大连：东北财经大学，2011.

163. 彭博．纠正市场失灵的对策分析［J］．经济与管理，2011（4）：12－13.

164. 易杨，李皓．略论宏观调控对市场失灵的矫正［J］．云南社会主义学院学报，2014（01）：162－163.

165. 丁兴业，田志娟．论市场失灵的类型、原因及对策［J］．武汉科技学院学报，2006（08）：46.

166. 吴飞美，沈佳丽．循环经济发展中市场失灵与优化政府调控路径研究［J］．东南学术，2014（01）：40－43.

167. 鲍金红，胡璇．我国现阶段的市场失灵及其与政府干预的关系研究［J］．学术界，2013（07）：183.

168. 李艳．静脉产业发展的困境与对策研究［J］．科技创新导报，2008（09）：99.

169. 耿海玉．上海市静脉产业发展研究［M］．北京：中国财政经济出版社，2009.

170. 胡傲．静脉产业市场化进程中政府和企业关系分析［J］．经济研究导刊，2014（19）：52－53.

171. 林绪成．产业集群与技术创新的协同合作机制［J］．管理纵横，2013（19）：12－13.

172. 高欣．一个悄然兴起的产业——静脉产业［M］．北京：中国环境科学出版社，2008.

后　记

　　编者长期从事循环经济的相关研究，并带领科研团队深入企业，对静脉产业在企业中的具体实施提供帮助，在理论与实践经历不断增长的同时，也对静脉产业的发展有了更为深入的认识，在此基础上，将长期所付出的心血积聚成册，编撰成稿，希望对研究静脉产业理论方面提供帮助。

　　本书系统地对静脉产业的发展原理、产业构成、协同机制、运行的约束机制、体系稳定机制、运行动力机制、产业链运行体系、我国的产业链运行体系、成本分析与控制、效益问题、市场交易机制、评价与控制等问题进行了系统的分析和介绍，填补了静脉产业理论方面的研究空白，促进了静脉产业方面标准、体系、理论模型等方面的发展，并解决了在静脉产业发展过程中循环不经济、运行成本过高、循环经济发展不积极等现实存在的问题，为构建和完善相互联系、相互集成和相互促进的静脉产业体系奠定了基础，静脉产业理论的深入研究，将循环经济的发展带入一个新的层面，把资源利用效率提高到了一个新的高度，为静脉产业的实践奠定了基础。

　　本书共分为13章，其中第一、第三、第十章由任一鑫负责撰写，第二、第四、第五、第六、第十三章由焦习燕负责撰写，第十一、第十二章由王宁负责撰写，第七、第八、第九章由张咏梅负责撰写。

　　此外，我们参阅和借鉴了大量的相关书籍和论文，在此向本书参考文献的作者表示感谢。著作的出版还得到了多位专家和领导以及出版社有关同志的关心和大力支持，在此我们表示诚挚的谢意。

任一鑫等　于青岛

2015 年 11 月